近藤潤三著

統一ドイツの外国人問題

―外来民問題の文脈で―

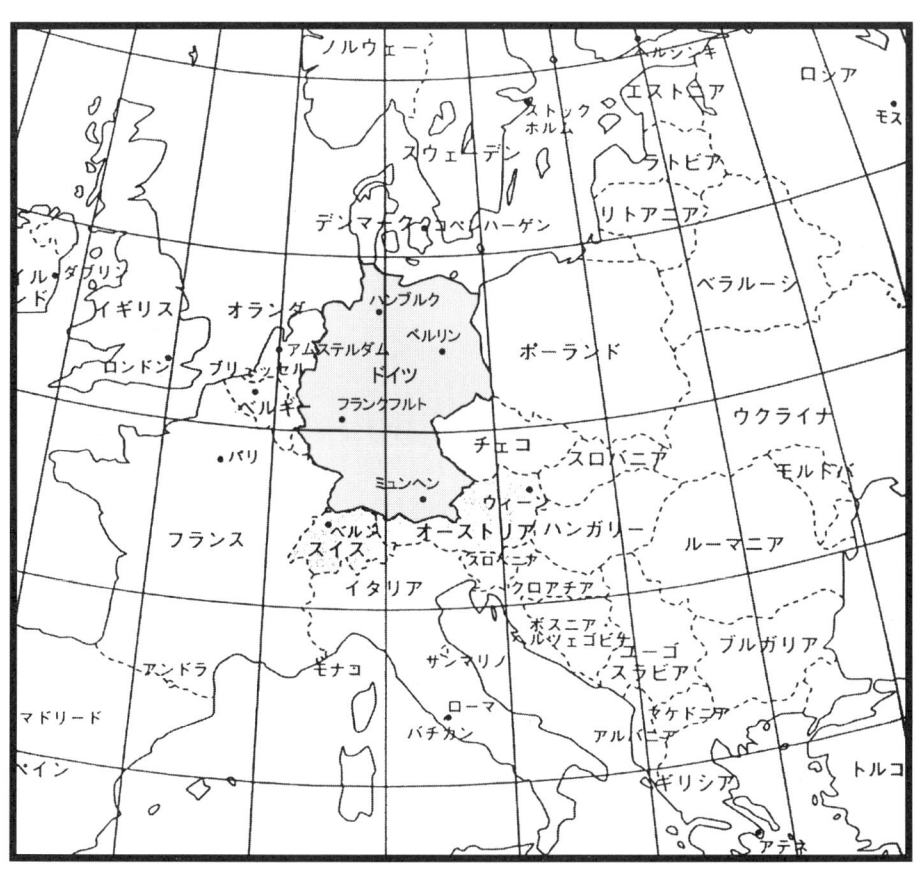

木鐸社刊

はしがき

　40年以上に及んだ分裂に終止符が打たれ，ドイツがようやく統一したのは，今から10年少し前のことである。本書はその統一ドイツが抱える主要問題の一つである外国人問題を歴史的背景に重点を置きつつ検討したものである。

　外国人という概念は，ある国に居住しているか，あるいは旅行や商用などで短期滞在しているが，その国の国籍をもたない人の総称である。したがってそれは何よりも法的な側面に着目した概念であり，外国人問題とはそうした外国人が国内に受け入れられ，居住することに伴って派生する諸問題を一括したものと考えてよい。

　しかしながら，ドイツの現実に即してみた場合，単数形で表される外国人問題という言葉の内実は極めて複雑で変化に富んでいることに気づく。この言葉で思い浮かべられるのはかつては外国人労働者であったが，彼らが家族と暮らすようになってからは女性や子供が増えたために労働者という限定は外れたし，庇護申請者が大量に流入するようになると，難民というイメージが付け加わったからである。

　それだけではない。外国人労働者が家族とともに定住するようになった段階で，彼らには生活の本拠をドイツに移したという意味で移民という語も使われるようになり，異なる文化的背景を有する外国人との共生を目指すべきとする立場から多文化社会の構想が唱えられるようにもなった。そこではドイツは移民社会として描かれ，彼らを外国人にとどめて内国人から法的・制度的に差別し排除するそれまで自明視されていた法的・社会的諸制度が批判を浴びるようになったのである。しかし，周知のように，ドイツは彼らをドイツに永住する将来の国民としてではなく，一時的な出稼ぎ労働者として受け入れを開始し，ドイツ社会への彼らの編入については何の用意もなされていなかった。そのため，彼らが移民化するのに伴い，後追い的に種々の政策が打ち出されるようになったが，彼らを移民ではなく外国人として扱う方針は堅持されてきている。多数の外国人が定住して働いているドイツはいわば統計上は移民国になっているが，法的・政治的には依然として移民国ではなく，移民国に生じる問題に加え，このギャップが外国人問題を複雑化しているといえよう。

　しかし問題はこれにとどまらない。ドイツにおける外国人問題を考える場合，法

的な意味での外国人にのみ視線を向けていたのでは，問題自体の重さも量れないし，その構造も十分には見えてこないと思われるからである。

トルコ人やイタリア人の子供や青少年のように，今日のドイツに定住している外国人のなかにはドイツ生まれの2世，3世が多数含まれているが，1世に当たる人々は外国人労働者としてドイツの域外から来て住み着いた人々が多い。その面では数十年以前にドイツではかなりの規模の人口の国外からの流入があったことが明白だが，しかし外部から流入したのは外国人労働者だけではなかった。そして外国人労働者が成長するドイツ経済が必要とする労働力として受け入れられたのと同様に，そのほかの集団もドイツ経済の発展を支え，とりわけ戦後の復興の時期から奇跡の高度成長の頃まで労働力を供給したのである。

この観点から戦後ドイツの歴史を振り返ると，敗戦後，アメリカ，イギリス，フランスに占領された西側の3占領地区とソ連占領地区との亀裂を引き金とする1949年の「二重の建国」により連邦共和国として出発した西ドイツには，1945年の敗戦以降，膨大な量の人口が流入した。従来のドイツの東部領土などから流れ込んだ避難民・追放者，ソ連・東欧圏からのアオスジードラー，東ドイツを離脱してきたユーバージードラーなどがそれである。その総数は統一の年1990年までで1500万人以上にも達している。これは同年の西ドイツの人口の4分の1に相当する。これに加え，1990年の西ドイツには534万人の外国人が居住していたから，単純化して言えば，その時点での西ドイツの人口の3分の1が国外からの移住に関係していたといえよう。第二次世界大戦後の時期に限ると，イスラエルを除き，先進国に数えられる国でこれほど移住によって人口が構成されている国は存在しない。その点で，西ドイツは，そして統一後のドイツも，アメリカやカナダのような古典的移民国をも凌駕する移住者の国になっているのである。

戦後ドイツに関わるこの基本的事実を念頭に置き，さらにユーバージードラーの激減とともに外国人労働者の導入が本格化したことなどを考慮するなら，その他の集団を度外視して外国人問題のみに焦点を当てるのは視野狭窄に陥る危険があると言わねばならないであろう。また同時に，ユーバージードラーやアオスジードラーなど外国人以外の集団が西ドイツないし統一ドイツに流入するのは，ドイツ現代史に直結する背景があるからにほかならないことも留意されるべきであろう。そのことを理解するには，東ドイツからの脱出が文字通り東西冷戦の文脈の上で生起した事象であることを想起すれば足りる。公式に把握されているだけでも2000年の時点で730万人にも達し，そのほかに統計に算入されない外国人季節労働者や実数の不

明な不法移民などを加えればこれを上回る外国人の存在は，確かに規模の面からだけでも大きな問題となる。なぜなら，多年にわたってドイツに定住している人々が多数含まれているのに，彼らが依然として外国人という法的地位にあることをその数字は示しているからである。この点を考慮すれば，事実上移民として生活している外国人が本書の中心に据えられるのは当然である。しかし外国人問題の全体像を把握するためには，他の集団をも射程に入れ，それらの歴史的背景にも検討を加えることが必要とされよう。この観点から，外国人はもとより，戦後西ドイツもしくは統一ドイツに国外から流入してきたすべての人々を総称する言葉として本書では外来民という語を用いることにしたい。つまり，外国人問題を中心に据えつつ，これを外来民問題という枠組みの中で考察することが本書の課題なのである。

　こうして標題にある外国人問題よりは広く外来民に光を当てることを本書は狙いとするが，そうしたアプローチは移民法制定が現実味を増している近年のドイツの実情を考える際には欠かせないものといえよう。少子・高齢化による人口変動が早晩，生産年齢人口の縮小を招き，年金制度をはじめとする高福祉の社会保障システムの見直しが不可避になっている現在，従来とは異なり，包括的視点に立つ外来民の受け入れは与野党を問わないコンセンサスになってきているからである。換言すれば，様々なカテゴリーからなる外来民を統一的な構想の下に把握し，いかなるタイプの人々をどれだけ，またどのようにして受け入れ，受け入れた後はどのように処遇するかが昨今の主要テーマになっているのである。

　こうした近年の動向を適切に把握するためには，しかし，外来民を構成する種々のカテゴリーの集団を検討しておくことが不可欠であろう。またその際，それぞれの集団がなぜ，どのようにして，どれほど受け入れられてきたのかを理解するには歴史的角度からの検討が必要とされよう。一例としてアオスジーードラーをとれば，彼らがドイツに受け入れられてきたのは，しばしば誤解されているように，単にドイツ人の血を引いているという理由によるだけではないからである。こうした観点から本書の第5章以下ではユーバージードラーや庇護申請者などが個別に扱われているが，全体の流れを鳥瞰するために，ドイツにおける外来民の歴史が第1章でスケッチしてある。18世紀から19世紀のドイツからのロシアやアメリカへの移民についてはかなりの研究蓄積があり，19世紀末から第二次世界大戦終結までドイツで就労した様々なタイプの外国人労働者に関しても研究が進んでいるが，改めて断るまでもなく，本書では統一ドイツにおける外国人を中心とする外来民の考察に主眼があるので，スケッチとはいってもその視点からなされている。そのため，第二次大

戦以後についてはやや詳しく説明されているのに対し、それ以前については簡略になっていることを付言しておきたい。

ところで、第1章と第3章以外は主に『社会科学論集』（愛知教育大学社会科学会）に発表した論文から本書は構成されている。それらの原題と初出は次のとおりである。

第2章　「ドイツにおける外国人の生活実態－職業と所得を中心に」『社会科学論集』34号、1995年

第4章　「ベルリンのトルコ人青年の生活状況と意識」同誌37号、1998年

第5章　「統一ドイツにおける庇護申請者・難民問題の動向と実態」同誌39号、2001年

第6章　「ドイツにおけるアオスジードラー問題の系譜と現状－ロシア・ドイツ人を例にして」同誌38号、1999年

第7章　「戦後ドイツ史の中のユーバージードラー－ドイツ民主共和国（DDR）崩壊との関連で」『姫路法学』第29・30合併号、2000年

本書で取り上げたどのテーマについても各論文の発表後に新たな研究や資料類が公刊されている。しかしそれらの成果を組み入れるには大幅な書き直しが避けられなくなることや、大筋では改める必要が感じられないので、基本的には部分的な補正を行うにとどめた。なお、ドイツの外国人問題に関しては、消滅した東ドイツにおける外国人政策を検討した論文のほか、現状分析的な論考として、『社会科学論集』に外国人高齢者の現状や外国人犯罪とクルド労働党（PKK）に代表される過激派に関する論文をはじめとして、極右勢力、排外暴力を主題とする論文、さらにソルブ人のような土着のマイノリティに関する論文などがこれまでに発表してあり、また外国人に関わる主要なデータも集めて掲載してあるので、本書を補足する意味で参照していただきたいと思う。本書では重要と考えられるテーマのみを扱っているが、外国人に対する様々な場での差別や選挙権問題に見られる政治参加、さらには人口変動との関連など論じるべき問題は多々残されている。その意味では本書は未完であり、残る課題との取り組みは他日を期したいと思う。

振り返れば、はっきりとした見通しのないまま、本書のようなテーマに手をつけてから既に10年が経過した。第6章の原型になったアオスジードラーに関する小論をボンで暮らしていた1991年秋に書いたのが最初である。当時、難民問題が深刻の度を増していたが、それと並んでアオスジードラーの問題も身近に感じられた。例えばギムナジウムに通った息子の親友になったのはカザフスタン出身者で、両親は

強い訛りのあるドイツ語を話したが本人は最初はほとんど話せず，ドイツ語が十分にできない生徒の特別クラスに入っていたために息子と親しくなった。また基礎学校に通ったもう一人の息子の場合，20人ほどのクラスには遊び時間になるとロシア語でおしゃべりする3人の子供がいた。こうした事情も手伝い，この集団に興味を覚えたが，それに加え，翌年には基本法の庇護権規定改正が焦点に押し出されてきたので極右や難民問題に関するレポートも執筆するようになり，外来民の問題へと関心が広がっていったのである。無論，その間に住まいから遠からぬ空き地に多くのコンテナを金網の柵で囲った難民収容施設ができたことや，東ドイツから来たユーバージードラーの人と知り合ったことなどが関心を強めたのはいうまでもない。

　ともあれ，このような形で本書をまとめるまでには多数の方々から助言や協力をいただいた。特に2000年の春から夏にかけて滞在したオスナブリュック大学移民・異文化研究所（略称IMIS）では快適な研究環境を提供していただいた。バーデ，ヴェンツェル両教授，マルシャルク博士はじめ，研究所の方々に心から感謝したい。また連邦政府，州政府などの関係官庁や，とりわけ連邦，州，自治体の外国人問題特別代表部，さらに多くの研究機関や民間団体からも資料面で多大の援助を受けることができた。担当者の方々のお名前を一人一人記すことはできないが，この場でお礼申し上げたい。名古屋では定期的に中部ドイツ史研究会が開かれているが，そこに集うドイツ社会史，思想史などを専攻する友人たちからは，日頃から鋭い刺激と暖かい励ましを受けている。大学が転機に立ち，会議などで繁忙になる中，そうした緊張感のある場が研究の活力源の一つになっていることを改めて感じている。

　出版事情は一向に改善の兆候が見えないといわれるが，にもかかわらず，本書のような地味な研究の出版を前著に引き続き，今回も木鐸社に引き受けていただいた。本書の出版の意義に理解を示された同社，とりわけ前回同様多大のお世話になった坂口節子さんには衷心より感謝申し上げる次第である。なお本書の出版に当たっては平成13年度科学研究費補助金（研究成果公開促進費）の交付を受けた。

　最後になったが，本書の研究の途上では次々に手元に届く資料との取り組みに忙殺されていたので，生活時間の面をはじめ家族の一員としては問題行動が多かったと痛感している。そうした著者の我が儘に寛大に応対し，研究を支えてくれた妻和子と子供たちおよび両親に反省と感謝を込めて本書を捧げたい。

2001年9月

近藤　潤三

目　次

はしがき……3
第1章　ドイツにおける外国人・外来民問題の歴史的展開——一つの素描……………………11

　はじめに……11
　第1節　ドイツ近現代史と移民・移住者問題……13
　第2節　移民流出国から流入国へ——第二次世界大戦の終結まで……22
　　1. 移民流出国としてのドイツ（22）
　　2. 労働輸入国への転換（26）
　第3節　戦後ドイツにおける外来民問題の展開……37
　　1. 避難民・追放者とユーバージードラー（41）
　　2. 外国人労働者（51）
　　3. 庇護申請者・難民とアオスジードラー（88）
　結び……95

第Ⅰ部

第2章　ドイツ統一前後の外国人の生活実態——職業と所得を中心に………………119

　はじめに……119
　第1節　外国人の就業構造……121
　第2節　職業面の移動と失業……131
　第3節　外国人世帯の家計……145
　第4節　貧困問題と経済的貢献……154
　結び……159

第3章　世紀転換点のドイツにおける外国人の生活実態——第2章への補論………………171

　はじめに……171
　第1節　外国人の職業地位と就業分野……172
　第2節　外国人世帯の家計……180
　第3節　外国人の住居とドイツ人との交流……185
　第4節　外国人の経済的貢献……192
　結び……195

第 4 章　ベルリンのトルコ人青少年の生活状況と意識……………… 201
　　　　　－ベルリン市外国人問題特別代表部の調査から－
　はじめに……201
　　第 1 節　ベルリン在住トルコ人に関する基本データ……203
　　第 2 節　帰国意思とドイツ語能力……209
　　第 3 節　学歴と就業状況……219
　　第 4 節　ドイツ社会に対する態度とコンタクト……227
　　第 5 節　イスラム教に対する姿勢……237
　　第 6 節　統合の破綻テーゼの概要と問題点……250
　結び……257
第 5 章　統一ドイツにおける庇護申請者・難民問題の動向と実態……… 267
　はじめに……267
　　第 1 節　庇護申請者……269
　　第 2 節　分担難民と戦争・内戦避難民……287
　　第 3 節　不法入国者と手引き組織……294
　　第 4 節　庇護申請者・難民の総数とその推移……301
　結び……306

第Ⅱ部

第 6 章　ドイツにおけるアオスジードラー問題の系譜と現状…………… 321
　　　　　―ロシア・ドイツ人を例にして―
　はじめに……321
　　第 1 節　ロシア・ドイツ人問題の系譜―移住から「帰還」まで……324
　　　1.　アオスジードラー問題の系譜と輪郭（324）
　　　2.　ロシア帝国への移住（329）
　　　3.　ロシア帝国の独系人（333）
　　　4.　戦間期の独系人（338）
　　　5.　第二次世界大戦以降の独系人（342）
　補論：ポーランドの独系人……356
　　第 2 節　アオスジードラーの受け入れ政策と統合問題……364
　　　1.　アオスジードラー問題の浮上と市民の反応（364）
　　　2.　アオスジードラー受け入れ政策の展開（372）
　　　3.　アオスジードラー政策の要点（376）

4．アオスジードラー統合問題への視点（387）
　　　5．統合の現状と問題点（393）
　結び……403

第7章　戦後ドイツ史の中のユーバージードラー……………………… 427
　　　―ドイツ民主共和国（DDR）崩壊との関連で―
　はじめに……427
　第1節　ユーバージードラー問題の展開……429
　　　1．ユーバージードラー問題の輪郭（429）
　　　2．DDR建国からベルリンの壁建設まで（434）
　　　3．ベルリンの壁建設から崩壊まで（443）
　第2節　ユーバージードラーの動機と構成……450
　　　1．DDR変革以前の離脱の動機（450）
　　　2．ベルリンの壁崩壊とユーバージードラーの変化（460）
　第3節　ユーバージードラーと西ドイツ社会……471
　　　1．ユーバージードラーに対する西ドイツ市民の姿勢（471）
　　　2．西ドイツ社会の中のユーバージードラー（478）
　結び……482

第1章
ドイツにおける外国人・外来民問題の歴史的展開

－一つの素描－

はじめに

　外国人が多数ドイツに定住するようになってから、ドイツでは外国人問題が政治の主要テーマの一つであり続けている。そのことは、1980年代初期に帰国促進政策が推進され、コール政権の政府声明で繰り返し外国人政策が取り上げられてきたことや、ドイツ統一前後から庇護を求めて外国人がドイツに殺到し、その処遇を巡って激しい政治的対立が生じたこと、さらには1998年の連邦議会選挙でも主要な争点の一つになり、シュレーダー政権発足直後から二重国籍の容認問題が活発に論議された事実などに照らせば明瞭であろう(1)。これらのテーマによってドイツ国内に多数の外国人が居住している事実に焦点が合わされていることから、外国人の受け入れが問題になったのはここ20年ほどの間のことであるような印象が生じやすい。けれども歴史を振り返るなら、ヨーロッパの中央部に位置するドイツでは長らく国境を越える人の移動は例外というよりむしろ常態であり、その歴史がドイツ近現代史の重要な一面を構成していることに気付く。その意味で、近年の外国人問題は、構造面などに相違があるのは否定できないとしても、ドイツを巡る人の流入と流出の歴史の延長上にあることを忘れてはならないのである。

　他方、ドイツ国籍を有するか否かで区別される法的な意味での外国人にのみ視線を向けるのでは、ドイツにおける外国人問題の広がりは捉えられず、視野狭窄に陥る危険が大きい。確かに国籍上の外国人の流入と定着がそれ自体として重要な出来事であるのは間違いない。けれども外国人が労働力として導入された経緯に照らしただけでも、以下で検討する避難民・追放者やユーバージードラーなどドイツにとっては労働力の供給源は他にも存在していたのであり、この事実との関連を等閑に付しては外国人問題の意義を把握することはできないであろう。さらに外国人が異なる文化的背景を有しており、ドイツ社会にとって異質な文化を有する集団の受け

入れが外国人問題で問われている核心の一つだとするなら，法的な意味では外国人ではなくても異質な文化的背景をもつ集団がドイツに流入している事実も外国人問題を考える際に考慮の外におくことはできない。このことは，ロシア・ドイツ人を例にして詳述するアオスジードラーと呼ばれるドイツに特有な集団を見れば明白になる。言い換えれば，外国人にだけ焦点を絞り，類似点を有する他の集団との関連から切り離し孤立化させて扱うことは，外国人の存在がいかなる意味で問題となっているかという，ドイツにおける外国人問題の文脈を見失う結果になりやすいといってよいのである。

さらに庇護申請者の波がドイツに押し寄せた頃から移民法の制定が政治のテーマの一つに浮上しているが，その背景には先進国に共通する少子・高齢化傾向の先端にドイツが位置している現状がある。(2) 世界でも有数の経済大国の座を占め，統一後はEUの主導的役割を担う政治大国にもなっているドイツには，しかし，このまま進めば21世紀早々に少子・高齢化が招く労働力人口の減少によって経済的な繁栄と豊かさの後退が不可避になるという暗い予測が立てられている。そのため，労働力人口の減少を遅らせ，その影響を緩和する方策が議論されているが，その際，女性の労働力率の引き上げや高齢者雇用の拡大，生涯労働時間延長の一環としての大学在学期間の制限や仕事からの引退時期の引き伸ばしなどと並んで，ドイツ国境の外からくる労働力に対しても関心が向けられている。その端的な例が，連邦議会に人口変動に関する調査委員会が1993年に設置され，専門家を招いて公聴会を開催するなど活発な活動を続けるとともに，1998年に提出した大部な報告書で外来の労働力について検討を行っている事実であろう。(3) 少子・高齢化が今後深刻の度を加えるにつれて，このような関心の方向が有力になっていくのは間違いないと考えられるが，そうした観点から見れば，従来のように，外国人と外部からくるそれ以外の集団を別個のものと見做し，しかも外国人の中にも定住化した労働者とその家族から分離する形で庇護申請者や新たなタイプの外国人労働者などをそれぞれ個別に扱う方法が有効性を喪失するのは当然であり，何よりもまず，外来の集団を全体としてどれほど受け入れ，どのように処遇するかという統一的コンセプトが問われることになるであろう。(4) また他方，経済のグローバル化や難民問題の重圧が強まる世界的動向を見通しつつ，それに対応する形でこれまでの国民国家の枠組みを再検討する際にも，やはり統一的コンセプトが必要とされるであろう。いずれにせよ，法的な意味での外国人に視線を注ぐだけでは，多様な国際移動に彩られてきたドイツの歴史も将来も一部しか視界に入らず，その問題の構造が単純化されてしまうのは避けられ

ない。そうしたことを考慮し，視野をドイツの域外から来る外来民にまで拡大して，外国人を含む人々の流れの多様性に留意しつつ，近現代に現れたドイツを取り巻く移民・移住の動向を最初に素描しておくことにしよう。

第1節　ドイツ近現代史と移民・移住者問題

　ドイツの近現代史が一面では移民の歴史であり，人々の移住の流れによって彩られていることは従来見過ごされがちであった。歴史の片隅に目立たない小さな出来事として移民という動きがあったのであれば，光が届かなくてもやむをえないこととして片付けることもできよう。しかし19世紀に間断なく起こったドイツからアメリカに渡る大量の移民の存在や，若き日のマックス・ウェーバーが警鐘を鳴らしたように，19世紀末にプロイセン東部の大農場でロシア国籍のポーランド人をはじめとする多数の外国人移動労働者が農業労働に従事していた事実を想起しただけで，移住者の流れが単なるエピソードにとどまらないことは明瞭になる。そればかりか，第二次世界大戦後にトルコなどから募集された外国人労働者とその家族が定住化するに至り，彼らの労働力が経済大国ドイツの土台を支えていることを考えるなら，ドイツの近現代史が国境を跨ぐ人の流れに深く結び付いていることはますます鮮明になろう。

　ところで，ドイツを巡る移民の歴史を振り返れば，近年再び用いられるようになっている中欧という言葉に示されるドイツの地理的位置やその国境に触れておかなければならない。ヨーロッパの中央部に位置するところからドイツは多くの国々と国境を接している。ドイツ統一の日の記念式典で演説した当時の大統領リヒャルト・フォン・ワイツゼッカーが，ドイツの覇権を想起させる中欧という言葉を避けつつ，東西の統一を果たしたドイツが今後も周辺国との和解と協調に努めねばならないことを力説したのも，ヨーロッパで最多の国と国境を接しているドイツの地理的位置とそれにまつわる歴史的記憶が背景にある。[1] 実際，中欧に存在していることと移動を阻む自然の障害が少ないためにドイツには人が境界を越えて移住しやすい自然な条件が備わっている。そして現実にこれまでにロシアへもアメリカへも多数の移民を送り出してきたし，逆にユグノーのドイツへの移住に見られるように，国外から移民を受け入れてきた歴史がある。1990年のドイツ統一当時の東ドイツの首相がデメジエールといい，同年の連邦議会選挙で統一宰相H. コールと首相の座を争い，1998年の選挙で政権についた時点のSPDの党首がラフォンテーヌでその姓がフランス的響きがするのはそれゆえ決して偶然ではなく，ドイツ近代史の延長線上にあ

る出来事といってよい。同様に今日のドイツでポーランド系の姓を名乗る市民が少なくないのは，祖先がポーランド民族の出身であり，その子孫が様々な経緯でドイツに定着してドイツ人になった歴史があることを示しているのである(2)。

　しかしドイツにおける移民の歴史を振り返る際にはいくつかの注意が必要である。ドイツが中欧に位置していることは，単に人が移動しやすいというだけではなく，ドイツという国自体の存立とその境界が安定しにくいことにもつながっている。30年戦争がドイツの地を荒廃させたのはよく知られているが，周辺諸国から送り込まれた軍隊の戦場と化したのは，ドイツが中欧に位置していることと無関係ではなかった。そのことは，視点を変えれば，国家としてドイツが外からの侵入を受けやすく，外部勢力によってその領土が狭く制限されることがありうる一方，反対に国力が強まれば領土の拡張に乗り出しやすい条件があることをも意味している。実際，ドイツの境界は歴史的に度々大きく変動してきている。例えばドイツ観念論の代表的哲学者カントが住んでいたのはケーニヒスベルクであるが，この町はカリーニングラードに名前を変えて第二次世界大戦終結後はソ連の領土に属し，ソ連崩壊後の現在では復活したリトアニアとポーランドに囲まれたロシアの飛び地となり，拡大するEUに向けて開かれた経済特区に姿を変えている(3)。同様に，現代ドイツ文学を代表する作家であり，1999年にノーベル文学賞を受賞したギュンター・グラスの故郷はダンツィヒであるが，ドイツ領の一部として繁栄した過去をもつこのハンザ都市が第一次世界大戦後にドイツから切り離されて国際自由都市となり，第二次世界大戦後はポーランドに編入され，名もグダンスクと改称された後，1980年代を迎えてからはポーランド民主化の震源地になったのはよく知られている。ドイツ統一から間もない1991年6月の連邦議会の決定に基づき，1999年に議会・政府機関の移転によって名実ともにドイツの首都に復帰したベルリンも，現在ではポーランドとの国境をなすオーダー川に程近い場所に立地しているが，ビスマルクがドイツ帝国を創建した当時には空間的にドイツの中心近くに位置していたのであり，領土縮小に伴って東に片寄る結果になった。しかもそのオーダー＝ナイセ川がドイツとポーランドとの間の国境として最終的に確定したのはドイツ統一直後のポーランドとの国境条約によってであり，それが結ばれたのは今からそれほど遠くない1990年11月14日のことだったのである(4)。

　こうした事例からも看取されるように，ドイツにおける国境の変動は，主として東部領土の喪失を意味していた。フランスやベルギーとの国境地帯の帰属も無視できないとはいえ，第一次世界大戦敗戦後にポーランド回廊が作られ，第二次世界大

戦敗北後にポーランドとの国境がオーダー＝ナイセ川まで西に移動したことが示すように，領土の喪失の大半は東部で生じたのである。例えば第一次世界大戦後のヴェルサイユ条約によってドイツは7万km²の領土とともに648万人の人口を失ったが，そのうちポーランドに属したのは領土48,000km²，人口418万人であり，その中の168万人がドイツ系であったとされている。そうした変動によって人々の移動の流れが引き起こされたのは容易に推察できるが，それが最大規模に達したのは，第三帝国の軍事的敗退を契機にしてであった。すなわち，戦時下で空襲を避けるため大都市から東部領土の農村地域に向かう疎開などの動きがあったものの，1944年からは東部戦線が後退し，東プロイセンなどドイツ本土が戦場になるにつれて，戦闘地域から家財を放棄して避難する市民の流れが生じたのである。またこれに続き，敗戦から1950年までに再建されたポーランドに編入されたそれまでの領土やチェコスロヴァキアのズデーテン地方などから多数のドイツ人とドイツ系市民が追放などの強制的措置によって退去させられた。その結果，1950年までに総計で1,200万人近くもの市民が縮小したドイツに流入したのである。移民を含む人間の移住は自発的に行われる場合もあれば，様々な圧力によって外見は自発的でも事実上強制的に生じる場合もあるが，それだけではなく，あからさまな強制による移住も存在する。膨大な数のドイツ人避難民・追放者の移動はその代表例であり，印パ紛争の際の強制移住と並んで歴史上最大規模のケースとして知られている。

　ところで，ドイツについては国境が大きく変動してきたばかりでなく，国境によって領土が確定されるべき国家そのものが姿を現したのがようやく19世紀後半に至ってからであったことにも注意が払われなければならない。ドイツが統一国家として存在したのは1871年の帝国建設以降であり，この国家は第三帝国崩壊とともに消滅した。そして再びドイツが国家として蘇ったときには統一性は失われて東西に分裂していたのであり，改めて統一国家になったのは1990年以降のことになる。したがって統一国家としてのドイツの年輪は合計した場合ですらまだ100年にも達していないのが現実である。これらの事実はドイツ史の基本的理解にかかわる重要な問題を提起しており，それらが有する歴史的意義に関してはなお様々な角度から検討を加える必要があるのは指摘するまでもない。しかしここではその点には立ち入らず，行論の関係上最低限必要な事柄を確認しておくにとどめたい。

　まず，一般に移民と呼ばれる国境をまたぐ人口移動の現象をドイツに即して問題とするには，ドイツとはどの地域を指称するかが明確にされなければならない。しかし領土が大きな変更を受けていることを考えると，「固有の」領土を基準とする

ことができないのは当然であろう。そこで便宜上以下で1918年の第二帝国終焉までについて語る際にはすべて1871年のドイツ帝国の領域を指すこととしよう。次に，第二次世界大戦の終結以後については，多数の外国人を受け入れたのが西ドイツであったことを踏まえ，この時期にドイツという場合には基本的に西ドイツと1990年からの統一ドイツを指すものとしておきたい。したがって，移民と呼ばれるのは，1918年までは第二帝国の境界の内から外へ，もしくは外から内へ移住することであり，あるいはそのような移住をする人々である。そしてナチズムが壊滅してから今日までの時期については，国外に流出したドイツ市民がごく少数であることを考慮し，特に断らない限り，移民という場合には，西ドイツもしくは統一ドイツの領域に移住してきて定住化した外国人と既に帰化した人々を指すことにしたい。

この点を踏まえたうえで，移民問題に焦点を合わせてドイツ近現代史を鳥瞰してみると，最初に浮かび上がってくるのは，ドイツの領域に関して便宜上の基準とした上記の国境を越える移民の波が大きな高低差を伴いつつ幾度か生じている事実であろう。この波動については以下で触れるが，しかしそれと並んで見落とせないのは，ドイツ近現代史を彩る人の移動が移民という国境を跨いだ形態に限られないことである。とりわけ19世紀末になるとルールを中心とする西部ドイツでの工業化に応じてかなり大規模な国内移住が展開され，東から西に向かう間断のない人の流れが見られた。その原因は工業化に伴う労働力需要の拡大と西部と東部の間の生活条件と水準の落差にあった。(5) その意味でこの国内移住が工業化を主軸とする経済変動に起因していたとすると，その後も同種の移動が振幅を伴いつつ継続する傍らで，第二次世界大戦終結を境にして新たなタイプの移動が付け加わったのを見過ごせない。それは政治的原因による移住である。

この移動については2種類の集団が区別できる。一つは上述した戦争末期からの避難民や追放者である。戦災のために家屋や鉄道などのインフラが破壊され，特に度重なる爆撃の標的になり廃墟と化した都市部では住む場所の確保は終戦後の最優先課題になったが，Ch. クレスマンのいうそうした「崩壊社会」(6)に大量の外来者を受け入れるのが容易ではなかったのは当然であろう。彼らは主に失われた東部領土から流れ込んだが，それだけではなく，ズデーテン・ドイツ人など従来のドイツ領土以外の地域からも追放者の流れが加わった。その意味では追放者は厳密にはそれまでの国境の内部の移住としては片付けられない面があり，強制移住という形態の移民という側面を伴っているので注意を要する。いずれにせよ，土地・財産や職場を失った膨大な外来者たちは生活の場を確保する困難に直面したが，そうした異郷

での苦悩に避難や追放の際の苦難の体験やそれに発する怨念も加わり，1950年代の西ドイツで彼らは無視できない独自の政治勢力を形成した。そのために彼らの存在と処遇の在り方は復興から高度成長に移っていく時期の西ドイツで政治的にも重要なテーマになったのである。

　もう一つは分裂した東西ドイツの間の人の移動である。量的に見れば東ドイツから西ドイツに移る市民が逆方向の人々より遥かに多く，その動きについては第7章で詳述するが，東ドイツを選ぶ西ドイツ市民が少数とはいえ存在した事実も無視されてはならない。そのうちでは，結果的に東ドイツから追放処分を受けて西ドイツに戻された反体制の歌手ヴォルフ・ビアマンが著名な人物として挙げられよう。無論，東西ドイツを別個の国家と捉える立場からは，ユーバージードラーと総称されるこの人々は国内移住の例に数えることはできない。しかし，西ドイツが東ドイツ市民を法的にドイツ人として処遇していたことや，西ドイツ市民の大半が彼らを異質な集団とは見做していなかったことなどドイツとして一体だった歴史的背景が土台にある現象であることを考えれば，戦後ドイツに特有な国内移住の一形態として扱うことも不可能ではない。むしろ国内移住以外のカテゴリーに入れ，例えば一般の外国人と同列の難民や特殊な形態の移民として考えようとするなら，かえって説明のつかない面が拡大するともいえよう。

　さらに国外からの移住であるために移民の一種であるものの，しかしドイツ人であることが認められているために外国人のような制約を受けずにドイツに移動してきている集団が存在する。アオスジードラーと名付けられたこの人々は戦後ソ連・東欧諸国を中心とする国外から西ドイツに移住しているが，国籍を重視する立場から移民を仮に国籍を異にする人々の国境を越えた移住と定義するなら，ドイツ民族籍という独特の法的地位を有するアオスジードラーがこの意味での移民には含まれなくなるのも確かである。この集団についてもロシア・ドイツ人を例にして第6章で詳しく考察するが，2000年までで400万人に達する事実に照らせば，ドイツ域外からの人の移動を考える際に忘れてはならない存在といえよう。ドイツ以外の国籍をもちながら，ドイツ系市民として扱われ，一旦ドイツに入国するとドイツ国籍を簡単に取得できるこの人々は，ユーバージードラーがドイツの政治的分裂の反映であるとすると，かつて移民送り出し国だったドイツの歴史的所産にほかならない。その意味では，アオスジードラーというドイツに特有な集団の大量流入は，ドイツを巡る移民という現象が近年生じたのではなく，ドイツの歴史の一部として位置づけられることの生きた証左になっているといえるのである。

もちろん，ドイツの地で展開されてきた人の流れを見る場合，国境を越える移民が重要であり，出移民であれ入移民であれ，この集団を度外視してはドイツの歴史や今日の姿を語るのが困難になるほどの重みを有している。実際，これまでにドイツから多数の市民が国外に移住していったし，逆にまた膨大な数の外国人が主として働くためにドイツに流入し，その一部は定住するに至っている。その重みは，1999年12月31日現在で734万人の外国人がドイツに居住しており，総人口の9.0％を占めている事実を見ただけで明白であろう。

　けれども同時に，ドイツには移民に類した別種の人の流れがある事実を視野の外に置くことはできない。上記のように，19世紀末に大きなうねりになった国内移住はその後も高低の波動を伴いつつ継続しているが，これと並んで，ドイツの特殊性を反映して，国内移住としては片付けられず，かつまた移民として一括することも難しい移住者の集団がドイツには存在している。特に第二次世界大戦後には，第三帝国崩壊を契機に縮小した領土から眺めれば，その外部から流入する集団が膨大な避難民や追放者の形で現れたのをはじめ，冷戦期の分断という条件の下では東ドイツという西ドイツの外の地域から流入するユーバージードラーが存在していた。これらの集団には国境を越える移民という一面があるが，他方，見方によっては国内移住の変種として把握することも不可能ではない。しかしそのほかにもドイツには，出身地も国籍も明らかに外国ではあるのにドイツ民族籍を有しているために移民の範疇に収まらず，国内移住としても整理できないアオスジードラーのような独特の集団も存在している。外国人ばかりでなく，これらの多様な集団が狭隘になったドイツの外部から流入してきた事実に照らすなら，ドイツを巡る人の流れは他国に例を見ないほど複雑であり，ドイツに固有な歴史的過去を色濃く刻み込まれているのは明白であろう。逆にいえば，人の流れが多種多様であるだけに，これを追跡することによってドイツ近現代史の特殊性が浮き彫りにされるともいえよう。

　こうした点を考慮すると，これまでの文脈でも何度か用いた移民という語の用法について若干の説明をしておくことが必要であろう。後述するように，外国人の定住が問題になり始めた1970年代末以降，統一を経た今日まで連邦政府はドイツは移民受け入れ国ではないとの立場をとり続けてきているが，この点を考えあわせるとなおさらその必要は大きくなる。連邦政府のこの立場は，将来の国民となることを予定して外国人を受け入れたのではなく，今後もそうした政策はとらないということを意味していると考えてよいが，そうした政策レベルは別にして，社会的事実としては，ドイツに定住化した外国人は移民と呼ばれるべき集団であるといってよい。

移民をどのように定義するかは難しい問題であり，共通理解が成り立っているとはいえないとしても，例えば「移動する人々の国籍やエスニック・アイデンティティに関わらず，ある国の領域に入り，もしくは出ていく人口の運動」という F. ヘックマンやこれに近い M. ティケシディスの広い定義ばかりでなく，[7]「国境を越えて生業の本拠地を移動させる人およびその人に随伴する家族」という小倉充夫や N. ヴェニングの類似のより狭い定義に照らしても，[8]彼らは明らかに移民だからである。その意味では定住外国人よりもむしろ問題になるのは，ドイツ統一後に大きな流れとなった庇護申請者・難民やソ連・東欧圏からドイツに流入するアオスジードラーが移民に含まれるのか否かという点である。移民受け入れ国ではないとの立場に関わらず，これらの集団のいずれもドイツは受け入れているが，前者に関しては，上記の二つの定義から分かるように，広義か狭義かで異なる結論に到達するし，また S. アンゲネントのように移住が選択によるか強制によるかの相違を重視して移民の定義から難民を除外する立場をとれば，[9]庇護申請者は移民には含まれなくなる。他方，後者については R. ミュンツなどはエスニック移民と規定し，移民のカテゴリーに含めているが，この見地に立つ場合でも，エスニック移民というタイプの移民は類似した集団が乏しいだけにその特殊性が絶えず視野に入れられなければならないであろう。[10]また特殊性という面からいえば，ドイツが東西に分裂していた冷戦期に東ドイツから西ドイツに流入したユーバージードラーにも触れなければならない。この集団はドイツ統一とともに法的カテゴリーとしては消滅したとはいえ，戦後ドイツの外国人問題の歴史を考えるうえでは看過できない重みを有しているからである。もちろん，この場合には彼らが越えたドイツ内部国境との関連で国境の定義が改めて問題になるが，史上例を見ないほど厳重に管理された「国境」を越える人の移動であったという意味では，ユーバージードラーも移民の列に加えることができよう。さらに第二次世界大戦終結後の追放者についても，戦前までは外国だったズデーテン地方から放逐されたドイツ系住民などは定義のうえでは移民と捉えることが可能であるのに対し，東部領土から追い出された人々に関してはこの表現が当てはまるか否かは微妙になる。

　このように考えると，ドイツの移民問題はドイツ近現代史に起因する特殊性を濃厚に帯びており，移民の一義的な定義が確立していない状況で上記の様々な集団を移民として一括すると，その特殊性が視界から失われる恐れがあるように思われる。このことを考慮し，国境の変遷を念頭に置いたうえで，外国人労働者はもとより，避難民・追放者，アオスジードラー，ユーバージードラー，庇護申請者などドイツ

の外部から国境を越えて移り住んでくる様々な集団を一括する場合には，これらの一部が洩れやすい移民という語は必ずしも適切ではないと考えられるので，外来民という用語を使用することにしよう。すなわち，一般に用いられている移民という概念を使うことで，「移民受け入れ国」ではないとされるドイツが移民国に共通する問題に直面していることに注意を向けると同時に，移民という概念では見失われがちなドイツの特殊性に留意するために，外来民という包括的な用語も併せて使用することにしたい。

ここで強調したドイツの特殊性は，8,200万人を数える今日のドイツの人口の構成を一瞥すると分かりやすくなる。表1には国籍と出生地の両面から分類した人口の構成が示されている。最初に国籍の面を見れば，原則的には排除されている二重もしくは多重国籍者が実は200万人存在しており，外国の国籍のみを有する外国人と併せると930万人にも達する。この数は人口の11.3％に相当する。もちろん，この数字からはここ30年にドイツに帰化した73万人のかつての外国人は除外されている。他方，出生地の面ではドイツ生まれは6,860万人でしかなく，しかもその中には140万人と見られるドイツで生まれた外国人労働者の第2世代や第3世代が含まれているから，ドイツ人でドイツ生まれの者は想像以上に少ないことが分かる。逆に国外で出生した者は1,120万人にも上るが，その中に占める外国人の数は590万人で半数にとどまっている。いいかえれば，国外で出生した者にはドイツ国籍を有する人々が多いのが実情であり，そのかなりの部分を占めているのがアオスジードラーであることはもはや指摘するまでもないであろう。これに出生当時はその土地がド

表1　ドイツの人口の出生地と国籍による分類（単位：100万人）

国　籍	出　生　地			
	ドイツ	出生当時はドイツ現在は外国	外　国	
ドイツ国籍	ドイツ人の多数，外国人の帰化した子供（従来の国籍放棄）	追放者の多数	ドイツ民族籍の追放者，ナチス時代の強制移住者，アオスジードラー，帰化した移住者	72.7
ドイツと他の第2の国籍	親の1人が外国人であるドイツ人として出生した者，外国人の帰化した子供（多国籍容認），外国人の帰化した子供（従来の国籍の再取得）		アオスジードラー（従来の国籍保持），帰化した外国人（外国籍容認の下での帰化），帰化した外国人（従来の国籍の再取得）	2.0
外国籍	外国人の子と孫		流入した外国人の多数	7.3
	68.6	2.2	11.2	82.0

（出典）　Rainer Münz, Wolfgang Seifert und Ralf Ulrich, Zuwanderung nach Deutsuchland, 2.Aufl., Frankfurt a.M. 1999, S.20.

イツの領土であったのにその後外国に編入された者を加えると，国外の出生者は総人口の16.3％にも達する。これらを総合するなら，ドイツ国籍だけをもち，かつドイツで出生した者が必ずしもドイツの人口の大多数を占めているとはいえないことが読み取れよう。同時にまた，そのことからは，少なくとも現代のドイツが大規模な国際的人口移動を経験してきたこと，しかもその人口移動が複雑な構造をもっていることが推し量れるのである。

　ともあれ，近年，様々な場面で，これまでいわゆる憲法愛国心で封印されてきたドイツ・ナショナリズムに関する一般市民の微妙な心理が垣間見えるようになっている。それを突出した形で表現しているのが再び高まってきている排外暴力の波であろう。ベルリンの壁崩壊を記念する2000年11月9日の市民のデモで異質なものへの寛容が標語とされ，2001年になって連邦政府が連邦憲法裁判所に国家民主党（NPD）の禁止を求める訴えを起こしたのは，偏狭なナショナリズムが社会に浸潤しつつあることに対する危機感からだったが，排外暴力の社会的な根がどこにあり，どれだけの市民の感情をそれが引き付けているのかはなお議論の余地が大きい。

　他方で，1999年初頭に二重国籍の容認問題を巡って生じた対立とCDUが行った異例の反対署名キャンペーンで多数の市民が署名した事実や，多文化社会に対抗して2000年秋にCDU連邦議会院内総務F. メルツが提起した主軸文化論が激論を巻き起こした事実は，[11]外来民問題の根深さを改めて浮き彫りにする形になった。外国人の二重国籍や主軸文化の是非を巡る論議ではこれまで血統主義で支えられてきたドイツの国民観が焦点に据えられたから，激しい論争と対立が生じたのは当然の成り行きだったといえよう。これらの問題が浮上してきた背景には，様々な集団からなる外来民に対してこれまでは個別の集団ごとの政策で対処が行われてきたが，そうした処理の仕方に内在する矛盾が拡大して行き詰まってきたことがある。すなわち，これらの問題を通して，ドイツ人とはどのような人を指し，いかなる特性が維持されるべきなのかというナショナル・アイデンティティに関わる根本問題が改めて提起されているが，そうした事態に立ち至ったのは，膨大な数の外国籍の市民を始め，来歴の異なる種々の外来の集団が社会を構成するに至っているのにこれらを包摂する政治的・社会的枠組みが欠如している現実を直視して，ドイツ社会の未来像を提示せざるをえなくなっているからにほかならないのである。無論，EUの統合が着実に進展し，人の移動を阻む国境の壁がEU域内では消滅し，拡大が予定される国々に対しても今後国境が開かれる方向になっていることが，その必要を強めているのは改めて指摘するまでもない。実際，ドイツ人とは誰かと強いて問われればドイ

ツ語を話す人と答える市民が多い事実に照らせば，ドイツ生まれでドイツ語を事実上の母語とする外国人と，外国生まれでドイツ語を満足に話せないアオスジードラーのどちらがドイツ人かを判断するのは決して容易なことではないであろう。いずれにせよ，ドイツ人の境界が不分明である以上，ドイツはドイツ人の国であるという言説は既に自明性を失い，「ドイツは移民国ではない」という従来の政府の公式の立場も，多数の外国人が定住し，多くのアオスジードラーがドイツ人として受け入れられている実態を踏まえて内外から疑問符をつけられているのが現実といえよう。

　それでは，ナショナル・アイデンティティの問い直しを不可避にしているドイツにおける人の移動はどのように歴史的に展開してきたのであろうか。移民を中心にしてその発展を概観し，特に戦後ドイツにおける外国人問題の生成と拡大の過程を外来民の問題と関連させつつ跡づけてみよう。

第2節　移民流出国から流入国へ―第二次世界大戦の終結まで

1. 移民流出国としてのドイツ

　今日のルーマニア中央部にはジーベンビュルゲン・ザクセン人と呼ばれるドイツ系の住民が第二次世界大戦が終わるまで定住していた。また西部のバナート地方にはやはりドイツ系のバナート・シュワーベン人と呼ばれる人々が暮らしていた。その規模は1940年に前者が25万人，後者が28万人を数え，総人口1800万人のルーマニア全体でその他の集団を合わせ約80万人のドイツ系住民が生活していた。その数は，戦後の共産主義政権下での抑圧によるドイツへの「帰還」などのために激減し，現在では数万人にまで縮小している。しかしそれまで彼らはそれぞれの地でドイツ文化を守りつつ数百年にわたって生活していた。というのは，最も古いジーベンビュルゲン・ザクセン人の場合，その起源は12世紀半ばにドイツ人が当時のハンガリー王ゲーザ2世の呼びかけに応じて今日のシビウ（ドイツ名ヘルマンシュタット）周辺に移住したことに求められるからである。[1]

　この例に見られるように，ドイツには移民を送り出した長い歴史がある。ただ古い時代のドイツを巡る移民については確固たる資料が存在せず，その規模や出身地域などについても推測の域を出ないケースが多い。事実，ジーベンビュルゲン・ザクセン人の主たる出身地域や移動経路などについては諸説があるものの，今日まで明らかになっていない。その意味ではある程度正確な知見が得られるのは18世紀に

なってからであるといわれる。しかしそれ以前でも全体的な輪郭を17世紀のそれに関して描くことは不可能ではない。すなわち，1640年代にかなりの数のスイス人がドイツに当たる地域に移住したことが知られており，その後フランスのユグノーたちがやはりドイツに移住している。特に1685年のルイ14世によるナントの勅令の廃止とその後の迫害は大規模なドイツへの移住を引き起こすことになった。またザルツブルクのルター派の人々もほぼ同時期にドイツ北東部に移住している。さらに時代を下ってフリードリヒ2世は宗教面で寛容政策をとったが，そのことは宗教的圧迫から逃れようとしていた人々に対してベルリンやマグデブルクを移住の目的地とすることにもなったのである。このようにドイツには他面で移民を受け入れてきた歴史があることも見落とすことはできない。

　もっともこれらの出来事はドイツを取り巻く移住という大きな動きの一齣である点に留意が必要であろう。S. ホッホシュタットによれば，従来，「工業化以前の移動のない社会という神話」が支配的であったが，実態は想像以上に人々の移動が繰り広げられていた。そしてこの点ではドイツも例外ではなく，とりわけ17・18世紀のドイツの都市では土着の市民と並んで多数の外来の市民が生活していたという。[2]こうした背景の下ではドイツの外部からの人の流入があっても不思議ではない。周知のように，30年戦争はドイツの地を荒廃させ，人口の激減をもたらした。1620年には人口は約1,600万人を数えたが，30年戦争終結直後の1650年には1,000万人にまで縮小していたと見られる。また他方では，ドイツの分裂を決定づけた主権性を有する領邦国家体制が形成され，各領邦は互いを異国同然と考えると同時に，住民レベルでは「未開地の向こうの隣接する村落への移動すら移住と見做された。」[3]このような分裂状態にもかかわらず，人口の大幅な収縮が生じた地域は移住者たちには魅力的な土地になった。なぜなら，そうした地域の為政者たちは人口を増やすのに熱心であり，荒廃した土地への再入植を奨励するとともに，外部から人々を引き寄せるために全力を挙げたからである。その結果，17世紀後半に数十万人が外部からドイツに移住したと推定される。その中心になったのは，ベーメンからの15万人，スイスからの5万人，4万3千人のユグノーたちであり，そのほかにより小規模ではあるがオランダ人，フランス人，イタリア人，スウェーデン人なども含まれていた。その結果，例えばナントの勅令廃止にポツダム勅令で応えたブランデンブルク＝プロイセンの王都ベルリンでは1700年に人口の約3分の1がフランス人で占められたといわれる。今日，ベルリンで最も美しい広場と評されるジャンダルメン広場はその名残にほかならない。彼らが故郷を離れた動機はさまざまであり，ユグノー

のように宗教的な理由もあれば，スイス人の場合のように経済的なそれもあった。ともあれ，高い出生率に支えられてドイツの地の人口は一世紀のうちに30年戦争前の水準に回復したが，このプロセスへの移民流入の貢献は小さくない。その意味で，H. フェンスケが指摘するように，「17世紀のドイツは移民流出の地というよりは移民流入の国だった」ことを確認しておくことは重要といえよう[4]。

為政者たちは自国民が領域外に移住するのを許さなかったが，その反面で，外部からの人口吸引策は18世紀に入っても継続された。1732年にザルツブルクから15000人のルター派信徒がプロイセンに迎えられたのはその代表的事例である。またフリードリヒ2世をはじめとする歴代のプロイセン王たちの努力の結果，18世紀全体で少なくとも7万人がプロイセンに移住したと考えられている。ユグノーの中に含まれた手工業者の高い技能やスイスから来た農民の専門知識が活用され，経済発展に寄与したことは指摘するまでもないであろう。

他方，ドイツの地から移民として外部に流出する人々の動きが存在していたことも忘れてはならない。これについてはアオスジードラーの歴史的背景を説明する際にやや詳しく触れるので，ここでは差し当たりF. D. パストリウスの指導下にフィラデルフィア近郊にドイツ人町が建設された1683年がドイツ人のアメリカ移民の開始年とされていることを指摘しておけば足りよう。この場合には宗教的動機による海外移住が問題になるが，続く18世紀に拡大した移民では経済的困窮が前面に現れている。一例を挙げれば，1709年から12年までの間にファルツ地方はじめ各地が天候異変による凶作に見舞われたが，これを背景にしてドイツ最初の大量移民の動きが始まった。その折にはライン河中流域やマイン河流域から5万人の人々がアメリカやハンガリーを目指してドイツを後にしたといわれるが，しかし移住途上の苦難で多くが倒れた上，目的地に辿り着いても苛酷な扱いを受けるなどドイツ移民史上の悲劇として知られている[5]。それにもかかわらず大量移住の波は断続的に続き，中心になったファルツからばかりでなく，1717年にはヴュルテンベルク，1737年にはバーデンに波及し，西南ドイツ全域から移住者が送り出されたのである。

そうした移民の規模が格段に大きくなったのは19世紀を迎えてからである。19世紀末には国外移住は実質的に終焉するが，このことを考慮すれば，1816年から1914年までの546万人のドイツからの出移民の大半は19世紀のうちにドイツを立ち去ったと考えてよい。これを見れば，ドイツの19世紀は文字通り移民の世紀であったといえよう。このように国外移住者が膨大な数に達したのは，移民を巡る条件の変化による影響が大きい。最初に指摘されなければならないのは，ナポレオン戦争後の

1815年に結ばれたドイツ連邦条約で従来の移住禁止が緩和されたことである。この法的な意味での緩和は，しかし事実上は国外移住が自由化されたことと同義であり，残る制限は無視され，実質的に存在しないのも同然になったのである。次に移住先の状態を含む移住全般に関する情報が増大したことが挙げられる。賃金や土地取得の条件，宗教的寛容や政治的自由など移住先についての知識がなければ移住の意志は形成されにくいが，19世紀になると情報が飛躍的に増大したのである。さらに鉄道や蒸気船など移動に必要な交通手段が発達し，移住がより迅速かつ安全に行えるようになったことも忘れてはならない。18世紀初期の移民が直面した移住のリスクはこれにより大幅に軽減され，容易に移住に踏み出せるようになったのである。[6]

ところで，19世紀のドイツからの国外移住で主たる目標とされたのは新大陸アメリカであり，移民の90%がアメリカを目指したといわれる。独立宣言が出されるまでにアメリカに渡ったドイツ人移民は6万5千人から7万人程度，多く見積もっても10万人と考えられるから，19世紀にはアメリカへの移住が大量になると同時に，ロシアなどが含まれていた移民の目的地に顕著な変化が生じたといえよう。[7]事実，中西部の農業地帯に住み着いたドイツ人移民に代表されるように，19世紀末近くまでドイツからアメリカへの移民は高低の波動を描きつつ大きな規模で起こっている。すなわち1832年から1850年にかけては年平均で2万人以上がドイツを去ったが，1851年から1880年まででは年平均が7万人近いレベルに膨らみ，1880年代の10年間には総計で130万人以上，年平均でも13万人を上回るレベルに達したのである。このためドイツへの移住者よりもドイツからの移住者の方が多かったのは明白であり，事実上の移民受け入れ国になっている今日のドイツとは反対に，19世紀のドイツは移民の主要な送り出し国の一つであった。これを逆の観点から見るなら，19世紀から20世紀への世紀の転換は，ドイツの場合，移民流出国から移民流入国への転換として把握することができよう。

もちろん，20世紀の移民の場合には旅行，手紙，電話，送金，新聞購読など交通・通信手段の発達によって故国と移住地との濃密な関係を保つことができるし，近年では空間的に遠く離れた故郷での紛争に武器や投票以外の様々な方法で移民が参加する「遠隔地ナショナリズム」[8]さえ成り立ちうるところまで来ている。これに反し，19世紀の移民では移住が故郷への「すべての橋の取り壊し」を意味する場合が少なくなかった。[9]この相違は，一口に移民といってもその基本構造が異なっていることを端的に示している。さらに同信徒のような集団単位の移住か，家族を伴うか，あるいは単身者が主流かという形態の面や，故国で得られない信仰や政治上の自由

の獲得，凶作などの経済的危機からの脱出，才能を存分に発揮し成功を収める野心などいかなるタイプの動機が支配的かという移住の動機の面などでも時期による重心の移動を確認することができる$^{(10)}$。けれどもそれらの点が強調される際にしばしば見落とされがちであることを考えると，国外に流出した人々の一部が故国に帰還した事実にここで触れておいたほうがよいであろう。G. モルトマンの研究によれば，1820年から1914年までに550万人のドイツ人がアメリカに移民したが，最低でもそのうちの10％が再びドイツに戻ったものと推定されている$^{(11)}$。その規模は時期によって大きく異なり，10年単位で見ても0％から22％までの幅があり，ピークだった1875年には49.4％が帰国したともいわれる。この数字の信憑性については問題が指摘されているものの，いずれにしても19世紀を通して流出と流入の両面で移民の動きがドイツの経済発展の重要な一齣を構成しており，移民という現象がドイツの歴史の見過ごせない一面になっていることは確認できよう。

　ところで19世紀半ばにドイツからの移民の波は高くなり，1880年代にピークに達したが，世紀末に近づくにつれて次第に収束に向かうようになった。その背景には急速な工業化による労働力需要の拡大や生活水準の全般的向上などドイツ国内の目覚ましい経済発展があった。こうした推移の一端は，ビスマルク退陣の後，帝国宰相に就任し，新航路政策の推進者となったカプリヴィが1891年に発した著名な声明から読み取れる。「我々は輸出しなければならない。我々は人間を輸出するか，商品を輸出しなければならない。工業における成長なしに人口が増大するなら，我々は生きていくことはできないだろう$^{(12)}$。」ここに示された選択肢のうち，イギリスにキャッチアップするところまで工業力を高めたドイツが進んだのは，周知のように，主として商品を輸出する方向であった。そして国内労働市場の拡大に伴い1880年代に年平均13万人だったドイツからの移民の数は1890年代には5万3千人に縮小した。この傾向は世紀が替わってからの10年間にさらに加速し，年平均9千人にまで低下した。ドイツ人の国外移住の時代はこれによって実質的に終了したといえるが，同時に他方では，西部の工業地域に向かう国内での人口移動が著しく活発化した。またこれに合わせて，不足する労働力がますます多く国外から受け入れられるようになり，国外移住の終焉とともにドイツは労働輸入国として立ち現れたのである$^{(13)}$。

2. 労働輸入国への転換

　労働輸入国への転換のプロセスがドイツで始動したのは19世紀中葉からである。すなわち，ルールの工業が活気づき，プロイセン東部の農村地帯から次第に多数の

労働者を引き寄せるようになったのである。こうして東から西への国内移住の流れが形成され、それは1880年代になると勢いを増した。この流れに乗って西部に移住したのは多くはそれまで農業に従事していた人々であり、そのなかにはドイツ人のみならず、プロイセン邦に籍をもつポーランド系の人々がかなり含まれていた。世紀転換期にルールでポーランド語新聞が発行されるようになっていたのは、その証拠の一つといえよう。(14) 彼らがプロイセン東部の農村を離脱したのは、西部工業地帯で得られるより高い賃金のためだけではなかった。東部地域の領主管区を支配してきたユンカーの大農場では領主裁判権や領主警察権などは1870年代までに廃止されていたものの、半封建的な人格的従属関係が残存し、ゲジンデや日雇いなどの農村下層民は人格的独立性を制限されていたが、そうした束縛から逃れることも重要な原因だったのである。

一方、交通革命に起因するアメリカ産の廉価な穀物のヨーロッパへの流入によって競争力を失ったプロイセン東部の農業は、危機を乗り切るために1880年代に穀物生産から根菜栽培に重心を転換した。その中心となった作物は甜菜だったが、甜菜栽培は労働集約的で大量の労働力を必要としただけでなく、季節性が強いためにシーズンによって労働力需要が大きく変動した。このため、人手不足に直面した農場では外国人季節労働者を安上がりな労働力として導入することを求める声が強まった。その帰結が、プロイセン東部の大農場への隣接するロシアやガリツィア地方からのポーランド人農業労働者の流入である。彼らはドイツ国内ではプロイセン渡りと呼ばれ、故郷では生計の維持が困難だったり、通年雇用の機会が不足しているなどの事情でドイツに押し出されてきたのである。(15)

プロイセン渡りが見られるようになるのは1880年代からであり、急増するのは1890年代になってからである。彼らの中では女性がほぼ半数を占め、また若年者が多かったことに特徴があったが、それは甜菜栽培に身体の柔軟さが求められたこととも関係がある。第二次世界大戦後の外国人労働者の導入の場合とは異なり、当時は募集に関する二国間協定はなく、国家機関によって労働者が募集されたわけではなかった。そのため、農場主もしくは農業会議所、後にはドイツ農業労働者中央斡旋所から委託を受けた募集人が地域を回ったり、あるいは組頭と呼ばれた出稼ぎ労働の経験者が雇主の依頼を受けて地縁・血縁により同郷人を集めるなど様々な方式の人集めが行われた。

国外からドイツに来たポーランド人労働者たちは無権利状態におかれ、服従と勤勉を要求されただけでなく、ドイツ人農業労働者に比べて劣った条件で就労するこ

とを余儀なくされた。それは彼らが雇用契約期間が切れると帰国する季節労働者であるのに対し，ドイツ人が年契約もしくは常雇労働者であり，両者の間が画然と区別されていたからである。彼らが受け取る現金収入は出来高賃金での多少によって左右されたから，劣悪な住居と乏しい給養のもとでの肉体を消耗する長時間労働が一般的になった。またドイツ人労働者が忌避する作業はすべて彼らに押し付けられたから，ドイツ人労働者との間に一種の分業関係が形成され，それは同時に序列にもつながった。身体を酷使して働くプロイセン渡りはこうして「農村の社会的ピラミッドの賤民」として扱われたのである。

ポーランド人を中心とする外国人季節労働者のこうした流入はドイツ国内で激しい論議を呼び起こした。そのことは，若き日のM.ウェーバーが教授就任講演でナショナリストとしての強い危機感からこのテーマを取り上げたことでよく知られている。彼はその中で低廉な労働力を求める農場主の経済合理性が国境地帯の安全という政治的理性と合致しないことを力説したが，[16] ポーランド人農業労働者に安全への脅威を見出す捉え方は，かなり一般的なものであった。なぜなら，外国籍ポーランド人の大量流入は「東部ドイツのポーランド化」を招き，プロイセン東部でドイツが進めているゲルマン化政策を水泡に帰させる危険を内包していたからである。それだけではない。全ドイツ連盟やオスト・マルク協会などのプロパガンダに見られるように，帝国主義的ナショナリズムが強まりつつあった当時のドイツ国内では，生活水準が低く単純作業に従事するポーランド人は同時に文化レベルも労働能力も低いものとして差別され，その民族差別の裏側にはドイツ人の優越感が隠されていたが，それだけに劣った民族の浸透と東部からのドイツ人の駆逐は危機感を募らせずにおかなかったといえよう。当時，ポーランド人以外にも外国人労働者として鉱工業部門にはイタリア人も就業していたし，しばらくするとルテニア人も受け入れられたが，彼らに対してはこのような脅威は叫ばれなかった。しかし農業部門のポーランド人同様，大多数が単純労働に携わる彼らがドイツ人と同等と見做されていなかったのも確かである。その意味で，外国人労働者の中に民族による区別が持ち込まれる一方で，全体として外国人に対する差別感と不信感が第一次世界大戦以前のドイツ社会に醸成されていた。とくに鉱工業部門でも外国人労働者に対する反感が広がっていたことに関しては，彼らがたんに低賃金で働くだけでなく，深夜業や日曜労働も厭わないことなどが問題視されたことが背景にあった。こうしたことは総じてドイツ人労働者の労働条件の悪化を招く原因になると見做されたのである。[17]

ドイツ国内で就労する外国人労働者が増大するのに伴い，ドイツ政府は管理と規

制のための一連の制度を編み出したが，その主眼は彼らがドイツに永住する移民になるのを防止し，一時的にのみドイツで働く出稼ぎ労働者にとどめておくことにあった。そのために流入に関する政策では，ドイツ側の必要に応じていつでも導入と追い出しが可能な外国人労働者の予備軍を形成しておくことが目指された。こうした意図から，例えばプロイセンでは1908年以降外国人労働者は身分証明書の交付を受けることが義務づけられ，限定づきで与えられた就労と居住の許可も毎年12月に更新することが必要とされた。そのうえ受け入れが認められたのは単身者だけで，既婚者が家族を伴うことは許されなかったし，就労期間の延長も使用者が申請した場合にだけ認めうることとされていた。とりわけ脅威と感じられた外国籍ポーランド人に対するプロイセン政府の規制は厳しかった。1890年の内務大臣通達により，農業では季節により労働力需要が大きく変動することに合わせて待機期間が設けられ，労働許可が与えられるのは4月1日から11月15日までに制限されたからである。つまり，ポーランド人は冬季の就業が禁止され，帰国を強制されたのであり，再び就労するには新規に手続きをしなければならなくなった。これによって彼らにはドイツでの定住化の可能性が塞がれたのである。またポーランド人は東部4州以外では工業から締め出され，西部では農業にのみ就業が許されたことも見逃せない。その理由は，西部の工業地帯で働く国内ポーランド人との接触からポーランド人の政治運動が起こることが恐れられたことにある[18]。もっとも，プロイセンの圧力にもかかわらず，待機強制を設けず，身分証明の取得を義務づけなかったことに見られるように，バイエルン，ヴュルテンベルクなどの南部の諸邦やハンブルクなどのハンザ都市はプロイセンでのこうした規制に必ずしも追随しなかったし，当のプロイセンでも農場主の利害に配慮して待機期間がその後段階的に短縮されたことも留意されるべきであろう。いずれにせよ，このようにして，それまでアメリカなどに大量の移民を送り出してきたドイツは既に1890年代初期までに労働輸入国に変貌していたが，それは永続的移住の国という意味ではなく，一時的な滞在と就労の国という意味においてだったのである[19]。

以上のことから明確になるのは，経済発展とともにドイツが外国人労働力への依存を深めていった事実である。確かに外国人労働者の導入に対しては懸念や抗議がしばしば表明され，「外国人の氾濫」という言葉が盛んに使われはした。また労働力供給源として外国人労働者が不確実であることから，国際的な労働市場における他の労働輸入国との競争の激化が危惧されもした[20]。しかしそれらを押しのけつつ工業でも農業でも外国人労働力の規模は拡大していったのである。例えば1907年にド

イツでは全体で約80万人の外国人が就労するまでになり,そのうち35%が農業,55%が鉱工業の諸部門に就業していたのである。出身国別にその内訳を見ると,オーストリア・ハンガリー34万人,ロシア20万人,イタリア13万人,オランダ5万人などとなっていた。こうした増加に伴い,例えば1893年から1908年の間に炭鉱で雇用される労働者に占める外国人の比率は2.7%から9％に上昇した。しかもルール地方に限っていえば,その数字は10％から15％にも達した。またレンガ製造や採石でも10％以上が外国人であったし,その比率は産業の基幹をなす製鉄では一層高かった。[21]農業でも事態は同様だった。東部地域で労働力不足が顕著になっていたので大量の外国人が農業労働力として導入されたが,第一次世界大戦が始まる1914年ころには約40万人がドイツ国内で就労していたといわれる。その中心になったのは,既述のように,オーストリアとロシア出身のポーランド人であった。ドイツ人農業労働者が工業の発展する西部に移ったのと同じく,彼らもまたより高い賃金を得る目的や故郷での窮乏を逃れるためにドイツに流入した。そして甜菜栽培とこれを原料とする精糖業のような労働集約的な部門で苛酷な労働条件の下に多くが就労した。その結果,外国人労働者抜きでは農業生産が成り立たないといっても誇張ではないほど東部地域の農業は外国人に依存するに至ったのである。その意味で,「今世紀初めのドイツ帝国は,世界的にも屈指の労働輸入国であった[22]」という飯田収治の指摘は正しい。

　第一次世界大戦が始まったのは,こうしてドイツが明確に労働力の輸入を不可欠とする国になっている状況においてであった。開戦時には季節労働者を含め約50万人の外国人労働者が農業の諸部門で就労しており,工業ではその数は70万人に上っていたと見積もられている。戦争初期には政府はオーストリア＝ハンガリーや中立国出身の外国人労働者については早期に故国に送り返す必要に迫られた。しかし戦争が長期化するにつれて労働力不足が顕著になり,潜在的労働力人口からの補充だけでは穴埋めできないことが明らかになった。そのため外国人労働者の確保が戦争経済の維持に必須となり,そうした観点からもロシア国籍のポーランド人労働者たちは開戦以降もドイツ国内に留めおかれたのである。これに加え,ドイツに占領されたベルギーからも多数の市民が徴用された。こうして1916年には60万人の戦争捕虜と並んで35万人の外国人労働者が働いていたのである。戦争が長引くに伴いその規模はさらに膨れ上がり,終結のころには戦争捕虜を含む200万人以上の外国人が戦時経済のために働かされていた。就労した戦争捕虜だけでも敗戦までに100万人を越していたとされている。これを見れば,軍需か民需かを問わず,彼らがドイツ

の戦時経済に不可欠な労働力だったのは明白であろう。

　ドイツの敗北で戦争が終わると，これらの外国人の多くが帰国したのは指摘するまでもない。一方，軍需からの転換に伴う敗戦後の経済的混乱に加え，多数の兵士が復員したから一挙に失業率が上昇した。その結果，これらの職のない人々のために農村も含めて雇用対策を実施することが必要とされたから，農業に投入されていた外国人労働者は締め出される形になった。もっとも，失業者の多くは農村に行くことを望まず，また彼らがすぐに外国人農業労働者に代替できたわけでもないので，前者によって後者が駆逐されたと考えるのは行き過ぎであろう。[23] いずれにせよ，失業が深刻化するなかで，戦時期に膨れ上がっていた外国人労働者の規模は戦争終結後の労働市場の縮小に伴い，急速に縮減した。外国人労働者に関する制度的枠組みは敗戦からしばらくは戦前と基本的に同一だったが，その下で1922年までに労働許可を得たのは年平均で30万人を下回った。とくにインフレ直後の1924年のドイツでは17万4千人の外国人労働者を数えたにとどまる。その後，相対的安定期を迎えると，外国人労働者の数も増え，20万人台前半のレベルが続いた。しかし大恐慌の直撃を受けて国内に失業者が溢れると，その数は再び縮まり，1932年の時点では11万人を数えるに過ぎなくなっていた。この激減については，失業対策の一環として，外国人を雇用するに当たり使用者にはその職に適したドイツ人が当該地域にいないことを証明する義務が負わされていたことを見落としてはならない。この制約のために外国人がドイツ国内で職場を見つけるのが困難だったのは指摘するまでもないであろう。もっとも縮小は外国人労働者のすべてについて一様に生じたのではなかった。1923年に定められた外国人労働者の就業および調整令により，労働市場の状態に応じて効率的に管理する目的で外国人労働者は短期労働許可をもつ短期就業労働者と長期労働許可を有する長期就業労働者に区分されたが，世界恐慌の過程で前者が恐慌直前の13万人から1932年には1万人に急減したのに対し，後者は10万人弱のままで目立った変化はしなかったからである。[24] これを国籍別に見れば，容易に推察されるように，ポーランド人の大部分は季節的出稼ぎが含まれる短期就業労働者に属し，主として農業に就労していた。これに対し，オランダ，オーストリア，チェコスロヴァキア出身者は多くが長期就業労働者として工業部門で就労しており，ポーランド人と違い，大量失業にもかかわらずドイツにとどまったのである。

　このような相違の意味を把握するためには，ヴァイマル期のドイツに在住していた外国人の民族構成を見ておく必要がある。1925年の国勢調査によれば，ドイツには92万人の外国人が居住していた。その国籍別の内訳は，ポーランド人26万人，チ

ェコスロヴァキア人22万人，オーストリア人13万人，オランダ8人万人などとなっており，これら4カ国で外国人の大部分を占めていた。しかし国籍とは別に同時に行われた母語についての調査結果を見ると，実に66万人がドイツ語を母語としていたのである。すなわち，オーストリアの97％を筆頭にして，チェコスロヴァキア91％，オランダ71％など長期就業労働者の多い外国人ではドイツ系の人々が多数を占め，他方，短期就業労働者が大半のポーランド人ではドイツ語を母語とするのは45％にとどまり，ドイツ系はそれほど多くなかったのである。[25]これらの数字からは，ドイツ語を母語とする者が長期労働許可を受けやすく，同時にドイツに居住しやすかったことが浮かび上がってくるであろう。国勢調査での「ドイツ語を母語とする者」はナチ時代に「ドイツ民族に属する者」という表現に改められ，ボン基本法第116条のドイツ民族籍につながっていくが，ヴァイマル期に既に外国人であっても「ドイツ語を母語とする者」はある種の優遇を受けていたといえよう。

ところで，ヴァイマル・ドイツでは敗戦後の中央労働共同体の成立に象徴されるように労使関係が戦前から大きく転換し，労働権をはじめとする新たな社会的権利のカタログを掲げたヴァイマル憲法に見られる社会国家の骨組みが形成されたのは周知のとおりである。[26]これに伴い，経営協議会法や労働協約・争議調整令などを軸として労使の協約自治が確立されると同時に，福祉政策の面から国家が社会に介入する領域が拡大したが，こうした流れを背景にして外国人労働者に関する法制が整備され，外国人雇用に対する国家による規制が強化された事実を看過することはできない。その中心になったのは，それまでの種々の法令を統一化した1922年の職業紹介法（Arbeitsnachweisgesetz）であり，中心的機関になったのは1920年に設置された帝国労働紹介庁であった。

第二帝政期とは違い，階級的な力の均衡と妥協のシステムが土台になったところから，外国人労働者政策にも大きな変化が現れている。すなわち，その柱とされたのは，[27]第一に，内国人労働者が見つからないことが確認された場合にのみ外国人労働者の雇用が許されること，すなわち内国人優先の原則である。ドイツ人労働者に優先的に職場を提供すると同時に，労働市場での外国人との競合を回避することを意図するこの原則は，無論，第二帝政期には見られず，11月革命で作り出された権力構造の下で初めて可能になったものである。後述するように，第二次世界大戦後に西ドイツで外国人労働者が導入された際にもこの原則は再現してくるが，そのことは社会国家に内在する保護と排除の構造を映し出しているといえよう。第二の柱は，労使協定の面での外国人労働者の同権化である。労使間で賃率協定が結ばれて

も，外国人に適用されなければ，低賃金で就労する外国人労働者のためにドイツ人労働者の賃金が引き下げられ，あるいは協定が守られない危険が生じる。したがって，外国人を適用対象に加えることは彼ら自身のみならず，ドイツ人労働者の利益にもなるが，この原則もやはり戦後西ドイツに引き継がれることになる。もう一つの注目すべき柱は，労使対等で構成された委員会による外国人労働者受け入れの検査制度である。この制度による監視で守られるのは直接には外国人労働者であるが，間接的にはドイツ人労働者にも有利に働いたから，雇用者からは厄介視された。そのため，民主主義勢力が弱体化したヴァイマル末期にこの委員会は廃止され，その任務は労働局に移されたのである。

　第一次世界大戦以前とは違い，ヴァイマル期のドイツではこのようにして外国人労働者に関する制度が整備された。この点についてヘァベルトは「外国人雇用の諸組織の法制化，中央集権化，効率化」にこの時期の意義があると述べている。[28]もっとも，制度面ではこれらの点が注目されるとしても，当時のドイツで就労していた外国人労働者は，インフレと世界恐慌の激震に見舞われたために，第一次世界大戦以前に比べ規模がかなり縮小していた。その面から見れば，ポーランド人季節労働者の流入の是非が激しく議論された前世紀末とは異なり，彼らは社会的には取るに足りない集団になっていたといえよう。

　けれども他方では，国外からの流入が減少するのと裏腹に，第一次世界大戦終結後の経済の混乱がプッシュ要因となり，再び人口流出の波が高揚したことも見過ごしてはならない。既述のようにアメリカ移民は19世紀末には低調になり，全体として国外移住の終焉について語ることすら可能だったが，1920年代には19世紀ほどではなくても移民の波が高まり，とりわけ混乱が極に達した1923年には10万人以上が国外に流出して短期的なピークが訪れたのである。相対的安定期に入っても平均すると年間の流出者数が第一次世界大戦勃発までの時期の2倍のレベルにあったが，この事実は，経済の低迷の反映であるだけでなく，先行きへの不安感が広範に存在していたことを物語っている。他方，経済の混乱に拍車をかける人的な要因が存在していた点も見逃してはならない。ドイツの敗北によりポーランドが再建されたが，それに伴って国境線が引き直されたために人の移動が起こったのである。その規模は後述する第三帝国崩壊に伴うそれに比べればかなり小さかったが，それでも従来ドイツ帝国内で暮らしていたドイツ人のうち，ポーランドに編入された地域から1925年までに88万5500人が狭くなったドイツの領土に移住してきたことは，労働市場をはじめ混乱状態にある社会の様々な面に影響を及ぼしたことは無視されてはな

らないであろう。

　ナチ政権が樹立された1933年には経済に立ち直りの兆候が現れ，工業生産が上向くと同時に，失業者数も次第に減少した。そして1936年に開始された４カ年計画の進行に伴ってドイツ経済は本格的な回復軌道に乗るとともに，失業問題は解消し，完全雇用に近い状態が達成されたのである。再軍備を行い，戦争準備に着手したドイツ経済の足枷になったのは，原料，食料，外貨，労働力の不足であった。これによってドイツ国内では再び追加的労働力を確保する必要が感じられるようになった。ヴァイマル末期の労働力過剰は短時日のうちにナチ政権下で人手不足に転じたのである。そのためポーランド政府やイタリア政府との協議の末，労働者派遣に関する協定が1937年に結ばれ，前者から1938年に３万７千人，39年に４万６千人が導入され，後者からは1938年と39年にそれぞれ６万人と９万人を受け入れた。また1939年にはユーゴスラヴィア，ハンガリーなどとも同種の国家間協定が結ばれ，近隣諸国から労働者が集められた。さらにオーストリア併合後は失業率の高かった同国からも労働力が提供され，ズデーテン地方を併合した後にも労働力が追加されたし，チェコスロヴァキアの解体を意味したベーメンとメーレンの保護領化に伴い，戦争開始までに同地方からは10万人の労働者が徴募された。無論，その場合，ナチ民族政策によりドイツ系の前者がドイツ人として処遇されたのに対し，後者が外国人として扱われたのは指摘するまでもない。これらの施策の結果，1939年半ばの時点でドイツ国内では約38万人の外国人が就労していたが，もちろんこの規模では拡大する労働力需要を満たせず，人手不足は切実な問題になっていた。人手不足は最初は農業部門で表面化したが，すぐに工業やサービス部門でも感じられるようになり，労働力の補充は生産活動全体を制約し，戦争準備を遅滞させかねない重大問題として解決が迫られたのである。

　こうしたナチ時代の外国人労働者政策にもいくつかの特色が見られた。ナチ党が政権を掌握した翌1934年には国民労働秩序法が施行されたが，これによってヴァイマル時代を特徴づけた協約自治の原則が労働運動とともに破棄され，労働の権利は労働の義務に一変した。またこれに合わせて，労働者と職員の身分格差や階級的分断が否定され，指導者原理に基づく民族共同体に労働者が組み入れられた。(29) こうした労働政策の転換を土台にして浮かび上がってきたのが，ナチ特有の人種主義イデオロギーに基づく民族差別政策である。それにより民族共同体の外部の外国人労働者は出身国別に労働許可の条件などが細かく区別され，民族の「価値」に対応する異なる扱いを受けた。その際，もっとも優遇されたのが，ダンツィヒ，アルザス＝

ロレーヌなど以前のドイツ領土の出身者だったのは当然だが，同時に価値序列だけではなく，出身国との政治的関係が考慮されたことも見落としてはならない。第二に指摘すべき特色は，外国人の大量導入が国家間の協定によって行われた点である。この方式が戦後西ドイツで復活し，より精巧になるのは後で触れるが，出発点がナチ時代にあり，その意味で連続性があることや，協定による規制がヴァイマル期の労働市場への国家介入の延長上にあることは留意すべきであろう。第三の注目点は，従来プロイセンなどの邦レベルで異なっていた対応がライヒのレベルで一元化されたことである。この方向はヴァイマル期にも看取されたが，一元性が強化されたのは権力を中央に集中する総統国家づくりの一環だったのは言うまでもない。その結果，出身国に応じた複雑な差別が全国で一律に実施されるシステムが形成されたが[30]，同時に，治安対策の面からも取り締まり体制が整備されたのも見過ごせない。民族共同体に所属しない外国人は監視の対象になったが，彼らの動きを捕捉し迅速に対処するために1938年にベルリン警察本部に外国人中央目録が設置されたほか，警察が容易に外国人を追放処分に処しうる外国人警察令が公布されたのである。またナチ体制に特有の逆説として，外国人労働者の導入に「ドイツ民族の血の純潔性に対する危険」や「異邦化」など人種主義に由来する懸念が表明され，あるいは外国人労働力への依存は確立さるべき経済的アウタルキーに逆行するなどの疑問が出されたが，そうした声が導入の阻害要因の一つになったことも付け加えてよいであろう[31]。

　それはともあれ，第一次世界大戦の場合と同じく，第二次世界大戦が1939年9月に勃発すると労働力に対する需要はさらに高まった。開戦から最初の8カ月の間に400万人のマンパワーが経済活動から引き離されたが，その後もこのプロセスは進行し，1940年5月から1944年9月までにさらに700万人が経済活動から離脱した。このように膨大な労働力の縮減は，他の諸要因と相俟って外国人労働力の投入を不可避にした。その要因とは，女性を経済活動に従事させることに対するイデオロギー的制約，国民に一層の犠牲を強いることに対する指導層のためらい，政府による適切な労働力動員の不十分さなどである。これらの事情から戦争が長引くにつれて外国人労働力への依存が深まったが，初期には軍事的成功がドイツの必要とする労働力をもたらした。占領地から多数の市民が労働に徴用されたからである。これに加え，イタリアやベルギーなどでは労働者の募集が行われ，少なくとも表面上は自主的に応募した外国の民間人がドイツで就労した。こうして1940年5月末までに100万人以上の外国人市民と捕虜が既にドイツ国内で働くに至っていたが，それはまだドイツの労働力全体の3％に相当するにすぎなかった。しかし1年後にはその数

は300万人に増大し，比率も8％に達していたのである。

独ソ戦の開始によって戦争が拡大し，ソ連の頑強な抵抗のために戦争が長期化すると，ますます多くの労働力が兵士として引き抜かれる事態となり，それに伴って捕虜による強制労働ばかりでなく，民間人の投入も拡大せざるをえなかった。1939年5月には3,900万人以上のドイツ人が経済活動に携わっていたが，しかしその数は1942年5月に3,130万人に，さらに1944年9月には2,850万人にまで落ち込んだ。そうした状況下で女性の動員を強める試みがなされたものの成果が上がらなかったために外国人労働者の規模は拡大の一途を辿った。すなわち，1942年5月には400万人以上，翌年同月になると600万人以上，そして1944年9月には500万人を越す外国籍の民間人と200万人近くの戦争捕虜がドイツ国内で労働していたのであり，その規模は全労働力の21％にも上ったのである。[32] 無論，その中には強制収容所に押し込められ，労働による抹殺に晒されたユダヤ系市民も含まれているし，さらに1943年のイタリア降伏後ドイツ側に立って戦うのを拒んだためにドイツに送られた60万人に上るイタリア軍兵士も含まれている。ともあれ，これらの数字に照らせば，ナチスの戦争経済が外国人という大きな柱によって支えられていたのは明白であろう。別言すれば，大量の外国人労働力が存在しなければ戦争経済はもっと早期に破綻をきたし，継戦能力の低下のために戦争は1945年5月以前に終結していた可能性があったとも考えられるのである。

以上のように見てくれば，労働力の輸出であれ輸入であれ大掛かりな人の移住がドイツの近現代史を貫く隠れた太い糸であり，戦時期か平時かを問わず国境を越える労働力の移動を抜きにしてはドイツの経済発展を語るのが困難であることは容易に察知できよう。もう少し正確に言うなら，工業化に出遅れたドイツは19世紀末まで労働力の送り出し国であったが，工業化の急速な進展に伴って世紀転換期までに労働力不足に直面し，労働力の受け入れ国に変貌していたのである。しかし同時に，戦時の捕虜や強制労働者に対しては無論のこと，平時でも外国人労働者に対しては厳重な管理体制を築きコントロールを加えることによって，受け入れた労働力の移民としての定住を阻止する施策がとられてきたことも看過されてはならない。敗戦によるナチ体制の瓦解に至るまでドイツは労働力を域外から時には強制力を行使して輸入しながらも，ドイツへの彼らの定着は決して認めなかったのである。その意味では人の移動によって近現代史が彩られてはいても，ドイツはいわゆる移民受け入れ国ではなかったのである。

第3節　戦後ドイツにおける外来民問題の展開

　東部領土の喪失などにより戦後ドイツの国土は東西合わせてもヴァイマル期に比べて4分の3，第二帝政期と比較すると5分の3に縮小したが，その狭小化したドイツには1945年の敗戦以降今日までに約2,000万人に上る人々が流入し，生活の拠点をドイツに移し替えた。そのためごく僅かの年を除き，ほぼ毎年人口の流入と流出の差はプラスになり，国境を越える人口移動はドイツの人口の増加要因として作用してきている。このことは図1に掲げた1954年以降の旧西ドイツへの流入人口や，流出人口との差であるネットの増加分を一見しただけで明白になろう。多死多産を特徴とする農業的人口様式から少死少産の産業的人口様式へのいわゆる古典的人口転換はドイツでは1955年頃に完了したといわれるが，これを反映して戦後のドイツでは1960年代以降出生力が置換水準を大きく下回る低水準で推移し，1970年代初期からは人口の自然減が現出するに至った。(1)現に旧西ドイツ地域で見ると，1970年から1998年までの人口の自然減は152万人に達し，旧東ドイツ地域の同期間の84万人を加えると236万人もの自然減が生じた計算になる。それにもかかわらず旧西ドイツの人口が増加し続けてきたのは，自然減を上回る外部からの移動による社会増があったからにほかならない。このことは，裏返せば，仮に人口の流出入がなかったならば，ドイツの今日の人口規模は実際よりもかなり縮小していたことを意味している。例えばR.ミュンツたちの試算では，その場合のドイツの人口は現状よりも800万人少なくなっていたであろうという結果になった。(2)

　ところで，旧西ドイツにおける人口の流出入による増加が1980年代後半から拡大するようになったのは，1990年にネットで100万人以上の増加を記録したことからも看取される。これは全人口の1.6%に相当し，流出者を考慮に入れないグロスの流入者数165万人は全人口の2.6%にも達している。これらの比率は古典的な移民国アメリカをも凌ぐものであり，ドイツが国際的人口移動の高波に洗われていたことをよく示しているといえよう。

　しかしながら，大規模な人口移動をドイツが経験するのはこれが最初ではないことを忘れてはならない。この問題を巡る近年の議論の激しさは，それが恰も初めて直面した重大問題であるかのような印象を与えはするものの，規模の点では類似の経験を旧西ドイツは積んできているからである。今日から振り返れば，旧西ドイツには第二次世界大戦の終結以来，人口流入の三つの段階が存在するといえる。第1段階に当たるのは，敗戦から建国を経て1960年代初期に至る期間である。この時期

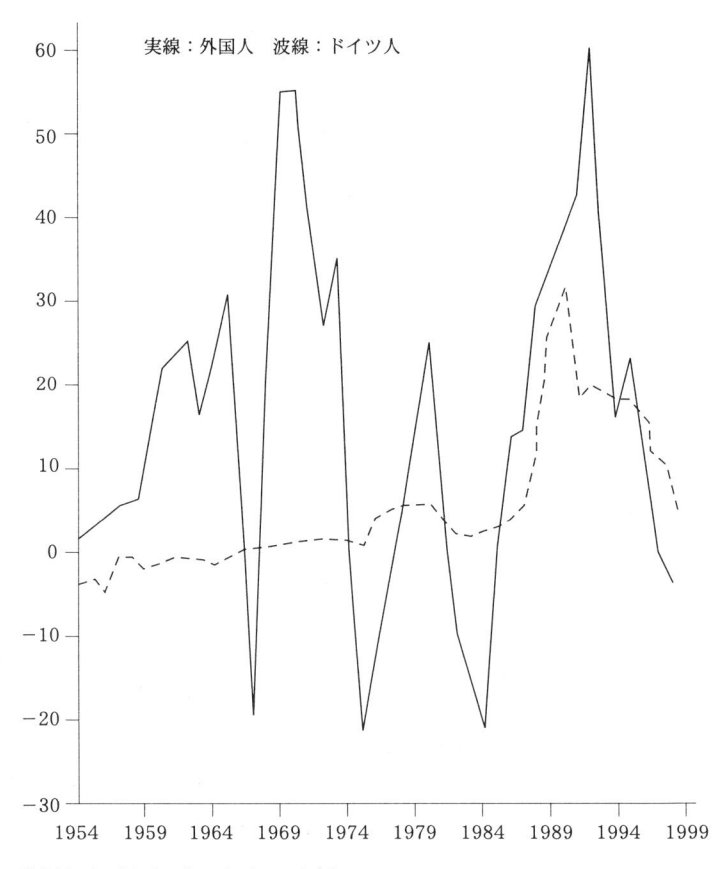

図1　ドイツの流入人口と流出人口の差（単位：万人）

実線：外国人　波線：ドイツ人

注(1) ドイツ人にはアオスジードラーを含む。
　(2) 1991年までは西ドイツのみ。
　(3) 1990年までの東西ドイツ間の移住は含まない。
(出典)　Bundesministerium des Innern, Modellrechnungen zur Bevölkerungsentwicklung der Bundesrepublik Deutschland bis zum Jahr 2050, Berlin 2000, S.20より作成。

の早い局面では，敗戦によって喪失した東部領土からの避難民や，東ヨーロッパの諸地域に古くから住み着いていたのにドイツの敗北を契機に故郷を追われたズデーテン・ドイツ人などの追放者たちが流入の中心になった。ソ連の勢力下に入った東ドイツでは退去の強制の色合いを希釈するため彼らはウムジードラーと呼ばれたが，呼称はともあれ，避難民・追放者の巨大な流れはおおよそ1950年まで続いた。しかし1950年代になると，これに代わって別の集団が西ドイツへの人口流入の中心的位置を占めるようになる。それは当時は難民と呼ばれた東ドイツからの逃亡者である。この人々は合法・非合法を問わず東ドイツから西ドイツに移住した広い意味でのユーバージードラーに含まれる。しかし周知のようにその流れは1961年のベルリンの壁の建設で事実上ストップし，以後は命懸けの脱出などで政治的には注目されても，人口移動としては意義を失うことになった。

　続く第2段階の主役になるのは外国人労働者である。この段階はさらに三つの時期に区分できる。第1のそれは，復興から高度成長に局面が移行する中で顕在化した労働力不足を補うために積極的に外国人労働者を導入した時期であり，始点はイタリアとの間に最初の労働者募集協定が結ばれた1950年代半ばであるが，本格化するのは東ドイツからの人口流入が途絶えた1960年代に入ってからである。そしてオイル・ショックの影響を受けて募集を停止した1970年代初期まで続いている。これに対し，第2の時期は1973年に始まり，1990年頃で区切られる。この局面を特徴づけるのは，外国人労働者が家族を呼び寄せて定住化していったことであり，政策面では定住化の事実を認めないまま，帰国奨励と一時的な統合を図る矛盾した政策のジグザグが見られたといってよい。これに続く第3の時期は，定住化した外国人労働者とその家族を移民として半ば認知する外国人法の改正とともに始まるが，その一方で，定住化の可能性の排除を前提にして，請負契約労働者のような新たなタイプの外国人労働者の導入が行われるようになったことが特徴となっている。すなわち，定住化した外国人にはその地位を強化する反面，ドイツを移民国とは認めない政策が継続されている訳である。こうして1955年に始まった外国人労働者問題は公認されざる移民問題に転換してきているが，注目されるのは，この第3期では社会的関心の集まる外国人問題の重点が外国人労働者とその家族というよりは，別のカテゴリーの外国人に移っていったことである。別言すれば，外国人労働者の移民化が問題となる第3期は，人口流入の第3段階と重なり，そのためにこの時期には異なるカテゴリーの外国人の問題が錯綜し，もはや一口に外国人問題とは呼べない複雑な様相を呈するようになったといえよう。[3]

東西ドイツの統一の年1990年頃から始まる第3段階に前面に押し出されてきた集団は二つある。一つは基本法の庇護権規定を足場に庇護を求めてドイツに殺到した難民である。そしてもう一つの集団が、東ヨーロッパ各地に散らばるドイツ系住民の子孫であるアオスジードラーである。これら二つの集団は、冷戦が終結に向かうにつれて国境が越えやすくなったのを受けてドイツに流れ込んだが、大半が経済難民と見られた前者が従来の南北問題の新たな形態だとすれば、後者は軍事的対立に彩られた東西問題の延長線上にあったといえよう。両者の規模が瞬く間に膨らんだために統一して間もないドイツ国内にパニックに近い反応が生じたのは周知のとおりである。旧東ドイツ地域から始まり、全国で頻発した排外暴力事件はそのことを裏書きしている。そうした事態を前にして、1992年末の与野党の合意に基づいて基本法などが改正され、1993年半ばから庇護申請者に対する規制が強化されると同時に、アオスジードラーについても従来の手厚い処遇が改められ、受け入れ数についても上限が定められた。その結果、これら二つのカテゴリーの流入者数は減少し、政治的危機すら招いた深刻な事態はひとまず沈静化した。しかし、それでもなお1980年代までと比較すれば高いレベルで二つの集団の流入は続いているのを見逃してはならない。その意味では第3段階はなお区切りを迎えたとはいえないのが現状である。

　このように第二次世界大戦が終結してからの西ドイツないしドイツへの人口流入は大きく三つの段階に分けることができる。また流入の中心になった集団についても、避難民・追放者、ユーバージードラー、外国人労働者、庇護申請者・難民、アオスジードラーなどが区別され、各々が特定の段階に一種の主役の役割を演じる形になっている。無論、どの段階にも庇護申請者もいれば、アオスジードラーも見出されるように、そのことは、段階が代わると主役たちが完全に舞台から退場したことを意味するわけではないのは付け加えるまでもないであろう。いずれにせよ、追放者の波が沈静した1950年から1998年までに上記の集団のどれかに所属してドイツに流入した数は3,000万人にも達し、他方では、外国人労働者の帰国や庇護権を認定されずに出国した庇護申請者、あるいは外国に移民するドイツ人などドイツから流出した人口も2,000万人に上っているのであり、[4] 戦後のドイツが他の先進国に類を見ない国際的な人口移動の大波に洗われている事実は銘記されるべきであろう。この基本的事実を踏まえたうえで、以下では3段階区分に従ってそれぞれの段階に中心となった集団の輪郭を素描するとともに、彼らがいかなる扱いを受け、どのような形でドイツ社会に居住しているかなど主要な点の概略を描いてみることにしよう。

またその際，外国人問題の重心が外国人労働者とその家族にある実情を考慮して，第2段階については三つの時期の展開をやや詳しく追跡してみよう。

1. 避難民・追放者とユーバージードラー

まず避難民と追放者について概観しよう。

上述のように，第二次世界大戦は外国人の強制労働という点だけでも大規模な人の移動を引き起こしたが，ドイツに限っても戦争勃発直後から既にかなりの規模の移住が生じていた。すなわち，1939年9月28日にドイツとソ連の間で締結された国境友好条約に基づいてソ連国内やソ連の勢力圏に編入されたバルト諸国あるいはソ連占領下のポーランドなどの諸地域から，1941年までに38万9千人のドイツ系住民が「帝国への帰還」の名の下に民族ドイツ人として占領したポーランドのゲルマン化のために移住させられたのである。他方では，再び異国の支配下に置かれたポーランド人がダンツィヒ周辺やヴァルテラントから追い出されて新設された総督府に強制移住させられたが，その数は120万人にも上ったのである[5]。

しかしながら，ドイツ人の間で大規模な移住が見られたのは，第三帝国の敗色が濃くなった第二次世界大戦の末期から敗戦直後にかけての時期である。というのは，この時期に避難民と追放者が出現したからである。時間的に連続する形で両者の集団が現れたことや，法的な面でのひとまとめにした処遇から，これら二つの集団は一括して扱われるケースが多い。また，日常的な用法でも区別はなされず，難民（Flüchtlinge）という語で「戦争の結果，故郷を去らなければならなかったすべての人々」が包括されているのが一般的といってよい。しかし呼称が示唆しているように，両者は発生の時期も経緯も異なっているし，出身地域にも重なり合わない部分が見られる[6]。

避難民が出現したのは，進撃を続けるソ連軍が初めてドイツ本土に到達し，東プロイセンに侵攻した1944年8月からと考えてよい。これに伴い，同地域の住民たちは戦闘に巻き込まれるのを避けるために自発的もしくは軍の退去命令により，より安全な場所に避難を開始したのである[7]。しかし頑強な抵抗にもかかわらず戦況は好転せず，ドイツ軍の敗走とともにソ連軍の本土への侵入範囲が広がるにつれて避難する民間人の数が膨れ上がっていったのは当然であり，避難も一時的ではなく，故郷からの離脱の色彩を強めていった。そうした状況で1944年10月に東プロイセンの小村ネマースドルフをドイツ軍が奪回した際に明るみに出た事件は民間人の間にパニックを引き起こした。そこでは子供，老人，女性など多数の住民がソ連軍によっ

て虐殺され，死体となって発見されたのである。この種の事件はネマースドルフに限られず，赤軍が通過した村のいくつかでは生者より死者のほうが多かったと指摘されるように，同種の惨劇は各地で起こったが，ドイツ本土侵攻初期に発生したためにネマースドルフが一種のシンボルになったといえよう。いずれにせよ，この事件はヒトラーが宣伝したロシア人の野蛮さの証明とされただけでなく，独ソ戦開始以降ドイツ国防軍とSS特殊部隊がソ連国内で行った蛮行に対する報復と見做され，現にソ連指導部は政治的計算から報復行為を黙認し，ドイツ軍将兵に対してばかりでなく，民間人を含むドイツ人そのものに対する憎悪を煽っていたのである。[8]こうしたことからソ連軍の侵攻はドイツ東部地域の住民たちを恐怖に陥れ，その結果，ソ連軍が接近した地域からは続々と避難する民間人が現れ，家財を積んでより安全な西に向かう荷車が列をなしたのである。

　もちろん，これらの人々がすべて安全な場所に到達できた訳ではない。安全と思われた場所にも間もなくソ連軍が迫り，再び逃避しなければならなかったし，途中で食糧不足や寒さのために倒れた人も少なくなかったうえに，ソ連軍に追いつかれて拉致されたり，殺害された人々もいたからである。またデーニッツの指揮下にドイツ海軍はソ連軍に追い詰められた避難民をキール周辺の安全地帯へ海上輸送する作戦を小型船舶をも動員して展開し，それによって救出された市民は200万人から300万人にも上ったが，その一方で，救出に当たっていた歓喜力行団所属の客船ヴィルヘルム・グストロフ号がソ連潜水艦によって撃沈され，乗船していた5,000人以上の避難民たちが厳寒の海に投げ出されて死亡する悲劇や，同じく6,666人もの犠牲者を出したゴヤ号の沈没のように海難史上最大級の惨事が発生したのである。[9]こうした出来事に見られるように，海路はもとより，凍った干潟や雪原を徒歩で越えたりする逃避行そのものが危険に満ち，実際に多数の犠牲者が出たのである。

　さらに1945年2月13日から翌日にかけての連合軍による空爆で一夜にして焦土と化した古都ドレスデンでは3万5千人とも6万人ともいわれる犠牲者の中に多くの避難民が含まれていたが，[10]この事例が示すように，たとえ安全と思われる地域に逃れても民間人をも無差別に標的にする戦争そのものの恐怖から免れることはできなかった。その意味で第三帝国が無条件降伏するまでの間，避難民たちはどこに逃れても辛苦を嘗めねばならなかったが，[11]敗戦によっても彼らの苦難に終止符は打たれなかった。故郷に帰ることもできず，危険を冒して辿り着いた土地には生活基盤もないうえに，持ち出した家財も多くは逃避行の途中で失ったために，避難民の大半は文字通り無一物で困窮の日々を過ごさなければならなかったからである。こうし

て避難民たちが茫然自失の状態に陥っている頃，もう一つの悲劇が始まった。追放がそれである。

戦後処理の一環としてドイツ人追放の構想を最初に提起したのは，ナチス・ドイツによって解体されたチェコスロヴァキアを脱出してロンドンに亡命政権を樹立した大統領のベネシュであった。そして彼の粘り強い説得工作の結果，その基本線は連合国指導者によって受け入れられるところとなった。これに基づき，ドイツ降伏直前から既に一般市民の報復の対象になっていたズデーテン・ドイツ人の上には大量追放の嵐が吹き荒れ，故郷を追われた者の数はメーレン地方からも含めて総計で約300万人，追放の過程での死者は30万人にも上ったといわれる。(12) けれどもチェコスロヴァキアをも上回る規模で追放が遂行されたのは，再建されたポーランドにおいてであった。

ヤルタでの合意に基づいてドイツ東部地域はソ連軍の占領下に置かれたが，ドイツが降伏する直前の1945年4月にソ連は活動を始めていたポーランド臨時政府に施政権を委譲した。無論，その臨時政府はポーランド消滅に伴ってロンドンに逃れた亡命政府ではない。ソ連軍の侵攻とともに共産主義者の組織がルブリンで活動を開始したが，施政権を行使するようになったのは，このいわゆるルブリン委員会を母体とする，ソ連に忠実な政府である。一方，第二次世界大戦勃発時にドイツとソ連に分割されて消滅したポーランドの再建に絡み，ソ連はかつてのカーゾン・ラインを事実上復活させ，独ソ戦開始後にソ連も同意した大西洋憲章に示された領土不変更の原則に反して，ソ連の領土を西に拡張した。この国境線の変更によりポーランド領土は縮小せざるをえなかったが，その代償としてソ連がポーランドに提供したのが，オーダー川とラウジッツ＝ナイセ川より東に広がるドイツの領土であった。

かつてのカーゾン・ラインまでのソ連の領土拡張がヤルタ会談の場で合意されていたのとは異なり，この地域はポツダム会談でも最終的帰属が決定されず，暫定的にポーランド臨時政府に管理が委ねられた。しかし，当然ながらそこにはなお故郷の立ち退きを拒否した多数のドイツ人住民が残留していた。戦火が止むと，彼らの一部は強制収容所に入れられたほか，ソ連に送られて強制労働させられたり，中央労働収容所を通してポーランド各地で労働を強いられた者もあり，死亡率は高かったといわれる。またそれ以外にもドイツ人には白い腕輪などの目印をつけることが義務づけられ，ポーランド市民による野放図な暴行の対象にされた。その背景には戦時期に第三帝国の名において繰り返された残虐行為に対する復讐心があったのは指摘するまでもない。

こうした措置と並行して，再生ポーランドの領土としての既成事実を作ることによって上記の地域を組み込む狙いから，ドイツ人を一掃し，代わりにポーランド市民を定住させる動きが現れた。同様にドイツ人が長らく暮らし，歴史的にドイツの都市といいうるダンツィヒや，結果的にソ連とポーランドに分割・併合された東プロイセンなどでも残っているドイツ人住民の強制的排除が推進された。民族浄化と表現してよいこのプロセスでは，初期には統制が欠けていたためにポーランド人民兵によるドイツ民間人に対する虐待が頻発した。その結果，暴行はもとより，病気や疲労，飢餓などのためにオーダー川以西への強制移送の途上で命を落としたドイツ市民が少なくなかった。こうした事態を黙視しえなくなったためにポツダム会談ではこの問題が話し合われ，領土の帰属は明確化されないまま，ドイツ民間人の移送を秩序正しく人道的に実施すべきことが決定されたほどである。これを受けて虐待には一部で改善が見られたものの，同時にドイツ人追放が認知されたことからその規模は拡大し，再生ポーランドにはほとんどドイツ人が見当たらないといわれるところまで追放が続けられた。こうして残留していたドイツ人の多くが1949年までに財産の大部分を残したまま故郷から放逐されたのである。[13]

 同じような追放の悲劇は上述したチェコスロヴァキアばかりでなく，ハンガリー，ルーマニア，ユーゴスラヴィアなどでも見られたが，なかでも追放の規模が大きく，陰惨な事件が付随したのはチェコスロヴァキアの場合だった。ズデーテン地方の割譲が国家の消滅に直結する形になったこの国では，ナチスの尖兵となり，暴虐な支配に協力したズデーテン・ドイツ人は文字通り国家の裏切り者であり，反逆者と見做された。彼らに激しい憎悪が向けられ，追放の過程が凄惨にならざるをえなかったのはそのためである。中でもウスティ・ナド・ラヴェム（ドイツ名アウシッヒ）で移送途上の数千人のズデーテン・ドイツ人が惨殺された事件はドイツ側では長く語り継がれ，ドイツ・チェコスロヴァキア関係の修復を阻む刺の一つになってきたが，その原因や被害の規模など事件の真相はいまだに明らかになっていないものの，その種の事件の多発は一般市民が抱く怨念にも似た心情と切り離すことができないのは確かであろう。ズデーテン・ドイツ人追放の詳細は省略せざるをえないが，ビロード革命で大統領に就任した作家のハベルが追放に関しチェコスロヴァキア側にも非があったのを認めたのは，市場経済化に対する統一ドイツの援助の期待からばかりでなく，歴史的和解のためには追放に財産没収のような明らかに不当な面があった事実を率直に認めなければならないという判断によると思われるのである。[14]

 それでは避難と追放によってどれだけのドイツ人が移住を余儀なくされ，またそ

の過程でどれほどの犠牲が生じたのであろうか。

　これを見る場合，二つの点に注意する必要がある。一つは用語である。西ドイツでは1950年代にこれらの人々を処遇する法令が整備されたが，既に冷戦の時代を迎えていたため，ソ連・東欧圏の体制の邪悪さを強調する反共主義的な意図を込めて，避難民と追放者を一括して追放者と呼ぶようになったことである。この用法を踏襲して両者を区別しない文献が少なくないが，前者が戦争末期に前線が接近してくるなかで避難のために自己の判断に基づいて，もしくは軍や官憲の命令によってやむなく故郷を去ったのに対し，後者が戦争終結後に避難の必要が消滅した段階で故郷からの退去を強制されたという相違は軽視すべきではない。なぜなら，例えば約950万人を数えた東部領土のドイツ人住民のうち半数は敗戦までに避難したと見られるが，これらの人々をも追放者と呼ぶと追放の規模が大写しされる結果になるからである。無論，避難民たちも故郷に帰ることは不可能になり，残してきた財産なども失った点では追放者と同じ境遇に置かれたことが忘れられてはならないのはいうまでもない。

　もう一つの点は，避難民にせよ追放者にせよ，敗戦前後の混乱の中の出来事であるため，正確な数の把握が困難なことである。戦争開始の時点については，それまでの国勢調査から住民の数を知ることができる。けれども，戦争が始まってからは，戦時下で軍務についたり，他の地域に移動した人々の数をはじめ，西部地域の空襲を避けて疎開してきていた人々などが多数存在するため，戦時期の人口の変動はもはや明らかにならない。その意味で，各種の文献に挙げられているのはいずれも推定値であることを銘記しておく必要がある。しかし同時にそれらがおおよその変化を掴むうえでは十分に役立つのは間違いないであろう。

　これら2点に留意しつつ，A.-M. ド・ゼーアスが整理している数字を眺めよう。それによれば，1939年にドイツ東部領土にはシュレージエン地方458万人，東プロイセン地方247万人など合わせて957万5千人のドイツ人住民が生活していた。そしてドイツ以外の国々ではズデーテン・ドイツ人を抱えるチェコスロヴァキアに348万人，ポーランド137万人，ルーマニア79万人，ハンガリー62万人など総計742万4千人のドイツ系住民が暮らしていた。これらを合計したうえで，1939年から45年までの出生数の超過分を加えると，敗戦の頃には1,765万8千人になる。そのうちドイツ東部領土の110万人など故郷に残留したのは264万5千人であった。また軍人や軍属として戦闘で死亡したり行方不明になったのは110万人程度と推定される。そして残りの大部分を占める1,173万人が避難民もしくは追放者として1950年までに故

郷を追われ，東西ドイツに分断される地域に流入したのである。その結果，1950年9月に実施された国勢調査によれば，西ドイツに居住する彼らの数は797万7千人に達し，総人口の16.1％を占めたのである。[15]

これを見れば，東部領土を喪失して狭小になったドイツの地に流れ込んだ人口がいかに膨大だったかは改めて説明を要しないであろう。そして戦火で国土が荒廃していたことを考えるなら，この人々に最低限度の衣食住を確保することだけでも重大な負担になるなど，戦後復興の中心問題の一つとなったのはすぐに了解できよう。その一端は，1949年に連邦政府が正式に発足した際，連邦追放者省が設置された事実から看取することができる。その意味で，C. クレスマンが「ドイツの戦後史にとってこの人口動態上の変化はいくら重視してもしすぎることはない」と記しているのは決して誇張ではない。[16]また同時に，避難と追放の過程で211万人もの人々が失われたと推定されることからは，無一物に近い状態で故郷を退去した辛さに加え，虐待や疲労などが想像を絶しており，退去のプロセスそのものがいかに凄惨だったかが推察されよう。別言すれば，避難と追放の苛酷さが第三帝国の犯した罪悪に対する反動だったとしても，その苦難を直接に体験した人々の心に深く刻み込まれ，怨恨に近い心情を作り出したことも看過されてはならない。1950年に定められたドイツ故郷追放者憲章では第1条で「復讐と報復を断念する」ことが謳われたが，そのことはかえってそうした感情がいかに広範に存在していたかを裏書きしているとも解されるのである。[17]

けれどもその一方で，なるほど初期には重荷になったものの，その同じ追放者たちがやがて戦後復興に大きく貢献する存在になったことも指摘しておかなくてはならない。今日から振り返れば，彼らが訓練され労働意欲をもつマンパワーとして戦後ドイツの経済的繁栄の基礎を築くのに不可欠であったことに関しては広範な一致がある。

既述のように，1930年代中期から第二次世界大戦の敗北までの間，軍需景気と戦時経済のためにドイツ産業の生産能力は著しく拡大した。工業生産の増大は，しかし軍務に就くドイツ人労働者の離脱があったことも加わり，外国人の強制労働と戦争捕虜の労働力を投入することによってのみ可能だった。その数は1944年夏には約770万人に達していた。これに対し，潜在的労働力としての女性については，ナチ・イデオロギーによる制約などの壁があったために，実際に戦時下で就労した人数は比較的一定していた。戦争終結後，占領とともに自由になった外国人強制労働者と戦争捕虜の大半は故国に帰った。もっとも，そのなかには対独協力の嫌疑をかけ

られる懸念や，祖国を影響下においたソ連もしくは共産主義勢力に対する反感から帰国しなかった者も存在した。彼らは流民すなわち DP と略称され，西側占領地区に残ったその数は1946年で76万人に上ったが，半数近くはポーランド人であった[18]。いずれにせよ，多数の強制労働者たちの帰国で生じた労働力の空白はさしあたり復員してくるドイツ兵によって埋められたが，しかし順調には進まなかった。そのため工場疎開などによって比較的多くの生産設備が爆撃などによる破壊を免れたにもかかわらず，産業インフラへの打撃の影響も加わって，戦後初期にはそのかなりの部分は停止せざるをえなかった。

　1948年に通貨改革が断行され，三つの西側占領地区で経済の上昇が始まったが，それは二つの要因によって支えられていた。第一はアメリカの対外援助としてマーシャル・プランの形で資本が流入したことである。第二は十分な数の労働力が存在していたことである。この関連で重要になるのが次の事実である。すなわち，1950年までに膨大な数の追放者と避難民がかつての東部領土をはじめ，ソ連の勢力圏に組み込まれた東欧諸国から西ドイツに流れ込んでいたことである。しかも1950年から1960年の間で見ても，西ドイツでの人口増加の90％以上が避難民と追放者に負うていたことも指摘しておくべきであろう。この結果，追放者と避難民のグループは1960年には当時の西ドイツ人口の約4分の1を占めたのである。また東ドイツからも少なくとも270万人の「共和国逃亡者」が西ドイツに流入していたことも忘れてはならない。ともあれ，これらの数字から差し当たり次のことが明瞭になる。経済再建過程で生じた労働力の不足を埋めたのが避難民と追放者にほかならなかったことがそれである。彼らがいなければ，既に1950年代にかなりの労働力不足が生じ，そのために再建は進捗しなかったであろうということは，単に追放者団体の一方的な主張であるだけではなく，今日では広く認められた定説になっている。例えば U. ヘァベルトはこう記している。「経済の奇跡がなければ避難民と追放者の統合は不可能だったであろうし，また彼らの追加的な労働力ポテンシャルがなかったなら，経済の奇跡は可能ではなかっただろう[19]。」

　ところで，一般に人の移動に関しては，移住者の統合の過程は摩擦なしに直線的に進展することはないといえるが，このことはドイツについても当てはまる。以前のドイツの東部領土からの追放者や避難民にソ連占領地区あるいはその後の東ドイツからの逃亡者を加えた人口は膨大な数に達するが，敗戦後の荒廃した社会にこれらの人々を受け入れ，統合することは大きな軋轢を生み，様々な懸念を広げることになったからである。占領当局はこれらの人々の移送に関する技術的行政的指示を

与えることと彼らの間の騒擾の防止に自己の役割を限定し，それ以外はドイツ側の行政機関に委ねたから，追放者たちを多く抱えた農村部の自治体の負担は大きかった。[20]特に1950年に総数の23.2％を引き受けていたニーダーザクセン州をはじめ，「難民州」と呼ばれたシュレスヴィヒ＝ホルシュタイン，バイエルンの3州に追放者たちは集中する形になったために，これらの地域で深刻な紛争が憂慮されたのは当然だった。[21]実際，戦災で住宅が激減した社会に戦前を大幅に上回る人口が居住する事態になったために，追放者たちは窮屈な緊急収容施設に詰め込まれることが多かったが，そのことは住宅の確保を巡る軋轢を生じさせた。また1951年の統計では西ドイツの失業者数は166万人だったが，そのうち55万7千人が追放者・避難民であり，彼らの失業率は従来からの西ドイツ住民の2倍にも達していたので，生活再建の足場となる職場の獲得を巡って摩擦が現出した。しかもこれには他所者に等しい新参者と土着の住民との間の感情的な対立が重なり，初期には間もなく立ち去る「強制的休暇の東ドイツ人」として容認されていたのに，定住が避けられなくなるにつれ，数々の差別語に見られるように，追放者たちは排斥の対象とされたのである。[22]そのため不満を募らせた追放者や避難民たちが結束を強め，失地回復を叫ぶ国粋主義と東のブロックに対する強烈な反共主義に駆られて右傾化する可能性が高まったが，今日確認されるところでは，社会的緊張や政治的危険は当時懸念されたほどには実際は深刻ではなかったといわれる。

　人の移動に伴う摩擦という面から見れば，戦後の追放者・避難民とその後の外国人労働者とその家族が置かれた状況には多くの点で構造的な類似点が存在する。しかし他方で基本的な相違があるのは指摘するまでもない。追放者・避難民の場合には主としてドイツ国籍をもち，ドイツの生活習慣とドイツ語を話す人々が問題となるからである。したがって彼らについては外国人法を巡る種々の問題や言語上の困難などは現れず，外国人について見られるような人種主義的なトーンの排外主義的な言動はもとより，ドイツの異邦化の不安やそれによる反感なども現出する余地は殆ど存在しない。また追放者・避難民自身の側でも住み着いた土地は異国ではないうえに，かつての故郷に帰還する可能性はないという現実を長期的には受け入れる以外になく，新たな土地に定住するほかなかったからである。言い換えれば，外国人労働者とは違い，彼らには帰ることのできる国は存在しなかったのである。こうした事情が統合への彼らの積極姿勢の背後にあるが，さらにこの姿勢を強めた要因として，占領した連合国とドイツの官庁が彼らを定着させる方針を立て，1952年に制定された負担調整法を頂点に政治的・経済的な同権と社会的統合を促進する施策

を推進したことにも注意を払う必要がある(23)。

　さらに後に導入された外国人の大半が労働者であるのとは異なり，避難民・追放者は社会成層の面では均質な集団ではなく，定住した西ドイツでも社会の上層や中間層に属した人々が少なからずいたことや，また外国人が政治的・社会的に弱体な集団であるのとは対照的に，故郷追放者・権利剥奪者同盟（BHE）や追放者同盟のように，彼らが共通の利益を主張し貫徹できる圧力団体を形成できたことなども見落としてはならない。特に後者の点については，単に彼らの数が極めて多かっただけでなく，ドイツ国籍を有する市民として当然ながら選挙権を行使しえたことが重要である。なぜなら，選挙で勝利を収めようとする主要な政党はいずれも少なくとも彼らの票を獲得するために上辺だけでも彼らの要求を顧慮せざるをえなかったからである(24)。そればかりか，1950年に占領国による政治活動の制限が撤廃されたとき，共通の利害をバネにして彼らはBHEを結成し，1953年の連邦議会選挙では23の議席を獲得しただけでなく，2人の閣僚を送り込みさえしたのであり，独自の政治勢力として無視しがたい地位を占めたのである。このことは追放者・避難民の社会的統合が十分には進まず，それだけ彼らが共通の主張で結束しやすい状況にあったことを示している。そうだとするなら，BHEが1957年の連邦議会選挙で5％の壁に阻まれたのを皮切りに，1960年代に入って凋落し，それに応じて追放者団体の政治的影響力が低下したのは，彼らの統合が進展したことを物語っていると解することができよう。実際，H.-W. ラウテンベルクが確認しているように，「遅くとも1960年代末までには連邦共和国の戦後社会への数百万人の避難民と追放者の統合は完了したと見做される」(25)のであり，追放者団体とのパーソナルなつながりを除けば，社会生活の面では特殊性は殆ど消失したといえるのである。追放者に関する近年の文献では，追放という歴史的事実と追放者の存在が忘却の中に沈みつつあり，無関心が広がっていることがしばしば憂慮を込めて指摘されているが(26)，そうした状況が現出したのは，彼らの社会的統合に伴って追放者としての輪郭が目につかなくなると同時に，追放者の内部でも追放の記憶をもたない第二世代が増大し，悲劇的経験が薄れてきていることが一つの原因になっているのは間違いないといえよう。

　西ドイツでは1950年代半ばから外国人労働者の導入が始まり，ベルリンの壁の建設後に外国人労働者の募集は拡大したが，以上で見たように，復興から経済の奇跡の時期には不足する労働力は主として追放者たちによって補われた。換言すれば，この時期には外国人は労働力としてはそれほど必要とはされず，故郷を失い多くがプロレタリア化した追放者たちによって復興と急速な経済成長は支えられたのであ

る。というのは，マンパワーとして彼らが成長に直接的に貢献したのはもとより，失業率を高める要因になったがゆえに，一方では平均以下の労働条件の部門に甘んじて就業するとともに，他方では，追加的労働力として賃金上昇を抑制する働きをし，間接的に企業利潤の増大と投資の拡大に寄与したからである。こうして経済復興を担いつつ，その過程で避難民・追放者たちは労働市場に編入され，生活基盤を徐々に固めることができたが，そのために困難さが憂慮されていた彼らの社会的統合は次第に進展し，重大性を失っていくことにもなった。つまり，戦後の復興と経済成長は，追放者たちの存在のゆえに初期の局面では外国人の労働力に依拠せずに実現されたのであったが，しかしそのことは他面で一つの看過しえない結果を伴った。すなわち，戦時期に大規模に推し進められた外国人の強制労働は戦争に起因する例外的な出来事であって過去の一つのエピソードとして片付ける傾向が強まり，意識の片隅に押しやられるようにもなったのである。外国人労働者の大規模な導入が始まったのはこの段階だった。そのため，「戦争終結から15年が経過する頃には，戦時期の『異邦人労働者』に対する姿勢が1950年代に批判的な検証に晒されないまま，無前提性というフィクションの下に外国人の大量雇用が再び社会的に受け入れられえた」のである。[27]

ところで，西ドイツへの人口流入の面から見ると，ほぼ1950年を境にして主役の座が避難民・追放者からユーバージードラーに移ったことを見逃すことはできない。1950年代に東ドイツから西ドイツに移住する人々の流れが巨大になるとともに，経済成長につれて拡大した西ドイツの労働力需要は，避難民・追放者に続き，ユーバージードラーの流入によって充足されるようになったからである。

ユーバージードラーについては第7章で詳述するが，東ドイツから西ドイツに流入する市民は当時は一般に難民と呼ばれ，その数は時期によって大きく変動した。それは何よりも彼らの流入が東西ドイツ間及びそれを取り巻く東西ブロック間の対立と緊張という政治的条件に依存していたからである。共和国逃亡罪で処罰される東ドイツからの逃亡の主因としては三つが指摘できる。第一は，西ドイツと比べ消費物資の不足と配給制が長く続いた生活水準，第二は，冷戦の激化に伴う旅行の自由の制限とドイツ内部国境の監視体制の強化，第三は，農業の集団化に代表される上からの社会主義建設の強行である。ソ連の支援を受けて国内支配体制を確立した社会主義統一党（SED）は，ソ連占領下で実施された土地改革を踏まえて農業の集団化に着手する一方，重化学工業優先路線をとって消費の抑制と労働ノルマの引き上げに乗り出したが，1953年6月にベルリンをはじめ主要都市で起こった自然発生

的な労働者の蜂起に見られるように, これに対する国内での不満は強かった。そして上記の三つの要因がしばしば相乗作用を起こしつつ, 新たな方針が決定されるたびに, 内部国境の監視強化にもかかわらず, ベルリンや第三国などを経由して東ドイツ市民が西ドイツに大量に流出したのである。特に若年層と高学歴層のなかから多数の逃亡者が出たことは, 社会主義を建設し, 1960年代初期には西ドイツを凌駕する経済レベルに到達することを目指した東ドイツにとっては致命的であった。その結果, 事態を放置すれば社会主義の実現どころか, 国家としての東ドイツの存立さえ危惧される状態に陥ったために, 最後の抜け道を塞ぐべく, 史上例を見ない措置として西ベルリンを取り囲む壁が1961年8月に建設されたのである。こうしてひとまずユーバージードラーの流れは実力によって断ち切られる形になり, 人口流出による東ドイツの危機は回避された。彼らが再び奔流となって姿を現すまでには38年の歳月を待たなければならなかったが, その時にはベルリンの壁の開放だけでは事態は収拾しえなかった。ユーバージードラーの奔流はベルリンの壁を押し倒しただけでなく, 国家としての東ドイツを倒壊させることになったのである。

2. 外国人労働者

第1期
1955～1973年

上述のように, 避難民・追放者ばかりでなく, その後に続いたユーバージードラーも西ドイツ社会に吸収されたが, それが可能だったのは何よりも復興から高度成長に局面が移り, 彼らを追加的労働力として労働市場が受容することができたからであった。逆にいえば, もし復興がはかばかしく進捗せず, 彼らが失業者として堆積されたなら, 戦争の傷跡が癒されないばかりか, 成長の前提条件である社会の安定さえ確保が難しかったといってよいであろう。その意味で, 西ドイツの労働市場の状態が1950年代に入ると好転し, これに伴って戦後の混乱に起因する社会的緊張が和らぐようになったのは注目に値する事実といえよう。実際, 一例として失業率をとれば, 1952年には9.5%だったのが55年には5.6%に低下したし, 求人数に連動する空きポストの数も11万から20万に増大している。こうして故郷を失ってプロレタリア化した追放者などの不満が報復主義に転化し, 反民主主義の水路に流れ込む前に, 少なくとも経済面で彼らは戦後社会に統合されえたのであり, そればかりか追放者やユーバージードラーによる労働力の補充にもかかわらず, 早くも1950年代半ばには労働力不足が問題となりはじめたのであった。そして求人数が求職者数を戦後初めて上回った1960年頃になると人手不足はますます切実になり, 経済成長の足枷となる恐れが強まったのである。

労働時間が短縮されたことや合理化努力が不十分だったことによっても増幅され，高度成長の過程で労働力需要は拡大を続けていたが，西ドイツの国内ではこれに十分に応えることはできなかった。というのは，1955年に決定された再軍備による連邦軍創設と翌年の徴兵制の施行のために若年層を中心に50万人近くの労働力が引き抜かれただけでなく，進学率が高まりを見せはじめた結果，若い労働力の労働市場への参入が遅延しつつあったからである。また現役から引退して年金生活に入る年齢が下がりつつあったのに加え，ベビーブームによる育児や伝統的家族観による束縛のために労働力の貯水池ともいえた既婚女性が依然として職場に進出しにくい状態に置かれていたことも見逃せない。(28) そのため，不足する労働力を充足するのに貢献したのは，西ドイツの外部から来る人々，すなわち高低の波動を伴いつつ続いていた東ドイツからの逃亡者などであった。東から来る彼らの存在によって西ドイツの人手不足は緩和され，深刻な問題になるまでには至らなかったのであり，その意味で追加的な労働力の供給は政治的条件に依存していたのである。

しかしながら，東ドイツからのユーバージードラーの流れがドイツ分裂の政治的産物であり，その高低が政治的条件に左右されて確実なものとはならない以上，西ドイツの企業が増大する労働力需要を充たすために国外に視線を向けたのは当然の成り行きだった。特に深刻な人手不足に見舞われ，国外からの労働力の導入を望んでいたのは農業であり，したがって導入への口火を切ったのも農業団体だった。早くも1952年にラインヘッセン州の農民連盟などが外国人労働者を国家レベルで募集することを要求し，55年になると工業でも労働力供給の逼迫による賃金上昇への懸念が広がり，使用者団体がこれに同調するようになったのである。(29) その場合，西ドイツに比べて賃金や所得など生活水準が低いだけでなく，過剰な労働力を抱え，高い失業率に苦しんでいる近隣の国々に視線が注がれたのは不思議ではない。また他方では，経済発展の後れた国々の人々にとっては，西ドイツでの産業の目覚ましい復興と発展が大きな魅力と感じられたのは当然だった。こうして経済発展の後れた国々の出身者が個々に西ドイツに出稼ぎに来るようになり，1955年7月には既に約8万人が雇用されていたといわれる。そのうち約10%をイタリア人が占めていたが，この事実を背景にしてイタリア側のイニシアティブで両国間の経済協議の枠内でイタリア人労働者の募集とドイツへの紹介に関する協定締結の提案がなされた。そして西ドイツにおける当面の労働力不足を解決するために1955年12月20日に両国政府の間で双務的な募集協定が結ばれたのである。(30)

1955年から1960年まで西ドイツ国内では失業率がさらに下がり続ける一方，空き

ポストは増大を続けた。そしてこの間に外国人の雇用は3倍に膨らんだ。上述のように，例えば1960年には失業率は1.2％にまで下がって超完全雇用状態が現出すると同時に，空きポストの数が史上初めて失業者数を上回ったが，この年の9月には約28万人の外国人が西ドイツで就労していた。国籍ではイタリア人が最多で44％を占め，ギリシャ人13,000人，スペイン人9,000人，ユーゴスラヴィア人9,000人，トルコ人2,500人であった。この年以降，周知のように西ドイツ政府は各国政府との間で次々に労働者募集に関する協定を締結した。1960年にスペインとギリシャ，1961年にトルコ，1963年にモロッコ，1964年にポルトガルの順である。またチュニジアとの間で1965年にこれらに準じた取り決めが交わされたほか，1966年3月には1963年5月以来の協定が改定された。そして最後にユーゴスラヴィアとの間で1968年10月に労働者募集協定が結ばれたのである。

これらの協定に基づいて外国人労働者は次のようにして募集された。まず各国の主要都市に西ドイツから派遣された募集のための委員会が設置された。これらの委員会は各国の国家機関に労働者募集を要請し，それらによる予備審査を経た応募者のリストを受け取る。一方，西ドイツ国内では外国人労働者を必要とする企業は地域の労働局に必要数を申請し，人数に応じた募集費用を負担する。これに対し労働局は後述する内国人優先の原則に基づいて労働市場調査をし，外国人労働者を受け入れるのに必要な住居が確保されているかなどを審査したあと，募集委員会に労働者の送り出しを要請する。これを受け，委員会が改めてリストに記載された応募者に対して健康上，職業上の適性の審査を行い，これに合格したものが西ドイツに行くことが許される。彼らには資格証明書が発行されるが，それによってビザなしの入国許可と1年間の労働許可が与えられ，西ドイツ入国後に受け入れ企業のある就

表2 外国人人口と外国人就労者の推移 (単位：1000人)

年度	外国人人口	人口比（％）	外国人就労者
1960	686.2	1.2	279.4
1968	1924.2	3.2	1014.8
1970	2796.5	4.9	1838.9
1975	4089.6	6.6	1932.6
1980	4453.3	7.2	1925.6
1985	4378.9	7.2	1536.0
1990	5342.5	8.4	1793.4
1995	7173.9	8.8	2094.0
1999	7343.6	9.0	2015.1

注： 1990年までは旧西ドイツ地域
(出典) Beauftragte der Bundesregierung für Ausländerfragen, Daten und Fakten zur Ausländersituation, 19. Aufl., Berlin 2000, S.21 より作成。

労地で期限付の滞在許可が付与されるのである。

　このような方式による外国人労働者の導入が本格化したのは1961年からである。周知のように，逃亡者の増大に苦慮していた東ドイツ政府はこの年の8月にベルリンに壁を築いてこの流れを実力で断ち切ったが，その結果，労働力の供給源の一つが失われた。そのため，今や外国人が不足する労働力の主要な供給源として位置づけられ，導入の規模が拡大したのである。その意味で，「ベルリンの壁の構築がはじめて外国人雇用の離陸に導いた」というR.ミュンツらの指摘は正鵠を射ている。実際，表2に見るように，1960年に69万人だったドイツ在住の外国人の数は1964年に120万人に増え，1970年には約300万人にまで増大した。また労働者数では1960年に28万人で被用者全体の1.3％でしかなかったのが，1970年には184万人で被用者の9％を占めるまでに増加した。そして後述する募集停止が行われた1973年になると居住者で397万人，被用者で260万人に達し，被用者全体の12％を外国人が占めるまでになったのである。募集停止直前の1972年にバイエルンの州都ミュンヘンでオリンピックが開催されたが，小松伸六がその著『ミュンヘン物語』で伝えるように，競技施設の工事に23ヶ国から来た多数の外国人労働者が従事し，『ジュートドイッチェ』紙がこれを目して「労働者たちのプレ・オリンピック」と評したのは，こうした状態を象徴しているといえよう。

　このように外国人雇用の規模は急速に拡大していったが，一連の募集協定に基づく外国人労働者の導入に関しては一部に反対論があったものの，概ねコンセンサスが存在していた。そのため受け入れの是非が政治的テーマになったり，選挙の争点に位置づけられたりすることも殆どなかった。そのことは，1964年に100万人目の外国人労働者としてポルトガルからアルマンド・ロドリゲスがケルンに到着した際，大々的な歓迎行事が催されたのを見れば了解できよう。またドイツ国家民主党（NPD）のような極右政党が1960年代後半の不況を背景にして外国人排斥を唱えつつ一時的に勢力を伸ばしたが，排外的気運が高まるまでには至らなかった。

　外国人労働者の受け入れについて西ドイツ国内にコンセンサスが成立していたのは，協定の締結に先立って政労使の間で協議が行われ，妥協がえられていたからである。1960年代に入るころには経済成長のために金属工業や化学工業などで労働力需要が高まる一方，農業はもとより建設業でも人手不足が深刻化したが，こうした雇用情勢から使用者側は国内の労働力が早晩底をついて成長が鈍化するだけでなく，超完全雇用のために賃金が上昇して投資拡大に影響が出ることを懸念し，外国人の導入に熱心だった。一方，労働組合は外国人労働者がドイツ人労働者の賃金や労働

条件を押し下げるのに利用されるのを警戒しつつも，失業率が低く，経済成長も順調だったことに加え，実際にはドイツ人労働者が嫌がる部署に外国人が配置されることから導入自体には反対せず，ドイツ人労働者を優先的に雇用するとともに，募集された外国人労働者を対応するドイツ人労働者と賃率や社会的権利の面で同等に扱うという条件で使用者側と合意した。また政府は経済活動に必要な労働力を確保することを優先する点では企業側の立場に与しながらも，導入をコントロールすることでドイツ人労働者の利益を守る姿勢を取っていたから，外国人雇用の規模を労働市場の状態に応じて調整することで政労使間で一致を見た。こうして成立したのがローテーション原則を基軸とする外国人労働者政策である。[33]しかしこのコンセンサスでは次の点に注意する必要がある。それは，経済的観点が支配的で，社会的観点が欠落していたことである。例えば外国人労働者に対する住宅供給を始め，家族の合流，子供たちの教育などは本来なら重要な問題であるが，当初は考慮に入れられなかった。それは，導入されるべき外国人が単身の若い労働者であり，その労働力をドイツ経済のために活用することに主眼がおかれていたからである。その意味で，ローテーション原則がとられていた段階での外国人政策では外国人をもっぱら労働力として捉える視点が貫かれたのであり，家族や教育などの問題に関心が向けられるようになるのは，時間の経過に伴い，外国人労働者問題の構造が変化してからのことなのである。

　このように経済的観点に立脚する外国人労働者政策には三つの狙いがあった。[34]第一は，不足分を補充するだけの労働力は受け入れるが，それが需要を超過して「失業の輸入」とならないようにコントロールすることである。これをコントロールするためには政府の介入が不可欠であり，その手段になったのが滞在許可と労働許可の組み合わせである。前者は内務省に属す外国人局が所管し，後者は労働局，つまりは労働社会省の管轄だったから，外国人に対する二重の管理システムが作られていたといえるが，視点を変えれば，外国人労働者を一元的に管理するシステムが欠如していたとも見做しえよう。このシステムの骨格になったのは，外国人労働者の入国に当たっては前以て使用者との雇用契約が成立していなければならず，これを前提にして与えられる有効期限１年の労働許可証は，その後失業したような場合には更新されず，労働許可がなくなれば滞在許可も失うという仕組みである。この面を見ただけでも，外国人労働者が「自由な」賃金労働者ではなく，また戦時下の強制労働者とも異なるのは明白であり，独特な意味で不自由な労働者であったといえよう。国内の景気が悪化すれば外に排出できるので彼らはしばしば景気の調整弁と

見做されたが，そうした役割は不自由であるがゆえに彼らに押し付けることが可能だったのである。

第二の狙いは，ドイツ人労働者を労働市場で優先するとともに，外国人労働者によって不熟練労働を代替することである。外国人労働者の募集に当たり，労働局は管轄地域の労働市場を調査し，ドイツ人の労働者が見つからない場合にのみ外国人に労働許可証を発行した。これによりドイツ人労働者が優先されたが，それでもなお進学による学歴の上昇や職業訓練制度の充実を背景にして，肉体労働を行う不熟練労働力の不足が構造的に生じ，外国人労働者はそこに投入された。その意味で，外国人労働者は不足する労働力を補充するというだけではなく，従来ドイツ人労働者が行ってきた不熟練労働を代替する存在だったのである。

そうだとすれば外国人の労働力は産業界にとって不可欠であり，外国人の定着が促進されても不思議ではないが，にもかかわらずローテーション原則がとられたことには第3の狙いがあった。それは社会国家を標榜するドイツでは公的に負担せざるをえない労働力の社会的再生産費の節約である。外国人労働者が短期間で帰国し，改めて募集手続きがとられれば，ドイツ人優先のゆえに労働市場で競合が起こる可能性は低くなる。そればかりか，彼らが単身で短期間就労するだけならば，故国に残した彼らの扶養家族の生活はその送金によって支えられ，生活保障のための公的な支出を節約することが可能になる。すなわち，ローテーション原則とは，ドイツ国内で家族とともに暮らしていたなら公的に負担しなければならない家族を含む労働力の社会の再生産の費用を出身国と外国人労働者自身に巧妙に転嫁する仕組みだったのである。[35]

ところで，こうしたローテーション原則に基づいて導入された外国人労働者たちは，周知のように，ガストアルバイターと呼ばれた。この呼称では，いずれはドイツを立ち去る出稼ぎの人々という意味が強調されていたが，反面で戦時期に大規模に実施された「異邦人労働者」による強制労働の記憶が蘇えるのを防ぎ，外国人の労働者という連続性を断ち切る狙いが込められていたことを看過してはならないであろう。そうしたガストアルバイターを処遇するために新たに定められたのが1965年の外国人法である。そこでは外国人の管理にかかわる大幅な権限が州に与えられており，連邦制の実例ともいえたが，反面，その土台になったのがナチ政権下で定められた古い法令だったことは看過できない。1933年の「外国人労働者令」，1937年の「旅券・外国人警察及び登録制度ならびに証明書制度に関する法律」，および1938年に定められた「外国人警察令」がそれである。外国人労働者の増加に伴い，

実質的にはこれらが外国人に対する管理と規制のための法的根拠として用いられたのであり，例えば滞在の許可もしくは追放は彼らの行い次第であるとする条項には変更が加えられなかった。その点から見れば，外国人労働者の管理システムにナチ時代との連続性があるのは否定できないのである。

そうした法令を土台にしながらも，実際には外国人労働者が一律に処遇されたのではなかった点も忘れてはならないであろう。早くに募集協定が結ばれたイタリア，スペイン，ギリシャから来た労働者とは違い，例えばトルコ人労働者には募集協定に厳しい制限が書き込まれていた。彼らの滞在期間は2年とされ，2年が経過したら帰国しなくてはならないものとされていたし，家族の呼び寄せも禁止されていたのである。これらの制限はトルコ人労働者を雇用する企業にとっても利益とはならなかったので緩められ，労働許可と滞在許可による管理の下で2年の制限は1964年に撤廃されたが，家族呼び寄せについては禁止は外されたものの，イタリア人などよりも厳しい条件がつけられたのである。この意味で募集協定にはいわば第1級と第2級のそれがあり，ヨーロッパ諸国は前者，トルコ，モロッコ，チュニジアの非ヨーロッパ諸国は後者に属したのである。(36)不平等はこれにとどまらない。1968年にはEC域内の自由移動がほぼ実現されたが，それまでの過程で自国労働者とEC加盟国労働者の間の種々の差別待遇が段階的に撤廃されたからである。これによって，実態は別として，法的な面ではEC加盟国労働者とドイツ人労働者の間の差別は消滅したが，その恩恵に浴すことができたのは送り出し国ではイタリア人労働者だけであった。その結果，外国人労働者の内部にEC加盟国出身か否かによる差別が新たに持ち込まれ，従来から存在した差別構造が一層複雑化したのである。

一方，導入と処遇の是非に関する論議は散発的にしか行われず，1990年代の庇護権の改廃を巡る過熱した論戦のように，熱い論争が展開されるまでには至らなかった。そうした論争を挑む人々が仮にいたとしても，使用者や政府が推し進めたキャンペーンの前ではかき消されざるをえなかったと思われる。U. ヘァベルトは使用者，一部のメディア，政府機関などによって展開されたプロパガンダに注目しているが，そこでは外国人雇用はプラスの効果のみをもつことが強調されていた。すなわち，外国人労働者は戦争で失われたマンパワーを補うものであること，彼らの雇用によって経済成長が加速すること，彼らは移動する人々であり，労働力需要があるところへ動くこと，経済が不調になれば彼らを送り返すことができるので，失業の増加を招かないこと，彼らの雇用は送り出し国に対する間接的な開発援助として機能し，出身国との関係を良好にすることなどが宣伝され，楽天的な見通しが社会にふりま

かれたのである。⁽³⁷⁾

　こうした楽観的見方が初期には広くドイツ社会に受容されたようにみえるが，それが可能だった要因の一つとして次の点が無視されてはならないと思われる。それは，19世紀から20世紀初頭にかけての移民の帰還に関するヨーロッパの歴史的経験である。ドイツを含め19世紀にはヨーロッパから多数の移民がアメリカに移住したが，明らかになっている限りでは，1870年代にアメリカに渡ったヨーロッパからの移民のうち，25％が故国に戻り，1890年代には45％が帰還した。また同時期にブラジルを目指した移民では60％以上が故国に帰った。さらに L. P. モックの研究によれば，1907年から第一次世界大戦の勃発までの間にドイツ人移民の20％，ポーランド人とポルトガル人移民の33％，イタリア南部からの移民の42％，イギリス人と北イタリア出身の移民の48％が故郷に帰還したという。[38] 帰還の理由は明らかではないが，少なくともこれらの歴史的実例は，移民には永住を意図する者ばかりでなく，出稼ぎのための一時的滞在者が含まれていることを教えているのであり，そうした経験が，永住を認めず，ローテーションの方針をとる政府の姿勢によっても強められて，外国人労働者たちがいつかは帰国するという宣伝に説得力をもたせていたことは否定できないであろう。

第2期
1973～1980年

（ア）募集停止と外国人の定住化

　こうした中で1973年にオイル・ショックが起こり，その影響を受けて同年11月23日に社会民主党・自由民主党連立政権によって外国人労働者の新規の募集を停止する方針が決定された。この政策転換により，戦後ドイツの外国人労働者の歴史の第2期が始まった。もっとも，後述する1971年の労働許可令によってローテーション原則の軌道修正が行われ，また1972年には労働力の追加的導入を抑制する方向が示されていたから，オイル・ショックの結果として募集停止への転換が突如として起こったかのように考えるのは適切とはいえない。その意味では，K. バーデが指摘するように，オイル・ショックは募集停止の「本来の原因」ではなくて「最終的な契機」だったというべきであろう。[39] いずれにせよ，新規の募集の停止によって外国人が就労するためにドイツに入国することは困難になったが，そのことは，既にドイツで職についている外国人労働者の多くにとってはより長くドイツにとどまることへのインセンティブとして作用した。ドイツを去れば働くために再度入国できる見込みがほとんどない以上，ドイツで生活を続けるか帰国するかの選択しか残っていなかったからである。こうして多くの場合一時的な出稼ぎのつもりでドイツに来たにもかかわらず，彼らの滞在期間は次第に長期化していくことに

なった。そして帰国時期の先送りの繰り返しが結果的にドイツ定住へと変化するに至ったのは見やすいところであろう。

　他方,「ドイツは移民国ではない」との立場が明確にされたのは, 1977年12月に連邦内務大臣と州内務大臣の合意に基づいて決定された「帰化に関する指針」によってであるが, 明示されてはいなくてもこの姿勢はかねてから連邦政府がとっていたものであった。しかし実際の政策ではこの立場は貫かれず, 限られた期間の就労という方針は, 使用者の要望に基づき滞在と労働の許可の更新が繰り返されることによって早期に事実上破綻していた。政府は外国人労働者が出稼ぎとして一時的にドイツで働くという意志をもっていることと, 労働市場が景気変動に応じて外国人雇用の規模を規制するものとの前提に立ち, ローテーションを厳格に守らせることを意図してはいなかったのである。現に1960年代後半に戦後最初の本格的不況が訪れ, 1967年には経済成長率がマイナスになって失業率が上昇した際, 帰国する外国人労働者が相次いだにしても予想されたほどの帰国ラッシュは起こらなかったが, それでも政府は帰国を強制しなかったのである。その結果, ドイツで働く外国人労働者の数はごく短い期間を除いて増え続け, 募集を停止した1973年までにドイツに来た外国人労働者の総数は1,400万人, そのうち帰国したのは1,100万人で約300万人がガストアルバイターとしてドイツで生活を続ける状況が現出したのである。

　オイル・ショックが起こる以前には大抵のドイツ人は外国人労働者を導入するシステムを支持していた。ドイツ統一後に激発したような排外暴力や公然たる敵意もまだ乏しかった。確かに国家民主党（NPD）が外国人を標的にしたキャンペーンを1960年代後半に繰り広げ, 州議会レベルで進出を果たしたのは事実であり, 軽視することはできない。しかし外国人に対する反感が高まったのはNPDが没落した後であり, 第一次オイル・ショックによって経済成長が頓挫してからであった。その主要な原因は, 募集停止で外国人労働者の存在がクローズアップされる中で, 彼らが職場の獲得を巡りドイツ人にとっての競争者と見做されるようになったことにあると考えられる。さらに政府の宣伝とは異なり, 一時的のはずであった彼らの滞在が長期化し, 定住する移民になりつつあるという認識も, 排外的感情を強める要因になっていたと思われる。

　これに加え, 外国人労働者の構成に変化が生じていたことが, そのイメージを作りかえ, 異質な集団という感覚を強めていたことも推測に難くない。事実, EC諸国出身の外国人の数は比較的一定であったのに反し, EC以外の国籍をもつ外国人労働者の数は急速に増えつつあり, その差は拡大の一途であった。トルコ人を例に

とれば，1961年に募集協定が結ばれてから受け入れが始まったが，1967年に外国人労働者に占める比率は9.5％だったのに1973年には22.5％にまで上昇している[40]。EC諸国に属す外国人の場合には共通の文化という枠内にあり，違和感も希薄なのに対し，EC以外の外国人は文化的絆が弱く生活習慣の相違が大きいだけに疎遠な存在に映るのは当然であろう。そしてその規模が大きくなり，違和感が強まるのに応じて，その流入や定住化に対する抵抗感が高まるのは避けがたいといわねばならないであろう。現にいくつかの世論調査から，EC出身者と比べた場合，非ECの外国人に対する一般のドイツ市民の距離感が強く，彼らがドイツで暮らしていることを好ましくないと思う意見がかなり広範に存在していることが明らかになっている。非EC外国人に対するそうした感情や見方が，外国人労働者に占める彼らの比率の増大につれて強くなっても決して不思議ではないといえよう[41]。

　ところで，外国人労働者のドイツ滞在の長期化を容易にしたのは，オイル・ショック前の1971年に定められた労働許可令であり，これによって彼らの多くの法的地位が改善された。それまでは外国人労働者は労働市場の調整弁であり，1年間だけ有効の労働許可を操作することによって景気変動に合わせて労働力供給を調整するための存在だったといっても過言ではない。なぜなら，1965年の外国人法の下では彼らの滞在と就労は管理当局の裁量に委ねられており，許可の取得に関して彼らは影響力を持ちえなかったからである。この点から見れば，5年以上就労した外国人労働者に対して5年間有効の特別労働許可が取得できるように改められたのは重要な前進だった。彼らの地位はこの期間はもはや景気変動に左右されず，その限りで安定化したといえるからである。もっとも，この改善は彼らの力によって獲得された訳ではない。確かに1969年以降外国人労働者の山猫ストが発生し，なかでも1973年夏にフォード社で起こったトルコ人労働者による山猫ストが注目を浴びたのは事実であり，またこうした動きを背景にして彼らが独自の労働組合を結成する機運が一部に生じたことの意義は無視されるべきではない[42]。しかし決定的だったのは，むしろ使用者団体がローテーションのような形の外国人の短期的な入れ替わりのデメリットを重視し，比較的長期間雇用することで斡旋事務所を介した募集に要する経費や職業訓練費用などのコストを削減できるという考慮から使用者団体の要望が強まった事実である。つまり，労働許可令に見られる改善は，強制的なローテーションの原則が労働組合や教会などからの反対を受けていた面があったとしても，あくまで経済的論理に即して実現されたことを見逃してはならないのである。

　ところで，オイル・ショック直後に新規の外国人労働者の募集が打ち切られたの

は既述のとおりだが，これを踏まえて外国人の数を制限すると同時に彼らの雇用を固定化することが政策目標に据えられた。その点で1973年に始まる第2期は制限と固定化によって特徴づけられる。制限に関していえば，例えば1974年11月には西ドイツに滞在している外国人労働者の配偶者や子供などで外国人として初めて雇用される場合には労働許可が与えられないことが決定され，労働市場への参入が制限された。[43] この厳しい制限は1979年に緩和され，いわゆる待機期間に切り替えられたが，その一方では，1981年に後述する家族合流に当たって16歳を越える子供の呼び寄せが禁止され，あるいは既婚の第二世代の配偶者呼び寄せに条件がつけられたことに見られるように，制限措置が強められたのである。[44]

そうした政策への転換と並んで注目されるのは，ローテーション原則が空洞化し軌道修正されたのと同様に，政策の意図には必ずしも合致しない結果が生じたことである。確かに募集停止と就業のための外国人の入国の厳しい制限の結果，外国人労働者は減少した。1973年には260万人を数えたのに1980年には210万人にまで縮小したからである。その主たる原因がオイル・ショックによる不況のために外国人労働者の失業が増大し，帰国する者が相次いだことにあるのは指摘するまでもない。実際，ドイツ国内では失業率はオイル・ショック後から一直線に上昇して1975年の年央には5.2％に達し，その他に半失業状態の時間短縮労働者が90万人を数える状況になったのである。[45] けれどもその反面で見落とせないのは，それにもかかわらずドイツで生活する外国人の数は一時的に僅かに減少したにとどまり，外国人労働者の縮小と足並みを揃えて減少しはしなかったことである。すなわち，1973年に397万人だったドイツ在住の外国人数は1976年の395万人を底にして1978年に398万人に回復し，1980年には445万人に拡大したことに見られるように，その後は増大を続けたのが現実なのである。

こうした意図せざる結果に至ったのは，募集停止でドイツにとどまるか故国に帰るかの選択を迫られた外国人労働者のうち，滞在を選んだ者が家族を呼び寄せるようになったからにほかならない。これはJ. F. ホリフィールドのいう「リベラルなパラドックス」[46] の典型的事例といえよう。そのパラドックスとは，先進民主主義国では人道に配慮したり人権を尊重するのは当然の義務と見做されるが，外国人労働者を含む外来民についてもこのことは適用されねばならず，それによる拘束のために政策が本来の意図に反する結果を招くことを指す。事実，家族の合流に関していえば，人道的考慮もあってこれについての規則が1965年に定められたが，外国人労働者が一定期間ドイツに滞在していることに加え，確実な生計手段をもち，十分な広

さの住居を確保していることなど所定の条件を満たせば家族の合流が容認されたた
め(47)に，働くためではなく家族と一緒に暮らすためにドイツに来る外国人が1960年代
後半に増大するようになったのである。例えば1960年代初期に既婚の外国人労働者
のうちでパートナーを故国に残しているのは80％を上回っていたが，80年代初期に
は20％を切るまでに低下していたし，1970年代と80年代にドイツに流入した外国人
の半数以上が家族の合流のためだったと推定されている。そしてその数が外国人労
働者の減少を上回ったために，新規の労働者の受け入れ停止にもかかわらず，外国
人の総数は増大する結果になったのである。

　総数の増大の背後で起こったこの変化は他のデータからも読み取れる。53頁の表
2に見られるように，ドイツの人口全体に占める外国人の比率は基調としては拡大
し続けているといえる。しかし被用者全体に占める外国人の比率を眺めると，1973
年の11.9％をピークにして以後は年々縮小に向かっている。同じ外国人に関する動
向に見出される拡大と縮小というこのコントラストが物語っているのは次のことに
ほかならない。すなわち，外国人自体は増えても就業する人々は減少していること，
視点を変えれば，主婦のような職を持たない女性や子供が増大していることがそれ
である。つまり，この相反する動向は，家族の合流がかなりのテンポで進行したこ
とを表しているといえるのである。

　頻繁な更新を必要としない特別労働許可を得る道が開かれて外国人労働者たちの
法的地位がそれまでより安定したとすれば，当初は一時的な出稼ぎのつもりで単身
でドイツに来た彼らの間に家族とともに暮らしたいという願望が強まったのは当然
の成り行きであろう。確かに特別労働許可の取得が可能になっても最初の予定通り
一定期間の就労の後，故国に帰る労働者が多数存在していた。しかし帰国を先送り
し，なお当分ドイツで働く意志を持つ人々は，故郷に残してきた家族を呼び寄せ，
ドイツに生活の拠点を形成するようになったのである。

　その一方で，外国人が定住化の傾向を強めるにつれて，外国人労働者の導入の際
の狙いの一つだった景気変動の調整弁としての役割を彼らが果たさなくなった点も
見逃せない。法的地位が安定化するのに伴い，それまでのように労働許可付与の裁
量によって景気が後退した場合に彼らを国外に締め出すことが困難になったのがそ
の主要な原因である。このことは，オイル・ショック後の不況を背景にして従来は
低率だった外国人の失業率が上昇したことにも表れている。それまではドイツの労
働市場が必要とするだけの外国人労働力を弾力的に受け入れ排出する仕組みがあっ
たから，不況になっても外国人の失業率は低かったが，彼らの定住化によって失業

の輸出が難しくなったために，景気後退はドイツ国内での彼らの失業に直結し，失業率を押し上げる結果になったのである。実際，1968年に0.6％だった外国人労働者の失業率は，10年後の1978年には5.3％に跳ね上がっている。しかも1960年代にはドイツ人を含む全労働力人口の失業率より低いのが常態だったのに対し，オイル・ショックから後は上回るのが通例になったのである。[48]

　このように外国人の失業が増大した背後には家族の合流によって進行した定住化の動きがあったが，無論，一緒に暮らす願望だけが家族合流の推進力だったわけではない。社会国家としてのドイツに整備された手厚い生活支援のシステムが家族合流の流れを促進する作用をしていた面があるからである。その主要な柱の一つに児童手当があるのはよく知られているが，これを例にとれば，一定の年収を超えないドイツ市民に対してと同様に，外国人労働者に対しても，各国政府との協定により子供がどこに居住しているかに関わりなく児童手当が支給された。しかし，故国に残した子供数を種々の方法で偽って届けるケースが続出して問題化したため，1975年に給付額を引き上げた際に支給条件が変更され，故国にいる子供には増額分を支給せず，ドイツに在住する子供に対してのみ引き上げられた児童手当を給付することに切り替えられた。[49] その結果，数人分の児童手当で一家族が生活できるとすらいわれたように，外国人労働者世帯にとっては決して少額ではない児童手当を満額受給するために家族を呼び寄せるケースが増えたのであり，その意味で社会保障制度が家族合流を促進する誘因になったのである。

　もっとも，充実した社会保障システムが逆に外国人労働者を締め出す原因になった面があることも付け加えておくべきであろう。家族合流の前提である外国人労働者の滞在の長期化に関しては，彼らに長くドイツにとどまる決心をさせた一因として例えば失業問題が挙げられる。とりわけオイル・ショックはドイツのみならず世界の多くの地域に不況をもたらしたが，ドイツで働く外国人労働者は帰国したら失業の危険が大きいのに反して，ドイツで職についている限り故国では期待できない賃金を得ることができたからである。しかし一般労働許可しか持たない外国人労働者の場合，失業は現実にはしばしば帰国の強制につながった。制度上はなるほど外国人労働者であっても失業した場合にはよく整備された失業保険制度に基づき高い失業手当を受け取ることができた。さらに給付期間が過ぎても失業扶助のほか生活保護に当たる生計扶助などの社会扶助が用意されており，これらによって生計を立てることが可能だった。けれども失業した外国人労働者に対しては滞在許可による規制が加えられた。すなわち，彼らの滞在許可の延長は失業手当の給付期間に見合

うだけに限定され，失業給付の資格を失い，社会扶助によってしか生計が立てられない状態に陥ると滞在許可は更新されず，帰国を迫られたのである。(50)ここに垣間見えるのは，経済的効用を失い社会的負担になる外国人労働者は引き受けないという政策的意図にほかならない。つまり，社会国家ドイツで福祉を享受できるのはドイツ国籍を有する市民に限定されていたのであり，外国人問題の平面ではその社会国家性は経済的論理を抑制するのではなくてむしろ補強し，外国人労働者を切り捨てる一面があったことを見落としてはならないのである。

　ともあれ，オイル・ショックを境にして，一時帰国した場合に復帰できなくなる不安や法的地位の改善などにより外国人労働者がドイツ滞在を延ばすにつれて家族を呼び寄せるケースが増加した。そして彼らは次第に家族とともにドイツで定住化する傾向を強めた。これを受け，外国人問題の構造が変化し，多様化したのは当然だった。それまでは単身で比較的若い男性の労働者が中心だったから，外国人問題とは外国籍の労働者の処遇にかかわる問題すなわち労働者問題として考えればほぼ足りた。そしてこの問題については基本的に経済的論理に基づいて対処することが可能だった。けれども女性や子供が増えると外国人問題の様相は一変し，その構造は複雑化せざるをえなかった。というのは，故国の習慣に従って男性に対する従属を強いられている女性の地位の問題や，学校教育や就職など子供を巡る問題が生起するようになったからである。他面，就職の機会が多いので外国人の多くは都市部に住み着き，特に大都市への居住の著しい偏りが生じている。1995年末に住民の30％以上を外国人が占めたフランクフルトを初めとして，シュトゥットガルト，ミュンヘン，ケルンなどでも20％以上に達しているのはその傾向の証明である。(51)そればかりでなく，低家賃の住宅が特定地区に集まっているのに加え，密集して生活することでさまざまの便益が得られ，母語の使用をはじめ故国の生活習慣も維持しやすいために同国人が固まって居住し，大都市の一角に外国人地区と呼びうる空間が出現するようにもなった。無論，その形成に外国人に対する差別の力学が作用しているのは付け加えるまでもない。これは一般に空間的セグリゲーションとして知られる現象であるが，その代表例とされるのが，トルコ人が多数居住し，リトル・イスタンブールとも呼ばれるベルリンのクロイツベルクであることは周知の事柄であろう。(52)

　ところで，このようにして外国人労働者の家族が増大し，外国人の総数も増えてその構成が変わってくると，それに対する政策が修正を余儀なくされたのは当然の帰結だった。彼らがもはや短期的な出稼ぎ労働者ではなくなっているとの明確な認

識に立ち，外国人政策の新機軸を打ち出したのは，1978年に新設された連邦政府外国人問題特別代表を努めた H. キューンが1979年末に提出した覚書である。その中で彼はドイツが事実上の移民国の状態になっていることを認めるように政府に要求した。その上で，労働市場政策の観点の優先を改めるとともに，帰化を含む法的地位の改善や青少年の教育などの面で社会統合に向けた一時的ではない首尾一貫した政策をとるべきことを提唱したのである[53]。

しかしながら，キューンの提言には論壇で反響があったものの，H. シュミットを首班とする SPD と FDP の連立政権の受け入れるところとはならなかった。1973年以降新規の募集は停止され，外国人労働者の受け入れを厳しく制限する措置がとられてきたが，連邦政府はこの方針を継続すると同時に，これを補完するものとして帰国促進策を打ち出す反面，ドイツ社会への外国人の限定的な統合を目指すことを公式に表明するに至ったのである。この変更を画すのは1980年に連邦政府が行った決定である。すなわち，「外国人政策の展開のためのガイドライン及び外国人労働者とその家族特に第二世代以降の統合政策に重点を置いた統合の概念についての政府決定」と題する3月19日の文書がそれであり，これを起点にして多様化した外国人問題に対応した限定的統合のための新たな政策が展開されることになる。

受け入れ制限を基本としつつ，帰国促進と同時に統合を目指すというこの時期の外国人政策を考える場合，これら二つの方向が背馳する性格を有していることにあらかじめ注意することが必要であろう。外国人の受け入れに制限を加えつつ，定住化した人々を社会に統合することは論理的にみて矛盾しない。しかし，外国人の異質さを理由に彼らに帰国を促すと同時に，他方では，その同じ異質な人々を社会に組み込むことは両立しがたいからである。この矛盾には，1977年に打ち出された「ドイツは移民受け入れ国ではない」という根本命題を外国人政策の公式の土台に据え，したがって「ドイツは限られた期間の滞在国である」という非公式の命題を陰で掲げていたことによる制約が浮かび上がっている。別言すれば，これらの命題に基づいて展開される統合政策には大きな限界があることがその矛盾によって予示されていたといえるのである。

このように矛盾を孕んだ政策が明確化されたのは，1982年10月に政権が交代してからである。CDU/CSU と FDP の連立に立脚するコール政権は「転換」を標語に掲げて登場し，その転換の重要な一角を外国人政策が占めたが，ここで明確化され，以後継続されることになったのは，「転換」が強調されたのに反して，実はシュミット政権の末期に輪郭が固まった方針だった。その意味で，外国人政策の面でのコ

ール政権の「転換」には前政権との濃厚な連続性があることを見落としてはならない。「転換」で明確化した基本方針は, 以後, 連邦内務省の文書の冒頭に一貫して掲げられるようになったが, その骨子は次の 3 点からなる。第 1 点は,「長期にわたり我々の元で生活している外国人労働者とその家族の統合」である。第 2 点が「一層の流入に対する制限」である。そして第 3 点が「帰国の用意の促進」である。ただその後の情勢の変化を受けて表現は修正され, 1991年以降は以下のように記されている。すなわち, 第 1 点は,「合法的に居住している外国人, とりわけ募集された外国人労働者とその家族の統合」とされ, 第 2 点は「欧州共同体とヨーロッパ経済領域以外の国々からの流入の制限」と改められている。また第 3 点も,「自発的な帰国と故国での再統合の際の支援の保証」に修正されている[54]。これらを比べれば, 第 2 点からはヨーロッパ統合の進展に伴う差別化が窺えるが, 同時にまた第 3 点の修正には一見して明白なトーンダウンが認められる。帰国そのものを促すことから, 帰国する場合に与えられる有利な条件の確約に重点が移っているからである。

　帰国を促進することは同じでも, このように重点が変わった背景には, コール政権になってから強力に推し進められた帰国促進策の経験がある。シュミット政権末期に既に方針が決定され, 1983年 6 月の立法化によって実施に移されたこの政策では, 帰国を希望する外国人労働者本人に対しては一種の手土産として 1 万 5 千マルクの一時金が与えられた上にケースによってはそれまでに拠出した社会保険料が返還され, 子供にも 1 人につき1,500マルク支給するなど種々の特典が用意された。にもかかわらず, それが期待された成果を上げるにいたらなかったことについてはわが国でも既に紹介されている[55]。これに応えて帰国したのは約25万人と言われており, コール政権が誕生した1982年には外国人の数は467万人でそのうち労働者は171万人を数えたのに, 1985年にはそれぞれ438万人と154万人に縮小していたのは, 主として帰国促進策の効果だったと考えられる。けれどもこの減少幅が大きいとまではいえないのに加え, 依然として400万人を大きく上回る外国人がとどまっていた事実に照らせば, 大々的に展開された割りには成果は乏しかったといわねばならない。その上, 80年代初頭の不況の影響もあってもともと帰国を予定していた人々に対してまでも多額のドイツ・マルクを与える結果になったことなど帰国促進のための措置には種々の問題点があったことも否定できない。また他面では, 帰国促進には出身国への失業の輸出という一面があったことを考慮すれば, 一時金の負担の裏側で失業手当や操業短縮手当などのコストが節減されたことも看過してはならない。いずれにせよ, 特典を備えた形の帰国促進策は効果が乏しいのに加え, 元来時限立法だ

ったこともあって1985年に打ち切りになり，これを境に外国人の数は再び増大基調に転じたのである。

このような帰国促進策と抱き合わせの形で進められた統合政策に次に目を向けよう。

統合という概念の意味内容については，「統合」と題した覚書の中で1998年まで第3代連邦政府外国人問題特別代表を務めたC. シュマルツ＝ヤコブセンも指摘するように，一義的に規定するのは困難というべきであろう。(56)これについては関連する概念である同化との異同を含めさまざまな捉え方があるが，そのうちの一つの標準的な理解としては，第2代の特別代表だったL. フンケの定義がある。それによれば，統合とは「外国人が法秩序に反して行動しない限り，彼らのそれぞれの民族的，文化的，宗教的特性を尊重しつつ，彼らを我々の国の生活の中に，したがって社会の中に編入すること」を指す。(57)そのための条件として，受け入れる側と外国人の双方に高度の寛容と相互理解のための努力が必要であることを彼女は付け加えているが，このような意味での外国人の統合を連邦政府の内部から提起したのは，1979年にキューンが提出した既述の覚書が最初である。かつてのノルトライン＝ヴェストファーレン州首相で初代の外国人問題特別代表に就任した彼は，その中で「留保のない永続的な編入」としての外国人の統合を唱えたのである。

そうしたキューンの問題提起の背景には，好むと好まざるとにかかわらず家族の合流の進展や在留の長期化などによってドイツは移民受け入れ国に変貌しており，この現実から出発するしかないという認識があった。けれども，導入に当たって宣伝されたとおり，外国人労働者は人手不足のために限られた間だけドイツで就労してやがて帰るものと思っていた国民の多数はもとより，キューンを新設ポストに就任させた連邦政府もこの立場には与しなかった。他方，「ドイツは移民受け入れ国ではない」ことを前提にして，一時的な出稼ぎのつもりでドイツに働きに来た外国人の多くも，在住期間の長期化は帰国時期の先送りによるのであって，いつかは帰国するという「帰国幻想」に執着していたのである。(58)そのため，キューンが求めたような「留保のない永続的な」統合は問題となりえず，彼が自己の統合の概念とは異質なものとして決別を要求した「一時的な統合 Integration auf Zeit」が連邦政府の政策とされることになる。つまり，1980年代になって統合が目標に据えられるようになったものの，帰国促進の方針と組み合わされていたことにも見られるように，実際に推し進められた外国人の統合政策は首尾一貫しない不徹底な性格のものだったのである。

そうした不徹底さの代表的事例が，ドイツで生まれたり成長した第二・第三世代の外国人が増大しているにもかかわらず，法的には彼らが依然として外国人の地位に据え置かれていることであろう。そのために例えば彼らが犯罪を犯した場合，行ったことのない「故国」へ強制的に送り返される可能性があるように，その地位は不安定な状態におかれている。また第一世代の中からは，ドイツ滞在が長期化し，職業生活から引退して年金生活を迎える外国人高齢者が増えてきているのに，彼らに対して相変わらず地方レベルの参政権が拒まれているのもその例に数えることができよう。もちろん他面で統合に向けてさまざまな施策が繰り広げられているのはいうまでもない。またそれらが外国人労働者とその家族のドイツ社会への定着を促進し，あるいは障害を取り除くのに貢献しているのも確かである。ここではその詳細に触れることはできないが，いずれにせよ，外国人の社会的統合が政策目標として前面に押し出されるようになったとしても，それには「一時的な統合」という限界が刻み込まれていたのである。

(イ) 外国人に関する法制

ところで，西ドイツに居住するようになった外国人はいかなる法制度の下で生活していたのであろうか。外国人労働者の管理システムとして滞在許可と労働許可が組み合わされていたことは既に言及したが，第2期と第3期の画期をなすものとして次に外国人法の改正内容に触れるので，その前にここで制度面について振り返っておくことにしよう。

外国人に関する法制度は外国人法を土台としているが，もちろんそれだけで成り立っていたわけではない。それ以外にも同法施行令や外国人法施行に関する一般的運用規則など種々の法令があり，外国人の入国と滞在について定めている。一方，就労については雇用促進法が主要な法令として挙げられる。それらは総体として外国人を取り巻く法制度を形成していたが，政令や規則には細かな改正が行われたので，ここでは便宜上1988年前後の時点における制度の輪郭を描いておくことにしよう。[59]

まず滞在に関する制度から眺めよう。

基本的な点を最初に確認しておけば，主権国家であることの論理的帰結として，ドイツでは外国人にドイツの領域における滞在に対する法的請求権を認めておらず，ドイツの領域内で移動の自由に対する権利を保障されているのはドイツ国籍を有するドイツ人だけである。したがって，外国人にどのような形でドイツに滞在することを認めるかは偏にドイツの立法政策にかかっている。その政策を具体化したもの

が外国人法をはじめとする上記の法令である。

　無論，ドイツは EU の中核国であり，その前身である EC 加盟国の外国人を受け入れてきた実績がある。この場合，EC の条約，規約，規則とそれを反映した国内法が背景にあり，それによって外国人は二つに分類される。すなわち，外国人法および EC 関係外国人法上，外国人とは EC 加盟国の市民である外国人と非 EC 加盟国の外国人とに区別され，権利面で相違が生じている。EC 加盟国の外国人の場合，EC 各国に滞在することに関してドイツ人と同様に法的請求権を有しているので，ドイツに入国し滞在する権利が認められている。つまり，入国には滞在許可は不要であり，滞在許可を取得しても単に確認的な意味合いしかもたない。これに対し，非 EC 加盟国の外国人にはドイツに入国し滞在する権利はなく，あくまで官憲の許可の範囲内で入国及び滞在することが可能であるにすぎない。

　他方，ドイツでの外国人の就労については，1965年の常設州内務大臣会議の決定に記されているように，共産圏諸国の国民及び欧州外の諸国の国民にはドイツでの就業を目的とする滞在は認められていない。但し，前者の諸国からはユーゴスラヴィアは除外され，後者からはアメリカ，カナダ，オーストラリア，ニュージーランド，イスラエルのほか，欧州の一国と見做されるトルコも除かれる。また内規で日本も除外されている。この「外国人就業基本原則」が土台となり，非 EC 加盟国の市民には例外的にのみ就業が許されるわけである。この例外的な就業が認められる人的範囲は「連邦就業禁止例外一覧表」に規定されている19種のみである。これには，ドイツ人の配偶者，研究のために一時的に大学などで雇用される研究者，実習生などが挙げられている。

　ところで滞在資格には期限付滞在許可，無期限滞在許可，滞在権の3種類がある。ドイツで3カ月以上滞在するか，又は営利活動を行う意図をもって入国しようとする者は，入国前に自国にあるドイツの在外公館で滞在許可を取得しなければならないが，その際に審査を経て与えられるのが期限付滞在許可である。例えば滞在許可をもたずに査証免除協定に基づいて観光などの短期訪問滞在の名目で無査証で入国し，その後就職・就学など訪問滞在以外の滞在資格を申請することは，外国人法の滞在許可取得義務違反となり，それだけで「ドイツの国益に反する」ことになるので，国外退去処分の構成要件を充たす結果となる。

　ここにいう「ドイツの国益に反する」か否かが，外国人法令の適用・解釈の第一の原則とされる。すなわち，外国人法令には「当該外国人の存在がドイツの国益に反しない場合に，滞在許可を付与することが認められる」と規定されており，国益

の基準に反すればいわゆる門前払いとなり，国益に反しなければ，管轄当局である外国人局が「義務に則った裁量判断」により可否を決定することになる。

　ドイツでの就業を目的とする外国人から滞在許可交付の申請が出された場合，外国人局は管轄の労働局と協議し，労働許可の可否につき検討を依頼する。労働局は労働市場の状況を勘案して個々のケースを検討するが，その際の指針となるのはドイツ人にEC外国人を加えた内国人優先の原則である。すなわち，当該のポストがドイツ人もしくはEC外国人の職場を危うくする場合には外国人に対して労働許可は付与されない。そして労働許可が交付されなければ，滞在許可も与えられない。もっとも，申請した外国人が既に長年にわたりドイツに滞在し，その生活基盤がドイツにあって，就業を認めない決定をすると重大な影響が生じると考えられる場合には考慮の余地があるとされている。

　滞在許可には滞在地及び期間，さらには滞在条件の面で制限を付すことができる。大学入学，職業教育などを目的とする者には，教育施設が発行する入学許可証，十分な滞在費の所持などを証明する場合にだけ，滞在許可が付与されうる。しかしこの場合には通常期限付であり，また営利活動禁止などの条件が付される。

　他方，就業を目的として滞在しようとする者には外国人労働者のみならず，実習生，ボランティア，研修生なども含まれる。というのは，法令上の「営利活動」には報酬についての合意があるか報酬が期待されうる一切の活動が含まれるからである。外国人労働者に関しては，通常，当初は1年期限の滞在許可が付与され，その後は2年毎に延長される。そして5年間中断することなく適法に滞在した後，次の条件をすべて満たせば，申請に基づいて無期限の滞在許可を付与することができるものとされている。条件の第一は，申請者が後述する特別労働許可を有していること，第二は，口語ドイツ語での意志疎通ができること，第三は，申請者及びその家族がしかるべき住居を有していること，第四は，その子がドイツでの義務教育を受けることである。

　もちろん，期限付であれ無期限であれ滞在許可はあくまで許可であって取り消されうるし，取得は当局の裁量によるので，外国人の権利とはならない。その意味では滞在許可は外国人の滞在を十分に安定したものにはしないといわねばならない。これに比べると，適法な在住が8年を越えた場合には申請により滞在権が付与されうるとされており，滞在する権利が認められたから，それによって外国人の滞在は安定する可能性が開かれていた。しかしこれもまた申請さえすれば取得できる権利ではなくて，その交付が原則として当局の裁量によるとされている点に留意する必

要があろう。しかし制度的には，期限付滞在許可から無期限の滞在許可へ，さらには滞在権へと滞在資格が安定化するレールが設定されており，現実にこれを利用して期限付滞在許可を手にして出稼ぎの予定で入国した外国人労働者たちが，滞在の長期化に伴い，滞在資格を向上させていくことができた事実を看過してはならない。滞在資格のこの仕組みによって，ガストアルバイターたちは定住化し，次第に移民に転身していったのである。

　それではこのような滞在資格とワンセットになっていた労働許可制度はどのようなものだったのであろうか。

　その法的根拠になったのは，雇用促進法のほか，非ドイツ人労働者のための労働許可令と同令施行令，EC 法及び2国間合意施行令などである。また制度の根幹とされたのは，基本法上，労働の自由はドイツ人のみに認められていることを土台とする，外国人に対する許可を留保した一般的就業禁止である。その上に構築された許可制度の狙いは，内国人優先の原則によって労働市場でドイツ人に EC 加盟国の外国人を加えた労働者を保護しつつ，景気の緩衝装置たるべき外国人労働者の出入をコントロールすることにあった。連邦雇用庁が管轄し，実務は地域の労働局が担当するこの制度では外国人の労働者としての雇用がすべて対象になり，雇用契約に基づいて就労する場合だけでなく，職業訓練にも労働許可が必要とされている。また雇用期間・報酬額とは関係なく，外国人の就労には労働許可が必要である。ただ若干の例外も雇用促進法に例示されており，2カ月までの引き渡し済み機械の据え付け・保守従事者，代表権を有する会社役員，パイロットなどの国境通過業務従事者には労働許可は必要とされないことが規定されている。

　労働許可付与の運用基準としては，労働市場の状況に基づき判断するが，それのみによらず，個々のケースの諸事情を考慮すること，外国人の滞在・雇用を政治的・社会的・経済的に総合的に判断することなどが示されている。その意味では，付与を決定する実務は経済的論理だけでは動かない仕組みになっているといえよう。労働許可は基本的には何らかの滞在資格を前提にして認められたが，実際には労働許可が付与されることを条件にして滞在許可が認められることがあったから，どちらが優先するかは明確ではなかった。しかし労働許可を失えば滞在許可の更新が認められなかったし，何らかの滞在資格の消滅とともに労働許可も自動的に喪失するものとされていた。それだけではなく，外国人労働者が6カ月以上外国に滞在したような場合にも労働許可は自動的に消滅するものとされていたのである。

　労働許可には2種類がある。一つは一般労働許可であり，いま一つは特別労働許

可である。

　一般労働許可の特色は労働市場依存型である点にある。すなわち，労働市場の現状・発展に基づき，一定の職場における一定の職種に限定して付与されるのが一般労働許可である。その有効期間は最長で2年である。通常，外国人労働者の入国に先立ち，滞在許可のための審査が行われる段階で外国人雇用原則に基づき，地域の外国人局と労働局が協議して労働許可の付与の可否を決定する。同一の職場で継続的に就労する場合は問題ないが，中途で職場を変更するためには新たに労働許可を申請しなければならず，同様に雇用契約期間が終了した場合にも新しく労働許可を取得することが必要とされていた。いうまでもなく，これによってコントロールをより柔軟かつ効率的に行うことが意図されていたのである。

　一般労働許可と対比すると，特別労働許可の特徴は，労働市場の状況に依存せず，同時に職場，職種の制限がないところにある。しかしまた一定の要件を充足すれば権利として取得できるものではない点にもう一つの特徴があるのも見逃せない。このように付与されるか否かが行政的裁量によるところに政策的手段としての性格が見出せよう。その有効期間は5年間であり，それを申請できるのは，継続して8年間ドイツに適法に滞在し，5年間継続して適法に雇用されてきた外国人労働者である。このような外国人労働者以外に特別労働許可を申請できるのは次の人々である。第一はドイツ人の配偶者，第二は庇護権を認定された亡命者である。そして第三は，外国人労働者によって呼び寄せられた青少年のうち，例えば学校・職業教育修了者，実習契約の締結者，5年間ドイツに滞在し，18歳未満で両親が特別労働許可を所持している者である。多年ドイツで就労した外国人労働者をはじめ，これらの人々に労働市場から独立し制限の付されない特別労働許可を交付することが，労働市場の変動からくる影響の抑制によって彼らの生活の安定化につながるのは指摘するまでもないであろう。確かに有効期限が5年でしかなく，その付与も当局の裁量によるなど限界は明白といわねばならない。しかし他面では，その限界にもかかわらず，安定化に寄与する点でそれが社会的統合政策の重要な一部となっているのも間違いない。3種類を段階的に編成した滞在資格と組み合わせるなら，就労面で特別労働許可が用意されることによって，法的地位の不安定な出稼ぎ型労働者を比較的安定した移民型労働者に転換していく制度的枠組みが作り出されていたといってよい。その意味では，たとえ不十分ではあっても，この制度は外国人が定住化しつつある現実を踏まえていたといえるのであり，次に見る改正外国人法によってその限界の部分的解消が図られるのである。

| 第3期 1990年〜現在 | ドイツにおける外国人問題の展開に第3の時期を画すのは、1990年7月に外国人法の抜本改正が行われ、翌91年1月1日に施行されたことである。併せて同年12月には募集停止例外令が公布され、これに基づいてドイツが受け入れる外国人労働者には定住の可能性が塞がれるとともに、そのタイプが明示された。これらによってドイツ在住外国人の地位が安定化する反面、1973年以来の募集停止が法的に明確化され、就労目的でのドイツへの外国人の入国の道が大幅に制限されたのである。

（ア）外国人法改正の要点

最初に外国人法改正の背景について述べておこう。

既述のように、第2期は外国人労働者の受け入れ制限を基本にしつつ、1980年代になると帰国の奨励と統合の促進という相反する政策が推進されたが、帰国については特典を用意したのに期待された効果がなかったことに見られるように、政策としては成果が乏しかった。このことは定住化が動かしがたい事実となっていたことを物語っていたが、そのことは他面では、外国人統合の一環として、ドイツ社会への外国人の様々な形の参加問題を提起するようになっていた。外国人住民に対する地方選挙権付与がシュレスヴィヒ＝ホルシュタイン州とハンブルク市で決定され、1990年に連邦憲法裁判所が国民主権の原則からこれに違憲の判決を下してストップをかけたのはその代表的な事例である。(60) こうした実情を踏まえ、1980年代末に連邦内務省で外国人法の改正案が作成された。けれどもCSUの中でも保守色の濃いF.ツィンマーマンが連邦内務大臣の座にあったことを反映して、改正案は外国人の地位の制限を一段と強める性質のものだったために連立与党FDPからも後向きという批判を招く結果になった。このため交替したW.ショイブレ内務大臣の下で統合により積極的な法案が準備され、統一の年に改正法が成立したのである。

ところで、1990年を第3期の始点に位置づけるのは、外国人法が抜本改正されたからだけではない。改正と併せて同年12月に募集停止例外令が制定され、後述する請負契約労働者を初めとする労働許可の与えられる職種もしくは人的集団が新規の外国人労働者の原則的受け入れ中止の例外として定められたことがもう一つの理由である。それだけではない。ドイツが統一した1990年前後からドイツ国境を挟む人の流れにかなり明確な変化が生じるようになったが、そのことが実態面から見た理由である。

そうした変化としては、差し当たり二つが指摘できる。一つはドイツに入国する人々の数が1980年代末から急増したことである。このことは絶対数ではもとより、

人口比の面でも当てはまる。例えば1990年から96年までの入国者数の累計を人口1,000人当たりで見た場合でも，ヨーロッパの国でドイツの107人を上回るのは127人のスイスと174人のルクセンブルクのような小国のみで，他の主要国は29人のイギリスのように軒並み半数を下回るレベルにとどまっている。(61)

　もう一つの変化は，出国者の数が大きくは変わらなかったために，入国者の超過分が急拡大したことである。その数は1992年には78万2千人にも達して戦後の最高を記録し，1991年から1998年までの累計でも298万8千人にも上っている。(62) これらの数字にはアオスジードラーや国外で居住していたドイツ国籍の市民の帰国のようなドイツ人の流出入が含まれていて，すべてが外国人というわけではない。しかし全体の中ではその規模は必ずしも大きいとはいえないことを考えれば，これらの変化の結果，ドイツに在住する外国人の数が急速に増大したのは当然の成り行きだった。そしてこの変化に対するドイツ社会の反応の一つが外国人敵視の風潮の高まりと排外暴力事件の激増にほかならなかった。その意味では，外国人問題が統一したばかりのドイツで政治的に重大化したのは，外国人の急増のゆえだったといっても間違いではない。けれども外国人が均質な集団ではなく，種々のカテゴリーからなる複雑な構成を有している事実に照らすと，このような把握はあまりに単純で粗雑といわなければならない。現に80年代末からドイツに流入する外国人には構成面で大きな変動が生じたのであり，外国人労働者とその家族が中心的位置を占めていた従来の流れと比べると，質的な転換が起こったと述べても決して過言ではないのである。

　この転換を引き起こしたのは庇護申請者や戦争避難民，請負契約労働者などの増大である。これには無論，定住化した外国人による家族呼び寄せが加わるのはいうまでもない。さらにソ連・東欧諸国から来るドイツ系のアオスジードラーが増加したことがドイツ域外から流入する人口を押し上げたのである。いずれにせよ，ドイツ域外から来る人口が増える中で外国人の主軸は庇護申請者などに移行したが，そのことは，多発した排外暴力の矛先が以前からドイツに居住している外国人労働者の家族よりもむしろ庇護申請者に向けられていたことからも推し量れよう。国内に民族的マイノリティを抱えている国が珍しくないヨーロッパでは，その分離や自治を巡る古い民族問題との対比で，外国人労働者とその家族の受け入れに関して新しい民族問題という表現が用いられるが，(63) これになぞらえれば，ドイツについては，庇護申請者などの到来とともに，新・新民族問題とも形容すべき新たな問題に直面させられることになったといえよう。そこで次に庇護申請者や請負契約労働者など

について考察する段になるが，その前にまず改正外国人法がいかなる点で新たな時期を画すことになったのかについて考えることにしよう。

1990年の改正外国人法の基本的な狙いは既に定住している外国人労働者とその家族の統合を促進するために法的地位を改善するとともに，他方で新規の労働者の流入を基本的に阻止することにおかれていた。前者については滞在資格の改編が重要である。従来は外国人に与えられる滞在資格には期限付滞在許可，無期限滞在許可，滞在権の3種があり，滞在権がもっとも安定した資格であった。そして最初に与えられる期限付の滞在許可を有する外国人には，5年以上の滞在などを要件にして無期限のそれを取得する道が開かれるというように，滞在期間の長さなどに応じてその地位が安定化していくシステムであった。けれどもその要件は従来は行政的な基準でしかなかったのにたいし，改正法では要件を満たした場合のより安定した滞在資格の取得が外国人の権利として明確化されたのである。また同時に滞在許可もしくは滞在権を有する外国人が自分と家族の生活を保障でき，住居も確保できる場合には，なお出身国に残っている家族を呼び寄せることが権利として認められ，配偶者や子供がドイツに入国する際に滞在許可が与えられるようになったことも重要である。例えば配偶者についてみれば，従来は入国に一定の結婚の継続期間が要件とされていたし，その滞在資格も夫もしくは妻のそれに付随するものでしかなく，本人自身の独立した滞在資格は与えられなかったのである。また一定の条件を満たせば，教育などのために一旦国籍上の母国に帰っていた子供がドイツに再入国することが権利として認められたことも付け加えておくべきであろう。[64]

このように外国人法の改正によって外国人の地位が強化され，外国人はそれまでのように行政的裁量によって翻弄されなくなったが，こうした統合政策との関連では，改正外国人法で帰化についても改善が図られたことも見落とせない。周知のようにドイツの国籍法は血統主義を基本にしており，これを維持するためにも外国人によるドイツ国籍の取得の要件は極めて厳しかった。しかし内外人平等の原則の承認とともに外国人の社会・経済的権利が徐々に拡大され，従来の国籍の差別化機能が低下していく趨勢の中で，[65]改正法では血統主義を堅持する一方で，ドイツへの帰化の枠組みを緩和したのである。すなわち，15年以上ドイツに適法に滞在している者，および16歳から23歳までの青年で8年以上適法に滞在し，6年以上ドイツで教育を受けた者に対して申請すれば帰化が認められることになったのである。また併せて帰化手続き費用も大幅に引き下げられ，それまで100マルクから5000マルクとされ，目安が帰化申請者の月間収入の4分の3程度とされていたのに対し，100マル

クと定められた。ただこの場合に注意を要するのは、ドイツ国籍の取得は「原則として」認められるとされていた点である。帰化の方式には一定の要件を満たせば権利として認められる権利帰化と行政的指針に基づいて処理される裁量帰化があるが、改正法は帰化請求権を明確に保証するものではなかったのである。[66]

　無論、改正外国人法に種々の問題点が存在しているのは指摘するまでもない。一例として家族呼び寄せに関していえば、従来通り十分な広さの住宅が条件の一つになっているが、住宅不足が深刻化し、家賃の高騰が社会問題になっている状況を考えるなら、それが呼び寄せに対する強いブレーキになっていることは容易に推察できるからである。それだけではない。低所得層のための社会住宅に入居するには所得制限があるが、同居の予定であっても外国にいる家族は所得計算にあたって考慮に入れられないため、外国人が社会住宅の申請の際に不利に扱われることも忘れてはならない。[67]また自由で民主的な基本秩序に対する危険という公安上の理由や公衆衛生面の理由と並んで長期間のホームレスや社会扶助への依存が国外退去の処分理由として挙げられていること、政治活動の禁止ないし制限が盛り込まれていることなど、改正法にはその他にも数々の問題が残されており、決して外国人の期待を満足させうるものではなかったのである。[68]

　それはともあれ、外国人の統合を進めるべく改正法で改善された滞在資格や帰化の対象として考えられているのは、外国人一般ではなく、かねてからドイツに滞在している外国人労働者とその家族を中心とする人々に限られていた。言い換えれば、改正外国人法は外国人の中に区別を持ち込み、一方を統合の対象にすると同時に、他方を排除の対象としたのである。そのことは改編で新設された滞在承認という滞在資格によく示されている。従来はドイツに滞在しようとする外国人には期限付の滞在許可が与えられ、滞在の長期化に伴って無期限のそれを取得する道が開かれたが、改正後はその可能性を除去し、新たに入国する外国人の定住化を防ぐために、滞在許可とは分離された滞在承認という資格が設けられたのである。これにより一時的滞在が定住につながることはなくなったから、滞在承認の資格でドイツにとどまる外国人は統合の対象ではなく、もっぱら管理の対象とされた。つまり、行政的判断でいかなる範囲でどれだけの人々に滞在承認を与えるかを操作することによって外国人の流入を抑制する仕組みが作り出され、ドイツに滞在する外国人の中に分断線が引かれたのである。[69]

　以上で改正外国人法の要点のみを瞥見したが、このように見るなら、同法が多数の外国人が事実上定住化しているを現実をもはや無視せず、むしろ彼らが今後もド

イツで生活することを前提にしているのは明らかであろう。別言すれば，国内の外国人を統合の対象にしている点で，「ドイツは移民国ではない」との政府の公式的立場にもかかわらず，外国人法は移民国としての実情に合致する方向で改正されたといえよう。けれども他面で，永住を予定して，将来は自国民になるものとして外国人を受け入れ，受け入れ後は社会への統合を図るのが移民国だとすれば，定住予定の外国人を新規に受け入れないことを明確にしたという意味で，改正外国人法が移民国型の法制度ではないのも確かであろう。統合政策とはいっても既に定住している外国人だけを対象に据え，彼らを移民とは認めないまま，現実に存在する移民社会的状況に制度を近づける点で，改正外国人法が「移民の非移民国的後始末」[70]という色彩が濃いのは否定できないのである。

　もっとも，改正の意図する後始末は順調に進んだわけではない。制度に込められた意図と結果とが乖離するのは一般的現象であり，外国人問題との関連では1973年の募集停止がドイツに居住する外国人の増大につながったことはその代表例と見做しうるが，改正外国人法についても同様の指摘ができる。例えば1996年末の時点で何らかの滞在資格を有するトルコ人のうち，滞在権を有しているのは52万人にすぎなかった。これに対し，無期限の滞在許可をもっているのは53万5千人であり，期限付のそれを有しているのは27万1千人だった。期限も条件もつけられない滞在権が最も安定した資格であり，それは8年以上の適法な滞在などを要件にして権利として請求できるが，その時点で10年以上の滞在期間を記録していたのはドイツ在住トルコ人の62％に達していたにもかかわらず，保有する滞在資格では無期限の滞在許可が最大だったのである。その原因について連邦政府の報告書は滞在資格に関する法制度についてのトルコ人側の無知を指摘しているが，その他の原因にも検討が加えられなければならないのは当然であろう。[71]また無論，滞在権の保有者が増えて滞在資格が安定しても，そのことが直ちに外国人の社会的状態の向上につながるわけではなく，その意味で滞在資格面での改善が統合の一歩にすぎないことは付け加えるまでもないであろう。

　帰化についても事態は類似している。改正外国人法での帰化は，重国籍を認めておらず，出身国の国籍の放棄を条件としていたから，正確にいえば，統合の手段というよりは同化政策の一部として位置付けられる。しかし，例えばトルコについては一旦トルコ国籍を放棄してドイツ国籍を取得してから再度トルコ国籍を得ることが可能であり，この場合にドイツ国籍を取り消すことまで改正法は定めていないので，結果として二重国籍者が少なからず出現した。この点を考慮に入れれば，改正

法で簡易化された帰化を単純に同化の手段と規定することにも問題が残る。ともあれ，外国人法の改正によってドイツ国籍の取得が容易になり，さらに1993年6月の改正で請求権としての構成がより明確化されたが，それにもかかわらず，実際に帰化する者の数はそれほど増えなかったのが現実である。例えば1993年の改正後で見ても，外国人法85条と86条の規定に基づき簡易化された帰化の枠で帰化したのは1994年に4万3千人であり，1997年では6万3千人にとどまったから，増大傾向が看取されるものの，滞在者数と比べた帰化率は依然として低いといわねばならない。世論調査によれば，二重国籍が認められた場合，特に若い世代の外国人でドイツ国籍の取得を申請する意図をもつ者が多いという結果が明らかにされているが，この点を考えると，統合に向けて用意された帰化は成果をあげているとはいいがたい。容易になったとしても従来の国籍の放棄が条件であると受け取られており，帰化はドイツでの生活のための便宜的手段としてばかりでなく，民族への帰属と忠誠に関わると見做されているために，ドイツ側が設定した帰化へのハードルが，外国人自体の内部に存在するそれと同じく，いまだ高いところにその原因があると考えられる。

移民社会的状況を追認し，その実状に合わせる方向で行われた外国人法の改正は，このように意図された効果をもたらしたとはいいがたい。そうなった原因の一つは，改正自体が抜本的というには程遠く，ドイツは移民受け入れ国ではないとの公式的立場を政府が堅持していたことに見られるように，中途半端という印象を免れなかった点にあるといえよう。他方で，外国人法の改正で始まる第3期には，ドイツを公式に移民受け入れ国とする構想が打ち出され，移民法の制定を求める論調が高まるようになったのであり，長期的な青写真を巡る対抗関係が顕著になったのも見落とせない。上述のように，初代の連邦外国人問題特別代表のキューンが1979年に一時的な統合政策に代えて本格的なそれを実施することを求める覚書を提出したのを契機に長期的な構想のレベルでの議論がスタートし，多文化社会を巡る論争も行われたが，それが一部に限られていたのに対し，90年代に入ると，論点は移民法制定という形に具体化され，教会や労働組合のような社会団体を巻き込みながら展開されるようになったのである。

90年代に繰り返し浮上する対抗的構想の主要点を包含し，新たな段階の論議の出発点として位置付けられるのは，1991年にキューンの後任だったL.フンケが抗議のため辞表を提出した際に彼女のブレーンだった専門家が公表した提言である。そこでは外国人政策の根本的転換の必要性が説かれており，用語としても流入の意味も

ある Einwanderung ではなく，移民の意味で国際的にも通用する Migration を用いることを求め，新たに移民政策を打ち出すことが要求されている。その場合の基本的認識は，ドイツではそれまで移民に関する統一的なコンセプトが欠如していたということであった。なぜなら，外国人労働者，庇護申請者，アオスジードラー，EC 加盟国の外国人などドイツに流入する様々のカテゴリーの集団に対してそれぞれに異なった対応がなされ，相互のつながりが欠落していたからである。このようにコンセプトが欠如していた根底には，人の移動が人類の根源的現象であり，貧困，災害，抑圧などがなくならない以上，交通手段の発達した現在では，それが大規模にならざるをえないという事実を直視しなかったことがある。この立場から提言では，ドイツの外から来る人々を移民と捉えることを前提にして，そのコントロールのために庇護政策やアオスジードラー政策を見直すことを提唱するとともに，移民問題は一国単位では解決できないから少なくともヨーロッパ・レベルでの協力体制を早急に構築することを訴えている。また同時に受け入れた移民については，教育や職業訓練を通じて社会的統合を図る一方，母国から持ち込んだ文化的特性を尊重し，帰化請求権や二重国籍も承認することを説いている。つまり，提言では，明示的に触れられていなくても，統一的コンセプトに基づく移民法の制定が提唱されているといえるのであり，ドイツを公式に移民受け入れ国に転換することが主張されていたのである。

　提言に示されたこの立場は，メンバーがそれぞれ刊行した著作でより詳細に展開されている。その例としては，1992年に公刊された B. ヴィンクラーの著書や U. メアレンダーと G. シュルツェの共著が挙げられよう[74]。しかし1991年から93年にかけて社会の関心が庇護申請者問題に集中していったなかでは，それらに描かれた対抗的構想に視線が向けられることは少なかったように思われる。それでも創刊されたばかりの硬派の週刊誌『フォークス』が1993年5月に移民法についての特集を組み，同年8月に CDU/CSU の連邦議会副院内総務 J. ゲルスターが『ドイツ―移民受け入れ国か』と題した覚書を発表して反論したように，関心が消滅したわけではない。とくにゲルスターの覚書はコール政権の政策の論点を整理したうえで代弁したもので重要な意味をもつ。そこでは移民国とは「労働市場政策，経済発展政策もしくは人口政策上の理由から移民の募集を必要としている国」を指すものと規定したうえで，様々なカテゴリーの流入が見られる現状から，対抗措置がとられない場合，ドイツへは必要とされる数を上回る人の流入が続くのは確実との見通しが提示されている。そしてこの予測に基づき，今後10年間に流入数が受け入れ必要数を下回る兆

候は現在のところ皆無だから,「国別の割り当てを伴う移民法というのは非現実的であり,無用である」と結論づけられている。

このように低調ながら続けられた移民法制定論議を活発化したのは,オスナブリュック大学教授 K. バーデが中心になって取りまとめた『60人のマニフェスト』が1994年に公刊されたことであろう。バーデは移民史研究で著名であるだけでなく,提言の執筆者の一人でもあり,活発な時務的発言を続けているが,マニフェストにはバーデ以外に経済学,法学,政治学,教育学,人口学など多方面の代表的学者が名を連ねていただけに,少なくとも論壇での影響は大きかった。これを受け,例えば福音主義教会の側では1995年5月にバンベルク大学の移民研究ヨーロッパ・フォーラムと協力して,学者,政治家,難民支援団体の活動家などを招いて「我々には移民法が必要か」と題した専門家会議を開催している。さらに1996年には連邦議会選挙の中間点で今後の政局の行方を左右する州議会選挙の際にアオスジードラー規制問題が焦点になった関連で,移民法を巡る論議が再度活発になった。そのことは,新聞や雑誌にこの問題を主題とした政治家や学者の手になる多くの論説が掲載されたのを見れば一目瞭然になる。例えば外国人問題を所管する連邦内務大臣 M. カンター(CDU)が1996年11月13日付『フランクフルター・アルゲマイネ』紙に「ドイツは移民受け入れ国ではない」とのタイトルの論文を寄稿して移民法構想に真っ向から反論したことや,同様にノルトライン=ヴェストファーレン州内務大臣で SPD の重鎮でもある H. シュノーアが同年5月21日付『フランクフルター・ルントシャウ』紙に「ドイツは移民政策なき移民国である」と題して寄稿し,移民法を基本的に支持する立場からその問題点を指摘したのは,論議の広がりを示す若干の事例である。

こうした流れを受け,既述の『マニフェスト』のグループを母体にして1997年に組織されたのが移民評議会である。バーデのほか政治学者の D. オーバーンデルファーなどを中心とする同評議会は,移民に関する独自のプランを作り,政府や政党などの諮問に応じ,政策批判や種々の報告書を作成して政府や世論に働きかけることを目的としているが,その活動の中でも1998年10月にシュレーダー政権の発足に合わせて公表された『将来の移民政策に向けた連邦議会と連邦政府に対する評議会の勧告』と題した文書が注目される。そこでは少子・高齢化による人口変動のために移民の導入が不可欠との認識を前提にして,移民受け入れのための全体構想が欠如していることから担当官庁と権限の錯綜が生じているとして,移民問題を包括的に所管する機関を設置することが提言されている。その上で,従来の国家理解を根

本的に転換する二重国籍の容認と帰化の簡易化や，移民の社会的統合のための支援とそれに伴う反差別法と統合法制定，最低限度の社会の共通性の維持のためのドイツ語習得の必要性，庇護制度のヨーロッパ・レベルでの調和化と適切な負担配分などが提唱されている。同評議会は2000年には登録団体になり，『2000年移民レポート』を公刊するとともに，主要メンバーであるフンボルト大学教授R. ミュンツが連邦内務大臣の下に設置された移民委員会に入り，K. バーデが同年に発表された連邦政府の第6回家族報告書の執筆を担当するなどしているが，影響力の大小はともあれ，その設立によって移民法論議の主要な担い手が組織化されたと見做すことができよう。第3期にはこのようにして1991年の提言の公表以降，移民法に関する構想が論議の場に押し出され，これを一方の極にして外国人問題を巡る鋭い対抗関係が顕在化するようになったのである。(80)

(イ) 新たなタイプの外国人労働者

ところで，先に瞥見した外国人法の改正が，現状を追認し，歪みを是正するというもっぱら消極的な姿勢だけで行われたわけではないことも看過してはならない。1980年代後半の好況による着実な経済成長は追加的な労働力需要を高める一方，東欧諸国で始まった変革はドイツへの無統制な人の流入を引き起こすという警戒心が広がったが，こうした事情を背景にして労働力導入の新たな方式が創設されたからである。この方式は，正確には外国人法の改正によって設けられたのではなく，1990年12月の募集停止例外令によって作られたものである。しかし時期を接していることを考えただけでも，実質的には外国人法改正と一体と見做して差し支えない。これによって生まれた新たな人的カテゴリーが，請負契約労働者，季節労働者，越境労働者，招来従業員である。そして1990年代のドイツにはこの名称で主に東欧諸国から労働者が入国するようになっているのである。

それでは彼らの法的地位や処遇はどのようになっているのだろうか。この点を次に簡単に眺めよう。(81)

請負契約労働者というのは，国外に本拠のある企業の従業員で，その企業がドイツ側の企業と結んだ請負契約に基づいて一時的に就労するためにドイツに派遣される労働者を指す。その法的基礎になっているのは，上述した募集停止例外令であり，それに基づいて請負契約労働者を導入するためにドイツ政府は1997年までにハンガリー，ポーランド，ルーマニアなど13カ国と二国間協定を締結している。それによれば，受け入れ数には各国ごとに毎年上限が設定され，割り当てられた範囲内で入国した労働者には原則として2年を上限にして請負契約内容の完了に必要な期間の

労働許可が与えられる。併せて滞在資格面では改正外国人法で新設された滞在認可が与えられる。またその定めにより，同等の職種のドイツ人労働者に適用される賃率協定に準じた賃金が彼らには支払われる。けれども他面では，本国の企業との間の彼らの雇用契約は継続したままであって，ドイツ側企業との雇用関係は成立しない。受け入れに当たっては，その労働者が事業に必要な技能を備えていることや，本国で社会保障制度に加入していることが要件とされる。通常は労働許可の交付の際には内国人優先の原則から労働市場の調査が必要とされるが，請負契約労働者については労働市場の状況を勘案したうえで割り当て数が定められているところから，労働市場調査は行われない。さらに一般の外国人労働者とは性格が異なるので，彼らは統計上も外国人労働者として計算に入れられない。一定のプロジェクトのための請負契約の履行が目的だから，多くの場合，単独ではなくチームを組んで派遣され，契約相手のドイツ企業にとどまるのが特徴になっている。また滞在が短期間に限定されているから，家族の呼び寄せが認められていないのは指摘するまでもない。彼らがドイツに滞留し定住化することは不可能な仕組みが作られているのであり，なるほど賃金についてはドイツの賃率協定に準拠するので，本国と比較すれば高収入が期待できるにせよ，雇用面，社会保障面などでは出身国の制度が適用されるから，ドイツで就労していても彼らは本国の労働者のままであって，ドイツ側から見れば，紛争の心配の要らない安上がりな労働力なのである。

　このような請負契約労働者の導入は，実は1990年以前にも小規模な形でポーランドとユーゴスラヴィアについては行われていた。しかし法制面の整備がなされ，規模が拡大したのは1990年以降のことである。1988年と89年にその数は1万5千人程度であったのに対し，受け入れ体制が整えられてからは急増し，1992年には10万人近くに達している。[82]しかしその後は減少し，1996年には半減するところまで縮小する結果になっている。このような変動の原因は明らかになっていないが，1993年にマイナス成長を記録したことに見られるドイツの景気の悪化と関連しているのは間違いないであろう。というのは，政府間協定には国内労働市場を保護するために失業率が高くなった場合には割り当て数を削減できることが規定されているが，ドイツ国内では1993年に失業が戦後最悪の状態になり，導入の原因である人手不足が薄らいだと考えられるからである。また彼らが主に就業したのは建設業であり，その数が最大だった1992・93年には7割近くが建設現場で働いていたが，数の減少につれて比率も低下しており，就業分野の多様化が進んでいる。[83]

　こうした請負契約労働者については一定の技能が受け入れの前提条件になってい

たが，これに対し，季節労働者は技能や熟練を必要としないだけでなく，短期間の就労が認められるだけである点に違いがある。その点では彼らは19世紀末以来のプロイセン渡りの移動労働者の再現とも見做せよう。というのは，当時も単純労働につく外国人労働者には待機期間が設けられ，短期間の就労後に帰国が強制されたからである。

　季節労働者が受け入れられるようになったのは1991年1月からであり，そのために連邦雇用庁が外国の対応する政府機関と国家機関レベルで仲介に関する協定を締結した。(84) 相手国はハンガリー，ポーランド，チェコ，スロヴァキアなど9カ国である。その数は請負契約労働者をかなり上回り，1996・97年には22万人にも上っている。その中心になっているのはポーランド人であり，受け入れが始まってから8割程度を占める状態が続いている。数の面でいえば，季節労働者には1年につき最大3カ月の労働許可が与えられるだけであり，期限がくれば帰国しなければならないから，総数は多くても平均した滞在者数がこれを大幅に下回るのはいうまでもない。彼らに対しては，就労期間中は社会保険に加入することが義務づけられる一方で，賃率協定もしくは地域で一般的な賃金と労働条件が適用されることになっている。しかし季節労働者には熟練が要求されないことからすれば，彼らが低賃金労働者であることは明白であろう。彼らが不熟練であることは，ドイツ人労働者が避けようとする劣悪な労働条件の職場に彼らが投入されたことを示唆しているし，季節によって受け入れられることは，季節に応じて労働力需要が大きく変動する部門で彼らが就労していることを示している。事実，季節労働者の導入は，不熟練労働者の受け入れを行わない原則に対する例外となることもあり，例外を最小限に抑える狙いから，単純労働を必要とする季節性の強い分野に限定して行われている。すなわち，果物と野菜の栽培や製材のような農業と林業，それにホテル・飲食業，芸能が彼らに就労が認められた分野である。特にブドウの収穫期に多数の季節労働者がドイツに入国し，出費を節約して少しでも多く強い通貨ドイツ・マルクを持ち帰るために自動車に寝泊まりして収穫作業に従事している様子はマスメディアを通して比較的よく知られるようになっている。(85)

　以上で一瞥した請負契約労働者と季節労働者のほかにも新しいタイプの外国人が統一後のドイツで働くようになっている。例えば越境労働者や招来従業員と呼ばれる人々がそれである。前者はポーランドとチェコの市民でドイツとの国境付近に住み，毎日国境を越えてドイツで働く人々である。彼らには滞在許可の代わりに2年間有効の越境者カードが交付される。越境労働者には国ごとの人数の割り当てや就

労期間の制限はないが，就労できるのは国境から50キロの範囲内であり，就労に当たっては内国人優先の原則が適用される。彼らはドイツの社会保障に加入することを義務づけられており，賃金・労働条件についてもドイツの就労地における労使協定の適用を受ける。彼らが就労しているのは旧東ドイツ地域であり，そこでは失業率が高いから，正確な数は明らかではないものの，人数はそれほど多くはなく，最大のときでも2万人を下回っていたと見られている[86]。

他方，後者の招来従業員は職業教育を終えた18歳から40歳までの者で，職業上および言語上の継続訓練を行うためにドイツで就業する外国人である。その受け入れに関する協定は南東欧の国々との間で結ばれている。彼らを受け入れる意図は，専門的知識を授けると同時に市場経済に馴染ませ，出身国の市場経済建設を援助することにある。彼らは最長で18カ月ドイツで就労しつつ研修を受けることができるが，各国ごとに割り当て数があるにもかかわらず，実績を見るとそれをかなり下回る状態が続いており，多くても5千人程度にとどまっているのが実情である[87]。

ところで，この越境労働者や招来従業員を含め，上述した新たなタイプの外国人労働者の集団を見る場合，その出身国のほとんどが共産主義体制をとっていた東欧諸国である事実を看過することはできない。しかも季節労働者のように，募集停止の原則を破っているばかりでなく，不熟練労働者の就労をも認めているだけに，これらの集団の導入を単純に労働力不足という経済的理由だけで説明するのは無理がある。この点に関してH. レーデラーは1980年代末の東欧諸国における変革の影響を指摘し，冷戦時代と同じように国境を閉ざしていたなら東欧諸国からのドイツへの移民圧力が強まる懸念があり，入国を一部認めることでその圧力を緩和できるという計算があったことを指摘している[88]。また同時に，例外を設けてまで東欧からの労働者を受け入れることで市場経済化に向かう東欧諸国に対して間接的支援ができるという考慮があったとも彼は述べている。これらの点はドイツ経済研究所（IW）の報告書やH. ハイデンも指摘するところであり[89]，この問題に関する共通了解になっているように見えるが，精密な研究は行われておらず，なお検証が必要であると思われる。いずれにせよ，統一を契機にして，大規模とはいえなくてもドイツが新たなタイプの外国人労働者の受け入れに踏み切ったことと，それまで政治的・軍事的に対峙してきた東欧圏がその労働者たちの出身地域であるという事実は記憶にとどめられるべきであろう。

ドイツ側の思惑とは別に，新たなタイプの外国人労働者がいかなる動機からドイツで就労するようになったかという点にも触れておこう。これについてはU. メア

レンダーたちが1995年秋に実施した調査が参考になる。調査対象者はポーランド出身の請負契約労働者、季節労働者、招来従業員であるが、複数回答可の条件での結果は、どのカテゴリーについても「ポーランドではあまりにもわずかしか稼げないから」が最多であり、例えば請負契約労働者では57％に上った。第二に多いのは「家計を改善するため」であり、これも40％程度になっている。しかし「ポーランドでは失業していたから」は必ずしも多くはなく、請負契約労働者では23％、招来従業員で24％ではあり、季節労働者のみが高くて37％という結果になっている。このような相違は、前二者の6割から7割がドイツで専門労働者として格付けされているのに対し、季節労働者の66％が不熟練労働者に格付けされていることに見られる技能レベルの相違が背後にあると考えられる。[90] ともあれ、これらの数字から、新たなタイプの外国人労働者がドイツで就労するのは、市場経済への移行過程にある出身国での経済の混乱とそれによって強められた生活の困難や水準の低さが主因であることは明白といえよう。ドイツに定住する道は彼らには開かれていないにしても、その点では彼らはかつて労働力募集に応じてドイツに住み着くようになった外国人労働者となんら変わるところはないのである。

　以上で戦後に西ドイツで外国人労働者の募集が開始されて以来の歴史を三つの時期に分けて辿ってきた。西ドイツに視点を据えれば、外来民には避難民・追放者やユーバージードラーが含まれるが、第2段階が1955年のイタリアとの協定締結で始まり、ベルリンの壁が構築された1961年頃から外国人労働者の導入が本格化したことを考慮すれば、1960年代初期に外来民の主役の交代が行われたといえよう。だがある意味でその交代がスムーズに行われたために、西ドイツの労働市場に不足する労働力を供給した点では同一であるにもかかわらず、追放者やユーバージードラーと外国人とは切り離され、これらを一体として把握する観点は定着しえなかった。外国人労働者の問題を国籍に焦点を合わせて外国人問題として捉える思考様式が一般化したのはその結果であると考えられる。つまり、外来民としてはユーバージードラーなどと通底している部分があるのに、その面は捨象され、外国人労働者はもっぱら外国人問題の文脈で把握されたのである。この意味でドイツでは外国人問題の成立自体が既に問題性を孕んでいたのである。
　ドイツへの人口流入の第2の段階は外国人労働者を主役にして始まったが、初期には外国人労働者は規模も小さく、その存在は市民の頭を悩ますような問題としては感じられていなかった。それはローテーション原則のような定住化を阻む仕組み

が作られ，社宅や寮のように居住空間が仕切られていたから，一般市民が外国人労働者と接触する場面が限られていた結果でもある。そのことを踏まえるなら，外国人労働者が問題として受け止められていたか否かにかかわらず，外国人の受け入れ，就労，滞在などを規定した政策の骨格とその転換の軌跡が以上で概観してきたことだといえよう。

　三つの時期を通観して明瞭になったのは，一口に外国人問題と呼ばれている事象が時代とともに変化し，比較的単純な外国人問題すなわち外国人労働者問題として把握できる段階から，複雑多岐で単数形では表せない外国人問題に発展してきたことである。外国人問題のそうした構造転換を引き起こしたのは，家族の合流とその定住化である。この転換は外国人政策の変化と深くからんでいる。外国人労働者の導入を開始してからのドイツでは，上述のように，外国人政策は大きな転換を遂げてきている。初期には外国人労働者は生活者というよりは稼得することだけを考える労働力と見做され，他方，外国人自身も大半はいずれは帰国することを予定していたから，存在したのは労働市場政策だけであった[91]。その後，外国人労働者の過剰感が広がるなかでオイル・ショックに見舞われたのを機に募集停止に踏み切り，抑制政策がとられたが，予想に反して外国人労働者の数が減らないばかりか，家族の呼び寄せで外国人の総数は増大した。その結果，1980年代に入ると帰国促進策を打ち出す一方で統合政策を推進するという路線に転じたものの，「ドイツは移民受け入れ国ではない」という公式的立場に縛られて，長期間ドイツに滞在し高齢化しつつある第一世代の外国人はもとより，ドイツ生まれの青少年も外国人という法的地位しか与えられない状態が継続している。またその中で，1990年以降，東欧諸国の変革を受けて新たなタイプの外国人労働者の受け入れが実施されている。

　振幅の大きい外国人政策のこのような軌跡を見れば，ドイツには最初から外国人政策と呼びうる明確なコンセプトに基づく政策は存在しなかったと評すことも不可能ではない。この点について例えばメアレンダーとシュルツェはこう記している。「過去に外国人政策で支配していたのは，流入してきた人々に自信のもてる生活設計を立てることを許さず，国内の人々には明瞭なコンセプトを認識させられない短期的な見通しとアド・ホックな決定であった[92]。」たしかにドイツの外国人政策がジグザグに映り，予測が外れて軌道修正を繰り返してきたことは否定できないし，現状追随の面が多分に存在することも間違いない。しかしそのことは同時に，外国人問題に関して正確な長期的見通しを立てたり構造変化を早期に把握することがいかに困難かを示しているともいえよう。さらに統合政策の限界や矛盾に関しては，ド

イツでは従来,国民の観念の中核に位置していたのが文化・習俗・言語のような非政治的要素であり,これらを共有しない外国人に対する心理的距離が文化的同質性に基盤をおくナショナル・アイデンティティの構造から生じていることも忘れてはならない。別言すれば,外国人政策は見通しの正しさやコンセプトの明確さの問題であるだけではなく,外国人に関して国民が抱いている意識や感情によっても規定されているのであり,それを背景とする政治力学を通じて骨格が定まっていくのである。

このことを鮮明に浮かび上がらせ,外国人の存在をクローズアップしたのは,周知のように,冷戦が終焉を迎える中で起こった庇護申請者の大波であった。同時にその陰で従来はとるに足りない規模だったアオスジードラーのうねりが大きくなった事実も見逃せない。これら二つの集団が到来し,外来民の主座に加わることによって戦後ドイツへの人口流入は第3の段階を迎えるのであり,新たなタイプの外国人労働者の導入で区切られた外国人労働者問題の第3期はこの第3段階と重なるのである。そうした重層性は,統一後のドイツで従来からの外国人労働者とその家族のほかに,請負契約労働者や季節労働者,庇護申請者,アオスジードラーなど種々のカテゴリーの集団が暮らすようになった現実を見れば了解できよう。既述のように,1990年代のドイツには域外から大量の外来民が流入したが,カテゴリー別に見た内訳は表3の通りであり,その錯綜が顕著といえよう。もっとも,ここに数えられた人々がすべてドイツに定住したわけではなく,請負契約労働者や季節労働者をはじめ,戦争避難民や庇護申請者などが多かれ少なかれドイツから退去したし,自由に移動できるEU加盟国の市民がドイツを離れたことも見落としてはならない。また統一により東ドイツが消滅したから,法的カテゴリーとしてのユーバージードラーは存在しなくなり,表に掲げられる集団には含められなくなっている。けれどもその母体だった東ドイツ市民は,東ドイツ地域での経済再建の遅滞によっても加

表3　ドイツへの外来民の流入数（1990～2000年）

カテゴリー	人　数
EU加盟国市民	1,607,259（1990～98年）
非EU加盟国市民の家族呼び寄せ	250,368（1996～99年）
後発アオスジードラー	2,164,549
旧ソ連からのユダヤ人移住者	125,486
庇護申請者	1,958,153
旧ユーゴ戦争・内戦避難民	345,000（1996年）
請負契約労働者・季節労働者など	372,749（1992～98年の平均）

（出典）　Bundesant für die Anerkennung ausländischer Flüchtlinge, Zuwanderung und Asyl in Zahlen, 7. Aufl., Nürnberg 2001, S.11.

重されて，心の壁で仕切られた世界に生活していることを忘れてはならない。統一後のドイツ社会の中には，東を呑み込み，自己をドイツ人そのものと感じるかつての西ドイツ市民と並んで，二級市民というコンプレックスの中でいわゆるオスタルジーを胸に抱きつつ生きている東ドイツ市民がいるのである。このオッシーという蔑称で括られた人々をも考慮に加えるなら，現代のドイツには来歴も法的地位も異なる極めて多様な集団が居住していることは明白であろう。そこで次に，外国人労働者とその家族から視線を転じ，外来民問題を錯綜させるとともに激しい政治的対立を引き起こすことにもなった新たな流入者集団を眺めることにしよう。

3. 庇護申請者・難民とアオスジードラー

　ドイツで外国人問題といえば，初期にはガストアルバイターと呼ばれた外国人労働者の問題であったが，家族の呼び寄せが進み，定住化の傾向が顕著になってからは子供や女性を巡る問題も加わって多様化してきたのは上で見てきたとおりである。しかしドイツ統一が実現した1990年頃からは外国人問題の焦点は外国人労働者とその家族には絞られなくなり，むしろ他の集団が中心に据えられるようになった。その集団とは庇護申請者のことである。またこれと並行して，冷戦体制が崩壊過程に入ったのを背景にしてアオスジードラーの数が急増したのも見逃せない。彼らはそれまでは半ば忘れられた集団だったが，1980年代末から高波になり，一般市民の視界の中に押し入る形になった。こうして戦後ドイツにおける外来民問題の第3段階が始まったのである。

　まず庇護申請者・難民からみていこう。

　この集団の現状については戦争避難民などと併せて第5章で詳述するが，その存在がクローズアップされたのはドイツ統一の前後であり，実質は経済難民と見られる外国人が庇護申請者の名目でドイツに大量に押し寄せ，極右勢力の台頭や排外暴力事件の激発を引き起こしたのは周知のところであろう。そのために国民の注目は庇護申請者問題に集中し，従来の外国人問題に対する関心は薄らいで外国人問題はあたかも庇護申請者問題一色であるかのような様相さえ呈した。実際，別稿で検討したように，極右的背景を有すると見られる排外暴力事件の増大は著しく，衝撃的でさえあった。連邦憲法擁護庁のまとめによれば，排外暴力の件数は1985年から1990年までは120件から309件に増えたにとどまるが，1991年には1,492件を数え，1992年になると2,639件にも達したのである。

　文字通り激増と呼ぶに相応しいこうした情勢に照らせば，その起爆剤になった庇

護申請者問題に一般市民の関心が注がれたのは不思議ではない。けれども無論，庇護申請者という集団がドイツに登場するようになったのは，注目を浴びるようになったドイツ統一の頃からではない。ナチズムの暴虐に対する反省から1949年に制定された基本法には16条に庇護権に関する規定が書き込まれていたのはよく知られているが，これに依拠して政治的迫害から逃れてドイツに庇護を求める外国人は以前から存在していたのである。とはいえ，1988年以降の急増は明白であり，排外暴力事件がピークに達した1992年に庇護申請者の数も頂点に達している。同じくドイツに流入する外国人に占める庇護申請者の比率は従来は高くても10％台にとどまっていたのに1991年と92年には各々27.8％と36.3％にも上ったのである。たしかにそれ以前にも例えば1980年に10万人を突破したことがあるように，時期によっては庇護申請者の数が軽視しがたいレベルに上昇したことがあるが，全体的に見て，冷戦体制が崩壊過程に入るまでは鉄のカーテンに遮られてドイツに亡命を求めることは至難であり，1956年のハンガリー動乱や1968年のプラハの春の際にも庇護申請者の数は重大視せねばならないほど増えたわけではなかった。現に1953年から1978年までの庇護申請者は総数で17万8千人であり，年平均に直すと7100人にとどまっている。これに比べると1980年前後にその数が増大しているのが注目されよう。この時期に中心になったのはトルコ人であり，これに続いたのがポーランド人である。トルコでは1980年に軍部がクーデタを起こしたが，その前後の政情不安が大量脱出の契機となり，トルコがドイツに外国人労働者を多数送り出していたことによる繋がりがトルコからドイツへの亡命の下地になった。またポーランドでは「連帯」を中核にした民主化運動を抑えるために軍政が敷かれ，戒厳令が布告されたことがドイツへの庇護申請者を発生させた。しかし，両国での事態の鎮静化とドイツ政府によるビザ免除の停止措置もしくはビザ交付の厳格化によって増加は一時的な現象に終わったのである。

　このように1980年代半ばまでの庇護申請者の数については，時期によって増えることがあっても全般的に少ないことと，増大した場合でも出身国における政変のような具体的な出来事に直結していることが特徴になっていたといえる。これに対し，1988年以降の庇護申請者数の急増については，量的な面だけでなく，種々の点にそれまでとの相違が現れている。一つは，出身国が多様化すると同時に，東欧諸国にあった重心がますます重みを増したことである。第二の相違は，上述したトルコ人やポーランド人の場合に認められた政変などとの直接的なつながりが全体的に不透明になったことである。その結果，第三に挙げられるのは，庇護申請の審査で政治

的迫害を受けているとは認定されない者が大半を占めるようになったことである。事実，庇護権を認められる申請者の比率は極端な低率に落ち込み，10％を下回る状態が続いているのが実情なのである。

　まず第一点に関していえば，庇護申請者の急増が始まった1980年代末からユーゴスラヴィアとルーマニアの出身者の増大が顕著になっている。例えば1985年と1990年とを比較すると，前者からは758人と22,114人，後者からは887人と35,345人が確認されている。そのためトルコを含めたヨーロッパ地域からの庇護申請者は1985年には全体の24.6％だったのが，1990年になると52.6％に上昇している。一方，アジアやアフリカからの庇護申請者も増加し，出身国の多様化が進んでいるが，ヨーロッパ諸国出身者の急増に押されて比率はむしろ低下している。その意味では，特徴的と思われるのは，増減の波動に見出される相違である。事実，1985年に1万8千人だったヨーロッパ出身者は31万1千人を記録した1992年をピークにして減少し，1996年には5万2千人にとどまったが，これに対し，アジア諸国の出身者の数にはそれほど大幅な変動は認められない。その数は1985年に4万4千人だったが，90年でも6万1千人に増えただけであり，また96年になっても4万6千人で比較的一定しているといえるからである。一般には貧しいアジア・アフリカ諸国から大量の経済難民が豊かなドイツめがけて殺到し，これによって庇護申請者の急増が起こったと考えられているが，そうした印象が事実に反していることはこれらの数字から明白であろう。このような印象は排外暴力の標的になるのがヨーロッパ以外の国々から来た庇護申請者であるケースが多いために生じたと思われるが，現実には急増を引き起こしたのはヨーロッパ出身の人々であって，アジア・アフリカの出身者ではないのである。

　第二の相違については，次の点を指摘するだけで十分であろう。ヨーロッパ出身の庇護申請者の急増をもたらしたのは上記のようにユーゴスラヴィアとルーマニアから来た人々であるが，彼らがドイツに押し寄せた時点には国内で重大な政治的事件が起こったり，亡命者の大量発生を招くほどに政治的弾圧が強められたという事実は存在しないということがそれである。このことは，視点を変えれば，ドイツが庇護申請者を受け入れる根拠としている政治的迫害がこの時期に広範囲に行われたとはいえないことを意味している。そしてこの点から，政治的迫害を受けた外国人に対して門戸を開いているドイツに大量の庇護申請者が入国しているものの，実際には彼らの多くがドイツを目指すのは豊かさのためであって，庇護申請者の中には多数の経済難民が含まれていることが察知できるのである。

この問題が基本法に定められた庇護権の乱用と見做されて基本法改正を巡る紛争を引き起こしたのは周知のところであろう。ドイツ内外で憂慮された排外暴力の横行と極右勢力の台頭が庇護申請者の殺到によって触発されたのは間違いないが，1992年末に成立した与野党間の合意に基づいて1993年5月に基本法が改正されるまで庇護権の改廃の是非を巡って国論を二分する深刻な対立が続き，統一したばかりのドイツの社会は混迷状態に陥ったのである。実際，庇護権規定をドイツの良心の証しとして位置づけたり，あるいはナチスの罪過に対する反省の所産と見做すにしても，1980年代後半以降それが乱用されるケースが急速に増大した現実を軽視することはできないであろう。そしてこの点がそれまでとの第三の相違点になる。

　ところで，庇護申請者の実相を見定めるうえで重視される庇護権の認定率には時期によってかなりの開きが存在する。その動きを大掴みに整理すれば次のようにいえよう。1970年代前半までは認定率はかなり高い水準にあったといえるが，庇護申請者数の増加とともにその後下降線をたどり，1980年前後の急増を受けて1981年と82年の両年には10％を切るレベルまで下がっている。そして庇護申請者数がピークを超すと再び上昇し，20％台まで回復したが，1980年代半ばを過ぎると庇護申請者の爆発的増加を背景に再度下降し，一桁で推移する状態が続いている。[95]

　これを時期区分するなら，認定率が高かった1970年代前半までを第1期と呼び，それより低下したものの概ね二桁台にあった1980年代半ばまでを第2期として括ることが可能であろう。そしてこれに続くのが1987年以後であり，同年に10％を割り込んで以来，1993年には3.0％という最低点を記録して今日に至っている。認定率の動きをこのように整理するなら，二つの特徴が浮かび上がる。一つは，庇護申請者の数が多くなると認定率が下がる傾向があることであり，もう一つは冷戦体制が弛緩してからこの傾向が極端に強まっていることがそれである。これら二つの特徴は，庇護申請者についての一般的な見方の変化を説明する。その数が少なく，認定率も高かった第1期までは庇護申請者は文字通り政治的迫害を受けた人々と考えられ，その受け入れに疑問を差し挟む声はなかった。けれども第3期になると庇護申請者の大部分はドイツの寛大な庇護権規定を乱用する者であるという見方が主流になり，この転換が基本法改正に向かって与野党を動かす力にもなった。すなわち，大量の庇護申請者の圧倒的多数が実際には政治的迫害を受けてはおらず，むしろドイツの経済的繁栄の余滴にあずかることを狙ってドイツに押し寄せている経済難民だとする見方がむしろ一般的になり，極度に低い認定率が常態化した現実はそうした見方を決定的に強める役割を果たしたのである。[96]

そうだとするなら，庇護権を認定された外国人を含む広い意味での難民がどの程度ドイツで生活しているかという点などが問われなければならないであろう。この点については，連邦政府外国人問題特別代表部が作成した資料が役立つ。それによれば，1993年時点で約200万人の難民がドイツで暮らしていたが，庇護権を認められていたのは総数で10万9千人にすぎず，家族を含めても難民全体の12％でしかなかった。その意味で圧倒的多数が滞在認容などの不安定な地位でドイツにとどまっていたのが現実であった。なかでも審査の結果不認定と判定され，人道的配慮から滞在を許されている者すなわち事実上の難民というカテゴリーに属す人々が多くて3分の1以上を占めており，これに審査途中の者が続く形になっている。[97]

ところで，既述のように，庇護申請者の激増は重大な政治問題になり，これを規制するために基本法などの改正に基づいて1993年7月から受け入れの仕組みが改められた。庇護申請者の名目でドイツを目指す経済難民が多数存在する現実が変わっていないとしても，国境で庇護申請者と名乗れば一旦はすべて国内に受け入れ，審査が終わるまで収容施設で衣食住を提供する仕組みは廃止され，政治的迫害がないと法律で定められた国の出身者や法律で安全な第三国とされた国を経由してドイツで庇護申請しようとする外国人に対しては門戸が閉ざされたのである。また審査期間中の手厚い待遇が外国人を引き付ける磁石の一つになっていたところから現金支給を最低限度に引き下げて現物給付に代えたり，宿泊のために一部ではホテルなどが利用されていたのを集中的な収容施設に切り替えるなどの見直しも順次実施された。こうした改正の効果は直ちに現れ，庇護申請者の数は224,099人だった1993年前半に比べて後半には半分以下の98,500人にまで減少したのである。その後も1994年に12万7千人だったのをはじめとして，1992・93年に比較して低い水準が続いているのも改正の結果にほかならない。

こうして庇護申請者問題がもつ政治的重圧は軽減されるとともに，政争の焦点になることも少なくなくなった。けれどもその裏では，外国人労働者としてはもちろん，庇護申請者としてもドイツに入る道を閉ざされた外国人たちが非合法な手段で入国を図るケースが増大したことを見落としてはならない。そうした事態を予想して連邦国境警備隊はポーランドやチェコとの国境地帯を重点に暗視装置などの増設や人員増強によって監視体制を強化し，同時に権限行使の範囲をも拡大してきている。しかしその一方では，ドイツ統一以降浸透が懸念されている犯罪組織が不法入国の手引きの面にも手を伸ばしてきている。そして麻薬や盗難車の取引などと並んで，秘密のルートを構築して高額の代価で難民をドイツに送り込んでいるほか，売

春を主目的にし東欧諸国出身の若い女性を標的とする国境を跨いだ人身取引にも暗躍するようになっているのが実情といわれる。[98]

　ともあれ，不法越境を試みて官憲に検挙された外国人の数は増大傾向を示している。たしかにその数字はそれ自体としては必ずしも大きいとはいえないが，不法入国に成功した者がその数倍をくだらないことが確実視され，十倍以上に上るとの推定もあるだけに，行方をくらませた庇護申請者などを含めた不法滞在者が昨今では侮りがたい規模に達していることが推測される。[99]正規の滞在資格をもたないために種々の公的サービスを受けることのできないこれらの外国人が流れ込んでいるのが闇の労働市場であり，彼らが不法に就労して稼得しているのは指摘するまでもない。こうした外国人は使用者にとっても社会保険料のような賃金付帯費用が不要であるばかりか，安価さに加え都合に合わせて便利に使えるところから，取り締まりの強化にもかかわらずこの闇の労働市場は拡大しつつあると考えられている。事実，これを裏付けるかのように旧西ドイツ地域における外国人不法就労者の摘発件数は，1990年に28,800件だったのが1995年には71,092件に増え，増大基調にあるのが実情である[100]。これらの動向が示しているのは，庇護申請者問題が法改正の効果によって表面上は解消したように見えても，それが実質的には経済移民問題であることを考えれば，本当の解決には至っていないということであろう。つまり，庇護申請者の範囲が狭く限定され，庇護制度が政治的迫害を受けた者の保護という本来の役割を回復したとしても，そのことによって不法入国などの形で問題の本質が経済移民にある事実が改めて浮き彫りにされているといってよいのである。

　次にアオスジードラーに目を向けよう。

　この集団に関しては第6章でロシア・ドイツ人に即して詳しく検討するので，ここではごく簡略に触れておくにとどめよう。

　既述のように，ドイツには移民を送り出した長い歴史があり，19世紀にアメリカへの大量移民が行われる前に今日のロシアやルーマニアなどにドイツ人が移住した。第二次世界大戦以前までドイツ系住民が旧ソ連・東欧圏に広範に分布していたのはその結果である。彼らはその地にドイツ人の居住地を形成し，故郷から持ち込んだ言語，習慣，文化を維持したが，そのことは長らく周囲の民族との紛争の原因とはならず，共存関係が保たれてきたのである。このような関係が決定的に崩壊したのはヒトラーの戦争のゆえである。ドイツ軍に蹂躙されたソ連ではドイツ系住民は対独協力の疑いをかけられ，中央アジアやシベリアへ強制的に移住させられたばかりか，収容所に入れられて強制労働に従事させられた。そして戦争が終わってからも

故郷に帰ることを許されず，権利を制限された状態が長く続いてきたのである。同様に，ヒトラーの侵略を受けたポーランドでは，上述のように戦後新たにポーランドに編入された旧ドイツ東部領土を中心にそれまで居住していたドイツ人の大半は追放された。しかしドイツ人はいなくなり，ポーランドは単一民族国家になったとの公式的立場にもかかわらず，産業建設に必要とされるドイツ人など実際には一部はポーランドに残留したのである。けれども存在しないはずの彼らに対しては，ドイツ語を使うことを含めマイノリティとしての権利は一切認められなかったことに見られるように，厳しい抑圧政策が続けられたのである。[101]

このような実情を踏まえ，追放者・避難民の波が収束した後の旧西ドイツではこれらのドイツ系住民を受け入れる政策がとられてきた。その基礎にはドイツ帝国を継承する国家として戦争の帰結を引き受けるという道義的責任の立場があったが，同時に共産主義体制下での人権無視を宣伝する政治的意図が加わっていたのも否定できない。そうした受け入れ政策の主軸になったのが1953年に定められた連邦追放者法である。けれども冷戦が続く間は実際にアオスジードラーとして西ドイツに流入するのは少数で，政治的に問題となるような規模には達しなかった。その意味で，彼らの流入が重圧として感じられるようになったのは1980年代末からのことである。この時期になると，1988年の20万3千人，89年の37万7千人，90年の39万7千人というように，その数は激増した。その結果，庇護申請者と並んで彼らの受け入れも重要な政治的テーマの一つになり，1992年12月の庇護権の見直しに関する与野党合意の際，年間の受け入れ数を制限することが取り決められた。上限とされたのは約22万人という数字である。またこれと同時に戦争帰結処理法が制定されたが，同法によってアオスジードラーの法的地位が子供に承継される従来の仕組みは廃止され，長期的にはアオスジードラー問題に決着がつけられる形になったのである。

ところで，この量的制限は従来のアオスジードラー政策からの転換の柱の一つをなすが，これと並んで財政的負担の軽減と移住の魅力の希釈を狙いとしてアオスジードラーに対する様々な給付やサービスが削減された。厳格な審査を受ける庇護申請者と異なり，従来アオスジードラーはフリーパスに等しい緩やかな審査で入国できただけでなく，歓迎金に象徴されるような種々のサービスを受けたところから特権的移民とも呼ばれたが，その特権が削り取られるようになったのである。この点は様々な給付が1993年から統合扶助に一括され，それまでより少額になるとともに，支給期間も短縮されたことから明らかだが，とりわけ問題になるのは，ドイツ社会に適応し，職業的能力を修得するのに必要な支援が削減されたことである。その結

果，ドイツ語講座に通うことは事実上制限され，職業訓練についても不十分なまま労働市場に送り出されるようになり，これに伴い彼らは社会的ヒエラルヒーの階梯を下降していくことになったのである。

　アオスジードラー政策の転換としてはもう一つ，現在の居住地での生活基盤形成に対する援助がある。受け入れ数の制限と支援の削減が流入に対する抑制策だとすれば，これは引き止め策といえるが，それには様々な方策が含まれている。大別すると経済，農業及びインフラ関連の支援，ドイツ系住民の交流促進の支援，社会的援助があり，ドイツの資金で農業技術の教育が行われたり，集会施設などが作られている。また他方ではロシアでのヴォルガ自治共和国の再建を巡る交渉に見られるように，ドイツ系住民の権利回復とマイノリティとしての地位の安定化にもドイツ政府は取り組んでいるが，これも引き止め策の一環に位置づけることができよう。

　こうした政策転換により，ドイツに流入するアオスジードラーの数は次第に減少するようになってきている。現に1990年代末には年間10万人程度にまでその規模は縮小している。(102)けれども1990年代だけで200万人を上回るアオスジードラーがドイツに移住し，その多くが削減された支援に依拠して生活を再建しなければならなかったことを考えれば，ドイツでの彼らの不適応や不統合が大きな社会的問題になったのは不可避だったといえよう。ドイツで生まれた外国人労働者の第2，第3世代が依然として外国人の身分のままであり，様々な差別を受けていることは外国人に関わる主要問題の一つとして従来から重視されているが，1990年以後の外来民の第3段階になると，新たな問題が付け加わった。庇護を申請したけれども却下された者でそのままドイツで生活を続けている者が少なくないことや，不法に入国し，あるいは不法に就労している外国人が増えている問題などとともに，大量に流入したアオスジードラーの統合の問題が浮上したからである。その結果，1970年代から既に外国人労働者問題の枠を超えていたドイツの外来民問題は一段と重層化し，錯綜した様相を呈するに至ったのである。

結び

　以上で概観してきたように，移民・移住者はドイツの近現代史の中に繰り返し姿を現すだけでなく，その規模は第二次世界大戦後に著しく大きくなっている。まず国境をまたぐ移住についていえば，最初の国家的統一で引かれた境界線を基準にした場合，既にそれを越えて外に向かう流れと内に向かうそれとが17世紀に確認できる。そしてこの流れは19世紀になると拡大し，なかでもアメリカに向けてのそれが

格段に太くなったのである。その意味で19世紀のドイツは世界でも有数の移民送り出し国だった事実が銘記されるべきであろう。

　しかしアメリカへの人口流出はドイツが目覚ましい工業発展を遂げた19世紀末には縮小し，代わってドイツへの移住者の流れが目立つようになった。しかもその規模は第一次世界大戦直前の時期には既に100万人を上回るほど拡大していたのである。ドイツ国境を越えてくるこの人の移動は第一次世界大戦後には全体として小規模になる一方，インフレが激化した1923年には再び流出が小さなピークを迎え，1920年代全般にわたって国外移住者は世紀転換期以後より高い水準が続いている。こうした動きが相対的安定といいながらもドイツ経済が低迷していた反映だとすると，ナチスが政権を掌握したのち，1930年代後半に再び流入する外国人が見出されるようになったのは，軍需景気で経済が活性化したことの帰結だったといえよう。その数は戦争に突入してから急激に膨れ上がり，ピークの1944年には713万人にも上ったが，しかしこの場合の外国人は占領地域などから運ばれてきて強制労働に就かされていた民間人や戦争による捕虜であって，自発的に移住した外国人労働者ではなかった点に留意しなければならない。

　このようにドイツは19世紀末から労働輸入国に変貌し，増減はあってもドイツ国内から外国人労働者の姿が消えることはなかった。しかも戦時期に限れば，ドイツ経済は外国人労働力なくしては成り立たないほど依存を深めたのである。無論，戦時経済が永続せず，敗戦によって強制力が失われたとき，そうした外来の労働力が消失したのは当然だった。そして間もなく戦後復興が軌道に乗り，労働力の不足が改めて感じられるようになった時，その空白を埋めたのは再び移住者の流れであった。ただこの場合の移住者は外国人ではなく，多くがドイツ国籍をもつ避難民と追放者であったのは上述したとおりであり，経済の奇跡に対する彼らの貢献の大きさは忘れられてはならない。

　しかしながらドイツ経済の成長とともに労働力需要も拡大し，初期には避難民・追放者をはじめ東ドイツからの逃亡者によって充足されていたものの，次第にその限界が感じられるに至った。そして農場からばかりでなく，工場の生産現場からも人手不足の声が上がるようになると，政府は国外での労働者の募集に踏み切り，とりわけベルリンの壁が築かれて東ドイツからの人の流れがストップしてからはその代替として外国人労働者の導入が本格化したのである。こうしてドイツではガストアルバイターの時代が始まり，1973年に募集が打ち切られるまで多数の外国人が労働者としてドイツに受け入れられた。これによってドイツは今世紀初頭を上回る労

働輸入国になったのである。

　もっともオイル・ショックまでは一定期間の就労の後，帰国する外国人が多く，その意味ではドイツは労働輸入国ではあっても，移民受け入れ国とはいえなかった。けれども，募集停止は家族の呼び寄せを増大させ，外国人といえば労働者というそれまでの自明な等式は時を経るにつれて成り立たなくなった。換言すれば，外国人は労働者であるだけではなく，学校教育を必要とする子供であり，家庭の主婦であり，さらには引退した高齢者でもある状態が現出し，定住化が濃厚になるにつれて存在自体が多様化したのである。また一方，1980年代末から大量にドイツに押し寄せ，多様性を加える形になった難民も，大半が庇護申請の名目を利用してドイツに住み着き稼得することに主眼をおいていたのは明白であった。そして基本法などの改正で庇護申請の道が狭められると，彼らは様々な手段で不法入国を図り，庇護権を認められずに行方をくらませた難民などと合わせて不法滞在者が増大するとともに，闇の労働市場の肥大を招いているのが実情である。また他面では社会主義の崩壊に伴い，ソ連・東欧圏からドイツに移住するアオスジードラーの波が高まり，1990年代初期には庇護申請者と並ぶ規模に達したことも見逃せない。彼らはドイツ系のかつての移民の子孫であるために，庇護申請者とは別の理由で受け入れを拒否することは困難であり，その社会的統合も統一後のドイツの重い課題になった。さらに1980年代後半以降の好景気を受け，ドイツでの定住の可能性の排除を前提にして1990年代初頭から東欧諸国出身の請負契約労働者や季節労働者が導入されるようになり，これによって法的地位はもとより，社会的状態などについても外国人を含む外来民の多様性はますます強まることになったのである。

　こうした動きを規模の面から巨視的に眺めてみよう。

　上述のように，戦争直後の一時期の大規模な人口移動を除いても，西ドイツと統一ドイツは様々な形の人口移動を経験してきた。1950年から1998年までに3,000万人がドイツに流入し，2,000万人がドイツから流出したことを考えただけでその巨大さは明白になる[1]。この移動の中心にいるのは，東西ドイツの外国人労働者，その家族，アオスジードラー，庇護申請者，戦争避難民などである。この数には総計で400万人に上る東西ドイツの間のユーバージードラー，年平均で37万人の請負契約労働者などは含まれておらず，これらを加えるとさらにその規模が膨らむのはいうまでもなかろう。また1949年の東西ドイツの建国を挟み，1950年までにどちらかの地域に住み着いた追放者は1,200万人に達し，西ドイツでは建国時点での人口4,900万人のうちの800万人，東ドイツでは1,880万人のうちの5分の1に当たる360万人にのぼっ

たが、この数を加えれば、戦後ドイツの人口移動が単なる歴史上のエピソードではなく、ドイツという国の成り立ちにかかわる重みをもっていることはすぐに納得できよう。この点は、外国人労働者の導入がまだ本格化していなかった1960年の西ドイツで既に人口5,540万人のうち989万人が追放者・避難民であり、335万人がユーバージードラーであったという事実を考慮すれば一層明確になる。今日のドイツに居住している外国人は730万人にも達するが、彼らを含め、ドイツで暮らしている普通の市民の少なからぬ部分にはドイツへの流入という人生の転機が自分自身の体験として刻まれており、そうではない場合でも両親もしくは祖父母の世代の体験として記憶され、アイデンティティの一部を形作っているのである。

　無論、このような人口移動は第二次世界大戦末期ないし敗戦を境にして突如として始まったわけではない。歴史を溯れば、19世紀のアメリカ移民にすぐに行き当たるからである。今日のアメリカで生活しているドイツ系市民の間ではドイツ語はもとより、ドイツの習慣や生活様式も希薄になっており、そこには移民国アメリカがヨーロッパ諸国とは違いメルティング・ポットとして独自のアイデンティティを形成する社会的装置を備えていることが示されているが、いずれにしてもドイツ系アメリカ人が大量に存在するという事実は、19世紀のドイツが移民送り出し国であったことを証明している。それだけではない。ドイツ人がアメリカに渡る以前にはロシアをはじめ東欧地域への移住が行われたのであり、移住地でその土地の社会に溶け込まず、独自の文化を維持してきたことがアオスジードラーの起源ともなっているのである。その点から見て、移民送り出し国であれ受け入れ国であれ、ドイツは人口移動の波に長く洗われてきたのであり、D.トレンハルトたちが指摘するように、人口移動はドイツでは「例外的ケースではなく常態である」というだけではなくて、ドイツの歴史を構成する中心的事実の一つであることが記憶にとどめられるべきであろう。1945年以後の移動は規模が巨大化しているだけでなく、その原因や背景にもそれまでとは異なっている面が認められるとしても、しかし人口移動の国としてのドイツの歴史の延長線上に起こっているという基本的事実が見逃されてはならない。つまり、戦後ドイツの外来民の問題は、連続と不連続という両面から考察することが必要であり、少なくとも戦後に生じた全く新しい問題であるかのように考えるのは誤っていると言わねばならないのである。

　ところで、統一ドイツの外来民の特徴は、戦後西ドイツに流入し、あるいは統一後にドイツに到来するようになった様々なカテゴリーの集団の重層性にある。この点に関してもう一度整理しておくと次のようになる。

第1段階	1945～1950年	避難民・追放者　強制労働者・戦争捕虜の帰国　流民（DP）の残留
	1950～1961年	東ドイツからのユーバージードラー　アオスジードラー
第2段階	1955～1973年	外国人労働者の募集と受け入れ
	1973～1990年	外国人労働者の募集停止と受け入れ制限・家族の呼び寄せ
		EC市民の移住　東ドイツでの外国人労働者導入
	1990年以降	請負契約労働者・季節労働者　外国人労働者の家族呼び寄せ
第3段階	1990年以降	庇護申請者・戦争避難民　アオスジードラー
		ユーバージードラー（1989～90年）

　ここに挙げられている以外にも，規模は大きくなくてもいくつかの集団が存在する。例えば西ドイツから東ドイツに移住したドイツ人が存在しており，その数は1950年を中心に1961年までに約40万人を数えた。また西ドイツからアメリカなどへ移住した西ドイツ市民のグループもあり，その中にはアオスジードラーとして一旦は西ドイツに受け入れらた人々がかなり含まれているとみられるが，正確な数は明らかになっていない。さらに様々な手段で不法に入国し，滞在・就労している集団が存在することも看過できない。その規模は当然ながら明確にはならないが，行方をくらませ地下に潜った庇護申請者などを含め，2000年の時点で50万人から100万人に達すると推計されている。

　ともあれ，上記の一覧を眺めただけで，統一後のドイツで生活している外来民が多様な構成を有していることは一目瞭然であろう。確かに初期の外国人労働者の大半はローテーション原則に従って帰国したし，統一後に導入された請負契約労働者なども一定期間後には帰国することになっている。しかしそれでも一部の外国人労働者は「リベラルなパラドックス」によって定住化し，その規模を拡大してきた。こうして一方には，予定されない定住化によってドイツの人口の一部を構成するようになった外来民の集団が存在するが，他方でドイツには，定住が予期された外来民集団も存在している。その代表例は戦後初期の避難民・追放者である。彼らが1950年までに西ドイツに流入したのに続き，東西対立を背景にしてユーバージードラーが西ドイツに流入し，時を隔てて再びユーバージードラーが西ドイツに殺到し，同時に追放者の後身ともいえるアオスジードラーの流れも膨らんだ。こうして定住

が予期されていたか否かは別にして，外来民はいわば累積的に増大してきたのであり，後から新たなカテゴリーの集団が付け加わることによってその構成は複雑さを増してきたのである。

　人口移動の国ドイツにはこのようにして今日大量の外来民が生活している。ドイツではなく外国の国籍を有する734万人の外国人市民とドイツ国籍を取得したかつての外国人74万人に加え，1950年から1999年までの通算で400万人に達するアオスジードラーの存在を思い浮かべれば，その点に関する説明は必要とはされないであろう。ところで，こうした人口流入は，規模の大小はともあれ，今後も続くと考えられている。東欧圏に接するドイツの地政学的な位置のほかに，世界でもトップクラスの豊かな国で吸引力が強いこと，自由と民主主義を掲げ人道性を重視する立場を崩せないことなどの理由があるからである。実際，人間の尊厳の不可侵を謳う基本法があるかぎり，発展途上にある貧しい国々での紛争や環境異変などで発生する難民に対し豊かさを守るために門戸を閉ざすことは，不可能ではないとしても，極めて困難であろう。その点から見て，今後もドイツが受け入れる外来民としては次のようなカテゴリーの集団が考えられる[5]。

（1）ドイツに定住している外国人の家族（配偶者と16歳未満の子供）
（2）東ヨーロッパ諸国からの一時的な労働者（請負契約労働者など）
（3）自由移動が認められたEU加盟国市民とヨーロッパ経済地域加盟国市民
（4）庇護申請者・分担難民・戦争避難民
（5）企業のマネージャー，芸術家，科学者，技術者などの専門職
（6）主として旧ソ連諸国出身のアオスジードラー
（7）外国で暮らしているドイツ人の帰還

これらの集団のうちで政治的判断によってドイツが受け入れを拒否できるのは多くはない。東欧諸国から来る労働者と企業のマネージャー，IT技術者のような専門職の人々については，労働許可を与えず受け入れを認めないことは原理的には可能であろう。しかし実際にはこれらの人々はドイツ側が必要としているのであり，受け入れ数を調整できても受け入れそのものをストップすることは難しいと考えられる。他方，これら以外の集団に関しては規制を強めて制限することはできても，受け入れを停止することは原理的に不可能であるといってよいであろう。例えばEU加盟国の市民の受け入れを拒否することは，ドイツがEUの一国にとどまろうとする限り許されない。確かに過去にスペイン，ポルトガルがECに加盟した当時，これらの国の市民に対してドイツの労働市場を一定期間開放しなかったことがあり，

現在でも EU の東方拡大に関連して，新規加盟国からの労働力の移動を期間を限って認めない措置を取ることが検討されている。[6]しかしこうした制限措置が議論されるのは，自由移動が原則だからであり，原則自体を否定することができないからにほかならない。同様のことは庇護申請者などについても当てはまる。庇護権のあり方については，これを権利として認めるのではなく制度的保証に切り替えるべきであるという提案がなされていて論議が続いているが，その点は別として，ドイツがEU レベルでの庇護制度の調整を目指しているのは，周知のように，庇護権を残しつつ，そこから生じる負担がドイツに偏っている現状を改め，EU レベルでの負担の均等化を図る狙いからである。つまり，庇護申請者に関しても，申請手続きの見直しによる制限や，EU レベルでの協議による負担の軽減は可能であっても，庇護申請者に門戸を閉ざすことが不可能であることは前提になっているといえよう。

このようにしてドイツは規制策を講じつつ，今後も上記の多様な集団を受け入れていくことになると考えられるが，もちろん，それらの集団のすべてがドイツに定住するわけではないのは改めて指摘するまでもなかろう。東欧諸国出身の新しいタイプの外国人労働者はもとより，庇護申請者でも庇護権が認定されなかった者の一部も国外退去を求められ，コソボなどからの戦争避難民も内戦の終結に伴い早期の帰国を迫られてドイツを去っている事実を見ればそのことは明らかになる。また同時に，ドイツ語テストの導入など規制が強化されたためにアオスジードラーの数が減少傾向にあり，同様にドイツに亡命を求める庇護申請者も庇護の名目での入国が難しいために近年では次第に減る傾向にあるのも見逃せない。その結果，例えば1991年以来上限とされた22万人前後のレベルにあったアオスジードラーの数は1996年に17万8千人に低下し，さらに1998年には10万3千人，翌99年には10万5千人のレベルにまで下がっている。そのため，40万人近くにも上ったドイツ統一の頃に比べてアオスジードラーが社会に与える重圧は格段に低下してきているのが近年の実情であり，もはやどれだけ受け入れるかではなくて，受け入れたアオスジードラーをどのようにしてドイツ社会に統合するかに焦点が移っているといえよう。同じく外国人に即してみても，1年間に流入する人口と流出する人口との差は1990年代半ばから縮小し，1997年と98年の両年にはそれぞれ2万1千人と3万3千人のマイナスさえ記録するに至っている。この結果，1992年には59万3千人にも達したその開きは1999年には11万8千人にまで縮まり，1970年代後半から80年代前半の一時期を除いて増大基調にあったドイツ在住の外国人の総数も1996年以降730万人台で推移し，増加から停滞に局面が移行しているのが現実である。[7]

このような現実は個別の集団に関して問題が顕在化する都度とられた規制策の結果でもあるといえるが，その根底にある，ドイツは移民受け入れ国ではないとの立場を政府は久しく崩していない。その結果，活発な人口移動の国であるにもかかわらず，移民の数や要件などを定めて流入を規制する法令や，移民を社会に編入するための緩やかな条件の帰化の制度のような古典的移民国に備えられている受け入れの制度がドイツには設けられていない。EU加盟国出身者以外には地方参政権すら認められていないのをはじめ，ドイツに定住する外国人の法的地位の不安定さに端的に見られるように，実情と制度との乖離は種々の深刻な問題を生み出しているが，そのようなドイツの現状は，K. バーデを筆頭とする研究者たちによって「非公式の移民受け入れ国」，「移民国状態」，「宣言されざる移民受け入れ国」あるいは「新しいタイプの移民国」などと呼ばれている。連邦政府の声明でも掲げられ，ここで使われている「移民国」という概念は論争的な性質をもち，一義的な定義を与えることは難しいが，差し当たり，永住を予定して受け入れたか否かを問わず，比較的長期間暮らしていたり出生したりした外国人で今後もとどまる意志を有する人々にホスト社会の市民と同等の権利を与え，共同市民として法的にも社会的にも処遇する国家や社会もしくはその体制を指すと理解してよいであろう。[8]「移民国」をこのように捉えても，上記の様々な表現のどれがドイツの現状に適切かを判定するのは容易ではない。しかしその点は措くとしても，それらの呼称には共通して，ドイツが実質的に移民受け入れ国に変貌していて，「非公式」を「公式」にしたり，「宣言されざる」を「宣言した」形に切り替えることによって制度を現実に合わせることに課題があるとの認識が示されているのは確かといえよう。

　また同時に，これらの呼称の裏には，ドイツの外から国境を越えてくる種々の集団に対してドイツ政府がこれまでとってきた首尾一貫しない政策的対応に対する厳しい批判が込められていることも見逃してはならないであろう。上で検討してきたように，ドイツでは定住化した外国人を大量に抱えその統合に呻吟しているにもかかわらず，募集停止を軌道修正して季節労働者や請負契約労働者の形で新たに外国人労働者を導入しているし，その傍らでは，外国籍のドイツ系の人々をアオスジードラーとして受け入れる反面で，庇護申請者については要件を厳格化し，政治的迫害を受けてもドイツへの亡命の道が閉ざされる危険が懸念されているのが現実であり，外来の集団を処遇するための統一的なコンセプトが欠如しているのは明白だからである。

　もちろん，統一的コンセプトが確立されていないことについては複雑な事情があ

ることを忘れてはならない。特にドイツの場合，外部から流入してくる種々の集団の性格が大きく異なっており，ドイツの歴史から離れて一般論のレベルで語ることができないことが重要である。仮に移民に焦点を据え，ドイツに居住する外国人に目を向ける場合，追放者やアオスジードラー，ユーバージードラーなどが視野からこぼれ落ちる虞れがあるし，外部からの移住者としてすべてを一括する場合には，それぞれの集団が抱えている特殊な性格が薄まり，とりわけ外国人が置かれている状態の法的・社会的な問題点が把握しにくくなる危険が生じるからである。そうした困難さは次の事例に象徴されている。R. ミュンツたちは近年の著作でドイツに流れこむさまざまな集団の動きと現状を概観しているが，その著書には『ドイツへの流入』という表題がつけられているにもかかわらず，論じる対象の範囲を限定すべき「流入 Zuwanderung」の概念については特に説明はなされないまま，包括的な概念として用いられている。(9) 他方，K. バーデは中心的タームである「流入」について，「上位の総括的概念として役立っても，それ自体としては空虚な器でしかない」と指摘し，「個々の移動の運動の次元に使われると混乱を引き起こす」ばかりでなく，集団の相違を曖昧にし，主要な問題を隠蔽する「術語上の覆い」として利用されやすいと述べて注意を喚起している。(10)

　統一的コンセプトが必要という立場から考えても，この例に見られるように，鍵になる概念を確定するだけでも容易ではないのが実情といってよい。このことは，ドイツに流入するそれぞれの集団に刻まれた社会的特性や歴史的背景がそれだけ重い意味を有していることを暗示している。けれども翻って現実を直視するなら，「流入」のような概念を用いるか否かはともかく，多数の外国人が定住化している実態に照らしただけでも，少なくともドイツは移民受け入れ国ではないという従来の政府の立場が現実から遊離しているのは否めないように思われる。換言すれば，今日のドイツは外国人労働者の流出入をコントロールできる労働輸入国の段階を既に通り越し，大量の外国人の定住化によって移民受け入れ国に近似していることは否定しがたく，これにアオスジードラーなどの他の集団を加えれば，ドイツは文字通り外来民の国にほかならないといわねばならない。他面，冷戦終焉後の世界で経済のグローバル化に伴い人の移動が活発化すると同時に，世界的規模で難民問題が重大化している状況を踏まえると，移民国の否定のうえに築かれたこれまでの外国人政策の延長では対応が困難になり，基本から見直しを迫られる公算が大きい。その意味では，ドイツ固有の歴史的背景に固着した統一性なき受け入れ政策が限界に突き当たっているのは間違いないといえよう。そして現在のこのような地点から過去を

顧みるとき，19世紀が大規模な国外移住の世紀だっただけに，20世紀を迎えてからの，わけても事実上の移民受け入れ国になった戦後ドイツの変貌ぶりが一層際立ってくるように感じられるのである。

　最後に本書の構成について簡単に触れておこう。
　Ⅰ部の第2章から第5章までは，ドイツ統一前後からの外国人に関する問題を扱っている。
　まず第2章ではドイツ統一の年である1990年前後の時期の外国人に焦点を絞り，職業と所得を中心にして必ずしも輪郭が明確にはなっているとはいえない彼らの生活実態を多面的に考察する。その際，種々の調査データを多用するが，それは外国人問題に関してはデータに基づかない言説にともすれば流れやすい状況があると思われるからである。また補論に当たる第3章では，1990年代末の時期に検討範囲を移した上で同様の問題をもう一度考え，約10年の間に生じた変化と連続面を検証する。この二つの章によってドイツに定住化した外国人の社会的状態の大枠が浮かび上がるはずである。
　続く第4章では，ベルリン在住のトルコ人青少年に的を絞ることによって，外国人一般のレベルでは把握しにくい問題を具体的に検討してみる。ここでトルコ人を選んだのは，言うまでもなく彼らが外国人の最大の集団だからであるが，ベルリンに限定したのは，その他の都市では十分な検討材料がなく，ある程度掘り下げて論じうるのはベルリンに限られるからである。また外国人を巡る諸問題が若年層に集中的に表れることが，青少年に的を絞った理由である。
　第5章では視点を変え，政治的に問題化した庇護申請者・難民の動向を考察する。さらに関連して戦争避難民や不法入国者にも射程を伸ばす。第4章までは定住化している外国人を扱っているから，ここでは別種の外国人が主題になる。庇護権を巡っては基本法に定められた本来の意味の政治亡命者に対する庇護だけではなく，定住している外国人のようにドイツで就労することを目指すいわゆる経済難民が問題になるが，これにドイツがどのように取り組んでいるかを考える。
　Ⅰ部ではこうして統一ドイツにおける外国人の現状に光を当てるが，Ⅱ部の第6章以下では視野を広げて外来民に考察対象を拡大し，歴史的視角を加えてその来歴などにもメスを入れる。
　まず第6章で主題に据えるのは，アオスジードラーである。この集団はわが国には馴染みがないが，その規模と来歴から見てドイツでは無視できない集団であり，

外来民問題を論じる場合には逸することはできない。そればかりか，移民流出国としてのドイツの過去やヒトラーが始めた戦争の帰結などを示している点で，ドイツ史の見落とされがちな一面を体現する集団でもあるといえよう。ただ出身国が多岐にわたっているだけでなく，ソ連・東欧圏での従来の地位や出国の事情も異なっているので，ロシア・ドイツ人を例にとってドイツへの移住と受け入れを考察することにした。

第7章では，ベルリンの壁崩壊の頃に世界の注目が集まった東ドイツからの脱出者を含むユーバージードラーについて考える。この集団はドイツ分裂の政治的産物であり，自由を渇望して共産主義体制から脱出したというイメージが強いが，真相はそれほど単純ではなかった。しかしその波が東ドイツ国内の民主化運動と相俟って東ドイツを崩壊に導いたのは確かであり，この観点から東ドイツ建国以降の歴史に絡めてユーバージードラーという集団に光を当ててみる。ここでユーバージードラーを取り上げるのは，西ドイツ市民から見れば，彼らは「もう一つのドイツ」から来た他所者であり，外来民の一部にほかならないからである。

ドイツの外来民問題は多面的かつ重層的であり，本書で扱うことのできたテーマは以上の通りであるから，本来なら取り組むべき主要問題が手付かずに残されてしまっているのは率直に認めねばならない。そのいくつかを挙げれば，外国人に対する様々な場での差別，外国人青少年の教育，急速に増大している外国人高齢者とその処遇，選挙権をはじめとする外国人の政治参加，外国人による犯罪，外国人に対する排外暴力と極右勢力，そして移民委員会の報告書で点火される移民政策とその背景にあるドイツの人口問題などがある。当然ながら，これらの一部はアオスジードラーにも跨がっている。また併せて古来よりドイツに定住し，外来民には入らない土着のマイノリティがドイツにいる事実にも目を向ける必要があろう。ソルブ人やフリース人などがそれであり，彼らは今日では民族的マイノリティという法的地位を得て，言語や文化が保護の対象になっている。これらのテーマのうちの若干についてはこれまでに検討したことがあるが[11]，本書に収めることはできなかった。残された主要テーマは今後の研究課題にすることとし，まずはドイツ統一が実現した1990年前後の外国人の生活状態から考察を始めることにしよう。

はじめに
(1) 主要政党が選挙綱領で掲げた外国人政策は次の冊子に収録されている。Aktion

Courage, hrsg., Forum Buntes Deutschland, Bonn 1998, S. 31ff. また二重国籍問題が招いた対立の深さは，CDU/CSU が反対署名運動という強硬手段に訴えたことや，連邦政府が理解を得るために急遽冊子を作成したことからも分かる。Presse- und Informationsamt der Bundesregierung, Integration fördern, Einbürgerung erleichtern, Bonn 1999.
(2)　この点に関しては，連邦内務省が公表した2050年までの人口変動の推計が重要である。Bundesministerium des Innern, Modellrechnungen zur Bevölkerungsentwicklung in der Bundesrepublik Deutschland, Berlin 2000.
(3)　Zweiter Zwischenbericht der Enquete-Kommission "Demographischer Wandel: Herausforderungen unserer älter werdenden Gesellschaft an den einzelnen und die Politik", Bundestagsdrucksache 13/11460, 1998.

第1節　ドイツ近現代史と移民・移住者問題

(1)　R. v. ヴァイツゼッカー, 永井清彦編訳『ヴァイツゼッカー大統領演説集』岩波書店, 1995年, 137頁以下。
(2)　無論，それと並んでドイツ風に改姓した人々もいる。ポーランド人の改姓のケースにつき，伊藤定良『異郷と故郷』東京大学出版会，1987年，230頁以下参照。
(3)　古山順一「EU 拡大に揺れる古都」2001年6月20日付『朝日新聞』。
(4)　ドイツの国境の変遷については，差し当たり，望田幸男「領土」加藤雅彦他編『事典現代のドイツ』所収，大修館，1998年，24頁以下参照。
(5)　桜井健吾『近代ドイツの人口と経済 1800-1914年』ミネルヴァ書房，2001年，第4章参照。
(6)　Ch. クレスマン，石田勇治・木戸衛一訳『戦後ドイツ史　二重の建国』未来社，1995年，44頁。
(7)　Friedrich Heckmann, Is there a migration policy in Germany?, in: Friedrich Heckmann and Wolfgang Bosswick, ed., Migration policies : a comparative perspective, Stuttgart 1995, p. 157. Mark Terkessidis, Migranten, Hamburg 2000, S. 6.
(8)　小倉充夫「移民・移動の国際社会学」梶田孝道編『国際社会学 第2版』所収，名古屋大学出版会，1996年，69頁。Norbert Wenning, Migration in Deutschland, Münster 1996, S. 13.
(9)　Steffen Angenendt, Deutsche Migrationspolitik im neuen Europa, Opladen 1997, S. 17.
(10)　Rainer Münz und Rainer Ohlinger, Deutsche Minderheiten in Ostmittel- und Osteuropa, Berlin 1998, S. 5. エスニック移民で直ぐに浮かぶのは日系ブラジル人だが，これを含めエスニック移民の若干の事例が，梶田孝道・研究代表者『国際移民の新動向と外国人政策の課題』（法務省委託研究報告書）2001年，第3部所収の諸論文で検討されている。
(11)　主軸文化論争を鳥瞰するには次の資料集が便利である。Leitkultur － eine Grundsatzdebatte, zusammengestellt von Ulrich von Wilamowitz-Moellendorff, Sankt Augustin 2001.

第2節　移民流出国から流入国へ

(1)　その概略については，Konrad Gündisch, Die Siebenbürger Sachsen, Bonn 1994参照。
(2)　Steve Hochstadt, Migration in preindustrial Germany, in: Central European History, Vol.

16, No. 3, 1983, p. 196.
(3) Hans Fenske, International migration: Germany in the eighteenth century, in: Central European History, Vol. 13, No. 4, 1980, p. 332.
(4) Ibid., p. 333.
(5) Ibid., 336f. 桜井, 前掲書139頁。
(6) 桜井, 前掲書153頁以下。もちろん, 18世紀と同様に, 移民のプル要因として19世紀前半までは大規模な食糧難が発生したことも見逃せない。食糧難は19世紀後半になると農業の生産性の向上と工業化の影響で広がりも深刻さも低下し, これに伴い移民の主たる動機も変化した。食糧難と移民の関係は次の論文で示唆されている。ハンス・H・バス, 若尾祐司他訳「19世紀前半プロイセンにおける食糧難」『名古屋大学文学部研究論集』131, 1998年, 129頁。
(7) Willi Paul Adams, Deutsche im Schmelztiegel der USA, 3. Aufl., Berlin 1994, S. 11ff.
(8) B. アンダーソン「遠隔地ナショナリズムの出現」『世界』1993年9月号, 179頁以下。
(9) Thomas Brieden, Die Bedeutung von Konflikten im Herkunftsland für Ethnisierungsprozesse von Immigranten aus der Türkei und Ex-Jugoslawien, in: Ethnisierung gesellschaftlicher Konflikte, Bonn 1996, S. 33ff.
(10) 桜井, 前掲書158頁以下。
(11) Günter Moltmann, American-German return migration in the late nineteenth and early twentieth centuries, in: Central European History, Vol. 13, No. 4, 1980, p. 384f.
(12) 木谷勤『ドイツ第二帝政史研究』青木書店, 1977年, 241頁。
(13) この点については, Klaus J. Bade, Vom Auswanderungsland zum Einwanderungsland?, Berlin 1983, S. 29ffのほか, 飯田収治「帝政ドイツにおける『外国人移動労働者』問題」『人文研究』46巻11分冊, 1994年, 柴田英樹「第二帝政期ドイツにおける外国人労働者」山田史郎他『移民』所収, ミネルヴァ書房, 1998年参照。
(14) 伊藤, 前掲書73頁, 拙稿「近代ドイツにおける大衆ジャーナリズムの成立」『社会科学論集』30号, 1990年, 35頁以下参照。
(15) このテーマについては, 邦語の優れた研究がある。飯田収治「『プロイセン渡り』の季節労働者について(上)(下)」『人文研究』44巻, 1992年, 46巻, 1994年。伊藤定良「国境を越える労働者―第一次世界大戦前ドイツのポーランド人移動労働者」増谷英樹・伊藤定良編『越境する文化と国民統合』所収, 東京大学出版会, 1998年。佐藤忍「労働市場の国際化―20世紀初頭のドイツにおける外国人労働者問題」『香川大学経済学部研究年報』31号, 1991年。
(16) M. ウェーバー, 田中真晴訳『国民国家と経済政策』未来社, 1959年。
(17) Ulrich Herbert, Geschichte der Ausländerbeschäftigung in Deutschland 1880 bis 1980, Bonn 1986, S. 57ff. なお, 柴田, 前掲論文223頁以下でポーランド人以外にイタリア人労働者のケースが紹介されている。
(18) 伊藤, 前掲書19頁。
(19) Bade, op. cit., S. 34f.
(20) 飯田「帝政ドイツにおける『外国人移動労働者』問題」33頁。
(21) Herbert, op. cit., S. 59f.

⑺ 飯田「『プロイセン渡り』の季節労働者について(上)」597頁。
㉓ Herbert, op. cit., S. 114.
㉔ 阿部正昭「戦間期ドイツの外国人労働者」法政大学比較経済研究所・森広正編『国際労働力移動のグローバル化』所収, 法政大学出版局, 2000年, 55頁。
㉕ 同前49頁。
㉖ 社会国家の概念とヴァイマル期のそれに関しては, G. A. リッター, 木谷勤ほか訳『社会国家 その成立と発展』晃洋書房, 1993年, 12頁以下および126頁以下参照。
㉗ 以下については, Herbert, op. cit., S. 116.
㉘ Ibid., S. 118.
㉙ 井上茂子「社会国家の歴史におけるナチ時代」『上智史学』44号, 1999年, 95頁以下参照。
㉚ 阿部, 前掲論文62頁以下。
㉛ Herbert, op. cit., S. 121.
㉜ なお, 戦時期の外国人強制労働に関しては, 矢野久「ナチス戦時経済と強制労働」『社会経済史学』60巻1号, 1994年および Th. ローター, 神崎巌訳『下等人間・上等人間』未来社, 1999年参照。

第3節 戦後ドイツにおける外来民問題の展開

(1) 桜井, 前掲書120, 130頁。
(2) Rainer Münz, Wolfgang Seifert und Ralf Ulrich, Zuwanderung nach Deutschland, 2. Aufl., Frankfurt a. M. 1999, S. 17.
(3) 外国人労働者の導入から現在までを K. -H. マイヤー゠ブラウンやバーデは5つの局面に分けているが, ここではそうした細分はせず, 大きく3つに区切る立場をとる。Karl-Heinz Meier-Braun, 40 Jahre "Gastarbeiter" und Ausländerpolitik in Deutschland, in: Aus Politik und Zeitgeschichte, B35/95, 1995, S. 14ff. Klaus J. Bade, Ausländer, Aussiedler, Asyl, München 1994, S. 53ff.
(4) Münz u. a., op. cit., S. 18.
(5) Hans-Werner Rautenberg, Ursachen und Hintergründe der Vertreibung, in: Günter Reichert, Marion Franntzioch und Odo Ratza, hrsg., 40 Jahre Arbeit für Deutschland — die Vertriebenen und Flüchtlinge, Frankfurt a. M. 1989, S. 21f. 永井清彦『国境をこえるドイツ』講談社, 1992年, 107頁。この強制移住の結果, 例えばバルト諸国では「キリスト教化と国土建設とともに始まった750年に及ぶ共同の歴史に終止符が打たれる」ことになった。Heinz von zur Mühlen, Die baltischen Lande: Von der Aufsegelung bis zum Umsiedlung, 4. Aufl., Bonn 1997, S. 15. 因みに, 外務省から派遣され, 当時リガでロシア語研修していた日本人青年外交官の下宿の主人はヴォルガ・ドイツ人の一人で, 「帝国への帰還」でラトヴィアを去ったという。新関欽哉『第二次大戦下ベルリン最後の日』日本放送出版協会, 1988年, 33頁以下。
(6) Wolfgang Benz, Fünfzig Jahre nach der Vertreibung, in: ders., hrsg., Die Vertreibung der Deutschen aus dem Osten, Frankfurt a. M. 1995, S. 10f.
(7) 無論, 避難民が発生したのは東部領土に限らず, 例えばドイツ系のバナート・シュヴ

ァーベン人が暮らしていたルーマニアのバナート地方でも発生した。Hans Diplich, Vorläufer der Landsmannschaft, in: Landsmannschaft der Banater Schwaben, hrsg., 40 Jahre Landsmannschaft 1949/50-1989/90, München 1990, S. 26f 参照。

(8) Alfred M. de Zayas, Nemesis at Potsdam: the expulsion of the Germans from the East, Lincoln 1989, pp. 61-66. Arno Surminski, Der Schrecken hatte viele Namen, in: Frank Grube und Gerhard Richter, hrsg., Flucht und Vertreibung, Hamburg 1980, S. 67f.

(9) この悲劇に関しては, C. ドブスン・J. ミラー・R. ペイン, 間庭恭人訳『死のバルト海』早川書房, 1981年のほか, Westpreussisches Landesmuseum, hrsg., Flucht über die Ostsee 1944/45: Der Untergang der WILHELM GUSTLOFF vor 50 Jahren, Münster 1995が詳しい。

(10) 因みに, 当時, ドレスデンには60万の住民と40万の避難民がいたと推定される。Matthias Gretzschel, Dresden im Dritten Reich, in: Hamburg und Dresden im Dritten Reich: Bombenkrieg und Kriegsende, Hamburg 2000, S. 97.

(11) この点については, ベルリンへ逃れてきた避難民の様子を描写している次の書が参考になる。邦正美『ベルリン戦争』朝日新聞社, 1993年, 183頁以下。I. ドイッチュクローン, 馬場謙一訳『黄色い星を背負って』岩波書店, 1991年, 267頁以下。

(12) ズデーテン・ドイツ人の歴史と併せ, その追放の要領のよい概観として, Fritz Peter Habel, Die Sudetendeutschen, München 1992, S. 93ff 参照。虐待の動機については, Heinz Nawratil, Vertreibungsverbrechen an Deutschen, Frankfurt a. M. 1987, S. 85ff の詳細な検討参照。

(13) この追放過程については多くの証言や研究があるが, さしあたり, C. v. クロコウ, 大貫敦子訳『女たちの時』平凡社, 1991年, Rudolf Mühlfenzl, Geflohen und vertrieben, Königstein 1981, S. 140ff など参照。

(14) ハベル大統領の発言や, ズデーテン・ドイツ人追放の原因を作ったのはヒトラーによる支配だというコール首相の発言については, さしあたり, Frankfurter Allgemeine Zeitung vom 2, 6, 1995参照。またハベル発言に対するズデーテン・ドイツ人団体の批判の例としては, 追放者同盟の機関紙に掲載された記事がある。Havel-Rede － ein Rückfall in die Kategorien der Kollektivschuld, in: Deutscher Ostdienst, Nr. 8, 1995, S. 1f.

(15) Alfred-Maurice de Zayas, Anmerkungen zur Vertreibung der Deutschen aus dem Osten, 3. Aufl., Stuttgart 1993, S. 216f. Gerhard Reichling, Die deutschen Vertriebenen in Zahlen, Teil 2, Bonn 1989, S. 30f.

(16) クレスマン, 前掲書49頁。

(17) 憲章の全文は, Herbert Czaja u. a., Die Charta der deutschen Heimatvertriebenen vom 5, August 1950, 2. Aufl., Bonn 1995, S. 15に収録されている。また復讐を放棄したことの意義を重視するのが一般的評価になっている。Hans-Ulrich Engel, Versöhnung statt Rache, in: Das Parlament vom 28, 7, 1995. 確かに現在では追放から時間が経ち, 世代交代と社会統合が進んだため, 怨念のような感情は一部の人に限られているといえるが, しかし消滅したとまではいえないことも看過すべきではない。例えば追放50周年を記念してズデーテン地方のザーツァーラント出身の追放者団体が編集した機関誌の特別号には, 追放過程の悲惨な体験報告ばかりでなく, 追放や強制連行で斃れた同地域のドイツ系市民のう

ち1,646人のリストが死亡場所・死亡原因とともに記載されているが、それと並んで、虐待を行った民兵などで人物が特定できた70名の名前もその手にかかったドイツ系市民の姓名と併せて一覧に掲げられており、苦難の記憶がいまだに生々しいことを感じさせる。Heimatbrief Saazerland: Sonderausgabe anläßlich 50 Jahre Vertreibung, Soest 1995, S. 78ff. さらに Der Spiegel, Nr. 21, 1994, S. 89ff, : Nr. 21, 1996, S. 32ff 参照。

⒅ 流民に関しては、木戸衛一「第三帝国崩壊後ドイツにおける人口変動」『国際政治』89号、1988年、62頁のほか、Juliane Wetzel, „Displaced Persons", in: Aus Politik und Zeitgeschichte, B 7・8 /95, 1995, S. 34ff. 参照。なお流民に関連するわが国での新聞報道として、V．グリニュク「第二次世界大戦後帰国できなかったソ連人」1995年5月28日付『中日新聞』がある。

⒆ Herbert, op. cit., S. 182. 避難民たちの経済的貢献は、追放者同盟が編集しているシリーズの一冊で、半公式的文書と見做してよい次の冊子で力説されている。Marion Frantzioch, 40 Jahre Arbeit für Deutschland — die deutschen Vertriebenen, Bonn 1991, S. 2 f. 同じ著者の論文では、追放者の「イノベーション能力」と「業績への用意」が強調され、彼らを「ドイツの経済の奇跡をともに引き起こした者」と位置づけている。Marion Frantzioch-Immenkeppel, Die Vertriebenen in der Bundesrepublik Deutschland, in: Aus Politik und Zeitgeschichte, B28/96, 1996, S. 8. なお、経済的貢献を数字で裏付けた貴重な論考として、Liliana Djekovic und Hermann Gross, Der Beitrag der Vertriebenen und Flüchtlinge zum Wiederaufbau der deutschen Wirtschaft, in: Reichert u. a., hrsg., op. cit., S. 128ff がある。

⒇ Georg Klemt, Organisatorische Aspekte der Aufnahme und Unterbringung der Vertriebenen, in: Reichert u. a., hrsg., op. cit., S. 66f.

㉑ Falk Wiesemann, Flüchtlingspolitik in Nordrhein-Westfalen, in: Benz, hrsg., op. cit., S. 218f.

㉒ Alfred Theisen, Die Vertreibung der Deutschen — ein unbewältiges Kapitel europäischer Zeitgeschichte, in: Aus Politik und Zeitgeschichte, B7-8/95, 1995, S. 31.

㉓ Uwe Kleinert, Die Flüchtlinge als Arbeitskräfte, in: Klaus J. Bade, hrsg., Neue Heimat im Westen, Münster 1990, S. 55f. 戦後史の一齣として重要な土着の住民との紛争はその後封印され、「タブー化されたテーマ」という状態が続いている。Frantzioch-Immenkeppel, op. cit., S. 5 f.

㉔ この点については、SPDとの関連で検討がなされている。安野正明「1950年代前半のドイツ社会民主党の危機」『社会文化研究』21号、1995年、114-24頁。1953年に連邦新聞情報庁が編んだドイツ案内の書で追放者にかなりの紙数が割かれているのはそうした事情の反映であろう。The Press and Information Office of the German Federal Government, Germany reports, Bonn 1953, pp. 108-128.

㉕ Hans-Werner Rautenberg, Die Wahrnehmung von Flucht und Vertreibung in der deutschen Nachkriegsgeschichte bis heute, in: Aus Politik und Zeitgeschichte, B53/97, 1997, S. 36. 膨大な数の難民の統合は戦後史の重要な出来事といえるが、経済の奇跡と並ぶその意義を強調するために「難民の奇跡」が一部で語られてきた。Falk Wiesemann, Flüchtlingspolitik und Flüchtlingsintegration in Westdeutschland, in: Aus Politik und Zeitgeschichte, B23/85, 1985, S. 35.

㉖　Vgl. Theisen, op. cit., S. 20.; Frantzioch-Immenkeppel, op. cit., S. 3.; Rautenberg, op. cit., S. 38.
㉗　Herbert, op. cit., S. 186. 無前提性のフィクションはガストアルバイターという外国人労働者の呼称にも映しだされている。D.トレンハルトが指摘するように，「この名称は彼らの自主的な就労と平和的な求人を強調し，ドイツが戦時中，外国から500万人の強制労働者を導入したことと区別するために用いられたもの」であることは確かだが，同時にそれは異邦人労働者と呼ばれた強制労働者の記憶を消し去る役割を果したからである。細見卓監修『外国人労働者　日本とドイツ』河合出版，1992年，32頁。
㉘　Rainer Münz, Wolfgang Seifert und Ralf Ulrich, Zuwanderung nach Deutschland, 2. Aufl., Frankfurt a. M. 1999, S. 37.
㉙　Herbert, op. cit., S. 190f.
㉚　イタリア人労働者導入の経緯については，矢野久「戦後西ドイツにおける外国人労働者導入への道」『三田学会雑誌』91巻2号，1998年，および同「戦後西ドイツと外国人労働者」『大原社会問題研究所雑誌』474号，1998年が詳しい。
㉛　広渡清吾「外国人と外国人政策の論理」東京大学社会科学研究所編『現代日本社会 第6巻』東京大学出版会，1992年，397頁。
㉜　国家民主党に関する邦語文献として，井手重昭『西ドイツ』日本放送出版協会，1970年，201頁以下に党首 A. v. タッデンのインタビューを含む興味深い記述がある。
㉝　木前利秋「ヨーロッパの苦悩，移民の苦悩」森田桐郎編『国際労働移動と外国人労働者』同文館，1994年，38頁。
㉞　この点については，木前，前掲論文39頁以下，同「西ドイツにおける外国人労働力導入の構造」森田桐郎編『国際労働力移動』東京大学出版会，1987年，324頁以下参照。
㉟　真瀬勝康「西欧における外国人労働者とその送り出しの構造」森田編『国際労働力移動』所収，256頁以下。
㊱　Mathilde Jamin, Die deutsch-türkische Anwerbevereinbarung von 1961 und 1964, in: dies. u. a., hrsg., Fremde Heimat, Essen 1998, S. 75.
㊲　Herbert, op. cit., S. 196ff. Wesley D. Chapin, Germany for the Germans?, Westport 1997, p. 11.
㊳　Leslie Page Moch, Moving Europeans, Bloomington 1992, p. 156.
㊴　Bundesministerium für Familie, Senioren, Frauen und Jugend, Familien ausländischer Herkunft, Sechster Familienbericht, Berlin 2000, S. 49.
㊵　拙稿「統一ドイツの外国人に関する主要なデータ」『社会科学論集』35号，1996年，263頁。
㊶　Dieter Just und Peter Caspar Mülhens, Ausländerzunahme: objektives Problem oder Einstellungsfrage?, in: Martin Frey und Ulf Müller, hrsg., Ausländer bei uns, Bonn 1982, S. 379ff 参照。
㊷　その経過と意義などについては，佐藤忍『国際労働力移動研究序説』信山社，1994年，61頁以下および森廣正『現代資本主義と外国人労働者』大月書店，1986年，163頁以下参照。
㊸　中村圭介「西独における外国人労働者政策の展開」『日本労働協会雑誌』348号，1988

年, 59頁。
(44) Bundesministerium für Familie, Senioren, Frauen und Jugend, op. cit., S. 51.
(45) オイル・ショック後の不況に関しては, 戸原四郎・加藤栄一編『現代のドイツ経済』有斐閣, 1992年, 30頁以下参照。
(46) James F. Hollifield, Ideas, institutions, and civil society, in: IMIS-Beiträge 10, 1999, p. 58f.
(47) 因みに, これらの条件は今日も維持されている。Winfried Kissrow, Ausländerrecht einschließlich Asyl- und Staatsangehörigkeitsrecht, 15. Aufl., Stuttgart 2000, S. 9.
(48) 森, 前掲書111頁。さらに, Bundesanstalt für Arbeit, Ausländer in Deutschland: Jahresbericht 1998 über die Situation ausländischer Arbeitnehmer, Nürnberg 1999, S. 206参照。
(49) 真偽は別にして, 故国にいる子供数の虚偽申告をする外国人が少なくないと一般に考えられていた。坂本明美『素顔のドイツ人』三修社, 1982年, 39頁。
(50) 中村, 前掲論文60頁。
(51) Beauftragte der Bundesregierung für Ausländerfragen, Daten und Fakten zur Ausländersituation, 17. Aufl., Bonn 1998, S. 30. なお前掲拙稿「統一ドイツの外国人に関する主要なデータ」251頁以下参照。
(52) クロイツベルクの実情については, Hans-Günter Kleff, Die Bevölkerung türkischer Herkunft in Berlin-Kreuzberg, in: Forschungsinstitut der Friedrich-Ebert-Stiftung, hrsg., Ghettos oder ethnische Kolonien?, Bonn 1998, S. 83ff 参照。なお, ミュンヘン, デュースブルクなどのセグリゲーションを検討している, 山本健児『国際労働力移動の空間』古今書院, 1995年, 第5章以下も参照。
(53) Bundesministerium für Familie, Senioren, Frauen und Jugend, op. cit., S. 50. Maier-Braun, op. cit., S. 17.
(54) Bundesministerium des Innern, hrsg., Aufzeichnung zur Ausländerpolitik und zum Ausländerrecht in der Bundesrepublik Deutschland, Bonn 1991, S. 3.
(55) 中村, 前掲論文62頁。
(56) Cornelia Schmalz-Jacobsen, Integration: Grundvoraussetzung ohne Alternative, Bonn 1998, S. 6. なお, 主としてフランスの文脈に即して統合, 同化, 編入の概念の関連を検討している, 梶田孝道『統合と分裂のヨーロッパ』岩波新書, 1993年, 163頁以下参照。
(57) Liselotte Funcke, Erfahrungen einer Ausländerbeauftragten, in: Haus der Geschichte der Bundesrepublik Deutschland, hrsg., Heimat: Vom Gastarbeiter zum Bürger, Bonn 1996, S. 31.
(58) 拙稿「ドイツにおける外国人高齢者の生活実態」『社会科学論集』37号, 1998年, 281頁以下参照。
(59) 以下については, Werner Kanein und Helmut Rittstieg, Deutsches Ausländerrecht, 3. Aufl., München 1987, とくにその序論によるほか, 連邦内務省および在ドイツ日本国大使館領事部での聴取に基づく。なお, 中村, 前掲論文57頁以下も参照。
(60) 違憲判決については, 高田篤「外国人の参政権—ドイツ連邦憲法裁判所違憲判決の論理」『法律時報』64巻1号, 1992年参照。
(61) Roland Rau, Stefan Rühl und Harald W. Lederer, Migrationsbericht 1999, Bamberg 1999, S. 41.
(62) Ibid., S. 8.

⑥3 梶田孝道『新しい民族問題』中公新書，1993年参照。
⑥4 広渡清吾『統一ドイツの法変動』有信堂，1996年，198頁。Salim Ibrahim, Die "Ausländerfrage" in Deutschland, Frankfurt a. M. 1997, S. 101f.
⑥5 小倉充夫「国際移動の展開と理論」同編『国際移動論』所収，三嶺書房，1997年，22頁。さらに梶田『統合と分裂のヨーロッパ』195頁参照。
⑥6 広渡清吾「ドイツの外国人問題と国籍」百瀬宏・小倉充夫編『現代国家と移民労働者』所収，有信堂，1992年，51頁。なお，C. ドルニスが「ドイツの帰化法制ではカオスが支配している」と嘆いているように，改正後もドイツの帰化に関わる法令は7つもあって錯綜している。Christian Dornis, Einbürgerung in Deutschland, Berlin 1999, S. 9.
⑥7 Ibrahim, op. cit., S. 103.
⑥8 その原因について，イブラヒムは，外国人の一時的滞在という古ぼけた観念，フェルキッシュなイデオロギー，選挙戦術上の計算の三つがあると指摘している。Ibid., S. 105.
⑥9 広渡，前掲書196頁以下。
⑦0 広渡「外国人と外国人政策の論理」399頁。
⑦1 Bundesministerium für Familie, Senioren, Frauen und Jugend, op. cit., S. 44.
⑦2 Beauftragte der Bundesregierung für Ausländerfragen, hrsg., Daten und Fakten zur Ausländersituation, 18. Aufl., Berlin 1999, S. 11f. 31.
⑦3 この提言は短縮して新聞に転載されている。Gabi Witt u. a., Wanderungen sind ein Urphänomen der Menschheit, in: Frankfurter Rundschau vom 5, 7, 1991.
⑦4 Beate Winkler, Zukunftsangst Einwanderung, München 1992; Ursula Mehrländer und Günther Schultze, Einwanderungskonzept für die Bundesrepublik Deutschland, Bonn 1992.
⑦5 Johannes Gerster, Deutschland ‒ ein Einwanderungsland?, Bonn 1993. 因みに，その概要は，Frankfurter Allgemeine Zeitung vom 5. 8. 1993で報じられている。
⑦6 Klaus J. Bade, hrsg., Das Manifest der 60. München 1994. 署名者の一覧は同書61頁以下にある。
⑦7 会議の内容は冊子として公刊されている。Evangelischer Pressedienst, hrsg., Brauchen wir ein Einwanderungsgesetz?, Frankfurt a. M. 1995.
⑦8 Manfred Kanther, Deutschland ist kein Einwanderungsland, in: Frankfurter Allgemeine Zeitung vom 13, 11, 1996.: Herbert Schnoor, Deutschland ist ein Einwanderungsland ohne Einwanderungspolitik, in: Frankfurter Rundschau vom 21, 5, 1996.
⑦9 Rat für Migration, Migrationspolitik in Deutschland, Osnabrück 1999. なお，Frankfurter Rundschau vom 12. 1. 2000参照。
⑧0 なお，移民法を巡る世論の動向につき，Frankfurter Allgemeine Zeitung vom 20. 12. 2000参照。
⑧1 請負契約労働者については，野川，前掲書85ページ以下および Lederer, op. cit., S. 249ff 参照。
⑧2 Klaus Sieveking, Uwe Reim und Stefan Sandbrink, Werkvertragsarbeitnehmer aus osteuropäischen Ländern, in: Forschungsinstitut der Friedrich Ebert-Stiftung, hrsg., Neue Formen der Arbeitskräzuwanderung und illegale Beschäftigung, Bonn 1997, S. 41.
⑧3 ドイツでの彼らの就労の実態に関しては，Ursula Mehrländer, Leben und Arbeiten in

Deutschland: soziale Situation polnischer Werkvertragsarbeitnehmer, in: Forschungsinstitut der Friedrich-Ebert-Stiftung, hrsg., op. cit., S. 11ffが詳しい。

(84) 季節労働者については, Harald W. Lederer, Migration und Integration in Zahlen, Bamberg 1997, S. 257ffおよび野川, 前掲書88頁以下参照。

(85) 例えば『シュピーゲル』に比較的詳しい記事がある。Der Spiegel, Nr. 47, 1994, S. 54ff.

(86) 越境労働者については, Lederer, op. cit., S. 259f参照。

(87) 招来従業員については, 野川, 前掲書82頁以下および Lederer, op. cit., S. 254f参照。

(88) Lederer, op. cit., S. 249.

(89) Institut der deutschen Wirtschaft, Die wirtschaftlichen Implikationen der Werkvertragsabkommen für die Bundesrepublik Deutschland und die Reformstaaten Mittel- und Osteuropas, Köln 1993, S. 4. Helmut Heyden, Entwicklungs- und außenpolitische Herausforderung : Beschäftigung von Arbeitnehmern aus Mittel- und Osteuropa, in : Forschungsinstitut der Friedrich-Ebert-Stiftung, op. cit., S. 29f.

(90) Ursula Mehrländer, Carsten Ascheberg und Jürg Ueltzhöffer, Situation der Ausländischen Arbeitnehmer und ihrer Familienangehörigen in der Bundesrepublik Deutschland, Berlin 1996, S. 636, 642.

(91) Annette Treibel, Überblick über die Forschungslage, in : Schrader-Stiftung, hrsg., Migration, Darmstadt 1996, S. 50f.

(92) Ursula Mehrländer und Günther Schultze, Einwanderungskonzept für die Bundesrepublik Deutschland, Bonn 1992, S. 3.

(93) この問題に関しては, 前掲拙著第1章参照。

(94) 拙稿「統一ドイツの右翼団体と極右犯罪の現状」『社会科学論集』35号, 1996年, 175頁。

(95) Bundesamt für die Anerkennung ausländischer Flüchtlinge, Asyl in Zahlen, Nürnberg 2000, S. 26.

(96) 庇護申請者を「アズィラント」と表記し, これを日常用語と解説する研究者がいるが, この表現が庇護申請者を胡散臭い存在と捉える情緒的負荷を帯びた一種の差別語であることを見落としている。もっとも, U. ゲアハルトたちのように, この表現を「敵の像を表す新人種主義的な概念」とまで言い切るのは行き過ぎであるように思われる。山本健児「現下の西ドイツにおける異邦人をめぐる問題状況(1)」『大原社会問題研究所雑誌』373号, 1989年, 12頁。同, 前掲書52頁。Ute Gerhard u. a., Mit Rassisten in einem Boot?, o. O. 1994, S. 56f.

(97) Beauftragte der Bundesregierung für die Belange der Ausländer, Daten und Fakten zur Ausländersituation, 14. Aufl., Bonn 1994, S. 38.

(98) Klaus Severin, Illegale Einreise und internationale Schleuserkriminalität, in: Aus Politik und Zeitgeschichte, B46/97, 1997, S. 11ff. Bundesministerium des Innern, Grenzpolizeiliche Lage 1996, in: dass., hrsg., Texte zur Inneren Sicherheit, Bonn 1997, S. 66ff. 不法越境や女性取引についてはマスメディアでしばしばかなりの紙面を割いて報じられている。前者に関しては, Die Welt vom 27. 11. 1993, Frankfurter Allgemeine Zeitung vom 13. 7. 1993, Frankfurter Rundschau vom 11. 9. 1995 u. 10. 1. 1997, Der Spiegel, Nr. 34, 1996, S. 36ff, また後者に関しては, Frankfurter Rundschau vom 1. 2. 1995, Der Spiegel, Nr. 32, 1996, S. 104ff,

Nr. 4, 1997, S. 98ff など参照。
(99) Cornelia Bührle, Rechtlos in Deutschland, Berlin 1997, S. 8ff. Harald W. Lederer und Axel Nickel, Illegale Ausländerbeschäftigung in der Bundesrepublik Deutschland, Bonn 1997, S. 18ff.
(100) Lederer, op. cit., S. 329.
(101) ソ連とポーランドでドイツ系住民が陥った苦境に関しては，Alfred Eisfeld, Die Rußlanddeutschen, München 1992 および Thomas Urban, Deutsche in Polen, 3. Aufl., München 1994参照。
(102) Info-Dienst Deutsche Aussiedler, Nr. 110, 2001, S. 10.

結び
(1) Münz u. a., op. cit., S. 18.
(2) Ibid., S. 185.
(3) Dietrich Thränhardt, Renate Dieregsweiler und Bernhard Santel, Ausländerinnen und Ausländer in Nordrhein-Westfalen, Düsseldorf 1994, S. 34.
(4) Ibid., S. 32.
(5) Münz u. a., S. 188f.
(6) Thomas Spieker, Heiße Eisen liegen auf dem Tisch, in : Das Parlament vom 18. 5. 2001. なお，2001年6月1日付『朝日新聞』参照。この問題については，シュレーダー首相の率いる社会民主党が「過渡的規制」を唱えており，また連邦労働社会省の委託でミュンヘンの経済研究所(IFO)のメンバーが2000年12月にその影響に関する詳細な調査報告書を作成している。SPD-Bundestagsfraktion, Die Osterweiterung der Europäischen Union, Berlin 2000, S. 23. Hans-Werner Sinn u. a., EU-Erweiterung und Arbeitskräftemigration, Bonn 2001.
(7) Beauftragte der Bundesregierung für Ausländerfragen, Daten und Fakten, Berlin 2000, S. 21.
(8) Bade, Ausländer, Aussiedler, Asyl, S. 22, 176. さらに，Karl-Heinz Meier-Braun, Die Wirklichkeit in Worte fassen, in: Das Parlament vom 27. 4. 2001参照。念のため付言すれば，この理解は古典的移民国についての定義とは異なっている。なお，『フランクフルター・アルゲマイネ』紙以上に保守色の濃い『ヴェルト』紙が既に1991年11月18日に「移民受け入れ国――一つのタブーの緩慢な終焉」という見出しの記事を掲載しているのは今日から振り返ると興味深い。
(9) Münz u. a., S. 173ff.
(10) Bade, Ausländer, Aussiedler, Asyl, S. 18.
(11) 拙稿「統一ドイツの外国人犯罪に関する一考察」『社会科学論集』34号，1995年，同「統一ドイツの外国人に関する主要なデータ」同誌35号，1996年，同「ドイツにおける外国人高齢者の生活実態」同誌37号，1998年，同「ドイツにおける外国人過激派の実情－クルド労働党(PKK)禁止問題を例に」同誌同号，同「ドイツ民主共和国における外国人労働者と外国人政策－旧東ドイツ地域の反外国人感情との関連で」同誌38号，1999年，同「現代ドイツの民族的マイノリティ」同誌39号，2001年。

第Ⅰ部

第2章

ドイツ統一前後の外国人の生活実態

——職業と所得を中心に——

はじめに

　1989年以降の旧ソ連・東欧諸国の激動はドイツにとって念願の統一をもたらしただけでなく，様々な面で新たな難問を生みだすことになった。外国人問題もその一つである。ドイツは移民国ではないとの立場を連邦政府が堅持しているにもかかわらず外国人人口が増加してきた事実一つをみても推察できるように，ドイツにとって外国人問題が決して新しい問題ではないことは確かである。しかし89年以降の激動がそれに新たな性質を付け加えたことも見落とすわけにはいかない。旧ソ連・東欧諸国からドイツ系住民がアオスジードラーとしてドイツに大挙して帰還し，その数は89，90，91年の3年だけで約100万人にのぼったことや，圧倒的多数が経済難民とみられる庇護申請者がドイツに殺到し，93年7月からの基本法等の改正による規制強化まで激増しつづけたことは周知の通りである。もっともアオスジードラーは法的にはドイツ人であって外国人ではない。しかし国民意識においては外国人と同一視される傾向が強く，その大量の帰還が，押し寄せる庇護申請者とともに，貧しい地域から豊かなドイツにやってくるこれらの人々の流れはどこまで膨らむのかという深刻な不安を一般市民の間に引き起こしたのは避けがたかったといわねばならない。その上この不安は，統一によるブームが去り，旧東ドイツ地域の経済的立遅れが予想以上であることが明るみに出たことなどが重なって，ドイツにはもはや新規の移住者を受け入れる経済的余裕はなく，すでに「ボートは一杯である」という「豊かさのショーヴィニズム」の心理を蔓延させた。こうして改めて問われるようになったのが，それまでに事実上定住化していた外国人とあわせ，ドイツにとってそもそも外国人はどれだけの経済的負担になっているのか，あるいは貢献しているとすればどの程度なのかという問題である。

　このような情況が存在していたことを考えれば，『ヴィルトシャフツヴォッヘ』

誌の委託に基づいてライン=ヴェストファーレン経済研究所（Rheinisch-Westfälisches Institut für Wirtschaftsforschung　略称 RWI）が実施した調査の結果が公表された時，大きな反響が巻き起こったのは不思議ではない。この研究成果は『RWI 報告書』1992年第2号に掲載されたほか，『政治と現代史から』1993年第7号にも同じ執筆チームによって同旨の論文が発表されたが[1]，外国人の経済貢献度の大きさが数字で証明される形になっていたために多発する外国人襲撃事件に苦慮していた連邦政府の広報誌に基本データが早速採録されるところとなった[2]。また社会全般に反外国人感情が広がり，各種世論調査でもドイツに居住する外国人は多過ぎるという意見が大きな割合を占める結果になっていたのを踏まえ，ドイツにとって外国人は経済的負担になっているのではなく，いわんや一部の偏見にいうドイツ経済への寄生者などでは決してないことへの理解を広げるべく，RWI のデータは外国人問題を論じる際にしばしば紹介された。手元を見回しただけでも連邦政治教育センターの編集になる週刊紙『パーラメント』93年1月8・15日合併号をはじめ，キリスト教民主被用者同盟（CDA）が出している冊子『外国人同胞—我が国にとっての収穫』，民間団体アクツィオーン・ゲマインジンが発行する『新しい隣人』と題するパンフレット，H. シューマッハーの著作『移民国ドイツ連邦共和国』などにそのデータは取りあげられている[3]。

　こうして外国人をドイツ経済への重荷とする見方が根拠のない偏見ないし臆断にすぎないことが立証され，経済面からみた外国人の姿が浮かび上がったが，しかしそれは全体像から程遠いのはもとより，経済面においてすら実像の一端でしかないのは明白であった。しかし翻ってみると，ドイツに居住する外国人に関しては豊富なデータが存在するようにみえながら，実はその輪郭を明確にするのに必要な統計が意外に乏しいのが実情であるように思われる。なるほど連邦統計庁が毎年編集している統計年鑑や連邦労働社会省が発行している外国人データ集には外国人の人口，就業者数，就学状態などに関する重要なデータが収録されている。しかしそこには所得水準や職業地位など外国人の生活実態に関わるデータは見当たらず，その意味で一般に入手可能な官公庁の統計資料には重大な欠落があるといわざるをえない。そしてこの限りで経済面から眺めた外国人の実像はこれまで不透明なままであったことは否みがたいといわなければならない。

　外国人問題への関心が高まる中で様々な角度からの著作が世に現れたものの，生活実態についてはこのような情況が続いていただけに，ベルリン社会研究科学センター（Wissenschaftszentrum Berlin für Sozialforschung　略称 WZB）のW．ザイファ

ートが社会経済パネル (Das Sozio-Ökonomische Panel　略称 SOEP) の調査結果を土台にしてドイツ在住外国人の社会的経済的モビリティに関する研究を91年末に公表し，従来不分明だった外国人の実像に照射を試みた際，識者を中心に一部の方面から注目を浴びたのは不思議ではなかった。92年3月7日付『フランクフルター・ルントシャウ』紙や同月20日付『フランクフルター・アルゲマイネ』紙にその内容の要点が報じられたのは，これを裏書きするものであろう。たしかに RWI の研究のように偏見の払拭に直接つながるわけではないので大きな波紋を呼ぶには至らなかったにしても，空白状態に近い重要部分を知る確かな手掛かりを提供した点でザイファートの研究とその基礎になった SOEP の調査の意義が大きいことは間違いない。もちろん SOEP の調査対象が限られていることや，多くの場合，外国人が一括りにされて国籍別に扱われていないことなど問題点や限界を指摘することは容易い。それでもなお，この調査と研究によってこれまで欠落していた重要な知見の一部が埋められたことの意義は強調されてよいであろう。そこで以下では連邦統計庁などが公表している統計などと並んでザイファートが提示しているデータを利用しつつ，主として経済面からドイツに居住する外国人の生活実態をスケッチしてみたいと思う。

第1節　外国人の就業構造

　旧西ドイツ（以下ドイツと呼ぶ）が1955年にイタリアとの間で労働者募集協定を結んだのを皮切りに，労働力不足の声が高まるのに伴って60年にスペイン，ギリシャ，61年にはトルコなど計8カ国との間で募集協定を締結したことは周知の通りである。しかし同時にこのような協定が結ばれる前からドイツ国内では外国人労働者が居住していたことも今日ではよく知られるようになっている。ここでは募集協定締結以降の外国人労働者の導入と定住化に関わる基本的データを一瞥しておこう。

　まずドイツに居住する外国人人口，外国人雇用労働者数の推移を示すと表1の通りとなる。1973年に決定された新規労働者募集の停止措置以降と1983年制定の帰国促進法に基づく強力な帰国奨励策によってそれぞれの時期に外国人人口と雇用労働者のいずれも減少していることがわかる。しかしそれらの政策にもかかわらず流入抑制効果は短期間続いただけで，少なくとも人口については増加のテンポは衰えず，統一直前の89年には489万人にまで増えている。

　ところで表1で注目される点を整理しておくと，第一に挙げられるのは，人口と雇用労働者数の乖離である。雇用労働者数は70年代前半に200万人台に達してピー

表1　1960年以降の外国人数と被用者数（旧西ドイツ地域）（単位：1000人）

	外国人数	外国人の人口比	外国人被用者数	被用者全体に占める比率
1960	686,2	1.2	279,0	1.3
1968	1,924,2	3.2	1,089,9	5.2
1969	2,381,1	3.9	1,372,1	6.8
1970	2,976,5	4.9	1,968,9	9.0
1971	3,438,7	5.6	2,240,7	10.3
1972	3,526,6	5.7	2,352,3	10.8
1973	3,966,2	6.4	2,595,0	11.9
1974	4,127,4	6.7	2,286,6	10.9
1975	4,089,6	6.6	2,038,7	10.1
1976	3,948,3	6.4	1,920,8	9.5
1977	3,948,3	6.4	1,869,4	9.3
1978	3,981,1	6.5	1,864,1	9.1
1979	4,146,8	6.7	1,937,4	9.3
1980	4,453,3	7.2	2,013,4	9.5
1981	4,629,8	7.5	1,900,3	9.0
1982	4,666,9	7.6	1,771,9	8.7
1983	4,534,9	7.4	1,709,1	8.4
1984	4,146,8	7.1	1,608,1	7.8
1985	4,378,9	7.1	1,536,0	7.5
1986	4,512,7	7.4	1,544,7	7.5
1987	4,630,2	7.4	1,624,1	7.5
1988	4,489,1	7.3	1,607,1	7.6
1989	4,845,9	7.7	1,689,3	7.8
1990	5,342,5	8.4	1,782,6	7.9
1991	5,882,2	7.3	1,908,7	8.2
1992	6,495,8	8.0	2,036,2	8.9

注　①　1990年以降は旧東ドイツ地域を含む。
　　②　毎年9月30日。1985年以降12月31日。
（出典）　Cornelia Schmalz-Jacobsen u. a., Einwanderung － und dann ?
　　　　München 1993, S. 310f.

クを迎えた後，新規募集停止により減少に向かい，80年前後に再びやや増加の傾向をみせたものの，その後は160～170万人の水準に落着いている。これに反し，人口には増減の波はあるものの，基本的には増加の勢いが強く，70年代前半に400万人前後だったのが80年代末には500万人に接近するところまできている。

このような乖離を反映して第二に目につくのは，各々の構成比の差が縮小してきたことである。トルコとの間で労働者募集協定が結ばれた1961年には全人口に占める外国人の割合は1.2%にすぎなかったが，外国人雇用労働者が全雇用労働者に占める割合は1.5%であり，少なからぬ開きが存在していた。こうした落差は70年と74年に前者は4.9%と6.7%，後者は9.0%と10.9%になり，開きは相変わらず明瞭だった。ところが80年には前者が7.2%であるのに対して後者は9.5%，85年になると前者の7.1%に対し後者は7.5%になって開きは縮まり，89年にはそれぞれ7.7%と7.8%で差

は著しく縮小するに至っている。

　これらの変化の背景には一定の条件の下で家族の呼寄せが認められていたことがある。この措置によって女性と子供にドイツへの入国の道が開かれた結果，男性雇用労働者に扶養される外国人が次第に増加するようになったのである。この点は，外国人の性別や年齢構成に関する統計から容易に読みとれる。例えば性別についていえば，74年には男性61.3％，女性38.7％であったが，84年には57.3％と42.7％，91年になると56.5％と43.5％になり，女性の割合が拡大してきていることがわかる。また年齢構成でも15才以下は74年に18.4％を占めるにとどまったのが，84年になると22.5％まで上昇し，91年になっても20.6％を占めている。(1) さらにこれまでのところ少数ではあるが，高齢化して現役を退き年金生活に入る外国人が出てきていることも忘れてはならない。74年に4％にすぎなかった55才以上の年齢層は84年には7.2％にまで膨らみ，90年に8.8％になっているが，その結果，外国人雇用労働者の伸びを抑える役割を果して，人口と雇用労働者における外国人の構成比の差を縮める要因の一つになっているからである。

　これらの変化を概括すれば，外国人労働者の新規募集停止の頃までは20代から30代までの男性に重心があった外国人人口が，女性と子供が増え，高齢者も抱えるようになって次第に均整のとれた構成に移り，その過程で人口に対する雇用労働者の割合も低下してきたといえよう。このことは，言葉をかえれば，外国人はもはや単なる労働者であることをやめ，国籍を除けばドイツ人に近似した構成を有する生活者に変貌しつつあることを意味している。もとよりドイツ社会では高齢化と少子化が進行し，人口構成はピラミッド型から大幅に逸脱しており，外国人でも従来の歪みは解消されていないから，図1にみるように外国人とドイツの人口のそれぞれの外形は異なっているが，それでもなお外国人労働者の導入が開始されて間もない1960年代の外国人の人口構成に比べれば均衡化していることは確かであろう。しかしこうして外国人の構成がドイツ人のそれに近似してきた面があるからこそ，外国人のおかれた経済的社会的状態がドイツ人のそれといかなる点でどれだけ異なっているか，またその相違にはどのような変化がみられるかを確かめておくことがなおさら重要となる。

　まず職業上の地位に認められる相違から検討しよう。
　既述のようにドイツが各国と結んだ労働者募集協定に基づいて地中海地域の諸国から多数の人々が高賃金や技能修得のチャンスを掴むべく続々とドイツに移り住んだが，その多くは高度経済成長による完全雇用状態のもとで不熟練・半熟練労働力

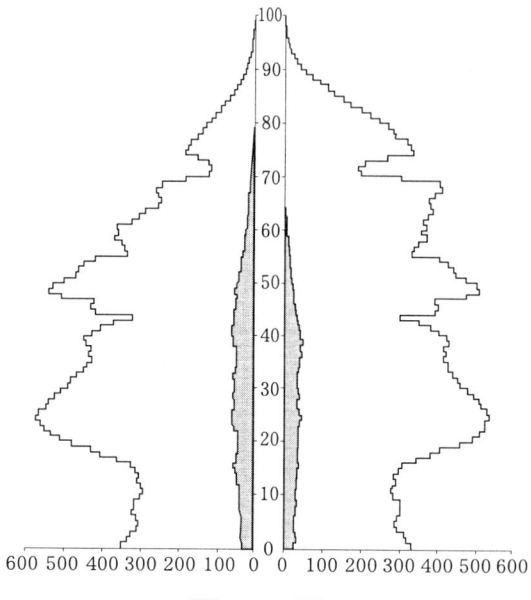

図1　ドイツ人と外国人の年齢・性別構成（1989年）

注：単位1,000人。　□ドイツ人　■外国人

（出典）Statistisches Bundesamt, Statistisches Jahrbuch 1990, Stuttgart 1990, S. 53.

の不足に苦しんでいた部門に就業した。従って彼らがドイツで得た職業地位の大部分は不熟練・半熟練労働者としてのそれであり，なかでも補助的作業に従事するケースが多かった。因みに，ここでいう不熟練もしくは半熟練労働者とは不熟練作業または半熟練作業と見做されている作業を行っている労働者のことであり，同様に専門労働者というのも専門労働者の仕事として格付けられた作業を行う労働者を指すのであって，職業資格による区分ではないことに注意を要する。周知のように，ドイツには独特の二元的職業訓練システムが存在し，これを軸にして資格社会が形成されているが，その制約の下で企業内には不熟練・半熟練の補助労働者から専門労働者へ，さらに班長，職長へという昇進の道が開かれている。募集された外国人労働者の大半はその序列の末端に位置づけられたのである。

　もっとも，1960年代のドイツの産業構造では製造業が中心的位置を占め，就業者数でも1970年に第2次産業部門が48％で第3次産業部門の43％を上回っていたから，

労働者というカテゴリーに集中すること自体はそれほど際立っていたわけではない。その意味ではドイツ人との相違が顕著になるのは第3次産業部門が拡大し，経済のサービス化が進展してからであるといえよう。表2は1984年から86年までの調査に基づき，産業部門と職業地位を組み合わせてR.ガイスラーが作成したものである。1980年には第3次産業部門の就業者が全就業者の49％に増えて第2次産業部門の45％を追い抜き，89年になるとさらに55％に上昇して後者の41％を大幅に上回るに至ったが，そうした構造変動を念頭に置いて表2をみると，ドイツ人と外国人では産業部門でも職業地位でも著しい落差が目立ち，恰も外国人だけがいまだに60年代の世界にとどまっているかのような印象さえ受ける。それによれば，ドイツ人の場合，労働者のカテゴリーに入るのは48％であり，職員に相当するのは31％であるが，外国人では83％が労働者であることになり，しかも労働者のうちでも不熟練・半熟練のランクに77％もの多数が位置しているからである。

数値には差異があるものの，こうした相違はSOEPの調査結果からも浮かび上がる。

表3に掲げたSOEPのデータから，1989年になってもまだ外国人就業者のほぼ3分の2が不熟練又は半熟練労働者として働いていたことがわかる。5年前の1984年にはその比率は70％だったから構成比は僅かながら低下しているといえるものの，

表2　外国人とドイツ人の職業地位（単位：％）

	外国人	ドイツ人
サービス業上層	8	13
サービス業下層	6	18
農　　業	0.2	7
エリート労働者	6	12
専門労働者	17	19
不熟練・半熟練労働者	60	17

（出典）　Rainer Geißler, Die Sozialstruktur Deutschlands, Opladen 1992, S. 57.

表3　ドイツ人と外国人の職業地位（単位：％）

職業地位	外国人 1984年	外国人 1989年	ドイツ人 1984年	ドイツ人 1989年
不熟練労働者	25	21	5	4
半熟練労働者	45	43	12	12
専門労働者	20	23	17	16
職　　員	7	9	43	46
自　　営	4	4	12	12
官　　吏	−	−	11	10

（出典）　Wolfgang Seifert, Ausländer in der Bundesrepublik, Berlin 1991, S. 17.

高率である事実に変わりはない。一方，ドイツ人では先進国に共通する産業構造の転換を背景に職員層が最大の割合を占め，同じ期間に43％から46％に拡大して就業者の約半数にのぼるまでになっている。さらに不熟練・半熟練労働者をみると，同期間中17～18％でほぼ一定している。これらの事実から，外国人の多くは労働者，ドイツ人は主として職員という鮮やかなコントラストが存在することが一目瞭然になる。外国人就業者のうちで職員の地位にあるのは経済構造のサービス化にもかかわらず89年でも1割を下回り，ドイツ人の場合の5分の1にも満たないのは象徴的であろう。因みに，ある経済研究所の調査からシューマッハーが外国人就業者に関し労働者と職員の割合を対比する形でまとめたデータも興味深い。[2]それによれば1977年，84年，90年の3年度でみた場合，労働者と職員の比率は88.1％と11.9％，84.2％と15.8％，82.1％と17.9％になる。労働者の比率が下がり，職員のそれが上昇しているものの変化は緩慢であり，外国人就業者の内部では90年でも職員は労働者の4分の1以下でしかない。このデータによっても外国人における職員の乏しさが証明されており，ドイツ人と外国人の職業地位面での落差の大きさが間接的ながら確かめられよう。なおこの点との関連で，鉱業において坑内作業の主力がイタリア人からスペイン人を経てトルコ人に移ったことと並び，坑内作業はトルコ人，地上での職員の仕事はドイツ人という図式が常識になっており，しかもこの種の常識は自動車，鋳物，建設業にも当てはまるとされているのは興味深い。[3]

　これと同種のコントラストは就業分野の面でも指摘できる。

　外国人の産業分野別就業者数については，基本データが連邦統計庁編『統計年鑑』に多年にわたって掲げられている。そこには同時に各分野での就業者総数も載せられているので，それぞれの分野において外国人の占める比率も併せて知ることがで

表4　産業分野別にみた

	1976年			1980年		
	総数	ドイツ人	外国人	総数	ドイツ人	外国人
農　林　漁　業	196,3	177,5	18,8	220,5	201,8	18,7
エネルギー・鉱業	499,2	460,4	38,8	478,1	443,1	35,0
製　　造　　業	8,434,8	7,285,7	1,149,1	8,635,7	7,444,3	1,191,4
建　　設　　業	1,637,2	1,431,6	205,6	1,696,0	1,477,6	218,4
商　　　　　業	2,770,4	2,659,2	111,2	2,911,6	2,776,3	135,3
交　通・通　信	968,7	896,9	71,8	997,9	921,5	76,4
金　融・保　険	719,7	707,4	12,3	762,1	747,0	15,1
サ　ー　ビ　ス	3,049,8	2,782,4	267,4	3,539,6	3,224,6	315,0
非　営　利　組　織	325,0	313,0	12,0	357,4	342,5	14,9
自治体・社会保険	1,320,0	1,271,3	48,7	1,343,5	1,293,0	50,5
総　　　　　数	19,939,3	18,002,2	1,937,1	20,953,9	18,882,2	2,071,7

（出典）　各年度の Statistisches Jahrbuch より作成。

きるが，ただ途中で分類に若干の変更があり，数字も概数に変わっているのでやや注意が必要である。そこで変更後の1976年以降について，まず産業分野別にドイツ人と外国人の就業者数の推移をみると表4の通りである。一例として外国人の就業者数が多い順に分野を並べると，1976年には製造業，サービス業，建設業，商業の順になり，この順序は1984年，1990年にも変わっていないなど，一見しただけでは目立った変化は存在しないように見える。しかし仔細に眺めるなら，いくつかの特徴や変化が看取される。この点を明確にするために76年，84年，90年の3年度に限り注目されるポイントに即して表4を整理したのが表5である。また個々の業種で外国人比率を高位順に並べたのが表6である。これらをみれば，分野によって外国人就業者の比率にかなり相違があることが直ちに明らかになる。10のカテゴリーに分類された産業分野のうち，外国人の比率が最も高いのは3年度とも製造業であり，この分野が就業者数でも最大になっている。次に比率が高いのは建設業であって，これも3年度同じであるが，3位については1976年には農林漁業だったのが，84年，90年にはサービス業に入れかわっている。さらに全就業者に占める外国人の比率に照らしあわせると，一つの傾向が読みとれる。1976年には外国人就業者は全体の9.7％にあたっているが，製造業では13.6％でその1.4倍，建設業は12.6％で1.3倍になっている。しかし両分野の外国人比率は84年，90年にかけていずれも低下しているだけでなく，全体平均に接近していき，例えば製造業では90年に全体平均の1.2倍の水準まで下降している。他方，3年度とも金融・保険分野における外国人比率が著しく低く，事実上外国人が閉め出される状態になっているのに加え，連邦レベルの公務を含む非営利組織や自治体の分野でも低率の状態が続いているのも注目される。

　これらの点に加え，ドイツ人，外国人の各々の内部における分野別構成比にも見

外国人就業者数（単位：1000人）

1984年			1988年			1990年		
総数	ドイツ人	外国人	総数	ドイツ人	外国人	総数	ドイツ人	外国人
230,3	214,3	16,0	225,0	210,0	15,0	223,2	204,7	18,5
474,7	441,1	33,6	461,6	428,3	33,3	443,1	411,7	31,4
7,722,7	6,885,8	836,9	8,187,5	7,337,0	850,5	8,552,5	7,636,1	916,4
1,548,5	1,385,5	163,0	1,412,1	1,272,9	139,2	1,468,1	1,324,2	143,9
2,762,8	2,651,7	111,1	2,883,1	2,764,2	118,9	3,047,1	2,907,9	139,2
962,1	899,1	63,0	1,023,8	960,2	63,6	1,103,7	1,029,3	74,4
795,4	782,8	12,6	855,5	842,1	13,4	890,6	875,8	14,8
3,768,7	3,476,0	292,7	4,281,8	3,960,0	321,8	4,679,2	4,307,5	371,7
402,9	387,4	15,5	479,0	459,7	19,3	503,5	482,3	21,2
1,368,8	1,321,3	47,5	1,443,6	1,395,0	48,6	1,454,2	1,404,0	50,2
20,040,3	18,447,7	1,592,6	21,265,1	19,641,0	1,624,1	22,368,1	20,585,8	1,782,3

表5　産業分野別にみた外国人構成比 （単位：％）

	1976年 外国人比	1976年 分野別構成比 ドイツ人	1976年 分野別構成比 外国人	1984年 外国人比	1984年 分野別構成比 ドイツ人	1984年 分野別構成比 外国人	1990年 外国人比	1990年 分野別構成比 ドイツ人	1990年 分野別構成比 外国人
農林漁業	9.6	1.0	1.0	7.0	1.2	1.0	8.3	1.0	1.0
エネルギー・鉱業	7.8	2.6	2.0	7.1	2.4	2.1	7.6	2.0	1.8
製造業	13.6	40.5	59.3	10.9	37.3	52.5	10.7	37.0	51.4
建設業	12.6	8.0	10.6	10.5	7.5	10.2	9.8	6.4	8.1
商業	4.0	14.8	5.7	4.0	14.4	7.0	4.6	14.1	7.8
交通・通信	7.4	5.0	3.7	6.6	4.9	4.0	7.2	5.0	4.2
金融・保険	1.7	3.9	0.6	1.6	4.2	0.8	1.7	4.3	0.8
サービス	8.8	15.5	13.8	7.8	18.8	18.4	8.6	21.0	20.9
非営利組織	3.7	1.7	0.6	3.9	2.1	1.0	4.4	2.3	1.2
自治体・社会保険	3.7	7.1	2.5	3.5	7.2	3.0	3.6	6.8	2.8
全体	9.7	100.0	100.0	7.6	100.0	100.0	8.7	100.0	100.0

（出典）表4と同じ。

表6　外国人比率の高い業種 （単位：％）

	1981年	1990年
鋳　　　物	27	24
飲食・ホテル	22	20
繊　　　維	20	17
人 造 合 成	19	16
金　　　属	17	15
自　動　車	16	14
鉄　　　鋼	15	14
電　　　機	15	13
建　　　設	15	12
鉱　　　業	13	11
石　　　材	12	11
清　　　掃	12	9
機 械 製 作	10	9
化　　　学	9	8
食　　　品	9	8

（出典）1981年は Karlfriedrich Eckstein, "Es sind einfach zu viele…," in：Aus Politik und Zeitgeschichte, B25／82, 1982, S. 22. 1990年は Die Zeit vom 18, 10, 1991.

逃せない特徴が認められる。1976年には勿論、90年に至っても外国人では半数以上が製造業に従事しているのに、ドイツ人では90年になると3分の1強になり、歴然たる開きが存在していることがまずもって挙げられる。こうした格差は逆の形で他の分野にも見出される。金融・保険分野には90年でも外国人の僅か0.8％しか携わっておらず、3年度とも5倍以上の開きになっていることや、商業、自治体の分野で2倍から2.5倍前後の落差が存在していることがそれである。これらの落差が存在する反面、ドイツ人と外国人の各々の構成比が近似している分野があることも忘れて

はならない。就業者数が多いサービス業をはじめ，農林漁業・エネルギー・鉱業などの分野では構成比の差は小さく，無視しうるほどであるとさえいえる。従って分野別構成比から眺めた場合，外国人が高率でドイツ人との開きが大きい分野，逆にドイツ人が外国人を大きく上回る分野，そして両者の構成比が接近している分野の三つのパターンに整理することが可能であり，総じてドイツ人と外国人の分野別就業構造には，次第に薄まる傾向にあるとはいえ，90年に至ってもなおかなり鮮明なコントラストが存在しているといえよう。

　このようなコントラストが生じる中心的要因になっているのは，外国人が主として不熟練・半熟練労働者として製造業や建設業に受入れられた事情が基本的に大きくは変わっていないことであろう。製造業の比重低下に伴い全就業者のうちここで就業する労働者数は相対的には減少しているが，外国人では依然として半数以上が製造業に従事している事実がこの点を端的に物語っている。そうした現状に関しR.ティヒーは，募集された外国人労働者が配置されたのは「大抵は不潔であるか体にとくにきつい不熟練・半熟練分野に限られていた」と指摘するとともに，「今日でも外国人労働者の約80％はドイツ人にとって殆ど魅力のないこのような分野で働いている」と記し，この認識に立ってW.クレムスとB.コルベは，「よい職は外国人にはしばしば閉ざされ，職場のリスクが高く威信の低いいわゆる劣った職域，つまりはドイツ人労働者の間では好まれない労働市場の部分に彼らは押しやられているというテーゼ」を掲げている。[(4)] これに対しドイツ人では，ドラスティックな変化とは呼べないまでも，金融・保険，非営利組織，サービス業などの分野でじわじわと就業者数を増やしてきたのが実情であり，逆に製造業，建設業，エネルギー，鉱業の分野からは着実に撤退してきている。そしてこの点からみれば，外国人労働者はドイツ人労働者の撤退したあとの間に合わせであり，「現代産業社会の穴埋め役」にほかならないといえる。因みに国籍別に外国人が重点的に就業している業種を挙げると，トルコ人・ポルトガル人は自動車，ギリシャ人は電機，旧ユーゴ人は建設，イタリア人は飲食，スペイン人は商業であるといわれる。事実，自動車産業では例えばBMWで労働者の40％，オペルでは20％が外国人によって占められている。[(5)]

　それはともあれ，産業分野に関して以上で指摘したことは，SOEPの調査結果によっても確かめられる。同調査によれば，表7にみるように，外国人は1984年と89年のいずれも64％が工業に就業しているが，これはドイツ人の場合の2倍弱にも相当する。建設業についても同じことが当てはまる。一方，これとは逆に流通業およびその他の第3次産業では，合計すると外国人は1984年に22％，89年に23％である

表7　外国人の就業部門 (単位：%)

産業部門	外国人 1984年	外国人 1989年	ドイツ人 1984年	ドイツ人 1989年
工　　　　業	64	64	34	35
建　設　業	14	13	8	6
流　通　業	8	6	16	16
その他の第3次産業	14	17	40	39

(出典)　Seifert, op cit., S. 17.

のに，ドイツ人では各々56％と55％にもなり，半数を上回る結果になっている。しかもその差は両年とも30％以上に達しているのが実情である。それゆえ上で検討した『統計年鑑』が教えるよりも一層鮮明に，外国人は第2次産業部門，ドイツ人は第3次産業部門という対照的な就業構造が浮かび上がってくる。実際，外国人が第3次産業部門に当たる諸分野への進出に著しく立ち遅れていることは周知の事柄に属するが，ここで次の点にも注意を払っておくことが必要であろう。それは，流通業とその他の第3次産業に従事している外国人は比率が小さく，従って数も少ないのに加え，その多くがこれらの部門の内部で最も敬遠される分野や最も低い地位で働いているとみられることである。

　ところでSOEPでは外国人の第2世代についても調査を行っているので，その結果にも目を向けておこう。

　職業地位に関して先に検討した際には第1世代か否かを区別しなかったが，第2世代すなわち外国人労働者の子としてドイツで出生するか呼び寄せられ，多くはドイツで成長した若年層に焦点を絞って考察すると，表8が示すように，職業地位にかなりの向上が認められる。外国人の不熟練・半熟練労働者の割合の合計は，世代

表8　外国人第2世代の職業地位 (単位：%)

	外国人第2世代 1984年	外国人第2世代 1989年	対応するドイツ人 1984年	対応するドイツ人 1989年
職業地位				
不熟練労働者	19	11	6	5
半熟練労働者	26	34	11	12
専門労働者	29	23	20	21
職　　員	22	28	47	49
自　　営	4	3	5	7
官　　吏	―	―	10	7
産業部門				
工　　業	48	57	34	39
建設業	9	6	8	8
流通業	25	17	17	15
その他の第3次産業	16	20	39	35

(出典)　Seifert, op. cit., S. 17.

を考慮しない場合には84年に70％，89年に64％にのぼったのに対し，第2世代に限定した場合，両年とも45％になる上，そのうちで不熟練労働者の割合が低下しているからである。さらに職員の占める割合も大幅に高まり，世代を区別しない場合にはドイツ人の割合の5分の1を下回っていたのが第2世代に限ると2分の1を超すところまで接近している。

これと同じく，第2世代だけでみていくと，やはり外国人の地位の向上が窺える。世代を顧慮しない場合には工業と建設業に従事する外国人の比率の合計は84年78％，89年77％でドイツ人の2倍弱に達していたが，第2世代だけではそれぞれ57％と63％であり，大幅とまではいえないにしてもドイツ人との差は明らかに縮小している。また流通業とその他の第3次産業での比率の合計では外国人のそれは84年に41％，89年に37％になり，世代を区別しない場合の20％強のレベルをかなり上回る形になっている。これらの点から，第2世代に関して職業地位の面では上位のそれへの進出という形をとった多様化を指摘しうると同時に，就業分野についても流通業などでの就業率の上昇という就業構造の多様化を確認できる。そしてこれら二面における外国人第2世代の構造の特徴は，労働者募集に応じてドイツに入国した第1世代の多くが不熟練・半熟練労働者の地位しかもらえず，また就業分野も製造業と建設業が中心だったことを想えば，ドイツ人社会の構造に外国人第2世代が近づいていることを示しているといえる。もっとも視点をかえれば，外国人第2世代に対して依然として官吏の世界が閉ざされたままであることや，流通を除く第3次産業でドイツ人との落差がかなり大きいことなどに端的にみられるように，ドイツ人社会とは明確に異なった構造が外国人第2世代の間に存在することもやはり否定しがたいといわなければならない。

第2節　職業面の移動と失業

次に職業地位の面におけるモビリティについて考えよう。

表9に掲げたデータは1984年と89年の職業地位を比較したものである。ここで考察対象になっているのは両年とも就業していた人々だけであり，そのため84年にはまだ普通学校もしくは職業学校に就学していた人が相当数含まれる第2世代では調査対象になる事例が少なくなっていることを念頭におく必要がある。

表9からは84年から89年の間に比較的規模の大きい社会移動が生じていたことが察知できる。外国人では1984年に不熟練労働者だった者のうち89年にも同地位にあるのは36％にすぎないし，ドイツ人でも84年と同じ不熟練労働者の地位に89年もと

表9　職業地位の移動（1984～89年）（単位：％）

	1989年の職業地位				
	不熟練労働者	半熟練労働者	専門労働者	職　員	自　営
外　国　人					
不熟練労働者	36	45	17	1	1
半熟練労働者	18	65	15	1	1
専門労働者	4	23	65	5	3
職　　員	3	20	1	75	2
自　　営	16	－	1	15	68
ドイツ人					
不熟練労働者	39	46	5	11	－
半熟練労働者	11	53	21	12	3
専門労働者	1	11	72	13	3
職　　員	1	4	2	89	4
自　　営	1	2	2	19	76
第2世代外国人					
不熟練労働者	44	50	－	2	4
半熟練労働者	3	68	26	2	－
専門労働者	－	24	56	16	4
職　　員	5	32	2	62	－
自　　営	－	－	－	24	76
同年代のドイツ人					
不熟練労働者	24	54	7	15	－
半熟練労働者	11	43	23	20	3
専門労働者	1	9	70	14	4
職　　員	1	8	3	83	4
自　　営	－	2	4	31	64

（出典）　Seifert, op. cit., S. 19.

どまっているのは39％だけだからである。この点をみれば，ドイツ人と外国人に共通して，不熟練労働者層については上昇移動が広範に現出しているといえよう。また84年に不熟練労働者と答えた者では，外国人，ドイツ人の双方とも89年までに30％以上が変動を経験しただけでなく，その際に外国人では上昇と下降がほぼ同率であるのに対してドイツ人では上昇が下降の3倍以上に達していることも関心を引く。さらに職員の場合，89年にも84年と同じ地位を確保できた外国人は75％であり，23％は不熟練もしくは半熟練労働者へ下降しているが，ドイツ人は89％が職員の地位を89年にも維持している点も注目に値する。

　もっとも調査では不熟練や半熟練のカテゴリーについて一義的な指標は示されていないので，表9から確定的な結論を導き出すことには慎重でなければならない。しかしこの点を考慮に入れても次のことは指摘できよう。一つは，少なくとも職業地位の面から眺めるかぎりでは，社会的上昇の門戸は外国人に対しても狭くはあっても開かれているといえるのであり，その点で，社会の底辺に固定的に滞留した階層が存在し，これに外国人の大半も含まれるとするいわゆる3分の2社会のイメー

ジは必ずしも現実を適切に反映してはいないことである。もう一つは，そうはいっても外国人の場合には到達した上位の職業地位を確保することはドイツ人よりも困難であって，それだけ下降の危険に強く晒されているといえることである。

外国人第2世代に関しては，職業地位の移動パターンでは外国人全体と目立った差異はないようにみえる。不熟練労働者の半数以上が89年までに上位に移動し，4分の1が専門労働者になった半熟練労働者でも同様である点は外国人全体と共通しているだけでなく，専門労働者や職員が下降の大きな脅威のもとにあることも外国人全体と同一であるからである。しかしこれを同年代のドイツ人と比較してみると，ドイツ人では1989年にも84年と同じく不熟練労働者のままなのは24％であるのに，外国人では2倍弱の44％であることや，半熟練労働者でもドイツ人では89年にも84年と同じ地位にとどまっているのが4割強であるのに対し，外国人では約7割にものぼっている点などが注目される。地位が不変の者を外国人全体とドイツ人全体で比べた場合，不熟練労働者では差は3％にすぎず，半熟練労働者でも約10％でしかないことを考えると，第2世代における落差の大きさがひときわ目立つ。これをやや誇張すれば，世代を顧慮せずに外国人とドイツ人を比べた場合には職業地位の移動パターンに重大な違いは存在しないのに，第2世代でみると基本的パターンが異なっていると定式化しても差支えないであろう。要するに，外国人第2世代にも職業地位の上昇移動のチャンスは開かれているものの，同年代のドイツ人との比較でみると彼らが遥かに不利な立場に置かれていることは否定しがたいのである。

以上のことに関連して，外国人の中の最大グループであるトルコ人の職業地位のモビリティに関するG.シュルツェの調査結果についても簡単に触れておこう。

表10にはいつの時点にドイツに来たかを問わずに，ドイツで働いている父親の世

表10　父親と息子の職業地位（単位：％）

職業地位	父親 トルコでの最後の地位	父親 西ドイツでの最初の地位	父親 西ドイツでの最近の地位	息子 西ドイツでの最初の地位	息子 西ドイツでの最近の地位
サービス業上・下層	1.4	0.6	0.6	2.2	2.2
単純事務労働者	12.9	1.9	2.5	14.2	14.9
自営業	7.9	0.0	5.6	0.0	0.0
農業	2.9	0.0	0.6	0.0	0.0
専門労働者	7.2	5.1	8.8	20.1	23.1
半熟練労働者	17.3	35.2	44.7	25.9	33.6
不熟練労働者	14.4	56.6	37.1	33.6	26.1
農業労働者	36.0	0.0	0.0	0.0	0.0
計	100.0	100.0	100.0	100.0	100.0

（出典）　Gunther Schultze, Berufliche und Soziale Integration türkischer Arbeitnehmer, in: Forschungsinstitut der Friedrich-Ebert-Stiftung, hrsg., Chancengleichheit für ausländische Jugendliche, Bonn 1994, S. 61.

代と息子の世代の職業地位が示されている。よく知られた事実ではあるが，やはり興味深いのは，父親の世代ではトルコでの最後の地位とドイツでの最初の地位に大きなズレが認められることである。例えば出国前に農業労働者だったトルコ人は36％に上るのにドイツでは皆無に近くなり，13％いた事務労働者も大幅に縮小しているのがまず目に付く変化であろう。その反面では，90％以上が不熟練もしくは半熟練労働者としてドイツでの生活を開始しており，トルコでの30％強から著しく膨張する結果になっている。これを見れば，トルコからドイツへの国境を跨ぐ移動が職業地位の大規模な移動を伴っていたことが一目瞭然になる。また同時に表10にはドイツに来てからのトルコ人の職業地位が向上していること，しかしその向上はかなり限られていることも浮かび上がっている。不熟練労働者の比率は低下しているものの，最近の地位でも3人に1人以上が依然として不熟練労働者として格付けされており，当初から専門労働者だったものを除けば，専門労働者にまで昇進したのは4％にも満たない計算になるからである。しかし他面では，当初は皆無だった自営層への上昇を果たしたものが一部に出現している点も注目に値しよう。いずれにせよ，トルコ人の父親の世代がドイツで定住するようになって長い歳月が経過しているにもかかわらず，多くが専門労働者より下の労働者に位置付けられていることは，産業構造の転換から外国人が取り残されているという先の検討結果にも合致するといえよう。

　他方，トルコ人の息子の世代についても父親の世代と比較すればかなりの前進が確認できる。そのことは事務労働者や専門労働者の比率が父親の世代を大きく上回っていることに示されている。息子の世代の場合，職歴が浅いので職業地位の移動はあまり重視する必要はないと考えられるが，それでも父親の世代と同様に不熟練労働者として職業生活をスタートした者が3人に1人に達しているという事実や，その比率が低下してきてはいても，不熟練と半熟練の労働者を合計すると6割に上ることなどは注意を要する事実であろう。無論，その一方では5人に1人が最初から専門労働者として職業を開始していて，父親の世代との相違を示している点を軽視すべきではない。その意味では，ドイツ人社会の構造に近づきながらも，社会的な壁は依然として厚いという第2世代に関する先の検討結果がトルコ人についても当てはまるが，同時にシュルツェが指摘するように，トルコ人第2世代では職業面で有利なスタートを切る者と最初から昇進の道から取り残された者への分化もしくは分極化が進行していることも見落としてはならないであろう。[1]

　次に失業に関するデータに目を向けよう。

外国人の失業率がドイツ人に比べて高いことは今日では周知の事実といえよう。いま1976年以降の全国と外国人の失業者数ならびに失業率の統計を眺めると表11の通りになる。これによれば，第2次オイル・ショックの直撃を受けた先進国共通の構造不況の中で失業率は跳ね上がり，その後は一度も70年代までの5％以下のレベルに下がっていない。とくにコール政権が発足し，外国人労働者の帰国促進措置が実施された1982年前後からは失業者数は200万人台に達している。こうした中，外国人の失業率も急上昇し，83年には14.7％まで上がっただけでなく，82年に10％台に突入してから一度も一桁台に下がらないままとなっている。70年代初期までは実は外国人失業率は全国平均よりも低い状態が続いていたから，70年代半ば以後この関係が逆転したこと自体興味深いが，それ以上に関心を惹くのは，全国平均の失業率と外国人のそれとの差が次第に拡大し，5％前後に及ぶ格差が80年代初頭から継続していることである。実際，外国人では既に長く2桁の失業率が続いているのに，全国平均では2桁になったことはこれまで一度もない。この事実はそれだけで外国人が労働市場で置かれている不利な立場を如実に物語るものであろう。

このような結果になった原因は種々考えられるが，忘れてはならないのは，外国人労働者の新規募集停止後に失業率が上昇したのは彼らの役割の変化に起因しているという点である。それまでは彼らは労働市場における一種の景気調節弁であり，

表11　外国人の失業率（単位：1000人，％）

	全国		外国人		全国失業率と
	失業者数	失業率	失業者数	失業率	外国人失業率の差
1976	1,060,3	4.6	106,4	5.1	0.5
1977	1,030,0	4.5	97,7	4.9	0.4
1978	992,9	4.3	103,5	5.3	1.0
1979	876,1	3.8	93,5	4.7	0.9
1980	888,9	3.8	107,4	5.0	1.2
1981	1,271,6	5.5	168,5	8.2	2.7
1982	1,833,2	7.5	245,7	11.9	4.4
1983	2,258,3	9.1	292,1	14.7	5.6
1984	2,265,6	9.1	270,3	14.0	4.9
1985	2,304,0	9.3	253,2	13.9	4.6
1986	2,228,0	9.0	248,0	13.7	4.7
1987	2,228,8	8.9	262,1	14.3	5.4
1988	2,241,6	8.7	269,5	14.4	5.7
1989	2,037,8	7.9	232,5	12.2	4.3
1990	1,883,1	7.2	203,0	10.9	3.7
1991	1,689,4	6.3	208,1	10.7	4.4
1992	1,808,3	6.6	254,2	12.2	5.6
1993	2,270,3	8.2	344,8	15.1	6.9

（出典）　Statistisches Jahrbuch および Ausländer-Daten から作成。

不況になれば帰国したために彼らの失業率は低位で安定していた。けれども，募集停止を境に定住化の傾向が強まるにつれて景気調整機能は減退し，不況は直ちに失業率の上昇を呼び起こすようになったのである。また他方では，外国人の場合，職場への定着率が相対的に低いことも指摘できよう。失業として現れる離職には解雇によるものばかりでなく，自己都合の離職もあるのはいうまでもない。確かに多数の外国人が遅れた産業部門で就業しており，しかも補助的な作業に従事しているケースが多いために雇用が不安定で，解雇のリスクが高いのは見過ごしてはならない。けれども同時に，より条件のよい職場を求めて離職する傾向が外国人では高いこともこれまでの調査から知られている。事実，E. ガウグラーたちが行った調査では，外国人の自己都合離職率がドイツ人の2倍に達したことが報告されている[2]。定着率の低さはそれ自体外国人の不利な立場の帰結にほかならないとしても，自己都合による離職の頻度の高さが失業率を押し上げている点はやはり看過されてはならないであろう。

　もちろん，一口に外国人といっても国籍別にみれば様々な相違が生じてくるのは言うまでもない。失業率に関していえば，各集団の技能レベルや重点的就業分野の違いなどから国籍別の失業率にはかなりのバラつきが存在する。連邦雇用庁の統計によって一例として1991年から93年までの失業率を眺めたのが表12である。外国人失業率を目安にすると大まかに各集団を二つのグループに分類できる。3回とも最高の失業率を記録しているイタリア人を筆頭にトルコ人，ギリシャ人が平均を超える水準にある一方では，3回すべてで最低のポルトガル人をトップにしてスペイン人，旧ユーゴスラヴィア人がこれに続く形で低率のグループをつくっているからである。そしてギリシャ人と旧ユーゴスラヴィア人の差をとるとわかるように，両グループの間には失業率に比較的大きな懸隔が存在しているのがここでの特徴になっ

表12　国籍別にみた外国人の失業率

出身国	1991年12月 失業者数	失業率	1992年12月 失業者数	失業率	1993年9月 失業者数	失業率
ギリシャ	13,090	11.4	17,887	15.5	20,255	17.4
イタリア	26,005	13.3	32,353	16.9	34,478	18.3
旧ユーゴスラヴィア	26,528	8.0	37,898	11.0	44,541	11.0
ポルトガル	2,818	6.5	3,841	8.0	4,590	9.7
スペイン	4,560	7.0	5,619	8.7	6,397	10.8
トルコ	81,402	12.6	110,698	16.0	128,489	17.4
その他	76,262	—	90,490	—	110,285	—
計	230,665	11.9	298,786	14.3	349,035	15.3

(出典)　1991年と92年はAusländer-Daten, S. 19、93年はKennziffern, S. 4.

ている。さらに失業率が最大のイタリア人と最低のポルトガル人とを並べた上で，前者の出身国が6ヵ国中1人あたり国民所得が最高であり，ポルトガルのそれが相対的にかなり低いことを考えあわせたり，1人あたり国民所得の観点からは最高と最低の国であるにもかかわらず，イタリア人とトルコ人が高失業率のグループに入っていることに注目してみると，外国人の失業率を規定する要因が一般に想像されているよりも複雑であることが推察できる。

　ところで，SOEPの調査結果に基づき，職業地位に即して外国人とドイツ人の失業経験を比べたのが図2である。ここでは1984年から89年までに少なくとも一度失業状態に陥った者の割合が示されている。一見して明白なように，どのクラスでも失業経験のある外国人は約30％でほぼ一様であるのに対し，ドイツ人ではクラスによる差が大きいのが目立つ。すなわち半熟練労働者をトップにして不熟練，専門労働者を含む労働者において失業経験者が多く，職員，自営で少なくなっている。また不熟練，半熟練，専門労働者のいずれにおいてもドイツ人と外国人の失業経験者の割合がほぼ等しい点も注目される。失業に関しては，女性，高齢者，若年者など労働市場におけるいわゆる問題グループで失業率が相対的に高くなることが知られているほか，職業的な技能レベルが低いほど失業率が高くなる傾向にあることが学歴と失業との相関関係についての調査などによって明らかにされている。これを踏まえれば，図2に見出される特徴は，ドイツ人に関してはいわばノーマルな形になっていると見做すことができよう。その意味ではむしろ問題とすべきは，外国人で

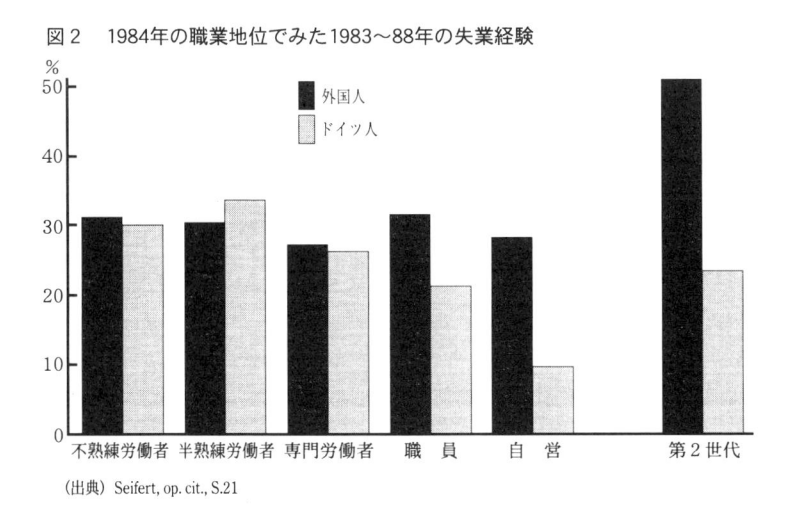

図2　1984年の職業地位でみた1983～88年の失業経験

(出典) Seifert, op. cit., S.21

失業経験者がどのクラスも一様になっている点であろう。この事実が示唆しているのは，一つは職業地位の移動の検討から明らかになったのと同じく，ドイツ人とは異なって外国人にとっては上位の職業地位を維持することが難しいということであり，もう一つは，外国人の多くが位置する下位の地位では高レベルの技能や資格が求められないために，外国人はドイツ人と等しい程度の失業リスクを背負うことになるということであると考えられる。

なお外国人第2世代についてもみておくと，失業経験者は約50％と極めて高率になっている。しかも同年代のドイツ人では約20％で低率にとどまっているだけに落差の大きさが著しく際立つ形になっている。無論，その最大の原因は外国人第2世代の失業率がドイツ人よりも高いことにある。例えば外国人第2世代に相当する24才以下の年齢層でみると，1989, 90, 91年の9月に19才以下では失業率は6.6％，6.0％，6.5％であったが，20～24才では12.2％，11.8％，13.3％を記録し，数の多い後者の年齢層で10％を超す状態が続いている。しかしとくに20～24才ではドイツ人でも全体平均を上回るのが一般的であり，それゆえにこそこの年代は労働市場における問題グループの一つに数えられる。事実，この年齢層についてだけ失業率の推移を追いかけてみると，1980年5.1％，83年13.3％，86年10.5％，88年8.5％，90年12.3％であって，すべての年度で全体の失業率より1.5％～5％高い水準にある。それゆえ図2の失業経験にみられる外国人第2世代とドイツ人との大きな格差は，失業率の差によってだけでは説明できないといわねばならない。そこでいま一つの要因として推定されるのは，外国人第2世代のもとでは職場への定着志向が低いことである。近年では長期失業者の増大が重大な社会問題になりつつあるが，失業期間に関する統計によれば，全般的にみて高齢になるほど失業期間は長くなり，若年層では比較的短期間に新たな職場を得て失業状態から脱する可能性が大きい。この点はとくに外国人において顕著であり，年齢層によって失業期間の長短に現れる差は表13が示す通りである。50才以下では失業期間1～3カ月がピークになっているものの，年齢が上昇するにつれてピークは低くなっていき，失業期間が次第に長くなることが明白である。そして50才を超すと2年以上が最大になる。こうした事実を考慮すれば，したがって，外国人第2世代での失業経験者の多さは，特定の職場に長期間定着するよりは，よりよい条件の職場に移ることを選ぶ転職傾向が強いことに起因していると考えてよいであろう。

このように外国人を国籍別に眺めた場合や第2世代についてドイツ人と比較した場合には特殊な要因を考慮しなければならないが，しかし全般的に外国人の失業率

表13 年齢別にみた外国人失業者数と失業期間

年齢層	失業者数	失業率 91年9月	失業率 90年9月	失業率 89年9月	対前年比 絶対数	対前年比 %	失業期間（1991年9月）1カ月まで	1～3カ月	3～6カ月	6～12カ月	1～2年	2年以上
20歳まで	13,517	6.5	6.0	6.6	＋ 1,979	＋17.2	5,315	5,185	1,767	954	271	25
20～24歳	27,493	13.3	11.8	12.2	＋ 4,934	＋21.9	7,927	9,521	5,075	3,485	1,200	285
25～29歳	30,213	14.6	13.1	13.5	＋ 5,073	＋20.2	7,135	9,333	5,840	4,834	2,232	839
30～34歳	25,439	12.3	12.3	12.4	＋ 1,780	＋ 7.5	5,049	6,911	4,909	4,514	2,626	1,430
35～39歳	21,871	10.6	11.1	11.6	＋ 646	＋ 3.0	3,799	5,450	4,001	4,082	2,613	1,926
40～44歳	21,721	10.5	11.2	11.2	＋ 250	＋ 1.2	3,411	4,792	3,703	4,023	3,048	2,744
45～49歳	19,918	9.6	10.5	10.8	－ 287	－ 1.4	2,852	3,795	3,127	3,651	3,253	3,240
50～54歳	21,692	10.5	11.4	10.6	－ 180	－ 0.8	2,546	3,369	3,020	3,867	3,985	4,905
55～59歳	19,647	9.5	10.0	8.9	＋ 524	＋ 2.7	1,688	2,651	2,207	3,316	3,858	5,927
60～65歳	5,173	2.5	2.5	2.2	＋ 297	＋ 6.1	319	530	511	798	959	2,056
総　数	206,684	100	100	100	＋15,016	＋ 7.8	40,041	51,537	34,160	33,524	24,045	23,377

（出典）　Die Beauftragte der Bundseregierung für die Belange der Ausländer, Daten und Fakten zur Ausländersituation, Bonn 1992, S. 24.

が高い事実に関しては，既に示唆したように，二つの事情が作用していることは間違いない。一つは外国人の職業資格が総じてドイツ人に比べて低いか，あるいはそもそも全く職業資格をもっていないことであり，いま一つは，これに関連して，ドイツの産業構造が転換し，高い職業資格を有する労働力に対する需要が伸びていく中で，低い資格の外国人はこの変化についていけず，長期失業者として労働市場の周縁にとり残されるか，あるいは景気変動の調節弁として労働市場の境界線上に位置づけられていることである。そこで外国人の職業地位の多様化をも視野に入れながら，補足の意味で教育の面から外国人の職業資格に触れておこう。

　最近の調査によれば，ドイツ人被用者のうち71％はなんらかの職業教育を修了して職業資格を取得している。しかしこれに対して外国人で職業教育を修了しているのは全体の33％にとどまっている。また15才から18才までの外国人青年でなんらかの学校に通学しているのは1987年に26.8％だったのが91年には35％に増えているが，他方，同年代のドイツ人では比率は両年ともほぼ2倍の高さに達している。近年高い失業率が続いているにもかかわらず，定員が埋まらないことが問題になっている職業学校についてみれば，1986年以降就学者数が落ちこむ傾向が現れており，同年に180万人だった在籍者は翌年には174万人となり，以後166万人，155万人と低下して1990年には148万人にまで縮小している。しかし全体的傾向が縮小に向かっているだけに，相対的な比率においてのみならず，絶対数でも職業学校で学ぶ外国人の数が増大しているのは注目に値する。数字でこれを見れば，1986年に5万7千人だった外国人の職業学校在籍者は1990年になると9万8千人を数えるまでになり，在

籍者全体に占める比率でも3.2％から6.7％に倍増する形になっているのである[5]。外国人青少年が受ける職業訓練の職種構成には偏りがあり，工業と商業の諸分野の合計より手工業のほうが上回っていることに端的に表出しているように，ドイツ人のそれとはかなりの相違がある[6]。しかし職業教育を基礎にして職業資格を取得することがドイツ社会でより良い職業生活への出発に不可欠な前提であることを考えるなら，職業面から外国人の社会的統合が進展する可能性が高まっていることをこの動きは示しているといえよう。

これを教育システム全体のより広い文脈でみれば，外国人の就学構造は20年間のうちに図3のように変化してきている。1970年に比べれば1990年には就学年齢層が増加したことは指摘するまでもないが，それにしても就学者全体の増大ぶりには目覚ましいものがある。ただ大学については1990年に99,700人の外国人が在籍していたとのデータがあるものの，ドイツ人などと同じ資格で学ぶ留学生も含まれていることを考えると実情を把握することは困難といわざるをえない。けれども，従来の傾向を踏まえれば，ドイツ在住外国人の中から大学に進学する者が増えていることは間違いないといえよう。

一方，1990年と91年に学校を修了した外国人をみると，表14の通りである。そこからは就学・進学状況が向上していることが読み取れるとしても，キムナジウムへの進学率はドイツ人に比べて90年でも遥かに低いことや，基幹学校中退者が多いことに示されるように，労働市場に無資格で新規に入る外国人青少年が相当数存在す

図3　外国人生徒数の推移

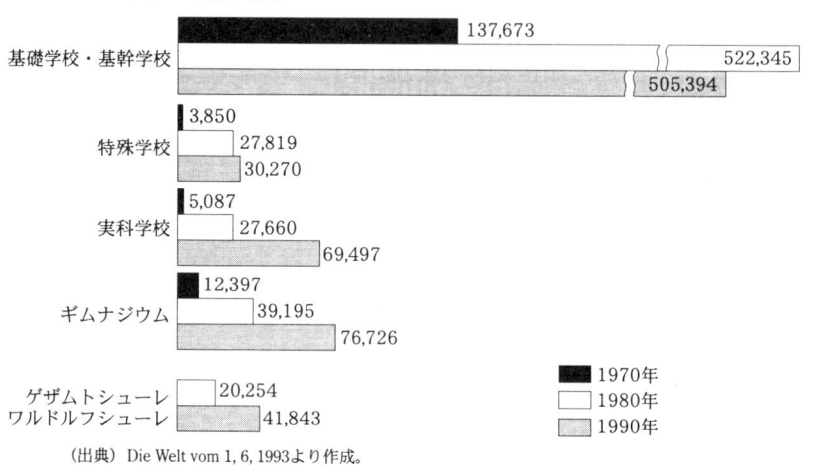

基礎学校・基幹学校
- 1970年　137,673
- 1980年　522,345
- 1990年　505,394

特殊学校
- 1970年　3,850
- 1980年　27,819
- 1990年　30,270

実科学校
- 1970年　5,087
- 1980年　27,660
- 1990年　69,497

ギムナジウム
- 1970年　12,397
- 1980年　39,195
- 1990年　76,726

ゲザムトシューレ　20,254
ワルドルフシューレ　41,843

（出典）Die Welt vom 1, 6, 1993より作成。

表14 外国人の学校修了者

	1990年		1991年	
	絶対数	%	絶対数	%
基幹学校中退	16,029	20.3	16,810	20.2
基幹学校修了	33,504	42.5	34,982	42.0
実科学校修了	21,352	27.1	22,636	27.2
単科大学修了	2,646	3.4	2,686	3.2
大 学 修 了	5,319	6.7	6,256	7.5
総　　　数	78,850	100.0	83,369	100.0

(出典) Bundesminister für Arbeit und Sozialordnung, Ausländer-Daten, Berlin 1993.

るのが今日の姿である。さらに外国人のうち基幹学校修了者の比率もドイツ人に比べればかなり高く、この層もそのままでは労働市場においてよいチャンスと地位を掴むのは決して容易ではない。このように改善が見られるとはいえ教育面に大きな問題が生じている原因は種々考えられるが、その主因の一つとしてH.ライヒョウは、「子供の将来を専ら自分の故国におけるものとしてしか考えることのできない親の観念」を挙げている。なぜなら、「親たちは連邦共和国に多年にわたって滞在していてもなお故国への帰還を信じている」からである。いずれにせよ、学校教育面でのこうした実態に照らせば、外国人の第1世代はもとより、外国人第2世代でもその多くが労働市場において弱い立場にあり、そのために景気変動の影響を受けやすく、その波のなかでドイツ人を上回る高い失業率を記録しているのは不思議ではない。けれどもその一方では、職業学校で学ぶ外国人青少年が増えている事実も軽視されてはならないのであり、この点を考えあわせるなら、第2世代の職業地位のモビリティに関して確認できたように、外国人青少年の内部で社会的分化の傾向が強まっていることに注意を払うことが必要であろう。

　以上で外国人が全般的に労働市場でドイツ人より不利な状態にあることが明らかになった。そこで次に、SOEPの調査結果を用いて、同じ職業地位にある場合、外国人がドイツ人と同等の労働条件下で働いているか否かを検討してみよう。この点に関しSOEPでは13の項目を立てて調査を行っている。そのうちの五つはポジティブな評価につながる項目で、変化に富む活動、作業過程の自主的編成、同僚とのコンタクト、決定への参加、新しいことの習得である。一方、残る八つの項目はネガティブな評価に関わるものである。体にきつい仕事、作業量で変わる労働時間、厳格なコントロール、交代制の就業、定期的な夜業、劣悪な衛生環境、神経の苛立ち、上司に対する怒りがそれである。これらの項目は、一見して明らかなように、現状の客観的な記述にあたるものと主観的な評価に関わるものとが混在していて問題が

表15　職業地位別の労働条件（単位：％）

	外国人		ドイツ人	
	1985	1989	1985	1989
変化に富む活動				
不 熟 練 労 働 者	8	20	25	30
半 熟 練 労 働 者	19	21	38	39
専 門 労 働 者	32	44	59	60
職　　　　　員	65	57	66	70
自　　　　　営	50	64	73	71
厳格なコントロール				
不 熟 練 労 働 者	33	36	17	12
半 熟 練 労 働 者	33	30	23	26
専 門 労 働 者	26	25	17	17
職　　　　　員	10	9	8	8
自　　　　　営	0	0	4	4
ポジティブな項目集計				
不 熟 練 労 働 者	18	27	38	44
半 熟 練 労 働 者	30	27	46	48
専 門 労 働 者	53	53	64	65
職　　　　　員	86	72	73	75
自　　　　　営	75	77	80	79
ネガティブな項目集計				
不 熟 練 労 働 者	31	22	20	7
半 熟 練 労 働 者	28	30	24	24
専 門 労 働 者	28	29	23	23
職　　　　　員	17	14	9	9
自　　　　　営	9	22	27	22

（出典）　Seifert, op. cit., S. 24.

残る。しかし同種の調査が存在しないことや，それ自体としては極めて興味深いことなどを考慮すれば有意義な調査であることは確かであるから，ここで若干の検討を加えておくことにしよう。

　外国人の場合，全体として，職業地位とは関係なくポジティブな項目で「その通り」という回答が少なく，ドイツ人，外国人ともに乏しい「上司への怒り」を除けば，ネガティブな項目で「その通り」の回答が多いのが顕著な特徴になっている。ここでは繁雑を避けるため，ポジティブな項目をネガティブなそれから便宜上各々一つだけを取り上げると，表15にみる結果となる。「変化に富む活動」では，85年と89年のどちらも外国人の「その通り」の回答がすべての職業地位で一様にドイツ人のそれを下回っており，とりわけ不熟練・半熟練および専門労働者のクラスで差が大きい。たしかに85年に比べれば89年には外国人で「その通り」と答える割合が増えているだけでなく，その増加率はドイツ人よりも大きいことは事実である。しかしそれでも依然として落差の大きさは否定しがたく，三つのクラスの外国人労働者の大きな部分がドイツ人に比較して単純作業に従事しているか，自分の仕事を単

調と感じているのが現実である。

　他方,ネガティブな項目の中から「厳格なコントロール」をとれば,ここでも「その通り」と答える外国人の割合がドイツ人のそれを上回っている。またその差は不熟練労働者で大きく,上位の職業地位になるほど縮まっている。さらに上記の「変化に富む活動」のケースとは違って,85年と89年とで回答の割合に変化がみられず,改善の兆しが認められないのが特徴的といえる。ただ職員についてだけは,「変化に富む活動」の場合と同様に,外国人とドイツ人との回答が近似していて注目される。

　ところで表15には,13の項目すべてについての回答を集計した上で,ポジティブな項目に関しては五つのうち二つ以上で「その通り」と答えた回答の割合が,またネガティブな八つの項目については三つ以上での「その通り」の割合が職業地位ごとに示してある。一見しただけでポジティブな項目では三つのクラスの労働者における外国人とドイツ人との差がかなり大きいのが目立つ。例えば不熟練労働者でみれば,1985年に外国人では二つ以上の項目に「その通り」と答えたのは18%にとどまったのに対し,ドイツ人では38%でその倍以上に達しており,また89年にもそれぞれ27%と44%であるから,開きは縮小しているもののやはり大きいことに変わりはない。これらのデータは,不熟練を含む外国人労働者が職業地位は同一であってもドイツ人よりも劣る労働条件のもとで就業していること,さらにはこの点に規定されて職業の現実に総じてドイツ人よりも不満の度合いが強いことを示している。また外国人でも不熟練労働者と職員,自営では回答に極端な距離があり,職業生活の面で両者は全く異なる境遇にあることが表のデータから看取できよう。ドイツ人でも上位の職業地位になるほど満足を表す「その通り」が増えていくが,外国人ではその落差は一層大きいだけでなく,職員,自営での回答はドイツ人と異ならないレベルにまで高まっている。これら二つのクラスでこのような回答が出てきたのは,不熟練もしくは半熟練労働者と違い,ドイツ社会の中で上位の職業地位を確保した成功者としての自負と満足が存在するからであると推察されるが,その半面で,それだけにますます不熟練・半熟練労働者の世界から隔絶する結果になっていることを見落としてはならないであろう。

　他方,ネガティブな項目に関してはポジティブなそれへの回答ほど外国人とドイツ人との開きは大きくない。なるほど不熟練労働者については両者の間の差は必ずしも小さいとはいえない。しかしこのクラスでもポジティブな項目に比べれば差が縮まっていることは否定しがたい。その意味ではむしろ注目すべきは次の2点であ

ろう。一つは，ポジティブな項目の場合と比較すると，クラスの間の差がかなり小さいことである。85年には最大差は不熟練労働者と自営の間の22ポイント，89年には半熟練労働者と職員の間の16ポイントでしかなく，ポジティブな項目における不熟練労働者と職員の間の68ポイントおよび不熟練・半熟練労働者と自営の間の50ポイントに比べて著しく小さくなっているのが目立つ。もう一つは，八つのネガティブな項目のうち三つ以上に「その通り」と回答するのが全般的に低率にとどまっていることである。最高でも85年には不熟練労働者の31％，89年では半熟練労働者の30％が「その通り」と答えているにすぎず，バラつきが著しいポジティブな項目への回答とは趣きを異にしている。これらの特徴からは，外国人がドイツ人よりも劣った条件下で働いてはいてもその差異は小さいこと，そしてその多くは自己の職場を決して劣悪とまでは見做していないことが窺える。とくに職員や自営で低率であるのはポジティブな項目での回答から予想しうることだとしても，不熟練・半熟練労働者でも「その通り」が意外に低率であるのは，その職場の諸条件が良好とはいえなくても劣悪と位置づけるほどではないことを物語っていると考えられる。

　それでは外国人就業者の仕事に対する満足度はどれほどの大きさなのであろうか。職場の諸条件が満足度に規定的な影響を与えるのは当然であるが，SOEPの調査はいかなる結果を示しているのであろうか。

　職場の実情に関する上記の検討から予期されるのに反して，仕事に対する満足度はドイツ人よりも外国人の方が全体としてやや高いことを調査は教えている。同調査は満足や不満の原因もしくは理由については問わないまま，「全く不満」を0とし，「完全に満足」を10にして，0から10までにランクづける形でもっぱら主観的な満足度を調べているが，表16が示すように，最大の注目点は，五つの職業地位のうち外国人の満足度がドイツ人よりも高いクラスが1984年，89年とも三つ存在するという結果が出ていることである。この点をめぐるより詳細な調査は存在しないので，このような結果が生じた理由は明らかではないし，この結果自体，様々な解釈が可能

表16　仕事に対する満足度

職業地位	外国人		ドイツ人	
	1984年	1989年	1984年	1989年
未熟練労働者	8.4	6.4	7.4	6.6
半熟練労働者	7.7	6.9	8.0	6.7
専門労働者	7.8	7.3	7.3	7.2
職　　員	8.3	7.8	7.8	7.4
自　　営	7.5	7.3	7.9	7.4

注　10（完全に満足）〜1（全く不満）。
（出典）　Seifert, op. cit., S. 26.

であろう。成功者と見做しうる職員，自営で満足度が高いのは首肯できるとしても，ドイツ人より客観的に劣った職場にありながら外国人不熟練労働者で満足度が思いのほか高い事実を説明するのは容易ではないが，一般的には次の点が顧慮されるべきであろう。すなわち，単調な仕事や苛酷な肉体労働に対する適応度を考えれば理解されるように，外国人が所属する文化圏において支配的な価値観や生活習慣，労働習慣などの違いに応じて労働に対するモラル，姿勢，要求水準が異なることがそれである。実際，比較的良好な職場条件にありながらドイツ人の仕事に対する満足度が外国人より必ずしも高くなっていない原因の一つには，近年，消費社会化の流れを背景にしてしばしば聞かれるようになった「要求思考」や「要求過剰」という指摘から窺えように，仕事に対する要求水準が高くなったことがあるのは間違いないであろう。しかしこうした点を考慮に入れてもなお注目に値するのは，外国人，ドイツ人に共通して全般的に満足度が高い事実である。試みに単純に平均値をとってみると，外国人では84年7.9，89年7.1になり，ドイツ人ではそれぞれ7.7，7.1になるが，これはかなりの高水準であるといわなければならない。なお，表を眺めれば明らかなように，外国人，ドイツ人を問わずすべてのクラスで満足度は84年より89年に下がっているが，この変化が実際に不満の増大を表現しているか否か，またそうだとすれば何に起因しているのかは定かではない。[8]

第3節　外国人世帯の家計

　これまで我々はドイツの労働市場もしくは労働現場において外国人がおかれている状態について検討してきた。そこで次に労働の場面から生活の場である家庭に焦点を移すことにし，まず彼らの家計を覗いてみよう。

　1989年に世論調査機関 EMNID が実施した調査によれば，上で瞥見した外国人の職業地位の多様化を一つの現実的要因にして，外国人の呼称として「ガストアルバイター」の語を用いる人の割合が「外国人同胞」の語を使う割合よりも小さいことが明らかになった。[1] しかしそれでもやはり外国人にスポットライトが当てられるのは主として労働力としての側面からであったことは否定しがたい事実であり，この角度から多くの調査や研究が行われてきたのに，その割りには外国人の生計面に関心が向けられることは殆どなかったように見受けられる。その欠落の背景には，無論，外国人労働力の導入がどれだけの社会的コストを必要とし，ドイツ経済全体にどの程度のメリットをもたらすかという問題関心が支配的であったという事情が存在する。この点からみる時，家計に関する SOEP の調査は，これまでベールに包ま

れていた観のある外国人の生活実態を知る上で極めて貴重な手掛かりを提供するものといえよう。

ではまずドイツ人の場合と比較しながら外国人就業者の収入（グロス　以下同じ）とその推移を眺めてみよう。

連邦統計庁の編集になる『データ・レポート』によれば，国籍を問わずにみた労働者と職員の平均月間収入は表17のように推移している。労働者ではそれは1981年から89年にかけて31.4％伸び，職員では33.7％増大しているほか，職員の収入は労働者のそれを各年度とも30％弱上回っていること，労働者と職員に共通して男性の

表17　外国人就業者の平均月間収入（単位：マルク）

	1981年	1987年	1989年
労　働　者			
平　　均	2,788	3,399	3,664
男　　性	2,960	3,594	3,869
女　　性	2,034	2,500	2,676
職　　　員			
平　　均	3,559	4,406	4,752
男　　性	4,086	5,078	5,475
女　　性	2,616	3,226	3,476

（出典）　Datenreport 1989, S. 307およびDatenreport 1992, S. 365より作成。

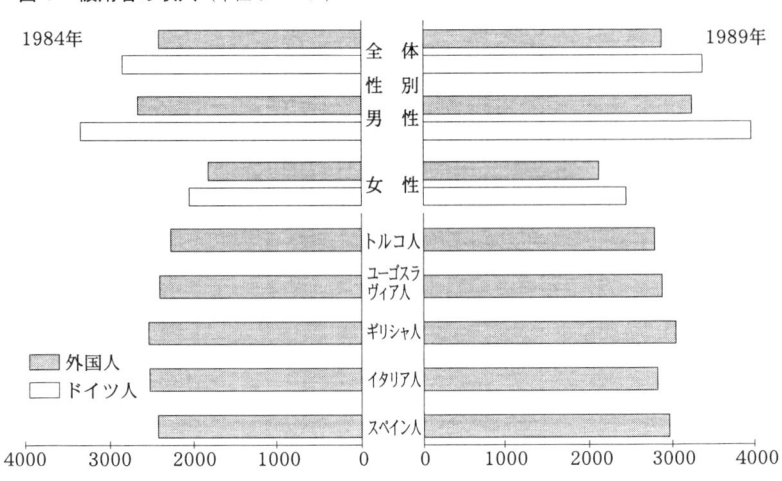

図4　被用者の収入　（単位：マルク）

（出典）　Seifert, op. cit., S. 29.

収入が女性のそれよりかなり多く，その差は労働者については約45％，職員では約57％にも達していることが特筆される。

　これらのデータに照らせば，SOEPの調査結果に連邦統計庁のそれとの大幅なズレはみられず，信頼度が比較的高いことが確認できる。図4にはドイツ人と外国人の被用者の月間収入について各々の全体平均，性別でみた平均が示してある。一瞥すればわかるように，1984年と89年を対比すると外国人被用者の方がドイツ人よりも収入の伸び率は大きいが，しかし収入自体はドイツ人の方が多いだけでなく，その差に殆ど変化が現れていないのが実情である。具体的な数字を挙げれば，外国人では被用者が労働の対価として得た月間の平均収入は1984年に2,406マルク，89年には2,879マルクであり，伸び率は19.7％であった。一方，ドイツ人の側では84年に2,887マルク，89年に3,369マルクの収入があり，16.7％の伸び率だった。したがって伸び率では外国人被用者が優位に立っているものの，1984年には収入の差は481マルク，89年には490マルクでほぼ同一のままである。これを比率に直せば，外国人の平均収入は1984年にはドイツ人の83.3％，89年には85.5％だったことになり，差は縮小してきているものの，歩みが緩慢であることも否定できないであろう。

　もちろん，ドイツ人と外国人の収入の開きは職業地位により異なっていることも忘れてはならない。この問題に関してはD.トレンハルトたちが整理を試みているが，ノルトライン＝ヴェストファーレン州での1991年の調査によれば，外国人とドイツ人のネットの収入は不熟練労働者，半熟練労働者，専門労働者，単純作業の下級職員，専門技能の職員の順でそれぞれ1,521マルクと992マルク，1,989マルクと1,845マルク，2,412マルクと2,469マルク，1,370マルクと1,254マルク，2,364マルクと2,749マルクという結果になった。[(2)] これを見れば，ドイツ人の収入がすべての職業地位で外国人を上回っているのではないことが分かる。実際，一般の想像に反して，例えば不熟練労働者では外国人の収入がドイツ人を大幅に凌駕しているのが現実なのである。

　このような開きが生じた主たる原因は，雇用形態の違いにある。すなわち，不熟練労働に就くドイツ人ではパート労働者が多いが，これに対し，外国人ではフルタイムの就労が一般的なのである。そのことは週当たりの実労働時間の相違から読み取れる。不熟練労働者で見れば，週労働時間は外国人では平均で35時間であるが，他方，ドイツ人のそれは26時間であり，半熟練労働者でも外国人が長くて40時間であるのに対し，ドイツ人では36時間となっている。無論，これらの数字には残業の多寡も反映しているのは指摘するまでもない。ドイツ人よりは外国人が残業に応じ

る傾向が強いことは一般に知られているが，しかし，その時間的長さやそれによる収入額などに関する正確なデータは見当たらない。さらに交替制勤務のような勤務形態上の相違や歩合給のような給与形態面の相違なども収入に関係するが，管見の限りではこれらについても信頼できるデータは存在しない。

　それはともかく，不熟練や半熟練労働者でこのように外国人の収入がドイツ人を上回っているとしても，そのことは，総体としての両者の比較でドイツ人が優位にある事実を覆すわけではない。なぜなら，既に検討したように，外国人では半熟練労働者が半数近くを占め，不熟練労働者も少なくないのに対し，ドイツ人ではどの地位であれ労働者に属す比率自体が小さくなっているからである。換言すれば，ドイツ人には比較的高収入の職員が多く，他方，外国人では低収入の労働者が多数を占めているのが現実であり，そのために平均収入の比較ではドイツ人が外国人を上回る結果になっているのである。

　一方，性別に焦点を合わせると，ドイツ人と外国人の共通面として，女性の収入が男性より少ない事実が浮かび上がる。男性でも女性でもドイツ人の収入が外国人のそれより多いことは，性別を問わない上記の比較からでも容易に推測しえたであろう。しかしデータから判明する事実として，労働力率の上昇に示される女性の社会進出が徐々に進展してきているにもかかわらず，男女間の落差が共通して大きいだけでなく，拡大傾向にある点は見逃せない。また同性でみた場合に男性で顕著なドイツ人と外国人の格差が女性ではかなり縮まっていることも注目されよう。男女間のこれらの相違もまた主として雇用形態に起因していると考えられる。というのは，なるほど全般的にみて女性では男性にくらべて職業地位の面で職員の占める割合が大きいものの，しかし同時にその中で下位のクラスに属することが多い上に，一例として1989年をとると，63％がフルタイムであるにとどまり，37％がパートタイムの雇用であることにみられるように，パートタイマーが3分の1以上にのぼっているからである。[3]高い技能を要しない補助的な仕事やパートタイマーが多いほど収入が少なくなり，そのために同時にまたドイツ人と外国人の違いが希薄になるのは当然であろう。

　他面，国籍別に平均収入をみると，図4の5カ国の外国人被用者の間に著しい差が認められないことも注目に値する。この調査結果はトルコ人のような非ヨーロッパ系国民に対する心理的距離感などをもとに一般に抱かれている推測とは大きく異なるものといえよう。84年，89年とも収入が最も多いのはギリシャ人であり，対極に立つのはトルコ人であるが，開きは比較的小さいといえよう。けれども，自営層

を加えた場合には，このような開きは拡大すると考えられる。なぜなら，自営層は通常，不熟練，半熟練の労働者より収入が多いので平均収入を押し上げるが，1993年のマールプラン研究所の調査によれば，ギリシャ人就業者の場合14％が自営業を営んでいるのに対し，トルコ人ではその比率は6％にとどまっているからである。[4]因みに，トルコ人被用者の平均収入は84年に2,302マルク，89年に2,813マルクであり，22％の伸び率は5カ国の外国人のうちで最大になっている。一方，伸び率が最も低いのはイタリア人で，5カ国中84年には2位だったのが，89年には4位に下がってトルコ人とほぼ等しくなっている。いずれにせよ，国籍によって重点的就業分野と職業地位に違いがあることに加え，本国における1人当たり国民所得にも大きな落差があるだけに，ドイツ国内で就業している外国人の間で国籍による収入の差がそれほど目立たないのは興味深いといえよう。

では次に，職業地位でのモビリティと同じように，収入の面における外国人，ドイツ人の移動の実態を検討してみよう。SOEPで実施しているように，収入の多寡に応じて外国人，ドイツ人をそれぞれ五つのランクに等分した上で，1984年に各ランクに位置した人々が89年にどのランクに移っているかを確かめることによってこの面での移動の様子を垣間見ることができるはずである。

表18は，外国人とドイツ人では移動のパターンに明らかな差異があることを示している。なるほど最低である第1ランクではパターンは類似していて，半数強が89年にも84年と同じ第1ランクにとどまっている点は両者に共通している。しかし第4ランクと最高の第5ランクをとると，第4ランクの外国人の半数は89年にも同じランクに属しているものの，残る半数の大半は下位ランクに下降している。これに

表18 所得面でみた変動（1984年〜1989年）（単位：％）

	1989年				
	最低所得	低所得	中位所得	高所得	最高所得
外 国 人					
最低所得	52	34	11	3	0
低 所 得	17	53	18	11	1
中位所得	1	26	43	23	7
高 所 得	0	12	33	48	7
最高所得	1	4	16	44	35
ド イ ツ 人					
最低所得	56	27	9	7	1
低 所 得	13	52	22	12	2
中位所得	3	14	50	29	4
高 所 得	1	3	21	50	25
最高所得	1	1	3	11	84

（出典）Seifert, op. cit., S. 32.

対し，ドイツ人の第4ランクでは同じ89年に半数が同ランクに位置していても，残りの半分ずつがそれぞれ上位と下位のランクに移っている。さらに第5ランクでみれば，89年にこのランクにとどまっていた外国人は35％にすぎず，その2倍にあたる多数の外国人が下位ランクに下がっているのに反して，ドイツ人で89年にも同ランクに属しているのは84％にも及び，ランクを下降したのは僅かでしかなかったことがわかる。これらのデータを総合すれば，先に一瞥した職業地位面の移動に見出されたのと同様に，外国人にはドイツ人と比較して所得面で上位ランクに上昇することが難しいだけでなく，到達した上位ランクを維持することが容易ではないことが明らかになる。この面でもドイツ人より外国人が不利な立場にあることがこれによって確かめられるが，同時にまた，外国人の中で最低の第1ランクからの上昇移動などが比較的広範に生じていることに示されるように，所得面からみた社会的下層が上昇のチャンスを封じられたまま沈殿しているわけではないことにも注意を払うべきであろう。

　なお，以上の収入に焦点を合わせた検討に関して一言しておくと，各種の社会給付からの収入や子供数のような世帯の構成を考慮した税制面での扱いなどが捨象されている点で，収入に照らした外国人とドイツ人の比較は両者の経済状態の土台を把握するのに適していることは改めて指摘するに及ばない。しかし現実の家計は雇用労働による所得でも社会保険料が控除されているのであるし，また労働によらない様々な所得を含んでいる。そこで『データ・レポート』に依拠して所得面から家計を眺めると，1983年と88年にその構成は次のようになっていた。[5]すなわち労働者では賃金が総所得に占めるのは83.0％と84.1％，職員での俸給は85.6％と85.5％であり，その他は家賃や利息のような資産からの所得や，老齢年金，児童手当のような社会給付から成り立っている。例えば両年における資産からの所得の割合は，労働者においては7.3％と7.2％，職員では7.3％と7.4％であり，自営になるともっと上昇して両年とも約14％となる。これらの数字は決して無視しうるほど小さいとはいえないが，残念ながら外国人の家計において資産所得や社会給付等による移転所得がどの程度の大きさであるかを示すデータは見当たらない。ただこの点に関しては，トルコ研究センターが1992年に行った外国人高齢者についての調査が示唆を与えているように思われる。それによれば，調査対象となった55才以上のトルコ人とイタリア人のうち，収入の一部として様々な社会給付を挙げる者が多い反面，資産による所得を挙げるのはトルコ人では6％，イタリア人では4％にすぎなかった。[6]この事実から推察すると，少なくともトルコ人とイタリア人の平均的な労働者もしくは

職員の家計では利息や家賃収入が総所得の7％を超すようなことはありえず，むしろ微々たる割合にとどまっているものと考えられる。そして仮にその通りだとすれば，雇用労働からの所得である上記の収入にみられた外国人とドイツ人の差にそれ以外の所得の差を追加しなければ格差の実相を見誤ることになろう。

このように考えてくると，家計の現実をみるためには収入の検討だけでは不十分であって，可処分所得に目を向けることが必要になる。またその際，既婚の外国人家庭では子供数が多い点に留意し，世帯の規模に着目して1人当たりの可処分所得を取りあげてドイツ人と外国人の世帯を比べてみることが重要であろう。現にドイツ人の間では少子化が進行しているのに加え，婚姻率自体が低下していわゆるシングルズが増大し，人口統計によれば1981年に全世帯の30.8％だった単身世帯は85年の33.6％を経て90年には35.0％にじわじわと増加している[7]。他方，外国人の側をみると，人口比以上に新生児に占める割合が大きく，例えば1987年には新生児の9.2％，89年には11.7％が外国人の子であったことから窺えるように[8]，世帯の平均規模がドイツ人世帯よりも大きいことが知られている。事実，1988年の調査によれば，外国人では単身世帯は10.6％にすぎなかったし，夫婦とも外国人の世帯では78％に子供がいたが，ドイツ人同士の夫婦で子供がいるのは56％にとどまっていた。また子供をもつ外国人の世帯の27％に3人もしくはそれ以上の子供があるが，ドイツ人夫婦で3人以上の子供をもっているのは13％でしかなかったのである[9]。

もっとも家計の実際を把握するために世帯の規模を考慮に入れる場合でも，世帯全体の可処分所得を人数で単純に割って1人当たりのそれを算出するのでは適切とはいえないであろう。なぜなら，周知の通り世帯の規模が拡大するにつれて一種の規模の効果が働き，例えば単身世帯に比べて2人世帯は同程度の生活レベルを維持するのに2倍のコストを要するわけではないからである。この点を考慮してSOEPの調査では世帯の総可処分所得を世帯人数で除した数値と並べて，いわば傾斜方式で算出されたそれが示されている。その傾斜方式とは，単身世帯は1, 2人世帯は1.3, 3人世帯は2.3で割り，それ以上の規模の世帯については1人増すごとに0.5加えた数で除すという方法である。

こうして得られた結果が表19である。単純計算の数値でも傾斜方式による修正値でみても，外国人1人当たりの平均可処分所得は両年ともドイツ人のそれを下回っているだけでなく，格差も決して小さいとはいえない。国籍に応じてこの差は伸縮するものと考えられるが，国籍別の統計は存在しないので便宜上外国人を一括して扱うことにすると，外国人の1人当たり可処分所得は修正値でみた場合，1984年に

表19　1人当たり可処分所得の変動（1984年～89年）（単位：マルク）

	外　国　人			ド　イ　ツ　人		
	1984年	1989年	増加率	1984年	1989年	増加率
世 帯 人 数	3.3人	3.3人		2.8人	2.5人	
1人当たり可処分所得	996	1,108	11.2%	1,199	1,489	24.2%
傾斜方式による1人当たり可処分所得	1,213	1,371	13.0%	1,418	1,723	21.5%

（出典）　Seifert, op. cit., S. 33.

は1,213マルクだったのが89年に1,371マルクに伸びている。一方，ドイツ人の側でのそれは同期間に1,418マルクから1,723マルクに増加し，外国人の13.0%を上回る21.5%の伸び率を示している。この結果，1984年には205マルクだった懸隔は89年になると352マルクに拡大している。この格差はそれ自体としてすでに大きいといわなくてはならないが，平均的世帯規模には外国人とドイツ人とでは歴然たる差が存在しているから，1人当たり可処分所得において落差が生じるのは必ずしも不自然とはいえないように映るかもしれない。しかし実際には外国人世帯とドイツ人世帯では規模が違っているだけでなく，世帯における平均稼得者数も異なっている。すなわち，前者では1.4人，後者では1.1人が職を有しており，外国人世帯の方が稼得者数が多いことが確かめられている。それにもかかわらず一世帯の平均的な総可処分所得は実は両者とも1984年には3,300マルク前後，89年には3,700マルク前後でほぼ等しいのが現実であり，このような現実を土台にし，世帯人数の相違に規定されて1人当たり可処分所得に明白な格差が生じる形になっている。従ってここでもまた外国人がドイツ社会でおかれている不利な状態が現れていることは否定しがたいといわねばならない。

　このように外国人は単純計算でも傾斜方式の修正値によってもドイツ人より1人当たり可処分所得は少ないが，他面，このことによっても制約されて，支出についてもその構造にはいくつかの相違が見出される。たしかに近年，定住化傾向が強まってくるなかで，住宅の取得や自動車の購入をはじめ，各種の耐久消費財に支出される金額が増大してきていることはしばしば指摘される通りである。一例として最近のある調査をみれば，ドイツ在住のトルコ人のうち4万5千人がすでに住宅を購入しているのみならず，ドイツ人世帯では70%であるのにトルコ人世帯ではこれを上回る76%が自動車を所有し，同じく36%であるドイツ世帯を大きく超える80%のトルコ人世帯にビデオが備えられている。[10] しかしその反面で住宅一つをとっても面積，設備で劣り，老朽化の進んだ住宅に多くの外国人世帯が暮らしているだけでなく，その圧倒的多数が賃貸住宅で外国人の大部分は家賃を支払っているのが実情で

表20　国籍別にみた送金額の推移（単位：100万マルク）

年度	総額	イタリア人	スペイン人	ギリシャ人	トルコ人	ユーゴスラヴィア人	ポルトガル人
1960	300	200	50	50	0	0	0
1965	2,150	850	450	350	300	150	50
1970	5,000	1,100	550	600	1,250	1,150	150
1975	7,400	800	600	900	2,500	1,800	300
1980	8,050	1,350	300	600	3,100	1,600	200
1981	8,250	1,300	300	550	3,350	1,650	200
1982	8,250	1,400	300	550	3,300	1,650	200
1983	8,300	1,500	250	550	3,200	1,700	200
1984	9,000	1,600	300	650	3,600	1,600	300
1985	7,950	1,500	250	650	2,900	1,400	250
1986	7,450	1,350	250	650	2,500	1,500	200
1987	7,350	1,350	300	650	2,450	1,350	200
1988	7,450	1,250	350	600	2,500	1,350	200
1989	7,550	1,300	350	700	2,500	1,350	200
1990	7,500	1,300	350	700	2,400	1,350	200
1991	7,000	1,250	350	700	2,400	800	200

（出典）　Deutsche Bundesbank（Die Beaufragte der Bundesregierung, op. cit., S. 27より引用）.

ある。先に触れたトルコ研究センターの高齢外国人に関する調査によれば，トルコ人の98％，イタリア人の77％が賃貸住宅に住んでいると答え，自己所有の家屋と答えたのは各々1％と5％にすぎないし，例えばトイレが住居内部にあるのは79％と70％，入浴設備が住居内にあるのは83％と80％という結果になっている。[11] さらに連邦統計庁の調べでは，子供のある外国人世帯の持家率は，1978年の5.4％から87年の10.0％に上昇しているが，対応するドイツ人世帯では各々44.5％と48.1％であり，開きが大きい。[12] なお，これに関連して，低所得層向けの社会住宅に外国人世帯が入居するケースが多いといわれ，例えば1992年のハンブルクでの調査では社会住宅の23％が庇護申請者を含む外国人世帯によって占められていたことも想起されてよい。[13]

こうして外国人では家賃の支出が広範に認められるのが一つの特色となっているが，これと並んで外国人世帯の支出を特徴づけているのは，ドイツ人世帯には見出されない一項目，すなわち故国への送金である。表20はドイツ連邦銀行の故国送金額に関するデータを整理したものである。ガストアルバイターの増加に伴ってほぼ順調に増大していった送金は1973年に一旦頂点に達したあと漸減し，80年代前半に再び80億マルク台に回復したのち，後半に再度低減して70億マルク台で今日に至っている。国籍別に眺めた場合の特色は措くとして，この推移において注目されるのは，外国人人口は総体としては増加しているにもかかわらず送金額が1984年以降減少し，近年でも増加に転じる気配が見られないことである。いまこれを外国人就業者数と関連づけると，1975年には外国人就業者1人当たり平均3,627マルクを送金し

たことになるが，以後80年3,985マルク，85年5,660マルク，88年4,398マルク，90年4,185マルクと推移し，85年をピークにそれまで増加した送金額が減ってきていることがわかる。これらの変化は外国人が定住化の意思を強めていることの現れであると解されるが[14]，それはとにかく，就業者1人につき年間4,000マルクを超す送金はかなりの負担であり，ドイツ人に比べただでさえ可処分所得が少ないことを思えば，外国人世帯の支出を圧迫する要因になっているのは間違いないといえよう。

以上でみたように，ドイツ人世帯と比較すると外国人世帯では1人当たり可処分所得が少ないばかりでなく，支出面でも故国への送金にみられる圧迫要因が存在しているのが実態である。これらのことは，見方をかえれば，外国人の多くが相対的に貧困な社会層に属していることを暗示している。もちろん先に外国人就業者の職業地位を検討した際にこのことは既に察知しえたところであった。なぜなら，たしかに職業地位面での多様化が認められるとしても，多くの外国人就業者は今日でもなお募集に応じてドイツに入国した時期と同じように不熟練・半熟練労働者の地位にあるからである。ともあれ外国人世帯の家計から一旦目を離し，近年改めて関心が高まりつつある貧困問題の角度から外国人の実情を見つめていこう。

第4節　貧困問題と経済的貢献

既に言及したように，3分の2社会という語がドイツ社会の構造的特徴を表すものとして使われて久しいが，この語自体は誇張があるから現実を歪めているという批判を免れないとしても，モビリティの乏しい社会的下層が形成されている実態を明るみに出したことは確かであろう[1]。そして様々な観点から検討を加えてみると，外国人の比較的大きな部分がこの層に属していることが確認される。ここでは一つの方法として社会扶助に関する統計を手掛かりにこの点にアプローチしてみよう。

旧東ドイツ地域の経済再建に絡む国民の負担増によっても加速されて，昨今，社会国家の見直しをめぐる議論が活発化しているが，その中で公的社会扶助制度のあり方も注目を集めている。その背景には無論，社会扶助支出の著しい増加が重い財

表21　外国人の社会扶助受給者数（単位：1000人，100万マルク）

	1970年	1980年	1985年	1987年	1989年
社会扶助受給者数	1,491	2,144	2,814	3,136	3,626
ド イ ツ 人	1,471	1,981	2,488	2,692	2,955
外 国 人	20	163	325	445	671
社会扶助支出総額	3,335	13,266	20,846	25,199	28,775

（出典）　Datenreport 1989, S. 201 および Datenreport 1992, S. 233 より作成。

政負担になってきている事情がある。現に1970年には33億マルクだった公的社会扶助支出は81年に148億マルク，90年には318億マルクに急増しており，そのうち低所得者層向けの生計扶助総額は81年の48億マルクから90年には130億マルクまで膨れあがっている。[2] このように支出が増大したのは，社会扶助を必要とする市民が増加したからであるのはいうまでもない。そして注目すべきは，その中に含まれる外国人の数がドイツ人を上回る勢いで急増していることである。

表21は社会扶助支給対象者をドイツ人と外国人にわけてその推移を整理したものである。それによれば，1970年には約150万人だった受給者は80年には200万人台に突入し，87年には300万人台に達したが，89年までに2倍半に膨張したことと並んで，とりわけ外国人の激増ぶりが注目される。すなわち，1970年に僅か2万人だった外国人の社会扶助受給者は89年には67万人にも上り，約20年の間に30倍以上にも膨らんだのである。この結果，受給者中に占める外国人の比率は1970年に1.3％だったのが89年には18.5％にまで拡大し，受給者の5分の1人が外国人という状況が現出するに至った。また外国人だけについてみても，外国人総数が約300万人だった1970年には0.7％だけが社会扶助の対象者であったが，89年になるとその割合は13.9％に急伸し，外国人7人のうち1人が受給者というところまで来ている。もっとも統一後の91年には社会扶助を受ける外国人の数が一挙に増える事態になったが，これを統一以前の時期とつなげて捉えることには無理がある。なぜなら統一前後から爆発的に増大した庇護申請者の多くが社会扶助の給付を受けているからである。実際，既に統一前の88年には庇護申請者の激増の兆候がみられたが，91年9月6日付『フランクフルター・アルゲマイネ』紙によれば，89年の時点にバーデン＝ヴュルテンベルク州では早くも社会扶助を受給する外国人のうちで庇護申請者が59％を占めるまでになっていたという。しかしこの点を考慮に入れてもなお定住化しつつある外国人が社会扶助受給者のかなりの割合にのぼっていたことは，社会扶助の一環である失業扶助の対象者になる外国人が先に一瞥した失業率の高さと失業期間の長さからみて多いと推定される点だけをとっても，疑いをはさむ余地はないといえよう。[3]

こうして社会扶助に関する統計を手掛かりにして，社会扶助を受ける外国人の比率が大きい事実が浮かび上がることから低所得層に属する外国人が多いことを察知できるが，この点はさらにSOEPの貧困調査に基づいて検証することが可能である。無論，一口に貧困層や低所得層といっても社会扶助統計とSOEPでは基準が異なっている点を看過してはならない。社会扶助統計で把握される低所得もしくは貧困層では，連邦社会扶助法に基づいて社会生活に必要とされる最低限度の所得水準が貧

表22 1984年〜89年の旧西ドイツ地域における相対的貧困 (単位：%)

		1984年	1985年	1986年	1987年	1988年	1989年	絶対数 1989年
40％境界	全体	5.1	4.4	5.3	4.9	5.2	4.4	2,758,000
	ドイツ人	4.8	4.1	4.8	4.5	4.9	4.0	2,313,000
	外国人	9.8	10.3	14.4	11.8	10.6	10.7	519,000
50％境界	全体	11.0	11.0	12.4	10.6	10.7	10.7	6,707,000
	ドイツ人	10.3	10.2	11.5	9.9	10.1	8.8	5,089,000
	外国人	24.1	24.8	29.4	24.4	22.9	24.3	1,176,000

(出典) Geißler, op. cit, S. 171.

困境界と定められているが、SOEPではいわば操作的な貧困概念が用いられているからである。すなわち後者では傾斜方式で算出した1人当たり可処分所得を指標にとり、全国平均に対して40％までの40％境界と50％までの50％境界を設定して貧困の分布と態様を解明することを意図している点で貧困概念が相対的であることに特徴がある。したがってSOEP調査でいう貧困は人間らしい生活の最低限度以下という絶対的な貧困と直接的な関係がないことに留意することが必要であろう。

こうした点を念頭においた上で表22に掲げたSOEPの調査結果をみると[4]、ドイツ人と外国人の歴然たる相違が目につく。40％境界を例にとると、1984年にドイツ人では4.8％が貧困層であったのに外国人では2倍強の9.8％が貧困層に属しているし、89年でも同様に外国人の貧困層の比率はドイツ人の2倍以上の10.7％であり、調査期間のどの年度でも外国人における貧困層の比率がドイツ人のそれの2倍を超す状態になっている。また50％境界に着目し、40％境界以下を含む50％境界以下の貧困層の全体に目を向けると、40％境界の場合を上回る格差が存在することが明瞭になる。すなわち84年にドイツ人の15.1％に対し外国人では33.9％、89年には前者の12.8％に対し後者は35.0％であり、40％境界の場合より格差が拡大すると同時に、外国人の比率がドイツ人の2.5倍前後に達しているのがわかる。このような外国人とドイツ人との格差と並び、50％境界以下の貧困層に該当する外国人が高率である点も見過ごせない。ドイツ人では調査期間中50％境界以下にあたるのは15％程度で推移しているが、これに対し外国人では86年を除くと35％前後の水準が続いている。これは、換言すれば、外国人の3分の1強がドイツ社会における1人当たり平均可処分所得の半額以下で生活を営んでいることを意味している。しかも外国人の場合には、既述の通り、少ないとはいえない金額を故国に送金し、これに可処分所得の一部が充てられているのが実情である。これらに加え、個々人に対する質問を通じて明らかにされた貧困状態の継続期間に見出されるドイツ人と外国人との差も考慮

するなら,ドイツ人を大きく上回る規模で外国人が貧困層に属し,それゆえにまた外国人の中で社会的下層が占める割合が大きいことは一層確実になるといえよう。

 それでは以上のように社会扶助を受給する外国人が多い点などを考えると,ドイツ社会にとって外国人は負担になる面が濃厚なのであろうか。それともこの点を計算に入れてもなお外国人の経済的貢献はこれを上回るほどに大きいのであろうか。本章の冒頭で言及したRWIの研究などを参考にしながら,この点にも論及しておこう。

 まず全体的に眺めた場合,外国人のドイツ経済に対する貢献度は従来想像されていた以上に大きい。RWIの調査によれば,旧西ドイツ地域の国内総生産は2兆2千億マルクであったが,そのうち外国人の貢献は2千億マルク(9.1%)と見積もられる。これだけの貢献を外国人はたんに生産活動を通じて直接に行っているだけでなく,今日では様々な消費財を購入する消費者として生産の活性化と投資の拡大に刺激を与えることによって間接的に果している。なかでも今日特筆に値するのは外国人が雇用を創出している点である。1991年のミクロセンサスによると,ドイツには約17万人の外国人が自営業者として企業を営んでいる。そのうち8万人は家族経営で雇用労働者をもたないが,残る9万人は雇用労働者を抱え,その総数は13万5千人といわれる。ドイツ経済研究所(IW)の調査では,例えば今日ドイツには3万5千のトルコ企業が存在するが,それらは総計で12万5千人を雇用しており,その半数はドイツ人であるという。

 一方,トルコ研究センターの調査では,トルコ企業には1992年に280億マルクの売上げがあったほか,総投資額は売上げとのバランスを失するほど多額の72億マルクにのぼったとされる。また既述のように本国への外国人の送金額は近年減少傾向にあるが,それと同時に財蓄性向が低下しつつあることも見落とせない。マールプラン研究所はドイツ在住外国人を耐久消費財生産者にとっての最良の顧客であると形容しているが,それは外国人の消費習慣と貯蓄傾向に明瞭な変化が現れてきた結果にほかならない。60年代から70年代までのように彼らが文字通りガストアルバイターであった時代には耐久消費財の購入はもとより,消費自体も極力抑制し,必要最小限に抑える傾向が強かった。それは勿論故国に出来るだけ多くを送金し,また帰国した際に事業を起こすための資金を蓄えるためであった。マールプラン研究所の調査では,実際,当時の貯蓄率は所得の45%にも達していたといわれる。しかし80年代に入り,帰国意志が薄らいで定住化の傾向が強まるに従って先に触れた住宅や自動車などの購入がみられるようになり,消費行動の変化が次第に鮮明化した。

これを貯蓄率でみれば，80年代半ばに23％まで下がった貯蓄率は現在ではさらに低下して14.5％にまで落ち，ドイツ人のそれを僅かに上回るにすぎない水準になったのである。[7] このような変化に伴ってこれまで厳しく押さえ込まれていた消費欲求が噴き出し，その結果，外国人は消費者としてもドイツ経済に貢献するようになってきている。例えばトルコ研究センターの推計では1989年の外国人の消費財に対する支出は総額600億マルクであったと考えられている。またトルコ人のうち主としてトルコ商店で買物をするのは24％にとどまっているだけでなく，家具，テレビ，洗濯機などの消費支出が急伸しており，しかも衒示的な消費行動ではあれトルコ人の5人に1人がベンツを所有するまでになっている事実に象徴されるように，もはや安物に関心が集中する段階は過ぎ去り，高級品の顧客としての役割が拡大しつつあるのである。[8]

このように生産と消費の両面から外国人の経済的貢献度が増大しつつあることは，逆にいえば，仮に外国人がいないと考えた場合，ドイツ経済が規模縮小に陥ることを意味している。この点に関しRWIが行った推計では，1991年に外国人の貢献がなかった場合に比べると現実の国内総生産は5％大きく，失業率は0.2％低く，1人当たりの所得は5.4％高くなっていた計算になるといわれる。[9] さらに公共財政の面での外国人の貢献にも軽視しえないものがある。先にみたように，確かに社会扶助の対象になる外国人が急速に増大しているのは事実であり，公共財政の負担がそれだけ大きくなっていることは否定しがたい。しかし同時に外国人が所得税や付加価値税などの諸税を払い，社会保障関連の様々な負担を担っていることも忘れてはならない。RWIが1991年度の公共財政に関して行った計算では公共財政に対する外国人の寄与が極めて大きいという結果が出た。すなわち表23に示されるように，社会扶助や年金として外国人に支出される公的な給付額の総計は160億マルクであったのに対し，外国人の直接的な税負担や間接的な貢献は総額で570億マルクに達するとみられ，結局410億マルクの黒字を外国人は公共財政にもたらしたことになる。さらに年金だけをとりだしてみても，外国人の貢献がやはり極めて大きいことが明らかに

表23　公共財政に対する外国人の貢献（1991年）（単位：億マルク）

外国人の税及び社会保障関連負担	290
外国人によるドイツ人の所得増加分，それによる税と社会保障関連負担の増加分	250
雇用増加による社会保障関連支出の節減分	30
外国人に対する公共財政からの支出	－160
差　　引	＋410

（出典）　Hans D. von Loeffelholz u. a., Gesamtwirtschaftliche Effekte der Zuwanderung 1988 bis 1991, in：RWI-Mitteilungen, Jg, 43, 1992, S.144ff より作成

なっている。1989年度の収支に関するドイツ年金保険者協会（VDR）の報告によれば，年金財政の総収入1,640億マルクのうち7.8％にあたる128億マルクが外国人の負担によるものであった。一方，総額1,930億マルクの支出のうち，外国人に支払われたのは僅か1.9％の37億マルクのみであったから，外国人が91億マルクもの巨額の黒字を年金財政にもたらす結果になった。[10]このように著しいアンバランスが生じたのは種々の理由によるが，何よりも年齢構成からみて外国人の高齢者がこれまでのところ少ないことが挙げられる。今後外国人の中でも高齢者の割合が急速に高まることが確実視されているものの，とりあえずその点を措けば，1992年1月1日の時点で年金を受給しているのは1,530万人であり，そのうちで外国人が占めるのは5.4％にあたる83万8千人にとどまっている。[11]この比率は1992年の外国人人口が総人口に占める比率8.0％より小さく，その点でまず外国人は年金財政に貢献する形になっている。これに加え第二に，外国人の場合，受給する年金額の平均がドイツ人より少ないという事情が存在する。それは保険加入期間が平均的にドイツ人より短いことや，現役であった当時の賃金がドイツ人に比べて低額であったことに起因している。いずれにせよ社会保障関連支出が急速に増大して公共財政を圧迫し，その結果，従来の制度自体の見直しを含意する社会国家の改造が叫ばれ，社会国家の完成の合言葉が過去のものになった観がある中で，今後の問題はともあれ，現在までのところ外国人が想像以上に大きく財政面で貢献している事実は看過されてはならないであろう。

結び

　40年以上に及んだドイツの分断が1990年10月3日に正式に終焉したのも束の間，旧東ドイツ地域の経済再建の困難さが明らかになり，短期の統一ブームのあとドイツ経済全体が景気後退に苦しむようになる一方で，冷戦終結に伴って貧しい地域から大量の難民が庇護申請者の名目でドイツに流入してきたのは周知の通りである。そうした事態を受けて近年では外国人敵視感情が強まり，庇護申請者の収容施設ばかりでなく，長年ドイツに居住している外国人も憎悪の的とされ，メルンやゾーリンゲンでのトルコ人焼殺事件が示すように，とくに最大の民族集団で非ヨーロッパ文化をもつトルコ人が排外暴力の犠牲者になるケースが増えてきている。こうした外国人敵視の高まりの原因は複雑であり，経済，社会，文化それぞれのレベルにおける長・中期的要因と短期的もしくは一時的なそれとを区別して論じる必要があるが，ここではさしあたり各種の世論調査から一般のドイツ市民の間に「ドイツに居

住する外国人は多過ぎる」という意見が広がっていることや,「外国人は犯罪性向が強い」という見方が強くなってきていることなどを指摘しておけば足りる[1]。というのは,連邦議会に議席を有するどの政党も発することのないスローガン「外国人は出ていけ」は文字通り右翼政党・団体の専売特許であるといえるが,一般市民の間に広がっている外国人を問題視する見方がこうしたスローガンへの同調が生じる土壌になっていることは明らかだからである。

最近では排外暴力の発生頻度は減少してきているものの,「外国人は出ていけ」というスローガン自体は統一後のドイツの現実を映すシンボルの一つになっている観さえある。しかし仮に右翼の標語通りにすべての外国人がドイツを立ち去り,「ドイツをドイツ人の手に」の合言葉に従ってドイツに暮らすのはドイツ人だけになった場合を想定してみると, ドイツ経済が成り立ちうるか否かさえ疑わしいといわなければならない。ミュンヘンを例にとった1992年のインフラテストの調査によれば,ミュンヘン市では道路清掃に従事している労働者の72%が外国人であるのをはじめ,機械組立てと金属加工部門では47.1%,建設業では37.2%,飲食・宿泊業では36%が外国人である。また社会福祉の領域でも外国人は不可欠になっており,例えばミュンヘン市内の老人ホームで働いている37.4%が外国人である。さらに全国でみて

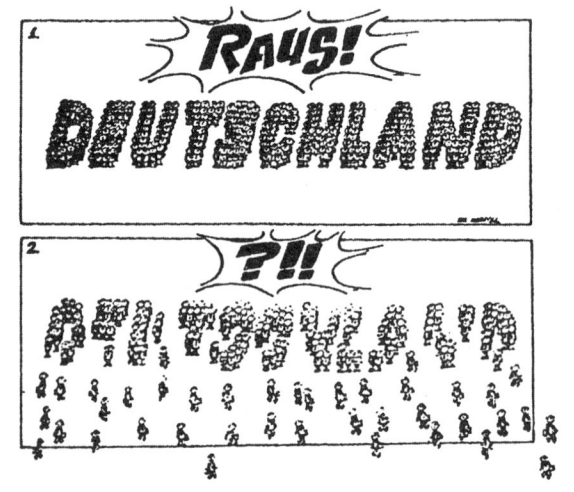

図5　外国人がいなくなるドイツ

(出典)　Klaus Bade, Ausländer, Aussiedler, Asyl in der Bundesrepublik Deutschland, Hannover 1992, S. 34.

も，1990年に鋳物業で24％，鉱業・鉄鋼業で各々14％を外国人が占めているほか，機械製作，化学と並び貿易立国ドイツを支える自動車産業でも13％が外国人であり，外国人労働者がいなくなればこれらの産業がたちどころに操業不能に陥ることは必至といえよう。実際，1991年にデュッセルドルフ市が行った試算では，2～3年のうちに外国人の4分の3が同市を去ったと仮定した場合，少なくとも5,000万マルクの購買力が失われてすべての産業部門に影響が出るだけでなく，1,000万マルク以上の所得税の減収になるのをはじめ，マンネスマン，テュッセン，ヘンケルなどで人手不足が生じ，学校や幼稚園で閉鎖に追いこまれるものが現れるという結果になった。[2] またドイツ経済研究所（IW）の研究によると，外国人の就業者数を減らした場合にドイツ人の失業率が下がるはずであるという考えも誤っている。というのは，ドイツ人と外国人では技能レベルが異なっているなどの理由で，外国人を解雇して生じる職場の4分の1しかドイツ人失業者で埋めることができるにすぎず，その意味で外国人労働者の削減は雇用不足が重大化してきている労働市場の構造問題を外見上緩和するにとどまるからである。[3] これらに加え，外国人はドイツ経済の寄生者であるという根強い見方に反して，前述のRWIの研究に示されるように，現実にはドイツ経済に対する外国人の貢献には無視しえないものがあり，定住化傾向が強まるに従い今後消費サイドからの寄与は一層拡大していくことが予想される。いずれにせよ，排外暴力に理解を示す人々の間には外国人がいなくなれば自分の経済状態が改善されると考える者が少なからず存在することが世論調査から明らかになっているが，[4] そうした期待は実情から遊離した幻想にすぎず，もしドイツから外国人が姿を消すならば，図5の風刺漫画が見事に描いているように，ドイツ経済が破綻をきたすのは不可避であるといえよう。

こうして外国人はドイツの経済構造にしっかりと組み込まれた存在であり，しかもドイツ人が嫌う業種や作業に従事している面からみれば，これを土台から支える柱の一つであるといえるが，そうした外国人に対して長らくガストアルバイターという呼称が用いられてきたのは周知の通りである。しかし先に言及したように，近年では呼称にも明白な変化が現れている。この点について例えば『フランクフルター・アルゲマイネ』紙の編集人E.フーアは連邦政府新聞情報庁の協力下にスタートした広報誌『ドイッチュラント』創刊号（1993年9・10月）に寄せた論説で，「今日では，例の1950年代から60年代にかけて労働力として募集されてやって来た人々およびその後継者を呼ぶ時，概して外国人同胞（ausländische Mitbürger）という言い方をする」ようになっていると指摘するとともに，「1960年代以来，ドイツにお

ける外国人労働者に対する呼称として使われていた出稼ぎ労働者（Gastarbeiter）という言葉が政治用語から消え去ったのは厳密には何時頃だったのか，一度確認してみるのは言語学者にとって意義深いことではないだろうか」と問いかけている[5]。また91年に抗議から辞任するまで長く連邦政府外国人問題特別代表を務めたL. フンケ（元連邦議会副議長，FDP）のある書物への寄稿は「ガストアルバイターから言語的文化的マイノリティへ」と題されており[6]，外国人はもはやガストアルバイターとしては把握しえないという認識が示されている。

このような呼称の変化自体に関しては，1980年と84年の調査結果に基づいて夙にゲーリンクとボェルトケンによって確認されていた。1987年版『データ・レポート』において両者は，「1980年と1984年の短い時間的間隔の間にガストアルバイターという用語がどれほどまでに使用されなくなったかは注目に値する」と述べ，この時期にすでにガストアルバイターの語が日常表現の世界から姿を消しつつあったことを指摘すると同時に，これに代わって新たに外国人被用者などの語が使われるようになってきたことを取りあげ，その意義を次のように解説している。「今日頻繁に用いられる『外国人就業者』という表現においてはゲストという役割は括弧の外におかれ，同時に『労働者』の地位への限定が外されている。今日の議論でもっと特徴的なのは，被用者という地位そのものからの離脱である。簡潔な表現である『外国人』が段々と一般的になりつつあるが，この語についてはその言いかえである『外国人同胞（ausländische Mitbürger）』という表現によって，情緒的負荷を帯びた周知のネガティブな『外国人』という合言葉との近似から引き離すことが一部で試みられている[7]。」

この指摘からも窺えるように，ガストアルバイターから外国人もしくは外国人同胞への呼称の転換は，単に外国人に対して一般のドイツ市民が抱く意識の変化を映し出していただけではなかった。それは同時に外国人の存在形態そのものの変化をも反映していたのである。まずゲストという形容についていえば，事実上の定住につながる滞在期間の長期化に照らせばその虚構性は明白であろう。連邦政府外国人問題特別代表部の資料にはドイツ在住外国人の滞在年数がまとめられているが，それによれば1990年9月30日の時点で滞在年数が20年以上になるのは125万人で在住外国人の23.9％であり，滞在年数15年以上の合計は230万人，割合では42.4％にも達している。一方，滞在期間が1年以上4年未満の者は88万人で，比率では17％にすぎず，15年以上の長期滞在者よりもはるかに少ないのが現実である[8]。このような数字を見れば，ドイツに居住する外国人が一時的に滞在するだけのゲストでありえな

いのは自明の理といえよう。さらにドイツ人が嫌がる業種や作業に多くの外国人が携わっていることを考えあわせれば，彼らをゲストと呼ぶのが適切を欠くにとどまらず，欺瞞的とさえいわれてもやむをえないところであろう。

とはいえゲストの語が他所者の意味を含んでいる点からみれば，外国人の統合が未完の課題である以上，ゲストという形容が完全に的はずれであるとまでは言い切れないのも確かである。やや古いデータではあるが，例えばドイツ人との交流に関する調査では，表24にみられるように，恒常的に相互に訪問しているのは外国人の半数強にとどまり，トルコ人の場合には最低で半数に達しない状態になっている。また全く訪問せずとの答えが1985年に20％，87年に16％存在している。ここからは

表24　外国人のドイツ人との交流（単位：％）

	相互訪問		訪問なし		恒常的相互訪問	訪問絶無
	1985年	1987年	1985年	1987年		
ギリシャ人	65	79	18	14	54	9
イタリア人	70	75	19	17	54	9
ユーゴスラヴィア人	81	85	15	11	67	3
スペイン人	73	73	20	17	59	9
トルコ人	62	74	24	18	46	7
24歳以下	88	81	3	12	62	0
25～34歳	76	81	11	13	62	4
35～44歳	67	79	20	13	55	6
45～54歳	62	74	29	20	46	9
55歳以上	61	71	28	24	44	12
男性	68	79	22	15	53	6
女性	70	74	18	18	54	7
全体	68	77	20	16	53	7

（出典）　Datenreport 1989, S. 526.

表25　外国人のドイツ語能力（単位：％）

	良好		不十分		不良	
	1985年	1987年	1985年	1987年	1985年	1987年
ギリシャ人	30	32	16	18	54	50
イタリア人	15	16	23	27	62	57
ユーゴスラヴィア人	31	39	21	22	48	39
スペイン人	16	11	24	19	59	69
トルコ人	15	15	14	21	72	64
24歳以下	53	49	29	35	18	16
25～34歳	28	34	18	24	54	42
35～44歳	19	23	22	22	59	55
45～54歳	7	7	11	19	83	74
55歳以上	16	16	9	9	74	76
男性	17	21	21	26	62	53
女性	25	25	11	15	64	61
全体	20	23	18	22	63	56

（出典）　Datenreport 1989, S. 525.

ドイツ人と外国人の交流が概して低調であって，外国人とくにトルコ人の社会的セグリゲーションが存続している状況が浮かび上がってくるであろう。さらに相互交流のみでなく，社会生活全般の基礎となるドイツ語能力についても，表25が示すように，20歳台半ばまでの年代では半数が良好という評価を受けている反面，それ以上の年齢層では評価は大幅に落ちこんでいる。そして全体としては不良が過半数を占めているのが実情である。言語が交流の不可欠な前提であることを考えれば，この結果からも外国人のドイツ社会への統合の困難さは容易に推し量れよう。1992年にトルコ研究センターがトルコ人を対象にテレビ視聴に関して行った調査では，「ドイツのテレビはトルコ人世帯では全く影の存在でしかない」ことが確かめられ，「ケーブルと衛生によって受信できるトルコの番組が高い視聴率を得ている」実態が明らかになったが，このことはドイツ語能力の低さの帰結であるだけでなく，とくにトルコ人に顕著な社会的セグリゲーションの反映と見做せよう。これらの点をみるかぎり，外国人がドイツ社会の中で依然として他所者という性格を保持していることは疑いのない事実であるといえよう。[10]

ゲストと結びつけられているもう一つの語であるアルバイターについては，外国人就業者の職業地位などに関する検討から，今日ではもはや実態に合致せず，不適切になっていることは明らかであろう。たしかにドイツ人と比べれば，産業構造の転換から取り残された恰好の外国人では労働者の比重が依然として大きく，労働者募集の初期からの連続面が際立っているようにみえる。しかしそれでも初期には大部分が単純労働に従事したことと対比するなら，労働者の内部でも専門労働者の割合が比較的大きくなっているだけでなく，外国人の中から職員や自営に分類される人々が輩出してきていることは重要な変化であり，その意義を軽視してはならないであろう。また職業地位のモビリティも，SOEPの調査でみるかぎり，一般に想像されているよりは遥かに大きく，その意味で教育面になお明白なハンディキャップが認められるとはいえ，社会的上昇のチャンスが開かれていることも確認しておくべきであろう。外国人の就業分野についても事態は同様であり，製造業に重心がある点では連続性が顕著であるといえるが，しかし同時に商業やサービス業に従事する割合が徐々に拡大している事実も見過ごすことはできない。例えばサービス業でみれば，1976年に外国人就業者の13.8％が従事していたのが90年には20.9％まで増大しているのである。だが他面では，ドイツ人と外国人の就業分野には職業地位についてと同じく歴然たる差異が存在しているのは事実であり，とくに金融・保険分野では外国人に門戸が閉ざされた状態に近いことは，今後拡大が予想される分野だ

けに注目に値しよう。ともあれ全体的にみれば外国人就業者にも変化の波が現れていることは確かであり，ドイツ人と対比していえば，現在のところその変化は，職業地位と就業分野における限られた範囲の多様化と名付けることができよう。そしてこの点に照らすと外国人就業者を一括りにアルバイターと呼ぶのはもはや実情にそぐわないといわなければならないのである。

　ガストアルバイターという語が使用されなくなってきた背景には外国人の存在形態そのものの上述のような変化があり，呼称の変遷はこうした変化を反映しているといえるが，それはともかく，外国人就業者における多様化といっても限られた範囲のものであることと並んで，所得面でもドイツ人との間には依然として明らかな格差が存在していることも忘れることはできない。すなわち外国人就業者の平均収入は1989年にドイツ人の85.5%であり，職業地位面での劣位と連動する形で所得においても不利な立場にあることが明白になっている。こうした格差がとくに1人当たり可処分所得で鮮明に現れていることはSOEPのデータを基に検討した通りである。たしかに帰国意志が希薄化するにつれて外国人が住宅や耐久消費財を購入するようになり，この面からもドイツ経済に貢献するに至っているのは重要な一面である。けれどもそのことは，外国人の多くが低所得層に属していることと矛盾するわけではない。実際，1989年には社会扶助受給者の18.5%を外国人が占め，外国人の7人に1人が受給者であった。そしてこの事実に端的に表出しているばかりでなく，相対的貧困の概念を用いた場合にも浮かびあがるように，ドイツ人との所得の格差は少なからぬ外国人が貧困層もしくは低所得層に属すという事実と一体になっていることは否定すべくもないのである。

　以上で述べてきたことから，外国人がガストアルバイターと呼ばれる段階はすでに過ぎ去ったことが確認できよう。労働者募集の初期には若い単身の男性労働者が中心だったことと比較すれば，女性や子供の割合が増え，滞在期間が長期化し，就業分野や職業地位も多様化してきたからである。しかも外国人が定住化傾向を強め，その数も増大してくる過程で外国人労働力はドイツ経済を底辺から支える不可欠な要素となり，同時に生産と消費の両面からその成長と拡大を促進する要因になってきている。けれどもそれにもかかわらず，滞在年数を重ねても外国人は法的にはやはり外国人のままであるのをはじめ，職業地位，就業分野，所得などにドイツ人との歴然たる差異が存在し続けている。さらに交流の低調さに見られる外国人の社会的セグリゲーションも，定住化した外国人の社会的統合の観点からは大きな問題になる。ガストアルバイターの語は使われなくなってきているものの，それに代わる

呼称が確立していないのは，差異が存在し，濃淡は別として他所者という性格が残っているのに，外国人の存在そのものは多様化しているという現実を反映するものと考えられる。そしてより広い文脈で眺めれば，この点には同時に，外国人問題がもはや労働力としての導入の是非と方法をめぐる問題であるばかりでなく，生活万般にわたる生活者問題に発展している現実も映しだされているといえよう。事実，第2世代の教育をはじめ，外国人高齢者の生活保障や外国人女性の地位向上などが外国人に関わる重要な問題になってきていることは昨今では周知の事柄に属している。連邦政治教育センターが発行している冊子のある特集号からタイトルを借りれば，外国人問題は今日では「外国のパスポートをもつ隣人」問題としての色彩を濃厚にしてきているのであり，それだけ問題は多面的で複雑になってきているのである。

はじめに
(1) Hans Dietrich von Loeffelholz u. a., Gesamtwirtschaftliche Effekte der Zuwanderung 1988 bis 1991, in : RWI-Mitteilungen, Jg. 43, 1992, S. 133-154. H. D. von Loeffelholz u. a., Wirtschafts- und sozialpolitische Aspekte der Zuwanderung in die Bundesrepublik, in : Aus Politik und Zeitgeschichte, B. 7, 1993, S. 29-41. なお，英文でも同趣旨の論文が公表されている。Arne Gieseck et. al., Economic Implications of Migration into the Federal Republic of Germany, 1988-1992, in : International Migration Review, Vol.29, No.3, 1995, pp. 693 ff.
(2) Presse- und Informationsamt der Bundesregierung, hrsg., Information zum Thema Ausländer in Deutschland, Bonn 1992, S. 9.
(3) Lothar Klein, Sie backen am Kuchen kräftig mit, in : Das Parlament vom 8, 1, 1993. Aktion Gemeinsinn, hrsg., Die neuen Nachbar, Bonn 1992, S.25. Christlich-Demokratische Arbeitnehmerschaft, hrsg., Ausländische Mitbürger － ein Gewinn für unser Land, Königswinter o. J. S. 8 f. Harald Schumacher, Einwanderungsland BRD, 2. Aufl., Düsseldorf 1993, S. 56f.
(4) Wolfgang Seifert, Ausländer in der Bundesrepublik － soziale und ökonomische Mobilität, Berlin 1991.

第1節 外国人の就業構造
(1) 以上の数字はいずれも当該年度の『統計年鑑』(Statistisches Bundesamt, hrsg., Statistisches Jahrbuch) による。
(2) Schumacher, op. cit., S. 84.
(3) Roland Tichy, Ausländer rein！3. Aufl., München 1993, S. 98f. ヘルマンによると，外国人の中でも職員の比率は国籍別に顕著な差があり，1988年の調査では最高はスペイン人の19.0％，次いで順にイタリア人16.8％，ギリシャ人14.1％，ユーゴスラヴィア人13.2％で

あり，最低のトルコ人はかなりの差で6.9%にすぎない。Helga Hermann, Ausländer. Vom Gastarbeiter zum Wirtschaftsfaktor, Köln 1992, S. 23f.
(4) Tichy, op. cit., S. 95. Wolfgang Klems und Bernhard Kolbe, Kollege Ausländer : berufliche Situation und Arbeitseinkommen von Ausländern in Hessen, in : Claudia Koch-Arzberger u. a., hrsg., Einwanderungsland Hessen, Opladen 1993, S. 58.
(5) Hermann, op. cit., S. 25.

第2節 職業面の移動と失業

(1) Günther Schultze, Berufliche und soziale Integration türkischer Arbeitnehmer. Vergleich der ersten und zweiten Generation, in : Forschungsinstitut der Friedrich-Ebert-Stiftung, hrsg., Chancengleichheit für ausländische Jugendliche, Bonn 1994, S. 63.
(2) 久本憲夫「外国人労働者の労働条件― ドイツの例」『経済論叢』147巻4・5・6号，1991年，40頁。
(3) Statistisches Bundesamt, hrsg., Datenreport 1989, Stuttgart 1990, S.94.
(4) Thorkit Treichel, Ausländer in der deutschen Wirtschaft, Hamburg 1993, S. 10. Vgl. Die Beauftragte der Bundesregierung für die Belange der Ausländer, Jugend ohne deutschen Pass, Bonn 1992, S. 29f.
(5) Die Beauftragte der Bundesregierung für die Belange der Ausländer, Daten und Fakten zur Ausländersituation, Bonn 1992, S.32.
(6) Ibid., S.31. Klems u.a., op. cit., S. 61.
(7) Hartmut Reichow, Partizipation und Chancen ausländischer Jugendlicher im Bildungssystem, in : Beauftragte der Bundesregierung für die Integration der ausländischen Arbeitnehmer und ihrer Familienangehürigen, hrsg., Bericht '99 : Zur Situation der ausländischen Arbeitnehmer und ihrer Familien, 2. Aufl., Bonn 1990, S. 186.
(8) この点も含め，仕事に対する満足度に関しては，SOEPとは異なる調査方法による興味深い結果と分析が次の書に掲げられている。Datenreport 1989, S. 429ff. Statistisches Bundesamt, hrsg., Datenreport 1992, München 1992, S. 588ff.

第3節 外国人世帯の家計

(1) Der Spiegel, Nr. 16, 1989, S. 151.
(2) Dietrich Thränhardt, Renate Dieregsweiler und Bernhard Santel, Ausländerinnen und Ausländer in Nordrhein-Westfalen, Düsseldorf 1994, S.126.
(3) Datenreport 1992, S. 100 u. 404.
(4) Thränhardt u.a., op. cit., S.97.
(5) Datenreport 1989, S. 103. Datenreport 1992, S. 118.
(6) Zentrum für Türkeistudien, Lebenssituation und spezifische Problemlage älterer ausländischer Einwohner in der Bundesrepublik Deutschland, Essen 1992, S. 46.
(7) 当該年度のStatistisches Jahrbuchによる。
(8) Gerd Anders, Einwanderungsland Deutschland : Bisherige Ausländer- und Asylpolitik, in : Institut der Friedrich-Ebert-Stiftung, hrsg., Einwanderungsland Deutschland, Bonn 1992, S.

33. 外国人の出生率のみならず，死亡率，婚姻率に関しても，Christine Paul, Eheschlie-βungen, Ehescheidungen, Geburten und Sterbefälle von Ausländern, in : Wirtschaft und Statistik, H. 11, 1992, S.767ff で詳細なデータに基づく検討がなされている。

(9) Hannelore Pöschl, Ausländerfamilien 1988, in : Wirtschaft und Statistik, H.2, 1990, S. 80, 82.
(10) Wolfgang Gehrmann, u. a., Drinnen vor der Tür, in : Die Zeit vom 11, 6, 1993.
(11) Zentrum für Türkeistudien, op. cit., Fr. 66 u. 68. 住居の問題については，Schumacher, op. cit., S. 96ff も参照。
(12) Rudi Ulbrich, Wohnungsversorgung in der Bundesrepublik Deutschland, in : Aus Poliik und Zeitgeschichte, B 8 -9, 1993, S. 19.
(13) Rita Bake u. Nilgün Köse, Als Fremde zu Hause in Hamburg, Hamburg 1992, S. 246.
(14) Thränhardt u. a., op. cit., S.127.

第4節 貧困問題と経済的貢献

(1) Vgl. Rainer Geißler, Die Sozialstruktur Deutschlands, Opladen 1992, S. 184ff. 例えばガイスラーは「80〜90％社会」という概念をこれに代わるものとして提唱している。
(2) 当該年度の Statistisches Jahrbuch による。
(3) なおドイツの社会扶助制度の概要については，社会保障研究所編『西ドイツの社会保障』東京大学出版会，1990年参照。
(4) 同じ SOEP の貧困調査結果が1984年から1992年までの期間について次の研究に記載されているが，数値には若干の齟齬がみられる。Walter Hanesch u. a., Armut in Deutschland, Reinbek 1994, S. 192.
(5) Vgl. Peter Krause, Einkommensarmut in der Bundesrepublik Deutschland, in : Aus Politik und Zeitgeschichte, B49, 1992, S. 13.
(6) Treichel, op. cit., S. 12.
(7) Norbert Sturm, Ausländer als Wohlstandsträger, in : Süddeutsche Zeitung vom 5, 6, 1993. なお帰国意志の希薄化に関し，一例としてトルコ人では，最近の研究によると，17％だけが明確な帰国意志を有するにすぎない。Gehrmann u. a., op. cit.
(8) ドイツで暮らすトルコ人の経済状態の変遷と現状に関しては，野中恵子『ドイツの中のトルコ』柏植書房，1993年，内藤正典編『トルコ人のヨーロッパ』明石書店，1995年の中に記述があるが，とくに『フランクフルター・ルントシャウ』に2回にわたり連載された F. センの論文が簡潔な概観として有益である。Faruk Sen, Ein Rückblick auf die dreißigjährige Migrationsgeschichte der Türken in der Bundesrepublik, in : Frankfurter Rundschau von 18, 19 u. 20. Nov. 1991.
(9) Loeffelholz u. a., op. cit., S. 130.
(10) Hermann, op. cit., S. 37.
(11) Treichel, op. cit., S. 7.

結び

(1) 拙稿「統一ドイツの右翼問題」『社会科学論集』34号，1995年，49頁および拙稿「統一

第2章　ドイツ統一前後の外国人の生活実態　169

ドイツの外国人犯罪に関する一考察」同誌同号, 199頁参照。
(2) Landeshauptstadt Düsseldorf, Sozialdezernat, hrsg., Ausländer raus?, Ausländer verlassen die Stadt Düsseldorf, Düsseldorf 1992,S.13. さらに Tichy, op. cit., S.104 および Schumacher, op. cit., S. 45参照。なおエルベ河畔の小さな町ヒッツアッカーで外国人医師や外国人薬剤師が根付いている様子を描き, 外国人を抜きにしては医療が成りたたない地方の小都市や農村部の実情を浮彫りにした次の論文は示唆深い。Frank Drieschner u. a., Das Deutsche und das Fremde, in : Die Zeit vom 1, 11, 1991.
(3) Ibid., S. 9. にもかかわらず, 職場が不足するようになったら外国人を出身国に送還すべきであるという意見は少なくない。Vgl. Datenreport 1992, S. 615.
(4) EMNID, Umfrage und Analyse, Nr. 5 /6, 1992, Bielefeld 1992, S. 81. このような情況に照らすと, 100万人目の外国人労働者を1964年に迎えた際, 新聞に次の文章が載ったのは殆ど信じがたいほどである。「ガストアルバイターなしには多くの重要な経済部門で操業が停止するであろうし, そうなればわが国の国際収支と生活水準にネガティブな結果が生じるであろう。このことは次のような簡潔な定式で表せる。即ち, ガストアルバイターなくしては繁栄と福祉はありえない, と。」Namo Aziz, Zur Lage der Nicht-Deutschen in Deutschland, in : Aus Politik und Zeitgeschichte, B9, 1992, S. 41.
(5) Eckhard Fuhr, Gastbeitrag, in : Deutschland, Nr. 1, 1993, S. 1.
(6) Liselotte Funcke, Von „Gastarbeitern" zu sprachlichen und kulturellen Minderheiten, in : Ausländer und Massenmedien, Bonn 1987.
(7) Statistisches Bundesamt, hrsg., Datenreport 3, Stuttgart 1987, S. 497.
(8) Die Beauftragte der Bundesregierung für die Belange der Ausländer, op. cit., S.14.
(9) Zentrum für Türkeistudien, Ergebnisse einer Untersuchung zum Fernsehverhalten in türkischen Haushalten, Essen 1992, S. 4. ドイツ語能力に関しては, Bischoff u. a., op. cit., S. 128f も参照。
(10) もちろんこのことは外国人が疎外感に包まれ, 職業地位や所得の格差などと複合してドイツ社会に対する嫌悪や反感を抱いていることを直ちに意味しない。マールプラン研究所が『フォークス』誌の委託で1993年秋に行った調査では, ゾーリンゲン事件の衝撃がまだ冷めやらない時期にもかかわらず, 外国人の生活満足度は全体として高く, ドイツ人に対する関係でも「満足」が77％で, 「不満」は22％という結果になっている。Focus, Nr. 51, 1993, S. 40ff.
(11) これとの関連で, 例えばトルコ研究センターのF. センはトルコ人についてすでに多様化が進行して同質性が薄れたとの認識に立って「不均質な集団」であると呼んでいる。Sen, op. cit.

第3章

世紀転換点のドイツにおける外国人の生活実態

——第2章への補論——

はじめに

　第2章では職業と所得を中心にして外国人の生活実態を検討したが，使用されているデータなどを見れば分かるように，対象とされているのは1990年前後の時期に限られている。その点から，今日までに約10年が経過する中で多かれ少なかれ変化があり，当時とはなにがしかズレが生じているのではないかという疑念が拭えないのは当然といわねばならない。第1章での概観から明らかなように，1990年頃を境に戦後ドイツにおける人口流入の第3期が始まり，外国人の構成自体に変化が生まれたが，そればかりでなく，彼らを取り巻く条件を見ても，1990年代初期以降に大きな変化が起こっていることが容易に確認できる。例えば1992年と93年のメルン事件とゾーリンゲン事件を頂点にして外国人に対する襲撃が多発して以来，排外暴力事件の発生率は高レベルのままであり，外国人敵視が主要な社会問題の一つである状態が続いている。2000年11月には連邦政府が外国人排斥を唱える極右政党の国家民主党（NPD）の禁止を求めて連邦憲法裁判所への提訴を決定するに至ったが，そのことは排外暴力が憂慮すべき状況になっていることを証明するものであろう。また他方では，激しい反対運動が巻き起こる中，1999年5月に二重国籍の限定的承認を骨子とする国籍法の改正が行われ，翌2000年6月には政府に移民委員会が設置されて移民問題との本格的取り組みが着手されたが，こうした動きに見られるように，1998年10月の政権交代によってEUの統合の深化と東方への拡大を見据えた新たな政策展開が予想される状況になっている。

　このような動向を考えれば，1990年前後と比べ外国人の状況に多かれ少なかれ変化が生じていると考えるのが自然であろう。また，第2章がまとめられたのは1994年半ばであるが，その後に多数の研究や調査が行われて貴重な成果が得られており，それらに触れないでおくのも適切とはいえないように思われる。実際，政府レベル

で見ただけでも，連邦労働社会省からは研究報告の一つとして1996年に U. メアレンダーたちの手になる大部の調査報告書が『ドイツ連邦共和国における外国人労働者とその家族の状態』と題して公表されており，連邦家族・高齢者・女性・青少年省の第6回家族報告書は，K. バーデなどを執筆者にして『ドイツにおける外国人家族』という表題で2000年に発表されているが，これらには注目に値するデータが含まれている。同様に州政府レベルでも，ヘッセン州，ノルトライン＝ヴェストファーレン州，バイエルン州などで興味深いデータを盛り込んだ貴重な報告書が公表されている。無論，それ以外にも様々な機関や研究者による成果が公にされているのは指摘するまでもない。ここではその例として，優れた成果を送り出しているエッセン大学のトルコ研究センター，オスナブリュック大学の移民・異文化研究所などの名前を挙げておけば足りよう。

　これらの点を考慮すると，本来なら上記の報告書を含む新たな資料を用いて近年の生活実態の検討を行うべきであるとも考えられる。しかし，「最新」の現状分析であっても，時間の経過とともに過去の色合いが濃くなるのは避けられないし，現状分析の分野においても，時間的に古いことが直ちに価値の低下を招くとは限らない。その意味では，1990年代初期を中心に外国人の実情を扱った第2章は現在に通じる分析としてなお十分に意義があり，同時に，データなども含めてその時期の記録として役立つところがあると思われる。このような観点から，第2章は基本的にそのままの形で残すことにして，以下ではその後に公表された新たな調査結果や研究を手掛かりにしてここ10年余りの間に変わったことと変わらなかったことを検証し，補足的な考察を行うことにしたい。

第1節　外国人の職業地位と就業分野

　外国人の職業や所得などを考える前提として，最初に近年のドイツで生活している外国人の人口の特徴などについて一瞥し，検討の対象とする外国人の範囲を明確にしておこう。

　ここで焦点を当てる外国人とは，ドイツ国籍をもたない人々を指している。したがってその中には無国籍者も含まれる。一方，今日までにドイツではアオスジードラーを除き80万人弱が帰化してドイツ人になったとされるが，この人々はエスニックな意味ではドイツ人ではないとの見方が成り立ちうるとしても，ドイツ国籍を有しているのは確かであるからここでは考慮に入れられない。また正確な数は不明だが，ドイツ国籍のみでなく，他の国籍も有する多国籍者である市民がかなりの数に

上るといわれるが，この人々についてもドイツ国籍を有している限りでここでいう外国人には含めないこととする。

　このように外国人を限定したあとでもさらに除外が必要になる集団が存在する。その第一は，一定期間の就労の後，帰国が義務づけられており，統計上もドイツ在住の外国人としては扱われない請負契約労働者や季節労働者である。第二はドイツに駐留する外国軍隊の軍人，軍属，その家族などの関係者やドイツ駐在の外国使節などである。そして第三が短期の旅行者や商用の訪問者などである。

　これらの集団を除いたドイツ在住の外国人の総数は，1999年12月31日現在で734万人であり，ドイツの総人口の9.0％に相当する。無論，これには不法に入国したり地下に潜って滞在を続けている外国人が付け加わるが，100万人に及ぶという推計があるものの正確な人数は当然ながら不明なため，ここでは考慮に入っていない。この外国人の数に関してはいくつかの点が注目される。第一は，これまで増大基調にあったのが近年では横這いに変わり，1998年には前年に比べて僅かではあれ減少する事態さえ見られたことである。こうした結果になったのは，外国人の入国に対する規制が厳しいことのほかに，出国者の数が増えたからであり，その背景にはドイツ国内で改善の兆しが見えない高失業率などの問題があると考えられる。第二は，外国人として一括される人々が，実は多様なカテゴリーの人々からなる不均質な集団であることである。実際，その中には自由な移動が認められているEU市民をはじめとして，そうした権利をもたないが多年にわたりドイツで働いてきたトルコ人のような非EU市民，故国での政治的迫害を逃れてきた庇護申請者や庇護権を認定された亡命者，故国での内戦などのため安全を求めてドイツに流入してきた戦争・内戦避難民などが含まれているのであり，その不均質さはドイツ統一の頃から強まる傾向にある。第三は，これらの外国人の年齢構成には依然としてドイツ人のそれとの明白な相違が認められることである。ガストアルバイターとしての導入から歳月を経る中で外国人でも高齢者が急速に増大する局面にあるが，高齢化がかねてから重大視されているドイツ人に比べれば，1999年末で60歳以上の年齢層の比率が7.8％であることに見られるように，高齢者の比率はなお低いのが現状といえる。けれども他方では，定住化が顕著になってからドイツ生まれの子供が増大し，1999年末の時点では6歳以下のドイツ国籍をもたない子供の88.8％がドイツで出生するまでになっている。[1]また一組の夫婦から生まれる子供の数は外国人ではドイツ人よりも多いが，そのことから予想されるのに反し，外国人の年齢構成においても若年層が縮小する傾向にあり，ピラミッド型とは大きく懸け離れる形になってきている

点も注目に値しよう。⁽²⁾

　外国人の人口に関するこれらの基本的事実を踏まえ、以下で職業や所得など彼らの生活状態を検討するが、その際、対象になるのはすべてのカテゴリーの外国人ではない。例えば庇護申請者に即していえば、その地位はもっぱら庇護に関するドイツの法制によって決定されていて、自由に労働市場に参入することは許されていないから、職業を問うことは意味をもたないし、その点では戦争避難民も同様である。換言すれば、自力で生計を立てることができ、現に立てている人々についてその職業、地位、所得などを問うことが有意味であって、法制上権利が大幅に制約され、生活の主要な部分が政策的に規定されている外国人集団については法制や政策自体を取り上げることが優先事項となるであろう。その意味で、これから検討の鋤を入れるのは、自由に移動できるEU市民や非EU加盟国の国籍を有するかつての外国人労働者とその家族などドイツで働くことが認められ、基本的に自己の責任で生計を営んでいる外国人に限られることを断っておきたい。したがって、以下で外国人というとき、特に断らない限りは外国人一般ではなくて、このように限定された外国人を指している。第2章の本論ではこのような断りはなされなかったが、それは第1章で素描した人口流入の第3期が始まって間もない時点での状態を扱ったからであり、外国人について語るときにまだ一種の共通了解が存続していたからにほかならない。その意味で、21世紀にかけての世紀の転換点にこうした限定をしなければならなくなったこと自体に、外国人を巡る状況に生じた重要な変化が反映されているともいえるのである。

　これらの点を確認したうえで、まず外国人の職業地位と就業分野から眺めていくことにしよう。

　第2章の表3に示したように、1989年に外国人の就業者の87％が専門労働者などいずれかのカテゴリーの労働者に数えられ、職員だけで46％を占めるドイツ人との著しい相違が目についた。この相違はその後も続き、落差はやや縮まったものの、対照的な構造自体に大きな変化はない。表1に見られるように、1997年に至っても労働者に当たる外国人は74％に上っているのに、ドイツ人ではその比率は28％でしかないからである。確かに外国人でも不熟練労働者の比率が1989年の21％から1997年には12％まで低下した事実は、彼らの職業的技能レベルの全般的向上の証明であり、見逃されてはならない。同様に職員層が倍増したことも、経済のサービス化と情報化の流れに外国人が後からついていっていることを示すものであろう。しかしここでも販売員に代表される下級職員が外国人職員層の半数近くを占めているのに

表1 外国人とドイツ人の職業地位 (単位：%)

	外国人		ドイツ人	
	全体	25歳以下	全体	25歳以下
未熟練労働者	11	8	4	4
半熟練労働者	40	27	9	7
専門労働者	22	24	15	22
下級職員	9	18	11	16
中・上級職員	11	17	41	39
官吏	－	－	10	8
自営	6	6	10	5

(出典) Landeszentrum für Zuwanderung, hrsg., Informationen zur Lebenslage von Zuwanderern und Zuwanderinnen in Nordrhein-Westfalen und Deutschland, Solingen 1999, Tab. 4.

対し，ドイツ人では下級職員の比率は小さく，職員全体の5人に1人にすぎない点に留意する必要がある。この特徴は，労働者の内部で外国人では半熟練層に重心があるのに対し，ドイツ人では専門労働者が最多であるのに照応している。こうした相違の背景には，職業教育面でのそれがある。1998年の統計によれば，外国人就業者のうちでいかなる職業教育も修了していないのは44％であったが，一方，ドイツ人ではその比率は半分以下の18％だったのである[3]。職業生活の基本レベルには現在でもこのように画然たる差異が見出されるが，こうした点も含め，ドイツ人の職業地位と比較した場合，依然として相違は顕著であり，そこには外国人が主として単純な肉体労働の担い手としてドイツに導入された歴史がいまなお鮮明に刻み込まれているといえよう。

このことは就業分野についても当てはまる。第2章の表4に見られるとおり，10に分類された産業分野のうち，1976年，1984年，1990年の3年度とも外国人就業者の比率が最大だったのは製造業であるが，表2が示すように，近年では首位の座から降りているのが注目される。けれども，今日でも製造業では外国人比率が依然として平均を上回っている事実を見逃すことはできない。また絶対数では縮小傾向が顕在化しているとはいえ，最多の外国人が就業する分野であることに変わりはないことも留意すべきであろう。一方，製造業に代わって首位に立った農林漁業であるが，就業者の絶対数が少ないので差し当たり度外視すると，実質的に外国人の比率が最高なのは従来からその比率が大きかった建設業であるといえよう。したがって，就業分野については，産業構造の転換を背景にして，ドラスティックな形ではないものの，かつて外国人労働者が集中していた製造業から外国人が次第に離れつつあることが確かめられよう[4]。しかし他面では，外国人を締め出していた金融・保険の

表2　産業分野別にみた外国人就業者数とその比率

	人　数	比率(%)
農　林　漁　業	27,421	13.2
エネルギー・鉱業	15,925	5.0
製　　造　　業	736,229	10.6
建　　設　　業	154,141	11.0
商　　　　　業	216,574	6.7
交　通　・　通　信	106,370	9.3
金　融　・　保　険	23,670	2.5
サ　ー　ビ　ス	652,588	10.1
非　営　利　組　織	40,146	5.9
自治体・社会保険	44,619	3.4
総　　　　　数	2,017,770	8.9

注　：　1999年9月の旧西ドイツ地域のデータ。
(出典)　Beauftragte der Bundesregierung für Ausländerfrogen, Daten und Fakten zur Ausländersituation, 19. Aufl., Berlin 2000, S. 48より作成。

分野で緩やかに外国人比率が拡大しつつあるとはいえ，1999年に至っても2.5％にとどまっている事実が示すように，外国人に対しては門戸が閉ざされているに等しい分野が依然として存在している。同様に自治体・社会保険の分野では四半世紀にわたって外国人比率は低率のまま一定しており，門戸開放に程遠い状態が続いているのも注目される。この点に関しては事態を重視したブレーメンの外国人問題特別代表部が自治体での外国人の採用実態を調査しているが，公務に就労している外国人が少ないうえに，就労していても清掃や調理のような現業部門が多く，「公務はドイツにいる外国人の制度的差別の最大のケースである」という警告が発せられているのが実情である。[5]こうして産業分野の面から眺めた外国人の就業構造には，なるほど変化が認められるとしても，そのテンポは極めて緩慢であり，肉体労働が必要とされる分野に現在でも重心があるといってよいであろう。D. トレンハルトたちは1994年に公刊した研究で1980年から1992年までに外国人の就業分野に生じた変化に関し，「加工産業からサービス的職業への僅かな移動が確認されるが，第2次経済部門への外国人の就業の原則的固定は何も変わっていない」と指摘しているが，この言葉は今日でも基本的に妥当するのである。[6]

　これを業種の面で見るとどうであろうか。

　1999年の時点では外国人の就業者の比率が最大なのは清掃・身体衛生であり，26.5％に上っている。第2章表6に掲げられた1981年と1990年のデータではそれぞれ12％と16％だったから，近年ではその比率はますます拡大していることが読みとれる。外国人排斥感情が強まった当時，それを抑制するために，外国人労働者がい

なくなったら道路はゴミで埋まるだろうと語られたが，この指摘は今日では一層現実性を強めている。また飲食・ホテルでもこれとほぼ同率の26.4％となっていて，1981年，1990年の数字との強い連続性が認められるが，この点は，ドイツでも食の多様化が進行し，ハンバーガーやピザさらにはケバブが従来からのブルストと並んで若者の間で愛好されている状態を思い浮かべれば納得できよう。同様にかねてから外国人就業率が高かった鋳物では21.2％と依然として高水準であり，また多数の外国人を雇用していた主要業種である自動車と鉄鋼でも各々11.8％と14.7％が外国人労働者であって，1981年，1990年と比較すると鉄鋼は同レベル，自動車ではわずかに低下しているにとどまっている。(7) したがって，業種面では外国人の偏りは顕著なままだといえ，職業地位には変化が現れているのに対し，強い連続性が支配的であるということができよう。つまり，外国人の就業者といえば単純労働を行う肉体労働者というイメージが現実性を失いつつある一方，道路清掃に従事するのは外国人というイメージは現実性を伴っているのであり，外国人労働者が定着して以来，集中度が高いという意味で外国人に特有な業種が形成されているのが現状なのである。

ところで，第2章表8にも示したように，外国人第2世代の職業地位には向上の動きが確認されたが，この点はその後どうなっているのであろうか。

調査では第2世代としてではなく，25歳以下の外国人に関するデータが提示されているが，これを第2世代に読み替えるなら，先掲の表1に見られるように，第2世代の職業地位には顕著な変化が続いているのが分かる。1984年には30％を占めた不熟練労働者は1997年には8％にまで縮小すると同時に，労働者として一括される比率が83％にも上っていたのが1997年になると59％にまで低下しているからである。この低下は職員での拡大として現れており，その比率はこの間に16％から35％に拡大している。またその内部では下級職員のそれが14％であり，中位・上位の職員が2％でしかなかったのが1997年にはそれぞれ18％と17％になり，ほとんど同列に並ぶ形になっている。要するに，外国人第2世代では労働者から職員への移動が生じると同時に，それぞれの内部では下位から中位もしくは上位への移動が見出されるのである。

トルコ研究センターが2000年にノルトライン＝ヴェストファーレン州在住のトルコ人を対象にして行った調査からもこの点は確認される。それによれば，18歳から29歳までのトルコ人で不熟練ないし半熟練労働者に位置付けられるのは46.2％であり，専門労働者は19.3％，職員は24.0％だった。これに対し，親の年代つまりは第

1世代に当たる45歳から59歳までのトルコ人では，各々の比率は64.2％，12.3％，2.5％だった。[8] 第1世代の観点に立てば，不熟練ないし半熟練労働者の比率が縮小するとともに，職員の比率が10倍にも伸びているのは，たんなる世代間の相違と見えるにとどまらず，大部分が下層労働者として，しかも異国から来た「客人」として過ごしてきた自分の世代に比べ，第2世代が徐々にドイツ社会に受け入れられ，進出を果たすようになっている証拠と映っても不思議ではないであろう。

　上述のように，外国人就業者全体でみた場合ではこうした変化は緩慢であるが，第2世代ではこのように移動がかなり顕著であることは，外国人全体の変化を引き起こしているのは第2世代であることを物語っていると考えられる。言い換えれば，高齢化して引退の時期を迎えている第1世代の多くが職業地位が低いまま労働生活を終えようとしているのに対し，第2世代ではより高い職業地位への進出が認められるのである。けれども，この進出も同年代のドイツ人の職業地位と比較した場合，大きな落差があるのも無視できない。同年代のドイツ人で労働者のカテゴリーに属すのは33％でしかないし，55％を数える職員では中位・上位の職員の比率は下級のそれの2倍以上に達しているからである。この面から見れば，外国人第2世代での職業地位の上昇にもかかわらず，同年代のドイツ人との落差はそれほど縮まってはいないと言わねばならない。また第2世代での全般的な上昇移動がこのように格差の縮減をもたらさないままドイツ人の側でのそれと並行して起こっていることは，第3次産業への主軸のシフトに伴う産業構造全体の転換の一環として理解できることを示している。すなわち，知識集約型産業に重心が移るのに応じて不熟練労働に対する需要が減少するとともに，他方で，サービス産業の拡大によって職員層への間口が広がっていったが，こうした産業構造の次元での変動を背景にし，それによって惹起された社会変動の一部として外国人第2世代での職業地位の移動が生じている面も見逃されてはならないのである。

　続けて統一以降のドイツ社会で重大化しており，各種世論調査でも主要な政治的テーマのトップにある失業について検討しよう。

　第2章の表11に即して指摘したように，かつてはドイツ人の失業率より低かった外国人のそれは一旦逆転してからは元に戻らず，そればかりか差が拡大する傾向にある。また1982年に二桁台に達してから一度も一桁に下がっていない。外国人には単純労働者が多数含まれているため，景気の循環により経済が好調になれば求人数が増え，失業率も低下すると一般的には考えられるが，短期的には当てはまるそうした推定も長期的に見た場合には現実に合致していない。このような外国人の失業

率の推移は主として構造的要因によって説明されよう。すなわち，不熟練労働者は本来景気変動の影響を受けやすく，失業の危険に晒されやすいが，かつて外国人労働者の失業率が低かったのは，重厚長大型産業が主導的で不熟練労働力に対する需要が大きかったからであった。そして，そうした部門が衰退するのに伴い，景気が回復しても必ずしも不熟練労働力に対する需要が伸びなくなり，その結果，外国人の失業率は高いレベルで推移するようになったのである。

もちろん，こうした構造的要因によってどこまで外国人の失業が説明しうるかについては疑問が残る。一例としてドイツ全国の失業率と比較した場合，1980年代には外国人のそれは1.5倍程度で推移していたのに，1990年代になると開きが拡大し，1998，99の両年には2倍以上のレベルにまで達しているが，このような拡大傾向が上記の構造的要因によってどれだけ説明できるかについての研究はこれまでのところ見当たらない。しかし同時に失業問題を考える際，次の事実が考慮に入れられるべきであろう。一つは，一口に失業者といってもその中には解雇のみならず，自己都合退職が含まれており，外国人の自己都合離職率は解雇率と同じく従来からドイツ人よりかなり高かったことである。このことは不安定な職場にいて解雇の対象にされる外国人の比率が高いという受動的な面だけでなく，より条件のよい職場を求めて移動する傾向が外国人で強いという能動的な面があることを反映するものといえよう。もう一つは，失業者の構成が均質ではなく，外国人とドイツ人の間には著しい差異が認められることである。例えば1999年の時点で見ると，45万人の外国人失業者で何らかの職業教育を修了していたのは22％にすぎず，78％はいかなる職業教育も終えていなかった。またそれまでの職業も81％が労働者の職業であるうえに，そのうちの1割強だけが専門労働者の地位にあったのが実情であって，職員に当たる職業についていた者は18％にとどまっている。これに対し，ドイツ人の失業者では62％が何らかの職業資格を有していて，職業教育を修了していないのは38％であった。しかも労働者の職業についていたのも55％であるうえに約4割が専門労働者であり，一方，45％は職員の職業についていたのである。さらに外国人の失業者のうちで女性の比率は37％であるが，ドイツ人失業者ではこれより大きく47％であることも考慮に加えられるべきであろう。

ところで，若年層の失業が今日では重大な問題になっているが，25歳以下の外国人第2世代の失業を同年代のドイツ人のそれと対比した場合には，以上で指摘したのとは異なる関係が見出される。その特徴の一つは，1990年代初期まで外国人の方がドイツ人の失業率より低かったことである。もう一つは，近年では外国人の失業

率がドイツ人のそれを上回っているものの,開きはそれほど大きくないことである。そして第三に注目されるのは,外国人全体の失業率に比べて第2世代のそれがやや低いものの,職業地位に見られる相違に照らすと,ほとんど差がないことである。この事実は外国人という角度からばかりでなく,大量の若年失業者を生み出す労働市場の構造の面から検討を加える必要があることを示唆するものであろう。

他方,外国人の失業を国籍別に見た場合にも重要な知見が得られる。第2章の表12に即して指摘したように,1991年,92年,93年の3年とも失業率が最高だったのはイタリア人だったが,別稿でも示したように、(12) 長らくその座にあったのは実はトルコ人で,1986年にイタリア人と入れ替わった。この順位は1990年代半ばに再び逆転し,1999年にはトルコ人の失業率が最大で24％にも達しているのに対し,2位のイタリア人では19％,3位のギリシャ人では18％であり,1位と2位との開きが拡大してきている。このように順位に入れ替えが生じているのが一つの特色であるが,いま一つの見過ごせない特徴は,同じく別稿のデータが教えるように,トルコ人,イタリア人,ギリシャ人が長期にわたって外国人失業者の上位3カ国となっていることである。これに対し,旧ユーゴスラヴィア,スペイン,ポルトガルの出身者の失業率は一貫して低く,1998年末の時点でもそれぞれ12％から14％程度で上位集団との間に見過ごせない相違がある。その原因がどこにあるかは明確ではないが,少なくとも職業教育に主要な原因があると考えられる。というのは,この面で上記3カ国の国籍をもつ外国人は積極的な姿勢を有していることが各種の調査から確かめられているからである。その意味で外国人の失業を考える場合に国籍に着眼することが重要になるが,このことは,無論,失業に限らず,本来なら外国人に関わる様々な問題を検討する際に求められる視角であるのは指摘するまでもないであろう。

第2節　外国人世帯の家計

次に所得に眼を向けよう。

被用者として就業している外国人とドイツ人の平均所得とそれぞれの職業地位のそれを示したのが表3である。第2章表17でも利用しているSOEPの調査によれば,1993年と1997年の外国人被用者の月間の平均所得（グロス）はそれぞれ3,140マルクと3,510マルクだった。1984年と89年には2,400マルクと2,870マルクだったから,物価上昇率で調整しない名目所得は1984年から1997年までに46％伸びている計算になる。他方,ドイツ人被用者の平均所得は1984年には2,760マルクだったのが1997年になると4,600マルクに増大している。これは67％の伸びに当たる。これらの数値から

表3　外国人およびドイツ人被用者の所得（単位：マルク）

	外　国　人		ドイツ人	
	1993年	1997年	1993年	1997年
全　　　　　　　体	3,140	3,510	4,000	4,600
未　熟　練　労　働　者	2,280	2,700	1,490	1,870
半　熟　練　労　働　者	2,850	3,230	2,890	3,240
専門労働者・マイスター	3,310	3,870	3,980	4,400
下　　級　　職　　員	2,420	2,680	2,460	2,840
中　・　上　級　職　員	3,240	3,930	4,780	5,380

（出典）　Statistisches Bundesamt, hrsg., Datenreport 1999, Bonn 2000, S. 574.

は，まず第一に，所得の増加率に外国人とドイツ人では無視しがたい懸隔が存在することが確かめられる。第二に，伸び率の開きが影響して，1984年にドイツ人の平均所得の87％だった外国人のそれは1997年になると76％にまで低下していることが明らかになる。この傾向は調査機関SIGMAが行った調査によっても確認できる。そこでは工業部門での外国人被用者の時間当たりの所得が調べられているが，1985年にドイツ人で16マルク，外国人で14マルクだったのに，1995年には前者で25マルク，後者で19.5マルクとなり，両者とも増大してはいるものの，開きが一層大きくなっている。この点については連邦統計庁が編集した『データ・レポート』でも「ドイツ人の所得で計ると外国人の所得上の地位は相対的に悪化した」と指摘して注意を喚起している。この間に外国人の定住化がさらに進展し，同時に外国人の社会的統合に向けた努力が積み重ねられてきたことを考えるなら，統合に逆行するように映る所得格差のこうした拡大は注目に値しよう。なお，不熟練労働者ではドイツ人より外国人の所得が多く，半熟練労働者ではほぼ拮抗している点も関心を引くが，これらは主として雇用形態の相違によって説明される。というのは，これらの地位の外国人はほとんどがフルタイムで働いているが，ドイツ人ではパート労働が多く，労働時間に差が存在するからである。

　一方，夫婦を単位にしてドイツ人と外国人の所得の分布を示しているのが図1である。ピークが3,000マルク台にある点では両者には共通面があるのが読み取れる。しかし外国人では1,800マルクから2,499マルクまでのクラスにもう一つのピークが存在することに見られるように，全体として3,000マルク未満のクラスに多数が分布していて，4,000マルク以上になると急激な下降線を描いているところに特徴がある。これに対し，4,000マルクを越えてもドイツ人では下降線は緩やかであり，しかも3,000マルク未満のクラスを上回るレベルが続いている。このため3,000マルク台を越すとドイツ人と外国人との懸隔が拡大していき，特に1万マルクを上回るとドイ

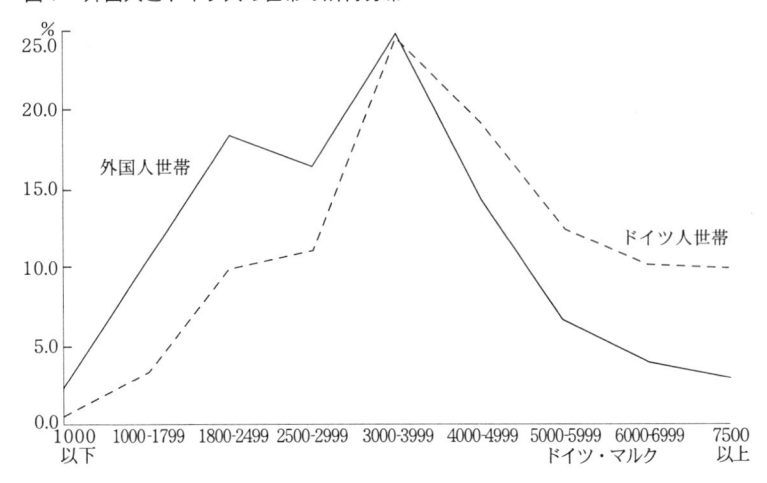

図1　外国人とドイツ人の世帯の所得分布

（縦軸：％、横軸：ドイツ・マルク　1000以下, 1000-1799, 1800-2499, 2500-2999, 3000-3999, 4000-4999, 5000-5999, 6000-6999, 7500以上）

外国人世帯／ドイツ人世帯

注：1995年の旧西ドイツ地域。
(出典) Bundesministerium für Familie, Senioren, Frauen und Jugend, Familien ausländischer Herkunft in Deutschland, Sechster Familienbericht, Berlin 2000, S. 142.

ツ人では10％がこれに該当するのに外国人はほとんどゼロになっている。要約的に言えば、3,000マルク台を境にしてドイツ人はそれ以上のクラスに多数が分布しているのに対し、逆に外国人ではそれ以下のクラスに多くが位置づけられるのである。

　もちろん、家計面での議論を精密化するには、さらに世帯に着目して1人当たりの所得を調べることが必要とされよう。この観点からは、一般に少子化の進んだドイツ人の世帯よりは子供数の多い外国人の世帯で構成員が多いことが知られている。例えば1997年の時点では外国人世帯の平均人数は3.0人であったが、ドイツ人世帯ではこれを下回り、2.4人であった。また世帯に視点を定めて所得を見る場合には、同一世帯の中で稼得する者の数も重要になろう。ドイツ人女性では既婚者でもパートなどの形態で就労する比率が高まっているが、外国人の女性では家庭の外で労働することに対する制約があるのは珍しくないからである。この制約の存在は、生計面での夫への依存から看取できる。例えば55歳未満の既婚女性に即して見ると、主たる生計を夫が維持しているのはドイツ人では44％であるのに対し、外国人では53.8％であり、外国人の中でもトルコ人女性の場合には64％に達している。また自分自身の所得がないのはドイツ人の既婚女性では33％であるが、外国人では45％に上っている[3]。もっとも、この制約を考える場合には、エスニックな文化規範ばかり

でなく，外国人女性が労働市場で受ける差別的扱いや高い失業率が労働市場からの退場につながっている面があることも考慮に入れられなければならないであろう。

それはともあれ，こうした要素を考慮して算出された1人当たりの所得で見ると，外国人では1984年，89年，93年，97年の順で1,021マルク，1,108マルク，1,261マルク，1,294マルクとなった。したがって1984年から97年までの間の伸び率は27％となる。これに対し，ドイツ人の世帯では同じ順序で1,207マルク，1,494マルク，1,885マルク，2,001マルクであり，同一期間に66％伸びていることが判明している。こうして1人当たりの所得に焦点を合わせると，まずもって伸び率の面でドイツ人と外国人の間に存在する大きな落差が浮き彫りになる。第二に，1984年には外国人1人当たりの所得はドイツ人の85％であったのが1997年には65％に落ち込み，格差は縮まるどころか，大きく拡大してきていることも鮮明になる[4]。つまり，名目所得ではドイツ人，外国人とも時間の経過とともに増大が記録されているものの，1人当たりの所得の面で鮮やかに浮かび上がるように，時間の経過は両者の接近ではなく，乖離の方向に進んできたといえよう。

一方，外国人を一括せず，国籍の観点から眺めた場合にも見過ごせない事実が浮かんでくる。それは国籍により所得にかなりの開きがあることである。この点に関して1985年と1995年に調査したSIGMAのまとめによれば，外国人世帯のネットの所得が最高なのは，両年ともギリシャ人であり，それぞれ3,060マルクと3,579マルクだった。これに対しイタリア人は2,659マルクと3,453マルクであり，トルコ人では2,614マルクと3,366マルクだった[5]。ギリシャ人の平均所得が高いのは彼らのうちで自営業の比率が高いことに原因があると考えられるが，いずれにせよ，この結果は1993年にマールプラン研究所が実施した調査の結果とも合致している[6]。これらの数字からは外国人内部の国籍による所得の差は縮小してきていることが分かるが，しかしこの傾向は必ずしも一般的には当てはまらない点に注意が必要とされよう。というのは，ユーゴスラヴィア人の所得は1985年には2,901マルクでギリシャ人に次いでいたが，1995年のそれは3,097マルクで伸び率が小さく，そのためにイタリア人やトルコ人に追い越されているからである。そこにいかなる要因が働いているかについては調査からは明らかにならないが，こうした事実を踏まえる限り，国籍による所得の差は看過されてはならない点の一つであろう。

ところで，1970年代末からいわゆる新しい社会問題が注目を浴びるようになったが，それと同様に，近年ドイツでは貧富の格差の拡大につれて豊かな社会の中に形成された貧困層の問題が注視されるようになってきている。この問題が『シュピー

ゲル』のような週刊誌で特集テーマに採りあげられているのを始め，連邦労働社会省が研究プロジェクトを組織して調査に当たっていることや，連邦政府が2001年に貧困報告書を公表するに至っているのはその現れにほかならない。貧困の指標の一つとして用いられる相対的貧困の50％境界を上記の平均所得に基づき1997年には2,300マルクのラインに引くと，外国人における所得の正確な分布は明らかではないものの，上記の図1に照らすと，少なからぬ数がこの境界以下に位置づけられると推定される。そのことの一つの証明は，ノルトライン＝ヴェストファーレン州労働社会省が1998年に公表した社会報告書に見出せる。同省が2000年に作成した移民問題に関する文書には，「移住者たちの貧困は経験的社会諸科学ではどちらかといえばなおざりにされてきたテーマである」と指摘されており，事実，信頼できる調査は乏しいといわねばならないが，社会報告書では，同州で50％境界以下の所得のドイツ人は全体の9.8％だったのに対し，外国人では29.4％にも上っていたことが確認されている。またこれを踏まえ，同報告書では，外国人に見られる「貧困の危険の過度の直撃」が「継続的に経済的に周辺化され社会的に排除された人々からなる新しい社会的下層の形成の危険」を生み出していることに警鐘が鳴らされている。

ノルトライン＝ヴェストファーレン州でのこうした事実から推し量れば，その警告どおりに全国でかなりの数の外国人が低所得層に属していることは容易に想像できよう。またそのうちの一部が貧困に直面し，生計を立てるために社会扶助を必要としていることもそれほど説明を要しないであろう。ドイツにおける貧困問題に関してはいわゆる3分の2社会のイメージが長らく有力だったが，これについてはこれまでに実証的な批判が加えられている。ここでは外国人の間の貧困について社会扶助を手掛かりにして覗くにとどめるが，その際，2点に注意を払う必要がある。一つは社会扶助を申請する資格があるのに申請していない人々が暗数としてかなりの規模で存在していると推定されるが，外国人の場合にはその比率が特に大きいと考えられることである。というのは，滞在権を有する外国人やドイツで出生して無期限の滞在許可を有する外国人を除いた滞在資格が堅固ではない外国人については，社会扶助の受給が国外退去処分の理由になりうるからである。もう一つは，1993年に庇護申請者給付法が定められるまでは庇護申請者たちも連邦社会扶助法に基づいて社会給付を受給していたために，以前からドイツで生活している外国人と区別ができなかったことである。これらの点に留意したうえで1997年末の時点で生計扶助に限定して受給していた者の数を示すと，全国でその総数は251万人であり，人口の3.8％であった。これに対し，外国人ではその数は64万人に上り，生計扶助を受け

ていた者の26％を外国人が占めていたという結果が出ている。[11]つまり，生計扶助で見ると受給者の4人に1人は外国人だったのであり，ドイツ人では1,000人のうち30人が社会扶助を受けていたのに対し，外国人では3倍の90人に上ったのである。[12]州レベルではその比率がもっと高くなるところもあり，例えば外国人1,000人のうち受給者がブレーメンでは200人，ベルリンでは145人なのにバイエルンでは46人，バーデン＝ヴュルテンベルクでは50人にとどまるが，いずれにせよこれらの数字は貧困層の中に外国人が多数含まれていることを明確に示している。そしてこのように社会扶助を受けている者が多い事実が逆に，外国人はドイツの社会保障システムに寄生して生きているという偏見をドイツ社会の中で強める結果にもなっているのである。[13]

第3節　外国人の住居とドイツ人との交流

　それでは外国人が低所得層に多く，また貧困に直面しているケースも少なくないとすると，彼らはどのような住居で生活を営んでいるのであろうか。第2章ではこの点に関説することができなかったので，補完の意味でここで手短に触れておこう。

　外国人の住居に関しては，それが都市空間の中のどこに位置し，同国人もしくは外国人の地域的集中が起こっているかどうかに関心が注がれてきた。というのは，居住形態は外国人の社会的統合にかかわる主要テーマの一つであり，外国人の空間的隔離ともいえるセグリゲーションは統合が失敗もしくは不完全であることを示すと考えられているからである。実際，セグリゲーションの結果，独自の価値体系を有するいわゆるパラレル社会の形成によって社会の基本的コンセンサスが失われて分極化するのを憂える傾向がドイツでは強く，その対極に，エスニック・コロニーの形成をエスニックな出自の異なる人々の平和的共生関係を作り出すチャンスと捉える立場もあるものの，有力とは言えないように思われる。[1]そうした関心から注目されてきたセグリゲーションの事例としては，ベルリンのクロイツベルクがトルコ人の集住でよく知られている。そのほかにもドイツ国内の大都市や工業都市には大抵外国人の集中地域がある。前者では，ハンブルクのシャンツェン地区，ケルンのアイゲルシュタイン地区，フランクフルトのガルス地区などが代表的であろう。他方，後者の工業都市ではドルトムントの北部地区やエッセンの西部地区が著名な事例であろう。例えば1996年のまとめではドルトムントの北部地区の中でも外国人の比率が高いことで知られるハーフェンでは67％，ノルトマルクトで58％，ボルジッヒプラッツで56％が外国人住民だった。[2]またエッセンでは住民に占める外国人の比

率は1995年に9.0％だったが，西部地区では33％に達していた。さらに目立たない事例を一つだけ示しておくと，1995年に外国人比率が8.1％だったキールでは，アルトシュタット地区で26％，フリードリヒスオルト地区で25％を記録している。

　このようなセグリゲーションが起こる背景には大別して二つの問題がある。一つは外国人政策である。外国人を移民として受け入れるのに消極的で，早期の帰国を強制したり奨励したりする政策がとられるなかでは，外国人は定住の意思を固めにくいのは当然であろう。したがって長期化した滞在が帰国時期を繰り延べた結果であるかぎり，外国人が住居を選択する際，良質な住宅よりは安価なそれを優先し，住宅事情の悪いインナーシティに集中することになったといえよう。

　もう一つの問題は住宅政策である。フランスのHLM（適正家賃住宅）に代表されるように，西ヨーロッパではおしなべて住宅供給は公共政策の主軸に位置づけられ，住宅市場に対する強い公的規制が行われている。ドイツの場合，低所得者向けの社会住宅の建設が進められる一方，1970年代から都市の再開発が大規模に実施されてきている。しかし外国人には社会住宅への入居に制限を設ける自治体が多く，他方，都市再開発の不徹底でインナーシティに老朽住宅が民間賃貸アパートとして残存したのが現実だった。こうした事情がインナーシティへの外国人の集住を招いたのである。

　もっとも，集住の要因となる老朽化した低家賃住宅の存在に関しては，少なくとも家賃の面で注意が必要とされよう。なぜなら，住宅市場で通常外国人は不利な立場に置かれるが，その位置から見て相対的に低い家賃は住宅市場全体において低いことを必ずしも意味しないからである。例えばノルトライン＝ヴェストファーレン州での1998年の調査によれば，1m^2当たりの家賃はドイツ人では10.86マルクであるのに対し，EU加盟国出身者では11.02マルク，非EU加盟国の外国人では10.95マルクという結果になった。差は小さいものの，こうした開きは世帯の規模にかかわらず見出されるのであり，低家賃住宅に入居しているはずの外国人が実はドイツ人より割高な家賃を支払っている実態が浮き彫りになっている。しかも後述するように，外国人の住居の設備はドイツ人の場合より劣っているのが通例であることを考えあわせると，外国人が負担する家賃は二重に割高になっているといわなければならない。つまり，低家賃というのは，あくまで住宅市場での差別を前提にした意味であることを忘れてはならないのである。

　それはさておき，外国人の集住地域についてはしばしば「ゲットー」という表現が使われるが，この語をそうした地域に用いるのは適当ではない。確かに粗悪な住

宅が並ぶ一帯に失業者や貧困層が多く住み，犯罪も多発するところから一般市民が不安を感じているのは事実である。しかし一旦入ったら容易に抜け出せない闇の世界というイメージは，ドイツはもとよりアメリカについてすら不適切である。レヴァークーゼンを調査した H. フェアフュルトが強調するように，「同国人と一緒に暮らしたいという願望が多くの外国人にあり，そのためには住居の設備や快適さを落とす用意がある(8)」のが現実であることを考えれば，外国人の集中地域は同国人の間で生活の相互援助が行われるエスニック・コミュニティと捉えるのが適切であろう。ベルリン市都市開発局が1995年に作成した文書ではセグリゲーションの事実を認めるだけでなく，エスニック・コミュニティという概念で集住を言い表しているが，その要因として，経済的理由と並べて同国人との空間的近さの願望と集住がもたらす保護機能が指摘されている(9)。無論，その場合でも，アメリカ社会のなかのエスニック・コミュニティとドイツのそれとでは果たす機能に相違があることを見落としてはならないであろう(10)。

　セグリゲーションに関してはもう一つ留意すべきことがある。それはエスニック・コミュニティの中にどれだけの割合の外国人が居住しているかという問題である。セグリゲーションの語からは外国人の大きな割合がドイツ社会から空間的に身を隔てて生活している姿が連想されがちであるが，実態は必ずしもそうではない。トルコ研究センターがこの点につきノルトライン＝ヴェストファーレン州のトルコ人を対象に2000年に行った調査によれば，自分の居住地域に住んでいるのは「主としてトルコ人」と答えたのは18％にとどまったからである。「ドイツ人とトルコ人が同じ割合」と答えたのが13％あり，これを加えても３分の１を下回っているから，特定地域に集住しているトルコ人の比率は決して大きいとはいえないであろう。これに対し，自分の居住地域は「主としてドイツ人」からなっているとの回答は66％に上っている(11)。したがって，トルコ人の３分の２は文字通りドイツ社会の真っ只中でドイツ市民に囲まれて暮らしているのが現実にほかならない。しかもこれまでの調査結果と比べても集住している者の比率は低下しているのであり，この点に注目して，「エスニックに強く閉ざされた居住地域は縮小しつつあり，ゲットーを立ち去る傾向が見てとれる」と M. ザウアーたちが指摘しているのは傾聴に値しよう(12)。

　セグリゲーションの問題から進んで，次に住居自体について検討しよう。

　最初に住居面積に眼を向けると，その基本データは表４のとおりとなる。これを一見しただけで改善の跡が明瞭に浮かんでくる。外国人世帯の場合，1984年の63㎡から1997年に74㎡に17％増大しているからである。また１人当たりの面積では増加

表4　外国人とドイツ人の住居面積 (単位：m²)

	外　国　人				ド　イ　ツ　人			
	1984	1989	1993	1997	1984	1989	1993	1997
平均面積	63	70	68	74	86	87	90	94
1人当たり平均面積	24.7	25.9	26.8	29.6	43.4	45.7	48.0	49.6

(出典)　Landeszentrum für Zuwanderung Nordrhein-Westfalen, op. cit., Tab. 12より作成。

　率はさらに大きく20％になる。確かにドイツ人のそれに比較すれば外国人が劣った状態にあり，狭小な居住空間に耐えている面があることは否定できない。しかし1984年には外国人の住居面積はドイツ人のそれの73％であったのに，1997年になると79％に上昇しており，所得面とは対照的に差が縮まっていることが確認されるのである。

　さらにこれらの数字の意味を考えるうえで留意すべきことがある。まず持ち家か賃貸かによる相違が看過できないが，ドイツ人では住居を相続したりして持ち家が相対的に多いのに対し，住居の相続が見られないだけでなく，一時的滞在が長期化していても帰国の意志を完全には放棄していない者が多い外国人では当然賃貸が多数を占める。さらに住居の購入を計画していても，低所得などのために資金が不足していて，賃貸を余儀なくされているケースが少なくないと推測される。この点に関する1998年の調査で，ドイツ人の42％が持ち家であるのに対し，外国人では持ち家率が12％でしかないという結果になったのは，したがって少しも不思議ではない。因みに，外国人の間でもEU加盟国と非加盟国の外国人では持ち家率が異なり，前者では21％であるのに後者では7％であるのは，永住の意志や所得水準などの相違に起因していると考えられる[13]。

　第二に注意しなければならないのは，帰国意志を抱く外国人の場合，ドイツ滞在が一時的であり，帰国してからの生活に備える必要から貯蓄，倹約，送金に努めることになり，住居についても窮屈さを我慢する傾向があることである。無論，この傾向は単に自主的な選択の結果としてのみ理解されるべきではない。ドイツ人と比べた窮屈さの甘受は，彼らの全般的な低所得によって強いられている面があるのは付け加えるまでもないからである。

　第三点は，外国人の大部分が都市生活者であり，とりわけ大都市では住宅事情が悪く，住居面積も狭くなることである。大半の外国人が都市部で生活し，大都市では特定地区に集中する傾向があることについては，その原因も含めこれまでに明らかにされている。住民の20％以上を外国人が占めるドイツの大都市は今では珍しくなく，フランクフルトでは1995年に外国人比率が30％を上回っている。この点を考

えれば，外国人の住居面積が都市郊外や農村部に生活する市民を含むドイツ人の平均より劣っていてもある意味で当然と言わねばならないのである。

それではドイツ人に比べて狭小な外国人の居住空間にはいかなる設備が存在しているのであろうか。住居の建築年度の調査が存在しないため老朽度は明らかにならないので，設備の面から住居の質的なレベルを考えてみよう。

調査の対象になっているのは台所，トイレなどの9項目であり，その結果は表5に纏められている。1997年の時点では台所，風呂又はシャワー，トイレ，地下室，給湯設備の5項目で外国人とドイツ人の住居の設備にほとんど差は見られない。しかし1984年の状態を振り返ると，風呂又はシャワー，トイレ，地下室の3項目で落差が存在しており，その後に外国人の住居に改善が見られたことが分かる。一方，セントラル・ヒーティング，バルコニー又はテラス，庭の3項目では1997年にも落差が認められ，庭についての開きが大きい。この最後の点は，ドイツ人では持ち家率が比較的大きいのに対し，外国人では賃貸率が高く，アパートに入居している者が多いことを示唆していると考えられる。こうした事情を考慮して庭を除外して考えれば，セントラル・ヒーティングでもバルコニー又はテラスでもかつて大きかった開きが縮小していることが分かる。これらの点を総合するなら，住居の面積と同様に，設備面でもドイツ人のレベルに外国人のそれが近づきつつあると結論づけることができよう。この接近は，外国人に見出される帰国意志と帰国に備えた貯蓄性向などを考慮すると，決して自明な事柄ではない。家賃の金額と分布や支出に占めるその割合などの詳細は明らかではないので，SOEPのやや古いデータを見ると，1984年から1991年までにノルトライン＝ヴェストファーレン州での家賃はドイツ人の場合に平均で429マルクから549マルクに28％上昇しているが，他方，外国人では

表5　外国人とドイツ人の住居の設備（単位：％）

	外　国　人				ド　イ　ツ　人			
	1984	1989	1993	1997	1984	1989	1993	1997
台　　所	92	96	96	99	98	98	98	99
風呂・シャワー	75	86	91	96	97	98	98	99
住宅内トイレ	83	90	95	98	97	97	98	99
セントラル・ヒーティング	52	59	72	77	81	84	91	92
バルコニー・テラス	32	41	44	53	68	69	75	77
地　下　室	81	91	88	93	95	95	95	96
庭	21	31	27	29	54	57	61	65
給湯設備	−	−	91	95	−	−	98	99
電　　話	−	−	85	89	−	−	96	96

（出典）　Landeszentrum für Zuwanderung Nordrhein-Westfalen, op. cit., Tab. 13より作成。

322マルクから467マルクに45％上がっている。また1998年の同州での調査結果では，所得に占める家賃の割合の平均は，ドイツ人で26.8％だったのに対し，EU加盟国の外国人で26.4％，非EUの外国人で30.2％だった。1993年にマールプラン研究所が行った調査では，家賃の比率が30％を超える外国人世帯は28.9％にとどまっていたことなどを想起すると，これらの数字からは外国人の不利な立場を読み取ることも可能だが，少なくとも外国人がより良質な住居を求めて移動している事実が反映しているのは間違いないといえよう。いずれにせよ，低所得層が多い中での住居の面積と設備の向上は，帰国を諦めて定住の意思を固める者が増えていることや，それに伴って従来守られていた消費支出への抑制が次第に緩められるようになっていることに関連していると考えられる。これをポジティブな形に言い直すなら，接近の背後ではこれまでの劣悪さから抜け出し，ドイツの標準に近づこうとする願望と意志が働くようになっていると思われるのである。

なお，セグリゲーションの問題とも関連するので，ここで外国人とドイツ人との交流の度合いについて触れておこう。

第2章でも言及したように，1980年代後半の調査では恒常的な相互訪問があると答えたのは外国人の半数強であり，34歳までの若い年齢層でも60％をやや上回る程度であった。そこには外国人とドイツ人との疎遠な関係が映し出されているが，調査の方法は異なるものの，その後の調査でもそうした疎遠な状態は時間の経過にもかかわらず必ずしも薄まる傾向にあるとはいえないことが確かめられる。これをエスニック集団を越えた交流に関するデータで見ると，1984年から1997年までの数字は表6の通りになる。時の流れとともに良好な関係が形成されるという期待に反して，「エスニック集団を超える交流」があるのは外国人全体で1997年に48％にとどまったが，この値は1989年，91年と同一であり，93年と95年にはこれを下回っているのが現実である。しかも，交流の前提になるドイツ語能力が全体として緩やかに向上しつつある事実を考え合わせると，言語の習得が交流の改善につながるとは限

表6　エスニック集団を超える交流（単位：％）

	1989	1991	1993	1995	1997
全体	48	48	44	42	48
第2世代	60	67	66	59	65
女性	46	46	40	40	45
トルコ人	35	37	34	33	36

（出典）　Statistisches Bundesamt, hrsg., Datenreport 1997, München 1997, S. 586およびDatenreport 1999, S. 576より作成。

らないことが読み取れよう。1990年代初期からドイツでは排外主義的風潮が高まったが，それが外国人の側に不信感や警戒心を呼び起こし，交流の拡大を阻害する結果になったと思われる。無論，排外暴力が多発する一方では，光の鎖に見られるように，差別に反対し，外国人との交わりを深める努力が官民双方で続けられたが，そうした努力によっても溝が深まるのを阻むことはできなかったといえよう。特に重大なのは第2世代での落ち込みであろう。ドイツ語に難点のある第1世代に比べて大半が言語面での障害をほとんど感じないにもかかわらず，エスニック集団の内部に交流範囲が閉ざされている者が3分の1も存在するし，交流がある場合でも決して安定していないことを落ち込みは示しているからである。またドイツ人との交流がトルコ人で一段と乏しく，社会的セグリゲーションを指摘しうるレベルにあることも，彼らが外国人の最大集団であるだけに，看過しがたい事実であろう。[17]

　ここに示したのは外国人に対する調査結果であるが，公正を期すためにドイツ人に対して行われたそれにも言及しておこう。

　P.シュミットとS.ヴァイクによれば，1980年から1996年まで繰り返し実施された調査は，ドイツ人が外国人と交流を拡大してきていることを裏付けている。1980年と1996年のデータで見ると，例えば仕事のうえで外国人との交わりがあるとの答えは23％から46％に増加し，近隣での交流があるとのそれも12％から37％に増えている。さらに友人の中に外国人がいるという回答は15％から51％に上昇していて，友人として外国人を受け入れ，交流するケースが拡大していることが窺える。[18]これらのデータは外国人に対する上記の調査結果とかなり異なっており，その意味するところは明瞭とはいえない。しかし解釈に当たっては，データが伝えているのは客観的な事実ばかりでなく，主観的な要素が含まれている点に留意することが必要であろう。この点を勘案するなら，ドイツ人の側では外国人に対して開かれた姿勢をとっていると考える市民が増えているのが事実としても，外国人の側には友人や隣人として受け入れられ，あるいは交流が成り立っているとは感じていない者が少なからず存在しており，こうした齟齬がドイツ人と外国人をそれぞれ対象にした場合の調査結果に見られる乖離を生み出していると考えられる。いずれにせよ，ドイツ人についての調査からは，時間の経過とともに外国人との交流が拡大してきているという楽観的な結論が導かれやすいが，少なくとも外国人の側にはそうした見方を立証するデータはなく，むしろトルコ人の場合のように，いまだに社会的セグリゲーションが問題となる状態が続いていることを確認しておくことが肝要といえよう。

第4節 外国人の経済的貢献

それでは以上で眺めたような住居で生活している外国人はドイツ経済に対してどの程度の貢献をしているのであろうか。それともしばしば語られるように，彼らはドイツの豊かさに寄生し，その恩恵に浴すだけで，寄与するところは乏しいのであろうか。

外国人労働者が労働市場で補充的な役割ばかりでなく，代替的な役割をも担っていることを考えただけでも，彼らがドイツ経済にとって必要不可欠な存在であり，寄生者というイメージが間違っていることは明白であろう。実際，外国人労働者が立ち去ったら，操業できなくなる企業が続出するのは確実であり，例えば都市はゴミの山に埋もれるに違いないのである。しかしながら，彼らの貢献度という問題に関していえば，明快な解答を出すのは難しい。[1]データも含め，これを算出する方法が確立していないからである。それゆえ，さしあたりここでは，第2章と同様に，1997年9月にライン＝ヴェストファーレン経済研究所が提出した連邦経済省の委託による研究結果を一瞥するにとどめよう。

それによれば，増大しつつある外国人の自営業者の中から，家族経営の域を超えて事業を拡大する者が現れている。すなわち，調査時点では24万人の自営業者が57万人を雇用しており，その中にどれだけ同国人が含まれているかは不明であるものの，失業問題の重圧を考えると外国人が雇用創出の面で貢献していることが確認できる。これをトルコ人のケースで見ると，1999年に5万5千人の自営業者が500億マルクの年間売り上げを記録し，120億マルク以上の投資を行ってドイツ経済の拡大に寄与している。同時に，雇用面でも約30万人がトルコ企業で働いているが，その40％以上はトルコ系の人ではないとされるから，ドイツ人で雇用されている者も少なくないと見られる。[2]

他方，210万人の外国人が被用者として社会保険に加入しているが，全国平均より失業率が高いにもかかわらず，彼らは社会保険財政での重荷となっているのではないことが確かめられる。例えば外国人は年金保険と医療保険金庫に加入者として拠出しているが，しかし年齢構成がドイツ人に比べて若いために，彼らが受け取る給付は特に年金面で拠出額をかなり下回る結果になっている。また，これらの拠出に租税負担と合わせて考えると，多数の外国人が受給している失業手当，住居手当，社会扶助の領域における外国人のための支出を差し引いても，外国人は例えば1995年に150億マルクの剰余をもたらした計算になる。一方，被用者だけではなく，700

万人の外国人全体を眼を向けた場合，租税と社会保険で彼らは年間に約1,000億マルクを負担しているが，これに対し彼らが受け取ったのは総額で650億マルクから800億マルクと推定される。したがって租税と社会保険を合計して彼らは1年当たり200億マルクから350億マルクに上る剰余をもたらしていると見られるのである。さらに産業立地の衰退によるドイツ経済の低迷の中，ドイツ統一以後の旧東ドイツ地域の経済再建や介護保険の新設などで一般市民の負担感が高まっているが，外国人がいなくなった場合を想定した試算も行われている。それによると，これまでと同レベルの公的なサービスを受けるためにはドイツ人1人当たりの負担は実際よりも8％高くなり，年間300マルク増える計算になるという。[3]

それでは国内総生産の面では外国人はどの程度寄与しているのであろうか。

この点に関し，ライン＝ヴェストファーレン経済研究所は外国人労働者の生産性の低さや外国人の労働力率の低さなどを考慮して試算を行っている。それによれば，1995年の外国人の貢献度は国内総生産全体の約8％すなわち2,400億マルクと見積もられる。しかし同研究所によれば，外国人にはより大きな貢献をなしうる潜在力があり，その点を見落とさないことが肝要である。なぜなら，彼らは国内総生産の9％から10％程度貢献できるにもかかわらず，高い失業率などが障害になって実現されていないからである。これは外国人を労働市場に適切に編入する施策が実施されていないことによる損失と見做され，「不統合のコスト」と呼ばれているが，その規模は500億マルクから800億マルクに達すると推定されている。[4] また，不統合のゆえに本来なら期待しうる租税と社会保険収入が失われ，逆に支出が膨らむ結果になっているが，その損失額も200億マルクから350億マルク程度になると試算されている。[5]

これに関連し，トルコ人に限定した形ではあるが，彼らの経済的貢献について調査しているトルコ研究センターの成果も参照に値する。それによれば，1995年のドイツの国内総生産3兆4,574億マルクのうちトルコ人の寄与分は680億マルクであったと考えられる。これはトルコ人住民1人当たりに換算すると3万6,929マルクであり，ドイツでの1人当たり4万2,340マルクを下回っている。またトルコ人1人当たりのそれをEU内で比較した場合，オーストリア，デンマーク，オランダに次ぐ第4位になる。こうした結果になっているのは，ドイツではトルコ人の労働力率が相対的に低いことと，彼らの失業率が高いことに原因があると同センターは説明している。[6]

同様にトルコ研究センターは州レベルでも調査を実施しているので，それらも参

照しよう。まずシュレスヴィヒ＝ホルシュタイン州についてみると，既に帰化した者を含めて同州にはトルコ系住民が約5万5千人生活している。これは人口の2％に当たるが，そのうちで就業している1万9千人によって1998年に22億マルクの国内総生産がもたらされた。州全体のそれは1,240億マルクだったから，トルコ系住民の寄与率は1.8％に相当する。またトルコ人自営業者は1,250人を数えるが，その総売上額は10億マルクであり，1企業当たり86万マルクになった。また投資面では1企業当たり20万マルク，総額では2億5千万マルクになったが，これらの数字はトルコ企業がエスニックな隙間産業の担い手から脱皮しつつあることを示しているとセンターは評している[7]。

一方，バイエルン州ではトルコ系住民の数は29万4千人で人口の2.4％であるが，2000年にはそのうちで就業している11万8千人によって102億マルクの国内総生産がもたらされた。またそのなかの7,700人が自営業者であり，同年に彼らが経営する企業には4万2千人が雇用されていた。同年のトルコ系企業の総売上額は72億マルクだったが，他方，18億マルクがトルコ系企業によって同州で投資されたといわれるから[8]，投資意欲が旺盛であることが推し量れ，州経済への貢献が今後拡大していくものと考えられている。

以上で示したのは外国人定住に関する経済的な便益と費用の一例であるが，コスト面ではもちろん社会保障関連の支出以外にも外国人が大量に定住することに伴って必要とされる社会的費用が存在するのを忘れてはならない。その中心になるのは広い意味での社会的統合のための諸施策に要するコストであり，例えば子供たちの就学をはじめ，職業訓練，ドイツ語講習，各種相談所の開設など主として自治体が費用を負担する形になっている。しかしこうした社会的費用には何がどの範囲まで含まれるかを明確にし，数値として確定することは困難といわねばならない。ケルンのドイツ経済研究所は外国人統合のために連邦労働社会省が言語，職業訓練，相談事業，広報などで支出した総額を計算し，例えば1996年については8,900万マルクだったとしているが，肝心の自治体の負担が考慮されていないことからしても全体像からは程遠いと言わねばならないであろう[9]。この関連では，わが国で労働省職業安定局が1992年に行った試算があり，「出稼ぎ期」，「定住期」，「統合期」の三つに区分してみると，統合段階で社会保険給付も含めた全体としての社会的費用が拡大し，便益を大きく上回るという結果が得られたことが想起される[10]。しかしドイツでは，上記のライン＝ヴェストファーレン経済研究所の研究のように，一定の範囲で数量化して示しうる収支が問題とされていて，区分けの難しいこの種の数字が費用

から除外されている点に留意する必要があろう。

　ところで，ドイツ在住が長期化し，帰国の意志が薄らぐにつれて，外国人の消費者としての役割も重要性を増している。このことを示すのは，故国への送金額の減少である。ドイツ連邦銀行の調べによれば，160万人の外国人が就業していた1984年の送金額は90億マルクだった。しかし15年後の1999年には就業者数は290万人となり，1.8倍に増大したのに，送金額は68億マルクに減少し，4分の3に縮小したのである。(11) この事実は外国人の間でドイツを生活の拠点とする意志が強まったことを暗示している。そうだとすれば，上述のように持ち家率が低いことから，彼らが今後住宅の取得に一層本腰を入れて乗り出す公算が大きいといえよう。それと同時に，送金の縛りが緩んだ所得をますます耐久消費財などの購入に振り向ける可能性も大きくなると考えられる。第2章でも確認したように，既に外国人の貯蓄性向はドイツ人のレベルに近づいてきているが，送金の重しの軽減に伴い，外国人の消費性向が強まるのは確実であろう。一例として家電製品に関するJ.ロロフのまとめを一瞥すると，ドイツ人家庭と外国人家庭での普及率には同レベルのものもあれば懸隔が顕著なものも存在している。テレビ，ビデオ，洗濯機などでは普及率に目立った差はないが，ステレオ，冷蔵庫，皿洗い機，CDプレーヤーなどについてはなお大きな開きが認められるのである。(12) したがって，後者の家電製品をはじめとして，家具，自動車などへの支出の増大が見込まれており，月間で30億マルクと見積もられる外国人の購買力が消費需要を拡大することが期待されている。またマールプラン研究所のアンケート調査によっても従来抑制されていた食品と個人的な必要のための外国人の支出の増大傾向が確認されており，それらへの1人当たりの月間の支出額は1995年の時点でトルコ人953マルク，イタリア人987マルク，ギリシャ人967マルクなどとなっている。(13) これらの点を総合すると，消費者の面から外国人のドイツ経済に対する寄与が今後拡大していくのは確実であると予想されるのである。

結び

　第2章では1990年前後の外国人の生活実態を論じたが，それを踏まえて本章ではその後の実情を足早に検討してみた。最後に全体を通して確認できることを概括しておこう。

　まず，外国人の生活の中心に関わる職業地位と就業分野，業種については，依然として労働者に重心があるものの，一方で職員の比率が増大し，他方，労働者の内部では不熟練労働者の比率が低下した。しかしそこに上昇移動が認められるとして

も，ドイツ人と比較すると，懸隔は相変わらず大きく，距離が縮まったと言えるかどうかは微妙である。そのうえ，この上昇移動の背景にはサービス化に向かう産業構造の変動があり，上昇移動はそれによる押し上げの結果という面があるのも否定できない。また就業している産業分野と業種を見ても，外国人が集中していた製造業や建設業から離れる傾向が看取されるものの，その動きは緩慢であるうえ，外国人に門戸を事実上閉ざしている分野が現在でも存在している。その意味で，上昇移動や特定分野への集中の緩和が見られるとしても，職業活動の面で外国人には労働力として導入された当時からの刻印が依然として刻み付けられているといえよう。この連続性がとりわけ鮮明に表出しているのは失業者である。社会的上昇移動を果たす者の傍らでは，職業教育を受けていない者が多いため，産業構造の転換についていけず，失業状態に陥る外国人が多数に上っているのである。

　一方，所得に関しては，ドイツ人と外国人の格差は拡大の方向に進んできている。確かに名目的にはドイツ人でも外国人でも所得は増大している。しかし伸び率に大きな開きがあるうえ，世帯の視点から１人当たりの所得に焦点を絞ると，その格差は一層拡大する。このことは豊かな社会といわれるドイツでその豊かさを享受しているのは主としてドイツ人であり，外国人の多くはその恵沢から排除され，低所得層に属していることを示している。これを逆の角度から見れば，貧困に苦しむ市民には外国人が多いことを意味していよう。このことを証明するのが，社会扶助受給者の４人に１人が外国人であるという事実にほかならない。もちろん，だからといって外国人が生活の苦難に喘ぎつつ，劣悪な住まいで暮らしているかのように考えるなら，行き過ぎといわねばならない。データから判断する限り，外国人の住居はドイツ人のレベルに接近しつつあると考えられるからである。１人当たりの面積が近づきつつあることばかりでなく，特に設備面での接近が注目され，快適とまではいかなくてもある程度の満足が得られるレベルに向上してきている事実を軽視してはならないのである。

　こうして職業地位，就業分野，業種，所得，住居などについて検討した結果を全体として眺めれば，現在でもなお外国人の生活状態とドイツ人のそれとの間には明確な落差が存在していることは否定しがたいであろう。例えば職業教育に厳然たる差が存在し，第２，第３世代でも再生産されていることを考えただけでも，両者の相違が全くなくなる状態を想定するのは非現実的といわねばならないであろう。他方では，滞在の長期化につれて両者の距離が縮まり，差異が薄まってきている面がある事実にも十分な注意が払われなければならないであろう。しかしこれらの点に

留意しても，今日でもなお職業生活の面で種々の国籍や来歴などを有する外国人を一括した場合，ドイツ人とは明瞭に区別される集団として立ち現れてくるのが現実である。一例として所得格差の問題に即してみた場合，外国人の多くは自己を低所得者として認識すると同時に，外国人労働者として，あるいはその子，孫としてドイツで生活していることにその主因を見出し，自己が外国人であることを再認識する構造が存在しているといえよう。そのようにドイツ人というマジョリティから区別される集団として外国人が自己認識せざるをえないほどの落差が今日も存在するのであり，そこに外国人問題が成立する主要な原因の一つがある。確かに社会的上昇移動が進行している事実に見られるように，今日では外国人はもはや均質な集団ではなく，内部で分化が進んできている。けれども職業地位や所得などに今なお歴然たる相違がある以上，ドイツ国籍の有無という法的地位の面からとは異なる意味で，外国人は一括して捉えうる社会集団であるといえよう。そしてドイツ社会の中での彼らのそうした在り方には労働力として外国人が導入された歴史が映し出されていると考えられるのである。

はじめに
(1) この点に関しては，拙稿「統一ドイツの右翼問題」『社会科学論集』34号，1995年，同「統一ドイツの排外暴力と政治不信」同誌，同号，同「統一ドイツの右翼団体と極右犯罪の現状」同誌35号，1996年，岩間陽子「最近のドイツにおける極右主義問題」『海外事情』1999年12月号など参照。
(2) NPD禁止問題については，わが国でも2000年11月27日のNHKの報道番組「クローズアップ現代」で取り上げられた。

第1節 外国人の職業地位と就業分野
(1) Beauftragte der Bundesregierung für Ausländerfragen, hrsg., Daten und Fakten zur Ausländersituation, 19.Aufl., Berlin 2000, S.24.
(2) Vgl. Ausländer in Deutschland, H.4, 1999, S. 8.
(3) Interministerielle Arbeitsgruppe Ausländerintegration, Ausländerintegration in Bayern. Bericht zur Situation der Ausländerinnen und Ausländer in Bayern, München 1999, S. 144.
(4) ただ外国人の国籍により重点的就業分野にかなりの相違があるのも見逃せない。この点の詳細については，Erika Schulz, Zuwanderung nach Deutschland und Ausländerbeschäftigung, in: Hartmut Wendt, hrsg., Zuwanderung nach Deutschland, Wiesbaden 1999, S.115参照。
(5) Die Ausländerbeauftragte des Landes Bremen, Vor allem zuständig für deutsche Sauberkeit, Bremen 1995, S. 19, 29.
(6) Dietrich Thränhardt, Renate Dieregsweiler und Bernhard Santel, Ausländerinnen und

Ausländer in Nordrhein-Westfalen, Düsseldorf 1994, S. 85.
(7) さらに, Lothar C. Tischler, Ausländerreport Hessen '98, Wiesbaden 1998, S. 165f 参照。
(8) Martina Sauer und Andreas Goldberg, Die Lebenssituation und Partizipation türkischer Migranten in Nordrhein-Westfalen, Münster 2001, S. 46.
(9) 久本憲夫「外国人労働者の労働条件：ドイツの例」『経済論叢』147巻4・5・6号, 1991年, 40頁参照。
(10) Landeszentrum für Zuwanderung, Informationen zur Lebenslage von Zuwanderern und Zuwanderinnen in Nordrhein-Westfalen und Deutschland, Solingen 1999, Tab. 9. Vgl. Interministerielle Arbeitsgruppe Ausländerintegration, op. cit., S. 148.
(11) Beauftragte der Bundesregierung für Ausländerfragen, op. cit., S. 52.
(12) 拙稿「統一ドイツの外国人に関する主要なデータ」『社会科学論集』35号, 1996年, 270頁参照。

第2節 外国人世帯の家計
(1) Kai-Uwe Beger, Migration und Integration, Opladen 2000, S. 77.
(2) Statistisches Bundesamt, hrsg., Datenreport 1999, Bonn 2000, S. 573.
(3) Bundesministerium für Familie, Senioren, Frauen und Jugend, hrsg., Familien ausländischer Herkunft in Deutschland. Sechster Familienbericht, Berlin 2000, S. 142.
(4) Landeszentrum für Zuwanderung, op. cit., Tab. 10.
(5) Ursula Mehrländer, Carsten Ascheberg und Jörg Ueltzhöffer, Situation der ausländischen Arbeitnehmer und ihrer Familienangehörigen in der Bundesrepublik Deutschland, Berlin 1996, S. 162ff.
(6) Thränhardt u. a., op. cit., S. 97, 117.
(7) Bundesministerium für Arbeit und Sozialordnung, Lebenslagen in Deutschland. Der erste Armuts- und Reichtumsbericht der Bundesregierung, Bonn 2001.
(8) Ministerium für Arbeit und Soziales, Qualifikation und Technologie des Landes Nordrhein-Westfalen, hrsg., Zuwanderung und Integration in NRW. Bericht der Interministeriellen Arbeitsgruppe "Zuwanderung" der Landesregierung, Düsseldorf 2000, S. 74.
(9) Ministerium für Arbeit, Soziales und Stadtentwicklung, Kultur und Sport des Landes Nordrhein-Westfalen, hrsg., Sozialbericht NRW 1998, Düsseldorf 1999, S. 20.
(10) Ministerium für Arbeit und Soziales, op. cit., S. 74.
(11) Landeszentrum für Zuwanderung, op.cit., Tab. 11.
(12) Interministrielle Arbeitsgruppe Ausländerintegration, op. cit., S. 214.
(13) 外国人に関する偏見には様々な内容のものがあるが, そのうちでも寄生的存在というのは典型的偏見の一つである。Die Ausländerbeauftragte des Landes Niedersachsen, Vorurteile, 6. Aufl., Hannover 1999, S. 14f. Harald Schumacher, Einwanderungsland BRD, 2. Aufl., Düsseldorf 1995, S. 66ff.

第3節 外国人の住居とドイツ人との交流
(1) Ursula Mehrländer, Vorbemerkung, in : Forschungsinstitut der Friedrich-Ebert-Stiftung,

hrsg., Ghettos oder ethnische Kolonien?, Bonn 1998, S. 5.
(2) Tülin Kabis, Wohnsituation von Migrant/innen und Handlungsansätze gegen Benachteiligung am Beispiel Dortmund-Nordstadt, in: Der Paritätische Wohlfahrtsverband, hrsg., Migrant/innen im Stadtteil, Frankfurt a. M. 1998, S. 31.
(3) Amt für Entwicklungsplanung, Statistik, Stadtforschung und Wahlen der Stadt Essen, Informationen zur Lebenssituation nichtdeutscher Einwohnerinnen und Einwohner in Essen, Essen 1997, S. 13.
(4) Referat für Ausländerinnen und Ausländer der Landeshauptstadt Kiel, Demographische, aufenthaltsrechtliche und sozioökonomische Aspekte der deutschen und nicht-deutschen Bevölkerung in Kiel, Kiel 1996, S. 11. 外国人の空間的セグリゲーションはドイツ・シェルの青年調査からも読み取れる。Richard Münchmeier, Miteinander-Nebeneinander-Gegeneinander?, in: Deutsche Shell,hrsg., Jugend 2000, Bd. 1, Opladen 2000, S. 229.
(5) この問題に関しては、下平好博「移民労働者の地理的集中と住宅問題」梶田孝道・伊豫谷登士翁編『外国人労働者論』弘文堂、1992年、256頁以下参照。G. グレーベはデュッセルドルフを例にトルコ人など五つの集団について1976年から1993年までのセグリゲーション指数を測り、数値に殆ど変化がないことと、トルコ人、モロッコ人のイスラム系集団のセグリケーションが高いことを示している。Günther Glebe, Housing and segregation of Turks in Germany, in : Sule Özüekren and Ronald van Kempen, ed., Turks in European cities, Utrecht 1997, p. 150f. なお、ドイツの住宅政策と社会住宅については、大場茂明「ドイツの住宅政策」小玉徹ほか『欧米の住宅政策』所収、ミネルヴァ書房、1999年、81頁以下および日本住宅総合センター『ドイツ・フランスの社会住宅制度』1994年、11頁以下の概観が有益である。ドイツと違い、フランスではこの点が郊外問題として現出しているのは周知のところであり、移民問題の代名詞ともなっているといわれる。本間圭一『パリの移民・外国人』高文研、2001年、184頁以下および稲葉奈々子「90年代フランスにおけるもう一つの移民問題」宮島喬編『現代ヨーロッパ社会論』人文書院、1998年、284頁参照。
(6) Ministerium für Arbeit und Soziales, op. cit., S. 78. もちろん、この関係は個別の自治体では当てはまらないことがある。例えばエッセンでは 1 m² 当たりの家賃は外国人よりドイツ人のほうが幾分高いことが報告されている。Amt für Entwicklungsplanung, Statistik, Stadtforschung und Wahlen der Stadt Essen, op. cit., S. 90.
(7) 外国人が住宅市場で不利な地位にあることは、彼らの中に住宅困窮者が多いことを含意している。この点に関し、例えばビーレフェルト市の報告書には「外国人は住宅供給における特別な必要グループを形成している」と明記されており、同市の住宅困窮者の28％は外国人であるとしている。Statistisches Amt und Wahlamt der Stadt Bielefeld, hrsg., Situation der Bielefelderinnen und Bielefelder ausländischer Herkunft, Bielefeld 1994, S. 104.
(8) Heinz Verfürth, Die Bedeutung der Ausländer in Leverkusen, Leverkusen 1996, S. 50.
(9) Senatsverwaltung für Stadtentwicklung, Umweltschutz und Technologie Berlin, Berlin: Zuwanderung, gesellschaftliche Probleme, politische Ansätze, Berlin 1995, S. 88.
(10) 伊豫谷登士翁「アメリカにおける移民の非公式化と地方労働市場」宮島喬・梶田孝道編『外国人労働者から市民へ』有斐閣、1996年、193頁以下参照。

⑾　Sauer und Goldberg, op. cit., S. 56.
⑿　Ibid. 因みに外国人の多くが理想の居住形態と考えているのは，外国人とドイツ人の比率が等しい状態であるという。Sechster Familienbericht, S. 161.
⒀　Ministerium für Arbeit und Soziales, op. cit., S. 79.
⒁　Thränhardt u.a., op. cit., S. 150f.
⒂　Ministerium für Arbeit und Soziales, op. cit., S. 79.
⒃　Sechster Familienbericht, S. 161.
⒄　Statistisches Bundesamt, hrsg., Datenreport 1997, Bonn 1997, S. 586. 外国人青年のドイツ人との交流の乏しさはドイツ・シェルの青少年研究でも確かめられる。Münchmeier, op. cit., S. 231ff.
⒅　Peter Schmidt und Stefan Weick, Starke Zunahme von Kontakten und Ehen zwischen Deutschen und Ausländern, in: Informationsdienst Soziale Indikatoren, Ausgabe 19, 1998, S. 5.

第4節　外国人の経済的貢献
⑴　この問題については，後藤純一『外国人労働者と日本経済』有斐閣，1993年，114頁以下および井口泰『外国人労働者新時代』筑摩書房，2001年，129頁以下参照。
⑵　Bundesministerium für Wirtschaft und Technologie, Kollegen, Unternehmer, Fremde-Ausländer bereichern die deutsche Wirtschaft, Bonn 2000, S. 5. ただしその多くがいわゆる隙間産業と補完経済に従事していることを見過ごしてはならない。Referat von Naci Koru, in: Ministerium für Arbeit, Soziales und Gesundheit des Landes Rheinland-Pfalz, Türkische Betriebe schaffen Arbeitsplätze, Mainz 1998, S. 11f. 森廣正「新しい段階を迎えたドイツの外国人労働者・住民問題」同編『国際労働力移動のグローバル化』所収，法政大学出版局，2000年，103頁以下参照。
⑶　Eckehard Wienholtz und Rainer Holtschneider, Wie die Ausländer zum Wohlstand in Deutschland beitragen, in: Günter Piening und Lutz Rothermel, Zuwanderung in den neuen Bundesländern, Magdeburg 2000, S. 16.
⑷　Interministerielle Arbeitsgruppe Ausländerintegration, op. cit., S. 158f.
⑸　Hans Dietrich von Loeffelholz und Dietrich Thränhardt, Kosten der Nichtintegration ausländischer Zuwanderer, Düsseldorf 1996, S. 110.
⑹　Zentrum für Türkeistudien, Untersuchung zur Wirtschaftskraft der türkischen Erwerbsbevölkerung in der Europäischen Union, Essen 1998, S. VIII, 28, 33.
⑺　Zentrum für Türkeistudien, Pressemitteilung vom 19. 1. 2001.
⑻　Zentrum für Türkeistudien, Pressemitteilung vom 1. 2. 2001.
⑼　Institut der deutschen Wirtschaft, Ausländer in Deutschland, Köln 1997, S. 32.
⑽　後藤，前掲書126頁。
⑾　Bundesministerium für Wirtschaft und Technologie, op. cit., S. 8.
⑿　Sechster Familienbericht, S. 155.
⒀　Institut der deutschen Wirtschaft, op. cit., S. 48.

第4章

ベルリンのトルコ人青少年の生活状況と意識

——ベルリン市外国人問題特別代表部の調査から——

はじめに

　連邦内務省は1997年に『ドイツ連邦共和国の外国人政策と外国人法に関する概要』と題する内部資料を作成しているが，その冒頭には連邦政府の外国人政策の原則が示されている。そこには「(1)我々の間で合法的に暮らしている外国人，とりわけ募集された外国人労働者とその家族の統合　(2)ヨーロッパ連合及びヨーロッパ経済地域の外部の諸国からの更なる流入の制限」が目標として明記され，さらに外国人政策には「故国への自発的な帰還と再統合に当たっての援助の保証」が含まれることも確認されている。[1]新外国人法が施行された直後の1991年の同文書では帰国援助の保証が第三の目標として掲げられていたことを除けば，統合，流入制限，帰国支援の三つが主要目標であるのは同じである。これらは外国人の存在が外国人問題としてクローズアップされるようになって以来の一貫した目標であり，その根底には「ドイツ連邦共和国は移民国ではなく，また移民国になるべきでもない」とするシュミット政権当時の1977年12月に連邦・各州内務大臣会議で公式に打ち出された基本的立場が存在しているのは周知のところであろう。この立場は，内外の情勢が大きく変わった今日でも繰り返し表明されている。例えば同盟90/緑の党の議員の質問に答える形で連邦議会に提出された連邦政府の1996年6月26日付の答弁書では「ドイツは継続的な定住という目標をもつ外国人受け入れの積極的政策を行ってはいないし，過去においても行ったことはない」ことが強調されている。また同じことは連邦内務大臣M.カンター（CDU）の1996年11月13日付『フランクフルター・アルゲマイネ』紙への寄稿でも力説されている。[2]

　冷戦終結に伴って人の国際移動が活発化してきている現状に照らすと硬直的に見える連邦政府のこうした姿勢と比べると，外国人問題とじかに取り組む機関の活動が新鮮に映るのはある意味で当然といえよう。D.トレンハルトが指摘するように，

「問題は国のレベルでは見えないのに,自治体のレベルでは見える」からである[3]。現在,ベルリンには外国人問題特別代表部が存在するが,西ドイツの諸州に先駆けてそれが西ベルリンにが設置されたのは,まだ壁が町を分断していた1981年のことであった。当時市長を務めていたのは R. v. ワイツゼッカー(後に大統領)であり,彼の要請でこの新設ポストに就任したのは B. ヨーン女史である。それ以来今日に至るまで彼女は外国人の統合に先頭に立って尽力しており,同代表部のスタッフも1995年には25人を数えるところまで拡充されている。またその事務所はベルリン市保健・社会局に付設されており,各種の相談に当たるほか,外国人の同権化と差別防止の措置の実施,文化を越えた交流・相互理解の促進などに従事している[4]。

　同代表部の活動には,1978年に創設され,現在は M. ベック(同盟90／緑の党)が率いている連邦政府外国人問題特別代表部のそれと同じく,注目すべきものがある。またこれら以外にもシュレスヴィヒ＝ホルシュタイン,ノルトライン＝ヴェストファーレン,バイエルンの3州を除く各州のほか,多数の自治体にも様々な名称で類似のポストが設置されている。その全容は明らかではないものの,主要な州や大都市のものについてはある程度把握可能であり,わが国では存在さえ殆ど知られていないことを考えると,それらの活動の概略は紹介に値するように思われる[5]。

　その点は別として,ベルリンの外国人問題特別代表部の活動には実情調査や広報なども含まれているが,その中でもともすれば見逃されがちなものにここでは着目したい。それは,同代表の委託による調査がほぼ毎年マーケット・メディア・社会研究トレンド協会によって行われていることである。その結果はいずれもベルリン在住の外国人の実情を知るうえで興味深いが,1997年12月12日付の新聞発表とそれに付けられた調査結果の概要は,このところ活発化した外国人統合の破綻を巡る議論を念頭に置くと,とりわけ意義深いように思われる。それだけではなく,外国人に対するドイツ人の態度と意識や外国人政策に関する評価の調査はこれまでにも少なからず存在するのに,外国人自身がいかなる意識をもっているかについては管見の限りでは殆ど調査が実施されていないことを考えると,ベルリン市外国人問題特別代表部のそれは極めて貴重な価値を有していることも見落とされてはならない。

　ところで,1997年の調査はベルリン在住のトルコ人青年を対象にし,彼らの生活状況と意識を探る目的で行われた。調査が実施されたのは1997年10月であり,対象になったのは16歳から25歳までの青少年1,000人である。トルコ人青年を対象とする同種の調査は1980年代に2回と1991年11月から12月にかけても行われており,1994年初めには年齢を区別せずにトルコ人について調査が実施されている。またそれら

の結果の概要は1992年1月13日付の新聞発表や1994年3月4日付のそれに添えて公表されている。そのため、排外暴力事件の蔓延が問題になり、外国人敵視が周辺諸国に警戒心さえ呼び起こす事態さえみられたここ10年ほどの間にトルコ人のもとで生じた変化が調査結果の比較を通じて浮かび上がる形になっている。

　無論、調査でトルコ人が対象に据えられたのには理由がある。明言されてはいないにしても、ベルリンを含めドイツに定住化している外国人のうちで最大集団であるのは、周知のとおり、トルコ人だからである。彼らの動向は外国人問題の中心に位置するが、その点に加え、統合の破綻などが語られる際に焦点に据えられているのがトルコ人青少年であることも考慮に入れられていると忖度される[6]。そうだとすれば、ベルリンで行われた調査は外国人問題に取り組んでいる人々の関心に応えるものであり、しかも近年に生じた変化を併せて看取できるだけに重要な意義をもつものといえよう。そうした意義に照らし、以下ではベルリンでの調査結果のうちで注目される点を他の調査データなども交えつつ検討することによってベルリンで暮らしているトルコ人青少年が直面している問題と彼らの意識を探ることにしたい[7]。またこれを通してドイツに居住している外国人青少年が抱えている問題の輪郭を浮かびあがらせ、外国人問題の中でも重要性を増している一面を眺めることにしたいと思う。

第1節　ベルリン在住トルコ人に関する基本データ

　最初にドイツ全国とベルリンに在住している外国人とトルコ人の数などについて簡単に見ておこう。

　1998年3月に発表された連邦政府外国人問題特別代表部編『外国人の状況に関するデータと事実　第17版』によれば、種々のカテゴリーからなる外国人の総数は1996年12月の時点で全国で731万4千人であり、人口比では8.9％であった。ドイツ統一の翌年1991年末では588万2千人で人口比は7.3％だったから、外国人は総数でも人口比でも増え続けていることが分かる[1]。特に統一のころからドイツに押し寄せた難民が1993年半ばの基本法の改正などによって激減したことや、庇護権を認められなかった難民や旧ユーゴスラビアでの戦乱による避難民の送還が反対論を押し切る形で実施されたために外国人の数は減少するか、少なくとも横這い状態にあると想像されがちだが、実は外国人の数は増え続け、1996年まで最高記録を塗り替えてきているのが現実である。

　国籍の観点からこれを見ると、表1が示しているように、トルコ国籍の市民の数

表1 ドイツ在住の外国人 (1997年12月31日現在)

国　籍	人数	%
トルコ	2,107,426	28.6
旧ユーゴスラヴィア	721,029	9.8
イタリア	607,868	8.3
ギリシャ	363,202	4.9
ポーランド	283,312	3.8
オーストリア	185,076	2.5
ポルトガル	132,314	1.8
スペイン	131,636	1.8
イラン	113,848	1.5
オランダ	112,804	1.5
総計	7,365,833	100

(出典) Beauftragte der Bundesregierung für Ausländerfragen, Daten und Fakten zur Ausländersituation, 17. Aufl., Bonn 1998, S.20.

が最大であり、しかも一貫して増加傾向にあるのが特徴になっている。また1996年末ではトルコ人のうち男性が112万人、女性が92万9千人で男性の数が女性をかなり上回っていることや、60歳以上の高齢者が4.1％にすぎないこともドイツへの移民の歴史を映し出す特徴の一つに数えることができる。[2]

　一方、外国人の地域分布に偏りが認められることも際立った特色として指摘できる。もっとも多くの外国人が居住しているのはノルトライン＝ヴェストファーレン州であり、1996年末に199万3千人を数えている。これに次ぐのがバーデン＝ヴュルテンベルク州の129万1千人、バイエルン州の110万9千人となっており、人口比でもそれぞれ11.1％、12.4％、9.2％と全国平均を超すレベルにある。人口で上位に並ぶこれら三つの州がいずれも工業の発達した地域を抱えていることを想起するなら、こうした地域的偏りは外国人が主に製造業に従事していることを反映しているといえよう。[3]

　これらの基本的な事実と特徴を確認したうえで、ベルリンのトルコ人に目を向けよう。

　まずベルリンの近現代史の中に見出されるトルコ人の足跡をM. グレーヴェらの近著『トルコ人のベルリン』[4]を手掛かりにして手短に辿ってみよう。

　外交団を除けばドイツ帝国の首都ベルリンにトルコ人が住み着くようになったのは、20世紀初頭からであるといわれる。威光に輝くプロイセン陸軍から学ぶために派遣された軍人を初めとして、職業教育を受ける目的で手工業者や農家にも若いトルコ人の姿が見られるようになったからである。さらに世界の最先端にある大学で医学や工学を学ぶトルコ人留学生が存在していたことも忘れることはできない。こ

れらの人々を合わせると1895年から1900年までの間にベルリンに暮らすトルコ人は300人程度であったが，その数は次第に増大するようになる。なかでもドイツがタバコに課していた高率の関税による不利益を避けるためにタバコ製造業者がトルコからベルリンに労働者を連れて進出したことがベルリン在住トルコ人の数を押し上げることになった。また数は多くはないものの，トルコからの政治亡命者がベルリンに住み着いていた事実も逸することはできない。例えばトルコ共産党が産声を上げたのはベルリンであった。こうしてベルリンにおけるトルコ人は1906年に662人，1910年に1,162人に増え，第一次世界大戦中の1917年には同盟関係から2,046人にまで増大したのである。

　もちろん，第一次世界大戦での両国の敗北とその後の混乱が増大基調を止めたのは指摘するまでもない。世界恐慌による経済破綻の影響で，ナチスが権力を掌握した1933年にはベルリンでは585人のトルコ人が数えられるにすぎないところまでその数は落ち込んだが，その後の安定に伴って再び増加し，1938年には3,310人が確認されるまでになった。他方，ナチスによる迫害を逃れてトルコに移ったドイツ人が少なからず存在したことも見逃してはならない。廃墟のベルリンで最初の市長に選ばれたE.ロイター（SPD）やオルドー自由主義者の1人である経済学者W.レプケなどの名前を挙げておけばここでは十分であろう。ナチスの敗北で戦火が止んだ後，そのロイターが亡命生活に終止符を打ってベルリンに戻ったときには瓦礫の町からトルコ人の姿が消えていたのは当然だった。すなわち，1946年のベルリンで確かめられるトルコ人は僅かに79人にすぎなくなっていたのである。

　しかしながら，やがて復興が始まり，1950年代の経済の奇跡を迎えるころになると，敗戦当時にベルリンからほとんどいなくなっていた外国人の数も増え，その中にトルコ人も見られるようになった。とはいえ，その数は依然として戦前の水準を大幅に下回ったままであった。確かに高度成長に伴う労働力不足を補うために西ドイツでは1950年代半ばからイタリア人労働者の導入が開始されたが，東ドイツに浮かぶ陸の孤島西ベルリンの事情は異なり，周辺地域から労働力を吸引できたために外国人労働者に対する需要はそれほど大きくはならなかったからである。けれどもそれだけにベルリンの壁の影響は深刻であり，壁の構築を境にしてトルコ人を含む外国人の数は急速に伸びるようになった。もっともその急増はベルリンに限られた現象ではないことや，トルコ人に関しては1961年にトルコ政府とドイツ政府との間に協定が結ばれ，労働者募集が実施されるようになったという事情があることは指摘するまでもないであろう。その結果，1961年には289人だったベルリン在住トル

コ人の数は4年後の1965年には2,797人に達したことに見られるように著しい増勢を呈し，1968年に1万人を突破したトルコ人は労働者募集が停止された1973年には8万人を僅かに下回る規模にまで膨らんだのである(5)。

ところで，1998年のコール政権の終焉まで連邦政府外国人問題特別代表を務めたC. シュマルツ＝ヤコブセン（FDP）は「1955年の労働者募集の歴史の始点と1973年の終点には二つの標語，経済の奇跡と石油危機がある」と述べているが(6)，明確に区切られるこの時期にトルコ人を含め労働者として受け入れられた外国人が増大したのは当然だった。けれども募集が停止されてからの外国人の動向には国籍によってかなりの相違が存在している。そしてトルコ人の場合についていえば，ドイツに居住する彼らの数は増え続けることになった。なぜなら，一度帰国すれば再びドイツに働きに来ることは困難であることや，ドイツ政府の方向転換によって早晩家族をドイツに呼ぶことも難しくなるという懸念から，トルコ人労働者の多くは自らは引き続きドイツにとどまり，むしろ家族を故国から呼び寄せることを選択するようになったからである。そのため，労働者募集の停止にもかかわらずトルコ人は増大し，ベルリンで生活する彼らの数も帰国促進措置が採られた1983年から84年にかけて一時的に減少したものの，1979年に10万人の大台に達して以来，一度もこれを割り込まない状態が続いている。そして統一の年1990年以降近年では13万人台の水準で推移しているのが現状である。

それではベルリンで暮らしているトルコ人には年齢構成や居住地区などの面でどのような特徴が見出されるのであろうか。ベルリン市統計局のデータを基にしてこれらの点を一瞥しておこう。

ベルリン市統計局のまとめによれば，1997年7月30日現在，ベルリンに居住登録しているドイツ国籍以外の人々すなわち外国人の人数は総計で442,534人であった。そのうちトルコ国籍の人々は137,216人であり，外国人の31.0％を占めている。一方，ドイツ国籍の市民の数は2,969,176人であるから，外国人を含むベルリン市民の数は3,411,710人であり，外国人の比率は全市民の13.0％，また全市民のうちのトルコ人の比率は4.0％に当たっている(7)。この数字を1995年末の時点での他の主要都市のデータと比較してみると，フランクフルトの外国人比率は30.12％，シュトゥットガルトでは24.1％，ミュンヘンのそれは23.6％であるから，ベルリンの比率が特に大きいわけではないことが分かる。また年齢構成に目を向けると，ガストアルバイターとしてドイツにきた経緯を反映して，ドイツ人と外国人とりわけトルコ人との間には顕著な相違が存在するのが確認できる。人口の高齢化の結果，65歳以上の高齢者が

ドイツ人では15.4％に上るのに反してトルコ人では2.0％にすぎず，他方，6歳未満の子供の比率はドイツ人では4.5％でしかなく，少子化の動向が如実に現れているのに，トルコ人では10.7％であって多産の傾向が認められるからである。[8]しかし同時に，トルコ人自体の年齢構成を1985年と1997年で比較した場合にもかなり鮮明な変化が浮かび上がってくる。65歳以上の高齢者の比率が0.4％から2.0％に上昇し，45歳以上60歳未満のそれも13.5％から19.7％に上がっていることに端的に見られるように，[9]トルコ人の間で高齢化が急速に進行し，労働者募集に応じた第1世代が次々に引退の時期を迎えるとともに，子供の数が絶対数では横這いであるものの，比率では低下傾向が明瞭に現出していることがそれである。その面から眺めれば，以前には顕著だった人口構成面と人口トレンド面でのドイツ人との相違は次第に薄まる傾向にあるといっても間違いではないであろう。

一方，ベルリン市内における外国人の地理的分布にも鮮やかな特徴が現れている。

表2　ベルリン在住外国人の地区別分布

	総　　数	ドイツ人	外 国 人	外国人比率
中　　　　　央	76,867	68,166	8,701	11.3％
ティアガルテン	90,803	66,053	24,750	27.3％
ヴェディング	159,425	111,795	47,630	29.9％
プレンツラウアー・ベルク	133,449	123,707	9,742	7.3％
フリードリヒスハイン	99,921	91,526	8,395	8.4％
クロイツベルク	150,108	98,524	51,584	34.4％
シャルロッテンブルク	175,730	143,292	32,438	18.5％
シュパンダウ	218,170	192,985	25,185	11.5％
ヴィルマースドルフ	139,538	120,126	19,412	13.9％
ツェーレンドルフ	99,951	89,800	10,151	10.2％
シェーネベルク	147,277	114,121	33,156	22.5％
シュテークリッツ	188,640	170,224	18,416	9.8％
テンペルホーフ	190,316	171,550	18,766	9.9％
ノイケルン	308,466	245,897	62,569	20.3％
トレプトウ	110,411	105,903	4,508	4.1％
ケペニック	111,585	107,172	4,413	4.0％
リヒテンベルク	159,687	145,018	14,669	9.2％
ヴァイセンゼー	65,091	62,792	2,299	3.5％
パンコー	116,713	111,641	5,072	4.3％
ライニッケンドルフ	252,413	227,375	25,038	9.9％
マルツァーン	147,351	142,244	5,107	3.5％
ホーエンシェーンハウゼン	114,107	109,054	5,053	4.4％
ヘラースドルフ	131,882	128,689	3,193	2.4％
ベ ル リ ン 全 体	3,387,901	2,947,654	440,247	13.0％
西 ベ ル リ ン	2,120,837	1,751,742	369,095	17.4％
東 ベ ル リ ン	1,267,064	1,195,912	71,152	5.6％

（出典）　ベルリン市統計局の1998年1月30日付資料。

表3　ベルリン在住外国人の滞在期間（1992年

国　　籍	総　数	1年未満	1〜2年	2〜3年	3〜5年	5年未満合計	
ト ル コ	138,738	5,249	4,422	4,899	8,609	23,179	16.7%
旧ユーゴスラヴィア	55,303	16,483	5,482	1,599	3,028	26,592	48.1%
ギ リ シ ャ	9,595	634	541	555	1,453	3,183	33.2%
イ タ リ ア	9,017	766	671	547	1,052	3,036	33.7%
ポ ー ラ ン ド	29,013	6,058	3,143	3,826	6,449	19,476	67.1%
ア ラ ブ 諸 国	12,939	1,570	1,293	2,378	1,779	7,020	54.3%
合　　　　計	385,911	55,354	31,591	29,682	40,011	156,638	40.6%

（出典）　Die Ausländerbeauftragte des Senats, Bericht zur Integrations- und Ausländerpolitik,

それは特定の地区への偏りにほかならない。この点は周知の事柄であり，クロイツベルクへのトルコ人の集中の結果，同地区が恰もトルコの町であるかのような景観を呈するまでになっていることがしばしば代表例として挙げられる。現にクロイツベルク区役所がまとめた資料によれば，1996年末の同地区での外国人のうちでトルコ人が55.2％を占めており，旧ユーゴ出身者は12.4％，イタリア人は2.0％にとどまっているが，これらの数字は特定地区に特定国の外国人が集中する傾向をよく示しているといえよう。ベルリンにおける外国人の1991年6月30日の時点での分布については別稿で紹介したが，1997年12月31日現在では表2のとおりになる。クロイツベルクの外国人比率が34.4％と依然として最高であり，これにヴェディングの29.9％，ティアガルテンの27.3％が続いているのは順位の面では91年と同じであるが，いずれも比率が上昇しているのが注目される。91年にはクロイツベルクのそれは31％であったし，ヴェディング，ティアガルテンでもそれぞれ24％と22％だったからである。またDDR時代の東ベルリンには僅かしか住んでいなかった外国人の数が壁の崩壊から時が隔たるにつれて増大し，旧東ドイツ地域で外国人敵視が強く反外国人暴力の嵐が吹き荒れたにもかかわらず，外国人の16％に当たる7万人強の人々が97年末に旧東ベルリン地区に住んでいるのも注目に値しよう。

　ベルリンで暮らしているトルコ国籍の市民たちのドイツ滞在期間にも触れておこう。

　異国に住むようになって日が浅ければ，誰しも文化や生活習慣などの異なる社会に馴染むのが困難なのは当然であろう。けれども異文化の下で暮らしている者にとって在住が長期化すればおのずからその社会に溶け込めるようになるわけではないのも事実である。いずれにせよ，統合が語りうるようになるまでには時間を要し，比較的長い滞在期間は融合に必須な条件となるのは自明なことといえよう。この視点から1992年末のベルリン在住トルコ人の滞在期間を整理したのが表3である。こ

12月31日現在)

5～10年		10年以上		出生以来	
13,399	9.7%	63,871	46.0%	38,216	27.5%
3,350	6.1%	18,695	33.8%	6,442	11.6%
1,192	12.4%	3,949	41.2%	1,208	12.6%
1,851	20.5%	3,236	35.9%	810	9.0%
4,587	15.8%	3,169	10.9%	1,053	3.6%
2,255	17.4%	2,350	18.2%	1,758	13.6%
45,992	11.9%	121,607	31.5%	56,858	14.7%

Berlin 1994, S.63.

れをみる際，D.トレンハルトなどが強調するように，ドイツ生まれの子供たちが含まれるために全体に平均値が押し下げられ，誤った印象が生じる危険があることに留意する必要がある。この理由から彼らは16歳未満の外国人を除外して滞在期間を考察すべきであると提唱しているが[11]，この指摘を考慮に入れて表を眺めても，トルコ人たちの滞在期間が既に極めて長期に及んでいることが一目瞭然になる。滞在が10年を越えている人々がトルコ人では半数近い46.0％に達しているのが特に注目されるが，同時に外国人全体では10年を上回るのは31.5％であり，トルコ人より先に労働者募集が開始されたイタリア人でも10年以上滞在しているのは35.9％にとどまっているのも注意を引く。このことは全国レベルについても当てはまり，10年以上の滞在者はトルコ人では62.0％であるのに対し，外国人全体では48.4％となっている[12]。これらの数字は，トルコ人では一定の滞在の後に故国に帰る帰還者が労働者募集の行われたその他の国々に比べて相対的に少ないことを意味していると考えられる。トルコ人青年の帰還の意思については後述するので，ここでは差し当たりトルコ人のドイツ滞在が既にかなり長期化し，定住に変わってきている事実を確認しておけば足りる。また併せて，ドイツで出生した外国人は14.7％であるのに，トルコ人に限ると27.5％にも達している点も記憶にとどめられるべきであろう。この事実はドイツで家族を形成するトルコ人が多いことを示しており，それだけ彼らの故国帰還の用意が低く，あるいは少なくとも全般にドイツ滞在が長期化する傾向があることを表しているといえよう。

第2節　帰国意思とドイツ語能力

ところで，近年，外国人の統合の破綻という衝撃的なテーマが提起され，それを巡る議論が関心を呼んでいるが，その概要については後で紹介することにして，そうした結論はベルリン市外国人問題特別代表部の委託調査によっても立証されるの

表4 引き続きドイツに滞在する意思 (単位:%)

年	1984	1989	1991	1992	1995
全体	30	39	43	47	47
第2世代	34	54	59	57	52
女性	27	38	42	48	47
トルコ人	26	35	39	46	43

(出典) Statistisches Bundesamt, hrsg., Datenreport 1994, München 1995, S.596およびdass., Datenreport 1997, München 1997, S.586より作成。

であろうか。それともトルコ人青年層を対象としたベルリンでの調査の結果は異なる現実を照らし出しているのだろうか。こうした疑問を念頭に置きつつ、次に調査結果の要点を眺めることにしよう。

まず国籍上の故国であるトルコへの帰還の意思の有無に関する調査をみよう。

外国人に対して行われたSOEPの調査を国籍を問わないでまとめると、「引き続きドイツに留まる意思」をもつ者の比率は表4のように変化してきた。これは帰国する意図を持たないか、あるいは当分は帰国を考えていないことを意味しており、定住意思と呼ぶことができよう。1984年にはその意思ありとしたのが30％だったことからすれば、90年代になってからは40％を上回っている点で比率が増大していることが確かめられる。けれどもその反面で、定住意思を明言しない人々が半数以上に上っているのも重要な事実であろう。第2世代についても同じことが指摘できるが、同時に世代を問わない場合よりは一貫して定住意思の比率が高いのが特徴になっている。こうした結果が生じたのは、一つには、時が経つにつれて全般的にドイツ滞在年数が長くなり、生活基盤がよりいっそう固まってきたことが背景にあると考えられ、定住意思が世代を不問にした場合より第2世代で広く見出されることについては、第1世代より国籍上の故国に対する記憶が薄く、あるいは種々の絆が弱いことが挙げられる。トルコ人に限った場合の結果も同じ表に掲げられている。そこからは、外国人全体の平均をやや下回ってはいるものの、将来もドイツに留まる意思はトルコ人でも着実に広がってきていることが読み取れよう。

しかしながら、1995年にSIGMAが実施した調査ではこれとはやや異なる結果が得られたことを無視すべきではないであろう。要点だけを摘記するなら、表5にまとめられているように、定住意思の比率がSOEPの調査結果より全般的に高く、しかも年代による差が小さいことが指摘できる。またトルコ人の定住意思がイタリア人やギリシャ人などよりも広範に見出されることもSOEPとは違っている点である。しかし若い年代に定住意思をもつ者が多いことや、1985年には38.5％にすぎなかった定住意思をもつトルコ人の比率が1995年には2倍弱にも増えていることはSOEP

表5 引き続きドイツに滞在する意思（単位：%）

	全体	24歳以下	25～29歳	30～34歳	35～39歳	40～44歳	45歳以上
あり	67.5	71.9	70.2	69.2	71.0	68.3	60.0
なし	13.8	9.1	10.8	12.2	12.6	14.9	20.5
DK	18.7	19.0	19.0	18.6	16.5	16.9	19.6

| 国籍 | トルコ || 旧ユーゴスラヴィア || イタリア || ギリシャ ||
年	1995	1985	1995	1985	1995	1985	1995	1985
あり	71.2	38.5	63.2	72.0	67.0	55.6	62.3	28.7
なし	12.1	20.3	15.7	6.3	13.8	18.5	16.6	30.4
DK	16.7	41.1	21.0	21.7	19.2	25.9	21.0	40.9

（出典）Ursula Mehrländer, Carsten Ascheberg und Jörg Ueltzhöffer, Repäsentativuntersuchung '95：Situation der ausländischen Arbeitnehmer und ihrer Familienangehörigen in der Bundesrepublik Deutschland, Berlin/Bonn/Mannheim 1996, S.352f より作成。

と基本的に同じであり，こうした結果を組み合わせることによってトルコ人青年層に永住希望者が多いことが推察されよう。

もっとも，実情を正確に把握するためには，同時に故国に帰る意思の有無をも知ることが必要であろう。ドイツ滞在の現実を点検すると，滞在期間が長期化傾向にあるのは，外国人の多くが明確な定住意思をもっているからというよりは，帰国の意思をもちながらもその時期の先送りを重ねた結果であるケースが少なくないことが明らかになるからである。換言すれば，今後もドイツに留まる意思を有する者を除いた残りの人々の中には固い帰国の意思をもつ人と並んで，帰国の意思があるとしながらも事実上定住化している人々が含まれているのであり，実際にドイツで生活している外国人のうち今後も長くドイツに留まる蓋然性が大きいのは定住の明確な意思をもつ人々だけではなく，帰国の幻想を抱きつつ実質的に定住化している外国人のかなりの部分もこれに該当すると考えなくてはならないのである。[1]

一般論のレベルでいえば，トルコ人青年に関するベルリンでの調査結果を眺める場合にもこの点に留意する必要がある。しかし実際にはそうした注意事項が無用になるほど帰国か永住かの問題を巡る彼らの意思は重心の明瞭な位置を指し示している。表6は1985年以降の4回にわたる調査結果を整理したものである。SOEPの調

表6 トルコ人青年層のドイツ滞在意思（単位：%）

	全体	男性	女性
1985年	9.0	10.0	6.0
1988年	22.4	21.1	24.1
1991年	70.3	73.8	66.8
1997年	78.5	78.0	79.1

（出典）Die Ausländerbeauftragte des Senats von Berlin, Berliner Jugendliche türkischer Herkunft in Berlin, Berlin 1992, S.8および dies., Berliner Jugendliche türkischer Herkunft, Berlin 1997, S.20 より作成。

査で示された外国人第2世代におけるドイツ定住意思の変化よりもはるかに急激なそれが生じているのが印象的とさえいえよう。設問では「あなたはいつかドイツを去ることを考えていますか」と訊ねているが，1985年に実施された最初の調査の際には僅かに9％がこれを否定したにすぎないのに，1997年になると「いいえ」は78.5％にも達しているからである。この回答には帰国の意思ありとしながら帰国を先送りしている人々は含まれないから，定住意思がそれだけ明確であると解してよいであろう。

こうして固い決意か単なる自己暗示にすぎないかを問わず帰国の意思を表明する者は完全な少数派に化してしまっているのが現状だが，調査ではさらに，設問に「はい」と答えた少数者に対して帰国を選んだ理由を訊ねている[2]。それによれば，帰国理由には1991年と97年では大きな相違が見出される。1991年には帰国理由で最大だった外国人敵視は97年にはとるに足りないレベルにまで後退し，代わって「トルコは私の故国だから／ホームシック」が半数以上が挙げる理由に上昇している。外国人敵視が減少したのは統一して間もないドイツ全国に吹き荒れた排外暴力の嵐がある程度収まったことによるが，「故国だから」との回答が増えたのはトルコに対する愛着が強まったことの表れであり，ドイツで育った第2世代の一部の間でドイツは異郷との感情が浸透しつつあることを物語っていると解される。同様に，「私はここではもはや幸福に感じない」が増え，特に「ドイツ／ベルリンには未来はない」として見限る声が高まっているのも，帰国を選ぶトルコ人の若者にとってドイツは未練の残る第二の故郷ではなく，一片の愛着も覚えない異国にしか映らなくなっていることを示唆しているといえよう。

これに対し，帰国の意思を否定した多数者については，否定の理由の調査は行われていないこともあって，なぜ定住意思を持つ青年が急増したのか，その原因は明らかになっていない。しかし調査の中にはそれを暗示していると思われる項目が存在している。すなわち，「全体としてみてベルリンでの生活をあなたはどのように

表7　ベルリンでの生活の評価（単位：％）

	極めて良い	やや良い	やや悪い・極めて悪い
1985年	23	56	21
1988年	22	66	12
1991年	16	50	34
1997年	43	50	7

（出典）Die Ausländerbeauftragte des Senats, Berliner Jugendliche türkischer Herkunft in Berlin, S.12および Berliner Jugendliche türkischer Herkunft, S.19より作成。

感じますか」という設問があり，これに「極めて良い」，「やや良い」，「やや悪い」，「極めて悪い」の四つのいずれかで答える形になっているのがそれである。その結果は興味深いものであり，1985年以降の推移を示すと表7のとおりになる。「やや悪い」と「極めて悪い」を便宜上「悪い」に一括してみると，排外暴力事件の影響が顕著な1991年を例外にして「悪い」は減少する傾向にあり，他面で「極めて良い」が97年に急伸している。その上，年齢を区別しない1993年の調査ではトルコ人で「良い」とするのは76％，「悪い」とするのは24％であるのに対し，旧西ベルリン地区のドイツ人の72％が「良い」，27％が「悪い」と答えており，トルコ人の方が「良い」とする比率がやや高いという結果になっている。(3) これらの結果からは，ベルリンでの暮らしは多くのトルコ人青年にとって比較的満足のいくものであることが推し量れ，問題はあってもドイツでの生活をやめてトルコに拠点を移すほどの状況ではないと感じられていることが察せられよう。この理解が的外れでないことは，SIGMA の調査によって間接的に裏付けられる。同調査ではドイツに引き続きとどまる理由を問い，用意された回答項目のなかに「ここでの暮らしを良いと感じる」が並べられているが，複数回答を可とする条件の下でトルコ人の59.2％がこれを選んでおり，また24歳以下の外国人の62.0％がやはりこれを挙げているからである。(4) こうした結果を踏まえて概括的にいうなら，少数の若者がドイツを異郷と感じトルコへの愛着を強める反面で，大多数は現在の暮らしにある程度満足し，このままドイツに住み続ける意思を固めているのであり，そうした形で分極化が深まりつつあるように思われるのである。

　それはともかく，彼らの生活状態をもう少し詳しく覗いてみよう。

　まずドイツ生まれの者の比率に目を向けよう。上述した1992年末の滞在年数の調べからはベルリンで暮らしているトルコ人のうち27.5％がドイツで出生したことが判明している。しかし大半がガストアルバイターとしてドイツにきて今では高齢化しつつある第1世代ではドイツ生まれが皆無に近いのは当然であろう。換言すれば，ドイツで出生したトルコ人は第2世代以降に集中しているのであり，年齢層による偏りが著しい点に特徴があるといってよい。その観点から年齢層を細分してドイツ生まれの比率を整理したのが表8である。ドイツ統一が果たされた1990年の時点では6歳未満のトルコ人の子供では90％以上をドイツ生まれが占めており，16歳と17歳の少年でも43％がドイツで出生したことが明らかになっている。これをもとにして考えれば，1997年のベルリンの調査対象者のうちで60％弱がベルリン生まれと答えたのは少しも不思議ではない。(5) つまり，トルコ人青年の半数以上が既に出生面で

表8　年齢・国籍別にみた外国人数とドイツ生まれの比率（1990年9月30日）

国籍	外国人総数	ドイツ生まれ	6歳未満 外国人総数	6歳未満 ドイツ生まれ	6～9歳 外国人総数	6～9歳 ドイツ生まれ	10～15歳 外国人総数	10～15歳 ドイツ生まれ
総　　　　数	5,742	20.7	375,4	80.2	267,7	68.0	461,1	60.1
ト　ル　コ	1,676	28.7	183,3	90.5	114,4	84.9	205,2	71.1
旧ユーゴスラヴィア	652	18.4	31,1	71.7	30,9	70.2	66,0	66.5
イ　タ　リ　ア	548	23.9	37,2	86.0	23,3	78.4	41,9	69.2
ギ　リ　シ　ャ	314	22.9	15,1	79.5	13,1	71.0	26,5	73.2
ス　ペ　イ　ン	135	23.0	4,1	92.7	3,8	86.8	9,2	82.6
ポ　ル　ト　ガ　ル	85	18.8	3,8	86.8	3,2	81.3	7,1	78.9
モ　ロ　ッ　コ	67	25.4	7,8	91.0	6,3	73.0	10,1	40.6
チュニジア	26	30.8	3,1	93.5	2,5	92.0	2,8	82.1

（出典）　ISOPLAN, Ausländer in Deustschland, H. 2, 1992, S.3.

はベルリンを故郷とするところまでトルコ人の定住は深まりを見せているのである。

　もっとも，全国レベルでも同様であると速断するのは慎むべきであろう。SIGMAの調査によれば，15歳から24歳までの外国人のうちドイツで出生したのは3分の1強にとどまり，ベルリンとの開きが大きい。国籍別にこれを見れば，トルコ人では38％であるが，旧ユーゴスラヴィアの人々では26％にすぎず，イタリア人，ギリシャ人では各々43％となっている。またドイツ以外で生まれた者のうちでは11％が就学以前に，10％が6歳から10歳までの間にドイツに来たことが明らかになっている。しかし他方では，結婚などの目的で来た者が9％，最初から労働者として来た者が16％そのなかに含まれていることも見落としてはならない[6]。ベルリンと全国でのこの落差は，ドイツ社会に対する適応力など重要な面で看過し難い相違をもたらしていると考えられ，ベルリンと全国のトルコ人の若者を安易に同列に並べることには問題があることを暗示しているといえよう。

　ところで，ベルリン生まれのトルコ人青年が全国レベルとは異なって過半数を上回る水準に達しているとするなら，彼らのドイツ語能力が親の世代よりもかなり高いレベルにあることは容易に推察できよう。家庭でどの言語を用いて成長してきたか，そして現在日常生活のどの範囲でドイツ語を使用しているかに関する詳しい調査はないものの，1985年には調査自体が相手の言語能力に応じてドイツ語もしくはトルコ語で行われなくてはならず，結果的に60％がドイツ語で，40％がトルコ語で実施されたほどであった。これに比べればその後にドイツ語能力の向上が見られたことは，調査が基本的にドイツ語で実施できるようになったことによって裏付けられる。トルコ人青年のドイツ語能力の評価は「良好」「悪い」のいずれかに調査者が分類する形で行われているが，それによれば1985年以降の結果は表9のようにな

(単位：1000人，％)

| 16〜17歳 || 18歳以上 ||
外国人総数	ドイツ生まれ	外国人総数	ドイツ生まれ
188,2	44.6	3,949,4	6.1
84,6	43.1	1,088,4	3.3
28,2	52.5	496,2	3.6
16,5	62.4	425,2	9.0
12,5	70.4	247,3	9.1
4,3	76.6	113,3	11.2
3,0	56.7	67,7	3.7
3,2	15.6	40,0	1.3
0,5	60.0	16,9	1.8

表9　トルコ人青年層のドイツ語能力(単位：％)

	1985年	1988年	1991年	1997年	16〜18歳	19〜22歳	23〜25歳
良　好	60	71.6	76.7	78.1	88.4	79.1	68.2
悪　い	40	28.4	23.3	21.9	11.6	20.9	31.8

(出典)　Die Ausländerbeauftragte des Senats, Berliner Jugendliche türkischer Herkunft, S.5.

っている。一般にトルコ人のドイツ語は劣悪と信じられているのとは異なって，青年層では1997年には78％が「良好」の評価を受けるまでになっているのが向上の跡をよく示しているが，同時に年齢を細分すると16歳から18歳までの層で評価が全般に高く，年齢が増すほど評価が下がっている点も注意を引く。こうした傾向はトルコ研究センターのA. フンパートなどが1997年にトルコ人を対象にして行った調査によっても裏付けられる。そこではドイツ語能力の自己評価が訊ねられているが，18〜24歳の年齢層では69％が「極めて良好・良好」と答えているのに対し，年齢が高くなるにつれてその比率は小さくなり，25〜39歳では41％，55歳以上になると10％にまで縮小している。[7]この事実は，年齢が高いほどトルコで学業を中断し家族呼び寄せでドイツに来た者が多く含まれていることを示唆していると思われる。逆にいえば，年齢が低くなるほどドイツで生まれ最初からドイツの学校に通った者が多くなることをその事実は推測させるのである。

　ともあれ第2世代のドイツ語能力が第1世代のそれを上回ることはこれまでに他の調査によっても確認されている。例えばSOEPの結果では，口頭でのドイツ語能力が良好と判定された者の比率は表10のように推移している。ここでは世代を問わない場合と比べた第2世代での突出が一層顕著になっている。またトルコ人でも平

表10　良好なドイツ語能力(単位：％)

年	1984	1989	1991	1995
外国人全体	42	46	56	55
第2世代	86	89	92	93
女　　性	35	40	51	48
トルコ人	30	31	50	49

(出典)　Statistisches Bundesamt, Datenreport 1997, S.586.

均滞在期間が延びるのに伴って緩やかながらドイツ語能力の評価が高まってきていることも分かる。同様にSIGMAの調査によっても，15歳から24歳までのトルコ人青少年のドイツ語能力はそれ以上の年代を凌いでおり，その多くは日常生活でドイツ語の力が必要とされる種々の場面でそれほど不自由を感じていないことが明らかになっている。例えばドイツ人の店で買い物をするのに何の問題も感じない者は92％に達しており，職場で仕事をするのに支障がないのは84％，自由時間にドイツ人と交流するのに困らないのは87％，ドイツ語で文章が書けるのが74％などとなっている[8]。

ドイツ語能力の優劣は日常生活での行動半径を制約するだけでなく，若い世代にとっては就職にも大きく影響し，さらに配置される職場もそれによって多かれ少なかれ左右されることになる。一例を挙げれば，接客を中心とする職種や職場ではドイツ語能力に問題があれば採用されないのは当然と言わねばならないからである。それだけではない。連邦政府外国人問題特別代表の報告書が指摘するように，学校の問題で子供を助けてやることができないなど，「言語の不完全さは親の役割遂行を不十分にし，そのステータスの動揺を招くため，子供に対する親の権威の喪失に行き着く可能性がある」ことも忘れられてはならないであろう[9]。このことを考慮するなら，トルコ人青年でのドイツ語能力の向上は彼らの社会的立場を強める要因になる反面で，親との間の世代間紛争の一層の激化の要因ともなり，家庭内の不和を拡大していると考えられるのである。

もちろん，外国人のドイツ語能力が問題にされるならば，対応して，形式上か実質的かを問わず母語に当たる言語の習熟度も問われて然るべきであろう。しかし実はこの点の調査は殆ど行われていないのが実情であり，そうした中ではSIGMAの調査は貴重な価値を有している。しかもこの点は後述する外国人青少年のアイデンティティなどとも関わっているだけに一層重要になる。ところで，ドイツ語能力が若い年代の外国人で比較的高いことは，逆に母語であるはずの言語を操る彼らの能力が低く，両言語の習熟度の間には反比例の関係があるかのように想像されやすい。けれども調査結果はそうした関係が存在しないことを教えている。24歳までのトルコ人でこれをみれば，トルコ語の力が「劣る」もしくは「話せない」と自己評価しているのは合わせて3.7％だけであり，「極めて良好」から「ほどほど」までの間に96.3％が位置する結果になっているからである。これを1985年に実施された前回調査の折りのデータと比較すると，前者が5.8％，後者が94.1％だったから，ドイツ語能力に向上が見られたにもかかわらず，トルコ語のそれは殆ど変わっていないこと

になる。この間にドイツ生まれの比率が大幅に高まったことを考えるなら，ドイツで暮らしている大多数のトルコ人青少年が1995年に至っても相変わらずトルコ語にさして不自由しないレベルにあるという事実は文字通り刮目に値する現象であろう。

　このことは，ドイツ社会に接する地点にいながらも，家庭を始め，都市の一角に集中して居住し相互に結ばれているトルコ社会でトルコ語を日常語にして彼らの多くが生活していることを意味していると考えられる。というのは，M. グレーベたちのまとめでは，学校教育の場でトルコ語にドイツ語と並ぶ位置を与えている基礎学校は14校あり，またギムナジウムで2校，実科学校で1校，ゲザムトシューレでは7校でトルコ語を第二外国語として選択できるようになっているとしても，その数から推し量ると，学校でトルコ語を習得する機会はまだ限られているとみられるからである。その意味でトルコ語の習得は主として家庭と地域社会で行われていると推定されるが，これはベルリンで子供を対象にして実施されたあるアンケート調査によって裏付けられる。それによれば，家庭でトルコ語を話すと答えたのは90%を上回り，ドイツ語とトルコ語を共に話すのは10%にも満たないという結果になった。また基礎学校に入学するトルコ人の子供がドイツ語を話せないケースが少なくなく，その比率は30%から40%に達するともいわれるために教育上重大問題化していることもその傍証となろう。これらの事実は，子供の生活世界でトルコ語が日常語として使われていることの証左にほかならず，トルコ人青年層のトルコ語能力の高さを説明するものといえよう。

　もっとも，結婚行動に目を向ければ，晩婚化傾向が認められるドイツ人と歩調を揃えるかのように，トルコ人青年でも結婚年齢が次第に高くなる傾向が認められる。しかしその場合でもドイツ人に比べれば依然として結婚年齢が低いことも否定できない。調査によれば，男性で21%，女性では40%が既婚者である事実にもそのことは表れている。けれども同時に，性別を不問にすれば1991年には調査対象者1,000人

表11　ドイツ人との結婚の是非（単位：%）

質問	「あなたは自分がドイツ人と結婚することを考えられますか」					
	1991年			1997年		
	全体	男性	女性	全体	男性	女性
は　い	57.2	71.2	38.2	58.2	69.4	42.3
いいえ	37.6	25.6	53.9	34.8	24.8	49.0
D　K	5.2	3.2	7.9	7.0	5.8	6.6

（出典）　Die Ausländerbeauftragte des Senats, Berliner Jugendliche türkischer Herkunft in Berlin, S.11および Berliner Jugendliche türkischer Herkunft, S.37より作成。

表12 ベルリンにおけるドイツ人と

男性の国籍	1984年					1989年				
	総数	女性の国籍				総数	女性の国籍			
		ドイツ人		外国人			ドイツ人		外国人	
			%	全体	%	トルコ人 %		%	全体	%	トルコ人 %
総　数	12,239	10,647	87.0	1,592	13.0	785 6.4	12,743	11,270	88.4	1,473	11.6	101 0.8
ドイツ人	10,308	9,724	79.5	584	4.8	44 0.4	14,406	10,268	80.6	1,138	8.9	89 0.7
外国人	1,931	923	7.5	1,008	8.2	741 6.1	1,337	1,002	7.9	335	2.6	12 0.1
トルコ人	848	113	0.9	735	6.0	727 5.9	185	168	1.3	17	0.1	3 0.0

(出典) Die Ausländerbeauftragte des Senats, Bericht zur Integrations- und Ausländerpolitik : Fortschreibung

表13 結婚前のパートナーの居住地 (単位:％)

	全体		男性		女性	
	1991	1997	1991	1997	1991	1997
トルコ	38.6	31.1	57.6	50.9	25.5	19.6
ドイツ	59.7	67.9	39.8	46.3	73.4	80.4
その他	1.7	1.0	2.6	2.8	1.1	0

(出典) Die Ausländerbeauftragte des Senats, Berliner Jugendliche türkischer Herkunft, S.8.

のうち469人が既婚者であったのに，97年にはその数は276人にまで下がっているのであり，シングルズの増大を伴う晩婚化傾向がトルコ人青年層でも進み，ドイツ人の結婚行動に近似してきていることを感じさせる。
　しかしながら，他面では，外国人に特有のパターンが結婚行動の面に見出されることも見逃すことはできない。それは国籍上の故国トルコから配偶者を迎えることである。まずドイツ人と結婚することの是非に関する1991年と1997年の調査結果をまとめると表11のとおりになる。そこで問われているのは一般論ではなく，自分自身にその用意があるか否かであるが，結婚年齢の明らかな変化とは対照的に両年の数字に殆ど差がないのが明白であろう。ドイツ人と外国人との結婚に関するパンフレットに寄せた序文でB.ヨーンは「私の相談時間にドイツ人と外国人との結婚に関する質問が度々発せられる」と記しているが，そこからも窺えるように，そうしたタイプの結婚件数は表12が示すとおり増大傾向にある。現に1993年にはトルコ人男性とドイツ人女性の結婚は戸籍局に届け出があったもので359件，トルコ人女性とドイツ人男性のそれは101件を数えるところまできている。けれどもトルコ人同士の結婚が大勢であることに変わりはなく，青年男性の7割，女性の4割がドイツ人と生涯を共にする用意があるとしても，それが現実になるのは依然として一部に限られているといえよう。こうした現状のもとで行われているのが配偶者のトルコ

外国人の結婚 （単位：件，％）

総数	1991年 女性の国籍 ドイツ人	%	外国人 全体	%	トルコ人	%	総数	1993年 女性の国籍 ドイツ人	%	外国人 全体	%	トルコ人	%
18,130	16,466	90.8	1,664	9.2	127	0.7	17,111	15,320	89.5	1,791	10.5	131	0.8
16,111	14,852	81.9	1,259	6.9	92	0.5	14,949	13,551	79.2	1,398	8.2	101	0.6
2,019	1,614	8.9	405	2.2	35	0.2	2,162	1,769	10.3	393	2.3	30	0.2
473	450	2.5	23	0.1	15	0.1	389	359	2.1	30	0.2	16	0.1

1995, Berlin 1995, S.31.

からの呼び寄せにほかならない。すなわち、表13に見られるように、1997年の調査結果では既婚男性の51％が妻をトルコから迎えており、妻が以前からドイツで暮らしていたと答えているのは46％にとどまっているのが実態である。1991年と比較すれば比率に変化があるものの、ドイツ生まれの青年層が主流になってきている段階であるだけに、これらの数字が含意するものは重大であろう。というのも、その数字はトルコ人社会の閉鎖性が内部から補強されていることを物語り、統合の難しさを伝えていると解されるからである。この点をとらえてB.ザンテルは、労働市場や居住地域でのトルコ人の統合が成功を収めているということが可能だとしても、「結婚行動では彼らは広範に『エスニック・ゲットー』のなかにとどまっている[16]」と述べているが、この指摘は正鵠を射ているといえよう。なお、女性に目を向けると、男性とは事情が大幅に異なっており、自主的か否かは別にして、かねてからドイツで生活している男性との結婚が優先されているのが注目に値しよう。

第3節　学歴と就業状況

次にベルリンに住むトルコ人青年の学歴や就業状況などに視線を向けよう。

まず学歴を取り上げると、その調査結果は次のようになっている。調査対象となった若者のうち22％は学校に在学中であり、20％は基幹学校に通ったもののそれ以上の職業訓練などは終了していない。また26.8％は実科学校を終了しており、11.3％はアビトゥーアを取得している。そしてそのうちの一部が現在大学で勉学しているというのがその概要である[1]。しかしこれらのデータだけでは彼らの学歴を見通すのは困難なので、ベルリン市外国人問題特別代表部の報告書などを用いてドイツ人と対比しつつ外国人全般の学歴構造に関して補足しておくことにしよう。

表14はベルリン市内の学校に在籍している外国人生徒の数を学校の種類別に整理したものである。全生徒数に占める外国人の割合は旧西ベルリンでは23％にも及ん

表14　学校に在学する外国人生徒（1994／95年）

	生徒総数	外国人生徒 総数	%
基　礎　学　校	209,704	29,645	14.1
基　幹　学　校	13,284	4,953	37.3
実　科　学　校	27,535	3,512	12.8
ギムナジウム	80,062	5,253	6.6
ケザムトシューレ	51,738	6,227	12.0
特　殊　学　校	8,011	1,192	14.9
そ　の　他	4,556	407	8.9
合　　　　計	394,890	51,189	13.0

（出典）　Die Ausländerbeauftragte des Senats, Bericht zur Integrations- und Ausländerpolitik : Fortschreibung 1995, S.46.

でいるのが第一に注目される。この現象は，改めて指摘するまでもなく，ドイツ人の少子化と外国人の多産の一つの帰結にほかならない。そして当然ながら，外国人の集中する地区ではドイツ人生徒の数よりも外国人生徒の数が多い学校や，そればかりか生徒の大半が外国人という学校が既に出現しているのが現状である。第二に際立つのは，学校の種類によって外国人生徒の比率が大幅に異なることである。高等教育を目指す生徒達が進学するギムナジウムでは外国人生徒の占める比率は11.8％にすぎない。これに反し，今日では下層労働者層の供給源になった観のある基幹学校ではその比率は47.6％にも達している。ドイツ人生徒と比べたこの落差は，概して外国人が低学歴であることを実証するものであろう。また基礎学校を除いた学校への外国人生徒の分布を点検すると表15の結果になる。基礎学校を終えた段階で進学する先の学校が分かれるが，生徒全体のうち外国人では23.9％が基幹学校に在学しているのに対してドイツ人生徒ではその比率は7.0％でしかなく，ドイツ人に敬遠されがちな基幹学校に外国人の少年が多数進んでいるのが浮き彫りになる。さ

表15　外国人生徒の就学状況(旧西ベルリン地区1994／95年と全国1996年)

	ドイツ人		外　国　人		全　　国	
		%		%	外国人生徒数	%
基　幹　学　校	5,310	7.0	4,821	23.9	214,100	44.1
実　科　学　校	10,924	14.3	3,320	16.4	76,600	15.8
ギムナジウム	37,011	48.5	4,957	24.5	84,000	17.3
ケザムトシューレ	19,149	25.1	5,568	27.6	63,400	13.1
特　殊　学　校	2,291	3.0	1,164	5.8	57,200	11.8
そ　の　他	1,598	2.1	375	1.9	57,200	11.8
合　　　　計	76,283	100	20,205	100	485,600	100

（出典）　Die Ausländerbeauftragte des Senats, Bericht zur Integrations- und Ausländerpolitik：Fortschreibung 1995, S.46; Bundesministerim für Bildung, Wissenschaft, Forschung und Technolgie., Grund- und Strukturdaten 1997／98, Bonn 1997, S.74より作成。

らに外国人生徒が最も多く在学しているのはゲザムトシューレであり，ドイツ人生徒の場合はギムナジウムであることも両者の相違をよく示している。進学先の選択と決定に際しては，親の希望と子供の学業成績が重要な要因になるが，こうした相違は，学校教育に対する親の関心や熱意が低いことや，その結果として基礎学校で良好な成績を収めるトルコ人児童が少ないことを示唆しているといえよう[2]。

とはいえ，ベルリンにおける外国人生徒の進学状況は全国レベルと比べるとかなり良好であることを見落とすべきではない。全国での現状は表15が示すとおりであり，ベルリンの統計とは整理の仕方が異なるとしても，基幹学校への外国人生徒の進学率はベルリンより高く，ギムナジウムへのそれがかなり低いことは明白だからである。もちろん，全国レベルでもドイツ人と外国人の学校在籍状況には歴然たる格差があることも改めて確認されよう。それだけではない。1994年に学業を終わった外国人生徒数を学校の種類に即して区分してみると全国では表16のとおりになり，ドイツ人生徒との差が再び明確になる。なかでも基幹学校を修了しないまま中途で学業を放棄している生徒の比率が外国人では決して小さいとはいえない点を見過ごすことはできない。というのも，熟練養成の主軸として職業資格が重んじられるドイツ社会では，基幹学校すら修了していないことは職歴上致命的ともいうべき不利を招かないでは済まないからである。無論，その比率は以前には遥かに高く，1980年代初期のころには30％にも達していたことを想起するなら，緩やかな低減傾向が認められることも付け加えておく必要があろう[3]。

さらに全国でそれぞれの種類の学校に在学しているトルコ人生徒の数や比率も連邦教育・科学・研究・技術省の基本データ集から明らかになるので，これらを一瞥しておこう。

トルコ人生徒が1996年にどの種類の学校にどれだけ通っているか，またそれらの

表16　外国人生徒の学業修了状況（単位：％）

	外国人生徒		ドイツ人生徒	
	1992年	1995年	1992年	1995年
基幹学校中退	17.2	15.4	7.3	7.7
基幹学校修了	43.6	42.9	25.2	25.1
実科学校修了	26.0	27.3	41.8	41.0
大　学　修　了	7.7	8.9	25.7	25.6
そ　の　他	5.5	5.5	0	0.6
	100	100	100	100

（出典）Beauftragte der Bundesregierung für Ausländerfragen, Bericht der Beauftragten der Bundesesregierung für Ausländerfragen über die Lage der Ausländer in der Bundesrepublik Deutschland, Bonn 1997, S.32.

表17 トルコ人生徒の就学状況 (1996年)

学校の種類	生徒数	%	外国人生徒%
基 礎 学 校	169,990	—	—
基 幹 学 校	101,882	45.8	41.1
実 科 学 校	30,098	13.5	15.5
ギムナジウム	22,488	10.1	17.2
ゲザムトシューレ	30,825	13.8	12.6
特 殊 学 校	24,493	11.0	11.3
そ の 他	12,869	5.8	2.3
合 計	392,645	100	100

(出典) Bundesministerim für Bildung, Wissenschaft, Forschung und Technolgie., op. cit., S.74, 76より作成。

　学校で学んでいる外国人生徒のなかで彼らがどの程度の割合を占めているのかを示しているのが表17である。トルコ人生徒の数は392,645人であり、外国人生徒全体のうちでは41.7％に当たる。これを小学校を除く学校の種類に即した分布でみると、トルコ人生徒のなかで基幹学校に在学しているのは45.8％であり、ギムナジウムは10.1％、実科学校は13.5％に当たっている。これらの学校に在籍するドイツ人生徒の分布と比較すれば、外国人生徒を一括した場合よりも格差が一段と拡大していることは指摘するに及ばないであろう。これを外国人生徒の中で見れば、基幹学校では外国人生徒の半数をトルコ人が占めている形になる。他方、ギムナジウムについては外国人生徒のうちでトルコ人の比率は27.7％にとどまっている。外国人生徒総数での比率よりも前者は高く、後者が低いのは明白であり、高等教育への途上にあるトルコ人の比率が外国人の中でも低く、教育に対する彼らの関心や意欲が全般に低調である姿が浮かび上がってこよう。

　こうした現状を踏まえて、連邦外国人問題特別代表の報告書は国籍に応じた明瞭な差異があることを強調しつつ、個別にその特徴を要約している。例えばスペイン人青少年については、「最も成功した民族集団であり、実科学校、ギムナジウム、職業訓練で最大の比率を示している」と記されている。これに対しトルコ人青少年に関しては、「学校教育は比較的劣っており、中退もしくは基幹学校修了のみというケースが目立つ。ギムナジウムと実科学校での比率は外国人の平均より低い。職業訓練での割合も低く、職業訓練準備期間にある者が平均を上回っている」などと述べられている。[4] トルコ人青少年の就学状態が外国人のなかでも劣っているのは否めないところであり、国籍による差異が想像以上に大きい事実には留意が必要とされるが、この指摘との関連では何よりも、職業教育の面でも外国人青少年の現状が全体的に見てドイツ人より大幅に劣っていることが確認されるべきであろう。

表18　外国人青年の職業訓練状況（旧西ベルリン地区）

	職業訓練生総数	外国人訓練生総数	外国人比率
1991年	37,758	4,471	11.8%
1992年	40,835	4,535	11.1%
1993年	40,582	4,692	11.6%
1994年	40,165	4,537	11.3%

（出典）　Die Ausländerbeauftragte des Senats, Bericht zur Integrations- und Ausländerpolitik：Fortschreibung 1995, S.49.

　この点に関し，一例として旧西ベルリン地区のデータをみるなら，表18のとおりになり，職業訓練に参加している外国人の比率が人口面でのそれに比べて半分にとどまっていることが明らかになる。しかも企業と職業訓練契約を結んで企業内で訓練を受けている者の比率になるとさらに低下する。すなわち，ベルリン・ブランデンブルク州労働局の調べでは，ベルリンで1991年に企業で実習していた訓練生のうちの外国人の比率は8.9％であり，94年には8.8％，97年には6.1％となり，外国人との職業訓練契約に企業が概して消極的であることを窺わせている。(5)さらに絶対数でみると，同じく4,525人から4,827人を経て3,689人になっており，比率の低さと並んで減少傾向が現れていることに同労働局も注目している。(6)

　同様に，全国レベルでの職業訓練参加者につき，表19がその推移を示している。15歳から18歳までの年齢層の外国人のうち職業訓練を受けている者の比率が急速に伸びたこととその後低落に転じているのが明瞭であり，特にトルコ人での目覚ましい伸長と下降が浮き彫りになっている。このような反転現象が生じた原因についてはなお不明であるが，近年深刻化している職業訓練ポストの不足が一因であるのは間違いないであろう。と同時に，表からは，ドイツ人の比率と比較した場合，差は

表19　外国人青年の職業訓練参加

国籍	職業訓練参加者数（上段）および15〜18歳に占める比率（下段)							
	1986	1988	1990	1992	1993	1994	1995	1996
トルコ人	24,662	32,435	44,280	53,678	56,100	54,828	51,376	47,560
	23.1	29.1	35.5	44.0	47.8	48.3	44.8	40.8
旧ユーゴスラヴィア人	7,347	10,407	16,544	21,790	22,899	22,778	22,504	21,498
	32.3	33.6	40.0	38.8	37.8	36.6	35.6	34.7
イタリア人	7,425	9,196	10,431	11,420	11,491	11,288	10,674	10,442
	30.1	36.6	42.8	50.8	53.7	54.5	50.4	47.2
ギリシャ人	3,573	4,241	5,052	6,471	6,512	6,258	5,674	5,301
	22.0	24.2	27.2	38.8	43.3	45.0	42.0	39.9
外国人合計	57,319	73,198	98,239	119,849	126,072	125,887	121,087	116,036
	24.5	29.2	35.5	40.4	42.5	43.5	41.2	38.7
ドイツ人	—	—	—	—	—	—	1,129,121	1,124,541
	76.5	85.3	84.8	78.6	74.0	70.8	64.0	64.0

（出典）　Beauftragte der Bundesregierung für Ausländerfragen, Daten und Fakten, 17. Aufl., S.42.

縮小してきてはいるものの,依然として大きな懸隔が残っている事実も改めて確かめられよう。また外国人の内部における国籍による相違については外国人青少年の職業教育に関するバーデン＝ヴュルテンベルク州労働局の文書で確認されており,スペイン人青少年の職業訓練が最高でドイツ語能力も良好であるのに反し,家庭環境などのためにトルコ人青少年では職業教育が「不満足な状態」であることが指摘されている(7)。

　もちろん,これらを眺める際,ドイツにおける熟練形成の最大の特色をなす二元的システムが揺らいでいることや,そのしわ寄せが弱い立場の若者たちに集中し,とりわけ外国人青年がその影響を受けていることを看過してはならない。このことは1997年4月に公表された連邦政府外国人問題特別代表部の文書『統合か排除か』の中で,訓練生の採用すなわち職業訓練契約締結の際に訓練を実施する企業が外国人青少年を差別している実態が剔抉されているのをみれば一目瞭然になる(8)。けれども他方では,職業訓練に対する関心が外国人青少年の間で長らく低調であったことも否定しがたいといわねばならない。そうした関心の低さの原因は,学校教育や職業教育がドイツ社会で有する重要性に対する第1世代の親の無理解や,親をはじめ周囲の職業資格が全般に低く,そうした生活環境が職業教育を疎遠にしていたことなどにあると考えられる。またいつかはトルコに帰国するという漠然とした気持ちがドイツでの第2世代の教育に対する無関心を強めていたことも忘れてはならない(9)。いずれにせよ,好ましい職業に就くのに必須な職業教育に眼差しが向けられるようになったのは比較的新しい現象であり,学校教育を含めドイツ人青年との隔たりは相変わらず大きいのが実情なのである。

　それではベルリンでの調査の対象となったトルコ人青年たちは職業面などで現在どのような状態にあるのだろうか。以上で触れた現実を念頭に置きつつこの点を一瞥しよう。

　調査に基づき彼らの現状を示したのが図1である。変化を測るため,1991年の調査結果も併せて掲げてある。ベルリンに住む同年代のドイツ人青年に関する調査は存在しないので比較は不可能だが,その点を別にしても興味深い特徴が浮かび上がっている。何よりも注意を引きつけるのは,就職している若者たちの著しい減少であろう。1991年の時点ではトルコ人青年の3人に1人は職についていたが,1997年には5人のうち1人だけが職場を有する状態にまで落ち込んでいるからである。これと関連して第二に際立つのは,当然ながら,失業しているトルコ人青年の激増である。1991年には失業者は7.2％でしかなく,殆ど目立たなかったのに,97年には2.5

図1　トルコ人青年層の就学・就業状況（単位：%）

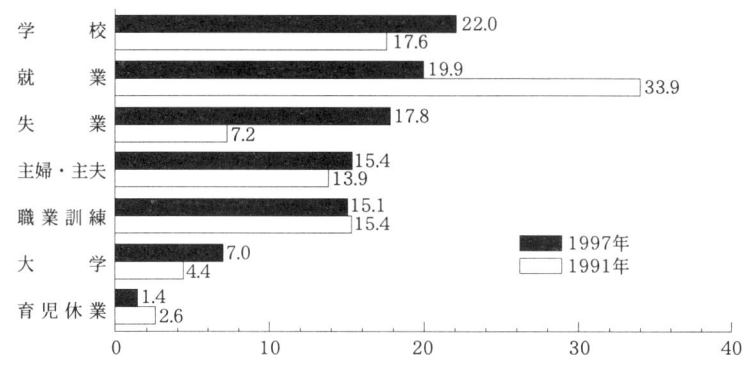

項目	1997年	1991年
学校	22.0	17.6
就業	19.9	33.9
失業	17.8	7.2
主婦・主夫	15.4	13.9
職業訓練	15.1	15.4
大学	7.0	4.4
育児休業	1.4	2.6

（出典）Die Ausländerbeauftragte des Senats, Berliner Jugendliche türkischer Herkunft, S. 15.

倍も拡大して職を有する者とほぼ同率の水準まで上昇している。この点については直ぐにやや立ち入って検討するが、さしあたって、就業者の減少は失業の増大だけでは十分に説明できないことを銘記しておくことが必要であろう。失業による影響を排除できないとしても、ギムナジウム在学者の増大など学校に在学中の若者の比率が上昇していることや、大学で勉学している若者も同様に増加していることも確かであり、失業というネガティブな要因ばかりでなく、これらの要因が就業者の比率の大幅な低下に寄与していることも間違いないからである。しかも学校教育面でのそうした動きが中・長期的には彼らの社会的地位の向上に有利に働くことは指摘するまでもないであろう。

失業が外国人に限らずドイツ社会の最大の問題になっていることは、今日では周知の事柄に属する。これを旧西ベルリン地区についてみれば、失業率は表20のように推移している。ベルリンでも失業率が上昇傾向にあることが歴然としているが、注目されるのはドイツ人と外国人のそれに一貫して明白な落差が存在していることである。しかもその差は失業率が上昇するにつれてますます開いているだけでなく、以前は外国人の失業率はドイツ人の1.5倍程度だったのが近年では1.7倍程度にまで

表20　外国人の失業率（西ベルリン）（単位：%）

	1988年	1989年	1990年	1991年	1992年	1993年	1994年
失業率	10.8	9.8	9.4	9.4	11.1	12.3	13.3
外国人失業率	15.6	13.8	12.2	14.5	19.8	21.6	22.3

（出典）Die Ausländerbeauftragte des Senats, Bericht zur Integrations- und Ausländerpolitik, Fortschreibung 1995, S.44より作成。

表21　外国人青年層の失業率（単位：％）

	外　　国　　人				ド　イ　ツ　人			
	1993年	1994年	1995年	1996年	1993年	1994年	1995年	1996年
20歳未満	5.4	4.7	4.7	4.1	2.6	2.7	3.0	3.2
20～24歳	15.1	14.1	13.6	13.9	10.6	9.5	8.9	9.5
25～29歳	15.5	14.5	14.4	14.8	14.3	12.8	11.7	11.7

（出典）　Beauftragte der Bundesregierung für Ausländerfragen, Daten und Fakten, S.50より作成。

表22　国籍別にみた外国人失業率（単位：％）

	1980年	1985年	1990年	1991年	1992年	1993年	1994年	1995年	1996年
失　業　率	3.5	8.7	6.6	6.0	5.8	7.4	7.9	9.0	11.2
外国人失業率	4.8	13.1	10.1	10.6	12.3	15.3	15.5	16.2	18.6
ト ル コ 人	6.3	14.8	10.0	11.0	13.5	17.4	18.9	19.2	22.5
旧ユーゴスラヴィア人	2.8	9.0	6.0	6.5	9.2	11.0	9.8	8.8	9.9
イ タ リ ア 人	5.5	14.7	10.5	11.2	13.6	18.3	17.0	16.2	18.0
ギ リ シ ャ 人	4.1	11.4	9.7	10.1	12.7	17.4	16.2	15.8	17.8

（出典）　Beauftragte der Bundesregierung für Ausländerfragen, Daten und Fakten, S.53より作成。

拡大しているのである。

　こうした傾向はベルリンばかりでなく，全国に共通して見出される現象といえる。例えば1985年には旧西ドイツ地域の失業率が9.3％，外国人のそれは13.9％だったが，10年後の1995年にはそれぞれ9.3％と16.6％に上昇している。[10]問題となる若者の失業率に関しては，その推移が表21にまとめられている。ドイツ人と外国人の若者の失業率に開きがあり，差が縮まる気配がないことが数字の変化から読み取れる。さらに国籍別に失業率の動きを眺めるなら，学校教育の場合と同じく，一口に外国人と呼んでも内部の相違が想像以上に大きいことが判明する。これを教えるのが表22である。かつての募集国のうちでは旧ユーゴスラヴィア出身者の失業率が最低であり，これにスペイン国籍の市民が続いているが，一方，トルコ人のそれは一時的にイタリア人と入れ替わったことがあるもののほぼ毎年最高水準にあることが分かる。特に1996年には20％のラインすら突破し，22.5％もの高率を記録しているのであり，全国平均の2倍の水準にまで上昇している。こうしてドイツ人の若者と比較した外国人青年の失業率の高さや，外国人の中でのトルコ人のそれの高水準などを踏まえるなら，ベルリンに住むトルコ人青年たちの失業が高率であってもそれほど意外ではないといえよう。またその高さについても，雇用情勢の全般的な悪化に加え，トルコ人青年の学校教育の平均レベルが相対的に低く，職業教育を受けた者が多いとはいえない現状に照らせば必ずしも不可解には映らないであろう。なぜなら，失業統計を点検すれば，職業資格の有無ないし高低によって失業率には大きな懸隔が存

第4節　ドイツ社会に対する態度とコンタクト

　以上で大掴みに眺めた現実に照らすなら，トルコ人青年たちの心の中には現状に対する憤懣や将来への不安が渦巻いているかのように想像されよう。ドイツ人との格差ばかりでなく，外国人の内部での最低に等しい地位を考えれば，怒りや怨嗟が沸き起こるのは自明であるように思えるからである。これに加え，トルコ人青年たちの家計をはじめ世帯構成や住宅事情など彼らの生活状況を把握するうえで重要な事項が調査には欠落しているものの，一般にトルコ人世帯では1人当たりの可処分所得はドイツ人より下回り，住居も狭く設備も劣ることがこれまでの調査で確認されており[1]，この点も考慮に入れれば，なおさら不満や反感が当然の帰結であると推察されるのである。トルコ人第2，第3世代を目しつつ，内藤正典が，「文化的には同化したとしても，社会的，経済的に社会の底辺に位置づけられていることが，彼ら若い移民たちにホスト社会への不満と反発を引き起こしている」とし，「その反発の力がしばしばイスラムの覚醒をもたらす」[2]と記しているのもこの推測の線上にあるといえよう。

　しかしながら，得心がいきやすいこうした推測は，実は調査によって実証されているとは言いがたい。調査結果を見る限り，彼らが抱く不満感は予想以上に低いことが明白になるからである。表23は，「総合的に評価する場合，あなたは自分の学校面ないし職業面の状況にどの程度満足していますか」という設問に対する回答をまとめたものである。そこからは，失業問題の落とす影が一段と色濃くなっているはずであるにもかかわらず，かえって満足度が高まっていることが読み取れる。なぜなら，「不満」と答える比率は微増にとどまり，それどころか「大いに満足」が1991年より増加しているからである。また満足感は男性より女性に広範に見出されることと並び，年齢層による違いも注目に値しよう。23歳から25歳の年齢層に即していえば，「どちらかといえば満足」の回答が三つの年齢層で最小である反面，「大

表23　現状に対する満足度（単位：％）

	1991年	1993年	1997年					
			全体	男性	女性	16～18歳	19～22歳	23～25歳
大いに満足	30.4	48.9	40.8	34.3	47.8	37.6	39.2	45.4
どちらかといえば満足	53.6	36.6	42.7	46.1	39.0	49.2	43.9	35.7
不満	16.0	14.2	16.5	19.6	13.1	13.2	16.8	18.9

（出典）　Die Ausländerbeauftragte des Senats, Türkische Berliner halten trotz widriger Umstände an der Integration fest, Berlin, 1994, S.6および Berliner Jugendliche türkischer Herkunft, S.20より作成。

いに満足」と「不満」がいずれも最大になっているが，このことは現実の重みを感じはじめるこの年齢層で現状についての意識が分極化の様相を呈していることを意味している。いずれにせよ，満足感がトルコ人青年の間でかなり広く存在することは注視すべき重要な事実であり，彼らの大半がベルリンでの生活を良好としている既述の調査結果とも符合しているといえよう。

トルコ人青年層の間にこのように意外なほど広く満足感が見出されることは，彼らが日々の生活のなかで同年代のドイツ人に対して必ずしも劣等感ばかりを抱いているわけではないことと関係があるように思われる。この点に関し，調査では，「ドイツ人青年の生活様式で特にどの点があなたは好ましいと思いますか」という設問がなされているが，それに対する回答は図2のとおりになっている。「より大きな自由」を享受していることを挙げるのが1991年と97年の両年とも同率で最大なのは，家族や親族をはじめ同郷人などの紐帯と慣習が束縛と感じられていることを表すものであろう。けれどもこれに対しては，「ドイツ人女性がより多くの権利・可能性を有している」ことを挙げる比率が低下しており，個人の自由，特に女性の自由や権利を必ずしもポジティブには捉えない傾向が高まっているのを見逃すことはできない。しかし何よりも注目に値するのは，「殆ど違いはない」が増大し，とりわけ「好ましいものは何もない」が急増している点であろう。これは，「同年代の若者とともにいる」や「音楽を聴く」がいずれも半数に上っていることに端的に表出しているように，[3] 余暇の過ごし方のようなライフスタイルの面でドイツ人青年とトルコ

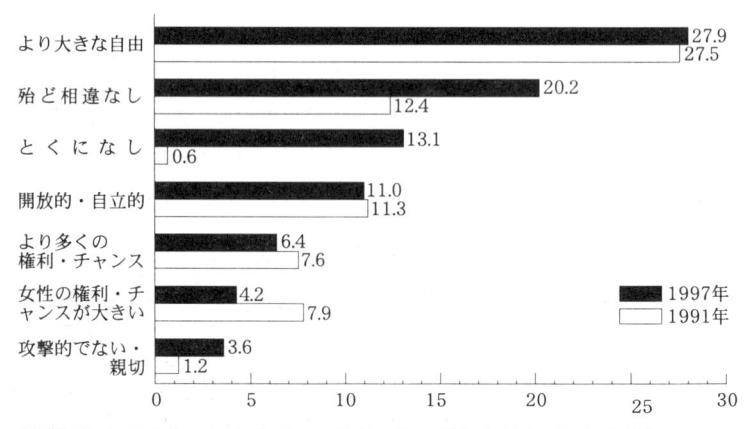

図2　ドイツ人青年の生活様式の好ましい面 （単位：％）

項目	1997年	1991年
より大きな自由	27.9	27.5
殆ど相違なし	20.2	12.4
とくになし	13.1	0.6
開放的・自立的	11.0	11.3
より多くの権利・チャンス	6.4	7.6
女性の権利・チャンスが大きい	4.2	7.9
攻撃的でない・親切	3.6	1.2

（出典）Die Ausländerbeauftragte des Senats, Berliner Jugendliche türkischer Herkunft, S. 9.

人青年の相違が実際に薄まってきていることの反映であり，そうした近似化傾向が羨望を強く感じさせなくしていると考えられる。

また同時に，家族や同郷人の絆を重視する傾向が強まりつつあることが，何も羨まない心理を拡大していることも見逃せない。近年のドイツでは家庭内の暴力や子供の非行が深刻な問題になり，その底流に個人主義の行き過ぎがあるとしてエゴ社会を告発する論調が勢いを増しているが，そうした受けとめ方はトルコ人青年層にも共通しており，個人を中心に据える社会の弊害を重視し，家族的絆を重んじる機運が高まりつつある。そのことを示すのが，ドイツ人青年の生活様式の好ましくない点に関する調査結果である。図3に見られるように，「家族の絆の欠如」を挙げるのが1991年には17.4％だったのに，1997年には26.8％に急増していることがそうした動向を伝えている。この点は，より多くの自由に対する羨望が増えていないことと好対照をなしているといえよう。換言すれば，個人を中心に据える考え方から人のつながりを重視するそれに重心が移りつつあることがそこから看取できる。そしてまたドイツ人青年について「シラケている」ことを問題視する比率が増大していることも，それが物質的に満ち足りた個人中心社会の一つの帰結であることを考えれば，集団に価値の重点をおく傾向が強まっていることを裏書きしていると思われるのである。なお，「ナショナリスティック・外国人敵視」が急減している背景には，1991年に高揚の兆候が現れていた排外暴力の波が収束してきた事実が存在するのは多言を要しないであろう。

図3　ドイツ人青年の生活様式の好ましくない面 (単位：％)

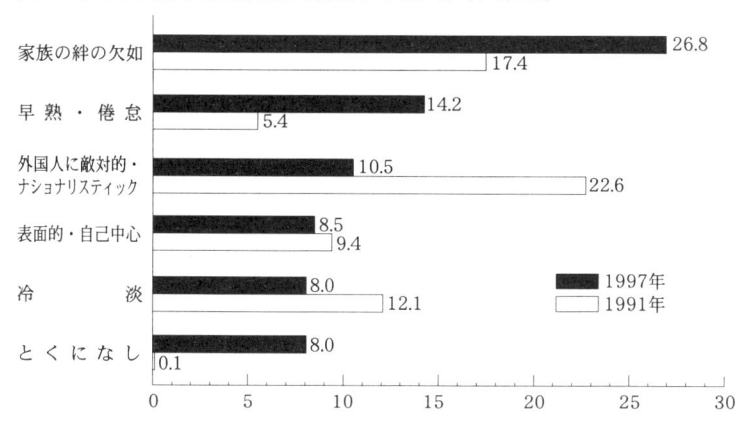

項目	1997年	1991年
家族の絆の欠如	26.8	17.4
早熟・倦怠	14.2	5.4
外国人に敵対的・ナショナリスティック	10.5	22.6
表面的・自己中心	8.5	9.4
冷淡	8.0	12.1
とくになし	8.0	0.1

(出典) Die Ausländerbeauftragte des Senats, Berliner Jugendliche türkischer Herkunft, S. 10.

同年代のドイツ人に対するトルコ人青年層の態度にはこのようにポジとネガの両面が検出されるのであり、劣等感一色に塗りつぶされているかのようなしばしば見受けられる想像は実態から懸け離れているといわねばならない。しかも1991年に比べればネガの側面が拡大しているのは明らかであり、ドイツ社会の柱ともいうべき個人主義的な生活態度から距離を置く姿勢が強まっていることが調査から確認されよう。それではこうした変化を呈するなか、ドイツ人とのコンタクトはどの程度広がりを増しているのであろうか。それとも時間の経過にもかかわらず、コンタクトは縮小しているのだろうか。

この興味深い点に関しては、実は行き届いた調査は行われていないのが実情である。そこでまずSOEPの調査結果を見ておくと表24に整理したとおりになる。これを見る限り、ドイツ人との交流は拡大しているとは言いがたいことが分かる。しかもその傾向は全体についてだけではなく、第2世代、トルコ人のすべてに現れているのも注目される。もちろん、1992年は排外暴力が燃えさかった年であり、ドイツ人と外国人の間の溝が深まったことを想起するなら、この傾向は一時的な現象にすぎないとも考えられよう。しかし1994年のSOEPの調査では国籍を越えた交流が問われているため92年までの調査とは単純に比較できないものの、その結果の分析を担当したW.ザイファートによれば、交流の縮小は一過性のものとして楽観視することはできない。1992年と1994年の間に「ドイツ人との密度の濃いつながりを持つ外国人の割合は減少した」し、「国籍を越えた交流の明白な減少は第2世代についても認められる」としつつ、彼はこう記している。「言語能力が向上し、滞在期間が長くなれば、一般には外国人と内国人との社会的関係の密度は高くなるであろう。しかしドイツで実際に起こったのはそうではない。1992年と1994年の間には外国人との間の社会的仕切りの増大が確認されるのである[4]。」

無論、同時に表にあらわれている次の点にも注意を払う必要がある。一つは、第2世代では全体に比べてドイツ人に友人がいない者の比率が小さいことである。こ

表24 ドイツ人との交流 (単位:％)

「ドイツ人の友人なし」			
年	1988	1990	1992
全　　体	52	54	59
第2世代	40	36	49
女　　性	54	60	60
トルコ人	65	66	68

(出典) Statistisches Bundesamt, hrsg., Datenreport 1994, S.596より作成。

の点はドイツ生まれが少なからず含まれていることや，少なくともドイツの学校に通った者が多いことなどを考慮すれば当然の結果といえよう。もう一つは，全体と比較してトルコ人ではドイツ人に知己のある割合が低いことである。このことはトルコ人の凝集性の高さや文化的な隔たりの大きさなどが関係しているのは指摘するまでもないが，平均的滞在期間が長いにもかかわらず，1992年に至っても68％もの多数がドイツ人の友人なしとしている現実は深刻な事態であると言わなくてはならないであろう。

　ここに浮かび上がっているトルコ人とドイツ人との間の社会的仕切りの高さは，1995年に行われた別の調査によっても裏付けられる。そこでは国籍による自由時間でのドイツ人とのコンタクトの密度が調べられているが，「どれほどの頻度であなたは自由時間にドイツ人と付き合っていますか」という設問に対する回答結果は表25のとおりになっている。「全くなし」がイタリア人では8.7％であるのにトルコ人では20.2％にも上っていることや，逆に「週に何回も」が前者より後者で幾分少ないことにトルコ人を取り巻く社会的隔壁の高さをみることができる。これを15歳から24歳までの青年層について調べた結果が表26である。「全くなし」と「たまに」を合計するとトルコ人青年では28.5％になる。一方，イタリア人青年のそれは16.3％，ギリシャ人青年では17.6％であるから，国籍によって幅が存在し，トルコ人青年のドイツ人との交流が外国人のうちでも乏しいことが確認される。その背景にはドイ

表25　ドイツ人との交流の頻度（単位：％）

国　籍	トルコ	旧ユーゴスラヴィア	イタリア	ギリシャ
全くなし	20.2	15.7	8.7	10.7
毎　　日	22.8	23.3	33.4	25.8
週に幾度か	22.7	22.0	26.0	25.2
週に1回	8.0	12.3	9.4	11.9
月に幾度か	9.3	11.1	10.7	11.3
た　ま　に	17.0	15.6	11.8	15.1
無　回　答	0.1	0.1	—	—

（出典）　Mehrländer u.a., op. cit., S.308より作成。

表26　15～24歳の外国人のドイツ人との交流の頻度（単位：％）

国　籍	トルコ	旧ユーゴスラヴィア	イタリア	ギリシャ
全くなし	13.7	13.0	7.7	6.7
毎　　日	31.5	32.9	47.6	41.6
週に幾度か	24.9	23.2	24.1	25.7
週に1回	7.5	10.0	7.0	6.8
月に幾度か	7.5	7.5	4.9	8.2
た　ま　に	14.8	13.5	8.6	10.9

（出典）　Mehrländer u.a., op. cit., S.310より作成。

表27 ドイツ人との交流のない外国人に関する調査（単位：％）

国　　籍	トルコ		旧ユーゴスラヴィア		イタリア		ギリシャ	
年	1985	1995	1985	1995	1985	1995	1985	1995
ドイツ人との交流を望む	41.3	10.3	24.2	26.2	28.8	18.5	34.2	12.9
ドイツ人との交流を望まない	18.9	53.9	22.2	33.8	25.5	39.7	31.7	41.0
現状に満足	8.8	16.8	23.0	12.7	15.3	18.0	12.6	24.3
わからない	31.0	19.0	30.7	27.2	30.4	22.4	21.6	21.8

（出典）　Mehrländer u.a., op. cit., S.314.

ツ人の側に存在するイタリア人に対する親近感とトルコ人に対する距離感があるのは指摘するまでもない。例えば1996年の調査では，隣人としてイタリア人を好ましいとするのは53％あるのにトルコ人については半数の27％でしかなく，家族の一員として迎えることではイタリア人については好ましいとするのが40％であるのに対し，トルコ人では15％でしかないという結果に国籍による距離感の落差が表れている[5]。

また性別の観点から見た場合，表26からはどのケースでも若い女性のドイツ人とのつながりが男性より希薄なことが確認される。このことはトルコ人のみならず，外国人全体について見出される一般的傾向であるといえる。これは男性と比較して，それだけ女性が閉鎖性の高い状態におかれていることを示しているだけでなく，外国人の中で女性の社会的地位が低いことをも反映していると考えられる。

一方，ドイツ人とのコンタクトのない外国人に関する調査も黙視できない傾向を示している。調査ではドイツ人との交流を望むか否かが問われているが，結果は表27のようになり，トルコ人では半数以上が交流を望んでいないことが明るみに出たからである。イタリア人，ギリシャ人でも40％前後がドイツ人との交流を希望していない事実はそれだけで憂慮の念を掻きたてるのに十分だが，両者に比べてトルコ人ではドイツ人とのコンタクトのない比率が元来高いだけに，交流を望まない者の比率が一層大きいことは重大であるといわねばならず，ドイツ社会との間の障壁がそれだけ高いことを含意しているであろう。そのうえ，1985年の調査と比較してみると，この比率が大幅に拡大する反面，交流を望むそれの落ち込みが著しいことが分かるのであり，1995年までの間に障壁がますます高くなってきている面があることが推し量れるのである[6]。

これらの結果を踏まえてベルリンの調査に目を向けた場合にも概ね同じことが指摘できる。表28に掲げたのは1991年の調査結果であるが，ドイツ人との付き合いが「全くなし・殆どなし」と「たまに」の合計は64.0％にも達している。外国人敵視が社会的に重大化しつつある時期だったことを考慮に入れても，交流が著しく希薄な

表28 ドイツ人青年との交流（1991年）（単位：％）

	全体	男性	女性	16～18歳	19～22歳	23～25歳
頻繁に	36.0	44.5	27.5	48.2	34.0	26.5
たまに	30.1	33.0	27.3	29.4	29.0	32.4
殆どなし・全くなし	33.9	22.5	45.3	22.4	37.0	41.1

（出典） Die Ausländerbeauftragte des Senats, Berliner Jugendliche tükischer Herkunft, S.14.

表29 ドイツ人との交流（単位：％）

	ポーランド人	トルコ人					
		全体	18～25歳	26～35歳	36～45歳	46～55歳	56歳以上
頻繁に	51.2	38.2	44.3	39.3	35.7	34.0	29.8
たまに	36.6	24.6	27.0	28.3	22.6	20.6	16.5
殆どなし・全くなし	12.2	37.2	28.7	32.4	41.7	45.4	53.7

注 ： ポーランド人は1994年，トルコ人は1993年の調査結果。
（出典） Die Ausländerbeauftragte des Senats, Polen in Berlin, Berlin 1995, S.18およびTürkische Berliner halten trotz widriger Umstände an der Integration fest, S.17より作成。

のには驚きを禁じえない。1993年にはそうした状態にも緩和が見られ，ポーランド人との比較では表29のような状況になっている。ポーランド人には複雑な事情があるため安易な比較は慎まなければならないが，いずれにしてもドイツ人とのトルコ人の交流がポーランド人より薄いことは確認しておいてよいであろう。また年齢層別に見た場合，ドイツ人との頻繁な付き合いがあるのは16歳から18歳の若年層に多く，反対に23歳から25歳までの若い成人では殆どもしくは全く付き合いがないのが最大になっている点も注目されよう。こうした相違の背景には，年齢が増すにつれて大きくなる職業や家庭生活による制約ばかりではなく，ドイツ語能力やドイツでの滞在歴の差異があると推察される。さらに同じ1993年の調査結果からもやはり年齢層による交流の密度の相違が浮かび上がる[7]。18歳から25歳までの年齢層で交流が最も頻繁であり，年齢が増すにつれて頻度が低下しているのが浮き彫りになっている。ここでも若年層と高齢層でのドイツ社会への統合の程度や家庭などによる制約の大小の差が主要な原因であると考えられる。

他方，1997年のベルリンの調査ではドイツ人以外の若者との交流が調べられている。すなわち，設問では「どれほどの頻度であなたは自由時間をトルコ人もしくはドイツ人以外の外国人の若者と一緒に過ごしますか」と訊ねており，回答は表30のようになった。「頻繁に」が半数以上を占めているのが注意を引くが，そのことは直ちにドイツ人との交流が乏しいことを意味するわけではないにせよ，少なくとも活発とはいえないことを物語っているのは間違いであろう。しかも年齢層別に眺めると，16歳から18歳までのトルコ人の若者は3分の2がドイツ人以外の外国人と頻

表30　ドイツ人以外の外国人青年との交流（1997年）（単位：％）

	全体	男性	女性	16〜18歳	19〜22歳	23〜25歳
頻繁に	55.4	61.1	49.1	65.5	54.4	47.7
たまに	24.5	24.9	24.1	23.9	23.4	26.3
殆どなし・全くなし	20.1	14.0	26.8	10.6	22.2	26.0

（出典）Die Ausländerbeauftragte des Senats, Berliner Jugendliche türkischer Herkunft, S.14.

表31　居住地域でのドイツ人との関係（単位：％）

	良くなった	変わらず	悪化した
1991年	2.4	78.4	19.2
1997年	18.3	69.9	11.8

（出典）Die Ausländerbeauftragte des Senats, Berliner Jugendliche türkischer Herkunft, S.26.

繁に接しているのが現状であり，こうした数字は同国人で固まったトルコ人の青少年グループが市街のあちこちにたむろしている光景を彷彿させるといえよう。外国人敵視が問題化しつつあった1991年の調査ではトルコ人青年の36.0％がドイツ人との付き合いが頻繁であると答えていたが，外国人青年が固まる傾向が強いことから推して，排外暴力が鎮静している1997年にドイツ人との接触が頻繁にあるトルコ人青年の割合が1991年のレベルを上回っていると考えるのには疑問が残るといわざるをえない。そして仮にこの判断に大過がないとするなら，上記のSOEPの調査で見出された傾向，すなわちドイツ人と外国人との間の社会的仕切りの増大がベルリンに住むトルコ人青年層についても確認されることになろう。

　ところで，トルコ人の住宅事情に関してミュンヘンで行われた調査からは，トルコ人居住者には近隣のドイツ人とほとんどコンタクトがなく，挨拶を交わすことすら稀であることが明らかになっているが，これと同様にベルリンの調査でも居住地域でのドイツ人との関係について調べている。その結果をまとめたのが表31である。それによれば，1997年も91年と同様に住居の近隣で近年ドイツ人との関係が変わったとするのは少数であり，何も変わっていないと感じているトルコ人青年が多数を占めている。しかし他面，変化を感じている者のなかには見過ごせない相違が認められる。91年には悪化したとする者が19.2％も存在したのに97年になると半減し，代わって良くなったとするのが2.4％から18.3％へ大幅に増大しているからである。したがってトルコ人青年たちにとって身近な社会は幾分住みやすくなっているといえるが，しかしそこから一歩外に出ると事情は異なり，差別がありふれた日常の事柄になっている世界が待っているのを忘れるわけにはいかない。そのことを伝えているのが表32である。「あなたは外国人であるために差別され，あるいは不利に扱

表32　差別体験の有無（単位：％）

	1991年			1997年		
	全体	男性	女性	全体	男性	女性
あ　り	42.7	49.3	36.2	49.0	55.5	42.0
な　し	55.2	49.5	60.9	50.3	43.6	57.5
無回答	2.1	1.2	3.0	0.7	1.0	0.4

（出典）Die Ausländerbeauftragte des Senats, Berliner Jugendliche türkischer Herkunft, S.22より作成。

われているという印象を持ったことがありますか」という問いに対して1991年には42.7％が「はい」と答え，97年にもやはり半数の49.0％が「はい」と回答している。これを多いと捉えるか少ないと評価するかは別にして，比率が決して小さいとはいえない点は銘記されるべきであろう。また同時に，その結果が1995年11月に行われた調査のそれと矛盾していることにも注意が払われるべきであろう。なぜなら，外国人に対するドイツ人の姿勢に焦点を当てた同調査からは，例えば「文化的多様性は我々の生活と社会を豊かにする」という命題を93％が支持し，「ドイツ人は一般にトルコ人やベトナム人より信頼でき勤勉である」という命題を67.7％が否定していることに見られるように，ベルリンのドイツ人市民が外国人に対して抱く差別意識が薄らぎ，多文化や移民国状態を受け入れる姿勢が強まりつつある徴候が看取できたからである。[9] ここに見出される齟齬は，ドイツ人が差別とは思わない行為や態度であっても，外国人には必ずしもそのようには受け取られないことがあることを示唆していると考えられる。

　それでは差別や不利な扱いを受けたトルコ人青年たちは，どのような場でそれを経験したのであろうか。

　図4にはトルコ人青年が差別を感じた場に関する調査結果が示されている。差別を受けた者の比率がほぼ等しいにもかかわらず，図には全般に1991年に比べて1997年には各々の場で差別を感じるケースが増えているのが明瞭であろう。そのことは，複数回答が認められていることを考慮するなら，差別を体験した若者の間で差別を感じる頻度が増大していることを意味している。別言すれば，差別を感じたことのない者が半数近く存在する反面，差別を受けた者ではその頻度が高まっているのが現状であり，その意味では差別体験に二極化の兆しが見出せるといえよう。

　こうした差別体験に関しては，全国レベルについて行われたSIGMAの調査にも言及しておいたほうがよいであろう。同調査では15歳から24歳までのトルコ人がこの1年のうちに差別を経験したか否かが調べられており，さらにその差別が具体的にどのようなものであったのかが訊ねられている。その結果を見ると，差別を受け

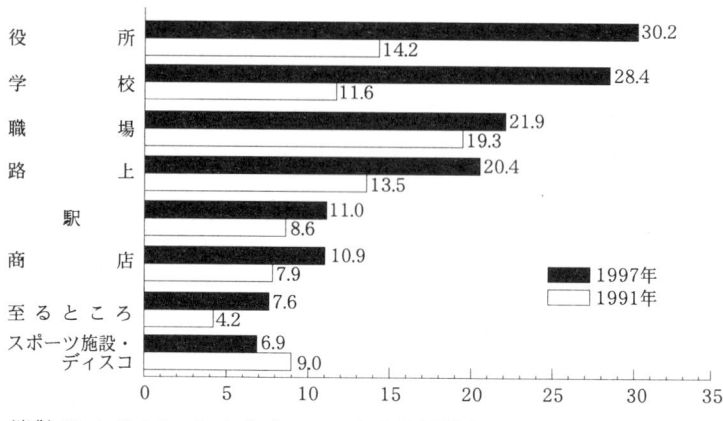

図 4　差別を経験した場所（単位：％）

場所	1997年	1991年
役所	30.2	14.2
学校	28.4	11.6
職場	21.9	19.3
路上	20.4	13.5
駅	11.0	8.6
商店	10.9	7.9
至るところ	7.6	4.2
スポーツ施設・ディスコ	6.9	9.0

(出典) Die Ausländerbeauftragte des Senats, op. cit., S. 23より作成。

なかったのは70.8％であり，最近差別された経験があるのは3割にとどまっている。また外国人差別が必ずしもトルコ人に集中しているわけではないことが，イタリア人青少年で2割，ギリシャ人青少年で3割に差別を受けた経験があることから分かる。他方，差別の内容に関しては，差別経験のない者を含むトルコ人青少年全体でみて，15.2％が飲食店やディスコへの立ち入り拒否，10.1％が家主によるドイツ人賃貸人の優先，8.4％がトルコ人であるために使用者が自分を採用せず，6.7％が保険会社による保険加入拒否を挙げている。[10]ここからは差別がかなりあからさまで悪質であることが窺える。

ともあれ，ベルリンのデータに戻れば，役所と学校での差別体験の増大はあまりにも著しいといわねばならない。外国人の場合，滞在などに関する種々の手続きのために役所に出向く必要があるが，その際の担当者の応対の仕方に差別を感じるケースが増大したと見られる。また学校では，生徒によるあからさまな嫌がらせや悪口雑言が中心になっていると思われる。[11]さらに路上でも罵言を浴びせられるなどの差別が増大しているが，これに反し，職場や商店については依然として差別が見出される主要な場であるものの，目立った変化は認められない。外国人の同僚を仲間外れにしたり，外国人の客に見向きもしないことは日常茶飯事といわれ，耳にすることも多いが，それだけに役所や学校で差別を感じるケースが増えているのと比べるとこの結果には奇異の感が残る。排外暴力が蔓延して以来，主要企業がこれに加担したり外国人に暴言を吐く行為や，外国人客を無視したり後回しにする行為に対

し解雇を含む厳しい懲戒処分で臨むようになったのはよく知られているところであり，この点にはその影響が現れているとも考えられる。いずれにせよ，全般的にみて差別に薄れる気配が現れているとは言いがたく，そのことは1994年末にベルリン市外国人問題特別代表部が『差別に対して何をすべきか』と題する冊子を作成したことからだけではなく，同代表部の協力を得てトルコ同盟やポーランド社会評議会などの団体が1996年11月にベルリン・ブランデンブルク反民族差別事務局（BDB）を開設したことからも察知できよう。反差別法の制定は外国人問題の焦点の一つになっているが，それにはこのような現実的背景が存在しているのである。

　以上で検討してきたように，ベルリンで暮らしているトルコ人青年たちの多くは現在の生活に比較的満足しているものの，満足感の中身を検討すると決して単純ではないことが分かる。同年代のドイツ人に対する態度にポジとネガの二面が見られるように，彼らがドイツ人を羨んでいるだけではなく，家族的絆の欠如に典型化される個人中心の価値観や生活様式に社会の退廃を感じていることは，その満足感の複雑な性格を示している。また全般的にドイツ人青年とのコンタクトに縮小の気配が認められることや，差別体験が二極化しつつ頻度が増大していると見られることも重要であり，広く満足感が見出される裏ではトルコ人を取り巻く社会的隔壁が高くなっていることを見逃すことはできない。こうした現実を整合的に説明するのは容易ではないが，彼らの多くが必ずしもトルコ人であることを卑下しているわけではなく，またドイツ社会で失われた家族的紐帯を重んじるトルコ的習慣を重視していることに照らせば，少なくとも一つの視点としてはトルコ人としてのアイデンティティを問題にすることが必要とされよう。そこで次にこの点に関わるいくつかの側面を眺めることにしよう。

第5節　イスラム教に対する姿勢

　最初にトルコ人青年層のイスラム教に対する関係を一瞥しよう。

　いうまでもなく，イスラム教はトルコの国教ではなく，イスラム教徒という意識はトルコ人としてのアイデンティティと直接には同一視できない。そのことはトルコ近代化の祖ケマル・アタチュルク以来，政教分離が原則とされてきたことの当然の帰結といえる。また原理主義に近いと見做される福祉党の政権獲得が，トルコがNATOの一員であるところから欧米諸国に少なからぬ衝撃を与えたのも，イスラム国家の出現が懸念されたからにほかならない。しかし政教分離が貫かれていることが国民の大多数がイスラム教徒である事実と矛盾しないのも確かである。そしてガ

ストアルバイターもしくはその家族としてドイツに住みついたトルコ人の大多数も やはりイスラム教を自分の宗教としている。その意味でトルコ人としてのアイデン ティティがイスラム教徒としてのそれと重なり合う部分が大きいのは否定しがたい といわなくてはならないのである。

　もちろん，ドイツで暮らしているトルコ人の間にアタチュルクの理念に従い，世 俗主義の立場をとる人々が存在する事実を無視してはならない。内藤正典によれば， 個人のレベルでいう世俗主義の意味は多義的であり，イスラム教徒ではあっても公 的な場ではイスラムの信仰を表明しないという信条の表明であることもあれば，イ スラムとは無縁な非宗教的な人間であることの表明でもありうる。さらにたんにイ スラム教徒としての義務を行わないことの弁明に過ぎないこともあるという[1]。後述 するSIGMAの調査では回答者の8割強がイスラム教徒であることを自認している が，第一の立場を緩やかな世俗主義と呼ぶなら，大多数がイスラム教徒と名乗って いるトルコ人の中にそうした緩やかな世俗主義者が含まれる形になっていることが 忘れられてはならない。そしてまた，その限りでトルコ人というアイデンティティ が必ずしもイスラム教徒というそれと合致するわけではないことも記憶にとどめら れるべきであろう。

　他方，C. ウターマンが指摘するように，異郷で生活していることが宗教意識を強 めている面も見逃してはならない。キリスト教社会の中で文化的マイノリティとし て過ごす日常生活が宗教への回帰を促進し，「トルコではそれほど信仰が篤くなか った人々ですらドイツにいると自分の宗教への結合を強める」ことは決して珍しい 現象ではないからである[2]。もっともその場合のイスラム教とは厳密な宗教としての それというよりは，ホスト社会とは異なる文化や習慣を含めた広い意味でのイスラ ムであることに注意を払う必要があろう。さらにドイツで高まった外国人敵視の風 潮が差別の体験を通して自己の文化的価値とりわけイスラム意識の覚醒を促進して おり，それだけトルコ人としてのアイデンティティがイスラム意識と重なる心理的 構造が形成されていることも付け加えておくべきであろう。

　この観点からドイツにおけるトルコ人の宗教面での活動の一端をみておくなら， フランスほどではなくても「公的空間におけるイスラムの可視化」が次第に顕著に なってきている[3]。すなわち，1995年現在の推計では，全国で既に約1200のモスクが 存在しているといわれる。また子供たちに朗誦と暗記を中心にして教典を学ばせる 私的な教育機関であるコーラン学校は約1,600存在すると推定されている[4]。トルコ人 たちがガストアルバイターとしてドイツに来た当時にはモスクは殆ど存在せず，礼

拝は住居の一室か，あるいは工場の一隅で行われた。しかし家族の呼び寄せが始まり，定住化傾向が鮮明になった1970年代後半頃からモスク建設の要望が強まり，これと並行してトルコで聖職者としての教育を受けた導師がドイツのトルコ人の宗教的指導に当たるためにドイツに派遣されるようにもなった。その結果，G. ガブリエルが指摘するように，「今日では工場の集会室や類似の場所の"モスク"という形の"裏庭のイスラム"の時代ははっきりと終わりを迎える」一方，各地に建てられたモスクは現在では「ドイツで暮らすトルコ人に一種の故郷を提供する島」になり，「多くのトルコ人イスラム教徒が身近にある地区のモスクで互いに結ばれあっていることを実感する」光景が見られるようになっている。[5]

　他面，モスクの増大に象徴されるイスラムの可視化が同時に種々の軋轢を生み出しているのも見逃せない。その例としては，モスク建設を巡る周辺住民の反対運動や学校でのドイツ版スカーフ問題がある。前者についてはマンハイムでの紛争が代表例であり，『シュピーゲル』でも取り上げられたことから全国的に注目を浴びた。[6] またスカーフ問題では，生徒のレベルだけでなく，スカーフを着用したまま教壇に立つ女性教員の採用拒否が問題になっている。[7] 無論，公教育で実施されている宗教の授業にイスラム教を加えることがかねてから争点になっていることは付け加えるまでもないが，そのほかに礼拝時刻を告げ知らせるムエツィーンが拡声器を使用することの是非がデュースブルクやドルトムントなどルール地方の多くの都市で問題になっていることも見落とせない。『フランクフルター・ルントシャウ』紙のルポによれば，ドイツ人住民の間からは彼らの上に降りかかる声の暴力は「戦争なき占領」に等しいとする抗議の声が上がっており，福音派の牧師が新聞でイスラム教を「公的秩序の変更を要求する反キリストの宗教」と呼んで攻撃するまでになっているといわれる。そして，「拡声器によるムエツィーンの呼び声の容認によってトルコ人マイノリティをマジョリティ社会が受け入れているというシンボリックな印を示すべきであるとするモスク団体の主張は多数の市民には不当な要求と映っている」のが実情であって，事態を重視した連邦政府外国人問題特別代表部がこの問題の法律的検討を行うところまで紛糾しているのが現在の姿である。[8]

　一方，これに類したさまざまな摩擦を引き起こしながら，これまでに多数のモスクが建設されているが，地区のモスクにはそれぞれ運営のための協会が組織され，信徒から会費を徴収している。そして信徒とその家族に対して宗教面に限られない様々なサービスが行われている。このサービスは生活の広い範囲にわたっており，協会を軸とする相互扶助のそうしたネットワークが再びモスクを中心とした結合感

を強化する働きをしているのは指摘するまでもない。このようなモスク協会の実態は長らく不明なままだったが，近年になって光が当てられるようになり，例えばエッセン市外国人評議会の委託による同市での調査を通じてモスク協会の活動と社会的機能の輪郭が把握できるようになってきている。因みに，それらの協会にはトルコ・イスラム文化協会やトルコ・イスラム文化センターなどの名称がつけられているが，「その名称自体がトルコという要素とイスラムという要素から文化的アイデンティティを作り出そうとする努力を示している」とウターマンは述べている。また，そうした協会を束ねる主要な頂上団体としてトルコ・イスラム宗教団体連合，ヨーロッパ新世界観協会，イスラム文化センター同盟，イスラム地区連盟の四つがあり，イデオロギー面で異なっていることや，それらを介してドイツのトルコ人イスラム教徒がトルコ本国の政治的影響を受けていることも指摘しておいたほうがよいであろう。

　もっとも，トルコ本国が政教分離を原則にしていることと絡んで，上述のように世俗主義の立場のドイツ在住トルコ人が存在することに照らせば，トルコ人のすべてがイスラム教徒であるわけではないし，したがってモスクに通わないトルコ人も存在している。ドイツで暮らしているトルコ人の宗教面での分布は正確には把握されていないが，SIGMAなどの調査では次のような結果になっている。すなわち，回答したトルコ人の12.7％がいかなる教会や宗教団体にも所属しておらず，2.2％がカトリックもしくは福音派の教会に所属しているが，81.7％の大多数はイスラム教の団体に属しているというのがそれである。中心となる教会の違いを度外視すれば，こうした分布はイタリア人やギリシャ人にも見出されるといえる。しかしトルコ人に特徴的なのは，緩やかな世俗主義の人々を含んではいても，メアレンダーも指摘するように，全般的に礼拝や宗教行事に出席する頻度が高いことである。調査ではその頻度は表33のようになり，「週に何度も」と「週に一度」が他をかなり引き離していることが明らかになっている。このことはイスラム教との結び付きがトルコ

表33　礼拝などへの出席頻度（単位：％）

国　　籍	トルコ	旧ユーゴスラヴィア	イタリア	ギリシャ
週に何度も	8.1	1.5	0.8	0.4
週に1回	24.4	13.1	11.3	10.0
月に最低1回	21.4	17.7	16.9	20.4
年に何度も	15.8	21.2	24.3	27.1
たまに・全くなし	24.0	33.3	38.1	34.3
出席の機会なし	6.2	13.1	8.5	7.7
無回答	0.2	0.3	0.2	0.1

（出典）　Mehrländer u.a., op. cit., S.335.

人の間で強く，イタリア人にとってのキリスト教以上にトルコ人では広い意味でのイスラムが彼らのアイデンティティに深く刻印されていることをよく示しているといえよう[13]。

これらのことを踏まえたうえでベルリンに居住しているトルコ人のイスラム教に対する姿勢に目を向けよう。

ベルリンでの調査からは，モスクに定期的に赴くのはトルコ人の3分の1であり，特に「エスニシティの再活性化」現象が認められる高齢者に多いことが判明している[14]。しかし同時に，イスラムを可視化させる中央モスクをベルリンに建設することを重要と考えるか否かに関する回答を見ると，高齢層はもとより若い世代でも宗教を軽視する傾向が広がっているとはいえないことが分かる。そのことは表34に示された結果から読み取れる。中央モスクを「極めて重要」もしくは「重要」とする回答の合計は，56歳以上では76.1％であるが，18歳から25歳までの年齢層でも63.2％の高率になるからである。また「全く重要でない」とする者が後者で17.0％にとどまっていることも，ドイツ人青年層に生じているような顕著な宗教離れがトルコ人青年層には起こっていないことを物語っているといえよう。

表34　中央モスク建設の重要性（単位：％）

	全体	男性	女性	18～25歳	26～35歳	36～45歳	46～55歳	56歳以上
極めて重要	34.5	34.7	34.2	29.4	28.5	33.5	45.7	46.3
重要	32.6	31.8	33.4	33.8	34.2	33.5	29.2	29.8
それほど重要でない	17.1	17.2	16.9	16.3	18.4	20.9	14.3	14.9
全く重要でない	12.8	13.7	11.9	17.0	15.5	9.1	8.9	5.8
わからない	3.0	2.5	3.5	3.4	3.4	3.0	1.9	3.3

（出典）Die Ausländerbeauftragte des Senats Türkische Berliner halten trotz widriger Umstände an der Integration fest, S.23.

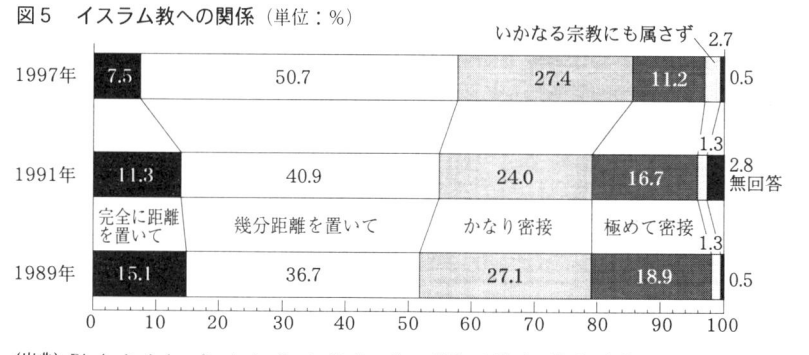

図5　イスラム教への関係（単位：％）

年	完全に距離を置いて	幾分距離を置いて	かなり密接	極めて密接	いかなる宗教にも属さず	無回答
1997年	7.5	50.7	27.4	11.2	2.7	0.5
1991年	11.3	40.9	24.0	16.7	2.8	1.3
1989年	15.1	36.7	27.1	18.9	1.3	0.5

（出典）Die Ausländerbeauftragte des Senats, Berliner Jugendliche türkischer Herkunft, S.3.

無論，そのことは厳密な意味での宗教に彼らが固着していることと必ずしも同義ではない。しかし文化や習慣あるいは少なくともシンボルとしてのイスラムへのつながりを彼らが広範に保っているのは確実であろう。このことを証明しているのが図5である。1989年から1997年までの間に「完全に距離を置いて」と「幾分距離を置いて」の合計が51.8％から58.2％に増大しているものの，その一方で，「完全に距離を置いて」が減少していることが第一に注目される。また，「かなり密接」と「極めて密接」の合計が1989年の46.0％から1997年に38.6％に縮小しているものの，必ずしも大幅な減少とまではいえないことも注意を引く。これらの数字をもとにすれば，確かにトルコ人青年層で世俗化の過程が進行していると見做すことも不可能ではない。そしてそれはドイツ社会で暮らしている以上，ある意味で自然な現象ということもできよう。しかしむしろ注視すべきは，イスラム教が多岐にわたる生活規範を有するためにそれに密着してドイツ社会で暮らすことが様々な不利や不都合をもたらすにもかかわらず，イスラム教に距離を置く青年がそれほど増えてはいない点である。そしてこの点に照準を合わせるなら，なるほど世俗化が生じてはいるもののかなり緩やかであり，多くの青年がイスラムの世界にとどまっていることに留意する必要があるといえよう。[15]

　そのことは他の面からも指摘できる。例えば，ドイツで成長した若者が多くなっていることから，トルコ人家庭では親の世代との価値観や生活様式などの相違が世代間紛争の原因になっているが，その面から見ても，家族を重んじる姿勢と同様に，宗教に対するそれも親の世代と大きくは隔たっていないことが看取できる。図6は宗教などに対する若者の姿勢が親のそれと異なっているかどうかを調べた結果である。半数以上が宗教に関して親との間に違いはないと考えており，宗教は価値観の継承が比較的順調になされている分野であることが窺える。というのも，これまでの調査によれば，総合的に見て親の世代との生活観の一致を言うのは比較的少なく

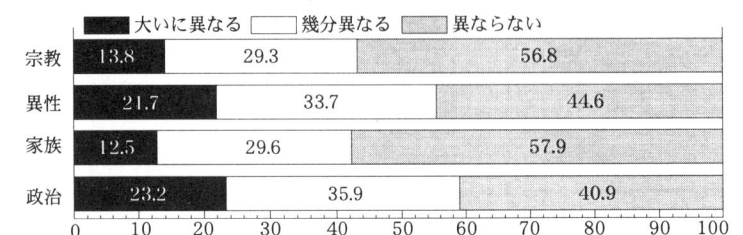

図6　親の姿勢との異同（単位：％）

	大いに異なる	幾分異なる	異ならない
宗教	13.8	29.3	56.8
異性	21.7	33.7	44.6
家族	12.5	29.6	57.9
政治	23.2	35.9	40.9

（出典）Die Ausländerbeauftragte des Senats, Berliner Jugendliche türkischer Herkunft, S. 38.

表35　子供をコーラン学校に通わせている親（単位：％）

	1983年	1993年		
	男　性	全　体	男　性	女　性
通わせている	17	15.7	16.3	15.1
通わせていない	82	84.0	83.4	84.6
わからない	1	0.3	0.3	0.3

（出典）　Die Ausländerbeauftragte des Senats Türkische Berliner halten trotz widriger Umstände an der Integration fest, S.23.

て1985年には39％，1991年には29％にすぎず，「幾分異なる」と「大いに異なる」の合計がそれぞれ59％と66％になっているからである[16]。無論，これらは青年層についての結果であって，親の側から見た場合にも同様の結果が得られるとは限らないことに注意を払うべきであろう。

　一方，親の世代ほどではなくても青年層は概して宗教を重んじているといえるが，にもかかわらず，コーランを正規の指導者の下で学習した若者は実は多くはないことも見逃せない。表35はそのことを暗示している。義務教育期の子供をもつ親でコーラン学校に子供を通わせるケースが意外に少ないことがそこから看取される。ベルリンでコーラン学校に通う子供の比率のこうした低さは別の調査によっても確認されるが，しかしノルトライン＝ヴェストファーレン州では1983年頃に70％から80％が通っていたとされることに照らすと，州や時期によりかなりの開きが存在する可能性があることに留意すべきであろう[17]。もちろん，コーラン学校に通わせない理由には，距離が遠いという単純なものから原理主義系の団体が運営していることへの警戒心まで種々のものが考えられ，コーラン学校に通学させないことがそのまま宗教軽視を意味するわけではない。けれども，子供をドイツ社会で生きていくことができるようにしなければならない親の立場などを考慮するなら，少なくともベルリンについてはイスラム教徒としての宗教教育を最優先させる気風が親の間で全般に低調であることは指摘してよいであろう[18]。

　因みに，基本法7条3項では公立学校で宗教教育を行うことが義務づけられているのは周知のとおりであり，これに関連してイスラム教の扱いはかねてから問題になっているが，基本法140条で教会が「公法上の社団」として規定されているためにその資格が厳格であるのに加え，文化・教育高権は州にあるところから対応は一様ではない。K.ガブリエルによれば，ノルトライン＝ヴェストファーレン州の基礎学校では宗教の時間にイスラム教も教えられており，児童の13％がこれに参加しているが，ベルリンではイスラム教は正規の宗教の授業としては認められていない[19]。またラインラント＝ファルツ州で認められない理由としてA.クラインシュニーダー

はイスラム教徒全体を正当に代表する団体が存在しないことのほかに, イスラム原理主義が浸透する懸念があることを指摘しているが[20], 実際には理由も形式的なものから実質的なものまで多様である。ノルトライン＝ヴェストファーレン州でも1986年に基礎学校で開始されたときにはトルコ語の母語による補習授業の形で, しかも州の授業プランと監督の下においてであり, 1991年からは試行的との名目で7年生から10年生にまで拡張されている。これに先立ちハンブルクでは1983年以降トルコ人の基礎学校児童に対してイスラム教の授業が実施されているが, 他方, 1995年のISOPLANの各州政府への照会によっても, シュレスヴィヒ＝ホルシュタイン, ニーダーザクセン, ブレーメン, ヘッセン, ザールラント, バーデン＝ヴュルテンベルクなどでは母語学習の枠組みで補足的に行われるにとどまり, 正規の宗教の科目としては認められていないのが現状である[21]。

こうしてトルコ人の多くの子供が学校で正規のイスラム教の授業を受けず, コーラン学校に通わないまま成長しているのが現実だとすれば, 宗教を軽視はしなくても, イスラム教の教えを絶対視せず, その生活規範を緩やかに捉える傾向が広がっても不思議ではないであろう。そうした傾向の一端は異なる宗教に対して寛容な態度をとる若者が多数に上っていることからも窺える。調査ではいくつかの命題を提示して支持するか否かを問うているが,「イスラム教徒は他より優れた人間である」を支持するのは8.7％にすぎないのに対し,「平和的共生は異なる信仰の人々に対する寛容に基づく」を正しいとする比率は88.3％で圧倒的多数を占めている[22]。また両方の命題に反対するのは1.6％, 両方とも支持するのは1.2％という結果になっている。このことは, トルコ人青年層にとってイスラム教が信仰の問題というよりは, 自分の位置を表すシンボルの役割を果たしていることの反映であると解される[23]。また同時に, ドイツでは近年イスラムの教義を絶対化する形をとりつつ, これを政治的に利用しようとするグループをイスラム主義者と呼んでその勢力の国外からの浸透を警戒する動きが治安関係者の間で高まっているが[24], こうした調査結果に照らすなら, トルコ人青年層の多くはイスラム教を重んじる姿勢をもちながらも, 異なる信仰を排撃する狭量な考え方には傾いておらず, その限りでイスラム主義が彼らの共鳴を広く獲得する可能性は低いといってよいであろう。

それはともあれ, 以上で瞥見したデータとその検討からは, 世俗化の流れが認められるとはいえ, キリスト教社会であるドイツのなかでトルコ人青年たちの多くが広義のイスラムを重んじる姿勢をそれほど崩していないことが確認でき, その点で文化的マイノリティとしての彼らのなかでトルコ人としての意識とイスラム教徒と

表36　外国人青年層のドイツ人意識（単位：%）

年	1984	1989	1991	1995
全　体	10	11	14	11
第2世代	15	19	30	21
女　性	10	10	12	10
トルコ人	6	4	8	7

（出典）　Statistisches Bundesamt, Datenreport 1997, S.586.

してのそれが溶け合っていることが推察されよう。換言すれば，彼らのアイデンティティはトルコ人であるという自覚から成り立っているだけではなく，イスラム教徒という意識によっても支えられているといってよい。このことは，逆の面から眺めるなら，彼らを取り巻く社会的隔壁がイタリア人などより高いのは，彼らがトルコという異国の国籍をもつ人々であるからばかりでなく，イスラム教徒であることにも起因していることを意味しているということができよう。

　この把握が当を失していないとするなら，トルコ人青年層が社会的隔壁を乗り越え，文化的マイノリティの地位から抜け出るためにマジョリティの社会への同化の道に安直に踏み出さないのもそれなりに理解できる。トルコの文化とそれに織り込まれたイスラムの宗教は彼らのアイデンティティの主要な要素であり，自信や誇りの源泉ともなっていると考えられるからである。ドイツでの一時的滞在が定住に変わり，ドイツ生まれの世代が増大してくるにつれて，ドイツ人という意識をもつ外国人が増えてきていることは，確かにこれまでの調査によって証明されている。例えばSOEPの調査では表36にみる結果が得られ，平均以上に第2世代でドイツ人意識を有する者が存在していることや，トルコ人ではそうした意識をもつ者は外国人の平均を下回っていることなどが確認されている。これまでのところ，その比率は大きくないものの，今後ドイツ生まれ，ドイツ育ちの外国人が増加することを考えれば，第2世代で2割から3割がドイツ人という自覚をもっている事実は刮目に値しよう。

　また二重国籍の是非が論争を呼んでいるなかで，ドイツ国籍を取得する意思をもつ外国人が増加していることもやはり注目すべきであろう。これをベルリンのトルコ人青年層に限ってみるなら，表37に示した結果が得られる。トルコで国籍離脱に関する兵役義務による制約が緩和されたことや，外国人法改正によってドイツでの国籍取得が特に若年層について容易になったことのほか，そうした変化を考慮して設問の仕方も変更されたので比較は難しいが，1985年を除いてどの調査年度にも半数以上が国籍取得の意思を表明しているのが興味深い。中でも1997年の調査ではト

表37　ドイツ国籍の取得意思（単位：％）

		全体	男性	女性
1985年	取得意思あり	19.0	22.0	16.0
1988年	トルコ国籍を保持できれば取得意思あり	61.2	67.9	52.2
1991年	トルコ国籍を保持できれば取得意思あり	73.7	78.7	68.8
1997年	トルコ国籍を放棄しなくてはならなくても取得意思あり	59.1	55.4	63.1

（出典）　Die Ausländerbeauftragte des Senats, Berliner Jugendliche türkischer Herkunft in Berlin, S.5および Berliner Jugendliche türkischer Herkunft S.7より作成。

表38　ベルリン在住トルコ青年層のドイツ帰化数

1988年	1989年	1990年	1991年	1992年	1993年	1994年	1995年	1996年
323	465	554	1,357	3,331	4,130	3,343	5,227	4,788

（出典）　ベルリン市外国人問題特別代表部の資料。

ルコ国籍の放棄を条件にした設問になっており，それでもドイツ国籍の取得を望む者が60％近く存在することは，青年層の多くにとってトルコ人であることの意義が薄らいでいるという印象を与えるものであろう。そしてこの印象は，表38に見るように，ベルリンでドイツ国籍を取得したトルコ人の数が1990年代になって急伸している事実によって一層強められるのである。

　しかしながら，日常生活の現実に照らすと，青年層にとってトルコ人であることの意味が必ずしも軽くなってはいないことが分かる。その一例は，彼らが日頃接しているメディアである。ドイツにおけるトルコ・メディアとしては，1960年代から70年代にかけてトルコ映画が持ち込まれ，次いで1970年代から80年代にはビデオ市場が隆盛期を迎えたが，1990年からは衛星やケーブルを使ってトルコのテレビが見られるようになったことが念頭に浮かべられるべきであろう。またメディアについて考える場合，どのメディアに対する選好度が高くなるかはドイツ語の習熟度に大きく依存していることや，既述のように若い年代ほどドイツ語能力は高くなり，トルコ人青年層の多くには良好という評価が与えられていること，また同時に彼らの多くがトルコ語をあまり不自由を感じないで使いこなせることを想起しておく必要があろう。これを踏まえて先ずSIGMAの調査結果に目を遣ると，ドイツとトルコ

表39　外国人のテレビとラジオの視聴（単位：％）

	ドイツのテレビとラジオ				故国のテレビとラジオ			
	トルコ人	旧ユーゴスラヴィア人	イタリア人	ギリシャ人	トルコ人	旧ユーゴスラヴィア人	イタリア人	ギリシャ人
頻　　繁	53.8	67.5	70.3	69.9	47.8	21.5	30.8	22.2
時　　々	39.6	27.3	26.8	27.3	42.4	42.6	42.9	45.6
全く視聴せず	6.0	4.9	2.3	2.1	9.7	35.7	26.2	32.2
無　回　答	0.5	0.3	0.6	0.7	0.1	0.2	0.1	0.1

（出典）　Mehrländer u.a., op. cit., S.299fより作成。

のテレビとラジオの視聴状況は表39にまとめた結果になる。イタリア人などに比べてドイツのテレビとラジオを視聴するトルコ人の比率が低く，逆にトルコの放送を視聴する比率が高いことが歴然としている。そのためトルコ人以外の外国人ではドイツの放送を頻繁に視聴する比率が高いのに反し，トルコ人だけがドイツとトルコのそれにはほぼ同率で接する形になっている[26]。こうした差異は他の面からも裏付けられ，例えばドイツ人世帯でケーブルを引いているのは34％であるのにトルコ人世帯では57％に達している。15歳から24歳までの年齢層でのメディアの選好を比較しても類似の結果になる。トルコのテレビとラジオを視たり聴いたりする比率が他の外国人を大きく上回っており，「頻繁に」と「時々」を合計すると88.9％にも達しているのが現実である。そうした実態に照らすなら，「ドイツに居住しているトルコ人によるテレビ視聴のエスニック化」というJ.ベッカーの指摘は決して誇張とはいえないであろう[27]。

　ではベルリンの調査結果はどうであろうか。

　まずベルリンにおけるトルコ・メディアの現状についていえば，ドイツ国内の他のどの都市にもましてベルリンには豊富なトルコ・メディアが存在している事実が注目されるべきであろう。また同時に，活字メディアの退勢というトレンドがここでも見出され，電波メディアの中ではやはりラジオの地位が低下し，テレビの優勢が強まる傾向が指摘されていることも見落とせない。このことはベルリンのトルコ人では全国平均を大幅に上回る90％近くがケーブルに接続している事実から窺え，ケーブルによって三つのチャンネルでトルコ語のテレビ番組を見ることができる。それらのうちで最もよく視聴されているのはTRT－INTであるが，その番組の大半はトルコで製作されているといわれる。さらに衛星放送の受信設備を備えれば多数のトルコ語放送をいつでも見ることが可能な状態にある。こうしたトルコ語テレビ放送の活況に加え，「ベルリンで発行される数少ないトルコ紙の一つを買うには例えばツォー駅まで行かねばならなかった時代は遠く過ぎ去り」[28]，多種類のトルコ語の新聞や雑誌が大抵のキオスクに並んでいるのが今日の姿であることを考え合わせれば，ベルリンではトルコ・メディアの欠如や不足はもはや問題になりえないといえよう。

　ではこうした状況を背景とした場合，ベルリンでの調査結果は何を示しているのだろうか。

　メディアに関する主要な調査結果を整理したのが図7である。そこからは，ベルリンに住む多数のトルコ人の若者が好んで接するメディアのトップはドイツのテレ

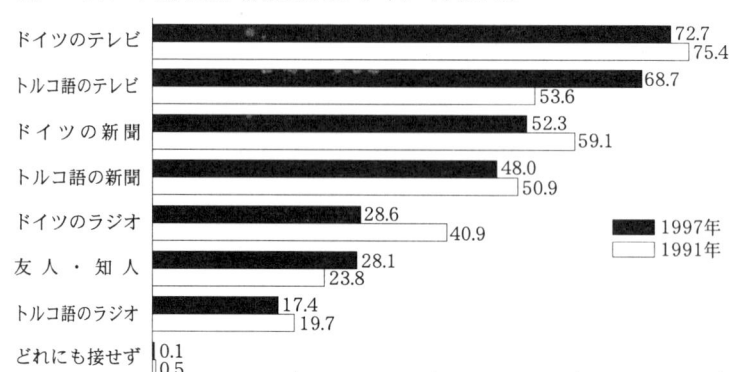

図7 トルコ人青年層が情報を得るメディア（単位：%）

	1997年	1991年
ドイツのテレビ	72.7	75.4
トルコ語のテレビ	68.7	53.6
ドイツの新聞	52.3	59.1
トルコ語の新聞	48.0	50.9
ドイツのラジオ	28.6	40.9
友人・知人	28.1	23.8
トルコ語のラジオ	17.4	19.7
どれにも接せず	0.1	0.5

（出典）Die Ausländerbeauftragte des Senats, Berliner Jugendliche türkischer Herkunft in Berlin, S. 6f および Berliner Jugendliche türkischer Herkunft, S. 35 より作成。

表40　ベルリン在住トルコ人が情報を得る主なメディア（単位：%）

	全体	18〜25歳	26〜35歳	36〜45歳	46〜55歳	56歳以上
トルコ語新聞	71.9	60.6	75.7	77.0	74.0	81.8
ドイツ語新聞	44.7	54.0	50.8	41.3	33.3	26.4
トルコのラジオ	13.1	13.4	11.0	9.6	16.8	17.4
ドイツのラジオ	15.6	22.9	15.3	11.7	10.8	11.6
ベルリンのトルコ語テレビ	75.7	66.7	74.2	78.3	84.8	83.5
ドイツのテレビ	63.6	71.8	67.2	66.5	53.7	43.0
友人・知人	19.0	22.1	18.9	20.4	16.2	13.2

（出典）Die Ausländerbeauftragte des Senats Türkische Berliner halten trotz widriger Umstände an der Integration fest, S.21より作成。

ビであるが，それに劣らずトルコのテレビも視聴していることが分かる。しかも1991年に20％以上開いていた両者の差は，1997年になると大幅に縮まっている。またテレビに次ぐ主要なメディアである新聞についても，ドイツ紙と『ヒューリエット』（発行部数11万部）に代表されるトルコ紙との差は縮小し，1997年には殆ど同率になっている。(29)一方，ラジオに関しては開きが認められるものの，テレビや新聞に比べて比率自体が小さいのが特徴になっている。なお年齢層に即してメディアの選好度を見たのが表40である。56歳以上ではトルコのテレビ放送とトルコ紙の選好度が断然高く，ドイツ語メディアではテレビがかろうじて43.0％となっているものの，識字力が必要とされるドイツ紙では26.4％にとどまっている。これに対し，18歳から25歳の年齢層では様相が大きく異なり，トップに位置しているのがドイツのテレビであり，ドイツ紙も54.0％と比較的高く，56歳以上の場合の2倍になってい

るのが印象深い。

　年齢層によるこうした相違からは，若者が高齢者よりは遥かにドイツ社会に対して開かれた姿勢を有していることが伝わってくる。そして同時にその開放性がアイデンティティの面でガストアルバイター世代の中高年と若者を中心とする第2世代との間のズレを拡大していることも容易に推察できる。前者にとってはドイツ社会はメディアによってすらあまり触れ合わない疎遠な世界であるのに対し，後者にとっては親近感までは抱かなくても違和感を覚えない馴染んだ世界として映るからである。もとより，トルコ人青年たちが長くドイツの地で暮らし，生活の様々な場面でドイツ社会に接していることからすれば，彼らの視聴するメディアにドイツのそれが含まれ，かなりの比重をもつのは当然であり，むしろトルコ・メディアが彼らの日常の中に深く浸透している事実こそ重要であろう。

　この点を考慮すれば，トルコ人青年層の日々の生活はトルコ社会に重心をおき，それに密着して営まれているのが現実であり，またトルコ語とその文化の世界にかなりの程度浸っていることから，トルコ人としてのアイデンティティが彼らの間で強固に形成されていると考えてよいであろう。それに加え，教義や生活規範の受容の仕方は別にして，イスラム教を重視する傾向があることや，ドイツ社会の個人中心の生活観に距離を置き家族的紐帯を重んじるメンタリティなどをみるなら，トルコ人であり，イスラム教徒であることを卑下し，ドイツ人を羨望の眼差しで見詰める姿勢が一般的なのではなく，むしろ多かれ少なかれトルコ人であることに自信と誇りを感じていることが窺えよう。このことは，例えばトルコ人という自己の出自に関する態度から読み取ることができる。この問題についての調査では，ありうべき立場を提示したうえで，どれを支持するかが問われているが，並べられているのは，「どこであれ私は自分がトルコの出自であることを強調する」，「私は自分のトルコの出自を隠そうとは思わない」，「私は自分のトルコの出自を公言するのを避ける」の三つである。その結果を見ると，第一の「出自を強調する」が40.8％，第二の「出自を隠さない」が51.2％，最後の「出自の公言を避ける」が4.8％であり，その他が3.1％となっている。ここにはトルコ人であることに劣等感を抱いている様子は殆ど見られないばかりか，かえってそれを自負する傾向さえ感じられる。換言すれば，差別体験のある若者が多く，ドイツ社会から排除されているという一種の被害感情が意識下に広く沈殿しているにもかかわらず，彼らはトルコ人であることを理由に卑屈になるのではなく，むしろそれを根拠にして蔑みを撥ね返すだけの誇りを身につけているといえよう。

もちろん，トルコ人でありイスラム教徒であることが隠蔽すべき弱点ではなく，逆に自負の源泉でさえあるとするなら，トルコ国籍を棄て，代わりにドイツ国籍を取得することを希望する若者が少なくないことは不可解に思われよう。しかし，ドイツで生活していく以上，滞在と労働の面を中心に外国人であることに付きまとう種々の制約や不利益ができるだけ取り除かれているのが好ましいのは当然であろう。しかも一部にはドイツ人という意識をもつ者が現れるほど外国人青年層にとってドイツの社会と文化は身近になり，外国人第1世代にとってのような馴染みにくく疎遠なものではなくなっていることも，ドイツ国籍取得に対する抵抗感を解消する働きをしていると考えられる。

　そうだとすれば，ドイツ国籍の取得が家族的絆を重視する生活観の抹消やイスラム教徒であることの断念を条件としているわけではないことから，トルコ人であることに自負を感じる場合であっても法律上ドイツ人になるのを阻む心理的障害はそれほど高くはないであろう。確かにトルコ社会に軸足をおいて生活してきている事実に照らせば，ドイツへの帰化は背信行為に近く，トルコ社会からの追放に類したサンクションを受けることも考えられる。しかし帰化に対する周囲の反応が社会的つながりの断絶にまで至るのか，それとも関係の冷却にとどまるのかに関しては，帰化の事例が増えているのに管見の限り全く報告がなされておらず，推測の域を出ないことに留意する必要がある。いずれにせよ，トルコ人青年層の多くがドイツで育ってきており，ドイツ語に余り支障がないばかりか，ドイツ社会のルールや習慣，文化を熟知していることは重要であり，トルコ人としてのアイデンティティも開放的であることから，実利的判断に立って彼らがドイツ国籍の取得を望んでもそれほど不思議とはいえないと思われる。[32] 外国人労働者の事実上の定住化の結果，ドイツで生まれたり育った者が少なくないトルコ人青年層は，ドイツへの帰化の条件を満たさずその用意もない第1世代のトルコ人とは違い，決断いかんでドイツ社会に入り込むことが可能な地点にまで到達している。その意味で，生い立ちや心情の面で結ばれているトルコ社会と大きな違和感がなく実利も約束されるドイツ社会との狭間にあって，彼らの内面に葛藤が生じていると考えられるのである。

第6節　統合の破綻テーゼの概要と問題点

　ベルリン市外国人問題特別代表部が委託した調査を中心にして，以上でトルコ人青年層の生活状況や意識などを種々の角度から検討してきた。家族構成をはじめ職業地位や所得など調査項目に含まれていないために不明なままに残されている部分

が少なからずあり，その意味では行き届いた調査というには程遠いことは容易に気付かれよう。しかし目下のところこれ以上の掘り下げは不可能なので，最後に近年波紋を呼んでいる統合の破綻を巡る議論の輪郭を一瞥し，それが調査結果から浮かび上がるベルリンのトルコ人青年像と合致するかどうかを手短に考えてみることにしたい。

統合の破綻というテーマに関しては，1993年6月の『ツァイト』に掲載されたW.ゲーアマンらの特集記事で既に詳しく扱われていたといえる。なぜなら，「ドイツ人の世界はトルコ人に対して閉ざされている」ことが確認される一方で，「クロイツベルクのトルコ人青年の新しいアイデンティティの型はゲットーという」ことに注意が向けられ，「ゲットーが温かい巣になる」のに応じて「トルコ人であることが独自のアイデンティティとなる」実情が仔細に報じられていたからである。しかしその後半ば忘れられていたこのテーマを衝撃的な形で再びクローズアップしたのは，1997年16号の『シュピーゲル』の特集である。中央にトルコの国旗をかざした女性が立ち，そのわきにコーラン学校で学ぶ少女たちとストリートギャング風のトルコ人少年グループを配した表紙には「外国人とドイツ人：危険なまでに疎遠」と大書され，さらに「多文化社会の破綻」と付け加えられているが，そうした図やタイトルはそれだけで極めて刺激的といってよい。しかし「都市近郊の時限爆弾」と題した特集記事そのものの内容もそれに劣らずショッキングであり，一時は全国に野火のように広がった排外暴力事件が鎮静化してきたのを受けて外国人との裂け目が繕われつつあると信じていた社会に突如として冷水を浴びせる形になった。実際，その波紋の大きさは，類似のテーマをすぐに『ジュートドイッチェ』紙や『フォークス』が取り上げたことからも窺えよう。

記事ではさまざまな事象に光が当てられており，それらのつながりは必ずしも明確ではないが，外国人とりわけトルコ人との社会的亀裂が深まり，爆発力をもった紛争が生じる危険が高まっていることを警告することに主眼があるのは明白といえる。最初に視線が注がれているのは，アオスジードラーの青少年とトルコ人青少年との衝突が頻発していることであり，50万人の前者と60万人の後者が警察，ソーシャルワーカー，研究者によって時限爆弾と見做されていることが紹介されている。アオスジードラーについては第6章で論じるのでここでは措くとして，トルコ人青少年が危険視されるのは，非行に走る者が多数存在しており，その背景に「社会問題のエスニック化」があると見られるからである。統合が成功していないことを証明するものとして，特集では少年非行のみならず外国人による犯罪が多発している

ことが引き合いに出され，ノルトライン＝ヴェストファーレン州のある大都市での調査では住民の40％がドイツ人は自分の国で多くの外国人に対して自分を守らねばならないと考えるまでに状況が険悪化していることが実例として示されている。そして「ますます多数の市民が自分の国で脅かされ，悪行を働かれ，守勢に追い込まれていると感じている」のが現状であり，「ドイツは略奪される国に零落しつつある」という感情が一般市民の間で広がっていることが指摘されている。

　こうした憂慮すべき事態を招いた外国人犯罪のうちでも特に重大なのはトルコ人青少年の非行であるが，彼らの犯罪行為の背景には根深い原因があるというのが『シュピーゲル』の見方である。それは，宗教や文化的伝統の相違のために，「ガストアルバイターとして迎えられたイタリア人，スペイン人，ポルトガル人などと違ってトルコ人はドイツ人にとって常に疎遠だった」のに加え，失業が増大する中で社会に不満が鬱積し，一方でその捌け口を外国人に向ける傾向が強まるとともに，他方では失業が真っ先に外国人に降りかかり，「エスニックな差別」が横行するようになっていることである。そうした中，ベルリンで学校に入るトルコ人の子供たちの30％から40％がドイツ語を全く話せない状態であり，青少年の３分の１は基幹学校を修了できないまま社会に不完全な形で送り出されている。また14歳から19歳のトルコ人たちは衛星やケーブルで殆どもっぱらトルコの番組をみており，「出生し育った国からメディアの面でも自分を切り離している。」その上，彼らは「ドイツにもトルコにも愛着を感じず，どの民族にも引き付けられてはいないと感じている。」そうした心理の裂け目には麻薬が入り込み，トルコ人の若者の間では麻薬が広がって，特に非行グループでは互いを結び付ける役割さえ果たしている。そしてそのような「第２，第３世代のトルコ人のますます多くがエスニックな差別に対して一種の自己ゲットー化で反応して」おり，その結果，「アメリカに類似して，ドイツが分裂した社会になる危険が増大している」というのが『シュピーゲル』の診断である。

　このように『シュピーゲル』の特集では主としてトルコ人青少年に焦点が当てられ，彼らが非行を繰り返している背景に統合の破綻があることが摘出される形になっている。この文脈でベルリンのケースを検討したものにはH.-B. リヒターの論説がある。それによれば，クロイツベルクでは1997年だけでも二つの青少年センターが外国人青少年の暴力行為が絶えないために閉鎖されたとのことであり，「様々な外国人集団からなる民族的に閉ざされた青年ギャング団」によって引き起こされる「若者の紛争のエスニック化」に警鐘が鳴らされている[4]。

これに対し，トルコ人の若者の間でイスラム原理主義に共鳴する者が増えている事実を照射し，これを社会的不統合の帰結として位置づけているのが W. ハイトマイヤーのグループである。[5] 15歳から21歳までのトルコ人青少年約1,200人を対象にして1995年秋に実施した調査に基づく彼らの研究は貴重なものであるが，その特色はイスラム教徒としての意識を三つの面から分析しているところにある。一つは，民族的，政治的な諸価値に対する宗教の優越を強調する立場，すなわち「イスラムを中心に据えその優越性を唱える主張」に対する支持の広がりである。これには西洋的生活様式の拒否からイスラム教の絶対的優越の主張にまで至る幅広いバリエーションがあるが，原理主義の核心ともいえるこの面でのトルコ人青少年の態度は表41のとおりになっている。「人はコーランにしたがって生活すべきであり，信仰の改革や近代化を拒絶すべきである」という考えを「完全に支持する」もしくは「支持する」として共鳴する者が49.1％に上っていることや，「他の国民の宗教は誤っており，

表41 トルコ人青年層のイスラムの優越性に関する見方 （単位：％）

	完全に支持	支持する	支持しない	全く支持しない	無回答
人はコーランにしたがって生活すべきであり，信仰の改革や近代化を拒絶すべきである。	26.5	22.6	24.5	18.5	8.0
共産主義の終焉後，資本主義も没落しつつある。未来はイスラムのものである。	26.0	24.2	28.3	15.2	6.3
たとえここで暮らしても西洋的生活様式に過度に適応してはならず，イスラムの教えに従うべきである。	26.0	30.0	24.9	13.3	5.8
他の国民の宗教は誤っており，その信徒は信仰なき者であることを信仰のある者は知らねばならない。イスラム教だけが唯一正しい宗教である。	30.6	25.3	21.9	15.5	6.7

（出典） Wilhelm Heitmeyer, Helmut Schröder und Joachim Müller, Desintegration und islamischer Fundamentalismus, in: Aus Politik und Zeitgeschichte, B7-8/97, 1997, S.25.

表42 暴力についての姿勢 （単位：％）

	完全に支持	支持する	支持しない	全く支持しない	無回答
イスラム社会に役立つなら，私には信仰なき者に暴力を行使する用意がある。	18.3	17.4	25.3	26.7	12.3
イスラム社会に役立つなら，私には他者の品位を汚す用意がある。	9.3	15.0	33.3	29.9	12.5
イスラムの信仰を貫くためなら暴力は正当である。	10.9	17.6	27.7	35.8	13.3
イスラムに対して戦いを挑む者は殺さなければならない。	9.2	14.0	27.7	35.8	13.3

（出典） Heitmeyer u.a., op. cit., S.26.

イスラム教だけが唯一正しい宗教である」を55.9％が肯定していることは，批判や懐疑を許さず，異なる信仰をもつ者に対する寛容を認めない考え方がトルコ人青少年の間に浸透していることを示している。

　第二の面は宗教と暴力との関係である。調査では，具体的には，異なる宗教からイスラム教を擁護したり，広めたりするためには暴力は許容されるかどうかが問われている。その回答を示す表42からは，どの設問にも「完全に支持する」または「支持する」と答える者は少数派であって，「全く反対である」がいずれも3割程度存在することにみられるように，信仰のためといえども暴力の行使を是認するところまでいくのに対しては，イスラム至上主義的な傾向の広がりにもかかわらず，抵抗がかなり大きいのが分かる。

　第三の面は，イスラム原理主義団体もしくはトルコ・ナショナリスト団体との関係である。イスラム教の優越や暴力の容認はバラバラな個人の内心の問題であるのをやめ，組織の形をとったとき重大化するが，この観点から調べられているのは原理主義的傾向の強い新世界観連合（AMGT）系のミッリー・ギョルシュとナショナリスト系団体ヨーロッパ・トルコ民主理想主義者連盟（ADÜTDF）に連なる灰色の狼によって自己の利害が代弁されていると感じているか否かである。[6] 連邦憲法擁護庁とベルリン市憲法擁護局の報告書によれば，両組織を中核とするトルコ人のイスラム主義者と過激ナショナリストの数は1996年に全国でそれぞれ2万8,300人と6,900人を数え，ベルリンでは各々3,150人と600人が確認されているが，[7] 二つの団体とトルコ人青年層のつながりに関する結果をまとめたのが表43である。「よく代弁されている」と「部分的に代弁されている」の合計が「全く代弁されていない」と「団体を知らない」の合計をやや下回るレベルにあり，メンバーであるか否かは別にして，青年層にとってそれらの団体が疎遠であるどころか，かなり身近に感じられていることが明らかになっている。いずれもドイツの基準に当てはめると民主的な秩序と価値観に脅威を与える過激派団体に位置づけられ，憲法擁護機関の監視対象になっていることを考えるなら，トルコ人青少年の3分の1が多かれ少なかれ

表43　ミッリー・ギョルシュと灰色の狼に関する見方（単位：％）

	私の立場がよく代弁されている	私の立場が部分的に代弁されている	私の立場は全く代弁されていない	団体を知らない	無回答
灰色の狼	21.3	14.4	20.7	18.0	25.6
ミッリー・ギョルシュ	16.0	17.4	22.5	18.3	25.8

（出典）　Heitmeyer u.a., op. cit., S.27.

それらに親近感を抱いており，明確に距離を置く若者が半数を大きく下回っている現状は座視しがたい事態であるといわねばならないであろう。[8]

　こうした結果を踏まえてハイトマイヤたちはトルコ人青少年には「自分のエスニック・グループへの退却」が認められるとし，「移民国であるドイツにおけるエスニック文化的アイデンティティは自分が属すエスニック・グループの我々という集団感情に極めて強く結び付いているように見える」と指摘している。その上で彼らは「不統合テーゼ」を掲げ，「マジョリティ社会へのトルコ人青少年の統合度が低いほどイスラム原理主義的な態度と志向が広がり，イスラム原理主義的な団体とナショナリスト団体に対する組織面での選好が見られる」ことを確認すると同時に，「ドイツでも存在し恐らくは増大しつつあるイスラム原理主義の問題の根は，現在まだその内的ダイナミズムと社会的問題性が適切には把握できないエスニック文化的な対立線と紛争線にあるというべきである」と記して不統合の拡大に注意を促している。

　このようなハイトマイヤーたちの見解や『シュピーゲル』の特集の診断が，統合の失敗もしくは不統合の拡大という重要な問題を提起している点で波紋を投げかけたのは当然であろう。けれども，外国人犯罪の増大をその証明とする『シュピーゲル』では，外国人犯罪を論じる際に必要とされる注意事項への配慮が欠落しているという一事をみただけでも立論の不完全さは歴然としているといわねばならない。[9]他方，ハイトマイヤーたちの研究に関しては，ベルリンでの調査結果と照合してみると，立脚している個別の側面の認識が主要な点で必ずしも整合しないことが明らかになる。一例として宗教面での寛容をとれば，異なる信仰をもつ人々に対する寛容が平和的に暮らす土台であることはベルリンのトルコ人青年の9割までが認めている事柄だからである。たしかにベルリンの調査からも，上で検討したように，彼らの多くがトルコ人としての確固たるアイデンティティを有していることが確認されており，時間の経過がひとりでに統合を進展させるわけではないことが確かめられている。しかし，だからといって全体として統合の破綻を結論づけるようなデータがベルリンで得られているとはいえない。実際，第1世代のトルコ人に比べれば若者たちがドイツ社会に対して開かれた姿勢を身につけていることなどはベルリンの調査で確かめられる重要な事実なのである。

　翻ってハイトマイヤーたちの研究に目を向ければ，手堅い実証と並んで若干の手薄な側面が看取され，不統合の拡大を論定する前に今少し検討を要する論点が存在しているように思われる。その例としては，彼らの調査によってもドイツ国籍の取

得を望む若者が多数に上る事実が挙げられる。すなわちドイツ国籍取得の意思に関して40.7％があると答え，33.9％が多分申請すると回答しているのに対し，取得の意思がないとしたのは21.4％にとどまるという結果になっている。トルコ人青少年の間でイスラム原理主義的傾向が高まっているとするなら，反西欧を基調とする価値観や生活態度が浸透していると考えなければならない以上，この事実の説明は容易ではないといわなくてはならないであろう。無論，ここでも自分の育ったドイツで国籍上外国人として生きているトルコ人の若者たちの葛藤を推し量ることが可能だが，そうした極度の矛盾が長くは持続しえないとするなら，原理主義の拡大につれて国籍取得希望者が今後減少するか，それとも原理主義的傾向が低調になるかのどちらかが今後に予想されるといってよいであろう。いずれにせよ，継続的な調査が欠如しているので確言はできないものの，現在浸透しつつある原理主義に対する青年層の共鳴が比較的短期的なものに終わる可能性や，一定の範囲で壁に突き当たる可能性も排除しえないのである。

　こうしたことを考えれば，不統合の拡大を語るよりは，むしろトルコ人青年層の分極化ないしは不均質の増大に注目するのが適切であるように思われる。ハイトマイヤーたちの研究によっても，イスラム原理主義に傾斜しているのは全般的に学歴が低く，職業面での期待度が低い若者が中心であり，ギムナジウムに通う青年には原理主義に共感する者は多くはないことが明らかになっている。このことの原因は，高学歴というドイツ社会への一種の入場券を手にした者には疎外感が相対的に乏しく，ドイツ社会の生活様式や価値観を拒絶する動機づけが弱いところにあると推察される。逆にいえば，基幹学校を修了するか，あるいは修了さえしえていないためにドイツ社会の底辺に滞留する以外の可能性が残されていない若者たちの閉塞感がイスラム原理主義に対する共感として現出している面があるのは否定できないと考えられるのである。もちろんその場合でもドイツでの暮らしを良好と感じている若者が多いことに照らせば，強い閉塞感をもち，イスラム原理主義的な世界にアイデンティティを見出そうとする青年が少数派であることを見逃してはならないであろう。その意味では低学歴層自体にも分化が生じていると推測されるが，いずれにしても，第2・第3世代のトルコ人がドイツで成長している現在では，かつてのように低学歴が一般的だった時期とは異なり，高等教育への進学者や肉体労働以外に就業する者も現れてトルコ人自身が次第に多様化してきている事実を看過することはできない。[10] 換言すれば，イスラム原理主義に対する共感の広がりを問題にする場合にも，一概にトルコ人について語ることは困難であり，むしろ不均質さに着目する

必要性が高まっているといえよう。つまり，ハイトマイヤーたちが懸念するように，ドイツでイスラム原理主義の浸透が見られるとしても，それがトルコ人青年層を包摂するところまでいくとは考えにくく，その社会学的構成の不均質に照らしつつ浸透の社会的条件とその限界を見極めることが肝要であり，トルコ人青年層を一括りにして不統合の拡大を問題とするのは慎重さを欠くと思われるのである。[11]

結び

　ベルリンにおける数次の調査結果を中心に据え，他のいくつかの調査にも目を配りながら，以上でトルコ人青年層の生活と意識を様々な角度から検討してきた。また併せて最近一部で注目を浴びている外国人の統合の破綻を巡る議論にも手短に言及し，その問題点にも触れてみた。ここで重点を置いてきたベルリンでの調査に関しては，次の二点に留意する必要がある。一つは，特定地域に限られているという制約があり，ほかにトルコ人青年層に焦点を据えた詳しい調査が並行して実施されていない以上，その結果を平均像を示すものとして位置づけることは慎まなくてはならないことである。もう一つは，手法や項目が同一ではないことを考慮するなら，ハイトマイヤーたちの調査結果と齟齬する面が生じても必ずしも不思議とはいえないとしても，同時にベルリンの調査結果にハイトマイヤーたちのそれと重なり合わない面が存在することは，その解釈にかなりの幅がありうることを示唆しているとしているとみられる点である。

　こうした点を踏まえたうえでベルリンの結果について総括的にいうなら，確かに統合の破綻は否定できないものの，それは一部に限られた現象であって，むしろ分極化の様相を呈しながら全般的に統合の停滞が広がりつつあるのが現状といえよう。そのことは，高等教育をバネにしてドイツ社会に溶け込む可能性の高い若者が存在する傍らでは，同年代のドイツ人と比較して外国人のなかでも特にトルコ人青年層の大半が学校教育や職業などの面で社会的に不利な立場にある点に端的に表出している。また同時に，それにもかかわらず彼らの多くがベルリンでの生活を良好と感じ，国籍上の故国であるトルコに帰還する意思を有していないことなどから，ドイツ社会はトルコ人青年層によって基本的に受け入れられているといえる反面，多数は個人中心の生活観には同調せず，親の世代の価値観を想像以上に濃厚に受け継ぎつつ，トルコ社会に広く浸っているのが現実であり，この面ではドイツ社会とトルコ人青年層との距離は依然として大きいという意味で統合は不完全であり，遅滞しているといわなければならないであろう。ドイツ生まれが少なくなく，ドイツ語に

もあまり不自由を感じないのに，若者たちがトルコ人としての自負をもち，イスラム教を重んじる姿勢を崩していないのは上述したとおりだが，この事実はそうした不完全さの一つの帰結であり，その表現でもあると見做して差し支えない。

また他方，彼らがドイツの地でドイツ社会に囲まれて生活していることに照らせば，ドイツ社会の側の問題も統合の不完全を語る際に通り過ぎることはできない。その問題点はトルコ人青年層が日常的に晒されている差別に集約的に表れている。ハイトマイヤーたちの調査でも差別を体験したトルコ人青少年が少なくないことが明らかになっているが，職場はもとより，学校や役所で差別を感じるケースが増大していることは，ドイツ社会から受け入れを拒絶されているという感情を強める結果になるのは避けがたいといわねばならないであろう。そしてそうした疎外感がアイデンティティの拠り所をドイツ社会以外のところに求める傾性に拍車をかけ，トルコ人としての意識やイスラム教徒という自覚をますます強固にする作用を果たすのは当然であろう。このような差別経験が増えている原因は明らかではないが，ドイツ経済の不調や国際競争力の低下に伴う近年の失業の増大や豊かな生活の夢が壊れたことによる生活不安が外国人に対する反感の培養器になっている可能性を否定できない。そして仮にそのとおりだとすれば，かつてのような経済成長を望むのが難しい以上，差別が形を変えつつ今後も続き，ドイツ社会と外国人との間の溝を深め，統合の逆流を形成することは大いにありうると考えるべきであろう。トルコ人青年層の間ではドイツ人との交流が濃密とはいえないばかりでなく，後退傾向すら認められるのは上述のとおりだが，このことは両者の間の社会的な仕切りが在住期間の長期化とともに低くなるという楽観が許されないことを雄弁に物語るものといえよう。

ベルリンの調査からはこうして統合の全般的な停滞が看取されるが，この点から見るとベルリン市外国人問題特別代表部の見解はいささか的外れと評さざるをえないように思われる。『シュピーゲル』の特集などの統合の破綻の議論を目しつつ，トルコ人青年層の「高まりゆく不統合」や「伝統的意味での頑強な自己主張への復帰」を語ることが適切ではないという同特別代表部の指摘は確かに当を得ているということができる。そうした現象が見られない訳ではなくてもいまだ一部に限られており，全体としては統合の逆行が生じているかのように捉えるのは誇張といわねばならないからである。けれども他方で，統合の先行きについては楽天的な展望をもつことが困難になっていることを調査は教えているにもかかわらず，特別代表部の見解は，困難を努めて軽く受けとめ，失望感が広がるのを防止しようとしているよう

に感じられる。例えば新聞発表のなかでは、トルコ人青年層のイスラム教への姿勢に関して、「イスラム教に対する関係がより開明的で批判的になっているのは明確である」と述べられており、また、「日常生活を規定しているのは宗教的な立場や目標ではなく、自由時間を過ごす選択のチャンスや現代の豊かな社会で得られる教育の可能性である」などとも記されている[1]。こうした記述が出てくる背景には、統合を推進すべき公的機関という立場による制約があるものと推察されるが、オプティミスティックなトーンが漂うこのような見解からは『シュピーゲル』の特集やハイトマイヤーたちの研究はあたかも現実から遊離した想念もしくは十分な根拠を欠いた杞憂でしかないという理解すら生まれかねないであろう。けれどもベルリンの調査は、それらをセンセーションを狙った先走りや一種の誇大妄想もしくは一面的な観察として片付けることができないところまで統合が深刻な問題を抱えていることを示しているといえよう。確かにEU統合の進展につれて特にドイツ人の若者の間ではヨーロッパ人意識が成長していることは各種の調査によって確証されている。しかしその裏側では、ドイツ国内の外国人とりわけトルコ人との間の仕切りは依然として消失しておらず、部分的に高くなる様相すら呈しつつ、彼らの社会的統合が重大な局面を迎えているのは間違いないのである[2]。

はじめに
(1)　Bundesministerium des Innern, Aufzeichnung zur Ausländerpolitik und zum Ausländerrecht in der Bundesrepublik Deutschland, Bonn 1997, S. 5.
(2)　Antwort der Bundesregierung auf die Große Anfrage: Situation der Bundesrepublik Deutschland als Einwanderungsland, Bundestagsdrucksache 13/5065, S. 2. Manfred Kanther, Deutschland ist kein Einwanderungsland, in : Frankfurter Allgemeine Zeitung vom 13, 11, 1996.
(3)　ディートリヒ・トレンハルト「ドイツにおける移民と地域政治」宮島喬・梶田孝道編『外国人労働者から市民へ』所収, 有斐閣, 1996年, 219頁。
(4)　その概要については, Die Ausländerbeauftragte des Senats, hrsg., Die Ausländerbeauftragte des Senats, Berlin 1995 参照。
(5)　連邦政府外国人問題特別代表部の内部資料によれば, 1997年11月現在, ドイツ全国の州や自治体には約180のこうしたポストが存在している。Die Beauftragte der Bundesregierung für Ausländerfragen, hrsg., Liste der Ausländerbeauftragten aus Bund, Ländern, Kommunen und ständige Liste, Bonn 1997. その概略については, Karl-Heinz Maier-Braun, Zwischen Alibifunktion und Integrationsagentur, in: Ausländer in Deutschland, H. 4, 1997, S. 17および Helmut Schmitt, Aufgaben und Funktionen des Ausländerbeauftragten, in: Integra-

tion und Konflikt, Bonn 1996, S. 85ff 参照。
(6) 因みに，トルコ人の民族構成は複雑であり，ドイツ在住トルコ人のうち約50万人はクルド系だといわれるが，以下ではこの点の区別はしていない。この問題に関しては，拙稿「ドイツにおける外国人過激派の実情－クルド労働党（PKK）禁止問題を例に」『社会科学論集』37号，1998年，221頁以下参照。
(7) なお，統一以前のベルリンのトルコ人青少年に関する興味深い印象記として，橋口治『ベルリン物語』情報センター出版局，1985年，286頁以下がある。

第1節　ベルリン在住トルコ人に関する基本データ
(1) Beauftragte der Bundesregierung für Ausländerfragen, hrsg., Daten und Fakten zur Ausländersituation, 17. Aufl., Bonn 1998, S. 19.
(2) Ibid., S. 23.
(3) Ibid., S. 29. なおトルコ人の地域分布については，拙稿「統一ドイツの外国人に関する主要なデータ」『社会科学論集』35号，1996年所載の図4－2参照。
(4) Martin Greve und Tülay Cinar, Das türkische Berlin, Berlin 1998, S. 7 ff.
(5) Ibid., S. 16.
(6) Cornelia Schmalz-Jacobsen, 40 Jahre Anwerbung, in: Haus der Geschichte der Bundesrepublik Deutschland u.a., hrsg., Heimat: Vom Gastarbeiter zum Bürger, Bonn 1995, S. 19.
(7) ベルリン市統計局の1998年1月30日付内部資料。
(8) Die Ausländerbeauftragte des Senats von Berlin, Bericht zur Integrations- und Ausländerpolitik, Fortschreibung 1995, Berlin 1996, S. 28.
(9) ベルリン市外国人問題特別代表部の資料。
(10) 前掲拙稿252頁，表4－4。なお，ベルリンでの分布と地区ごとの民族構成の図が，Berlin － Begegnung der Nationen, in: Ausländer in Deutschland, H. 3, 1998, S. 10fに掲げられていて便利である。
(11) Dietrich Thränhardt, Renate Dieregsweiler, Bernhard Santel und Martin Funke, Ausländerinnen und Ausländer in Nordrhein-Westfalen, Düsseldorf 1994, S. 210.
(12) Beauftragte der Bundesregierung für Ausländerfragen, Daten und Fakten, S. 27.

第2節　帰国意思とドイツ語能力
(1) Thränhardt u. a., op. cit., S. 223f.
(2) Die Ausländerbeauftragte des Senats von Berlin, Berliner Jugendliche türkischer Herkunft, Berlin 1998, S. 21.
(3) Dies., Türkische Berliner halten trotz widriger Umstände an der Integration fest, Berlin 1994, S. 7.
(4) Ursula Mehrländer, Carsten Ascheberg und Jörg Ueltzhöffer, Repräsentativuntersuchung '95 : Situation der ausländischen Arbeitnehmer und ihrer Familienangehörigen in der Bundesrepublik Deutschland, Berlin/Bonn/Mannheim 1996, S. 357f.
(5) Die Ausländerbeauftragte des Senats, Berliner Jugendliche türkischer Herkunft, S. 1.
(6) Mehrländer u. a., op. cit., S. 23.

⑺　Andreas Humpert und Klaus Schneiderheinze, Medienkonsum der türkischen Bevölkerung in Deutschland, Essen 1997, S. 20.
⑻　Mehrländer u.a., op. cit., S. 285.
⑼　Beauftragte der Bundesregierung für Ausländerfragen, Bericht der Beauftragten der Bundesregierung für Ausländerfragen über die Lage der Ausländer in der Bundesrepublik Deutschland, Bonn 1997, S. 43.
⑽　Mehrländer u. a., S. 293.
⑾　Greve u.a., op. cit., S. 64.
⑿　内藤正典編『トルコ人のヨーロッパ』明石書店，1995年，212頁。井上洋一「ドイツとトルコ人(上)」1996年5月4日付『中日新聞』。このことは，基礎学校に入学する児童に占める外国人の比率が地区によっては極めて大きいことと併せ，深刻な問題になっている。例えば1996年9月にクロイツベルク全体の基礎学校の新入生のうち外国人の比率は51.9％に上っており，同じ時点の基幹学校7年生では62.4％に達している。Antwort des Bezirksbürgermeisters von Berlin-Kreuzberg auf Schriftliche Anfrage Nr. 73 vom 16. 12. 1996, Berlin 1997, S. 31.
⒀　Hans-Burkhard Richter, Probleme der Zuwanderung am Beispiel Berlins, in: Aus Politik und Zeitgeschichte, B46/97, 1997, S. 23.
⒁　Die Ausländerbeauftragte des Senats, Berliner Jugendliche türkischer Herkunft, S. 8.
⒂　Die Ausländerbeauftragte des Senats, Ehen zwischen Deutschen und Ausländern, 9. Aufl., Berlin 1996, S. 5.
⒃　Bernhard Santel, Die Lebenslage junger Migranten, in: Forschungsinstitut der Friedrich-Ebert-Stiftung, hrsg., Die dritte Generation:Integriert, angepaßt oder ausgegrenzt?, Bonn 1995, S. 18f.

第3節　学歴と就業状況

⑴　Die Ausländerbeauftragte des Senats, Berliner Jugendliche türkischer Herkunft, S. 1.
⑵　内藤編，前掲書161頁参照。
⑶　なお連邦内務省の内部文書は外国人青少年の教育状況には継続的な改善傾向が認められるとしているのに対し，改善傾向がここ数年停止していることを連邦政府外国人問題特別代表部の報告書は重視している。Bundesministerium des Innern, op. cit., S. 21. Beauftragte der Bundesregierung für Ausländerfragen, Bericht der Beauftragten, S. 29, 31, 34.
⑷　Ibid., S. 33f
⑸　その中には隠然たる外国人差別があるのは言うまでもなく，ILOの委託によるA. ゴルトベルクたちの調査がこれを実証している。Andreas Goldberg, Dora Mourinho und Ursula Kulke, Arbeitsmarkt-Diskriminierung gegenüber ausländischen Arbeitnehmern in Deutschland, Genf 1995, S. 46ff.
⑹　Landesarbeitsamt Berlin-Brandenburg, Die Situation junger Ausländer und Ausländerinnen in schulischen und betrieblichen Ausbildung in Berlin und Brandenburg, Berichtsjahr 1996/97, Berlin 1998, S. 9.
⑺　Landesarbeitsamt Baden-Württemberg, Ausländische Jugendliche in Ausbildung und

Beruf, 3. Aufl., Stuttgart 1996, S. 12-15. Dass., Ausländer in Baden-Württemberg, Stuttgart 1997, Tab. 8.
⑻ Beauftragte der Bundesregierung für die Belange der Ausländer, Integration oder Ausgrenzung?, Bonn 1997, S. 21f.
⑼ Ibid., S. 23f.
⑽ Beauftragte der Bundesregierung für Ausländerfragen, Daten und Fakten, S. 49.

第4節　ドイツ社会に対する態度とコンタクト
⑴　本書第2章，第3章および前掲拙稿274頁以下参照。
⑵　内藤正典『アッラーのヨーロッパ』東京大学出版会，1996年，190頁。
⑶　Die Ausländerbeauftragte des Senats, Berliner Jugendliche türkischer Herkunft, S. 12.
⑷　Statistisches Bundesamt, hrsg., Datenreport 1997, München 1997, S. 585.
⑸　Ibid., S. 465.
⑹　Mehrländer u.a., op. cit., S. 312. 内藤編，前掲書170頁。
⑺　Die Beauftragte des Senats, Türkische Berliner halten trotz widriger Umstände an der Integration fest, S. 17.
⑻　Kerstin Kantke,Die Wohnsituation türkischer ArbeitnehmerInnen und ihrer Familien in München, München 1994, S. 54f.
⑼　Die Ausländerbeauftragte des Senats, Die deutsche Wohnbevölkerung gewöhnt sich mehr und mehr an die ausländische Wohnbevölkerung, Berlin 1996, S. 9f. 外国人に対するドイツ人の意識や態度については，Statistisches Bundesamt, hrsg., op. cit., S. 457ff, IPOS, Einstellungen zu aktuellen Fragen der Innenpolitik 1995 in Deutschland, Mannheim 1995, S. 84ff など参照。
⑽　Mehrländer u.a., op. cit., S. 329. さらに，Erika Martens, Die alltägliche Schikane, in: Die Zeit vom 26.8.1994参照。一例として，自動車保険の分野で1995年に導入された差別防止の新たな規制を説明した文書でシュマルツ＝ヤコブセンは自動車保険が「私のところに届く無数の苦情の対象だった」と述べて差別が頻発していたことを認めている。Beauftragte der Bundesregierung für die Belange der Ausländer, Diskriminierung von Ausländern in der Kfz-Versicherung, Bonn 1995, S. 5.
⑾　Vgl. Frank-Olaf Radtke, Ethnische Diskriminierung in der Schule, in : Wolfgang Seifert, hrsg., Wie Migranten leben, Berlin 1995, S. 49ff.
⑿　その一端につき，拙稿「統一ドイツの排外暴力と政治不信」『社会科学論集』34号，1995年，96頁以下参照。なお職場での差別に関しては，IGメタルが1995年にまとめた差別防止のための経営協定とその解説が参考になる。IG Metall, Betriebsvereinbarungen für die Bekämpfung und Beseitigung der Diskriminierung ausländischer Arbeitnehmer und zur Förderung der Chancengleichheit am Arbeitsplatz, Frankfurt a. M. 1995.
⒀　Frankfurter Allgemeine Zeitung vom 20.11.1996.
⒁　Vgl. Rainer Nickel, Rechtlicher Schutz gegen Diskriminierung, Frankfurt a. M. 1996. この書の要点は1996年12月11日付『フランクフルター・ルントシャウ』紙に掲載されている。

第 5 節　イスラム教に対する姿勢
(1)　内藤，前掲書118頁。
(2)　Claudia Utermann, Türkischer Islam in Deutschland, Hamburg 1995, S. 5. 内藤編，前掲書322頁参照。
(3)　梶田孝道「イスラムに直面するヨーロッパ」同編『ヨーロッパとイスラム』所収，有信堂，1993年，10頁以下。
(4)　Utermann, op. cit., S. 2, 9. 因みに1997年秋の調査では，ベルリンのモスクは70，信徒は約20万人である。Gerdien Jonker und Andreas Kapphan, Moscheen und islamisches Leben in Berlin, Berlin 1999, S. 7.
(5)　Karl Gabriel, Islam, in : NRW-Lexikon, Opladen 1996, S. 122. Utermann, op. cit., S. 9. なおモスクの有する多様な機能については，梶田，前掲論文13頁以下参照。またドイツにおけるイスラム世界の内情については，Karl Binswander, Allahs deutsche Kinder, in: Süddeutsche Zeitung Magazin vom 14. 2. 1992, S. 26ffが興味深い。連邦統計庁の最新の統計年鑑に掲げられているドイツ在住イスラム教徒の数は1987年の数字でしかないが，1995年に公刊された著作でL. シュレスマンらは約200万人という数字を挙げており，一方，ガブリエルに従えば，1995年のドイツにはトルコ人を中心に230万人のイスラム教徒が居住していると推定されている。Ludwig Schleßmann und Farideh Akashe-Böhme, Der Islam und die muslimische Minderheit, in : Cornelia Schmalz-Jacobsen und Georg Hansen, hrsg., Ethnische Minderheiten in der Bundesrepublik Deutschland, München 1995, S. 223. Gabriel, op. cit., S. 122.
(6)　マンハイムではモスク建設とイスラム過激派の影響力を巡り2度紛争があるが，それぞれの経過は同市外国人担当官の作成した文書で辿ることができる。Beauftragter für ausländische Einwohner, Dokumentation zum Bau der Moschee des Islamischen Bundes in Mannheim, Mannheim 1995. Ders., Gegendarstellungen : Richtigstellung zum Spiegel-Artikel 17/1998, Mannheim 1998. さらに，Ekkehard Schmidt, Stein des Anstoßes, Prüfstein der Toleranz, in: Ausländer in Deutschland, H. 2, 1995, S. 5 f 参照。
(7)　Florian Wölk, Spagat mit Kopftuch, in: Jürgen Reulecke, hrsg., Spagat mit Kopftuch, Hamburg 1997, S. 490ff. Peter Eisenhuth, "Zeichen der Unterwerfung" mit unerwünschter Signalwirkung, in: Treffpunkt, H. 2, 1998, S. 26f. Georg Weinmann, Der Kopftuchstreit in Baden-Württemberg, in : Gegenwartskunde, H. 2, 1999, S.215ff.
(8)　Reinhard Voss, Stimmgewalt braucht der Muezzin, in : Frankfurter Rundschau vom 22, 1, 1997. Roland Kirbach, Trugbild Toleranz, in: Die Zeit vom 17. 1. 1997. Beauftragte der Bundesregierung für die Belange der Ausländer, Streitpunkt Gebetsruf, Bonn 1997. 因みに法律的な検討では，拡声器の使用は許可を必要としないが，音量と使用時間に制約があるという結論に達している。Ibid., S. 33.
(9)　Der Ausländerbeirat der Stadt Essen, Moscheevereine in Essen, Essen 1995, S. 15ff. なお，Arbeiterwohlfahrt Duisburg, Islam in Duisburg, Duisburg 1998, S. 13参照。
(10)　Utermann, op. cit., S. 10.
(11)　Sen u. a., op. cit., S. 92ff. 内藤，前掲書192頁以下。なお，トルコ人に限定されないが，ミュンヘンとマンハイムにおけるモスク協会を媒介とした上部団体への帰属の実態に関

する興味深い調査報告として, AusländerInnenbeauftragte der Landeshauptstadt München, Muslime in München, München 1997 および Beauftragter für ausländische Einwohner, Islamische Vereinigugen in Mannheim, Mannheim 1996がある。

⑿　Mehrländer u. a., op. cit., S. 335. もちろん，これとは異なる数字も存在しており，ドイツ在住トルコ人の98％以上がイスラム教徒とする文献もある。Ertekin Özcan, Die türkische Minderheit, in : Schmalz-Jacobsen u. a., hrsg., op. cit., S. 517.

⒀　無論，このことは信仰に忠実な信徒以外に「信仰は私的な生活の中にだけとどめているムスリム，コーランすら読んだこともなく，慣習としての信仰を実践するムスリム」など多様なイスラム教徒が存在することを排除するわけではない。内藤編，前掲書325頁。

⒁　Die Ausländerbeauftragte des Senats, Türkische Berliner, S. 22.

⒂　この点に関し，さらに，Claudia Diel und Julia Urbahn, Die soziale und politische Partizipation von Zuwanderern in der Bundesrepublik Deutschland, Bon 1998, S. 30f 参照。

⒃　Die Ausländerbeauftragte des Senats, Berliner Jugendliche türkischer Herkunft in Berlin, Berlin 1992, S. 8.

⒄　内藤編，前掲書211頁，丹生久美子「イスラム教の宗教教育を巡る論争」梶田編，前掲書160頁。

⒅　内藤正典が示すベルリンでの調査結果では，家庭内の教育で親が重視している最大のものはトルコ語を話すことであり，コーランを教えることは半数を下回っている。内藤，前掲書185頁。

⒆　Gabriel, op. cit., S. 124. 内藤編，前掲書101頁。

⒇　Anne Kleinschnieder, Pragmatische Wege führen zum Ziel, in: Treffpunkt, H. 3, 1997, S. 11f. なお，Der Spiegel, Nr. 7, 1995, S. 44参照。

(21)　Martin Zwick, Islam-Unterricht an deutschen Schulen, in: Ausländer in Deutschland, H. 2, 1995, S. 6 f.

(22)　Die Ausländerbeauftragte des Senats, Berliner Jugendliche türkischer Herkunft, S. 4.

(23)　この点との関連では，移民第2世代にとってのイスラムの意義を信仰に見出すのではなく，「蔑視される自己の尊厳を輝かしい過去をもつイスラムとの絆によって象徴的に取り戻そうとする」ところに成り立つ「象徴的アイデンティティ」とする見解が示唆深い。林瑞枝「移民第2世代とイスラム」梶田編，前掲書145頁。

(24)　これを示す一例として，連邦憲法擁護庁の文書が挙げられる。Bundesamt für Verfassungsschutz, Islamischer Extremismus und seine Auswirkungen auf die Bundesrepublik Deutschland, Köln 1996. 因みに同書7頁以下で説明されているイスラム主義のこのような規定は必ずしも一般的ではなく，イスラム復興運動を過激主義という平面でだけ捉える憲法擁護機関の立場に制約されたものである。なおイスラム主義のほか，イスラム復興運動と原理主義の定義の一例として，山内昌之「いま，なぜ『イスラム原理主義』なのか」同編『「イスラム原理主義」とは何か』所収，岩波書店，1996年，19頁，内藤，前掲書35頁参照。

(25)　Jörg Becker, Zwischen Integration und Dissoziation : Türkische Medienkultur in Deutschland, in : Aus Politik und Zeitgeschichte, B44-45/96, 1996, S. 40f.

(26)　この点はフンパートたちの調査によっても確かめられる。Humpert u. a., op. cit., S. 11,

19.
(27) Becker, op. cit., S. 42. U. シュタインバッハはさらに踏み込んでテレビ視聴が「ゲットー・メンタリティを強めている」と述べている。Udo Steinbach, Muslime in Deutschland, Erfurt 1998, S. 17. なお、トルコ人のメディア消費の簡潔な概観として、Andreas Goldberg, Bi-mediale Wirklichkeiten, in: Ausländer in Deutschland, H. 3, 1996, S. 3ff 参照。
(28) Greve u. a., op. cit., S. 49.
(29) トルコ語新聞各紙の発行部数については、Sen u. a., op. cit., S. 119. またドイツ語新聞とは異なるその紙面作りの特色については、Birgit Büchner, "Wir fühlen uns erwünscht", in: Frankfurter Rundschau vom 7/8. 5. 1997参照。
(30) Die Ausländerbeauftragte des Senats, Berliner Jugendliche türkischer Herkunft, S. 6.
(31) もっとも、その誇りは西洋への敵対などに陥りやすい構造をもっているのを見逃すことはできない。Yasemin Karakasoglu-Aydin, "Ich bin stolz, ein Türke zu sein"., in : Forschungsinstitut der Friedrich-Ebert-Stiftung, hrsg., Identitätsstabilisierend oder Konfliktfördernd?, Bonn 1997, S. 38参照。
(32) この点に関しては、『シュピーゲル』に掲載された4人のトルコ人青年の帰化をテーマとする座談が参考になる。Der Spiegel, Nr. 29, 1996, S. 48ff. なおドイツでは二重国籍は認められていないが、これを認めることを求める声は外国人を含めて根強い。二重国籍の是非に関しては、それを支持する有力団体であるドイツ労働総同盟国際部が作成した文書が詳しい。Deutscher Gewerkschaftsbund, Doppelstaatsbürgerschaft, Düsseldorf 1996.

第6節 統合の破綻テーゼの概要と問題点

(1) Wolfgang Gehrmann, Kuno Kruse, Dirk Kurbjuweit und Sabine Rückert, Drinnen vor der Tür, in: Die Zeit vom 11. 6. 1993. S. 11ff.
(2) Zeitbomben in den Vorstädten, in: Der Spiegel, Nr. 16, 1997, S. 78ff. 因みに1991年に2,426件を数えた排外犯罪は92年と93年には6,336件と6,721件にも達したが、94年に3,491件、95年に2,468件になり、96年には2,232件にまで減少している。Beauftragte der Bundesregierung für Ausländerfragen, Daten und Fakten, S. 55. 拙稿「統一ドイツの右翼団体と極右犯罪の現状」『社会科学論集』35号、1996年参照。
(3) Süddeutsche Zeitung vom 23. 4. 1997. Focus, Nr. 17, 1997, S. 54ff.
(4) Richter, op. cit., S. 24.
(5) Wilhelm Heitmeyer, Helmut Schröder und Joachim Müller, Desintegration und islamischer Fundamentalismus, in : Aus Politik und Zeitgeschichte, B 7-8 /97, 1997, S. 17ff. なおハイトマイヤーの次の論文も参照。W. Heitmeyer, Die Hinwendung zu einer religiös begründeten Gesellschaft, in : Frankfurter Rundschau vom 7. 3. 1997.
(6) 両組織については、Innenministerium des Landes Nordrhein-Westfalen, Verfassungsschutzbericht des Landes Nordrhein-Westfalen für das Jahr 1996, Düsseldorf 1997, S. 228ff に比較的詳しい記述がある。
(7) Bundesministerium des Innern, Verfassungsschutzbericht 1996, Bonn 1997, S. 176. Landesamt für Verfassungsschutz Berlin, Verfassungsschutzbericht Berlin 1996, Berlin 1997, S. 143.

(8) ミッリー・ギョルシュが勢力を拡大している様子は，メンバーであるトルコ人大学生に即して『シュピーゲル』に興味深く描かれているが，そこでは失業の増加が背景にあることや宗教は「政治的ファナティズムに導く手段」であることが指摘されている。Der Spiegel, Nr. 7, 1996, S. 44ff.

(9) 拙稿「統一ドイツの外国人犯罪に関する一考察」『社会科学論集』34号，1995年参照。

(10) 青年層に限らずトルコ人の多様化に早くから注目し，その不均質を重視しているのが，エッセンのトルコ研究センターで所長を務めている F. センである。Faruk Sen, Ein Blick auf die dreißigjährige Migrationsgeschichte der Türken in der Bundesrepublik, in: Frankfurter Rundschau von 18. 19 und 20. Nov. 1991.

(11) 因みに『シュピーゲル』の特集やハイトマイヤーらのテーゼについて連邦政府外国人問題特別代表 C. シュマルツ=ヤコブセンは「『シュピーゲル』が書いていることは真実に基づいているが，記事は統合の成功面を軽視している」と批判し，後者に対しても同じ指摘をしている。Cornelia Schmalz-Jacobsen, Fundamentalisten wird Flanke geöffnet, in: Treffpunkt, H. 2, 1997, S. 25. また異なる角度からの批判の例として，Siegfried Jäger, "Ausländer und Deutsche gefährlich fremd"–meint der Spiegel, in: DISS-Journal, H. 1, 1998. S. 30. John Brady, Ein düsteres Bild?, in: Kauderzanca, Nr. 16, 1998, S. 24f 参照。

結び

(1) Die Ausländerbeauftragte des Senats, Berliner Jugendliche türkischer Herkunft, S. 2.

(2) 本章で焦点に据えたトルコ人青年層の生活状況とアイデンティティの構造を在日韓国・朝鮮人のそれと比較検討することは興味深い課題であろう。この点に関しては次の研究が類型化を試みていて示唆深い。福岡安則『在日韓国・朝鮮人』中公新書，1993年，76頁以下，谷富夫「在日韓国・朝鮮人の現在」駒井洋編『定住化する外国人』所収，明石書店，1995年，147頁以下，朴一『＜在日＞という生き方』講談社，1999年，26頁以下。

第5章

統一ドイツにおける庇護申請者・難民問題の動向と実態

はじめに

　1990年10月に東西ドイツが統一した当時，歴史的出来事の輝きに幻惑され，あるいはその興奮に浸っていたために直ぐには多くの市民に感じられなかったとしても，既に豊かな国ドイツには庇護申請者・難民の大波が打ち寄せていた。そして統一からほどなくして，旧東ドイツ地域の経済の惨状が明白になり，その再建の重荷が一般市民の肩にのしかかってくる一方，ドイツに到来する難民たちも膨張する高波となって市民の視界に否応なく押し入り，歴史的感激は束の間のうちに冷厳な現実によって冷却されることになった。こうして旧東ドイツに巨額の財政資金を注ぎ込みながらその立て直しが模索される中で，重圧を増す負担感を背景にして，難民問題の政治的解決を巡る激しい国内対立が生じたのである。その際，議論の流れは大きく二つに分かれていたように思われる。一つは難民問題をもっぱら難民にのみ関わるそれとして捉え，彼らが庇護申請者の名目で受け入れられていたことから，庇護に関わる法制を手直しし，規制を強めるかどうか，あるいはいかなる方策で強化するかという取り上げ方である。これは政治論争の場では基本法第16条の改廃の是非を焦点に据えて展開された。もう一つは，難民が当然ながら外国人であるため，既にドイツに事実上定住している外国人の存在と結び付けて，難民問題を外国人問題ないし移民問題という枠組みで捉える議論の立て方である。すなわち，既に人口の少子・高齢化が進行していることとも関連させて，ドイツは将来どのようなタイプの外国人をどれだけ受け入れるのか，引き続き受け入れるとすればいかなる方式で行い，どのように処遇すべきかという問題を中心的論点にし，その一環に難民問題を位置づける視点が前面に押し出されたのである[1]。

　しかしながら，実際には難民の巨大な波に圧倒されて，論議は長期的視野に立つ後者の流れの中ではなくて，殆ど前者の流れの中で展開されたのが現実だった。そ

の結果,法改正が行われて規制の効果が現れてくると,論議自体も著しく低調になっていったのは避けがたかったといえよう。けれども今日でも難民としてドイツに入国する外国人の数は決して少数とは言えないだけでなく,1998年秋の連邦議会選挙によってコール政権からシュレーダー政権に交代したのを受けて,外国人受け入れの枠組みの抜本的な見直しが改めて主要な政治的テーマとして浮上するに至っている。

　外国人問題を取り巻くそのような気流の変化はいくつかの事例から看取できる。第一に思い浮かぶのは,新政権が発足して間もない1999年1月からCDU/CSUが大規模な反対署名キャンペーンを展開して圧力を加える中,ヘッセン州議会選挙でのSPDなどの惨敗を受けて当初案からかなり後退した形の二重国籍を容認する法改正が1999年5月に実現したことである。第二は,2000年5月に実施されたノルトライン=ヴェストファーレン州の州議会選挙の際,本来は連邦レベルのテーマであるグリーン・カード導入問題が最大の争点に据えられ,少子化対策を優先する立場から,IT技術者として招致される予定の「インド人の代わりに子供をKinder statt Inder」を標語にして前連邦科学技術大臣J.リュトガース（CDU）を先頭とした反対派の強力な宣伝活動が繰り広げられたことである。さらに第三の事例として,その翌6月には,激しい駆け引きの末にCDU/CSUの反対を押し切って連邦内務大臣の下に移民法制定に向けた移民委員会が設置され,これにSPD元党首のH.-J.フォーゲル,FDP元幹事長で前連邦政府外国人問題特別代表のC.シュマルツ=ヤコブセンなどの大物が配されただけでなく,CDUから引き抜く形で前連邦議会議長R.ジュースムートが委員長に据えられたことが挙げられる。また第四に,この委員会設置を契機にして,バイエルン州内務大臣G.ベックシュタイン（CSU）が多文化に対抗して提起したのを引き継ぐかのようにCDU/CSU連邦議会院内総務F.メルツが「主軸文化」の概念を押し立てて移民政策構想を表明し,「主軸文化」についての賛否と移民法の是非に関する論争が活発化してきているのも見落とせない。なお,この関連では,ベックシュタインと並ぶCSUの重鎮P.ガウヴァイラーが,児童の80%が外国人のクラスさえある「ベルリンのような状態」になるのを防ぐ目的で,バイエルン州憲法に「バイエルンは移民州ではない」という条文を追加するための州民投票を提起した事実も想起されてよいであろう。

　こうして現実政治の焦点に押し出された感のある外国人受け入れ体制を巡る政策構想と論議は,ドイツの将来像と密接に絡まっているというだけではなく,次期連邦議会選挙の帰趨に直結するという政治的計算によっても加熱されて,熱気の度を

増しつつ新たな段階を迎えている。しかしそれだけに，政治的思惑から距離を置き，事実に基づいて冷静に対立点の所在を確認し，その意味を把握する姿勢がなによりも求められよう。そのためには，前提条件の一つとして，改めて脚光を浴びる形になっている難民問題がドイツでどのように展開してきたか，また難民には近年いかなる動向が見られ，その実態はどのようになっているのかなどを確かめておくことが必要であろう。そうした意味で，以下では主として1990年代のドイツにおける庇護申請者・難民の動きを追跡し，その処遇などの実情を検討することにしたい。

第1節 庇護申請者

ナチズムが暴威をふるった時代に多数のドイツ人が国外に脱出し，外国で保護された歴史的事実を踏まえ，1949年に制定された西ドイツの基本法では政治的に迫害を受けた外国人に対してドイツで庇護を受ける権利が認められている。すなわち，第16条2項は「政治的に迫害された者は庇護権を享有する」と定めている。ここにいう庇護とは，今日のドイツでは，迫害国への追放，送還，身柄引き渡しからの保護だけではなく，人間の尊厳に値する生活の前提の保障をも意味すると解されている。そうだとすると，庇護権に関するこのような規定が憲法に相当する最高法規におかれているのは希有であるばかりでなく，難民条約が成立したのが1951年で基本法より後であることを考えあわせるなら，その比類なさが一層際立つであろう。

長らく庇護権とは，国家に対して外国人が庇護を求め，かつこれを享受する個人の権利としては捉えられず，逆に国家が領域権に基づいて自国に逃れて来た者を領域内で庇護する自由を意味する国家の権利として理解されてきた[1]。したがって庇護を拒否することも国家の権利に含まれ，庇護は国家の一種の裁量によって与えられる恩恵という色彩が濃厚だった。その意味で，基本法で庇護権が個人の権利として確立され，しかもこの権利が国民のそれではなく，外国人を含む人間一般の権利として明記されたことは画期的であったといわねばならない。またこの権利が憲法に相当する法規に記され，憲法によって保障された基本権の一つに位置づけられたことも重要である。阿部浩己によれば，庇護を求める人々すなわち難民の保護に対する関心が近年高まっているが，そこでいう難民保護の実質は，人道主義のヴェールを剥がすと，「難民＜から国家＞を保護する」ことにあるのが現実にほかならない。そしてそうした現実は難民条約を中心とする難民法制によって支えられており，保護主義，伸縮自在な迫害概念，各国に委ねられた難民認定手続き，個人の庇護権の否認の四つの要素がこの法制を構成している[2]。そうだとするなら，ドイツの難民法

制には少なくとも第四の要素が欠落しているのは明白であり，その点にドイツの独自性が表れているのは多言を要しないであろう。

　もちろん，こうした点には，基本法を貫いているナチズムの時代に対する真摯な反省と国外亡命した人々の悲痛な体験が滲み出ているのは容易に察知できよう。基本法の草案を作成・審議した議会評議会での庇護権を巡る論議はH.-P. シュナイダーの研究で検討されているが，それによって，広く流布している想像に反し，第16条の父たちが極めて幅広い視野の下に思慮を重ね，深みのある論議を展開していたことが明らかにされている。例えば基本法の父の１人と称されるカルロ・シュミット（SPD）は，「庇護の許可は寛大さの問題である。寛大であろうとするなら，場合によっては人物について誤るリスクを冒さねばならない。それは事柄の一面であり，恐らくその点にこのような行いの尊厳がある」と述べたが，この言葉に見られるように，彼らは既に庇護権が乱用される可能性を射程に入れ，寛大さこそがその生命だと捉えていたのであった。そればかりか，庇護権だけでは不十分であって，亡命中の無力感と他者の好意への依存の感情を払拭するには就労権をも認める必要性があることなどをも彼らは議論していたのである[3]。

　こうして基本法に定められた庇護を受ける権利は，1951年に結ばれたジュネーブ難民条約に見られる国際法上の一般的な保護の域を超えるものとなっている[4]。西ドイツは同条約の最初の署名６カ国の一つであるだけでなく，同条約に基づいて設置されたいわゆる執行委員会のメンバー国でもあったが，これより基本法が広い内容を有しているとされるのは次のような点である。例えば庇護権を認められた者には無期限の滞在許可の請求権が付与されるのに加え，就労する権利が与えられる。また配偶者と未成年の子供を呼び寄せて家族生活を営むことが許されるほか，言語習得について援助を受け，社会扶助のほかに教育手当や育児手当を受給したりする請求権が認められるのである[5]。庇護権のこのような内容はしかし基本法から直接に導かれるのではなくて，それを具体化した法規に基づく権利であると解されている。そうした法規としては，外国人法と庇護権の認定手続きの詳細を定めた庇護手続法がある。そのため，庇護申請者の激増に伴って庇護権のあり方が政治問題化したのを受け，これら二つの法律は，基本法第16条と並んで，認定手続きの迅速化，庇護権の乱用の防止，申請者数の抑制などの目的で改正論議の焦点に位置づけられてきた。

　基本法第16条に基づく政治的庇護のほかにドイツにはいわゆる小庇護の可能性が存在している。それはジュネーブ難民条約第33条によるものであって，外国人法第

51条1項によれば,「人種,宗教,国籍,特定集団への所属もしくは政治的信条のゆえに生命もしくは自由が脅かされている」外国人は送還保護を受けることができる。すなわち,出身国で生命・自由に対する危険がある場合,外国人の送還は禁止されるのであり,これは一般にノン・ルフールマン原則として知られている。[6]

周知のように,ドイツでは激しい政治的対立を経て1993年7月1日に庇護権に関わる諸規定の抜本的改正が施行された。まだ庇護申請者の数がそれほど多くはなかった1980年代後半に既に「庇護申請者の洪水」や「庇護申請者の激流」などの語が庇護権改正を射程に入れた論議の場で多用され,庇護申請者の大半には経済難民や似非庇護申請者というレッテルが貼られたが,庇護申請者が激増した1992年にはCDU連邦議会議員H.ルマーの著書などがそうしたスティグマを強めて反感を掻きたて,彼らを経済難民にとどまらず,犯罪者同然に見るムードと論調を煽ったのである。[7] またこれと連動するように,庇護申請者だけでなく,長年ドイツで働いていたトルコ人などの外国人をも標的にした排外犯罪が激増したのはよく知られている。[8] こうした深刻な状況を背景にして,激しい論争と駆け引きの末に1992年12月に与野党が合意に達し,これを踏まえて基本法に第16a条が新設されたのをはじめ,庇護手続法が改正されたが,それらは主に次の3点に関わるものだったといえる。[9]

第1点は,「安全な第三国」を経由してドイツに入国した外国人には庇護の請求権が認められなくなったことである。ここで言う「安全な第三国」とは,すべてのEU加盟国のほか,ジュネーブ難民条約とヨーロッパ人権規約の適用が確実に実行されていると見做されて法律に明記されている国々である。ドイツが国境を接する9つの国はすべてこの意味での「安全な第三国」に該当している。また同時にこれらの国々とドイツとの間には相互的な返還協定が結ばれており,ポーランドの場合のようにその見返りとしてドイツが経済協力などの名目で財政的支援を行うケースも存在している。これにより,陸路でドイツに入国しようとする外国人はすべてドイツで庇護を申請することができないだけでなく,通過点となった第三国に送り返されることになったのである。

もっとも政治的庇護の申請についてのこのような制限にもかかわらず,条約難民としての認定を受ける可能性は存在している。なぜなら,審査を担当する連邦難民認定庁は申請者を送り返すためには彼らがどの国を経由してドイツに入国したかを確定しなければならないが,申請者が既にドイツ国内にいるのに加え,経由国について虚偽の申告をしたり申告をしないなどの挙に出るので,事実確認がしばしば極めて困難だからである。さらに経由国である隣国に送還しようとする場合でも,実

際にその第三国を申請者が通過してきたか否かに関して隣国と見解が一致せず，送還が実施不可能になるケースも生じている。

　第2点は，庇護申請者がいわゆる「安全な出身国」から来ている場合，その申請が「明らかに根拠がない」ものと見做されるようになったことである。「安全な出身国」の基準とされるのは，その国でいかなる政治的迫害も生じていないことであるが，どの国がそうした意味での安全な出身国と考えられるかについては立法者が決定するものとされている。その際，判定の主要な基礎になるのは，外務省が作成する情勢報告である。そして安全な出身国から来ている者の庇護申請については，本人が政治的迫害を立証する場合を除いて短縮手続きで審査され，庇護権が否認されることになったのである。

　第3点は，庇護申請の認定が特に根拠がないケースについては迅速化されたことである。そのために新設されたのが，安全な出身国から空路で入国しようとする庇護申請者に対しての特別手続きである。この手続きによって申請者は直ぐには入国を許可されず，その前に空港のトランジット・スペースにとどめられるようになった。そして最長でも19日以内の迅速手続きによる決定が下されることになったのである。このいわゆる空港手続きは，権利保障の法的な外観を取り繕うだけで実際には欠陥の多い審査しか行われておらず，人権軽視だとして法改正後に最も問題視された点である。例えば1998年10月にプロ・アジールなどの難民救援団体はシュレーダー政権の発足に合わせて速やかな是正を連名で要望し，国連難民高等弁務官事務所なども改善を求めているが，その背景にはフランクフルト空港のトランジット・スペース内の施設に収容された庇護申請者が2000年5月に自殺し，7月には25人がハンガー・ストライキを行ったことから窺えるような劣悪な扱いがあるといわれている。[10]

　以上の諸点を骨子とする庇護権に関わる法改正が国内に厳しい政治的対立を引き起こしたことは，とりわけ基本法改正のための連邦議会が開かれた1993年5月26日に当時の首都ボンで大規模な改正反対デモが行われ，道路が通行不能になったために議員がヘリコプターやライン川の船で登院する光景が見られたことから推察できよう。事実，改正後も多方面からの批判が途絶えなかったのであり，改正は依然として重大な政治的争点であり続けた。[11] その意味で，これらの改正がすぐに社会に受け入れられ定着したとはいいがたく，その点から見ると，改正が受け入れられるのに重要な役割を果たしたのは，違憲訴訟に対して連邦憲法裁判所が1996年5月14日に下した判決であったと考えられる。これによって庇護権改正は大筋で合憲とされ

ただけでなく，その後に論争の的となることも次第に少なくなった。いわば憲法裁判所は多年にわたる熱い論争に幕を引く役割を演じたといえるのであり，その判決が法的安定性の確保に果たした貢献は大きい。[12]

ところで，庇護申請を提出し，連邦難民認定庁もしくは裁判所による法的に確定した決定がまだなされていない人々は「庇護請求者 Asylsuchende」と呼ばれる。彼らは通過点である国境の官庁で入国を認められて庇護を申請するが，この申請は連邦国境警備隊，警察，外国人局，連邦難民認定庁の支所のいずれでも行いうる。家族を伴っている場合にはその申請は一体のものとして扱われるが，16歳以上の子供については独立したものとして別個に取り扱われる。庇護申請者数と庇護申請件数が異なるのはこのためである。庇護申請は書面だけではなく，口頭でも申し立てができるが，それが受理されると彼らは庇護を申し出た当該の州の最寄りの収容施設を経て，一定の配分方式に基づいて受け入れられるべき州の施設に送られる。そして最初に指紋が採取され，EU域内の他の国で既に庇護申請が取り扱われているかどうかが照合された後，彼らの申請はその州にある連邦難民認定庁の支所に送付されることになる。[13]

連邦難民認定庁では，庇護申請者はどこからも指令を受けないという意味で独立した1人の担当官によって審査される。この審査は，庇護を請求する事情を説明し，その理由を示す事実上唯一で最重要の機会とされており，そのためノルトライン＝ヴェストファーレン州のように，審査に先立って庇護手続き相談窓口を開設している州もある。その主たる活動は，庇護手続きを解説し，審査での注意事項を了解させて備えさせ，場合によっては手続きに付き添うことであると説明されている。[14] 担当官による審査では，個別ケースに即して庇護権認定の法的要件や外国人法第51条1項の送還保護の要件が満たされているか否かを本人は通訳を介して口頭で聴取される。通訳は公費でつけられるが，庇護申請者が望む特定の通訳がある場合には，申請者自身の負担でその通訳をつけることも可能である。この聴取では，出身国を離れる際の事情などで身分を証明する書類を紛失もしくは元々所持していないと主張しているケースはもとより，パスポートや身分証明書あるいは搭乗券の半券などを所持している場合も含めて，申請者が実際にどの国の出身でどこを経由して来たのか，迫害の恐れなどを立証する出来事など申し立てていることが事実かどうかなどが，連邦難民認定庁が把握している現地の実情と照らし合わせつつ調べられる。というのは，出身国，経由地，証明書，庇護を求める事情などに関して虚偽や偽造がこれまでに多数見つかっているからである。そして最後に聴取内容は文書化され，

翻訳して申請者に写しが手交される。聴取に際し，担当官は外務省の情勢報告のほか，国連難民高等弁務官事務所やアムネスティ・インターナショナルなどの報告書，研究機関の鑑定書，新聞・雑誌の報道なども利用する。(15) 1996年末からは新ユーゴスラヴィアやスリランカなど九つの国にあるドイツの在外公館に連邦難民認定庁の職員が派遣されるようになったが，(16) その現地報告書が最大限に使われているのは指摘するまでもない。このためにも，知識を広げ，絶えず最新の状況を把握するとともに，公正で的確な判断を下せるように日頃から研修が実施されているが，その研修には外部の専門家が招かれ，国連難民高等弁務官事務所の職員，行政裁判所裁判官，心理学専攻の大学教師，難民救援団体のメンバーなどが当たっているという。

そのようにして審査に必要な判断能力を磨きつつ，個別ケースごとに担当官は庇護権の存否につき決定を行うが，その決定は異議がある場合の法的手続きの説明を添えて文書で本人に通知される。連邦難民認定庁が庇護権否認の決定を下した場合，庇護請求者にはその決定について行政裁判所に不服を申し立てることが認められており，この場合には行政裁判所が改めて審査し，口頭での審理の後に決定を行う。そして裁判所が庇護申請を「明らかに根拠なし」と判断すると，庇護申請者には控訴権はなくなり，不服には「単に根拠なし」と判断した場合には，上級行政裁判所などの上級審に控訴を行う可能性が残される。こうして庇護請求者には裁判を含む一定の法的権利が認められたうえ，連邦難民認定庁もしくは行政裁判所による最終的決定が出るまではドイツでの暫定的な滞在が保証されている。このように庇護申請者に対して厳密な審査が行われ，裁判的手続きが保障されている点から，時間とコストの面で「ドイツはヨーロッパで最も費用のかかる庇護手続きを有している」(17) と評されている。

庇護権を付与されるのは，連邦難民認定庁もしくは行政裁判所によって基本法に言う意味での政治的に迫害された者として認定された人々である。上述のように，庇護権を認められた人々には無期限の滞在許可，統合援助，社会保障などへの請求権が与えられる。その結果，彼らの地位は法的，経済的，社会的生活の広範な領域で一般ドイツ人のそれに近いものになる。またその配偶者と未成年の子供にも，家族関係が出身国を立ち去る前に存在していたことが証明されれば庇護権が認められ，呼び寄せたりすることが可能になる。連邦政府外国人問題特別代表部のまとめによれば，1999年現在で庇護権を認められてドイツに滞在しているのは18万5千人であり，そのほかに13万人がその家族として滞在している。(18)

他方，庇護権を否認された者に対しては，送還に対する障害の有無を連邦難民認

定庁が確認する。そして送還されたら出身国で拷問を受けたり死刑に処せられる危険があるか，それほどでなくても生命，身体，自由に対する具体的な危険があると認められる場合には送還に対する障害があると見做される。さらに各州は人道上もしくは国際法上の理由から，あるいは連邦政府の政治的利益を守るために，連邦内務大臣の了解を得て特定の難民グループの送還を停止できるものとされている。この場合，これらの外国人にはドイツ滞在が認容されるが，滞在の認容（Duldung）は滞在許可や滞在権などのような正式の滞在資格ではない。したがって，彼らは原則的には出国を義務づけられたままとなり，滞在は限られた期間のみ許容されるにとどまる。[19]これらの人々に対してドイツでは，通常，「事実上の難民」という呼称が用いられている。

　連邦難民認定庁が設置されたのは1953年であるが，それ以来1996年末までに250万人以上の人々が外国からドイツに庇護を求めてやってきた。そのうち1987年から1996年までの10年間にドイツに来た者の数は190万人にものぼっている。

　庇護申請者の人数は1970年代末までは安定していて年間1万人をかなり下回るレベルだった。増加が見られたのは1968年のプラハの春がワルシャワ条約機構軍の戦車によって蹂躙された直後と1973年に勃発した第4次中東戦争の後の2回である。しかし1980年にはトルコでの軍事クーデタのために10万人以上が庇護を申請する事態になった。けれどもこの時点で激増した庇護申請者の波はひとまずは静まるかに見えた。というのは，1983年になると庇護申請者の数は2万人を下回ったからである。だがこの状態は長くは続かず，翌84年以降その人数は急上昇を続け，1992年には438,191人にも達した。しかし1992年の庇護手続法と1993年の基本法の庇護権条項などの改正による抑制効果が現れ，[20]1994年からは10万人程度で推移している。この数を多いと見るか少ないと捉えるかはともかく，「安全な第三国」や「安全な出身国」に関する規定を設けて強力な制限が意図されたことからすれば，1970年代まで1万人を割っていた事実に照らすと抑制効果は十分に発揮されていないと考えることは可能であろう。いずれにせよ，申請者の激増に対応して連邦難民認定庁は職員を増員して申請の処理に追われたが，1996年1月にドイツ通信（dpa）が配信したところによれば，庇護申請者のこうした減少によって五つの支所を閉鎖し，3,400人の職員を年末までに2,500人に縮小する方針を固めるまでになっているという。

　数の評価はともあれ，庇護申請者の受け入れ数をヨーロッパを中心にいくつかの国と比較してみると，ドイツが突出していることが明らかになる。これを示すのが，図1である。ここには1990年から1998年までの総数が掲げられているが，ドイツは

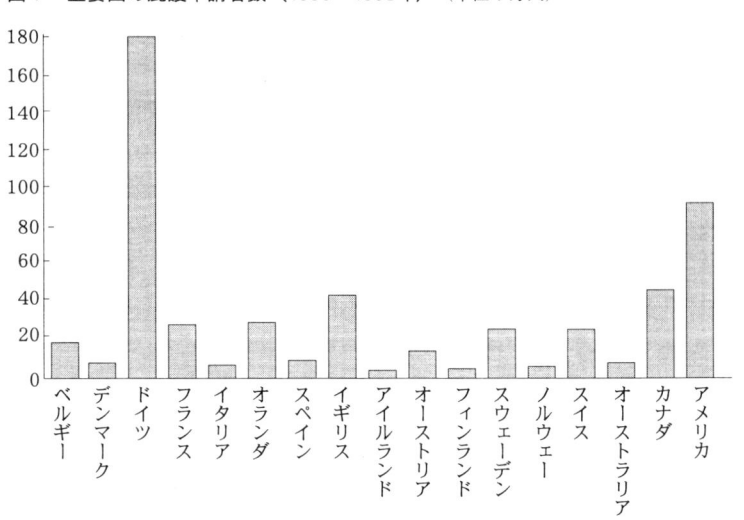

図1　主要国の庇護申請者数（1990〜1998年）（単位：万人）

（出典）Roland Rau, Stefan Rühl und Harald W. Lederer, Migrationsbericht 1999, Bamberg 1999, S. 31.

1,784,476人で，2位であるアメリカの928,209人の約2倍に達している。これらの次に位置するのが，イギリスの405,589人，オランダの282,896人であり，さらにフランスの267,332人，スイスの236,654人，スウェーデンの233,823人などが続いている。もちろん，ここに挙げた国は人口の規模が異なるので，受け入れた庇護申請者の数を単純に比較するのには無理がある。そこで人口1,000人当たりに直した庇護申請者数を算出してみると，いくぶん違った結果が得られる。図2に明らかなように，人口比で見た場合，最も多くの庇護申請者を受け入れているのはスイスであって32人に上り，スウェーデンの26人がこれに次ぐ。そしてドイツは21人で3位であり，これらにオランダ，ベルギー，オーストリアが続いている。しかし3位とはいえドイツは絶対数では群を抜き，人口比でも20人を上回っていることからすれば，庇護申請者が真っ先に目標とする国であるのは確かであろう。

　1980年以降1996年末までで見ると，ドイツ（統一以前は西ドイツ）で政治的庇護を申請した人々の約60％はヨーロッパの出身である。しかし一例として1986年をとると，この年にはヨーロッパ出身者は25,164人で全体の4分の1強だったのに対し，庇護申請者が最大を記録した1992年には310,529人で70％を上回り，その多くをルーマニア，ブルガリア，ユーゴスラヴィアの南東欧諸国の人々が占める形になっている。それまでは例えば1985年にアジアからの庇護申請者が44,298人で約60％を占め，

図2　主要国の人口1000人当たりの庇護申請者数（1990〜1998年）　（単位：人）

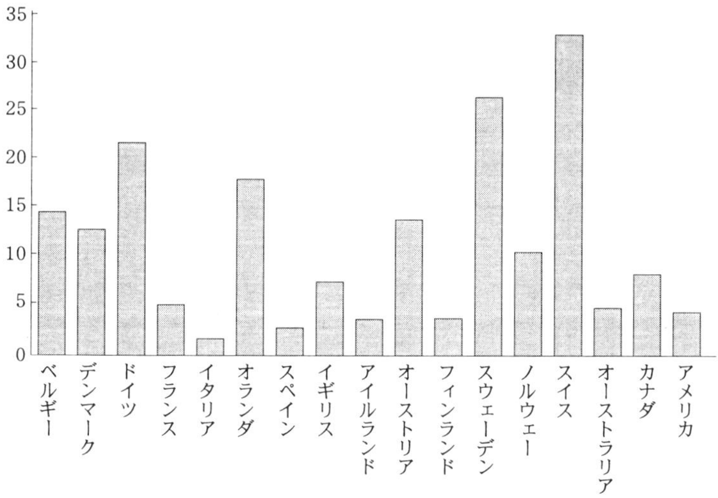

国	人数（概算）
ベルギー	14
デンマーク	12
ドイツ	21
フランス	5
イタリア	1.5
オランダ	17.5
スペイン	2.5
イギリス	7
アイルランド	3.5
オーストリア	13.5
フィンランド	3.5
スウェーデン	26
ノルウェー	10
スイス	33
オーストラリア	4.5
カナダ	7.5
アメリカ	4

（出典）Rau u. a., op.cit., S. 32.

翌86年もほぼ同様だったから、出身地域の構成に大きな変化が生じていることが看取できよう。

　出身地域の変化は出身国のそれを反映している。庇護申請者数が多かった年を中心に出身国を眺めると、次のように言えよう。まず1980年はトルコから大量の申請者が西ドイツに来た。しかし1986年になるとアジアから来た多数の人々が庇護申請を提出した。彼らは主としてイラン人、インド人、レバノン人、無国籍者であった。ただ連邦難民認定庁の調べでは無国籍者に括られている者の多くはパレスチナ人であったといわれる。庇護申請者が最多を記録した1992年には申請者の半数以上がルーマニアとユーゴスラヴィアの出身だった。しかし翌年の基本法などの改正により庇護申請者が急減し、安全な出身国や送還に関する規定が効力をもつと、ルーマニアやブルガリアの出身者はほとんどドイツで庇護申請を行わなくなった。例えば庇護申請を行ったルーマニア人の数は1992年には103,787人だったが、1996年になるとその数はわずか1,395人にまで下がり、99％も減少する結果となったのである。またブルガリア人についても同じ期間に31,540人から940人に後退し、97％の減少を記録している。そしてこれらに代わって1996年にはトルコと旧ユーゴスラヴィアの出身者が最大グループになっている。[21]

　庇護申請者には決定が出るまでの間どこに居住するかを自分で決める権利は認め

表1　庇護申請者の州への振りわけ（単位：％）

州	％	州	％
バーデン＝ヴュルテンベルク	12.2	ニーダーザクセン	9.3
バイエルン	14.0	ノルトライン＝ヴェストファーレン	22.4
ベルリン	2.2	ラインラント＝プファルツ	4.7
ブランデンブルク	3.5	ザールラント	1.4
ブレーメン	1.0	ザクセン	6.5
ハンブルク	2.6	ザクセン＝アンハルト	4.0
ヘッセン	7.4	シュレスヴィヒ＝ホルシュタイン	2.8
メクレンブルク＝フォアポンマーン	2.7	テューリンゲン	3.3

（出典）　Bundesamt für die Anerkennung ausländischer Flüchtlinge, Asyl im Blick, Nürnberg 2000, S.26.

られていない。彼らは人口に対応した法的に確定された配分方式に従って各州に割り振られる。彼らには庇護手続法第55条に基づく滞在認可が与えられ，滞在している間，彼らを管理する外国人官庁の管轄範囲から許可なく出ることを許されない。州ごとの庇護申請者の引き受け比率は表1のとおりである。

　庇護申請者に対する認定実務を見るには，申請者数よりも連邦難民認定庁の認定手続きに基づくデータ，とりわけ行政手続きによる実際に行われた決定の統計を検討することが重要である。ここでは申請者のうちで庇護権の認定を受けた者の数とその比率すなわち認定率を見ることにしよう。

　1984年に連邦難民認定庁は2万5千人弱の庇護申請について決定を行ったが，1993年にはそれまでの申請者数の急増を受けて513,561件について決定を行った。それにもかかわらず申請者数の激増のため大量の申請が未処理のまま滞り，その数は1992年末に50万件にも上った。このため，庇護の申請から決定までに要する時間が長期化し，2年から3年程度と言われたように，庇護請求者の滞在期間が長引いたのは指摘するまでもない。申請処理のこうした遅滞は，連邦難民認定庁の人員増強と庇護申請者の流入抑制によってしばらくたって漸く解消された。

　ところで，1985年には庇護申請者の約3割すなわち29.2％が庇護権を認定された。しかしその後，申請者の増大に反比例するかのように認定率は急速に下降し，1993年になると3.2％にまで落ち込んだ。この数字は，単純化して言えば，庇護申請者100人のうち97人が政治的迫害を口実にしてドイツに流入していたことを意味する。庇護申請者が激増した当時，ドイツ国内には彼らを豊かさの分け前を求めて殺到する経済難民とする見方が広がり，「庇護権の乱用」や「偽装難民の大量流入」が政治問題化したが，その理由の一つは認定率のこのような低さにあった。[22] また決定が出るまでに要する時間が長くなるほど，収容施設での生活のためにドイツ側に課される負担が大きくなったから，彼らに対する反感が社会に浸透したのも不思議では

なかった。とはいえ，1993年の法改正による規制強化の結果，認定率は上昇し，1995年には9.0％，96年には7.4％にまで回復している。けれどもこの数字も認定率が10人中1人にも達しないことを意味しているばかりか，その後ふたたび低下して1999年には3.0％という最低記録となったことを考えれば，認定率が依然として著しく低いことは否定できない。

こうした現状をとらえて1999年11月に連邦内務大臣 O. シリー（SPD）は3％以外は「経済難民」であると語ったが，CDUなどによって繰り返されるのと同一のこの発言は連立与党の同盟90/緑の党などから激しい批判を浴びる結果になった。というのは，連邦政府外国人問題特別代表 M. ベック（同盟90/緑の党）によれば，この種の数字は「一種のつくりごと」でしかなく，1995年から99年までの平均値を正確に計算するなら全く異なる数字が得られるからである。すなわち，同特別代表部の試算では，国家による迫害以外の迫害のために送還から保護されている人々を加えただけでその数字は13.5％に上がるが，それだけではなく，庇護申請中に取り下げ手続きをしないままどこかへ立ち去り，そのために専ら形式的な理由で申請が却下された者も考慮に入れるなら，さらに15％から22％に上昇する。しかも庇護申請者には出訴の道が開かれており，3％を強調する論者が視野の外に置いているこれらの人々も加えると，主張される3％の10倍近い29％の人々に事実上の庇護が認められているという結果になるのである。けれども，基本法の庇護権が，例えば近年しばしば庇護の対象に加えることが求められる女性に特有な性的迫害などに対しては閉ざされており，政治的迫害に限って開かれている事実は否みがたいことを考えただけでも，この論法には強力な異論が存在しうるのは当然であろう。そしてこの点を踏まえるなら，庇護を申請する者の実態が経済難民か否かを問わず，認定率が極めて低く，庇護権を認められない多数の外国人を決定が出るまで扶養する庇護制度が効率的に機能しているとはいえないのは認めざるをえないであろう。

認定率を出身国に即してみると，1980年代初期には多くの庇護申請者を出した国はいずれも高い認定率を示していた。とりわけベトナム，イラク，アフガニスタンから来た庇護申請者たちは庇護権を認定される比率が高かったのである。しかしそれだけに1990年頃にはどの国の出身者についても一様に認定率が低下したのが際立つ。確かにイラン，イラク，トルコ，スリランカなど若干の出身国については再び認定率は上昇したが，他の多数の国々に関しては庇護権が認定されるのは稀になっている。ポーランド，ベトナム，ルーマニア，ブルガリアなどからはこれまでに多くの市民がドイツで庇護申請をしているが，彼らには庇護権が認められる可能性は

殆どなくなっているのが現状なのである(27)。

　もっとも，連邦難民認定庁によって庇護権を否認する決定がなされた場合に関連して次の2点を補足しておくべきであろう。一つは，既述のように，この場合には庇護申請者は行政裁判所に不服を申し立てることができ，それによって滞在期間が延びることにもなるが，その実情がどのようになっているかという点である。統計的に明らかになっているところによれば，1984年から1994年までに旧連邦州では約60万件の不服申し立てがなされた。1件当たり1.3人から1.4人が係わっているので，この間に少なくとも78万5千人の庇護請求者が連邦難民認定庁による否認決定の後に裁判所で争ったと見積もられている。同じ期間に連邦難民認定庁は181万5千件を越す庇護申請に決定を行い，そのうち127万件について庇護権否認の決定を下した。したがって行政手続きであるこの決定で庇護権を認められなかった申請者のかなりの部分が裁判所に不服を申し立てたことになる。しかし上級審である連邦行政裁判所にまで係争が持ち込まれたケースは少なく，第一審で多くは決着していると見られる(28)。

　もう一つの点は庇護権の否認が確定した申請者の処遇である。庇護権を認められず，ジュネーブ条約に定められた条約難民とも認められない場合，庇護申請を提出していた外国人は滞在認可を失い，原則的に出国を義務づけられる。しかし強制的な国外退去や送還はいくつかの理由から停止されるケースがある。例えば，国籍が不明であったり，身分証明書がない場合，あるいは移送に困難が伴う場合などには国外退去の措置は停止されることがある。また拷問，死刑の危険や，身体，生命に対する具体的な危険が予想されたり，内戦があったりする場合にも国際法上，人道上の配慮により送還などが停止されることもある。連邦内務省の部内用文書には該当する事例として多数のケースが示されている。それによれば，例えば1989年10月31日までにドイツに入国した中国人科学者，学生，研修生，1988年末までに入国したエチオピア人，アフガニスタン人，イラン人，レバノン人などのほか，1990年6月13日までに消滅した東ドイツに契約労働者として入国し，1994年4月まで合法的就労によって生計を立て，自主的帰国のための給付を申請していないなどの条件を満たしているベトナム人，モザンビーク人などが送還から保護されるとされている(29)。

　他方，上記の理由がなく，これらのケースに該当しないのに自発的に国外に退去しない者に対しては送還の措置をとることができる。この場合の送還は受け入れている州政府もしくは当該外国人の滞在地区を管轄している外国人官庁によって実施される。またその際，裁判所によって当該外国人に対し，国外退去の用意のために

は6週間以内，強制送還については18週間以内の施設収容が命じられる。因みにドイツでは1987年から1995年までに庇護権を否認された者のうち12万7千人が実際に強制送還された。その数は特に1993年と翌94年に多く，両年とも年間に約3万6千人が送還された。(30) しかし難民救援団体プロ・アジールの発表によれば，1993年から96年までに14人が送還のための収容施設で自殺したといわれ，同様に研究機関「逃亡と移民」の1998年の報告によると，過去5年間に強制送還が切迫していることを理由にして54人が自ら命を絶ったとされており，最近でも2000年12月8日にタミール人青年が収容施設で首を吊って自殺した。(31) そうしたことは，難民救援団体から，帰国によって実は母国で生命・身体に対する危険が生じる可能性が高く，強制送還という処分が不当だったことの証明であると指摘されている。(32) また強制送還のための収容施設での扱いも給養が悪いうえに人権無視が横行していて劣悪であるといわれ，収容者に対する暴行も頻発しているとして係官が告訴される例もしばしば見られるほどの状況であって，非難の対象になることも少なくない。(33)

けれどもその一方では，送還される外国人が飛行機の中などで暴れたりすることによって生じる人的・物的被害が無視できないことも報告されている。例えば連邦国境警備隊の1997年7月の発表によれば，この年の前半だけでフランクフルト空港から庇護申請を却下された者のほかに不法入国者など合わせて11,440名が強制送還されたが，そのうち20%から25%については暴力行為のために送還先まで係官が付き添わねばならず，16名の係官と若干名の外国人が送還途中に負傷したという。さらに1999年6月にはスーダン人が機中で死亡する事件さえ起こり，これを契機にパイロット団体から民間機ではなく国有の飛行機でまとめて送還を行うべきという要求が出され，また8月には連邦内務省が送還途中の機内では連邦国境警備隊の係官は機長の指示に全面的に従うものとする方針を明確にしなくてはならない事態にすら至ったのである。(34)

それはともあれ，庇護を求めてドイツに来た外国人で庇護権を認められた者が少数でしかなく，しかも自主的に国外退去した者や送還の措置を取られた者の数もまた少ないとすれば，多数の庇護申請者たちはどうしているのであろうか。

この点に関しては統計的把握が困難なので，明確な回答をすることは難しいが，庇護認定手続きが終了した申請者たちの滞在状況については1987年から1995年末までの期間では概略的に次のように整理できる。この期間には総計で183万人が庇護申請を行ったが，その間に基本法第16条もしくはいわゆる小庇護を定めた外国人法第51条1項に基づいて庇護権ないし送還保護を認められたのは12万5千人であった。

他方，同期間に13万人が強制送還の措置の対象となり，ドイツを立ち去った。また庇護権を否認された結果，国外退去の義務に従い，強制されない形でドイツを出国したのは推定で13万人程度と見られる。さらに1995年末の時点で8万3千人の庇護申請が連邦難民認定庁で審査中であり，27万7千人のそれが裁判所で係属している。1987年から1995年までに庇護申請した人数から去就の明確なこれらの数を差し引くと，残るのは約110万人となるが，少数とはいえないこの人々については，ドイツに居住しているか否かも含め，推測の域を出ない。その一部は外国人官庁に届け出をせずに既に出国したと考えられる。しかしそれと並んで，行方をくらませ，地下に潜って不法にドイツに滞在している者が相当数いると見られる。彼らは労働許可証をもたず，正規に働くことはできないから，当然，不法就労の予備軍となり，地下経済の温床になる。さらにこのように不法にではなくドイツに滞在している人々もいる。そのうちの大きな集団が「事実上の難民」であり，彼らは庇護権を認められなかったものの，国外退去などの強制措置を停止されて滞在を認容されている人々である。彼らには滞在の権利はなく，原則的に国外退去を義務づけられたままであるから，その地位は極めて不安定である。しかしこの人々の数も含め，庇護請求者としてかつてドイツに受け入れたこれら110万人の外国人についてはその動静の詳細は明らかになっていない。[35]

　なお，庇護申請者のために要する負担の重さも彼らへの反感が募る原因の一つになったとされているので，連邦統計庁が把握している範囲でこの点についても触れておこう。

　1993年7月に庇護権の改正法が施行された後，経済的吸引力を減殺することによって庇護申請者を抑制すると同時に，財政的負担を軽減することを狙いとした庇護申請者給付法が制定され，同年11月に施行された。庇護申請者だけでなく，庇護権を否認されたあとも滞在を認容されている者にもこの法律が適用されるが，その骨子は，それまで与えられていた社会扶助に代えて同法に基づく給付を提供することにある。その給付は標準給付と特別給付に分かれる。前者は毎日の必要を充足するためのもので，基本給付の形態もしくは生計扶助として支給される。基本給付は実質的に社会扶助での標準額より20％ほど低いが，それだけでなく，その特徴は，食品，住居，衣類，暖房などが金銭ではなく現物によって必要な範囲で提供されるところにある。そして特別な事情がある場合に限って現物ではなく引換券もしくは現金が手渡される。そのほかに受給者には個人的な必要を満たすために小遣いも支給される。このように現物支給による給付に基本線を転換したのは，後述する不法入

表2 年齢別にみた標準給付受給者数（1997年）

年齢層	7歳未満	7～10	11～14	15～17	18～20	21～24	25～29	30～39	40～49	50～59	60～65	66歳以上
人数	84,838	42,920	34,697	27,775	27,112	41,229	64,879	101,352	38,530	12,436	4,274	6,601
比率(％)	17.4	8.8	7.1	5.7	5.6	8.5	13.3	20.8	7.9	2.6	0.9	1.4
総数	486,643											
平均年齢	23.6											

（出典） Hermann Seewald, Ergebnisse der Sozialhilfe- und Asylbewerberleistungsstatistk 1997, in：Wirtschaft und Statistik, H.2, 1999, S.109.

国の手引き組織によって入国した庇護申請者たちが，高額な入国費用の支払いに給付金を充てるのを防止することに主眼があるといわれる。標準給付としてはこの基本給付が一般的形態であって，生計扶助は特別なケースだが，これは連邦社会扶助法によるそれに類似したものである。[36]

こうした標準給付と並んで特別給付が存在する。それは特殊な必要が生じた場合に提供されるもので，例えば病気，妊娠，出産などのほか介護を必要とするような場合である。

1997年末の時点でのまとめでは，この年に庇護申請者給付法に基づいて標準給付を受給していたのは48万7千人であった。その年齢構成は表2のとおりであり，18歳未満の未成年が39％に上っている。彼らは全体で23万4千の世帯を営んでいたから子供のいる世帯も少なくなかったと言えるが，他方，男性で単身の世帯は全体の半数近い48.6％存在した。標準給付を受けていた者で庇護申請者のための収容施設もしくは共同宿舎で起居していたのは48.2％だった。彼らの16.1％はボスニア＝ヘルツェゴヴィナ出身で，31.4％はその他の旧ユーゴスラヴィアの出身者だった。また1997年末に病気などの理由で12万6千人が特別給付も支給されていた。[37]

こうした庇護申請者給付法に基づく1997年の給付の総額は，表3にみるように52億マルクであり，2億マルクの収入を差し引いた純支出は50億マルクである。また庇護権の認定業務のために設置されている連邦難民認定庁だけで予算額は95年に3.7億マルク，96年に3.6億マルクだった。統一以前から旧西ドイツで問題視されるようになっていた社会国家の揺らぎは，産業立地ドイツの揺らぎが重なって統一後ますます振幅を増しているが，その主柱というべき連邦社会扶助法に基づく施設外での各種の社会扶助の給付総額が1997年に141億マルクだったから，庇護申請者給付法による給付額はその3分の1強に相当することになる。

さらに引き受けに責任を負う州レベルに目を向けると，住居と衣食のみの平均月額で庇護申請者ないし滞在認容者1人につき，バイエルン州では95年に733マルク，

表3　庇護申請者給付法による給付額とその内訳

支出の内訳	1997年 100万マルク	%	1996年 100万マルク	増減 %
支　　　　出				
標　準　給　付	4,147.6	79.9	4,651.2	−10.8
基　　礎　　給　　付	2,742.0	52.8	1,316.9	+108.2
現　　　物　　　給　　　付	941.4	18.1	682.0	+38.0
引　　　換　　　券	253.8	4.9	138.0	+83.9
個人的必要のための現金給付	297.5	5.7	122.9	+142.1
生計のための現金給付	1,249.4	24.1	374.0	+234.0
生　　計　　扶　　助	1,405.7	27.1	3,334.3	−57.8
特　別　給　付	1,040.7	20.1	979.8	+6.2
そ　の　他　の　給　付	739.3	14.2	450.5	+64.1
病気・妊娠・出産のための給付	640.8	12.4	393.0	+63.1
就　　労　　の　　機　　会	41.5	0.8	18.3	+126.8
そ　　の　　他　　の　　給　　付	57.0	1.1	39.3	+45.0
特別な生活状況の給付	301.4	5.8	529.2	−43.1
総　　　　額	5,188.3	100	5,631.0	−7.9
収　　　　　入	207.4	4.0	182.1	+13.9
総　　支　　出	4,980.9	96.0	5,448.8	−8.6

（出典）　Seewald, op. cit., S.109.

96年にヘッセン州では663マルクを支出したことが知られている[38]。また実務を担当する自治体レベルの例としてバイエルン州の州都ミュンヘン市の場合を見るなら，同市社会局の資料では，1997年6月時点で住居費や夏と冬の始まりの衣類の特別支給分を除いて単身世帯もしくは世帯主には375マルク，7歳以下の子供220マルク，8歳以上14歳以下の子供300マルク，15歳以上の世帯員340マルクが標準的な費用の月額であり，妊婦にはさらに52マルクが加算されていた[39]。因みに，ザクセン州の州都ドレスデン市には1997年に800人から1,000人の庇護申請者と送還から保護された外国人が暮らしていたが，彼らには現物給付の食品として成人1人当たり4日分のパッケージとして，白パン1キログラム，ヌードル500グラム，4ないし5級の卵10個，豚肉400グラム，オレンジジュースとリンゴジュース各1リットル，ニンニク100グラム，食用油1リットルなどが支給されていたことが報告されている[40]。もっともこれで十分な量であったかどうかは直ぐには判断できないし，どこでも同じ内容ではなかったことを考慮すると，問題のあるケースがあったことは容易に想像がつく。現にバイエルン州のウンターフランケン地方ではパッケージで渡される食品が乏しすぎ，品質も保証期限を超過した物が含まれていることに対して庇護申請者たちが抗議行動を起こしたことが新聞に報じられている[41]。しかし他面，現物給付の方式自体についてはベルリンの上級行政裁判所で合法とする判断が1997年8月に示されており，同時にそこでは，その狙いが外国人に経済的理由による入国と滞在へ

の刺激を与えない点にあることが明確に是認されている事実も付け加えておくべきであろう。[42]

　社会扶助とは別の枠組みによって可能な限り現物で庇護申請者に対して給付を行うこうした政策はシュレーダー政権がスタートしてからも継続されている。そのためプロ・アジールのH. カウフマンは新聞にも転載されたある論文で，シュレーダー赤緑政権の難民政策は「難民を二級の人間に貶める」コール政権のそれを継承しているとし，庇護申請者給付法は基本法に謳われた人間の尊厳の命法に反するので即座に廃止することを提唱している。またシリー内務大臣も1999年のSPD党大会の場で，強制送還や現物給付などの点で難民政策が前政権と大差ないとして糾弾を浴びたのはなお記憶に新しい。さらにノーベル賞作家G. グラスも，難民政策でシリーは前任者のM. カンターと違いがないと指摘し，ドイツ赤軍派（RAF）の弁護士として名を馳せた当時と比較しつつ，強い失望の念を表明しているほどである。[43]

　それでは，このように批判を浴びている庇護申請者給付法に基づく給付は，総額ではこれまでどれほど支出されてきているのであろうか。

　庇護申請者たちに対する給付総額は1994年には54億マルク，翌95年には53億マルクであった。したがって一見する限りでは，97年まで殆ど変化がなかったようにみえる。[44]しかし96年には実は57億マルクに膨らんでいたことを考えれば，97年に減少したのは明白といえよう。このような減少が生じたのは，97年6月から給付法が改正され，受給資格者のランクが下げられて基本給付が実質的に減額されたからである。さらに1998年9月にも同法は改正された。その結果，受給者数が43万9千人に減った効果も加わって，同年の給付総額は44億マルクまで低下した。[45]これらの改正の重点は，容易に推察できるように，給付対象者を制限することにあり，例えば「庇護申請者給付法に基づく給付を得るためにドイツに入国した」外国人に対しては，個別ケースに即し給付が避けられないと判断される場合にだけ与えられることになった。[46]このように同法は制定以来度々改正されているが，初期の1995年7月にH. ゼーホーファー連邦保健大臣（CSU）の提起で改正案が閣議決定されたとき，13億マルクの節減が見込まれていたことに見られるように，改正は常に削減と連動しているといえよう。[47]従来，連邦社会扶助法の枠内で給付を行っていたのを，庇護申請者などを分離して庇護申請者給付法を制定したのをはじめとして，このように同法の度重なる改正が行われてきた背景には，無論，庇護申請者に対する反感の温床になりやすい大量の失業者の存在や，膨らんだままの巨額の財政赤字など，統一ドイツが直面している重大な困難があるのは指摘するまでもないであろう。

たしかに上記の数字からは，庇護申請者の大量流入によって生じた財政負担が，経済大国と呼ばれるドイツにとっても決して軽くはないことが推し量れる。しかもドイツは社会国家であることを基本法で標榜しており，何人に対しても一定レベルの生活を保障する義務を負っているため，その負担が重くなる構造が存在するといえる。しかしそれだけに，繰り返される改正から明白に浮かび上がってくるのは，大量の庇護申請者を受け入れてきたドイツとしては社会国家の枠組みを崩さないためにも，ここにみた給付などから生まれる経済的磁力を弱め，その流入を抑えたいという意図であろう。ドイツの経済と財政の規模に照らした場合，このような給付のコストがどれほど大きな負担として感じられるのか，また実際のコストについてどの程度一般市民が知っているのかは，庇護申請者に対する敵意や嫌悪との関連でコストが説明要因として指摘されることが多いにもかかわらず，管見の限りでは，これを検証した調査や研究は存在しない。その点から見ると，コストの規模を知らないまま，もっぱら負担としてのみ受けとめる心理構造が広く市民の間に形成されているところに問題が伏在しているように見受けられる。

他面，そうした心理構造を強めるような出来事が頻発していることも看過してはならないであろう。その代表例は給付の不正取得である。最近の事例を一つ挙げれば，ブレーメンで2000年2月末に累計で500人のトルコ人を中心とする外国人がレバノン人などと称して1986年以降給付を詐取していたことが発覚し，被害額が数千万マルクに上った事件が伝えられた[48]。庇護申請者などへの給付につきまとうこの種の負の側面が，雇用不安をはじめとする生活不安が広がっている社会では，彼らを負担と見做し，嫌悪感すら抱く心理構造が形成される土壌になっているといえよう。そうした点を考慮して連邦政府は2000年12月に庇護申請者・滞在認容者に対し，従来の就労の原則的禁止を解除して就労による稼得を認める方針を打ち出した[49]。もちろんそれにはドイツ人，EU市民など優先的に雇用されるべき者が見つからないケースという条件などが付されている。このような方針転換の狙いは，給付への依存から脱却させ，怠け者の寄食者というマイナス・イメージを払拭するとともに，コストを軽減して市民の負担感を和らげることにある。けれども他面で，労働市場の圧迫要因になり，かえって競合する市民の反感を強める可能性も拭えないため，論議が続いてきた。この関連では，1997年に就労が禁止された際，CDU/CSU連邦議会議員団労働社会部会の文書の中に，より広い文脈に位置づける形で，EU以外の「第三国からの一層の流入による労働市場の過剰負荷を防止する」ことが理由として記されていたことが想起される[50]。新聞報道によれば，禁止解除の適用対象者になる

のは 7 万 5 千人程度と見られるが，そうした数値は殆ど知られないままに論議が活発化すること自体(51)，社会の内部に負担感が堆積していることの表れと見做しうるであろう。

第 2 節　分担難民と戦争・内戦避難民

次に分担難民と戦争避難民などについて触れよう。

分担難民というのは，国際的な枠組みで一定数を人道的配慮から引き受ける難民を指す。難民は一般に「条約難民」と呼ばれているジュネーブ条約の意味における難民，すなわち狭義の難民と，母国の政治的・経済的混乱や飢餓状態などを逃れようとして生じる広義の難民とに区別される。そして後者の難民のうち，ベトナムのボート・ピープルに代表されるように，国際的合意に基づき世界各国と協力して一部を引き受ける難民を，ドイツでは一定の人数が他国と分担して引き受けられるところから分担難民と呼んでいる(1)。このような難民がドイツで受け入れられる根拠になっているのは，1980年に制定された「人道的援助活動の枠内で引き受けられる難民のための措置に関する法律」であり，これは分担難民法と略称されている。

この法律に基づく難民の受け入れに関しては，1982年 3 月 5 日の連邦と州の首相会議での取り決めが土台とされている。それによれば，人道的理由による難民の引き受けは，次の条件の下で実施される。第一は，ドイツによる引き受けが当該の難民の生命と健康を維持するうえでの唯一の手段であることである。第二は，受け入れはドイツが政治的・人道的理由から参加している国際的援助活動の枠内で実施されることである。最後は，受け入れに先立って連邦各州がその措置を支持していることである(2)。

分担難民に関しては，庇護申請者の場合と違って資格審査を経ることなく受け入れられる点に特色があり，庇護申請者とは別のカテゴリーの集団として処遇される。無論，受け入れ数は無制限ではない。何人までが引き受けられて保護を与えられるかという数的な上限の確定は，内務大臣会議が行う。この上限が達せられると，それ以上の難民をもはやドイツは引き受けない。また後に家族が合流のために来ることを考慮し，そのための一定数を空けておく形で運用されている。

これまでに分担難民としてドイツが引き受けたのは，ベトナム，ラオス，カンボジアなどからボート・ピープルのような形で流出してきたインドシナ難民や，チリ，キューバ，イラクのクルド系の難民などである。その数は，1995年末までの合計で約 3 万 7 千人であり，1999年末の時点では9,500人が分担難民の資格でドイツにとど

まっている。その中では東南アジア地域の出身者が大多数を占めている。分担難民としてドイツに受け入れられた外国人には庇護権を認定された外国人に近い地位が与えられる。例えば彼らは経済面では労働許可を取得できるので正規に就労することが可能であるし，そのほかにドイツ語講座に参加したり，職業教育での援助を受けたりすることもできる。また滞在資格の面でも無期限の滞在許可が与えられるので，その法的地位はかなり安定したものになっているといえる。

本来は分担難民には該当しないが，分担難民法に基づいて受け入れられている別のグループも存在している。それは旧ソ連出身のユダヤ人である。統一によって消滅した旧東ドイツの末期の1990年初めから簡略化した手続きで東ドイツはソ連出身のユダヤ人に入国を許可したが，この扱いは統一後も継続された。そして1991年1月に分担難民法の枠組みで彼らを引き続き受け入れることが連邦と州の間で合意された。その目的は，既にドイツに入国している家族との合流と，民族熱が高まっていたソ連で陥っている苛酷な境遇に対する人道的援助にある。この立場から既に独立していたバルト諸国も含めてソ連出国を希望するユダヤ人にはドイツの総領事館などで申請書が配布され，ドイツ入国に先立って個別に審査が行われた。しかし本来の分担難民とは異なり，数字の上で引き受けの用意のある人数が限定されていなかったのがこのケースの特徴になっている。そのため，このような形で旧ソ連からドイツに移ったユダヤ人の数は本来の分担難民より多く，1996年に既に総数で6万5千人がドイツに居住していたが，1999年になるとさらに増加して12万5百人を数えるに至っている。彼らには種々の援助措置など分担難民としての処遇が保証されているが，その受け入れの継続には政府部内にも異論がある。例えば外務省は虚偽の身分証明書を使った経済的理由による入国者が多いことなどを根拠に特別扱いの正当性には疑義があるとの立場を示し，コール政権当時には希望者がかなりの数に上ることに懸念を表明する者が閣僚の中にもいたのである。

同じく広義の難民でも，戦争・内戦避難民の場合はこのような分担難民とは異なる取扱いを受ける。周知のように，旧ユーゴスラヴィアで繰り広げられた内戦の際に多数の戦争・内戦避難民が発生し，ヨーロッパを揺るがす問題に発展したが，その多くをドイツは受け入れたので，次にこのタイプの難民に関する処遇などを眺めよう。

既述のように，庇護権に関する法改正は1993年7月1日に施行されたが，それに伴って外国人法の第32a条には庇護手続きから除外する形で戦争・内戦避難民のための特別な法的地位が新設された。このような難民に対しては，出身国での戦争も

しくは内戦が終わるまでの暫定的な保護が保障されることになったのである。大方の理解によれば，彼らには基本法第16a条にいう政治的庇護を請求する資格は認められない。しかし他面で彼らには，特定地域からの難民の受け入れについての連邦と州の合意を前提にしたうえで，延長の可能性を含んだ2年間の滞在許可が与えられるほか，労働許可を得て就労することも認められることになった。

もっとも，新たにこの地位が設けられたにもかかわらず，後述するコソボ難民が来るまでは財政的負担に関して連邦と州の間で一致が見られなかったために，内戦などを逃れてきた難民たちにこの地位は与えられなかったのが実情である。そのため，ドイツには旧ユーゴスラヴィアから多数の戦争・内戦避難民が流入したのに，滞在資格の面で彼らは不安定な状態で暮らすしかなかった。多数の者に与えられたのは，外国人法第54条に定められた国際法上もしくは人道的理由による送還の停止から帰結する滞在容認であり，それより安定度の高い滞在許可を得たのは一部であった。また彼らの多くについては，外国人法第84条に従い，以前からドイツに居住している親類ないし知人によってドイツ滞在に伴うすべての費用を引き受ける義務の誓約がなされたのである。

戦争・内戦避難民のための地位が新設されたことは，該当する難民が庇護申請を行っても認められる可能性がほとんどないことを意味していた。それにもかかわらず，この地位さえ得られず，滞在面の地位が不安定なために，ボスニア＝ヘルツェゴヴィナから来た避難民のうち3万人以上がドイツで庇護の申請を行ったといわれる。というのは，脆弱な地位のため送還の不安に絶えず怯えなければならないからである。実際，彼らをとらえている不安は深刻であり，逃避行の際の凄絶な体験が重なって，心理障害に悩んでいる者が多数いるのが実情と伝えられる。[7]

一方，一部の自治体では避難民の居住に伴って生じる負担を回避する意図から，彼らに庇護申請を提出させようとする動きが見られた。こうした状況を背景にして，連邦難民認定庁は彼らの庇護申請の審査に入るのを引き延ばし，デイトン和平協定（1995年11月）が調印されるまで決定を回避する方針をとってきている。その代わりに同庁は，彼らに対して外国人法第54条による送還保護の措置をとり，現地の情勢が好転して安定するまで当分の間のドイツ滞在を保証したのである。

旧ユーゴスラヴィアからの難民の最大グループはボスニア＝ヘルツェゴヴィナから到来した人々である。しかしセルビアやその中の自治州であるコソボからも難民が来ていた事実も見過ごせない。またクロアチアとセルビアが戦争状態にあった1991年から93年の間にかなりの数のクロアチア人がドイツに逃れてきたことも忘れ

ることはできない。もっとも，1996年10月の連邦内務省の発表によれば，ピーク時に10万人に達したといわれたクロアチア難民のうち相当数が1994年に開始された故郷への移送の枠組みで帰還したといわれるが，正確な数は不明なままである。このように不確かな情報しか存在しないのは，戦争・内戦避難民については州が引き受けの中心になっており，分類方法が州によって異なっているために，連邦全体を掌握する統一的な統計が作成できないからである。[8]

　その意味では不正確さを免れないものの，おおよその数をボスニア=ヘルツェゴヴィナ難民に限って挙げれば，1995年から96年にかけての最大の時期に35万人程度だったと見積もられている。州ごとの数で見れば，表4が示すように，人口が最も多いノルトライン=ヴェストファーレン州が最多だが，州人口に占める比率で見た場合，ベルリンとハンブルクの両都市州とバーデン=ヴュルテンベルク，バイエルンに多くが居住していた。この点からも，避難民たちの扱いが，州の人口規模に応じて配分された庇護申請者のケースとは大きく異なっていることが明白になる。さらに州による処遇も庇護申請者の場合と違って不統一であり，たとえばバーデン=ヴュルテンベルク，ニーダーザクセン，ノルトライン=ヴェストファーレン，ヘッセンなどの州では少なくとも1年間滞在していたことや有効なパスポートを所持していること，生計の手段を有していることなどを条件にして1年間の期限つきの滞在許可が与えられたが，その他の州では滞在が認容されるだけで，それも6カ月毎

表4　州別にみたボスニア=ヘルツェゴヴィナ難民の人数

州	1995年	1999年
バーデン=ヴュルテンベルク	47,943	9,713
バイエルン	58,323	4,256
ベルリン	26,238	15,000
ブランデンブルク	2,039	386
ブレーメン	2,515	689
ハンブルク	12,373	3,360
ヘッセン	35,795	10,013
メクレンブルク=フォアポンマーン	939	88
ニーダーザクセン	18,100	2,906
ノルトライン=ヴェストファーレン	58,320	22,850
ラインラント=ファルツ	13,323	2,785
ザールラント	3,703	1,047
ザクセン	1,786	300
ザクセン=アンハルト	2,006	256
シュレスヴィヒ=ホルシュタイン	3,100	1,050
テューリンゲン	1,025	61
全　　国	287,528	74,760

（出典）　Harald W. Lederer, Migration und Integraion in Zahlen, Bamberg 1997, S.312およびRau u.a. op. cit., S.34より作成。

に更新されねばならない不安定な資格にとどまった[9]。

もちろん、クロアチア難民と同様に、戦火が収まってからは彼らも自発的であれ強制されてであれ故郷に帰還することが求められた。連邦政府は1996年11月にボスニア＝ヘルツェゴヴィナ政府との間で再建のための財政的援助の約束とセットの形で送還協定を締結したが、それに先立つ1月の連邦と各州の内務大臣会議では3月に送還停止が切れることを踏まえて7月から送還を開始する方針が決定された。そして現地における情勢の安定化の進捗に照らして開始時期が延期された後、7月に自主的帰国者に対して連邦政府が旅費と荷物の送料を負担することを決めたのを受け、9月の会議で10月から始めることが改めて決定された[10]。この決定に固執したバイエルン、ベルリン、ハンブルクなどのうち、バイエルンでは12月から単身者や犯罪を行った者などを先頭にして一定の手順を定めて強制的な送還が開始された。一方、強制に消極的なノルトライン＝ヴェストファーレン州では成人1人につき600マルク、子供には300マルクの出発援助金をつけ、バーデン＝ヴュルテンベルク州では一定の時期までに帰国する者に対しては1家族当たり最高で1,000マルク、単身者には500マルクなどのプレミアムを用意して帰国を促す方策をとっている[11]。

連邦政府にはボスニア＝ヘルツェゴヴィナ難民帰還・再統合・帰還付随再建特別代表が設置され、最初はCDUのD.シュレーが、そして1998年秋の政権交代後はSPDのH.コシュニクがその任に当たっているが、以上のような州によって異なる措置により、例えば1998年7月10日付の同特別代表部の発表によると、同年前半に53,900人が自主的に帰還したものの、1,056人が強制送還され、8,445人がドイツを出て他国に移ったという[12]。また1999年11月23日付の新聞報道によれば、ニーダーザクセン州に最高で2万6百人いたボスニア＝ヘルツェゴヴィナ難民は既にほぼ完全に姿を消すに至っている[13]。その結果、1998年7月には16万人がドイツにとどまっていたが、翌1999年になるとドイツに残留しているのは74,760人にまで減少したといわれる[14]。しかしそうした減少とは別に、政府は戦火が止んだら彼らには帰国が義務づけられているとの立場を堅持しており、2000年11月に開かれた内務大臣会議は、難民問題専門家からの反対論を押し切って、なお残留している者を全員帰国させる方針を決定したのである[15]。

ところで、激しい戦火を伴った旧ユーゴスラヴィアの解体はヨーロッパ各国に多数の避難民を流出させ、その重圧も加わってEUないしNATOに加盟する諸国はユーゴ問題への関与を深める形になったが、それではこれらの国々は旧ユーゴからどれほどの避難民を受け入れたのであろうか。

表5　旧ユーゴ避難民の各国の受入数（1995年3月現在）

	人　数	%
ドイツ	350,000	47.6
イタリア	54,600	7.4
オーストリア	52,000	7.1
スウェーデン	48,500	6.6
オランダ	45,000	6.1
スイス	32,100	4.4
トルコ	30,000	4.1
デンマーク	17,500	2.4
フランス	15,900	2.2
オーストラリア	14,000	1.9
アメリカ	12,820	1.7
カナダ	11,640	1.6
ノルウェー	11,000	1.5
ハンガリー	8,900	1.2
イギリス	7,000	1.0
その他	24,010	3.3
合　計	734,970	100.0

（出典）　Lederer, op. cit., S.314.

　この点に関する国連難民高等弁務官事務所の推計によれば，受け入れ数は表5のとおりである。ドイツに到着した旧ユーゴ避難民が圧倒的に多いことが一目瞭然といえよう。また上述したことからも分かるように，その大部分を占めたのは，ボスニア＝ヘルツェゴヴィナの出身者であった。さらに，フランスとイギリスを合計したよりも多くの避難民をオーストリア，オランダ，スウェーデン，スイスのような小国が引き受けていることも注目に値する。これを人口規模の観点から眺めると，旧ユーゴスラヴィアの隣国で距離的に近接しているオーストリアが人口1,000人当たりで6人を受け入れている。これに次ぐのはスウェーデンで1,000人当たり5.5人となり，スイスは4.6人である。そしてこれらの後に続くのがドイツで，人口1,000人につき4.3人を引き受けており，庇護申請者と同様に人口規模の大きい国では断然高い比率になっている。[16]1995年7月に外務大臣K.キンケル（FDP）を初めとする主要政治家がこれ以上の避難民を受け入れることは困難との見解を表明し，連邦政府外国人問題特別代表C.シュマルツ＝ヤコブセンがヨーロッパ各国による公正な引き受けを唱えたのは，このような実態に照らせば理解できないことではない。また避難民の主たる負担をドイツが引き受けているという不満が，受け入れに消極的なEU諸国に対する批判と重なりつつ，折に触れて噴き出したのも決して不思議ではないであろう。[17]

　なお，新ユーゴのコソボ自治州ではくすぶり続けていた民族紛争が1999年になって激化し，創設以来初めてドイツ空軍も参加したNATOの空爆実施にまで発展した

のは記憶に新しいが，この紛争で発生した避難民についても触れておこう。

　紛争が過熱する前からドイツにはコソボから難民が来ていたが，その数が拡大したのはセルビア系警察などによるアルバニア系住民に対する抑圧が激化したためにNATOが軍事介入に踏み切ってからであった。こうした事態を受け，ドイツでは連邦と州の合意に基づいて，彼らに対して1999年4月から戦争・内戦避難民の地位が与えられた。前述のように，ボスニア＝ヘルツェゴヴィナからの難民にはこの地位は認められなかったから，外国人法第32a条の定めによりこの特別な地位を得たのは彼らが最初のケースになった。国連難民高等弁務官事務所の発表によると，主にヨーロッパ諸国と協力してドイツは2万人の受け入れ枠を提供し，トルコ2万6千人，アメリカ2万人，フランス6千5百人，ノルウェー6千人など総数で13万人の受け入れが用意されたが，実際に1999年6月1日までに避難措置の枠組みでアルバニアとマケドニアからドイツに引き取られたコソボ難民は14,689人であった。[18]彼らは内戦避難民として，庇護申請者と同じ庇護手続法第45条の配分方法で各州に振り分けられた。その際，登録と配分の中心的機関になったのは連邦難民認定庁である。彼らについても，戦火が終息してからは自発的帰還が既に開始されており，帰国を促すために自発的帰還の場合にはスコピエなどまでの航空運賃のほかに450マルクの一時金が与えられている。しかしその一方では，1999年10月にミュンスターの上級行政裁判所で庇護権の認定を求めたコソボ・アルバニア人の控訴が棄却され，彼らには庇護権が認められる可能性が殆どないことが示される形になったことの影響も無視できない。[19]もっともそれでもなおドイツ残留を望む者があり，新聞報道によると，彼らに対して2000年5月にブランデンブルク州が送還の強制措置を初めてとったほか，翌6月までにバイエルン州では7千3百人以上が強制送還されているという。[20]

　無論，このような枠組み以外でドイツに入国したコソボ難民も存在している。彼らはアルバニア系のほか，セルビア系，ロマなどからなる。その規模に関しては種々の推計があるが，西ヨーロッパ諸国全体で22万人から25万人程度と推定され，そのうち17万人がドイツ，3万人がスイスに滞在していると考えられている。ドイツにおける彼らの滞在認容は2000年3月に切れ，連邦と州の内務大臣会議では年内に原則的にすべてのコソボ難民を故郷に帰還させる方針が決定されている。[21]ただ逃避行などでの恐怖や過度の不安のために心理障害に苦しんでいる者については，ボスニア＝ヘルツェゴヴィナ難民も含めて継続的治療が現地では期待できないことなどを理由に，シリー連邦内務大臣は送還を延期する方針を表明している。[22]これに対し

100人を越す連邦議会議員が超党派の送還反対アピールを出し，送還に当たっては人道的配慮を行い，個人的事情を顧慮すべきであるとしており，慢性的な心理障害の者には難民救援団体が滞在権を認めるべきであると主張するなど，取り扱いを巡って政党を越えた対立が生じている。[23]

一方，1999年前半に17,715人の旧ユーゴスラヴィア出身者が庇護申請を行ったが，その大半はコソボ・アルバニア人であった。連邦難民認定庁の発表によれば，新ユーゴからの庇護申請者の83.2%がコソボ出身であると申し立てており，ほとんどの場合そのことはアルバニア系であることを意味しているという。これらの庇護申請の審査は戦火が終息するまで停止されたが，戦闘が終わってからは一転して追われる立場になったコソボ出身のセルビア系による庇護申請が増えていると伝えられる。[24]

コソボ・アルバニア人が提出した庇護申請は大部分却下されており，その結果，彼らはドイツから退去しなければならない立場に立たされているが，そうした内戦避難民の傍らにはドイツに不法に入国したコソボ・アルバニア人たちの集団がある。その規模は当然ながら明らかではないが，当局に把握されている範囲でいえば，彼らには帰国が義務づけられているものの，しかし戦闘が続いている間は強制送還することができないので，滞在が一時的に認容される形になった。連邦内務省の把握しているところによると，1999年半ばの時点でこのようなコソボ・アルバニア人の数は約1万8千人に及んだという。

第3節　不法入国者と手引き組織

ところで，上述のように，1993年に基本法などが改正されて庇護申請者の受け入れに対する規制が強化された影響で，その数が減少すると同時に，庇護権の認定率も上昇するに至ったが，そのことは，出身国と比べて格段に豊かなドイツでの稼得を夢見る東ヨーロッパやアジア・アフリカなどの外国人にとって，それまでのようにドイツに庇護申請者の資格で簡単に入国することができなくなり，夢想した生活が実現困難になったことを意味していた。けれどもそのことは，多くの外国人が夢を捨てたり，ドイツに到達するのを諦めることに直ちにつながった訳ではない。H. クルテンが言うように，「多くの移住志望者にとって庇護権が移住の代替物であり，またビザなしで合法的にドイツに入国するための抜け穴だった」[1]とするなら，抜け穴が塞がれ，正面から公式にドイツに入ることが不可能になったとき，裏口から入国を試みる人々が増大しても決して不思議ではない。すなわち，規制強化と恰も連動するかのように，不法入国の問題が重みを増したのであり，この点については既

に基本法などの改正直後から『フランクフルター・アルゲマイネ』紙や『ヴェルト』紙などが警鐘を鳴らしていたところであった。H. W. レーデラーは外国人が関与する不法性には種々の形態があることを指摘しつつ,「不法移民はドイツ連邦共和国の公共的論議の要素として重要になってきている」と述べ,古くからあるこの問題で「新しいのは不法移民の量的次元とダイナミズムである」と記しているが,これらの言葉は何よりも不法入国に当てはまるといえよう。

その一方で,レーデラーはまた「移民の不法性はドイツ語圏の社会科学で最も僅かしか研究されていない分野と言ってよい」とも述べているが,研究の不足は用語面にも表れている。なぜなら,不法性が多様な形態を取っているにもかかわらず,概念的区別がなされず,すべてが不法の語で包括されているのが実情だからである。この点を考慮し,ここで用語について一言しておくと,駒井洋が強調するように,illegal の訳語として不法という語を充てることに問題があるのは間違いない。なによりも「当を失した強いラベリング」になるという社会的作用があるからである。しかしその反面では,種々のケースを実定法を基準にして一括して把握するうえで有用性があるのも確かであり,態様に応じて訳語を使い分けるのは焦点を曖昧にする結果にもつながりやすい。また区別が確立されていないドイツでの議論を扱う際には必要にもなるので,以下では illegal の訳語として「不法」の語を用いることにしたい。

この確認を踏まえた上で,不法入国を考える前提として,まず国境とその警備体制について触れておこう。

周知のように,ヨーロッパで最多の9カ国とドイツは国境を接しており,その総延長は比較的長い。すなわち,国境の長さは総計で6,094km に達している。そのうち陸上部が3,855km であり,北海とバルト海の海岸部が2,239km である。またかつて東側陣営に属していたポーランドおよびチェコとの東部国境は合わせて1,264km である。こうした国境と空の玄関である国際空港では出入国のコントロールが行われているが,そのために税関職員だけではなく,連邦刑事庁と並ぶ連邦警察の一翼として連邦内務大臣に直属し,国境警備を主たる任務とする連邦国境警備隊が配備されている。

ところで近年,国境管理要員の配置などには無視しがたい変化が認められる。その第一は,1993年年頭からの EU の経済統合に伴い,フランス,オランダをはじめとする EU 加盟国との国境では通関のための検査が不要になり,税関職員の大規模な配置替えが行われたことである。第二は,1995年3月からシェンゲン条約加盟国

の間で国民の往来についてのコントロールが廃止されたため，加盟国の東端に位置するドイツの国境管理の責任が一段と重くなる一方，西部での負担が軽減された連邦国境警備隊が不法入国の多発している東部国境地帯に人員を重点的に投入できるようになったことである。連邦内務大臣 M. カンター（当時）が1997年年頭にチェコ，ポーランド国境地帯の連邦国境警備隊の人員4,700人に新たに1,500人を追加する意向を表明したのはその例証といえよう。第三に挙げられるのは，連邦国境警備隊の権限が拡大されたことである。従来は連邦国境警備隊には国境から30kmの範囲で容疑のある場合に身分証明書などの検査をすることが認められていたが，1998年6月の法改正により駅，列車内，空港でいつでも検査ができることになったのである。第四は，国境を跨いだ警察レベルの協議が進められていることである。1995年11月に連邦政府とスイスの間で不法入国の手引き組織壊滅を目的にした「協調的安全システム」の構築が合意され，1997年11月にザクセン州とポーランドの間で警察の協力協定が結ばれたのはその例である。最後に指摘できるのは，国境の柵に電流を通して監視する提案は見送られたものの，夜間の暗視装置や人体の体温を感知する装置，トラックの荷台や貨車の内部などの透視装置，偽造旅券・証明書の判別装置，警察犬，ヘリコプターなどの装備が増強された事実である。

　このように強化された体制下で，国際空港を含む国境の管理には1997年の時点で19,600人が当たっている。その内訳は，連邦国境警備隊11,700人，税関5,400人，国境警察2,200人，ハンブルクとブレーメンの水上警察300人という陣容である。そのうちポーランドとチェコに接する東部国境には5,800人の国境警備隊と3,100人のその他の国境管理官庁の職員が配置され，以前にもまして厳重な警戒が行われている。またチェコ及びポーランドとの国境を抱えるバイエルン州とザクセン州の内務大臣が1998年9月に国境監視に州警察の機動隊を投入する方針を打ち出しただけでなく，とくに第二次世界大戦中に暗躍したゲーレン機関を出発点にして冷戦時代に諜報機関として活動した連邦情報庁（BND）が1999年10月に不法入国に関する国際シンポジウムを主催したことは，今後これらの機関が本来の任務を越えてこの方面に関与を深める公算が大きくなっていることを暗示するものであろう。

　それでは，このような監視網をかいくぐってドイツに不法入国を試みる外国人はどれほど存在するのであろうか。

　その数は，国境の警戒体制が緩やかか厳重か，既に同国民ないし同郷者が住み着いていて種々の援助が期待できるか，闇就労することが容易かどうか，成功が確実な入国手引きの組織があるか否か，またその費用はどれほどかなど多様な要因によ

って増減する。さらに外国人の出身国の経済や政治の状況によっても出国の決意にまで至るかどうかが大きく左右されるのは指摘するまでもない。

　これらの点を念頭に置いたうえで，最初に新聞報道の一端を紹介しておこう。1996年末の12月27日付『フランクフルター・ルントシャウ』は，31人のブルガリア人がバイエルン州とチェコとの国境で偽造ビザを使った不法入国を図って検挙されたことを報じている。それによると，彼らは不法入国の手引きグループが新聞広告で行った募集に応じたものであり，ビザだけでも1人1,000マルクを支払ったという。翌97年1月10日の同紙にはポーランドからの密入国に関するE.ヘラーの詳細なルポが掲載されており，24人の中国人や44人のスリランカ人がコンテナでドイツに運ばれたケースなどを伝えている。さらに3月1日の同紙は，41人のセルビア人とコソボ・アルバニア人がバイエルン国境警察によってオーストリアとの国境で検挙され，1人当たり500マルクから3,000マルクを払っていたことを，その直前の51人のトルコ系クルド人の検挙と併せて伝えており，また翌々日の3月3日にも25人のクルド人がアウグスブルク近くの高速道路上で税関職員によって発見されたことを報道している。

　このように新聞には必ずしも大きな紙面ではなくても不法入国を巡る事件が頻繁に報じられているのが昨今の実情といえる。同様に不法入国に関するデータなどもしばしば新聞で報じられている。一例として比較的控えめな報道をしているとの印象を受ける『フランクフルター・アルゲマイネ』紙上での検挙者数に関する1990年代半ば以降の記事をとっても，調査の限りでは，1995年8月30日のそれをはじめ，96年8月9日，97年10月10日，98年8月15日，99年8月28日，2000年1月25日と10月19日の記事など毎年のように詳細なデータで検挙された限りでの不法入国者の数字が伝えられている。

　それではこのように新聞でも度々取り上げられている検挙された不法入国者はどれほどの規模であり，出身国はどこが多いのであろうか。

　まず年度ごとの不法入国者の数を見ると，連邦国境警備隊など国境を監視する官庁が1996年に国境で検挙した総数は27,024人であった。翌97年にはその数は30％増えて35,205人に上昇した。その人数は98年になるとさらに増大して40,201人まで上がったものの，99年にはやや下降して37,789人が記録されている。[13]この低下は旧ユーゴスラヴィア出身者が減ったことによるところが大きいとみられ，したがって減少の最大の原因はコソボ危機がNATOの軍事介入を経て一応の決着を見たことにあるといってよいと思われる。

次に1999年に検挙された不法入国者の出身国を眺めると，旧ユーゴスラヴィアが最大で10,563人を数えたが，前年にはそれよりも多くて13,047人に上った。これに次ぐのがルーマニア人の3,760人である。さらにアフガニスタンの3,236人，イラクの2,324人，トルコ1,516人，スリランカ1,442人などが続いている[14]。出身国の構成は，1996年にルーマニア人が6,426人で全体の24％，97年にも6,328人で18％を占めて最大だったから，98年と99年に旧ユーゴスラヴィア出身者がこれに入れ替わる形になった。この事実からは，コソボ紛争に見られるように，特定地域での政治情勢などの緊迫が難民流出を招き，全体として不法入国者の波を押し上げる原因になっていることが読み取れよう。

一方，不法入国を試みたものの国境で警戒網にかかり，入国を拒まれた外国人は1996年に94,154人，97年に88,269人を数えた。そのうち空路ドイツに到着したけれども入国できないまま，直ぐに帰路に就くのを余儀なくされたことが確認されているのは，96年15,882人，97年13,917人である。入国を拒否された者の数は98年と99年には減少し，それぞれ60,091人と57,342人が記録されている[15]。

それでは以上の不法入国者及び不法入国を試みた外国人はドイツの国境のどの部分を越境の標的としたのだろうか。

1999年にもっとも多くの不法入国者が検挙されたのはチェコとの国境であり，12,864人に及んだ。これに次ぐのがポーランドとの国境であり，その数は2,796人である。その他フランスなどEU加盟国との国境からも総計で15,616人の不法入国者が確認されているが，東欧圏に突き出たEUの角とも言えるオーストリアからそのうちの何人が入国したかは明らかではない[16]。その数が最大を記録した1993年にはチェコ国境を越境したのは29,834人，ポーランド国境は19,854人にも達した事実を思えば，これらの数字に示されている東部国境越境者の減少は，連邦国境警備隊など国境管理の要員の東部国境への重点配置が行われた効果の表れと捉えることができよう。他方，1997年と1999年に不法入国を試みて拒否された者はそれぞれチェコ国境で16,730人と15,827人，ポーランド国境で16,080人と15,827人だった[17]。1997年にオーストリア国境でのその数は18,588人，スイス国境では22,542人だったから，いずれもポーランド，チェコ国境のそれを上回っていたことになる。しかしそこを通過してドイツに不法入国した者の数が東部国境のそれより少なかったことを考えると，総延長の長い東部国境では厳重な監視体制が敷かれているにもかかわらず，不法入国に成功する確率が南部国境よりも高いと推察される。

ところで，わが国での不法入国に関しては，特に中国人の場合の蛇頭の暗躍が問

題となり、その内情についても若干の興味深いルポが公刊されている。それによれば、蛇頭は実は比較的小規模な組織であって、一般に想像されているような大掛かりな密航組織ではないという。しかし密航を成功させるために投入される手段や技巧はかなり高度であり、したがって密航費用は希望者の出身国の生活水準からすると法外に高額となっている。この費用は成功した場合に満額が支払われるが、支払えない密航者には暴力による脅しを使って苛酷な取り立てが行われ、犯罪行為が強要されることもあると伝えられる。[18]

　わが国で知られるようになったこれらの蛇頭の特徴は、ドイツで活動している不法入国幇助組織にもほぼ当てはまる。この点については『シュピーゲル』や『ジュートドイッチェ』紙などで詳しい報道がなされているが[19]、とりわけ密航者を人間としてではなく単なる物ないし荷物としてしか扱わず、彼らの生命の危険に対してさえ平然としている点や、費用を支払えない密航者を拘束し、人身売買同然の方法で費用を取り立てる点が共通しているといえよう。組織の関係者たちはビジネスと割り切ったり、豊かな国に出稼ぎに行くのを手伝う一種の人助けとさえ感じている者がいるといわれるが、冷酷な犯罪集団としての面を露呈した近年の事件としては、18人のスリランカ人が死体で見つかったケースがある。彼らはロシア、ウクライナ、ルーマニアを経てドイツに向かっていたが、途中のハンガリーでトラックの貨物室に押し込まれ、外から鍵をかけられたまま、僅かな食料と飲み物を与えられただけで真夏の炎天下を走行していたために死亡した。こうした危険が伴うにもかかわらず、不法入国の費用は巨額であり、数万ドルが相場といわれている。不法入国の斡旋業者は現地で広告を出して希望者を募集することもしばしばだが、無論、このような大金を用意できる者は少数にとどまる。したがって彼らは不法入国に成功した後、支払いのために密航組織に従属し、犯罪まがいの行為によって不法入国で背負いこんだ借金の返済費用を入手しようとすることになる。[20]偽造の身分証明書を使って庇護を申請し、小遣いのほかにあらゆる可能性を利用して給付金などの現金を詐取するのはもとより、密航組織が絡んだ麻薬売買に彼らが加担したりするのはそのためにほかならない。

　もちろん、不法入国者と同様に、これらの手引き組織のメンバー自身も国境管理当局によって少なからず検挙されている。連邦刑事庁と連邦国境警備隊の報告書によれば、その数は1997年に2,023人、1998年に3,162人、1999年に3,410人であった[21]。彼らの幇助による形でそれぞれ8,288人、12,533人、11,101人の不法入国者が拘束されているから、これらの数字を比較する限りでは越境幇助はビジネスとしてはリス

クが大きいと評すこともできよう。不法入国幇助で検挙された者を国籍別にみると，1997年に上位からチェコ440人，ポーランド309人，ドイツ307人，ユーゴスラヴィア135人などであった[22]。これを眺める限りでは，不法入国の手引きの多くは外国人で組織されたグループによるように見える。しかし，越境に成功した不法入国者を受け取って安全な場所に運んだり，当座の隠れ家の手配などの作業を中心にしばしばドイツ人が関与しているのは指摘するまでもない。そのことの一端は，1999年5月にポーランドと国境を接するザクセン州のゲルリッツで5人のタクシー運転手が手引きへの関与を認めた事件から看取できる。実際，不法入国へのタクシー運転手の加担は以前から問題になっていたところであり，連邦国境警備隊は処罰が厳しいことの周知に努めていたほどである[23]。その面から見れば，検挙された者の中に含まれるドイツ人が必ずしも多くはないのは，不法入国の幇助が作業の分担によって成り立っていることの反映であり，それだけこの種の犯罪の分業化が進んで巧妙化するようになっていることの表れと解せよう。

　無論，手引き組織の犯罪は越境という行為に尽きるわけではない。越境には様々な方法が使われるが，トラックの荷台の底に隠れるような形ばかりでなく，パスポートを用意して入国審査を正面から突破するケースも少なくない[24]。その場合に使用されるのは偽造パスポートや偽造身分証明書であるが，それには正規のパスポートを盗んだり買い取ったりするなどして入手する必要がある。こうして不法入国は窃盗ないし強盗や文書偽造などの犯罪とも関連する。また不法入国後にその費用を払わせるため，上述のように，麻薬の売買に巻き込んだりするほか，社会扶助を申請させて給付金を詐取させたり，女性については売春の強要や人身売買まがいの犯罪に及ぶこともある。また本来は顧客であるはずの不法入国者を監禁したり，暴行を加えたりする犯罪が度々生じているのは多言を要しない。その意味では，不法入国幇助組織が関与する犯罪の裾野は広範囲に及んでいるというべきであり，その全容を把握するには不法入国の面から眺めるだけでは不十分であって，近年ドイツで重大化しているいわゆる組織犯罪の面から検討を加えることが必要とされよう[25]。換言すれば，麻薬やタバコの密輸，武器の密売，自動車盗と国外への搬送，売春など犯罪組織が行う活動の一つの分野として不法入国幇助を位置づけてはじめてその実態は把握可能になる。犯罪組織が不法入国に関与するのは巨額の利益が見込める限りであって，利益が乏しくなったりリスクが利益に引き合わないほど大きくなれば撤退し，扱う対象を人間から麻薬などの物に変えるのは自明の理だからである。その観点から眺めれば，不法入国者が年々多数検挙され，手引き組織のメンバーが摘発

されるケースも少なくないことは，不法入国が現在のところ利益が多いことの証明でもあるといえよう。

　こうした組織の手引きなどによって不法入国に成功した者の数は推測の域を出ないとはいえ，内務政務次官 C. ゾンターク＝ヴォルガスト（SPD）は2000年10月にEU諸国全体で毎年50万人に達するとの推定を発表をしている。[26] これが真実に近いとするなら，東欧から西欧への窓口に位置しているというだけでなく，豊かさという強い磁力を有しているドイツにはそのなかのかなりの部分が入ってきていると考えるのが自然であろう。また警察は1999年3月に一斉摘発を行い，52人の組織関係者を逮捕したが，その後の調べで1994年以降彼らがかなりの量のヘロインとともに4万人以上の不法入国者を送り込んだことが明らかになっており，1人当たりから約3千マルクを稼いでいたという。[27] 同様に，連邦国境警備隊が1997年に壊滅に追い込んだクルド人を中心とする一つの組織の場合，過去10間に少なくとも3千人をイスタンブールからルーマニア，チェコを経て緑の国境越しにドイツに密入国させており，1人当たり約6千マルクを取り立てていたことが判明している。[28] こうした点から考えて，今日のドイツでは既に相当数の不法入国者が一種の裏社会を形成して地下で生活しており，無視しがたい規模になりつつある闇の労働市場で就労していると見られるのである。

第4節　庇護申請者・難民の総数とその推移

　以上で我々は1990年代のドイツにおける庇護申請者の動向と現状を検討し，続いて戦争・内戦避難民についてもその概略を一瞥した。さらに庇護権の認定率が極めて低い事実は，庇護申請者には政治的迫害のゆえではなく，ドイツの豊かさという磁力に引き寄せられた人々が多数含まれていることを物語っているという認識に基づき，不法入国者についても，庇護申請者としての入国が困難になったことがその流れを拡大しているという見方に立ってその実情の一端を覗いてみた。それでは明らかになっている限りで，これらの人々はどれほどの規模の集団を形作っているのであろうか。彼らの総数とその推移を巨視的に眺めてみよう。

　連邦政府外国人問題特別代表部が作成している『外国人の状況に関するデータと事実』（第19版，2000年）によれば，1992年から1999年までの庇護申請者などの人数は表6の通りである。ここには不法入国者は含まれていないが，その理由は実数が当然ながら明らかにならないことにある。それによれば，庇護申請者をも含めた種々のカテゴリーからなる広い意味での難民は，1992年の180万人から1999年の120

表6 ドイツが受け入れている難民数の年度別推移 （単位：1000人）

カテゴリー	1992	1993	1994	1995	1996	1997	1998	1999
庇護権認定者	100	108.5	136.8	158.6	170	177.75	182.5	185
庇護権認定者の家族	130	130	130	130	130	130	130	130
条約難民	−	−	−	−	16	25.5	32	44
分担難民	} 38	} 53	} 67	} 88	11.5	10	10	9.5
旧ソ連のユダヤ人難民					65	85	100	120.5
故郷なき外国人	28	22	20.6	18.8	17	16	15	13.5
事実上の難民	640	755	650	550	480	330	340	255
庇護申請者	610	530	390	345	330	320	285	264
旧ユーゴスラヴィアからの避難民	300	350	350	320	330	254	100	50
外国人法30条による滞在権のある外国人	−	−	−	−	147	140	121	124
総　　数	1,846	1,948.5	1,744.4	1,610.4	1,696.5	1,488	1,315.5	1,195.5

（出典）　Beauftragte der Bundesregierung für Ausländerfragen, Daten und Fakten zur Ausländersituation, 17. Aufl., Bonn 1998. S.26および19. Aufl., Berlin 2000, S.28より作成。

万人に減少している。そしてピークだったのは，40万人を上回る庇護申請者がドイツに殺到した1993年であり，この年には総数は190万人に達したものの，その後は漸減傾向が続いているのが分かる。

　難民を細分化してみると，庇護権を認定された者の数が増加し続けているのが目につく。既述のように，審査手続きを経て庇護権を認められると無期限の滞在許可を与えられ，労働許可のほか社会保障などへの請求権も認められる。したがって，迫害の恐れのために出身国に帰還できないからだけではなく，こうした確固たる地位によってドイツでの生活が安定するので，庇護権認定者には第三国に移動したりしないでドイツに定着する傾向が強まってくる。庇護権認定者の数がいわば累積的に増大しているのは，そうした定住化の帰結と考えられる。

　他方，減少が目立つのは庇護申請者である。毎年新規に流入する人数は1993年の庇護権に関する法改正の結果，大幅に減ったが，審査をへて決定が最終的に確定するまでは庇護請求者として扱われるので，年間の受け入れ数と庇護請求者として滞在中の外国人数との間にはかなりの懸隔が生じている。とはいえ，その数が最大だった1992年と比較すれば，1994年以降減少し続けているのは明白であり，1999年までに請求者数が26万人にまで低下しているのは，手続きの簡略化や担当官の増強により審査がかつてのようには遅滞せず，比較的スムーズに処理されていることを窺わせるものといえよう。

　これと歩調を合わせるように，事実上の難民の数も減り続けている。このカテゴリーは，庇護権を認められなかったり，最初から庇護申請しなかったけれども，送還すれば身体・生命への危険が予想されるために滞在を認容されている人々である。

その数が減少している原因としては二つが考えられる。一つは，届け出をしないで第三国に出国するか，姿をくらませ地下に潜った者が増えていることである。もう一つは，出身国の状況が改善されたことを理由にして自発的に帰国するか，あるいは強制的に送還されるケースが増えていることである。これらのうちどれが主たる原因なのかは俄には見極められないが，A. ビュアレは庇護申請を却下された者で行方をくらませた外国人が増大していることは確実であると指摘している。[1]この指摘の当否を確かめるのは困難であり，推測の域を出ないものの，いずれにせよ，原則的に出国義務を負いつつ，当面はいわば恩恵的に滞在を許されているという地位の不安定さが事実上の難民の減少に作用しているのは確かであろう。なお，2000年11月9日付『フランクフルター・ルントシャウ』紙は，最近5年半の間に57万8千人の外国人が庇護申請を出したのに対し，国際法上もしくは人道上の理由によって約半数に上る28万人が送還されずに保護されたと伝えている。庇護制度の見直しの論議が活発化しつつある中でのこの種の数字は誤解を招きやすいが，報道の時点では，この間に保護された28万人すべてがドイツに残留しているわけではない。事実上の難民にあたる滞在者数が減少していることに見られるように，送還停止などの措置で一時的に滞在を認容されても，その後の事情の好転などによって送還されたりしているのが現実であり，保護されたのが28万人であっても，少なくともそのうちの一部が既にドイツを退去しているのは確実であることを見誤ってはならないであろう。

　それはともあれ，難民の総数の減少にはさらに旧ユーゴスラヴィアからの戦争・内戦避難民の帰国が大きく寄与している。このカテゴリーの人々はピーク時では35万を数えたのに，1999年には5万人にまで縮小しているからである。一方，本来の分担難民も減少し，1999年には1万人を下回るところまで低下している。けれども分担難民として処遇されている旧ソ連出身のユダヤ人は帰るべき国をもたないことも手伝って増加し続け，同じ時点で12万人を越すレベルまで拡大している。

　こうしてカテゴリーによる顕著な相違があるものの，全体として眺めた場合，難民の総数は明らかに減少傾向を辿っている。すなわち，外国人労働者やその家族のように自己の意思でドイツに来て住み着き，多くが自力で生計を立てている外国人とは違い，迫害や飢餓，貧困などの悲惨な境遇から逃れるためにドイツに入国し，正規の滞在資格を得たり，滞在を許容される形でドイツで居住している様々なカテゴリーからなる難民の総数は，不法入国者や入国後に姿を隠した者などを除くと，1999年に120万人にまで縮小しているのである。

ところで，以上のような減少に伴い，ドイツにとってこれらの難民の扶養などに要する財政的負担が軽減されたのは確実であるようにみえる。けれども注意を要するのは，そうした減少や軽減がこの後も続く保証はなく，問題がこれで終わるわけではないことである。120万人という数字自体が既に小さいとはいえないが，その点を措いても，庇護申請者に関していえば，依然として認定率が著しく低い事実は，政治的迫害以外の理由でドイツを目指す外国人が決して少数にとどまらないことを示唆している。そのことは，視点をかえるなら，自然災害や飢餓などはもとより，生命の危険を含意する迫害とまではいえなくても，生活上の圧迫を引き起こす民族対立のような事態が国外で深刻化した場合，ドイツに押し寄せる庇護申請者の波が高まる可能性があることを意味している。

さらに実数は不明とはいえ，不法入国を図る外国人が後を絶たず，その出身国にかつて庇護申請者を多く輩出した国々が多いことを考えると，庇護権に関する法改正で壁を高くしても，それは不法入国を図る人々の数を押し上げる結果となり，必ずしもいわゆる経済難民の締め出しに成功したとは断定できないことに留意する必要がある。東部国境を中心に警戒体制を強化し，不法入国の阻止に政府が力を傾注していることや，本来諜報機関で難民問題とは無縁なはずの連邦情報庁までが関与の動きを示していること自体，今では不法入国者問題が重みを増していることを裏付けている。また外国人を不法就労させた雇用者に対する罰金の上限を10万マルクから50万マルクに引き上げることなどを柱とする不法就労対策のための法改正が1997年11月に連邦議会で可決され，1999年11月には不法就労した外国人の送還に要する費用を雇用者に負担させる判決が行政裁判所で出されたのに加え[2]，とりわけ地下経済の温床の一つである建設現場を中心にして労働局の職員が抜き打ちで立ち入り調査し，就労者が所持する身分証明書や労働許可証を調べるなど，近年，シュヴァルツ・アルバイト一掃の名の下に政府が不法就労している外国人の摘発に躍起になっているのは[3]，その中に庇護申請を却下されて姿をくらませた外国人などと並んで不法入国者が含まれているからにほかならない。この取り締まりには，賃率協定以下の低賃金で不法に就労する者のために足元を脅かされている建設産業労組（IG Bau）とその支持を得ているSPDも積極姿勢を見せているが[4]，無論，その標的が不法就労している外国人だけではないのは指摘するまでもない。この関連では，例えば1995年に労働者派遣法が問題になったとき，CDU左派のリーダー格である連邦労働社会大臣 N. ブリューム（当時）が，ポルトガルなどEU加盟国出身の建設労働者が母国でドイツの最低賃金より低い「ダンピング賃金」を受け取りつつ正規にド

イツで15万人以上働いているのに対し,約14万人のドイツ人建設労働者が失業して苦境に陥っていることを強調していたことが想起されるべきであろう。また一方,1996年4月の連邦雇用庁の発表によれば,同年3月に3,600の飲食店で立ち入り検査が実施されたが,その結果,約3分の1で労働許可証を所持しない外国人が雇用されており,その一部が滞在に関するいかなる資格も有していないことが明るみに出たのである。

　こうした事実に照らせば,労働市場ないし地下経済の面でも不法入国者問題が重大化しつつあるのは容易に察知できよう。実際,『フォークス』の報道によると,ベルリン市内務局は1997年の時点で約10万人の外国人がベルリンに不法に居住していると推定している。ベルリン市の統計によれば,1998年に総人口339万9千人を数えたベルリン市民のうち43万2千人がドイツ国籍をもたない外国人であるから,これら正規滞在者の4分の1にも上る不法な外国籍の人々が存在することになる。ベルリンはドイツ最大の都市であり,大都市では職をみつけたり身を隠すのに好都合であるためにその規模が膨らんでいる面があるのを見落としてはならないとしても,その数はもはや座視しえないレベルに達しているといわなくてはならないであろう。不法入国者を含む不法滞在者の総数についてはいくつかの推計があるが,不法移民問題に精力的に取組んでいるJ.アルトのそれが最大であり,1999年の時点で全国で100万人程度と見積もられるという。またドイツ司教会議が2001年に公表した文書では50万人から100万人という数字が挙げられており,いずれにしてもその規模が数十万人に達しているのは間違いないとみられている。なお,こうした不法移民問題への対処策の一つとしてアムネスティがあるのは周知のとおりであるが,ドイツではこれまで実施された例はない。最近でも同盟90/緑の党の前代表で現在は同党のハンブルクの地方組織であるGALの代表を務めているA.ラートケがアムネスティを求める論陣を張り,同党所属の連邦環境大臣J.トリティンもこれを支持することを表明したものの,反響は極めて乏しいように見受けられる。またこの関連では,2000年6月にイギリスの海の玄関口ドーヴァーで56人の中国人が冷凍トラックから死体で見つかった事件も忘れることはできないであろう。この事件はEU加盟国を中心にヨーロッパ各国に大きな波紋を投げかけ,不法入国の取り締まり強化に向けての共同歩調を加速することになったからである。いずれにせよ,ドイツはもとより,EU各国でも若年層を中心とした大量失業者の存在に見られるように,経済の実勢は芳しくなく,ハイテク技術者などを別にすれば,EU以外の国々から新規の労働力を受け入れる余裕はもちろん,その必要も乏しいのが現実である。そのため,

地下経済の担い手となる可能性が高いだけでなく，労働市場の圧迫要因にもなる不法入国者の排除は，現在ではEU加盟国の共通の利益になっているといえよう。

結び

　我々は以上でドイツの庇護申請者・難民の現状と動向を眺めてきた。最後に基本的な問題の所在と今後の見通しを確かめて小論を結ぶことにしよう。

　本稿で焦点に据えた庇護申請者問題に関して言えば，1990年代前半にドイツの社会を激しく揺さぶったものの，今では落着しつつあるように受け止められている。そしてこの見方は人数の明らかな減少に照らせば決して誤りではないように映る。けれども，本稿での検討を踏まえるなら，問題としては沈静化してきていても，実際には，十全な意味での解決には至っていないというのが正確であることが分かる。そして同時に，それが未解決である最大の原因は，庇護制度そのものにあるというよりは，むしろ移民政策にあることも判明する。なぜなら，多くが庇護権を否認されているにもかかわらず庇護申請者が後を絶たず，その大半がドイツ社会で広く「経済難民」と見做されているのは，移民として働きたい外国人が多数存在する現実と新規の移民を厳しく制限するドイツの移民政策とのギャップに起因しているといえるからである。すなわち，賃金格差が大きく経済的に豊かな国ドイツが放つ磁力が強いため，出稼ぎ型か否かを問わずドイツに稼得の機会を求め移民として生活することを望む人々は多数存在しており，世界各地に形成された巨大な貯水池から続々と人々がドイツを中心に西ヨーロッパを目指してくるのに対し，ドイツが事実上これに庇護制度で対処しようとしているところに制度への過剰な負荷と機能不全が生じる原因が胚胎していると見られるのである。いわば，移民希望者が庇護申請者・難民の姿をとってドイツに到来しているのであり，移民の庇護申請者・難民化とでも名付けられる現象が庇護制度の根幹に関わる問題になっているのが現状なのである。[1]

　もちろん，近年関心の集まっている不法入国者問題もこの文脈に位置づけることができる。不法入国者の多くが高額の費用を払い，しばしば犯罪組織に隷属する代償を払ってまでドイツに入国を試みるのは，ドイツで稼得することを希望していても，庇護申請の認められる可能性が最初から期待できず，移民として住み着くこともできないからにほかならない。換言すれば，従来存在していた道が閉ざされたことが彼らを不法な脇道に向かわせているといえよう。その意味では，大半の庇護申請者と同様に，彼らもまた本来は移民希望者であるといってよいであろう。

このような観点から見れば，庇護手続きが厳格になり，庇護権の認定率が低いとしても，今後もドイツを目指す庇護申請者は少なくないと見るべきであろう。また不法入国を企てる者も，庇護手続きが難しくなるだけますます増大する可能性が高いと考えられる。一方，戦争・内戦避難民についても，旧ユーゴスラヴィアの紛争が当面沈静した影響で数的には殆ど問題がなくなっているとしても，こうした難民の発生は予測が難しく，今後も地域紛争の火種は尽きないとみられることから，規模の大小も含めてその受け入れに物心両面で備えを怠らないことが求められよう。交通や情報の手段が発達し，人が移動しやすくなった現状を踏まえれば，広い意味での難民とその周辺的存在とも呼べる不法入国者は，波に高低の差はあっても，これからもドイツを目指してくることは間違いない。その意味で，国内で失業率が10％前後で高止まりしたまま容易に下がらず，巨額の債務残高を抱えて財政も逼迫状態が続いているとしても，東欧やアジア・アフリカに比べて格段に豊かな生活を人々が享受している以上，先進国ドイツは彼らの受け入れと負担から免れることはできないと考えてよい。

　いまだ幅広い合意が得られるまでには至っていないとはいえ，ドイツは1990年代半ば以降移民・難民問題のEUレベルでの調整を精力的に模索しているが，それにはこのような現実的な背景があることを看過してはならない。事実，1999年10月のEU首脳会議の席でシュレーダー首相は難民受け入れのEU諸国間での負担調整を提起して拒否にあったものの，EU全体で引き受ける年間の難民の上限設定や，EU全体の国境の管理の徹底，大きな難民の流れを伴う危機への備えの強化などについて了解を取り付けている[2]。さらに2000年5月にブリュッセルで開催されたEU加盟国内務・司法大臣会議では難民の暫定的受け入れに関する法制上の統一化が諮られた。その際，保護期間の限定，滞在資格，就労，扶養，社会給付，医療扶助などに関する最小限の統一的枠組みの提案がなされたが，そのいくつかは既に大量の難民を抱えているドイツにとって重い負担になる可能性があるため，ドイツは反対に回る結果になり，合意には至らずに終わったのである[3]。

　他面，ドイツ国内では，例えばCSUが2000年11月の党大会で庇護基本権を制度的保障に置き換える方針を決議し，これに触発されたかのように政権政党として移民委員会の答申を待つ姿勢をとっているSPDを除き，主要政党が基本方針を新たに策定している[4]。またそうした動きに連動するように，このところドイツ国内で庇護・難民問題が政治的テーマとして再燃し，世論調査でも外国人問題の比重が改めて上昇傾向を示しているのも注目される[5]。こうした国内的な動向には政治的駆け引きと

いう面があるのは否定できない。けれども改めて浮上しつつある現下の庇護申請者・難民問題を政党間の権力闘争の一齣と見做すのは近視眼的というべきであろう。1980年代までとは異なり，冷戦体制の終結と地域紛争の多発というグローバルな情勢の変化の下でドイツへの合法・不法の外国人の到来が大規模化すると同時に，庇護制度のような従来の体制では十分にコントロールしえないことが明らかになっていること，しかもその受け入れに要する負担もこれ以上放置しがたいだけでなく，もし無策のままに終始するなら，収束の気配が見えないばかりか，勢いを増しさえしている排外暴力の波が一層拡大し[6]，ドイツの対外的信用が傷つく恐れすら生じていること，こうした1990年代に現出した事態が難民問題の政治化の底流に存在しているからである。

　2000年11月9日には，庇護申請者・難民問題が政治の熱い焦点になっていた1992年の同じ日と同様に，本来なら1989年のベルリンの壁の崩壊や1938年の水晶の夜を追憶すべきところを排外暴力に反対し異質なものへの寛容を標語とするデモが20万人の市民の参加を得てベルリンで大規模に展開された。またそれと前後して11月8日には，1950年代の社会主義帝国党とドイツ共産党の禁止以来初めて連邦政府が国家民主党（NPD）の禁止を連邦憲法裁判所に訴えることを決定し，続いて連邦参議院と連邦議会も同じ決議を行った[7]。これらの行動は，排外暴力が招いている民主主義への脅威とドイツの国際的信頼感の揺らぎに対する反応にとどまるものではない。それらは同時に，外国人に対して開かれた国を目指すことを共通項にしている点で，再び政治化しつつある難民問題に対する応答という一面があると解することもできるのである。

はじめに

(1) この種の立場の代表例としては，Ursula Mehrländer und Günther Schultze, Einwanderungskonzept für die Bundesrepublik Deutschland, Bonn 1992や，Beate Winkler, Zukunftsangst Einwanderung, München 1992 などが挙げられる。

(2) Frankfurter Allgemeine Zeitung vom 14. 1, 12. 2. und 22. 5. 1999.

(3) Süddeutsche Zeitung vom 26. 4. 2000. Der Spiegel, Nr. 22, 2000, S. 26-29. Die Welt vom 6. 5. 2000.

(4) Der Spiegel, Nr. 26, 2000. Süddeutsche Zeitung vom 27. 6. 2000. この人事は，徴兵制を含む連邦軍見直しの委員会のトップにワイツゼッカー元大統領（CDU）を起用し，戦時期の外国人強制労働者の補償問題の責任者にラムスドルフ元FDP党首を据えるなど，シュレーダーに特徴的な野党対策の一環でもある。

⑸　メルツは「主軸文化 Leitkultur」の主張を土台とする外国人政策を2002年に予定される連邦議会選挙の争点にする意向を表明している。Friedrich Merz, Einwanderung und Identität, in: Die Welt vom 25. 10. 2000. しかし「主軸文化」に関しては CDU 内に一致がないのが現状である。他方、マンハイム選挙研究グループなどの世論調査では、CDU/CSU の支持層も含めて「主軸文化」の考え方には一般市民の共感が乏しく、選挙の争点にすることに対しても全体的に否定的空気が強い。Forschungsgruppe Wahlen, Politbarometer, Ausgabe vom November 2000. Jutta Graf und Viola Neu, PolitikKompass, Ausgabe vom Dezember 2000, S. 4f. なお、Leitkultur には定訳はなく、議論を紹介した2000年12月9日の『読売新聞』記事では「優越文化」、移住を特集した『Deutschland』2000年6号では「主導文化」と訳されているが、文化の優劣を直截にいっているわけではなく、西欧文化の指導的役割を含意しているのでもないことを考え、主軸文化という訳語を当てることにした。

⑹　Süddeutsche Zeitung vom 21. 2. 1998.

第1節　庇護申請者

⑴　広部和也「難民の定義と国際法」加藤節編『難民』所収、東京大学出版会、1994年、22頁。

⑵　阿部浩己「難民問題概括」アムネスティ・インターナショナル日本支部編『難民から見る世界と日本』所収、現代人文社、1998年、9、14頁。

⑶　Hans-Peter Schneider, Das Asylrecht zwischen Generosität und Xenophobie, in: Jahrbuch für Antisemitismusforschung, 1. Jg., 1992, S. 217ff. 発言の引用は、Hermann Uihlein, Ausländische Flüchtlinge in der Bundesrepublik Deutschland, Freiburg 1994, S. 17. 審議の概要については、本間浩『個人の基本権としての庇護権』勁草書房、1985年、38頁以下参照。

⑷　ジュネーブ難民条約に関しては、本間浩『難民問題とは何か』岩波書店、1990年、85頁以下参照。

⑸　Hayungs/Maier-Borst, In der Diskussion: Grundrecht auf Asyl und Genfer Flüchtlingskonvention.

⑹　本間『難民問題とは何か』91頁。金東勲・芹田健太郎・藤田久一『ホーンブック国際法』北樹出版、1998年、161頁。

⑺　Rene van Rooyen, Die Asyldiskussion in der Bundesrepublik Deutschland, in: Andreas Germershausen und Wolf-Dieter Narr, hrsg., Flucht und Asyl, Berlin 1988, S. 15f. Heinrich Lummer, Asyl:ein mißbrauchtes Recht, Frankfurt a. M. 1992. なお、ルマーの本が書評などで痛烈な批判を浴びたのはいうまでもない。Stephan-Andreas Casdorff, Fahrgemeinschaften für die Rechtskurve, in: Süddeutsche Zeitung vom 22. 10. 1992. Wolfgang Kowalsky, Ideologische Verzerrungen, in: Frankfurter Allgemeine Zeitung vom 14. 4. 1993.

⑻　拙稿「統一ドイツの排外暴力と政治不信」『社会科学論集』34号、1995年参照。

⑼　Harald W. Lederer, Migration und Integration in Zahlen, Bamberg 1997, S. 267f. 改正の概要については、改正直後の1993年7月に連邦内務省が発行した解説用の冊子と連邦難民認定庁の説明書及び批判的立場からのアムネスティ・インターナショナルの冊子参照。Bundesministerium des Innern, Das neue Asylrecht: Fragen und Antworten, Bonn 1993.

Bundesamt für die Anerkennung ausländischer Flüchtlinge, Das Bundesamt für die Anerkennung ausländischer Flüchtlinge und das Asylverfahren, Nürnberg 1997, S. 11ff. Amnesty International, Neues Asylrecht: Abschied vom Schutz für politisch Verfolgte?, Bonn 1993. 邦語文献としては，川又伸彦「基本法庇護権規定の改正で難民問題は解決したのか」『法学セミナー』467号，104頁以下および広渡清吾『統一ドイツの法変動』有信堂，1996年，241頁以下がある。また改正の政治過程に関しては，大野英二『ドイツ問題と民族問題』未来社，1994年，140頁以下のほか, Heribert Prantl, Hysterie und Hilflosigkeit, in: Bernhard Blanke, hrsg., Zuwanderung und Asyl in der Konkurrenzgesellschaft, Opladen 1993, S. 301ff および ders., Asyl: Debatte und Finale, in: Klaus Barwig u. a., hrsg., Asyl nach der Änderung des Grundgesetzes, Baden-Baden 1994, S. 135ff の的確な整理が参照に値する。第16a条の標準的な解説としては，B. ピエロート／B. シュリング，永田秀樹他訳『現代ドイツ基本権』法律文化社，2001年，355頁以下が有益である。なお，新設された第16a条1項及び5項に見られるように，改正には EU レベルの調和化という面があるのを見落としてはならない。

(10) Frankfurter Rundschau vom 13. 10. 1998, 22. 3. 1999, 12. 5 und 4. 7. 2000. シリー連邦内務大臣は就任間もない1998年12月に空港手続きの必要性を指摘して継続する意向を表明した。Frankfurter Allgemeine Zeitung vom 12. 12. 1998. これに反し，1999年12月の SPD 党大会では空港手続きの廃止が決議されたが，直後に SPD の連邦議会内政責任者 D. ヴィーフェルスピュッツは代議員の広範な希望のすべてを叶えることはできないと牽制し，2000年7月の事件の後にもこれを堅持する方針を表明している。Süddeutsche Zeitung vom 14. 12. 1999. Frankfurter Rundschau vom 22. 7. 2000. なお後述の憲法裁判所の判決を踏まえて主要空港には弁護士による法律相談所が設置され，連邦政府の負担で運営されることになり，フランクフルトで1998年5月に弁護士協会と連邦政府の間で契約が結ばれた。Frankfurter Rundschau vom 28. 5. 1998. Frankfurter Allgemeine Zeitung vom 4. 6. 1998.

(11) Frankfurter Rundschau vom 21. 10. und 7. 12. 1994. Die Zeit vom 24. 2. 1995. Focus, Nr. 12 u. 34, 1995.

(12) Kurt Schelter und Hans-Georg Maaßen, Das deutsche Asylrecht nach der Entscheidung von Karlsruhe, in: Zeitschrift für Rechtspolitik, H. 3, (?)1996, S. 408ff. 判決に対する批判的評価の一例としては，アムネスティ・インターナショナルの側からの論説がある。Michael Maier Borst, Überlegungen zu Asylpolitik und -recht nach der Entscheidung des Bundesverfassungsgerichtes zu Artikel 16a Grundgesetz aus menschenrechtlicher Sicht, in: Friedrich-Ebert-Stiftung, Büro Dresden, hrsg., Erfahrungsaustausch: Flüchtlingsarbeit, Dresden 1997, S. 27ff. なお，連邦内務省が判決後に作成した文書には，連邦憲法裁判所で認められた点と並び，改善が求められた点が整理されている。Bundesministerium des Innern, Ausländer- und Asylpolitik in der Bundesrepublik Deutschland, Bonn 1998, S. 108ff.

(13) Bundesamt für die Anerkennung ausländischer Flüchtlinge, Asyl im Blick, Nürnberg 2000, S. 25ff. Karsten Lüthke, Asylum in Germany, Siegburg 1994, p. 3ff.

(14) Arbeitsgemeinschaft der Spitzenverbände der Freien Wohlfahrtspflege des Landes Nordrhein-Westfalen, Soziale Beratung und Betreuung von Flüchtlingen, Münster 1997, S. 11. 他の州でもこの種の相談窓口が開かれているかどうかは明らかではない。なお，審

査に限られない民間団体による各種相談の概略に関しては，Zentrale Dokumentationsstelle der Freien Wohlfahrtspflege für Flüchtlinge, Ratgeber soziale Beratung von Asylbewerbern, Siegburg 1997, S. 54ff 参照。

(15) 最も重視される外務省の情勢報告は概要を除き外交的配慮から詳細は公表されず，情勢が流動的な国のものは頻繁に改定するなどの指針がある。Der Spiegel vom 13. 9. 1999 参照。その情勢判断には批判もあり，例えばトルコに関する情勢報告などは修正された。Frankfurter Rundschau vom 22. 4. und 29. 7. 2000. なお，連邦難民認定庁が庇護申請者の真の出身国などを特定するために専門家による言語分析の導入を計画していることも伝えられているが，その理由は1997年の10カ月に扱った8万8000件のうち約2200件が国籍不明だったことにある。Süddeutsche Zeitung vom 1. 12. 1997 und 4. 1. 1998.

(16) Hartmut Jordan, Die Arbeit des Bundesamtes für die Anerkennung ausländischer Flüchtlinge im internationalen Vergleich, in: Asylpraxis, Bd. 4, 1999, S. 202f.

(17) Michael Griesbeck, Asyl für politisch Verfolgte und die Eindämmung von Asylrechtsmiß brauch, in: Aus Politik und Zeitgeschichte, B46/97, 1997, S. 5.

(18) Beauftragte der Bundesregierung für Ausländerfragen, Daten und Fakten zur Ausländersituation, Bonn 2000, S. 26.

(19) Lederer, op. cit., S. 267ff.

(20) 庇護申請者の減少の原因に関しては政府部内にすら見解の対立がある。連邦難民認定庁は法改正の効果を強調する見方をとっているが，一方，連邦政府外国人問題特別代表部のように，旧ユーゴスラヴィアをはじめとする地域紛争が全般的に鎮まったことに主因を見出す立場も存在するからである。Bundesamt für die Anerkennung ausländischer Flüchtlinge, Das Bundesamt für die Anerkennung ausländischer Flüchtlinge und das Asylverfahren, S. 14. Die Beauftragte der Bundesregierung für Ausländerfragen, Mythen im deutschen Asylrecht, 2000.

(21) Bundesamt für die Anerkennung ausländischer Flüchtlinge, Asyl in Zahlen, Nürnberg 2000, S. 14ff.

(22) こうした文脈で認定率を問題にする代表例はルマーの書である。Lummer, op. cit., S. 27ff.

(23) 認定率の推移の詳細に関しては，Bundesamt für die Anerkennung ausländischer Flüchtlinge, Asyl in Zahlen, Nürnberg 2000, S. 26参照。

(24) Der Spiegel, Nr. 46, 1999, S. 107ff. Das Parlament vom 5. 11. 1999.

(25) Die Beauftragte der Bundesregierung für Ausländerfragen, Mythen im deutschen Asylrecht, Berlin 2000. さらにこれを「爆破力が大きい」と評している論評記事も参照。Joachim Käppner, Das Märchen vom Asylbetrug, in: Süddeutsche Zeitung vom 4. 11. 2000.

(26) この点に関しては，差し当たり，新聞に転載されたドイツ女性評議会とプロ・アジールの共同声明文とその中に掲げられた女性の迫害の事例を参照。Der Deutsche Frauenrat und Pro Asyl, Verfolgte Frauen schützen: ein Aufruf zum internationalen Frauentag, in: Frankfurter Rundschau vom 8. 3. 1997.

(27) Lederer, op. cit., S. 287.

(28) Ibid., S. 290.

⑳　Bundesministerium des Innern, Aufzeichnung zur Ausländerpolitik und zum Ausländerrecht in der Bundesrepublik Deutschland, Bonn 1997, S. 92ff.

㉚　Lederer, op. cit., S. 293. 強制送還の仕組みについては，Bundesministerium des Innern, Ausländer- und Asylpolitik in der Bundesrepublik Deutschland,Bonn 1998, S. 121ff 参照。

㉛　taz vom 30. 6. 1998. Frankfurter Rundschau vom 14. 12. 2000. 送還者収容施設の実情は，『シュピーゲル』などの報道やプロ・アジールが発行している冊子のほか，同団体が毎年「難民の日」のタイトルで編集する冊子に描かれている。Der Spiegel, Nr. 31, 1994, S. 57ff. Pro Asyl, Abschiebungshaft in Deutschland, o.J., Tag des Flüchtlings 1996, S. 26ff; 1997, S. 15ff. ; 1998, S. 47f.

㉜　Cornelia Bührle, Rechtlos in Deutschland, Berlin 1997, S. 12f. この点は，2000年6月に公表されたアムネスティ・インターナショナルの年次報告書でもドイツの強制送還の実務は上述の空港手続きと並んで指弾されている。Frankfurter Rundschau vom 15. 6. 2000. なお，難民救援団体の刊行物にはこれを裏付ける事例がいくつも載せられている。Aktion Courage - SOS Rassismus, Polizeiübergriffe gegen Ausländerinnen und Ausländer, Bonn 1994, S. 51ff. Dies., Polizeiübergriffe gegen Ausländerinnen und Ausländer: Dokumentation 1998, Bonn 1998, passim.

㉝　Der Spiegel, Nr. 42, 1994, S. 28ff. Frankfurter Rundschau vom 7. 12. 1994. Süddeutsche Zeitung vom 7. 8. 1994, 3. 3, 12. 5. 1995 und 12. 6. 1999. Peter Knösel, Zur Problematik der Abschiebungshaft, in: Klaus Barwig und Manfred Kohler, hrsg., "Unschuldig im Gefängnis?", Siegburg 1997, S. 15ff.

㉞　Frankfurter Allgemeine Zeitung vom 19. 6. 1999. Süddeutsche Zeitung vom 12. 6. und 31. 8. 1999.

㉟　Lederer, op. cit., S. 294.

㊱　以上の給付の詳細に関しては，Landesbeauftragte für Ausländerfragen bei der Staatskanzlei, Flüchtlinge und Asyl in Rheinland-Pfalz, Mainz 1997の第4章が参考になる。

㊲　Hermann Seewald, Ergebnisse der Sozialhilfe- und Asylbewerberleistungsstatistik 1997, in: Wirtschaft und Statistik, H. 2, 1999, S. 109.

㊳　Griesbeck, op. cit., S. 5 .

㊴　Sozialreferat München, Leistungen nach dem Asylbewerberleistungsgesetz (Stand: 1. 6. 1997).

㊵　Ausländerbeirat Dresden, Asylbewerberinnen und Asylbewerber in Dresden, Dresden 1997, S. 7.

㊶　Süddeutsche Zeitung vom 3. 6. 1998.同種の問題はノルトライン＝ヴェストファーレン州のランゲンフェルトについても報告されている。Flüchtlingsinitiative Langenfeld, Dokumentation der Versorgung der Langenfelder Flüchtlinge mit Lebensmittelpaketen, Langenfeld 2000.

㊷　Frankfurter Rundschau vom 23. 8. 1997. 現物給付・引換券方式の問題点に関しては，Frankfurter Allgemeine Zeitung vom 14. 7. 1997および Süddeutsche Zeitung vom 16. 7. 1997参照。さらに収容施設にも問題があり，これについてはミュンヘン市の報告書が参考になる。特に狭い空間に習慣などの異なる様々な国籍の者が詰め込まれていることが重大

第 5 章　統一ドイツにおける庇護申請者・難民問題の動向と実態　313

だが，他方，設備の乱暴な使用や不衛生に加え，難民グループの間に反感が存在し，東欧圏の者によるアジア・アフリカ出身者とりわけ黒人に対する差別が見出されることが重視されている。Landeshauptstadt München, Referat für Stadtplanung und Bauordnung, Aufenthalts- und Integrationsperspektiven neuer Zuwanderergruppen, München 1995, S. 36ff.

(43) Heiko Kaufmann, Wenig versprochen, kaum etwas gehalten, in: Frankfurter Rundschau vom 21. 9. 2000. Frankfurter Rundschau vom 10. 12. 1999. taz vom 15. 12. 2000.

(44) Jenny Neuhäuser, Sozialhilfe und Leistungen an Asylbewerber 1995, in: Wirtschaft und Statistik, H.5, 1997, S. 338.

(45) Thomas Haustein, Ergebnisse der Sozialhilfe- und Asylbewerberleistungsstatistik 1998, in: Wirtschaft und Statistik, H. 6, 2000, S. 454f.

(46) Die Beauftragte der Bundesregierung für Ausländerfragen, Bericht der Beauftragten der Bundesregierung für Ausländerfragen über die Lage der Ausländer in der Bundesrepublik Deutschland, Berlin 2000, S. 109.

(47) Süddeutsche Zeitung vom 28. 7. 1995.

(48) Frankfurter Rundschau vom 29. 2. 2000. Migration und Bevölkerung, Nr. 2, 2000.

(49) Pressemitteilung der Bundesregierung vom 6. 12. 2000. Mitteilung der Beauftragten der Bundesregierung für Ausländerfragen vom 6. 12. 2000.

(50) Frankfurter Rundschau vom 24. 3. 1997.

(51) taz vom 17. 10. 2000. なお，議論の一端につき，Süddeutsche Zeitung vom 20. 5. 2000参照。

第 2 節　分担難民と戦争・内戦避難民

(1) 本間『難民問題とは何か』27頁，および同『個人の基本権としての庇護権』321頁以下参照。

(2) Bundesministerium des Innern, Ausländer- und Asylpolitik in der Bundesrepublik Deutschland, S. 130f.

(3) Lederer, op. cit., S. 306.

(4) その処遇については，庇護権を認められた者，庇護請求者などのそれと併せて，バイエルン州政府の文書に簡潔に整理されている。Bayerisches Staatsministerium für Arbeit und Sozialordnung, Familie, Frauen und Gesundheit, Sozial-Fibel, München 1997, S. 91f.

(5) Pavel Polian,Jüdische Auswanderung aus der ehemaligen UdSSR nach Deutschland, in: Jürgen Dorbritz und Johannes Otto, hrsg., Einwanderungsregion Europa?, Wiesbaden 2000, S. 283ff.

(6) Der Spiegel, Nr. 22, 1996, S. 22ff u. Nr. 25, 1995, S. 19.

(7) Frankfurter Rundschau vom 13. 6. 2000. Berliner Zeitung vom 23. 10. 2000. 出身地の悲惨な状況に関しては，邦語文献によっても知ることができる。伊藤芳明『ボスニアで起きたこと』岩波書店，1996年，中屋敷郁子『はるか戦火を逃れて』講談社，1996年。

(8) Lederer, op. cit., S. 310.

(9) Frankfurter Rundschau vom 5. 7. und 13. 7. 1995. Frankfurter Allgemeine Zeitung vom 12.

⑽　Frankfurter Allgemeine Zeitung vom 27. 1, 20. 9. und 21. 11. 1996. Süddeutsche Zeitung vom 20. 12. 1995 und 19. 7. 1996. なお強制措置の是非を巡っては帰還が問題になったときから厳しい意見対立がある。Focus vom 8. 1. 1996参照。送還問題の背景には滞留に伴う負担問題があるが，その配分を巡る州と自治体との対立に関し，Süddeutsche Zeitung vom 13. 12. 1995参照。

⑾　Frankfurter Allgemeine Zeitung vom 5. 12. 1996. Süddeutsche Zeitung vom 9. 7. 1996 und 1. 7. 1997.

⑿　Pressemitteilung des Beauftragten der Bundesregierung für die Flüchtlingsrückkehr, Wiedereingliederung und rückkehrbegleitenden Wiederaufbau in Bosnien und Herzegowina vom 10. 7. 1998. さらに, Dietmar Schlee, Es darf kein zweites Bosnien geben, in: Die Welt vom 29. 5. 1998参照。

⒀　taz vom 23. 11. 1999.

⒁　Roland Rau, Stefan Rühl und Harald W. Lederer, Migrationsbericht 1999, Bamberg 1999, S. 34.

⒂　Frankfurter Rundschau vom 22. 11. 2000. taz vom 27. 11. 2000. この問題に関する州レベルの取り組みの例として，ザクセン州のそれが参考になる。Sechster Jahresbericht des Sächsischen Ausländerbeauftragten, Dresden 1999, S. 20ff. 因みに，連邦内務省の文書には「促進による帰還者」の各年の人数が掲げられているが，強制によるそれは含まれていないと考えられる。Bundesministerium des Innern, Ausländerpolitik und Ausländerrecht in Deutschland, Berlin 2000, S. 101.

⒃　Lederer, op. cit., S. 315.

⒄　Süddeutsche Zeitung vom 26. 7. 1995. Der Spiegel, Nr. 7, 1997, S. 136f.

⒅　Migration und Bevölkerung, Nr. 4, 1999. なおコソボ紛争については，米元文秋「検証コソボ戦争」『世界』1999年10月号および定形衛「コソヴォ紛争とNATO空爆」『国際問題』2000年6月号の鳥瞰が参照に値する。

⒆　Frankfurter Rundschau vom 30. 7. und 6. 10. 1999.

⒇　Berliner Zeitung vom 22. 5. u. 7. 6. 2000. なおザクセン州での取り組みの概要が，Siebenter Jahresbericht des Sächsischen Ausländerbeauftragten, Dresden 2000, S. 14ffに記されていて参考になる。因みに，1999年11月の内務大臣会議では既に翌年中に彼らを帰還させる方針が決定されている。Frankfurter Rundschau vom 6. 10. und 20. 11. 1999.

(21)　Frankfurter Allgemeine Zeitung vom 30. 5. 2000.

(22)　避難民たちが体験した心理的・身体的迫害とそれによって引き起こされた心身の障害に関しては，Daniela Haas, Folter und Trauma, Oldenburg 1997, S. 22ff, 57ffが詳しい。

(23)　Migration und Bevölkerung, Nr. 4, 2000.

(24)　Rau u. a., op. cit., S. 35.

第3節　不法入国者と手引き組織

(1)　Hermann Kurthen, Germany at the Crossroad: National Identity and the Challenges of Immigration, in: International Migration Review, Vol. 29, No. 4, 1995, p. 925.

(2) Erste Erfahrungen mit dem neuen Asylrecht, in: Frankfurter Allgemeine Zeitung vom 13. 7. 1993. Das Geschäft mit der Hoffnung, in: Die Welt vom 27. 11. 1993.
(3) Harald W. Lederer, Illegale Migration in Deutschland: Formen, Zahlen und Trends, in: Hartmut Wendt, hrsg., Zuwanderung nach Deutschland, Wiesbaden 1999, S. 84.
(4) 駒井洋『日本の外国人移民』明石書店, 1999年, 50頁以下。同趣旨の指摘として, Jörg Alt, Vier Thesen aus dem Forschungsprojekt "Illegal in Deutschland", in : Bündnis 90/Die Grünen, Bundestagsfraktion, hrsg., Menschsein auch ohne Aufenthaltsrecht, Berlin 2000, S. 14f 参照。
(5) 因みに, 確認できる限りでは, 連邦内務省は1998年の文書までは「不法入国」の語を使っていたが, 2000年からは「不許可入国」という表現に変更している。しかし, 就労については「不法就労」のままである。Bundesministerium der Innern, Ausländer- und Asylpolitik, S. 82. Dass., Ausländerpolitik und Ausländerrecht, S. 64. Innenpolitik, Nr. 2, 2001, S. 14.
(6) 連邦国境警備隊の概略に関しては, 拙稿「国内治安」加藤雅彦ほか編『事典現代のドイツ』所収, 大修館, 1998年, 211頁以下参照。また不法入国防止のための制度については, Bundesministerium des Innern,Ausländerpolitik und Ausländerrecht, S. 64ffの概要が参考になる。
(7) Bundesministerium des Innern, Schengen-Erfahrungsbericht, in: Bundesministerium des Innern, hrsg., Texte zur inneren Sicherheit, Bd. 2/1997, Bonn 1997, S. 78f. Frankfurter Allgemeine Zeitung vom 14. 3. 1996.
(8) Süddeutsche Zeitung vom 3. 1. 1997.
(9) Frankfurter Allgemeine Zeitung vom 26. 6. 1998.
(10) Frankfurter Rundschau vom 6. 4. 1995 und 15. 4. 1996. Süddeutsche Zeitung vom 28. 11. 1995 und 31. 1. 1997.
(11) Klaus Severin, Illegale Einreise und internationale Schleuserkriminalität, in: Aus Politik und Zeitgeschichte, B46/97, 1997, S.15ff. なお, 警戒強化の一環として1994年11月の報道によると, その時点で13の航空会社が航空券と併せて旅客の身分証明書などを点検することが義務づけられている。
(12) Süddeutsche Zeitung vom 16. 9. 1998. Frankfurter Rundschau vom 29. 10. 1999. Blickpunkt Bundestag vom 15. 12. 1999.
(13) Bundesgrenzschutz,Bundesgrenzschutz-Jahresbericht 1996/97, Berlin 1998, S. 14.
(14) Bundesgrenzschutz, Bundesgrenzschutz-Jahresbericht 1999, Berlin 2000, S. 10.
(15) Bundeskriminalamt, Jahresbericht 1997 zur Kriminalitätslage in der Bundesrepublik Deutschland, Wiesbaden 1998, S. 15. Bundesgrenzschutz, op. cit., S. 14.
(16) Bundesgrenzschutz, op. cit., S. 10.
(17) Ibid., S. 14. Bundesgrenzschutz, Bundesgrenzschutz-Jahresbericht 1996/97, S. 10.
(18) 莫邦富『蛇頭』草思社, 1994年, 森田靖郎『密航者』日本評論社, 1994年, 望月健とジン・ネット取材班『蛇頭 密航者飼育アジト』小学館, 2000年。なお警察庁編『平成11年版警察白書 国境を越える犯罪との闘い』大蔵省印刷局, 1999年, 17頁以下および26頁以下参照。

⑲　Im Laster versteckt, in: Der Spiegel, Nr. 34, 1996, S. 36ff. Jens Schneider, Spezialisten für Grenzfälle, in: Süddeutsche Zeitung vom 3. 9. 1998.
⑳　Severin, op. cit., S.11, 13f. 既に1993年に『フォークス』は様々な不法入国のルートや手段によって異なる費用を取材した興味深い記事を掲載している。Focus, Nr. 19, 1993, S. 42.
㉑　Bundesgrenzschutz, Jahresbericht 1999, S. 12.
㉒　Bundeskriminalamt, op. cit., S. 16.
㉓　Frankfurter Rundschau vom 15. 5. 1999. Süddeutsche Zeitung vom 17. 12. 1997.
㉔　この単純な方法による規模の大きなケースとして比較的新しいものでは、1999年12月にチェコ国境で43人のアフガニスタン人が検挙された事件がある。Frankfurter Rundschau vom 9. 12. 1999.
㉕　組織犯罪の実情に関しては、さしあたり、Bundeskriminalamt, Lagebild Organisierte Kriminalität in der Bundesrepublik Deutschland 1999, Wiesbaden 2000 参照。また組織犯罪対策の概要については、拙著『統一ドイツの変容』木鐸社、1998年、350頁以下参照。
㉖　Frankfurter Allgemeine Zeitung vom 19. 10. 2000.
㉗　Frankfurter Rundschau vom 12. 3. und 30. 4. 1999.
㉘　Süddeutsche Zeitung vom 29. 11. 1997.

第4節　庇護申請者・難民の総数とその推移

(1) Bührle, op. cit., S. 12.
(2) Süddeutsche Zeitung vom 15. 11. 1997 und 10. 7. 1999.
(3) Bundesministerium für Arbeit und Sozialordnung, Illegale Beschäftigung und Schwarzarbeit schaden uns allen, Bonn 1996, S. 24ff.
(4) Süddeutsche Zeitung vom 23. 1. 1998. なお、地下経済の重大さは国により大きく異なるが、その問題性については、名東孝二編『世界の地下経済』同文館、1987年参照。
(5) Der Spiegel vom 3. 4. 1995. Süddeutsche Zeitung vom 2. 9. und 29. 9. 1995.
(6) Süddeutsche Zeitung vom 6. 4. 1996.
(7) Eberhard Vogt, Letzte Warnung des Senats, in: Focus, Nr. 37, 1997. Statistisches Landesamt Berlin, Die kleine Berlin-Statistik 1999, Berlin 2000, Tab. 2. 1. なお、ベルリンの不法滞在者の興味深いルポとして、Vera Gaserow, ...und bloß nicht ins Krankenhaus, in: BUKO-Arbeitsschwerpunkt Rassismus und Flüchtlingspolitik, hrsg., Zwischen Flucht und Arbeit, Hamburg 1995, S. 19ff 参照。
(8) Jörg Alt, Illegal in Deutschland, Karlsruhe 1999, S. 48f. Sekretariat der Deutschen Bischofskonferenz, Leben in der Illegalität in Deutschland, Bonn 2001, S. 5.
(9) Frankfurter Rundschau vom 4. 11. 2000. taz vom 8. 11. 2000. なお、アメリカやフランスなどのアムネスティに関しては、駒井洋・渡戸一郎・山脇啓造編『超過滞在者と在留特別許可』明石書店、2000年所収の諸論文が参考になる。
(10) Der Spiegel, Nr. 28, 2000, S.17. Frankfurter Allgemeine Zeitung vom 31. 7. 2000. この事件に関連する記事が2000年6月22日付『朝日新聞』に掲載されている。

結び

(1) 実質的な移民が形式上庇護申請者・難民という姿をとることに関しては，移民と難民について法的カテゴリーと社会学的カテゴリーを組み合わせて整理している梶田孝道の所論が参考になる。梶田孝道「西欧諸国における難民政策の危機」『国際問題』1992年4月号，22頁以下参照。

(2) Frankfurter Allgemeine Zeitung vom 18. 10. 1999. こうした要求には最右派も歩調を揃えていることは，バイエルン州内務大臣ベックシュタイン(CSU)の欧州委員会委員に対する同趣旨の主張からも分かる。Frankfurter Allgemeine Zeitung vom 5. 9. 1997.

(3) Frankfurter Rundschau vom 25. 5. 2000.

(4) Berliner Zeitung vom 11. 10. 2000. CSUの新方針に対してはCDU内部で抵抗が強いのが実情である。Frankfurter Rundschau vom 20. 11. 2000. 主要政党の庇護権などに関する方針の概要は，各党のホームページで見ることができる。

(5) Forschungsgruppe Wahlen, Politbarometer, Ausgabe vom Dezember 2000.

(6) 排外暴力事件の近年の動向については，『フランクフルター・ルントシャウ』紙が作成した一覧と連邦憲法擁護庁の年次報告書が役立つ。Eine Bilanz rechtsextremistischer Gewalt im Deutschland der vergangenen zehn Jahre, in: Frankfurter Rundschau vom 14. 9. 2000. Bundesamt für Verfassungsschutz, Verfassungsschutzbericht 1999, Berlin 2000, S. 20f.

(7) Pressemitteilung der Bundesregierung vom 8. 11. 2000. Das Parlament vom 17. 11. 2000.

第Ⅱ部

第6章

ドイツにおけるアオスジードラー問題の系譜と現状

―ロシア・ドイツ人を例にして―

はじめに

　ドイツ統一前後から大部分が経済難民と見られる多数の外国人がドイツに殺到するようになり，これにいかに対処するかが重大な政治的テーマになったのはよく知られている。その際，庇護権の存廃と並んで改めて浮上したテーマの一つは，ドイツを移民受け入れ国として位置づけ，国内に住む外国人を積極的に統合するとともに将来のドイツを多文化社会として構想するか否かという問題であった。しかしそうした議論の中で，実質的には外国人問題の一環をなしているにもかかわらず，必ずしも正面からは取り上げられなかった集団が存在していた事実を忘れてはならないであろう。アオスジードラーと総称される人々がそれである。

　旧ソ連におけるペレストロイカを受け，出国に対する規制が緩和されたために，旧ソ連・東欧諸国の出身で旧西ドイツへ移り住むアオスジードラーと呼ばれるドイツ系の人々の流れが急速に膨らみだしたのは1987年のことであり，それまでの少数の比較的安定した流れと対照的な急増ぶりは西ドイツ国内にパニックに近い反応を引き起こすことになった。そうした雰囲気の一端は『シュピーゲル』などの週刊誌から看取できるだけでなく，受け入れの実務を担当する自治体の対応からも読み取ることができる。例えばドルトムント市では1989年秋にアオスジードラーに関する統計資料を作成しているが，そこでは「1988年にこの人々の流れはここ４年間の合計より多く，これまで知られていない規模に達している」としつつ，「最近のアオスジードラーの予期せざる膨大な数は連邦，州，自治体をこれらの人々の受け入れと統合に当たっての重大な問題に直面させている」と指摘し，婉曲な表現で当局の困惑ぶりを伝えている。同様にフランクフルト市多文化局が1992年に編集したアオスジードラーに関する冊子に寄せた序文で同局を率いる D.コーン＝ベンディットは，「鉄のカーテンで仕切られていたために東ヨーロッパは我々にとって疎遠だった」

としながら,「東ヨーロッパとの国境が開放されたとき,それに続いた移住に対して我々には用意ができていなかった。このことは特にドイツ系のアオスジードラーに当てはまる」と述べ(2),受け入れる側に狼狽が広がっていたことを率直に認めている。

　アオスジードラーの急増がもたらしたこのような反応を踏まえるとき,1988年の末にB.ディーツとP.ヒルケスが『政治と現代史から』に寄せた共同論文「ソ連におけるドイツ人」の冒頭で記している文章は極めて興味深い。「ソ連からのドイツ人アオスジードラーの数が近年増大するにつれて,〈ソ連のドイツ人〉というテーマが連邦共和国の世論の視界に押し入ってきた。政治的に責任のある立場の人々に限られない激しい論議は,ソ連国内のドイツ人と連邦共和国でのアオスジードラーの社会的統合過程にいかに僅かしか注意が払われていなかったかの証明である。……ソ連にいるドイツ人の起源とソ連からのドイツ・アオスジードラーを特徴づけているその歴史的運命は一般には少ししか知られていないのである。(3)」

　ここに指摘されているように,急増がパニック的反応を引き起こしはしたものの,実はアオスジードラーは旧西ドイツでは長らく半ば忘れられた存在であって,彼らに対してあまり関心が向けられてはこなかったのが現実であった。そればかりか,彼らの来歴に関する理解や基本的な知識すら広範に欠如していたことも否定しがたい。けれどもこうしたことは近年に始まったわけではない。D.クリーガーとG.シュネーゲは1970年に『今日の東ヨーロッパのドイツ人』と題する書を公にしているが,その中で同じ問題点が指摘されており,状況はドイツ統一前後もその20年前も類似していたのである(4)。

　ところで,今日に至ってもなお,その点には大きな変化は見出されないように感じられる。たしかにその数が急速に膨れ上がるのに伴い,遅ればせながらマスメディアもその動向についての報道を行うようになり,状況にはいくぶん変化が現れたように見える。アオスジードラーが40万人を数えて頂点に達した1990年の『フランクフルター・アルゲマイネ』紙を例にとれば,4月2日にベルリン自由大学のP.ローゼンベルクの長い寄稿が掲載されたほか,4月18日,5月23日,8月23日,9月27日にも詳しい報道がなされているからである。さらに翌91年にはなるほど数が減少したものの,1987年以前とは比べようのない規模で統一したばかりのドイツへ間断なくアオスジードラーが流入しており,これを背景にして,彼らを際限なく受け入れるのか,それとも何らかの規制を加え,あるいは流入を阻止すべきかという問題が,激増した庇護申請者の扱いと並んで活発に議論されたからである。このような経緯

を踏まえるなら，長らく乏しかったアオスジードラーに関する理解が近年では広がってきていると考えるのが自然であろう。ところが現実はそうした推定に合致しているとはいいがたいように感じられる。例えばK. アールハイムたちは1993年の著作で，「東のブロックの崩壊後の大量の出国申請が初めてアオスジードラーを公共的意識の中に問題として登場させた」と指摘する一方で，「ドイツの大多数の市民にとってはアオスジードラーは他の外国人と同じく他所者であり，その家族の運命はドイツ連邦共和国への移住の政治的社会的背景と同様に知られていない」と述べている。また公益団体アクティオーン・ゲマインジンは1994年に『分かたれた故郷』と題したアオスジードラーについての冊子を編んでいるが，その冒頭で，「ここで語られるのは我々のほとんどの者がその運命に関してほんの僅かしか知らず，多くは何も知らない人々のことである」と記してアオスジードラーに関する認識の欠如を確認している。アオスジードラー問題を所管する連邦内務省がいくつもの広報文書を作成し，その管轄下にある連邦政治教育センターが「政治教育インフォメーション」の222号を同問題に充てているのも、むしろこのような現実を裏書きしているといえよう。

しかしながら，その一方では，アオスジードラーの問題が身の回りに感じられるようになっていることも否定しがたい。例えば学校の教室を覗けば，ドイツ語が下手で，放課後には固まってロシア語でおしゃべりする子供たちの姿が見られるのはもはや決して珍しい光景ではなくなっている。この点を窺わせる例として，1998年秋からフライブルク大学で研修した日本人研究者の印象記がある。そこには10年前と比べて目につく特徴として，「フライブルクのような地方都市でもロシア語を話す人が至るところで見かけられる」ようになったことが挙げられており，「大学図書館のクロークの女の子たちも皆ロシア語で話をしている」ことなどが興味深く紹介されている。

それにしても，これまでに既に膨大な数がドイツに定着するに至っているにもかかわらず，旧ソ連・東欧圏に散在するドイツ系の住民の数はなお巨大であり，対応を誤ればドイツ国内に深刻なパニックを引き起こしたり，当該国との関係を悪化させるに十分な潜在的な力を彼らは有している。H. ガスナーが1997年に発表した論文によれば，その数は推定で約400万人と見られているといい，ロシア70万人，カザフスタン70万人など旧ソ連に200万人以上のドイツ系住民が今日も生活していると考えられている。アオスジードラーの貯水池となるこの数字を見ただけでも問題の重大性は容易く感知できるが，それでは，このような重みをもつにもかかわらず

一般のドイツ市民の間であまり関心が向けられているとはいえないアオスジードラーとはそもそもどのような集団なのであろうか。また彼らの来歴と実態の検討によってドイツの現実のいかなる側面が照射されることになり，いかなる点でその理解を深めることにつながるのであろうか。こうした問題を考えることからアオスジードラーに関する考察を始めることにしよう。

第1節　ロシア・ドイツ人問題の系譜―移住から「帰還」まで

1. アオスジードラー問題の系譜と輪郭

　アオスジードラー問題―ドイツ現代史に関わる多くのテーマとは違い，以下で考察を加えるこの問題に関しては，若干の説明を加えておくことが必要とされよう。上述のように，アオスジードラーとはどのような人々のことを指すのか，そして彼らの存在がなぜ問題になるのかに関しては，わが国ではもちろん，当のドイツにおいてすらよく知られているとはいえないのが実情だからである。そこでやや遠回りになるのは避けられないものの，差し当たり問題自体の歴史的系譜を大まかに辿るとともに，その今日的位相を手短に眺めてみよう。そしてその上で，アオスジードラー問題のうちで本章で取り上げる側面を明確にし，検討が及ぶ範囲を画定しておくことにしよう。

　最初に用語について一言すると，アオスジードラーというドイツ語を日本語に移すのは極めて難しい。元の語である他動詞 aussiedeln を直訳すれば「立ち退かせる」という意味になるが，アオスジードラーはドイツの歴史に密着した遥かに特殊な語だからである。これを厳密に定義づけようとすれば，後述する連邦追放者法に帰着する。すなわち第二次世界大戦終結とともに始まった一般的な追放措置が終了した後，主にソ連・東欧圏からドイツに移住してくる追放者を指す。しかしこの場合にはさらに追放者の説明が必要であり，それがなければなぜ追放者がほかならぬドイツに来るのかが明らかにならないであろう。そこで便宜上大まかな理解を示しておくなら，一般的には，第二次世界大戦前までのドイツ東部領土に居住していたか，またはドイツからソ連・東欧地域に移住した人々を祖先にもち，その意味でドイツ人の血を引く彼らの子孫であって，これまで住んでいた国の国民であるのにドイツ系であることを理由にして差別などを受けているために故郷を立ち去り，父祖の出身地であるドイツに戻ってくる人々がアオスジードラーと総称されているといってよいであろう。その訳語の若干の例としては，野川忍『外国人労働者法』では「帰還者」，大野英二『ドイツ問題と民族問題』では「ドイツ系移民」の語が当てられ

ており，S. カースルズと M.J. ミラーの名著の邦訳『国際移民の時代』では訳者の関根政美・薫は「海外在住ドイツ人」「在外ドイツ人」という表現を使っている。[1] これらはそれなりの工夫をこらしたものであって，必ずしも納得できないわけではない。しかし，本来アオスジードラーが外国籍の市民であることや，ドイツ系移民とその子孫はアオスジードラーの母体であってアオスジードラーそのものではないこと，祖先の移住から幾世代も隔ててドイツに来住する人々が少なくない面などが希薄であり，そうした重要な側面が見逃される危険を免れないように感じられる。それゆえ以下では上記の集団を指称するものとしてアオスジードラーという語をそのまま用いることにしたい。またアオスジードラーの貯水池ともいえる，ソ連・東欧圏に居住しているドイツ系の住民たちについては独系人という表現をあてたいと思う。

それではこのようなアオスジードラーに光を当てる意味はどこにあるのだろうか。本章の視点を定めることとも関連するので，彼らの存在を通して何が浮かび上がってくるのかをしばらく考えてみよう。

旧ソ連・東欧圏に居住しているドイツ系住民の正確な数は種々の事情で不明であるものの，1995年現在でも総数で数百万人に上ると推定されている。それゆえ彼らの存在は，もしドイツにすべてを受け入れるとなればそれ自体として重大な問題になるのは必至といえよう。しかしそうした優れて政治的な論点を差し当たり度外視した場合にも，旧ソ連・東欧圏にドイツ系住民が大量に存在するという事実はそれだけで西欧先進国の一つというわが国で根強いドイツ像で捨象されがちな一面を見据えることの重要性を教えている。なぜなら，ヨーロッパの中央部に位置し，それゆえに東ヨーロッパ地域と濃密な関係を結んできたドイツという国の歴史とその民族の特性を彼らは雄弁に物語る証人といえるからである。このことは，ビスマルクの統一事業によってドイツの名を冠する国家が史上初めて登場した時，その外部に多数のドイツ語を母語とする人々が取り残されたために，その国家が果たしてドイツ民族の国家の名に値するか否かが問われたことや，第一次世界大戦の敗北とポーランド独立の結果，一層多くのドイツ語を話す人々が狭小化したドイツの外部に居住することになり，それがドイツ国内で「東方への衝動」を強めるとともに，フェルキッシュな思潮やこれをバネとする急進的なナショナリズム団体が社会に根を張る一因になった経緯を想起すれば納得できよう。別言すれば，ドイツ語を母語とする人々の3分の1がドイツという国家の外側に居住するという事実は国家の境界と民族的境界との不一致をみせつけ，ドイツの歴史が東欧世界のそれと深く結ばれて

いることを意識化させてきたのであり、ドイツ帝国が西欧的意味での国民国家ではないことを如実に示す境界の不一致は、ビスマルク帝国の建設以来ドイツ人のナショナルな感情に重くのしかかっていたのである。

　こうした歴史に鑑みると、アオスジードラーに対する関心の低さはかえって奇異に感じられるかもしれない。しかし一見すると奇異に映る現象の中にドイツ史の基本線に関わる重要な変化が透視できるように思われる。それは第二次世界大戦末期から占領期にかけ戦火を逃れて東部から避難した難民のほか、チェコから追放されたズデーテン・ドイツ人をはじめとする追放者が大量にドイツに押し寄せた結果、東西ドイツの外部に居住するドイツ系住民の数が激減し、これに伴って在外ドイツ人問題の重みが格段に軽くなったことである。(2) 難民・追放者に関してはわが国でも既にいくつかの研究成果が発表されているが、(3) 旧ドイツ領からの引揚者を含めドイツに帰還した者の総数が1,250万人にも達したために、縮小したドイツの外部に暮らすドイツ人の数が大幅に低減したことが、在外ドイツ人に対する関心を希薄にする結果を伴ったのは当然だったといえよう。

　このことは、一面では、狭小になったばかりでなく東西にも引き裂かれたドイツの戦争で荒廃した社会に新たに流入してきた人々をいかにして組み入れるかという重大な問題が生じたことを示している。しかし視点を変えれば、それは他面では、戦後オーストリアの国家的自立が確定的になったことも手伝い、ドイツ民族の国家とはもはや東西ドイツより広い版図を有するものとしては考えられなくなり、「東方への衝動」が起動力を失ったことを意味している。確かに数々の証言に綴られているように、民族浄化に等しい追放そのものの不当さとその過程で生じた多くの痛ましい出来事や多大の犠牲者の存在は忘れられてはならないであろう。しかしその一方では、ドイツ系住民が結果的に著しく減少したために、ドイツ・ナショナリズムの枠組みに東欧世界が必然的に絡みつく従来の構造が崩れるに至った事実も見逃されてはならないであろう。同様に、領土問題に関しては、再建されたポーランドの西への移動の帰結であるオーダー＝ナイセ線をドイツ、ポーランド間の国境として最終的に受け入れるのに抵抗があったのは、その経緯を考慮すれば当然のことといえよう。しかしかつての東部領土について言えば、国境線を変更してこれを回復することは玉突き的に他の国境の変更と住民の大量移動を引き起こし、戦後ヨーロッパの秩序を崩壊させかねないことから事実上不可能といわざるをえず、不法か否かとは別に受け入れる以外にないのが現実であることも否定できない。その意味で、アオスジードラーに対する関心の低調さは、ドイツ人の民族的関心が敗戦によって

縮小した東西ドイツの版図の中に概ね収まり、ドイツ帝国創建以降つきまとった境界の不合致が基本的に解消されるに至ったことの反映であると見做せよう。そしてこのことは同時に、ヨーロッパ近現代史を揺るがしてきたドイツ問題の性格もまた決定的に変わったことを示唆していると解されるのである。

　この文脈で見るなら、1990年のドイツ統一は東西の分裂に終止符が打たれたというだけにとどまらず、ビスマルクのドイツ建国から120年もの時を隔て度重なる激動を経てようやくドイツが西欧型の国民国家として完成したことを意味しているということも間違いではない。しかし、その遅ればせの完成は、ヨーロッパ世界では国民国家の歴史的限界を乗り越える動きが高まり、それにいわば時代遅れという烙印が押されるに至った段階で成就したというドイツ史のもう一つの不合致もしくは逆説を感じさせないではおかない。なぜなら、ドイツ統一はマーストリヒト条約に向けてヨーロッパ統合が着々と進行しつつある中で起こった出来事であり、ドイツ国民の間には低くなった国境を跨ぐヨーロッパ・アイデンティティが形成され、ナショナルなレベルにアイデンティティが収斂することがもはやありえない地点にまで統合は深化しているからである。換言すれば、市場ばかりか通貨の統一さえ日程にのぼっている状況に照らすとヨーロッパ統合の不可逆性は明白であり、これを土台にしてヨーロッパ・アイデンティティは今後一層強固になるものと考えられるが、そうだとするなら、ようやく完成したドイツ国民国家はそれに対応するネーション意識を成熟させないままアイデンティティの多層化の局面を迎えており、ポスト国民国家への移行途上にあるところから、その完成は事実上永遠に達成されないままに終わる情勢になっているといえよう。

　もっとも、ドイツ国民国家が未完にとどまらざるをえないのは、ヨーロッパ統合による国民国家の再編というプロセスのためばかりではない。周知のように、統一後のドイツには700万人を超える外国人が生活しており、ドイツが事実上の移民受け入れ国に変貌しているのは否みがたい現実である。しかし難民に対してのみならず、とりわけ定住化している非ヨーロッパ系の外国人に対する排外暴力の頻発は、そうした現実を認めるのを拒み、「ドイツ人だけのためのドイツ」という夢想に引き寄せられる市民が一部に存在していることを示している。そうした実情から、EU統合が実現した時点にドイツにはドイツ固有の何が残るのかという問題と並び、ドイツは公式に移民受け入れ国になり、国籍取得の条件の緩和などそのための制度を整えるべきか否か、またその場合、オーストラリアやカナダの例などに学びつつ多文化社会への道を進むべきか否かなどの問題に関心が集まっている。これらをいわば

前向きの問題と呼ぶなら，ドイツの過去に関わるアオスジードラー問題が後向きのそれであることは否定すべくもない。けれども，外国人問題や難民問題などの底流にある人の移動の活発化の一つの発現形態が近年のアオスジードラーの大きな流れであるのは紛れもない事実であり，ドイツ国外のドイツ系住民の存在がもつ重みは戦争と強制追放によって実力で減じられたものの，アオスジードラーとしての彼らのドイツへの大量移住がドイツ現代史の無視しがたい一齣をなしているのは間違いないであろう。そしてまた将来に向かってのアイデンティティ形成が過去から背負った問題と無関係に進むことがありえない以上，多文化社会の問題などがアオスジードラーのそれに様々な形で連動するのは当然のことといえよう。その一例が，ドイツ生まれでドイツ語を事実上の母語とする外国人青少年に対し，ロシア育ちでドイツ語を殆ど話せないアオスジードラー青年と同様に簡単にドイツ国籍の取得を認めることの是非を巡る論議である(6)。

　このような問題を踏まえれば，旧ソ連・東欧圏から流入するアオスジードラーが，ドイツに定住化している外国人とともに，ドイツを構成するのはどのような人々であるのか，またあるべきなのかという問いを突きつけているのは容易に察知しえよう。また進行しつつあるヨーロッパ統合と関連づければ，アオスジードラー問題は国家的境界と合致するようになったドイツ人としてのアイデンティティがどれだけヨーロッパに向けて開放され重層化しているかを占う試金石にもなろう。とはいえ，こうした幅広い視角からアオスジードラー問題に関して考究するのは今後の課題としなくてはならず，本章で行うのはそのための予備的考察にとどまる。すなわち，本章で取り上げうるのはアオスジードラーに関わる多面的な問題のうちの一部にすぎない。ドイツ現代史にそれが有する意義を論じるためには戦争末期の難民と戦後初期の追放者について，その発生原因や経過やそれにまつわる法的諸問題のほかに，ドイツへの流入と受け入れの態様やそのための制度や政策，さらには廃墟と混乱の中で彼らを迎えた一般市民の意識などの綿密な考察が必要だが，ここではそれらの点に論及することができないことがその第一の理由である。第二の理由は，ロシアをはじめ東欧諸国へのドイツ人の移住の歴史とそれぞれの地域における彼らの歴史は一様ではないが，個別にそれらを辿ることは二次文献に依拠してすら容易ではなく，したがって本章では一部のドイツ系住民についてしか触れることができないからである。これらの制約があることを前提とした上で，以下では便宜上，規模が大きいだけでなく，比較的研究の蓄積があることから，旧ソ連のドイツ系住民に焦点を絞り，独ソ戦開始以降の苦難を中心にその歴史を概観することにしたい。そして

これを基にして，中欧の国として東欧世界に緊密に結び付きつつ発展してきたドイツの歴史的特質を浮かび上がらせると同時に，他方で，彼らの受け入れと社会的統合に関わる政策にどのような変容が見出されるかを検討し，統合の実態にメスを入れることによって，主として統一後のドイツにおけるアオスジードラー問題の輪郭を明らかにしたいと思う。

2. ロシア帝国への移住

　旧ソ連の諸地域に住み，現在もその後継諸国で暮らしているドイツ系住民は，長らくドイツではロシア・ドイツ人と総称されている。この呼称はソ連解体後に登場したロシア以外の国々に住む人々については必ずしも正確とは言えない面がある。しかしディーツらによれば，後継諸国のドイツ系住民自身がソ連解体後も自らロシア・ドイツ人と名乗っているのが実情であり，その限りでロシア・ドイツ人という呼称は不適切とまでは言えないのも事実である[7]。これらの人々については以下でどの後継国に居住しているかを問わず一括して独系人と呼ぶことにするが，近年のアオスジードラー問題で中心に位置しているのはこうしたロシア・ドイツ人すなわち旧ソ連の独系人にほかならない。なぜなら，『フォークス』，『ツァイト』，『ヴェルト』などの週刊誌や新聞でアオスジードラーに関して報じている記事で一様に指摘されているように[8]，従来はポーランドからの独系人がアオスジードラーの主流だったが，1987年以降ソ連からの移住者が増大し，近年ではロシア・ドイツ人がアオスジードラーの大半を占めているのが実態だからである。

　ところで，彼らは一世紀以上の期間にわたってドイツからロシア帝国に移り住んだドイツ人の子孫である。その意味で，血統からすれば彼らがドイツ人の血を引いているのは間違いない。しかも旧ソ連に留まっている独系人の数はかなり多く，だからこそ彼らの「帰還」は社会問題化しているが，そのことは今では一般のドイツ市民の記憶においても薄らいでいるかつての移住の規模が決して小さくなかったことを物語っている。そこでアオスジードラー問題を検討する前提として，ロシア帝国へのドイツ人の移住の歴史を最初に概観しておくことにしよう。

　ロシアにおけるドイツ人の居住地を主題とした論文でK.シュトゥンプはそれが極めて広範囲に散在していることを指摘するとともに，移住を問題とする場合，経済面だけでなく，文化，習俗，言語などをも考慮に入れ，特に移住の時期，バーデン，ラインラント，ヘッセンなどのさまざまな出身地，福音派やカトリックのような宗派，シュヴェービッシュ，フェルツィッシュ，ヘシッシュなどの訛りに注意を

払うことが必要であると述べている。この指摘は重要であり、これを念頭に置きつつ、さしあたり1世紀以上に及んだ移住の歴史を振り返るなら、時期の点では前史と本史の二つに大別することができる。前史に当たるのは16世紀後半のイワン4世の治下に始まり、ピョートル大帝の治世（1682～1725年）を中心に行われたものである。その当時の移住は規模がかなり小さかった上に、ロシアに来ても限られた期間だけ滞在した者が多く、定住したのは少数だった。彼らは遅れたロシアの近代化のために招かれた人々であり、その中から政府や軍の要職を占める者が輩出したものの、基本的には一種のお雇い外国人であった。そのことは、この集団が家具職人、時計職人、印刷職人、金具職人などの手工業者をはじめ、官吏、将校、医師、建築技師などからなっていたことに示されており、そうした社会的出自の面でも彼らはその後の移民とは性格を異にしていた。さらに後の移住が主に農村部に住み着く形で行われたのとは違い、彼らのうちでロシアに住みついた者も主としてペテルブルク、モスクワなどの都市の住民になったのであり、当時のロシアでは極めて少ない都市市民層の一部を形成した。無論、その中からロシア社会に同化する者が現れたのは当然であろう。しかし多くは信仰や教育を自らの手で行う特権を認められていたことからドイツ人地区を形成して都市に居住した。現にピョートル大帝自身がモスクワのドイツ人地区で西洋風の生活様式に接し、軍事技術を教える外国人を知ったのである。

　こうした前史を受けて本格的に展開されることになったドイツ人のロシア移住はエカテリーナ2世（1762～1796年）の治世に始まる。この時期を起点とするドイツ人のロシア移住は前史に比べて遥かに規模が大きく、かつ長期にわたった点で本史と呼ぶに相応しい。また既述のように、主として農村部に定住し農業に従事した点でもそれまでの移住とは異なっている。

　ドイツの出身であるエカテリーナ2世の時代にロシアは度重なる戦役でトルコに対し勝利を収め、南へは黒海とバルカン方面に、西へはポーランドに領土を拡大したが、新たに獲得した領土を含め農奴制の桎梏のために自由な農民層が欠如している貧しいロシアを豊かにするために女帝は即位直後の1763年7月22日に宣言を発し、外国人をロシアに招請し、人格的に束縛されない農民層として定住させる方針を打ち出したのである。その際、招請を促進するために外国人に対して種々の特権の付与が約束された。未耕地の大規模な提供、30年間の税の免除、土地の売却の許可、営業の自由、軍事的義務の免除、自由な宗教活動、文化面での自由と地域自治、自己の意志によっていつでもロシアを去る自由、移住に当たっての旅費の補助、定住

までの資金的援助などがそれである。この宣言はロシアの外交使節団によって広められ，移住者を募るために特命の委員が任命されるとともに，民間人にも募集が認められ，報奨金が提供された。

　エカテリーナ２世のこの宣言にはヨーロッパ各地でかなりの反響があり，ドイツもその例外ではなかった。こうして本格的な移住が始まったが，1764年から68年までに約２万７千人のドイツ人がリュベックからバルト海を越えてロシアに入ったのがそのうちの第１期をなす。彼らは割り当てられたヴォルガ川下流域のステップ地帯に住みつき，104の入植地を造ったほか，一部はペテルブルク周辺に居住地を形成した。彼らの多くはバイエルン北部，バーデン北部，ヘッセンなどの出身であり，ロシアへの移住の背景には故郷での凶作と土地不足のほかに７年戦争がもたらした農民への重い賦課があったといわれる。一方，ザクセン，ファルツをはじめ，マインツ，トリアーのような大司教領では移住は禁止されており，移住を宣伝する者，それに応じる者，移住を手助けする者は死刑を含む厳罰に処せられた。そうした禁止はスペイン，フランスなどでも見られたものであり，国内になお人口の希薄な未開地があるところから住民の流出を国富の損失と見做す観念がそれを支えていた。

　ところで，移住したドイツ人たちに対しては１家族30ヘクタールの土地が与えられ，その相続も認められた。またその大部分には皇帝の宣言どおりに自由な農民の法的地位が与えられた。そうだとしても，入植当初の労働は困難を極め，場所によって相違があるものの生活が軌道に乗るまでには10年単位の長期にわたる労苦を要した。彼らに提供されたのは望まれた肥沃な土地ではなく，しばしば塩分や砂を含んだ痩せ地であったし，洪水，冷害，長く融けない雪，ネズミによる被害など故郷ではほとんど経験したことのない困難に直面したばかりか，家畜泥棒や強盗団の跳梁にも悩まされ続けたからである。とりわけヴォルガ川流域では1774年に６つの入植地がキルギスタン人盗賊団の襲撃を受け，1,573人が拉致される事態さえ生じた。その結果，２万３千人が住み着いたサラトフ一帯では最初の10年間に７千人を上回る人々が病死，逃亡，連行などのために姿を消すに至ったという。

　入植初期のそうした苦難に満ちた暮らしの中で注目されるのは，郷土から遠く離れたにもかかわらず，彼らがドイツ人であり続けようとしたことである。もちろん，当時はいまだドイツという集合体は存在せず，J. G. ヘルダーの登場にみられるように言語面からドイツという観念が成熟しつつあったにとどまることに鑑みれば，出身地への同一性を保持しようとしたというのがより正確であろう。同時代人の中には新天地アメリカに渡った人々もあり，その規模は19世紀になると飛躍的に拡大し

たが，彼らが現地の社会に次第に同化し，子供たちにも英語を使わせてドイツ人としての性格を薄めていったのに反し，ロシアに移り住んだ農民たちはその地の社会に溶け込もうとはせず，言葉もドイツ語を守り続け，社交，子供の教育，儀礼や宗教上の礼拝などもすべてドイツ語で行った。また労働の仕方，家族関係の基本はもとより，住居，家具・調度などを含む生活様式や祝祭などの慣習も故郷のそれにしたがった。彼らが故郷を去り，移住の長く苦難に満ちた旅に乗り出したのは冒険心や野心のためではなかった。凶作による苦しみや領主の不当な税の重課などを逃れ，あるいは信仰に対する干渉から自由になり，移住した地で農民として束縛されずに働くことが移住を決意するに至った主要な動機だったのである。[16]

もっとも移住が行われた時期によって主たる出身地や移住の動機，主要な入植地域に相違が見られる事実を看過することはできない。しかしここではその詳細に立ち入ることは必要ではないので，要点だけを摘記するにとどめよう。

女帝の宣言を起点とする本格的な移住の時期区分については見解は必ずしも定まってはいないが，以上の第1期に続く第2期は，H. ヴィーンスによれば，1787年から1823年に及ぶ長い期間である。[17] この時期の入植地になったのはウクライナ南部，クリミア，ベッサラビア，コーカサス北部であり，陸路以外にドナウ河から黒海を経る海路も使われた。この時期のドイツ人移住者の出身地はやはりドイツ南部が多く，移住の動機にはナポレオン戦争に伴う重税に加え，度重なる凶作がある。実際，19世紀初期に南ドイツが頻繁に凶作に見舞われ，それが移民の波を高めたことは，プロイセンにおける食糧危機を扱ったH. H. バスの研究でも触れられている通りである。[18] なかでもヴュルテンベルクで1817年に1万7千人が故郷を捨て，そのうち9千人以上がロシアに向かった事情に関しては，凶作と絡めてK.-P. クラウスの研究で克明に検討されている。[19] また同時に，移住した農民が階層的には文字通り生存の危機にさらされた極貧層ではなく，むしろ移住の用意を整える資力のある自営農民層が中心だったことが確認されている点も注意が払われるべきであろう。

第3期とされるのは1830年から1870年までである。この時期には主としてウクライナのヴォリーニエンやヴォルガ流域が移住地になった。しかしヴィーンスも指摘しているように，この時期の移住の規模は小さく，移住の大半が第2期に行われたことを考えれば，第3期についての説明はほとんど必要とはされないであろう。それゆえ100年以上に及んだ移住の結果，どれほどの規模の独系人がロシアで定住するようになっていたかを1897年に初めて実施された国勢調査に基づいて眺めると，ドイツ語を母語とする住民は1,790,489人であり，ロシア帝国の人口125,640,021人の

表1　ロシア・ドイツ人の地域分布（1897年）（単位：％）

地域	全体	ロシア・ドイツ人
ポーランド	7.48	22.75
バルト	1.90	9.25
白ロシア・リトアニア	8.01	2.74
ウクライナ	13.64	11.68
新ロシア	8.59	21.10
北コーカサス	3.47	2.24
トランスコーカサス	3.93	0.93
中央アジア	4.20	0.21
ステップ	1.96	0.29
シベリア	4.58	0.30
ヴォルガ河下流・南ウラル	7.93	22.48
ヴォルガ河中流・北ウラル	8.91	0.20
北ロシア	5.30	4.03
中央ロシア	9.88	1.41
中央黒土地帯	10.22	0.39
計	100.00	100.00

（出典）Hans Hecker, Die Deutschen im Russischen Reich, in der Sowjetunion und ihren Nachfolgestaaten, Köln 1994, S.48f より作成。

1.43％だったことが知られる。[20]ロシア語を母語とするのが5,567万人，ウクライナ語は2,238万人であり，ドイツ語集団は8位の位置にあった。もちろん地域によって独系人の比率が遥かに大きかったことは，一定の地域に入植が行われたことから容易に推察できよう。事実，表1に示されるように，独系人の地理的分布には著しい偏りがあったのであり，たとえばヴォルガ川下流域と南ウラルでは22.48％にも達していたのに，中央アジアでは0.12％にすぎなかった。ともあれ，エカチェリーナ2世が外国人を招請する宣言を発してから1世紀あまりの間に断続的にドイツ人の移住が行われたが，19世紀末に180万人をも数えるまでになったことが示すように，その規模はかなり大きいものだったのである。

3. ロシア帝国の独系人

それではこうしてロシアに定住したドイツからの移住者たちはどのように暮らしていたのだろうか。次にその生活の一端を覗いてみよう。

1897年の国勢調査によれば，ドイツからの移民たちはルター派67％，カトリック14％，メンノー派4％などだったが，彼らはそれぞれの宗派ごとに分かれて自分たちの入植地を形成した。[21]そして故郷の村や町の名前がその居住地に付けられた。招請に当たって彼らには種々の自律性が認められていたことは先に述べたが，それらを基に彼らは入植地で周囲の社会とは異なる固有の生活世界を作り上げ，長くそれを維持した。彼らが建てた学校ではすべての教科はドイツ語で授業が行われたし，

教会は彼ら自身の信条に従って築かれ，礼拝はドイツ語で行われた。どの独系人の村にもそれ自身の学校と教会が建てられ，それらには生活上の重要な価値が置かれた。

それぞれの入植地では運営の中心になる村長は独系人によって選ばれたが，村長は自治体行政機関の下位に立ちつつ行政事務を所掌すると同時に下級裁判権をも行使した。こうしてドイツ語は行政と司法において用いられる言語の一つになった。日々の暮らしの中では人々は故郷から持ち込まれ，父祖から伝えられた地方訛りのドイツ語を話した。混合した形で入植地が形成されたところではシュヴェービッシュやフェルツィッシュなどの訛りは相互に影響しあって変化したり，少数派のそれが多数派に適合していくケースもあった。こうしたことは故郷以来の習俗や習慣についても当てはまるが，それらもまた家族や居住地の行事を通じて強固に守られ，その多くは後述する迫害や追放の苦難にもかかわらず，今日まで継承されている。ドイツ語を十分に話せない独系人が増えてきてはいるものの，その反面でドイツへの帰還者たちが音楽，歌，踊り，衣装，家庭的習慣などを古くからのままの形で受け継いでおり，社会変動が著しいドイツ国内のどこよりもいわば純粋な形でドイツ古来の地方的文化を維持しているといわれるのはそうした事情に基づいている。[22]

ところでドイツからの入植者たちは1家族平均6ないし7人の子供があり，比較的多産だったが，そのことは世代をそれほど経ないうちに土地の不足という問題を引き起こした。というのは，入植者たちは基本的に農民であり，都市に出るよりは農村にとどまることを選択したからである。例えば黒海地方ではロシア人あるいはウクライナ人地主から土地の賃借もしくは買い取りなどが行われたが，それでも1834年の調査では入植当時には1家族につき平均数十ヘクタールあった土地が1人当たり5.6ヘクタールに減少していた。[23]そのため，入植の際に独系人に与えられた特権，すなわち耕作などに現実に利用する限りの土地をわがものにしうるという権利が行使されることになり，新たな入植地の建設に適した土地を見つけるために偵察団が送り出された。こうして1830年代を中心にして広大なロシア帝国を西から東に向かう独系人の移動の波が生じ，その流れはようやく1920年代末にアムール川流域に村落が築かれたことで終息を見たのである。

このようにして304の入植地を母型にしてロシアのヨーロッパ地域に限らず，アジア地域にも展開する形で総計3,232の新しい入植地が建設された。そして1914年には約170万人の独系人がロシアに定住し，1,340万ヘクタールの土地が彼らによって耕されるまでになっていたのである。[24]

無論，独系人たちにとって入植当初には生活を成り立たせるのは極めて困難であり，多くの難問を克服しなければならなかった。厳しい気象条件，土壌などの全く異なる土地，見知らぬ外界などがそれである。これらの条件が多大の労苦と犠牲を強いたのは想像に難くなく，勤勉，忍耐，倹約をひたすら実践することによってのみ初期の困難は乗り切ることが可能だった。そうした苦しい時期の後には経済的に恵まれた時代が到来したが，困苦と闘った時期に一層強固になった信仰心は独系人たちの生活に強い刻印を押すことになったのである。

 ところで独系人の多くが携わったのは，既述のように農業であった。すなわち，ライ麦，小麦などに加え地味によってはカラス麦，大麦など各種の穀物生産がその中心であり，それと並んでトウモロコシ，ヒマワリの栽培や牛，馬，羊の飼育も行われた。そのほか果樹栽培や野菜作りにも力が注がれ，クリミアやコーカサスではワイン造りも営まれた。そして自家消費に必要とされない部分は都市に持ち込まれて売られたが，独系人農家の産物は好評を博したといわれる。[25]

 一方，独系人の間では工業や手工業の発展は極めて緩慢であり，存在しても主として農業での需要に向けられたものだった。代表的なものとしては水車や風車，レンガ，搾油機，荷車の製造などが挙げられる。しかしそうした手工業経営からはやがて農機具・農業機械の製造に携わる者が現れたのも見逃せない。著名になった独系人の企業家としてはオーロフのJ.フリーゼン，オデッサのJ.ヘーン，オルガフェルトのJ.ニーブールなどがあり，例えばJ.ヘーンは第一次世界大戦前には南ロシアで犁の最大の生産者になっていたのである。

 独系人による穀物生産と取引は特に黒海地方では港の建設と交通路の整備によって活発化した。モスクワ，オデッサ間，セバストポル，サラトフ間の鉄道開設は穀物の大量輸送を可能にし，独系人農業をロシア経済の構成部分の地位に押し上げることになったのである。労働力の確保も1861年の農奴解放以降困難はなくなり，その結果，独系人居住地の周辺には賃金雇用される農業労働者が集まった。これらの季節労働者はかなりの数に上ったといわれるが，労働は厳しくても高い現金収入を得ることができたばかりでなく，独系人に特有な農業経営の手法を自らの経験として習得することも可能だったのである。[26]

 入植以来独系人が代々のたゆまぬ努力を通じて拡大していった経済力の一端を今世紀初頭の数字で眺めてみよう。

 まず独系人が所有していた土地の割合を人口比率と対比してみるなら，ベッサラビアでは人口で3％の独系人が11.1％の土地を所有していた。またヘルソン，タオ

リエン，エカチェリノスラフ（現在のドニエプロペトロフスク）では独系人の人口比率はそれぞれ6.8％，8.8％，5.4％だったのに，土地では19.4％，38.3％，25.0％を所有していたという記録がある[27]。このような落差は多くの地域に見出されるが，そこからは人口比率を大きく上回る土地を独系人が手中に収めるまでになり，農民として成功していたことが窺える。

そうした成功はとりわけ黒海地方の手工業と工業の分野で顕著だった。そのことは，A. エーアトによれば，メンノー派の大経営における農業機械の生産額が1911年にロシア帝国全土のそれの6.2％に達していた事実に象徴されている[28]。ウクライナ南部では独系人の多いオデッサ，アレクサンドロフスク，プリシブ，ノイハルプシュタットなどが工業と手工業の中心地になった。またヴォルガ地域ではサラトフとカタリネンシュタットがセンターに発展した。そこでは数百人から時には1千人に及ぶ労働者が働く当時としては最大級の工場さえ出現していたのである。

これらの数字に表れている独系人の成功と繁栄を背景にして，実業的知識の伝授だけでなく，彼らの文化とアイデンティティの支柱でもある学校の拡充が広範に推し進められた。既に1822年に最初の上級学校としてモロチュナにオルロフ団体学校が開設されたが，それはその後各地に造られた2年から4年制の中央学校のモデルになった。またそれらの中央学校は女子学校，商業学校，農業学校として発展したほか，一部にはギムナジウムに改組されたものもある。さらに聾唖者のための二つの特殊学校もロシア南部に設立された。多くの場合，こうした学校の運営主体として学校協会が独系人の間で組織されたが，富裕な者の私財や財団の資金で費用が賄われるケースもあった。そして独系人の学校施設として，彼らの繁栄とアイデンティティを誇示するかのようにしばしば豪奢な建物が造られたことは，今日も残っているコルティツァの女子学校がよく示している[29]。

ところで，ロシア社会の実情を反映して独系人の大多数は農村に住み，農業に従事していたが，工業の発展の先頭集団に独系人が含まれていたことに見られるように，都市に移って成功した者ももちろん存在していた。もっとも，1897年の国勢調査によれば，都市部で生活していたのは独系人の4.4％でしかなかった。最大だったペテルブルクでは7万5千人を数えたものの，モスクワでは1万2千人，オデッサ1万人，サラトフでもその数は1万5千人を数えたにとどまる。けれどもそのように少数であったにもかかわらず，彼らの文化面での影響はロシアのヨーロッパ化に少なからぬ影響を与えたことが看過されてはならない。彼らは各都市で高い定評を得た学校を設け，教会を建てたほか，ドイツ様式の住宅，事業所を建設し，都市に

はドイツ風の街区が出現した。またザンクト・ペテルブルク新聞，オデッサ・ドイツ新聞，サラトフ・ドイツ新聞のようなドイツ語新聞を発刊し，農村部にも送り届けてアイデンティティの維持に寄与するとともに，活発な文化的活動を展開した。そうした彼らの影響は立法，兵制から科学，建築，技術にまで及び，独系人の学校，社会施設，教会は各都市で高い声望を獲得した。そのため例えばペテルブルクでは多数のロシア人子弟が独系人の学校に通ったといわれる[30]。こうして全体として独系人は経済的に成功を収めるとともに，信頼性，規律正しさ，勤勉などの評価を受け，少なくとも入植から100年ほどの間はロシア社会との間に大きな摩擦を生じさせることなく，多くは農村に，そして一部は都市に定住したのである。

　このような独系人を取り巻く環境に暗い影が兆すようになったのはクリミア戦争以後である。クリミア戦争敗北の衝撃はロシア社会を揺さぶり，政府は内政面で広範な上からの改革に乗り出した。そしてこの改革が引き起こした社会変動は独系人のうえにも押し寄せたのである。

　最初に挙げられる重大な変化は，入植の際に永久的なものとして約束されたさまざまな特権が廃止され，独系人はほかのロシア帝国の市民と法的に同等な存在にされたことである[31]。自治の特権はそれとともに消滅し，軍事的義務は独系人のうえにも拡張された。兵役はとりわけメンノー派の下で深刻な問題を呼び起こした。というのは，彼らはその信条に基づき，兵役に就かない原則を固執したからである。そのため政府との長い交渉が続けられ，結局兵役以外の奉仕を行うことでこの問題は決着したが，この妥協に疑問を拭えない人々の中から海を越えてアメリカに移住する動きが表面化した。

　さらに重要な変化としてはアレクサンドル3世治下のロシアでスラブ派が台頭したことが指摘できる。彼らはロシアにおけるドイツ問題に注意を喚起し，特に国境地帯のゲルマン化の危険を強調して独系人農民の排除の必要を唱えた。1887年に制定された外国人法はこの主張に沿うものであり，その結果，数万人の独系人が再び海外に流出した。また「一人の皇帝，一つの信仰，一つの法律，一つの言語」の合言葉の下にロシア化政策が推進されたことも忘れることはできない[32]。そのうちで特に注目されるのは1891年に発布された勅令であり，それによって独系人の学校は国民教育省の管轄下に組み入れられたばかりでなく，ドイツ語，宗教，歌を除くすべての教科はロシア語で教えられることとされたのである[33]。ただその一方で大抵の独系人教師は学校にとどまることが許され，授業時間以外にはドイツ語で会話することも制限されなかった。また家庭はもちろん，独系人にとって交流の面でも主要な

施設である教会でもドイツ語で話すことは禁じられなかったので、勅令が与えた打撃はアイデンティティの維持のうえではそれほど大きくはならなかった。しかも1905年の革命の影響で初等教育の4学年についてはドイツ語で授業を行うことが再び許され、独系人が運営する学校を新たに設立することも認められた。これらを見れば、第一次世界大戦までは汎スラブ主義の高まりにつれて独系人を取り巻く環境は次第に険しくなっていたものの、経済的成功をつかむことができるほどに彼らはロシア社会で活動できたのであり、その後に降りかかった苛酷な抑圧を考えれば、その予兆がかすかに感じられるにすぎない平穏で満ち足りた生活を彼らは享受していたといえよう。[34]

4. 戦間期の独系人

　ところで、後述する独ソ戦の開始が独系人に第二の、そして最大の破局をもたらしたとすれば、第一次世界大戦の勃発は第一の、そしてやがて来る最大のそれを予兆する破局を引き起こした。皇帝の軍隊には約30万人の独系人兵士がおり、彼らは概ね忠実に義務を果たしていたが、戦前までのスラブ主義の浸透を土壌にして、戦時期の特殊な雰囲気の中でドイツとドイツ的なものに対する敵意が燃えさかり、銃後と前線兵士たちの故郷では独系人に対して厳しい措置が取られるようになったからである。例えば公共の場で敵の言葉であるドイツ語を話すことはもはや許されず、ドイツ語新聞や書籍の発行も停止されたほか、教会での礼拝もドイツ語で行うことは禁止された。また4人以上の独系人が集まることも禁じられ、ドイツ的なものに対する憎悪が煽られた結果、モスクワでは1915年5月27日にポグロムが起こり、商店と住宅が荒らされたほか、40人の独系人が負傷し、3人が死亡する事態さえ発生した。さらにドイツ軍の捕虜になった独系人兵士に対してドイツへの帰化が奨励され、1918年初頭までに2,000人がこれに応じたが、そうした行為によって強められた寝返りの心配から独系人兵士たちはドイツ軍と対峙する前線から引き離され、コーカサスでのトルコ軍との前線に配置を換えられたのである。

　これらと並んで重大なのは、1915年にいわゆる整理法が制定されたことである。これによって西部国境およびバルト海と黒海の沿岸から150キロ以内の独系人の土地は接収され、農民たちは強制的に移住させられた。この法律はさらに拡大されるはずだったが、1917年の2月革命の勃発によって実施には至らなかった。その結果、整理法の適用を実際に受けたのはヴォリーニエン地域に住む15万人から20万人と推定される独系人だけに終わったが、彼らの一部はシベリアへの移送に耐えられず、

目的地への途上で命を失っている。また A. アイスフェルトによれば，当時の軍事情勢から見て整理法による独系人の締め付けは軍事的に必要ではなかったばかりか，経済的にも有害であったという。(35) その意味ではそれは戦争前までにロシア社会に潜在していた独系人に対するコンプレックスが戦時下で敵意に結晶したことの表れだったともいえよう。

独系人がおかれたこうした状況は1917年3月の革命でケレンスキー政権が誕生すると一変することになる。臨時政府は3月の布告で皇帝ニコライ2世の退位を告げると同時にロシア帝国内のすべての住民に市民権を約束したが，それによって独系人に対する差別から法的根拠が除去されただけでなく，各民族の自決権を求める運動の土台が与えられたからである。

こうした約束に加え，整理法の実施が中断されたこともあってケレンスキー政府は独系人によって歓迎されるところとなった。そして自治を求める独系人の運動は革命によって点火され，1917年4月20日には15の地域から集まった86人の代表者によって「ドイツ民族ロシア市民連盟」が結成された。この運動は同年のうちに各地に広がり，サラトフ，オデッサ，モスクワなどに運動の地域的中心が形成された。また8月1日には各地から代表者がモスクワに集結し，祖国ロシアへの忠誠を表明する一方で，独系人に対する特別法と権利制限を撤廃することを要求したのである。(36) けれどもその運動が盛りあがる前にボルシェビキが権力を掌握し，これを契機にして始まった内戦が熾烈化するに及んで局面は再び転換することになった。

1918年夏以降，例えばヴォルガ地域ではそれまで富裕な層に担われていた自治運動はヴォルガ地方ドイツ問題委員会に主導権を奪われた。そして新政権はこれによって宣言されたヴォルガ・ドイツ人地域労働コミューンを正式に自治地域として承認するとともに，これを確認し，併せてヴォルガ・ドイツ人問題委員部の設置を告げる布告が1918年10月19日にレーニンによって署名された。布告には「ヴォルガ地域のドイツ人労働者の社会的解放のための闘争は民族的対立を引き起こすのではなく，逆にドイツ人労働者とロシア人労働者の接近に寄与する」旨の期待が表明されていたが，しかしそのヴォルガ地域では民族間の融和や社会的解放に取り組むどころか，反革命勢力に対する激しい戦闘や戦時共産主義の名の仮借ない食糧徴発が展開されたために住民は塗炭の苦しみを嘗めなくてはならなかった。(37) 一方，コーカサス，カザフスタン，ウラルなどの地方は内戦の中で比較的長く反革命軍の支配下におかれたために異なる展開を辿った。また1918年2月にドイツ軍に占領されたウクライナでは，ロシアから分離したウクライナ国家建設の構想が独系人の間で有力に

なったが，ドイツの敗北後さまざまな勢力によって蹂躙されたため，いくつもの独系人居住地が消滅した。

このように革命から内戦の期間にはそれぞれの地域の動きに大きな相違が見られたが，この国内情勢の混乱期に一部の独系人はロシアを去り，同じく敗戦後の混沌状態にあるドイツに向かった。その数は1918年から21年までで12万人に及んだ。もっとも彼らの半数はドイツに定住せず，むしろアメリカ，カナダ，南米諸国への移住のための通過点として一時的にドイツに滞在しただけであった。なお敗戦に伴い，同時期にドイツにはフランスに編入されたそれまでの帝国直轄領エルザス＝ロートリンゲンから12万人，喪失した海外植民地から1万6千人が流入したほか，復活したポーランドの領土となった東部地域からは1925年までに85万人のドイツ人が縮小した国土に移り住んだことも付け加えておこう。

ところで，ロシアでは激しかった内戦が終結し，戦時共産主義からネップの時期に移るのに伴い，混乱は収束に向かった。しかしこれに代わって今度は凶作が人々を脅かした。国際社会への呼びかけにもかかわらずボルシェビキ政権に敵対する国々からの援助を得られず，多数の餓死者が出たのは今日ではよく知られるようになっている。独系人社会もその直撃を受け，例えばヴォルガ地域の居住地では飢餓と移住のために1921年に一挙に人口が26.5％も減少したといわれる。さらに内戦による荒廃からまだ立ち直っていない1924年にも再び凶作に見舞われ，人口の5.1％が失われる結果になった。その意味では第一次世界大戦の勃発から凶作の被害までの打ち続く非運を越え，独系人が生活の再建に本格的に取り組めるようになったのは，ようやく1920年代も後半を迎えてからであった。1926年に行われた国勢調査で確認された独系人の数は120万人だったが，1897年のそれから大きく落ち込んでいることからも，第一次世界大戦の開始からネップに至るあいだに独系人を襲った苦難の程が推し量れる。[38]

この間ボルシェビキ政権は社会主義建設に対して種々の民族の協力を得るために民族自決の原則を掲げるとともに，自治共和国の創設を含む民族問題解決のためのさまざまな方策を提起した。これを受けて1924年にヴォルガ地域の独系人の下で造られたのがヴォルガ・ドイツ人社会主義自治共和国である。またウクライナでは独系人居住地は独系人を主体とする5つの郡に編成され，その数は1931年までに八つに増えた。同様にグルジア，アゼルバイジャン，クリミアなどにもそれぞれ独系人の郡が一つずつ設けられたが，独系人居住地が少ない地域では民族単位の村落ソビエトが設置された。その結果，1929年にはソ連全土で総数550の独系人の村落ソビ

エトが存在していたという[39]。

　こうした民族主体の行政単位の組織化と並び，ボルシェビキ政権によって各民族語に官庁と学校で使える公用語の地位が与えられた。独系人の場合，戦時期に公共の場でドイツ語を話すことが禁止されていただけにその心理的効果は大きかったと推測される。というのは，抑圧による屈辱感などの感情問題は別にしても，独系人の多くはロシア語やウクライナ語を必ずしも上手くは使えず，生活面に支障が生じていたからである。また民族主体の教育機関が1930年代に入るころから順次整備されたのも注目に値する。独系人に限っていえば，たとえばウクライナでは1931年までに就学年齢の子供の98％が学校に通っていたとされ，1932年には14の専門的高等教育機関が数えられた[40]。同様にヴォルガ自治共和国には1930年代末までに5つの単科大学と11の専門的高等教育機関が設けられていたが，そのほかに独系人向けの劇場，ドイツ語の新聞，雑誌などが存在していた。そしてエンゲルスにあった国営のドイツ語出版所からは1933年から35年までの間だけで176種の教科書を含む555種類の著作が送り出され，部数を合計すると教科書の147万部を含め総計で286万部にも上ったという[41]。

　このように民族を主軸にした行政組織の形成や教育・文化の基盤整備が社会主義建設の一環として推進され，独系人社会は安定したかのように見えた。けれどもそれは表面上であって，その裏では富農層の収奪という苛酷な政策によって農業の集団化が強行された事実を忘れることはできない。農業集団化が多大の人命の犠牲などを伴う悲惨な出来事に終わったのは今日では周知のところであろう。特に独系人にはヴォルガ，ウクライナ，黒海沿岸地域に富裕な農民層が多かっただけに，クラークを標的にした収奪は他の集団にも増して重く彼らの上に降りかかり，シベリア，カザフスタンのほか極北の僻地に強制的に移住させられる者が続出することになった。その結果，1931年7月までにたとえばヴォルガ自治共和国では他の地域を遥かに上回る全農地の95％が集団化されるに至った[42]。そしてクラークとして排除された独系人とともに自治的な組織としてのヴォルガ自治共和国は実質的に壊滅状態に陥ったのである。

　これと前後して宗教攻撃が一段と強化され，各地でロシア正教会の建物が破壊されたが，独系人の教会も例外ではありえなかった。入植以来彼らが大切に守り，社交の場ともしてきた教会は次々に閉鎖もしくは破壊され，聖職者たちは宗派を問わず逮捕され人知れず連れ去られた。またドイツ国内でヒトラーが政権に就くと独系人に対する不信と警戒が強まった。そして1934年にはドイツからの亡命共産主義者

をも含む独系人すべてについてブラックリストが秘密裏に作成された。無論，このリストが独ソ戦開始後に実施された後述の追放に当たって利用されたのは指摘するまでもない。

　さらに1935年にはヴォリーニエンにある独系人の一つの郡が解散させられ，そこに住む独系人の一部が強制移住させられた。そしてこの年には他の地域でも抑圧が強化され，アゼルバイジャンでは600人の独系人がカレリアに移送された。1937・38年の粛清の頂点ではスパイ活動，外国との非合法な連絡，反ソ・プロパガンダなどの容疑で逮捕者が続出し，労働能力のある男性がほとんど見当たらない独系人居住地すら出現したといわれる。(43) またオーストリア併合やズデーテン危機で国際関係が緊張したのを背景にして1938年秋以降ヴォルガ地域以外の学校ではすべての授業はロシア語もしくはウクライナ語で行うことが強制され，ドイツ語は外国語として教えることが許されるだけになった。そして例外とされたヴォルガ地域でも特別扱いは3年足らず続いただけで，独ソ戦の開始とともに例外は存在しなくなった。これに続き1938年11月にアルタイ地方で独系人の郡が，そして1939年3月にはウクライナですべての郡が解散された。こうして革命，内戦，飢饉を経てネップの時期に認められた民族集団としての独系人の権利は，第二次世界大戦が勃発するまでに大幅に骨抜きもしくは廃絶されるに至ったのである。

5. 第二次世界大戦以降の独系人

　それでは第二次世界大戦とその後の時期に独系人はいかなる扱いを受けたのであろうか。ソ連に住む独系人にとって最大の悲劇になった追放を中心にみていこう。

　ドイツ軍のポーランド侵入直前に結ばれた独ソ不可侵条約によって第二次世界大戦勃発後もしばらくはソ連とドイツの間には表面上平和な時期が続いた。しかしイギリス攻略に失敗したヒトラーが本来の敵ソ連に矛先を向け，1941年6月22日にヒトラーの軍隊の侵攻によって独ソ戦が始まった時，この時点での攻撃を予想していなかったソビエト政府は狼狽し，軍も退却を重ねた。そしてドイツ軍の進撃に晒された地域では政府は統制力を失い，退却する部隊と避難民の列で混乱が広がった。こうして生じた混沌状態の中で早くも7月10日にクリミアでは独系人の移送が始まった。その際，彼らに告げられたのは，「諸君が戦闘行動に巻き込まれないようにするために我々は諸君を後方地域に連れて行く」ということ，すなわち安全の確保であった。この名目で7月から10月までにウクライナの諸地域から約10万人の独系人がカザフスタン，キルギスタン，タジキスタンなどドニエプル川の東方地域に移

送された。

　クリミアよりやや遅れ，ヴォルガ自治共和国では1941年8月に軍と内務人民委員部の特殊部隊が各地に配置され，外部とのつながりが遮断された。そして8月30日付けの共和国政府の新聞に8月28日のソ連最高ソビエト幹部会の布告が掲載された。「ヴォルガ地域に住むドイツ人の移住について」と題したその布告には，独系人を一括して敵に対する協力と破壊活動の準備の疑いがあると明記されており，それを理由にしてシベリアとカザフスタンへの強制移住が実施されることが告げられていた。[44]

　これに基づき9月初めに住宅，家畜，家財が当局によって接収された。独系人に許されたのはバッグ一つを持参することだけであり，それにわずかな食料と衣類を詰め込んだ彼らは駅もしくは船着き場に集合させられ，東に向けて運ばれた。ヴォルガ・ドイツ人の社会主義自治共和国の地は9月7日にサラトフ周辺とスターリングラード周辺とに二分されたが，この行為が同共和国のみならずロシア共和国憲法をも蹂躙するものであったのは指摘するまでもない。こうして独系人の自治共和国は消滅し，37万9千人のヴォルガ・ドイツ人が故郷から追い立てられたが，これと並行して約8万人の独系人がソ連のヨーロッパ地域から，また2万5千人がグルジアとアゼルバイジャンからシベリアと中央アジアに移送された。[45] さらに1942年から44年にかけて5万人の独系人が包囲に耐えたレニングラード周辺や小さな居住地からウラルの東に移されたほか，ソ連軍に所属する独系人の兵士と将校も1941年10月に前線から引き離され，懲罰的な"労働部隊"に編入された。

　最高ソビエト幹部会の布告にはこの移送は「移住」と表現されていたが，実施訓令には明確に「追放」と記されていた事実からも，移送の過程自体が極めて苛酷だったことが容易に推し量れる。移送が告げられると子供から老人まで独系人は時には数時間のうちに用意を整えなければならなかったし，住み慣れた住まいと土地を離れるに当たって家財道具の殆ども当局の手にゆだねる以外になかった。集合場所では女性・子供が父親・夫から分けられたうえ，一台の貨車に40人から60人が詰め込まれた。そして独系人を満載した貨物列車は一週間にも及ぶ日数をかけて追放地であるシベリア，カザフスタン，中央アジアに向かったが，不衛生な状態や栄養不足のために途中で死者が続出し，特に老人と子供が苛酷な移送の犠牲になった。[46]

　疲労困憊してようやく到着した独系人を待ち受けていたのは，敵である「ファシスト」同然に彼らを扱う内務人民委員部の厳しい監視だった。彼らには特別許可なしに滞在地を離れることは許されず，定期的に監視司令部に出頭しなくてはならな

かった。そして規則を破れば時には20年もの重労働で処罰されることもあり，無権利状態におかれた独系人たちに対する監視人の恣意的な支配がそこでの社会秩序そのものだったといわれる。

　強制移住地では15歳から60歳までの働ける男性は1941年10月以降労働軍と呼ばれた組織に組み入れられ，1942年からは子供のいない女性と養育に手のかかる幼子のいない女性もこれに入れられた。彼らは産業施設，鉄道，道路，運河の建設や鉱山での労働に重点的に投入され，ソリカムスクの軍需工場の建設だけでも独系人1万2千人が従事していたという(47)。この例に見られるように，戦時期にはスターリン体制の確立とともにソ連で広範に形成された強制労働の組織の一角を独系人が占める形になっていたが，そのことはとりも直さず独系人の中から多大の犠牲が出たことをも意味している。祖国に対する裏切り者と同様の扱いを受け，厳しい監視と苛酷な重労働を強制されたために多くの人が絶望の重圧と肉体的な辛苦に耐えられず，栄養不足と疲労で倒れていったが，その遺体は身内の者にさえ知らされないまま集合埋葬地に埋められたのである。また子供たちが母親から引き離され，子供の施設に収容されるか，ロシア人，カザフ人などの家庭に割り振られ，強制的に同化されるケースもしばしば見られたのである(48)。

　これに対し，ドニエプル川以西に住んでいた独系人は追放の非運を免れることができた。ドイツ軍の急速な進撃のためにソ連政府は彼らを捕捉することができなかったからである。ウクライナの南西部はルーマニアの支配下におかれたが，そこでは12万人の独系人が暮らしていた。またウクライナ帝国総督府の下におかれたウクライナの大部分には20万人の独系人が住んでおり，これらの人々は「民族ドイツ人」として扱われ，ドイツ帝国の保護下に置かれた(49)。帝国総督府が設置されるとこのいわゆる黒海ドイツ人たちをウクライナ民族リストに登載する作業が着手され，これに基づいて彼らにはドイツ国籍が付与されることが予定されていた。しかし1943年2月のスターリングラードでの敗北後戦局がドイツ軍の劣勢に転じるとこの作業は中断を余儀なくされた。そればかりか，ドイツ軍が退却を重ねるようになった1943年末には約35万人の独系人は前線が近づいてくる中で苦しい選択を迫られた。ソ連軍による居住地の再占領後に追放という運命に甘んじて従うのか，それともドイツ軍とともにドイツに逃れるのかという選択がそれである(50)。ソ連軍による報復を恐れて大多数が選んだのは後者の道であり，黒海ドイツ人たちは荷車の二つの長い列を作って故郷を捨て西に向かう何週間もの移動に乗り出した。約9万人からなる第一の列は1943年11月にスタートし，帝国本土を目指したが，その多くはウクライナ帝

国総督府の人々であり，荷車に家畜を連れていた。第二のいわゆる大行列は主にルーマニア支配地域やドネストル川とブーク川の間の地域の独系人で構成される12万5千人の列であり，1944年1月以降7月頃まで続いたその列では多くは徒歩で2,000キロの道程を行くことになった。二つの列はドイツ東部のヴァルテガウやポーゼン，ロッズにたどり着いたが，そこで彼らは正式に帰化し，ドイツ国籍を取得した。この混乱の中での国籍取得については戦後論議があったが，1955年2月22日に制定された「国籍問題の規制に関する法律」によって西ドイツでは正規の帰化として承認された。

　ヴァルテガウまで達したものの独系人たちは長くそこに滞在することはできなかった。前線がそこにも近づき，逃亡の旅を続けなければならなくなったからである。しかしそうした苦難の逃避行も必ずしも成功はしなかった。ドイツの降伏までに20万人の独系人は進撃するソ連軍に追いつかれたからである。彼らはヴァルテガウやソ連軍の占領した地域で身柄を拘束され，ソ連に送還されたが，それは先にシベリアなどに移送された独系人の場合と同じ運命を辿ることを意味していた。[51]また約15万人の独系人は敗戦までに西側占領地域に到達していたが，ほぼその半数は西側連合国によってソ連側に引き渡され，ソ連に連行された。というのは，ヤルタでの合意に基づいて1945年秋までソ連側には全占領地域でソ連国籍の市民を捜しだし，意に反してでも送還することが認められていたからである。その結果，捜索を逃れて西ドイツにとどまることができたのは約7万人に過ぎず，長い道程を越えてきたにもかかわらずかなりの独系人は逃避行の辛酸に加え，追放の苦難を身に背負わなければならなかった。しかも送還の際，しばしば家族はバラバラにされたほか，身柄拘束と移送の過程で人命が失われた。推定ではその比率は15%から30%にも達したと考えられている。生き残った者には特別移住地で重労働が課せられたが，それは膨大な数のドイツ軍の戦争捕虜と同じだった。ただ一つ違うのは，ドイツに戻るチャンスがあるかないかという点だった。1955年9月に西ドイツ首相アデナウアーは最後に残った捕虜の釈放をソ連と話し合い，同意を得るのに成功したが，同じ時期に乳飲み子から年寄りまでを含めて150万人の独系人が依然として厳重な監視下に置かれていたのである。[52]

　こうして全体として見れば，1941年から1945年までの間に約110万人の独系人がウラルの東に追放され，強制移住させられたことになる。そして戦争の過程で追放が行われたにもかかわらず，戦争が終わっても彼らには故郷に帰ることは許されなかった。1948年11月26日の最高ソビエト幹部会の布告にはこう記されている。独系

人たちは彼らに「定められた地域に永久に移住したものとする。」

ところで，西ドイツ政府とソ連とのドイツ人戦争捕虜と強制連行された民間人の釈放を巡る1955年9月の交渉が妥結し，西ドイツとソ連の間に外交関係が樹立されて両国間の関係が改善されたことは，独系人の運命の上にも好ましい影響を及ぼした。それは過酷な扱いに緩和の兆候が現れたことである。1955年12月13日に最高ソビエト幹部会の布告が発表されたが，「特別居住地にいるドイツ人とその家族の法的地位における制限の廃止について」という見出しから読み取れるように，その内容は独系人から奪われていた権利を一定範囲で回復するものであった。これによって特別居住地の体制が廃止され，独系人には1956年初頭以降監視下で暮らしてきた土地を立ち去ることが許された。けれどもその反面，故郷に帰還することは許されなかったし，1941年に接収された財産に対する補償を受け取ることもできなかった。彼らに与えられているのは通常の身分証明ではなく，「ファシスト」というレッテルを貼ることにつながる一種の追放証明書でしかなかったし，彼らは依然として敗北した敵国の所属者という汚名を着せられており，その意味で自国の内部での追放者とも言うべき差別的な境遇に置かれていた。現に1956年のソ連共産党第20回大会で第一書記フルシチョフが行った秘密報告はスターリンの個人崇拝を攻撃する一方で，戦時期に対敵協力の嫌疑を受け追放の非運に見舞われたいくつかの民族に故郷への帰還を認める旨を述べていたが，そこには独系人の名は挙げられていなかったのである。スターリン批判を承けてソ連ではその後，名誉回復と故郷への帰還が行われ，シベリアや中央アジアへ強制移住させられていたカルムイク人，イングーシ人とチェチェン人などは1957年から58年にかけて自治共和国の再建が認められたが，クリミア・タタール人と並んで独系人には許されなかったのは，差別が緩んだだけで継続していたことを示している。また近年の旧ソ連の新聞にも独系人が周囲から戦争捕虜の子孫と見做されていることを報じる記事が掲載されていると伝えられるし，同様に1979年に実施された国勢調査の際にも，200万人を数えソ連の100を超す民族の中では14位の大きな集団であるのに「その他の民族」としてしか扱われなかったのも公然たる差別の一つであろう。さらにコルホーズへの農業の集団化の際に独系人から奪われた土地に対する所有権も返還されず，学校や新聞，図書館，博物館など従来独系人が運営に当たった施設も依然としてソ連政府の手に握られたままであった。これらの限界はあったものの，特別居住地の体制が解消されたのは画期的な出来事であり，それまでいわば「独裁の遊戯ボール」として運命を翻弄されてきた独系人たちがようやく権利回復へのスタート地点に立ったことの意義は過小評

価されてはならないであろう。その意味で，総合的にみれば，遅まきながらも変化が現れた1956年は，K. J. バーデや A. アイスフェルトが異口同音に言うように，「独系人の戦後史における零時」と呼ぶのが適切であろう。

ところで，故郷に帰るのを禁じられたまま監視体制が緩み，特別居住地の制度も姿を消したのに伴い，シベリアやカザフスタンなどに居住するようになった独系人の社会には戦争前と比べて重要な変化が顕在化してきた。これを居住地域の分布に即して見れば，1926年にはウクライナに31.8%，ソ連のその他のヨーロッパ地域に54.6%の独系人が住み，シベリアには6.6%，カザフスタン4.1%，中央アジアには0.8%が暮らしていたに過ぎなかった。しかし1979年の時点での分布を眺めると，ウクライナに住んでいるのは独系人の僅か1.8%でしかなく，ウクライナを除くソ連のヨーロッパ地域で生活しているのも18.6%にまで激減している。これに対しシベリアには独系人全体の23.8%が住み，カザフスタンではこれを上回って46.5%が生活するようになっている。また中央アジアでも9.3%が居住するようになっており，全体として独系人の居住地がウラルを挟んで西から東に大きく重心を転換しているのが分かる。またこうした転換を反映して人口比の面でもやはりカザフスタンやシベリアに独系人の比率が高い都市が現れている。若干の例を挙げれば，ツェリノグラード12.7%，カラガンダ10.4%，パフロダル10.1%，クスタナイ10.0%などが代表的といえよう。

このような重心の転換は国勢調査の結果を見ると一層鮮明に浮かび上がる。表2

表2　ロシア・ドイツ人の地域分布の推移（単位：人）

年	1926	1939	1959	1970	1979	1989
ソ　連　全　体	1,238,549		1,619,655	1,846,317	1,936,214	2,038,341
ロ　シ　ア	806,301	811,200	820,016	761,888	790,762	842,033
ウ ク ラ イ ナ	393,924	435,300	23,243	29,871	34,139	37,849
ベ ラ ル ー シ	7,075	8,400	─	─	2,451	3,517
モ ル タ ヴ ィ ア	(　)	8,400	3,843	9,399	11,374	7,335
エ ス ト ニ ア	(　)	(　)	?	?	3,944	3,466
ラ ト ヴ ィ ア	(　)	(　)	1,600	5,400	3,300	3,783
リ ト ア ニ ア	(　)	(　)	11,166	?	2,616	2,058
グ ル ジ ア	12,075	20,500	─	─	2,053	1,546
ア ル メ ニ ア	─	─	─	─	333	265
アゼルバイジャン	13,149	23,000	─	─	1,048	748
カ ザ フ ス タ ン	51,102	92,200	659,751	858,077	900,207	957,518
キ ル ギ ス タ ン	4,291	?	39,915	89,834	101,057	101,309
ウ ズ ベ キ ス タ ン	4,646	10,400	17,958	33,991	39,517	39,809
タ ジ キ ス タ ン	─	?	32,588	37,712	38,853	32,671
トルクメニスタン	1,263		3,647	4,298	4,561	4,434

（出典）　Alfred Eisfeld, Die Rußlanddeutschen, München 1992, S.158.

に掲げたのは1926年から1989年までに行われた国勢調査で明らかになった数字である。それによれば，戦争に続く革命と内戦やそれに伴う飢餓のために124万人まで減少した独系人の数は1959年には162万人に回復し，1989年には204万人にまで増えている。しかし絶対数のこうした増大以上に目につくのは，第二次世界大戦を挟む地域的分布の顕著な変化であろう。実際，例えばウクライナでは1939年に44万人の独系人が暮らしていたのに20年後の1959年にはその数は2万人強にまで激減している。そしてこれと対照的に，カザフスタンを例にとれば，1939年の9万人が1979年にはほぼ10倍の90万人にまで膨らむ結果になっているのである。

さらに注目される変化として，戦前には主に農村部に居住していたのに戦後になると都市で生活する者の比率が上昇していることも指摘できる。現に1926年には都市生活者は15％に過ぎなかったが，1979年の調査では約50％が都市で暮らしており，その比率が低いカザフスタンやキルギスタンでもそれぞれ45％と41％を記録している。[57]このような変動が生じたのは追放の地で産業施設の建設や鉱山での労働に従事したことと無関係ではない。

無論，その背景にはソ連における工業化の急速な進展という事実があるとしても，同時に都市部で暮らすようになった独系人たちが主として産業労働者あるいはサービス部門に就業するようになったのも見逃せない変化といえよう。もっとも工業部門では多くは不熟練労働者であったし，サービス部門でも清掃や販売など賃金の低い層に偏っていたことも忘れてはならない。確かに1960年代になると技術者，医者，教師などの数が増大するようになったことを無視してはならない。けれども独系人が全般的には社会的下層を形成していたことは否定しがたく，そこにも追放のような制度化されたあからさまな差別は消えたものの社会的な差別と隔離の傾向が生き続けていたことが垣間見える。

ところで，この点は独系人たちが享受しえなかった教育とも深く関係している。1941年から1956年の間に就学年齢に達した独系人の子弟からは学校に通う機会が殆ど奪われていたからである。多くの場合，彼らには追放が緩められてから教育大臣の決定により普通教育を受ける道が開かれるようになったのであり，学校教育が不完全である以上，高い職階につくことは事実上不可能だったのである。[58]

もっとも，教育面での差別の実相を示す正確なデータは存在しない。けれどもB. ディーツとP. ヒルケスが1990年に行った調査からその一端を窺うことはできる。彼らは1975年から85年までに西ドイツに移住したロシア・ドイツ人を対象にしたインタビュー調査を実施したが，学歴に関しては表3に見る結果が得られた。表では独

表3　年齢層別にみたロシア・ドイツ人の学歴 (単位：%)

	回答者全体	39歳以下	40～59歳	60歳以上
修了した基礎教育なし	10.2	3.7	7.8	18.6
基礎教育修了	11.9	1.5	9.3	24.1
未修了の中等教育	30.4	25.7	25.7	39.3
職業技術教育	3.1	2.2	7.1	―
中等教育修了	23.0	46.3	13.6	10.3
中等専門教育修了	9.3	11.0	14.3	2.8
未修了の高等教育	2.4	2.9	3.6	0.7
高等教育修了	9.7	6.6	18.6	4.1

(出典)　Barbara Dietz und Peter Hilkes, Integriert oder isoliert? München 1994, S.34.

系人の歴史的経験を顧慮して回答者は3つの年齢層に区分されている。60歳以上は1930年までに生まれ，社会主義建設が上から強行される傍らでヴォルガ自治共和国やドイツ民族郡が存在していた時期に少年期を過ごした人達に当たる。40歳から59歳までの年代の人達は1931年から1950年の間に出生したグループであり，子供のときに差別，追放，移住地での監視などを経験した世代に相当する。これに対し，39歳以下の層は1950年以後に生まれており，1956年から始まる抑圧体制の緩和と正常化の中で成長した人々であって，あからさまな差別を体験していないのが共通項になっている。(59)このような年代別の特徴を念頭において表を眺めると，中等教育未修了が最大である高齢層と中等教育修了が最大になっている若年層との相違と並び，中年層で中等教育までで学校教育を終わっている人々が多いのが目につく。また高等教育に関しては，若年層ではドイツへの移住のために学業を中断した人々が含まれていることを考慮する必要があるが，この点を別にすれば，中年層で18.6%が高等教育を修了していることも注目される。こうして全体としてみれば，追放などの苦難があったものの，中等教育修了者がとりわけ中年層から若年層になるにつれてかなり拡大していることに端的にみられるように，正常化の過程が学歴面で進行しているといえる。けれども同時に，独系人が受けた差別の痕跡がそれにもかかわらず看取されることも見落としてはならない。若干の例を挙げるなら，ソ連共産党中央委員会書記M.ジミャーニンは1985年12月に独系人の教育レベルがロシア人，カザフ人よりかなり低いことを指摘したが，それによれば，カザフスタンでの独系人の人口比率は6%を上回っているのに，高等教育機関の在籍者では2.9%でしかなかった。また1989年の調査で見ると，独系人の多いノボシビリスクでは高等教育を受けた人は1,000人当たりロシア人では153人，ウクライナ人では238人，タタール人では125人であったが，独系人では83人にとどまっていたのであり，高等教育への進学者が増えてはいても独系人の学歴は依然として相対的に低いことが明らかになって

いるのである。

　学歴面でのこうした事実と並び，追放の緩和とともに門戸が開かれた学校教育での母語学習に目を向ければ，1957年4月9日付けのロシア共和国文部大臣の通達によって建前のうえでは親の希望に従い1年次から母語による授業を受けたり，独立した教科として特別な学習プランにより母語を学習することが可能になった。そしてカザフスタンやキルギスタンなどの一部の地域ではこの方針は実施に移された。しかし多くの場合，これを現実のものにするのに必要な教師が確保されず，教科書をはじめとする教材もなかったことや，授業のための指針や卒業認定のための基準が作られなかったためにこの方針は宙に浮いたままの状態が続いただけでなく，実施された地域でも1960年代初期から廃止する学校が相次ぎ，存続を求める独系人とその他の住民との関係悪化の一因になっている。現にB.ディーツらが実施した上述のインタビュー調査から，ソ連国内にはドイツ語で授業を行う普通教育の学校は実際には存在せず，独系人向けのドイツ語の授業もほとんど普及していないことが明らかになっている。そのために独系人の間で読まれるドイツ語新聞ではこうした実情に対する慨嘆が多年にわたり恒常化していると伝えられる。

　学校教育におけるドイツ語学習の事実上の欠落の影響も加わり，独系人の間でドイツ語を母語と感じる人々の比率が低下してきているのも追放緩和後の時期の重要な変化の一つである。自分を独系人とした人々でドイツ語を母語だと感じていたのは1926年の調査では95％に上ったが，その比率は既に1959年には75％にまで下がっていた。この低落はその後も止まらず，1970年に66.8％，1979年57.7％となり，1989年にはついに半数を割りこんで48.7％にまで低下している。その上，A.ラクコホキーネによれば，この数字は最近ではさらに下がっていることが確実視されているのが現実である。というのは，ドイツ語を母語と見做すのは主として中高年層であり，若い世代はロシア語を母語とする傾向が強いからである。言い換えれば，独系人であってももはやドイツ語を母語とは感じない人々が増えているのが近年の現実といえよう。このことは，ドイツ語を聞いたり話したりできない独系人が広範に形成されていること，つまり独系人の間でロシア化が進行していることを示唆している。実際，1988年に実施されたアオスジードラーに対するディーツらの調査によれば，18歳以上の成人で88.9％がドイツ語を母語としていて一般の独系人より比率が遥かに高いにもかかわらず，親と話す際には87.2％がドイツ語を使うのに子供と話す場合には57.8％しかドイツ語を用いないと答えている。またドイツ語能力についての自己評価を訊ねた1990年の調査結果は表4のとおりであり，若年層になるほどドイ

表4　年齢層別にみたドイツ語能力の自己評価（単位：%）

	全体	39歳まで	40〜59歳	60歳以上
極めて良好	32.3	6.6	23.7	60.0
良好	33.3	23.6	38.5	35.7
まずまず	27.3	54.7	29.6	4.3
劣悪	7.1	15.1	8.1	—

（出典）　Dietz u.a., op. cit., S.51.

ツ語が疎遠な言語になっていることが分かる。この点からディーツらは「母語としてのロシア語が増え，第二の言語としてのロシア語が減少している」と指摘するとともに，ドイツ語を「祖父母の言語」と呼んでいるが，そうしたロシア化は，無論，言語の面に限られた現象ではない。例えば独系人内部の結婚が長らく主流だったのが近年では他民族との通婚が増えつつあることや，若い世代を対象にした調査ではロシア人やウクライナ人など独系人以外の人々と結婚する用意があるとの答えが70％にも達したというデータによっても独系人の間で進行しているロシア化傾向は裏付けられるのである。

　それはともあれ，母語についてのこのような変化は，公共的空間でのコミュニケーション手段としてのドイツ語の機能喪失と連動している。そもそもドイツ語は追放のときから公の場で語られることはなくなり，話されるとしても家庭の中という狭い場所に局限された。そして追放が緩和されてからも例えば職場でドイツ語を話すことは重大な疑惑を招きかねない状態が続いたのである。言語面でのこうした抑圧を念頭に置けば，追放の時期に当たる1942年から1956年までの間ソ連国内ではドイツ語の新聞がすべて姿を消し，ドイツ語の本も一冊も発行されなかったのは少しも不思議ではない。もっとも例外も存在し，戦争捕虜向けにドイツ語の印刷物は作成されてはいたが，それらは一般には入手できないものであった。そうだとするなら，追放が緩和されて以来，妨害や不利益にもかかわらず，ドイツ語復活の動きが現れたのは当然であろう。1957年にはモスクワでドイツ語週刊誌『新しい生活』が発刊され，スラブゴロドでは地域の新聞『赤旗』がドイツ語で発行された。またラジオ・アルマータもこの年にドイツ語の放送を始めている。さらに1966年以降カザフスタンでは日刊紙『友好』が創刊されたほか，1960年頃からはドイツ語で書かれた本だけでなくドイツ語を書ける作家の作品がドイツ語で少しずつ出版されるようになっている。

　とはいえ，それらがどれだけ普及しているかを見ると，ドイツ語の復活というには程遠いのも否定できない。例えばドイツ語の本については200万人の独系人に対

し平均発行部数は2000部程度にとどまっており，1960年から1985年までを平均すると独系人1人当たりのドイツ語書籍の発行部数は僅か0.38冊にすぎない。1935年当時のヴォルガ共和国における1人当たりの平均部数120冊だったから，これと比べると差は格段に大きい。

また独系人の生活の中で重要な位置を占めてきた教会に関しては，ロシア正教のそれと同様に1930年代に閉鎖された。正統的教義である公定のマルクス主義をいわば既成の宗教に置き換えようとしたために聖職者に対する迫害は苛酷を極めたが，それでも僅かの聖職者は生き残り，信仰心も根絶されるまでには至らなかった。現に追放先の居住地や労働施設の内部に，厳しい監視にもかかわらず，教会に類した集まりが形成されたといわれる。この集まりは身に降りかかった非運に対する慰めを得るだけでなく，互いに援助を行う場でもあった。この集まりは追放緩和後も続けられ，再び教会の形をとりつつ，母語を語り，母語で歌を歌う唯一の場であり続けている。(70)

この関連では，他の民族と異なり独系人の場合には戦時期にごく一部ではあれ教会活動を行うことが許されたことも忘れてはならない。その結果，極めて粗末なものながら教会建築が今日に残されることになった。特に追放緩和のあと当局の許可を得て居住地に教会が作られるようになり，例えば最初の福音派の教会は1956年にカザフスタンのツェリノグラードに建設された。また最初のカトリックの教会は遅れて1969年にキルギスタンのフルンゼに作られた。こうして1990年頃にはソ連国内に独系人で構成される490の福音派の教区もしくは集まりが確認されるまでになり，1988年にはリガの中心的な教会の監督にH.カルニンスが選ばれたことに見られるように，独系人の中からルター派の高位聖職者を輩出するに至っている。一方，カトリックの側では20から30程度の教区があり，最大の教会がカラガンダに建設されている。しかしカトリックの独系人を末端で担当しているのはさまざまな民族籍の司祭であり，独系人の聖職者の不足が指摘されているのが現状である。(71)なおメンノー派については信徒数は約5万人と推定されており，その重心はオレンブルクとアルタイ地域にあると見られているものの，これらの地域からはドイツへの帰還者が続出しているために実情は明確ではない。

なお信仰の問題に関しては，ソ連の印刷所では宗教書の出版を引き受けず，自己出版も事実上不可能なために，聖書，讃美歌集をはじめとして宗教的著作物の欠如が深刻な問題になった。これが当局による宗教活動の妨害に等しいのは今更指摘するまでもない。また学校での宗教教育も禁止されているだけでなく，礼拝に子供を

参加させることも禁じられており，礼拝の際には親子が別行動を取らなければならないという制約が存在したこともここで付け加えておくべきであろう。

　以上のように，1955年末の最高ソビエト幹部会の布告を境にして追放の苛酷さは薄らいだとはいえ，法的，政治的，社会的に独系人はソ連を構成する他の民族と同等の地位を得ることはできず，生活のさまざまな面で差別や制限に晒されなければならなかった。このことを端的に表現しているのは，独系人より規模の小さいいくつもの民族集団が自治を認められるようになったのに，独系人にとっては故郷への復帰のような種々の権利の回復が先決事項であって，自治は手の届かない夢想でしかなかったことであろう。けれどもその反面では，独系人の側にも追放前とは大きく異なる種々の変化が現出し，とりわけドイツ語を母語としない人々の増大に示されるように，ロシア化の傾向が次第に高まってきたことも忘れてはならない重要な事実である。その意味で，追放以前には独系人としてのアイデンティティがいわば自明だったのと対照的に，ここ数十年の間にアイデンティティは大きく揺らぎ拡散するようになってきているといえよう。そうした揺らぎを底流に抱えつつ1960年代以降独系人の間でオートノミーすなわち自治を求める運動が高まるようになるとともに，他方ではソ連から出国し，アオスジードラーとしてドイツに帰還する潮流が水嵩を増してきているが，次にこの二つの流れがどのように展開してきているかを振り返ってみよう。

　1964年8月29日に最高ソビエト幹部会は通達を発し，独系人に対する対敵協力者という追放の根拠になった非難は「スターリンに対する個人崇拝の下での恣意の表れ」であり不当だったとしてようやく取り消した[72]。そして他方では関係共和国の閣僚会議に対し，当該共和国内に居住する独系人に対して「その民族的特性と利益を考慮して経済的・文化的建設に当たり支援を約束する」ことが求められた。この決定は，西ドイツとの関係改善のための協議が進展し，フルシチョフの訪独日程が煮詰まりつつある中で出されたものであり，1955年のそれと同じく外交交渉の副産物だった面は否めない。しかし追放がいわれのない措置だったことを明確にした点でそれ自体としては極めて重要であることも確かである。けれどもこの通達においても1955年の布告で示されたかつての居住地への帰還の禁止は廃止されず，1972年11月3日の公表されずに終わった決定でも1955年のこの方針は再確認された。同様に追放の際に接収された独系人の財産に対する補償も認められなかったのである。

　こうして懲罰的な扱いが薄められるようになったとはいえ全面的には払拭されない中で，独系人の間から法的政治的な権利回復とヴォルガにおける自治共和国の再

建を求める動きが出てきても不思議ではない。1964年まではこの動きはしかし個人もしくは小さなグループの請願行動として表面化したにとどまり，政治的には無視して差し支えない程度の運動でしかなかった。ところが翌1965年になるとこの運動は広がりを見せ，政府および党と協議するために二つの代表団が派遣されるまでになった。43人からなる第1次代表団は最高ソビエト議長ミコヤンに対し，独系人は「追放にもかかわらず党と政府に対する信頼を失わなかった忠実なソビエト市民」であることなどを力説したが，彼らが得た回答は，ソ連社会における独系人の貢献を確認し，独系人にとっては自治共和国の再建が最良であることを認めながらも，それは現在の異なる民族の住民の強制移住を伴うから不可能であるというものであり，第2次代表団もその厚い壁に撥ね返された。[73] こうして二度の代表団は成果を収めるには至らず，その結果失意が広がったことが1970年代の出国運動の高まりを呼び起こすことにもなった。すなわち，西ドイツ首相W.ブラントが推進した東方政策によってソ連と西ドイツとの関係が改善され，西ドイツへの移住のチャンスが開かれたのを受け，自治回復に希望を見出せない人々の中から約6万人が1970年代に西ドイツに移ったのである。

　無論，ソ連にとどまる独系人の間で自治共和国と権利回復の要求は放棄されはしなかった。むしろ1965年の教訓を踏まえて，自治を実現するための前提条件の充実に目が向けられた。すなわち，教育機関，新聞，ラジオとテレビ，図書館，劇場などアイデンティティ強化に必要な文化的施設の設置・拡充に重点が置かれ，1972年にはこれらをモスクワで協議するための準備が進められたのである。けれども代表団が用意されるところまでいったものの，モスクワへの出発は治安機関によって阻止され，この年も自治回復に向けた努力は実を結ばないままに終わったのである。

　権利回復と自治の実現を目指す運動が再び高揚するようになったのはソ連でペレストロイカとグラスノスチが始まってからである。[74] それまでの厚い壁にヒビ割れが生じたのを受け，独系人が改めて自治を求めて行動を起こした1980年代後半には彼らの運動はもはや以前のように孤立してはいなかった。なぜなら，かつてのバルト3国で独立運動が広がったのをはじめ，コーカサスや中央アジアなどソ連国内の各地でそれまで強権的に押さえ込まれていた民族紛争の火が燃え立ち始めていたからである。[75] 1987年初めになるとドイツ語新聞にはそれまでタブー扱いされていた独系人に関わるテーマが公然と取り上げられるようになった。それは追放とともに消滅したヴォルガ・ドイツ人の社会主義共和国，不当な追放，労働収容所での苛酷な扱い，自治回復運動などである。またアルマータでは独系人が背負わされた悲惨な運

命を主題とする演劇が上演されるとともに，独系人が受け継いでいる文化遺産の普及が図られた。こうして拡散しつつあったアイデンティティを強固にし，民族運動の土台を固める努力が展開されるようになったのである。

　さらに1988年4月には各地で自治運動を行っている非公式のグループが集まり，14人からなる作業部会を発足させた。この部会には第3次代表団という呼称が付けられたが，いうまでもなくそれは政府および党との交渉を行うことを目指していたからであった。また運動全体の指導機関として調整委員会も設けられた。同年夏には独系人の未解決問題と解決のための提案を記した印刷物が数多く作られたが，それとともに運動は独系人の殆どの居住地域を網羅するようになり，年齢や社会層を問わず独系人の間に広く浸透した。

　こうした広がりを反映して1989年には自治運動が活発化する一方，それに対する反応として，権利の回復と自治に期待を抱かせるような当局側のシグナルが返ってくるようになった。前者については，この年の最も注目される出来事は，同年3月に自治運動のさまざまなグループが合体して新たな組織「再生」が創設されたことである。「再生」は間もなく17万人のメンバーを擁する組織に発展したが，設立の際の規約にはソ連におけるドイツ人の完全な権利回復，国内の他の民族との同権化と並んで，ヴォルガ自治共和国を下敷きとする独系人の国家組織の再建が主要目的として掲げられた。またヴォルガ地域の非ドイツ系住民に対するアピールでは，独系人の権利の再確立によって彼らにいかなる不利益も生じないことが約束されるとともに，協力してよりよい生活の実現に当たるように呼びかけられた。他方，自治運動がこのように一つの水流に発展したことへの当局の対応としては，同年7月12日に最高ソビエト民族会議に独系人の状態に関する調査委員会が設置され，11月28日に自治の再建の必要性を指摘する報告書を提出したことが挙げられる。さらに同年9月にもソ連共産党中央委員会が民族政策に関する指針を定め，11月14日には最高ソビエトが戦時期の追放を違法で犯罪的であったとし，追放された諸民族の権利の回復を保証する声明を出すに至ったことも看過しえない出来事だった。

　もちろん，独系人に限らず，追放などの対象になった民族の復権とさらには自治の回復の流れに対して逆流が生じたのは不可避だったといえよう。独系人に関連する動きに限ってみれば，自治の実現によって既得権を脅かされると感じる居住地域を同じくする人々が中心になり，サラトフやモスクワで反対運動が展開された。その中からは民族憎悪を煽る言辞すら振りまかれるようになったが，独系人に対する差別感を背景にして，法律に違反するそうした行動も当局の取り締まるところとは

ならず，その結果，独系人の居住地域で住民間の関係が緊張を孕むようにさえなった。現に P. ヒルケスらが1989年から90年にかけての冬にソ連出身のアオスジードラーに対して行った調査では，1980年代半ば以降，食料事情の悪化や経済の不調，腐敗，非ヨーロッパ系民族に対する積年の抑圧などが重なって独系人を取り巻く環境が悪化したと半数以上が感じているという結果が出ており，同じ調査を基に K. ボルは「インタビューのどの回答者も，他の民族の所属者が紛争状況で彼らに発した"ファシスト" "フリッツ"などの語のような多数の差別の事例を挙げることができた」と報告している。また『フランクフルター・アルゲマイネ』紙が伝えるところでは，中央アジアとシベリアでイスラム系民族の勢力が強まり，ロシア人を含む土着ではない諸民族に対する追放の圧力が高まっていた。事実，この傾向は1991年末のソ連崩壊を挟んでますます勢いを増し，新たに独立した諸国でロシア人が少数派になったところでは，ウズベキスタン，キルギスタンなどのように圧迫に耐えかねたロシア人が難民化してロシアに移住する動きが高まっている。無論，この圧力はロシア人に対してだけではなく，他の民族集団にも向けられているのは指摘するまでもないであろう。この時期に急増した独系人のドイツへの流出には，そうした民族対立から生じた不安が一因になっているのは間違いない。

　これに対し，「再生」は要求を強め，早期の自治実現か，それともそれが約束されない場合，独系人の大量流出かの選択を当局に突き付けるに至った。1991年10月の『シュピーゲル』によれば，「再生」委員長 H. グロートはヴォルガ自治共和国が認められない場合には独系人たちに対して出国を呼びかける方針を表明しており，その時点で既に「独系人の4分の3は出国の機運にある。家族構成員をすべて含めるとその数は300万人になる」と述べており，毎月1万1千人の独系人が在モスクワ・ドイツ大使館にビザ発給を申請していることを指摘している。「再生」の運動ではこのようにしてスターリンによって1941年に解体されたヴォルガ自治共和国の再建に焦点が合わされたが，K. ポェーレが指摘するように，それは同共和国の問題が大抵の独系人の意識において「高度のシンボル的価値」をもつようになったからであった。すなわち，彼らにとっては「自分たち自身の国家の再建はすべての居住地に精神的・文化的中心を返す」だけにとどまらず，同時に「復権と同権化の可視的な印」でもあったのである。

補論　ポーランドの独系人

　ここでソ連国内のロシア・ドイツ人から視線を転じ，第二次世界大戦後に再建さ

れたポーランドの独系人の境遇について簡単に見ておくことにしよう。長らくポーランド出身者が数の上でアオスジードラーの中心を占めていたし，彼らがポーランドで晒された抑圧を一瞥しておくことは，アオスジードラー問題の根幹に独系人であるがゆえの圧迫があることを確認するのに有益だと考えられるからである。[1]

　戦間期とは異なり，ポーランドの国土は戦後西に移動すると同時に，東プロイセンの北部を除く従来のドイツ帝国の東部領土は国際自由都市ダンツィヒとともにポーランドに編入された。この土地には戦前に約1,000万人のドイツ人が居住しており，戦時期に都市爆撃が激しくなってから150万人から200万人が西から疎開してきていたが，東部戦線でドイツ軍が劣勢になり前線が近づくに伴い，ソ連軍の侵攻から逃れるために1944年秋以降に700万人が故郷を立ち退いた。その結果，ドイツ敗北の時点でオーダー＝ナイセ川から東に広がるそれまでのドイツ領土には440万人のドイツ市民が残留していたと見られており，戦争終結後に故郷に戻った人々を加えると，1945年夏には560万人が東部領土にいたと考えられている。[2]

　これらのドイツ人の大半はソ連から施政権を委譲されたポーランド臨時政府の支配下に置かれたが，彼らには苛酷な運命が待ち受けていた。ポーランドを支配したナチスの暴虐に対する怒りが彼らの上に報復の嵐となって降りかかったからである。ドイツ人の一部はソ連に強制労働のために連行され，他の一部はポーランド国内に設置された中央労働収容所に入れられた後，国内各地に送られた。だがそうした非運を免れたドイツ市民も決して幸運とはいえなかった。なぜなら，彼らはドイツ人である印としてしばしば衣服にハーケンクロイツを書き付けられたり白い腕輪を着けさせられた上，ポーランド市民の野放図な暴行と略奪の対象にされたからである。なるほどポーランド政府は公式にはドイツ人に対する恣意的な復讐を禁止し，これに対しては厳罰で臨むと表明してはいた。けれども実際には政府にはいまだ秩序維持の能力が備わっていなかった。そればかりか，政府自体も部分的には報復措置を行っていたのであり，一般市民による報復行為は事実上黙認されていたのである。[3]

　こうした状況でオーダー＝ナイセ川に近い地域では戦争終結直後からかなり無秩序な形でドイツ人の追放が始まった。そしてその規模は急速に拡大するとともに，地域的にも旧ドイツ東部領土の全域に及んだ。その結果，ポーランドからのドイツ人追放は，1945年から1949年までに350万人が強制的にオーダー＝ナイセ川の西に移住させられ，25万人が自発的に故郷を退去するという極めて大規模な出来事になったのである。その上，追放の初期には監視人などによる暴行に加え，飢餓，不衛生，疲労などのために多数が死亡する事態さえ生じた。中でも老人，子供，病人の死亡

率は著しく高かったが，この一事からも看取されるように，追放過程は凄惨を極めたのであり，特に一時的収容施設だったラムスドルフ収容所では収容者の4分の3が死亡したといわれており，虐待の代名詞ともなった。[4]

ポーランドに限らず，チェコのズデーテン地方でも独系人の無計画な追放が多数の犠牲者を出したことはポツダム会談の際にも問題としてとりあげられ，協議の結果，決定の13条で移送は「秩序ある形で人道的に」行うべき旨が定められた。ソ連とポーランドはこれを遵守することを表明したものの，追放を彩っていた残忍さには大きな変化はなかった。ただ追放が計画性を増したために恣意的な暴行は抑制され，死亡率そのものは低下したといわれる。また計画性が強くなったことは追放に経済的な計算が働くようになったことをも意味していた。すなわち，技術者や専門的労働者については経済再建に必要とされたために追放の対象とはされず，11万5千人がポーランド国内に引き留められたのであり，連動して約30万人のその家族もポーランドにとどまったのである。[5]いずれにせよ，ドイツ系住民にとって苛酷な故郷からの追放は1946年をピークにして1949年まで続けられ，1950年にポーランドに残っていたドイツ人の数は170万人にまで激減していたのである。[6]

追放に当たっては対象となるべきドイツ人の確定が必要とされたが，その一環として以前からドイツ帝国籍を有する人々や戦時期にドイツの国籍を与えられた人々のポーランド国籍回復作業が追放と並行して進められた。第一次世界大戦後のポーランドの再生に照らせば明らかなように，それまでのドイツ帝国領を切り取る形でポーランドの領土が画定されたため，ポーランドがナチスに蹂躙されるまでドイツ系市民がポーランドに居住していた。その数は130万人程度だったと推定されている。ナチスの人種主義からすればこの人々は無論ドイツ人であり，戦時期に彼らはドイツ人としての純度に応じて4ランクに区分された民族リストに登載され，民族ドイツ人として扱われた。[7]そのため戦争終結に伴い，ポーランドに残留した民族ドイツ人はポーランド政府によってポーランド国家に対する忠誠宣言を要求され，それに基づいてポーランド国籍を取得するよう強いられた。そしてこれに従わない者はドイツ人と見做され，懲罰的意味を込めて追放者の列に加えられた。

一方，ドイツ東部領土に居住していたためにドイツ帝国籍を有していたものの，マズール人やカシューブ人などドイツ語以外にスラブ系の方言も話す人々は土着民を意味する「アオトホトーネ」と呼ばれ，その数は150万人から200万人に上ると見積もられた。[8]彼らの多くはドイツ人としての意識をもち，第一次世界大戦後に実施された領土帰属を巡るオーバーシュレージエンなどでの住民投票の際にはドイツ残

留を支持した。しかしポーランド政府が押し通したのは，ドイツ人と混血した人々を含んでいても彼らは血統からすれば本来はドイツ系ではなくスラブ系であり，プロイセンによる長期のゲルマン化政策が彼らからポーランド人としての自覚を奪い，ドイツへの帰属意識を植え付けたにすぎないという立場だった。戦争が終わると，この立場から，彼らに対して「本来の共同体への復帰」が求められ，審査のために各地に証明委員会が設置された。そして簡単な審査手続きを経てポーランドに忠誠を宣言した市民にはポーランド国籍が与えられると同時に，その反面では，審査を拒否した者に対しては収容所に送り強制労働に就かせるか追放の処分が下された。その結果，1948年4月1日までに102万人が審査を受けてポーランド国籍を取得した。[9] さらに審査を受けずポーランド国籍を拒否した「アオトホトーネ」が17万人いたが，彼らには1951年の国籍法に基づいて本人の意思に関わりなくポーランド国籍が押し付けられた。審査を最初に実施したA. ザヴァドスキーが唱えた「ポーランドの国家理性は我々の血の一滴も失われないことを要求する」という標語や，「ドイツの文化的，肉体的，習俗的，道徳的影響の絶滅」という公式に認められた目的はこのようにして強権によってひとまず達成されたのである。[10]

　ドイツ系住民はこうしてポーランドから追放されオーダー＝ナイセ川以西に強制的に移住させられるか，ポーランド化の対象とされたのであった。けれどもポーランド政府は当初はドイツ系少数民族の存在を全面否定するところまではいかず，ブレスラウ，リーグニッツ，ヴァルデンブルク周辺のニーダーシュレージエン地方を中心にして25万人のドイツ系住民が国内にいる事実を認め，公認ドイツ人と呼ばれるこの人々については一定の範囲で文化的活動を行うことを容認した。その意図は，ポーランドの主要な輸出品目である石炭の採掘に彼らの労働力が不可欠だったために，その土地に引きとめることにあった。こうした事情の下でドイツ系住民の労苦は様々な困難を経て実を結んだ。学校については，1955年までにニーダーシュレージエンやポンマーンに132のドイツ系初等学校が設立されたのをはじめ，ニーダーシュレージエンには若干のドイツ系中等学校も開設された。またドイツ語の新聞として共産主義的な週刊新聞『労働者の声』がブレスラウで1951年に発刊された。翌52年以降にはドイツ語の図書館も開かれて，社会主義の兄弟国である東ドイツから図書類が運び込まれた。さらにマルクス・レーニン主義の公認教義にもかかわらず，ニーダーシュレージエンとポンマーンでは教会でドイツ語によるミサを行うことすら許容されていた。[11]

　文化的活動の面でのポーランド政府のこのような寛大さは，しかし，25万人とさ

れた公認のドイツ系住民に対してのみ示されたことを看過してはならない。ニーダーシュレージエンやポンマーン地方以外の土地で生活し，ポーランド国籍の取得を強いられたもののドイツ人という意識をもち続けている人々に対しては，独系人としての独自の文化的活動は許されなかったのである。そればかりか，国際赤十字の尽力により戦争末期の避難などの過程で離散したドイツ人家族の合流を人道的見地からポーランド政府は許容したが，この枠組みで1955年から59年にかけて25万人の市民が西ドイツに流出し，さらに4万人が東ドイツに移住した。(12)これを受けてポーランド政府は公認ドイツ人は3千人にまで縮小したとし，彼らのための寛大な文化政策は必要性が失われたとして，それまでの容認姿勢を撤回したのである。その結果，ドイツ系学校は1960年までにすべて解散された。また新聞も3万8千部を発行していたにもかかわらず，1958年に廃刊に追い込まれた。(13)今やポーランドはワルシャワ条約機構に加盟する国々のうちでただ一つドイツ系少数民族の存在を否認する国となり，ドイツ人追放の暗い過去も厚いヴェールで覆われ，以後長くタブー扱いされてきたのである。(14)

　無論，こうした否認の背後には，ポーランドに編入した旧ドイツ領土に関する不安があったのは指摘するまでもない。換言すれば，ドイツ人が姿を消したことにより従来のドイツ領をポーランドの領土として主張する根拠が得られたのであり，居住しているのは専らポーランド人という既成事実が表面上は完成することになったといえよう。この点から見れば，家族合流という赤十字の要請にポーランド政府が応じたのも，公式に表明された人道的考慮に基づく措置というよりは，領土問題に関する政治的計算からの措置であったと考えるのが適当であろう。さらに1950年代半ば以降，石炭採掘の面でドイツ系住民の労働力の必要度が低下したことが一因になっていたことも付け加えておくべきであろう。

　ともあれ，文化面での寛大さが消失すると，ポーランド化政策は徹底したものになった。オーバーシュレージエンや東プロイセンにもドイツ系住民が生活していたが，当初から彼らの請願にもかかわらずドイツ系学校の開設は許されなかったし，ドイツ語の授業も認められなかった。また教会での礼拝にドイツ語を使うことも禁止された。ドイツの痕跡を消去するこうしたポーランド化政策は，ドイツ系少数民族の否認で国内全域を覆うことになり，ドイツ語の使用が禁じられたのをはじめとして，地名や街路の名称がドイツ風のものからポーランド風のものに改められ，ドイツ的な響きのする名前も改名を強いられた。また墓碑や記念碑に刻まれたドイツ語も削り取られたほか，ドイツ語の書物が押収され焼かれた場所すら少なくなかっ

た。さらにドイツ系住民の権利を主張もしくは擁護するような言説を吐く者に対しては職場や学校で不利益な扱いが行われただけでなく，身柄の拘束や監視，家宅捜索などによる公然たる弾圧が加えられた。ドイツ系住民に文化的伝統を守るための組織を自主的に作ることは許されず，また存在が否認されていた以上，官製のそれも提供されなかった。まして政治的に自己の利益を表明する権利が与えられなかったのはいうまでもないであろう。

このようにポーランドのドイツ系住民は存在を公式に否認され，その存在を示す兆候をすべて抹消されて，文字通り無権利状態の中で暮らすことを強いられてきた。第二次世界大戦以前のポーランドはたしかに多民族国家であり，ドイツ系住民の存在も公式に確認されていた。けれどもナチスの絶滅政策によってユダヤ人が激減し，ウクライナ人やベラルーシ人もソ連の領土拡張と住民の交換によって激減したことを背景にして戦後のポーランドでは単一民族国家であることが打ち出されたから，自治を容認するマルクス・レーニン主義の民族政策の主要な原則は復活したポーランドでは適用されなかった。また国勢調査の際にも民族所属を問う必要性は認められず，この方針は変革前の1988年に実施された最後の調査まで堅持された。アオスジードラーの大量流入が問題になったとき，ポーランドに居住しているドイツ系住民の数が曖昧にしか把握しえなかった原因はそこにある。これらの事実に照らせば，「もっとも重い形態の民族的抑圧をポーランドにとどまったドイツ人は体験した」というB. マルヒョウたちの指摘は当を得ているといえよう。

こうした彼らの辛苦の生活に曙光が射すようになったのは，西ドイツのブラント政権の登場を受けて，1970年にワルシャワ条約が結ばれてからであった。同条約では懸案であるオーデル＝ナイセ線を西ドイツ政府が国境として承認する一方，その代償として，ポーランドの法令の尊重の下に明確にドイツ民族に属する人々と民族的に混じった家族の人々にポーランドを出国する許可を与えることがポーランド政府によって約束された。これによって間接的ながらドイツ系少数者の存在を同政府は認める形になったが，それはともあれ，その数を数万人と見ていた同政府の予想に反して，25万人もの人々が出国を申請した。そして1971年には50年代後半以来最大の2万5千人がポーランドを去り，西ドイツに移住したのである。こうした事態に驚いた同政府は再び出国許可を抑制したが，1975年にヘルシンキで開催された全欧安保協力会議（CSCE）の折のシュミット首相とギレエク統一労働者党第一書記との会談で改めて出国問題が取り上げられ，前向きに対処することが確認された。これを踏まえ，同年10月に両国外相が署名した協定では西ドイツからの23億マルクの

借款供与と引き換えにポーランド政府は今後4年間に12万人から12万5千人に出国許可を与えるものとし，その後も出国申請を拒まないことが取り決められた。[19] その結果，1976年からアオスジードラーとしてポーランドから西ドイツに移る人々の流れは拡大し，1980年まで年間3万人前後がポーランドから流出した。しかも4年が経過した後の1981年には，同年12月の戒厳令の布告に見られる政情不安を背景にしてその数は5万1千人にも達したのであり，87年に急増するまで少ない年でも2万人程度の移住の流れが間断なく続くことになった。もっともその中には訪問ビザで西ドイツの親戚を訪ねたまま，帰国せずにアオスジードラーとなった人々も含まれている。その数は1950年から1986年までで8万人と推定され，多くは80年代に生じたと見られる。[20] 彼らの場合，一種の人質として少なくとも家族の1人はポーランドに残さなければ訪問を許可されなかったから，新たに家族離散の悲劇が発生する結果になった。ともあれ，政府間の合意に基づきアオスジードラー送り出しに対する見返りとして西ドイツ政府は10億マルクに上る借款を供与するとともに，総額で13億マルクと推定されるアオスジードラーの年金拠出金の返還請求権も放棄したのである。[21]

以上のように，ナチスの侵略による他に例を見ない甚大な人的物的損失の中から復活したポーランドでは，膨大なドイツ系住民が実力で追放される一方，その存在が公式に否定された。そして彼らはポーランド国籍の取得を強制され，少数民族としての保護を受けられなかったばかりか，言語と文化を奪われて無権利状態におかれてきたのである。1970年代末に難民に関する調査機関がポーランドのドイツ系住民の数とその分布について報告しているが，そこではオーバーシュレージエン80万人，東プロイセン南部20万人，ダンツィヒ30万人など総計150万人のドイツ系住民がいると推定されている。[22] これを踏まえるなら，ポーランド政府がとってきた政策は，その背景や意図がなんであれ，民族抑圧政策と呼ばなければならないであろう。

無論，こうした政策は専ら政府の主導で推進されたのではなく，一般のポーランド市民がドイツに対して抱く反感，不信感，恐怖感など自己の経験に基づく感情によって支えられていたことを見逃してはならない。戦後のポーランドのジャーナリズムではしばしば第4帝国の出現が予言され，失われた東部領土を奪還しにくると信じられたが，「不安症候群ドイツ連邦共和国」が指摘されるように，一般市民にとって分断されていてもドイツは依然として潜在的な脅威であり続けた。[23] このことを示す一例が1988年から91年にかけて行われたポーランド市民を対象とする意識調査である。同調査は西ドイツの世論調査機関CBOSがポーランド・ラジオ・テレビ

局 OBOP と協力してドイツ国境に近い地域で実施したが，戦争終結から40年以上経過しているにもかかわらず，ドイツ人に対するかなり強い嫌悪感が広く存在していることが改めて浮かび上がった。実際，西側先進国に対しては全般的に好感度が高いのに，ドイツについてだけはその値は著しく低く，落差が際立つ結果になったのである。調査データをもとにその原因について S. リシエッキは，「回答者の半数はドイツ人とドイツ人への関係についての自分の判断が1939年9月の侵攻と占領期の記憶から生じていることを認めている」と述べ，40年以上にわたって西ドイツがポーランドの西部国境を承認していないことと並んで，ポーランドに多大の犠牲を強いた侵略の影が依然として色濃いことを指摘している。とはいえその反面では，そうした嫌悪感にもかかわらず，経済交流の拡大につれて，使用が禁じられているドイツ語を学習する必要が高まったことも見逃せない。上級学校では必修のロシア語のほかに選択外国語の一つとしてドイツ語がおかれていたが，1988年に33万5千人もの生徒がドイツ語を学んでいた事実がそのことを示している。英語をはじめとする西側の言語ではドイツ語を選択する生徒が最多だったことは，ドイツに対する好悪とは別に，ドイツとのつながりの重要性が若い世代に理解されていた兆候と解せよう。

　ポーランドでの民族抑圧政策は広範に存在するドイツ人に対する反感を背景にして続けられたが，強権的な同化政策はドイツ系住民の間に強い疎外感を生み，ポーランドに対する心理的距離をますます拡大することになった。けれどもその一方では，ポーランド化政策が多年にわたって強行された結果，戦争の記憶をもたない若い世代ではドイツ語を理解できず，ドイツ系住民としての意識も希薄な人々が増えている事実も忘れてはならない。このような状況が現出したのは，「ポーランドで生きていく限り，ポーランド語の習得が職業的統合の唯一の前提であるから，子供たちの言語面のポーランド化に親が殆ど抵抗しなかった」という事情がある。公共の場でのドイツ語の使用は処罰の対象になったから，ドイツ語が使われたとしても人目につかない家庭での会話に局限されたが，そのために戦後に育った世代にとって支障なく話せるのはポーランド語だけで，ドイツ語は読み書きできないのはもちろん，会話に用いるのにも困難がつきまとった。そうである以上，名前もポーランド風になっている彼らにとっては，ドイツ語を奪われていることはもはや抑圧としては実感しにくく，ドイツ風の習俗も子供の頃の記憶に滲み込んだ馴染み深いものではありえなくなっているのは当然であろう。またドイツ系であることを理由とする職業や学校教育での差別も緩んできており，社会生活では基本的に一般のポーラ

ンド市民と等しい権利を享受しているところから，若い世代ではポーランド社会のマージナルな集団という意識も薄らいできている。こうして抑圧と表裏一体の同化政策がある程度の成功を収めた結果，ドイツ系住民の間では世代による意識の相違が極めて大きくなっている。実際，ポーランド出身のアオスジードラーで40歳以下の者はほとんどドイツ語ができないのが実情だが，そうだとするなら，ドイツ人としての自負と抑圧の記憶をもつ親の世代と同様なドイツに対する愛着を彼らに期待するのは無理と言わねばならないであろう。つまり，ポーランドのドイツ系住民は厳しい抑圧に晒されてきただけに，ワルシャワ条約締結以降の出国許可を利用してこれまでに多数がアオスジードラーとして西ドイツに流出してきており，その数は1970年から90年までで96万9千人にも達しているが，一口にドイツ系住民といっても彼らの内部では世代による落差が大きいのが現実であり，それに応じて出国の動機も多様化してきていることを見落としてはならないのである。[29]

第2節　アオスジードラーの受け入れ政策と統合問題

1. アオスジードラー問題の浮上と市民の反応

　先述のようにロシア・ドイツ人によって1989年に組織された「再生」は強硬姿勢を示したが，その時期は，ベルリンの壁が崩れ，東西ドイツが統一に向かって突進を始めた時期と重なっていた。壁にヒビ割れを起こした東ドイツから西ドイツへの市民の流出が壁の崩壊によって一気に加速したのはよく知られているとおりであり，東から西に移った市民の総数は1989年に34万人，1990年には前半だけで24万人にも上った。だがこれと軌を一にして，ソ連国内で将来に明るい展望を見出せない独系人たちがアオスジードラーとして大量にドイツへの「帰還」を始めたことは，庇護申請者の名目での外国人のドイツへの殺到と併せ，ドイツ国内にパニックにも似た反応を引き起こし，アオスジードラーの受け入れの是非を難民問題と並ぶ政治問題の一つに押し上げたのである。その結果，独系人の大量流出を切り札とする「再生」の運動はドイツ政府のアオスジードラー対策と複雑に絡み合いつつ展開されていくことになるが，そのドイツ政府の方針も1991年末のソ連消滅による激震に見舞われただけでなく，統一後に顕在化した経済の減速に直面したのである。

　それでは一般の西ドイツ市民にとって長らく関心の向けられなかったアオスジードラーの帰還が意識に上るようになり，そればかりかパニック的反応すら現出したとするなら，ロシア・ドイツ人に限らず，旧ソ連・東欧圏からドイツに入国するアオスジードラーはどれほどの規模だったのであろうか。

表5　アオスジードラー数の推移（1950〜90年）（単位：人）

年度	1950	1951	1952	1953	1954	1955	1956	1957	1958	1959	1960
人数	47,497	24,765	13,369	15,410	15,424	15,788	31,345	113,946	132,228	28,450	19,169
年度	1961	1962	1963	1964	1965	1966	1967	1968	1969	1970	
人数	17,161	16,415	15,483	20,842	24,342	28,193	26,475	23,397	30,031	19,444	
年度	1971	1972	1973	1974	1975	1976	1977	1978	1979	1980	
人数	33,637	23,895	23,063	24,507	19,657	44,402	54,251	58,123	54,887	52,071	
年度	1981	1982	1983	1984	1985	1986	1987	1988	1989	1990	
人数	69,455	48,170	37,925	36,459	38,968	42,788	78,523	202,673	377,055	397,073	

（出典）　Info-Dienst Deutsche Aussiedler, Nr.22, 1991, S.3ff より作成。

　表5が示すように，1950年から数えると統一の年である1990年までにアオスジードラーとして旧西ドイツに入国した人の総数は240万人に達している。しかも，その動向の面では1988年から急激に水嵩が増しているのが注目される。それまでは多い年でも1958年の13万人がピークだったのに1988年には一挙に20万人に膨れ上がり，1990年になるとさらに倍増しているからである。このように急増した背景には，それまでの冷戦体制下では出国がほとんど認められず，出国申請を提出しただけで職場での配置と昇進や子供の進学など様々な面で公然・隠然の差別と嫌がらせを甘受しなくてはならなかったことから，事実上ドイツへの移住の希望が押さえ込まれていたことがある。そのためにソ連でのペレストロイカの始動とともに東欧圏全般でおしなべて出国への障害が低くなると強権的に押しとどめられていた移住への波が高まったのは当然の結果だった。現にソ連では1987年1月から新しい出国管理令が施行され，自由化とはいえなくても事実上の出国禁止は大幅に緩められたのである。またそれと並び，民族意識の高まりにつれて独系人を取り巻く各国の社会情勢が緊張を孕むようになったことが移住の促進要因になったことも忘れられてはならない。さらに経済の不振が続く中で西側の外貨を必要としたところから，独系人の出国容認を外貨獲得の手段として利用する傾向が強まったことも指摘しておくべきであろう[1]。『シュピーゲル』が報じるところでは，ポーランドでは出国する独系人1人につき1,200マルクが国庫に入ったといわれているが，ルーマニアではその額は遥かに高く，1978年に結ばれた秘密協定に基づき1人当たり8,000マルクがドイツ政府から支払われたといわれる。1987年末にゲンシャー外相が協定の延長についてルーマニア政府と交渉した際にはチャウシェスク大統領はこれを1万5千マルクに引き上げることを要求し，「原油，ユダヤ人，ドイツ人は我々の最重要の輸出財である」と側近に語ったと伝えられているほどである[2]。

　ともあれ，こうした事情を背景にして増勢したドイツへの帰還の流れはその後も止まらず，連邦政府アオスジードラー問題特別代表部の発表では1991年221,995人，

表6　出身国別にみた受入申請数の推移（単位：人）

	旧ソ連	ポーランド	ルーマニア
1991年	445,198	66,956	40,632
1992年	356,233	28,684	15,277
1993年	223,368	10,396	5,991
1994年	228,938	4,042	3,495
1995年	254,609	2,266	2,909
1996年	164,396	1,409	2,466
1997年	144,611	815	1,760
1998年	97,996	535	1,369

（出典）1995年までは Aktuell '97, Dortmund 1996, S.53. 1996年以降は，Bundesgeschäftsstelle der CDU, Spätaussiedler und Heimatvertriebene, Bonn 1999, S.10.

1992年230,565人，1993年218,888人，1994年222,591人，1995年217,898人が記録されている。1989年と90年ほどの高いレベルではなくても毎年20万人を上回っており，依然として大量の帰還者の流れが続いているのがこれらの数字から明白であろう。1990年までの数にこれらを加えると，1950年から1995年までに合計で3,508,701人のアオスジードラーがドイツに住みついた計算になる[3]。しかしその後は勢いに衰えが見え，1996年に177,751人に下がったアオスジードラーの数は翌97年には134,419人にまで下降し，98年にはさらに103,080人にまで後退している。ここに見られる減少は，後述するアオスジードラー規制策の効果としてかなりの程度説明できると考えられる。また統一後に限ってアオスジードラーとしての受け入れ申請がどれだけ提出されているかを出身国別に示したのが表6である。主要国のみの数字を眺めても，顕著な低減傾向が見られる反面，申請数はそれでもなお高水準にあることが指摘できよう。

一方，アオスジードラーの波がこうして高まっている中で主要な出身国に変化が現れてきている事実も見逃すことはできない。試みに1998年までにドイツに移住した総計3,923,951人のアオスジードラーを出身国別に分けると旧ソ連が最多で1,781,743人であり，2位がポーランドの1,441,957人，3位がルーマニアで427,811人を記録している[4]。けれども1990年で区切った場合，ポーランドは1,372,188人，ルーマニアは353,476人で1997年の総計と大差がないのに，旧ソ連だけは403,251人を数えるにとどまり，98年の総計と著しく異なっているのが歴然としている。この事実は，先に簡単に指摘しておいたように，1990年前後を境にしてアオスジードラーの出身国別構成が大きく変化したことを示している。実際，統計に照らすと，1989年まではポーランド出身者が断然多く，同年の25万人をピークに毎年アオスジードラーの半数以上を占めていたことが明瞭になる。また1990年に11万人に上ったルー

表7　主要出身国別にみたアオスジードラー数の推移（単位：人）

	1990	1991	1992	1993	1994	1995	1996	1997	1998
総　　　数	397,073	221,995	230,565	218,882	222,590	217,898	177,751	134,419	103,080
旧　ソ　連	147,950	147,320	195,576	207,347	213,214	209,409	172,181	131,895	101,550
ポーランド	133,872	40,129	17,742	5,431	2,440	1,677	1,175	687	488
ルーマニア	111,150	32,178	16,146	5,811	6,615	6,519	4,284	1,777	1,005

（出典）　Info-Dienst Deutsche Aussiedler, Nr.104, 1999, S.4f. Bundesgeschäftsstelle der CDU, op. cit., S.8より作成。

マニア出身者がこれに次ぎ，旧ソ連出身のアオスジードラーの数が年間1万人の大台に乗ったのは1987年以降のことだったことが分かる。しかしそれまでは少なかった旧ソ連からの移住者数は，出国管理令が改正されたのを受けて同年に跳ね上がった後急増し，表7に見るように，1990年には15万人に達して早くもポーランド出身者を追い越した。そして1991年からアオスジードラーの数が20万人強のレベルで推移する中でポーランドとルーマニアからの独系人移住者が目に見えて減っていったのとは異なり，旧ソ連からのアオスジードラーのみは増大から横ばいに移行したのである。その結果，例えば1998年のアオスジードラー総数10万3千人のうち98.5%に当たる10万2千人が旧ソ連出身者であることに見られるように，近年ではアオスジードラーの大半は旧ソ連から来る独系人で占められるようになっている。つまり，ドイツに流入してくる人々に焦点を合わせる限りでは，アオスジードラー問題とはとりもなおさずロシア・ドイツ人問題だといっても決して過言ではない状況が今日では現出しているのである。

　ところで，以上で示したように，アオスジードラーのドイツへの流入は統一直前までは数も少なく，摩擦を引き起こすほどではなかったのに，1987年からは急速に増大して1998年には累計で390万人を越すまでになったが，このような数字を一見すれば，一部にパニックが生じても不思議とはいえないであろう。またその存在がほとんど意識化されない間は特に反感などを掻き立てることはなかったにしても，大量化して存在が目立つようになってくると，アオスジードラーに対する冷ややかな態度が一般市民の間で目につくようになったのも異とするに足らないであろう。このことはアオスジードラー受け入れへの理解を広げるために連邦内務省が作成した広報文書から透視できる。一例として『10の疑問，10の答え』と題した冊子を覗くと，真っ先に，「そもそもなぜ今日もなおこれほど多くのアオスジードラーが我々のところに来るのか」と設問しつつ，それに対する答えとして，「彼らはドイツ人であり，ドイツ人であり続けようとしているために第二次世界大戦の作用と遅くまで残る帰結に苦しんでいる」ことが理由に挙げられており，さらに「我々の国は

表8　一般市民のアオスジードラーに対する姿勢（単位：％）

	1988	1992
アオスジードラーはドイツ人である。だから彼らを外国人のように扱ってはならない。	64	39
私がアオスジードラーを個人的に助けられるなら，そうするだろう。	76	50
アオスジードラーの流れにブレーキをかけられないなら，基本法を改正すべきである。	52	63
アオスジードラーはそのあり方からして私たちには合わない。	14	32
私が住んでいる地区にアオスジードラーが住むのを私は望まない。	7	25

(出典)　POLIS, Einstellungen zu Aussiedlern, München 1992, S.10f.

それでなくても既に一杯ではないのか」，「アオスジードラーは我々から住宅を奪わないか」，「アオスジードラーの流入は我々の年金を危うくするのではないか」などの疑問を並べつつ，それらに一つ一つ反証を示し，不安を取り除く説明が加えられているのは，それだけアオスジードラーの帰還を問題視する空気が広がっているからにほかならない。また他方で，高齢者の少ないアオスジードラーの年齢構成への着目を促し，高齢化が進むドイツの人口構造を若返らせ経済活動を活性化する効果があると説いているのも，ドイツ社会の中に受け入れへの積極姿勢が乏しいからであろう。[5]

　一般市民がアオスジードラーに向ける冷たい眼差しは彼らについて使われる「他所者のドイツ人」という表現から感じとれるが[6]，それだけでなく，若干の調査によっても裏付けられる。

　まず調査機関POLISが1988年と1992年に実施した世論調査では，アオスジードラーの激増を背景にして一般市民の態度に大きな変化が生じたことが明らかになっている。報告書には次のように記されている。「1988年の抽出調査では我々はまだアオスジードラーに対する社会的で人道的なシンパシーと開かれた姿勢を確認することができたが，この基本姿勢は1992年には明確にネガティブな方向に変化している。同じドイツ人という理由でアオスジードラーに人道的な責任を取る用意は前回調査に比べ著しく減退しているのである。」[7]　実際，この変化は表8を一瞥しただけで明瞭になる。例えば「アオスジードラーはドイツ人である。だから彼らを外国人のように扱ってはならない」という命題を支持する市民は1988年には64％もいたのに，1992年になるとその比率は39％にまで縮小している。しかもその反面では，「私が暮らしている地区にアオスジードラーが住むのを私は好まない」と答える市民は７％から25％に増大しているのである。

　同様の変化はアレンスバッハ研究所の調査からも窺うことができる。1988年に同研究所が行った調査結果によれば，「あなたにとってアオスジードラーはドイツ人ですか，それとも外国人ですか」という設問に回答者の36％が「外国人」と答え，

表9　一般市民のアオスジードラーに対する姿勢（単位：%）

	旧西ドイツ			旧東ドイツ
	1984	1989	1990	1990
同情を感じる	31	42	15	12
同情を感じない	45	34	46	51

（出典）　Elisabeth Noelle-Neumann und Renate Köcher, hrsg., Allensbacher Jahrbuch der Demoskopie 1984-1992, München 1993, S.1192.

「ドイツ人」と答えた38％とほぼ等しい割合になった。また「最近多数のアオスジードラーが我々の国にやってきているのは好ましいことですか，それとも問題がありますか」という設問に対して「好ましいこと」としたのは1988年6月に29％，同年11月に22％だったが，「問題がある」と答えたのはそれぞれ59％と61％であり，好ましいとの意見を既に大きく上回っていたのである。[8]これらの数字からは，早くも1988年の時点でアオスジードラーに対して冷ややかな空気が広がっていたことが看取されるが，翌89年になるとその数が一層増大すると同時に，ベルリン市議会選挙とヘッセン州自治体選挙で右翼政党が躍進したのを受けてアオスジードラー問題はアクチュアルな政治的テーマとして脚光を浴びることになった。そして急増する庇護申請者の問題と重なりつつ，彼らに注がれる視線はますます冷淡の度を加えることになったが，そのことは表9に掲げられている数字に鮮やかに示されている。1989年に42％あった「同情を感じる」が90年になると15％に急落する一方，「同情を覚えない」が46％と半数近くに達しているからである。[9]

　1990年12月に実施された統一後の最初の連邦議会選挙を前にしてアオスジードラーの受け入れの制限や法的根拠の見直しが選挙戦の争点の一つになった底流には，アオスジードラーを巡る気流のこうした変化が存在していた。選挙に向けてドイツ国内では，今日ドイツ語も解しない「いわゆる独系人」にまでドイツ移住を認めるのは疑問であり，ドイツ国籍の要件を限定すべきであるとの声が高まったが，これを受けて，例えばSPDの首相候補O.ラフォンテーヌは基本法116条を改正する必要があると唱え，連立政権の一角であるFDPからもバウム副党首が116条の改正の可能性を排除しないとの立場を表明した。これに対し支持基盤に追放者団体を抱える連立政党CSUの側からは，例えばW.ベッチュ連邦議会CSU議員グループ代表が116条の改正による民族籍の削除などに断固反対の立場を打ち出した。そして主務大臣でありCDUの有力リーダーでもあるW.ショイブレ連邦内務大臣も「116条を下手にいじり回すことは現在なしうる最悪の行いである」と述べ，ヴォルガ自治共和国復活の見通しなどが不明瞭である状況下での116条改正の議論は，ドイツ移住

の可能性が今後制限されることもありうるという不安をいたずらに煽り，ドイツへの帰還希望者の波を高める結果になりかねないと警告したのである。

このようにアオスジードラーの急増を背景にして，国籍条項の厳格化をはじめ，受け入れ手続きの見直しや受け入れ数の上限設定などにも論点が広がる形でアオスジードラーを巡る議論がベルリンの壁崩壊の前後から高まりをみせるようになり，論壇を賑わせた。またその背後では，アオスジードラーに対する一般市民の姿勢の冷却も顕著になってきていた。アオスジードラーをとりまく状況のこうした変化は直接的にはその数の急増に起因していた。すなわち，今後どこまで増大するのかという見通しが欠如していたことも手伝い，大量の流入が労働市場や住宅事情に及ぼす影響が憂慮され，ドイツ社会の受け入れ能力の限界が問題になったのである。けれども同時に，ソ連・東欧圏に住む多数の独系人の出国が可能になった事実自体が，アオスジードラーという存在の前提である出身国での圧迫の有無についての疑念を強めていたことも忘れてはならないであろう。ソ連・東欧圏での変革に伴ってそれまでの緊縛が解かれ，大量の出国が生じたことは，とりもなおさず独系人であることを理由にして彼らに加えられていた圧迫が弱くなっていることの証左と受け取られ，アオスジードラーを追放者の一つの形態と見做すことが虚構と感じられても不思議ではないからである。言い換えるなら，アオスジードラーがドイツに殺到するのは以前のようにもはや出身国における圧迫が原因になっているのではなく，むしろ経済的豊かさへの憧れのような非政治的な要因が主要な動機になっているという見方がドイツ社会に広がっていたのであり，それがアオスジードラーを一般の外国人と同列に置く姿勢を強めていたと考えられるのである。[10]

それはともあれ，アオスジードラーの流入問題は東西統一の最初の連邦議会選挙あたりまではマスメディアでも注目を浴びたが，1991年を過ぎる頃にはドイツへの移住者数の減少や難民問題への社会的関心の集中とともに論議の熱気が薄れていったのは否めない。けれども依然として流入する数が少なくなく，その意味ではアオスジードラー問題が未解決の問題であり続けている事実に変わりはない。例えば世

表10 アオスジードラー流入制限の是非 （単位：％）

	旧西ドイツ			旧東ドイツ		
	1991	1992	1996	1991	1992	1996
流入は無制限に可能であるべき	22	19	15	15	15	13
流入は制限されるべき	68	71	74	73	74	69
流入は完全に阻止されるべき	10	10	12	12	11	18

（出典） Statistisches Bundesamt, hrsg., Datenreport 1997, München 1997, S.458.

論調査機関 ZUMA の調査では表10に見る結果になり，受け入れ数を制限すべきという意見が1996年にも91，92年と同様に大勢を占めていた。またアレンスバッハ研究所の1996年8月の調査でも半数以上の市民がアオスジードラー問題をドイツが抱える「厄介な問題」のトップクラスに位置づけていたのである。[11] 現に1996年3月にS. ディートリヒが伝えるところでは，アオスジードラーが居住しているニーダーザクセン州の自治体で彼らに支給する社会扶助の負担に悲鳴に近い声が上がっており，アオスジードラーの一時的収容施設として中心的役割を果たしてきたフリートラント収容所の開設50周年記念式典で連邦大統領 R. ヘルツォークが「ボートは一杯ではない」と語った際，「だけど船室ギフホルン（自治体の名）は一杯だ」という野次が飛んだという。[12]

これらの事実を踏まえるなら，議論が下火になったといってもその問題が条件次第でいつでも再燃する可能性のある争点としてとどまっていることを忘れてはならないであろう。そのことをよく示している例としては，1996年前半に盛り上がった論議が挙げられる。その発火点になったのは，アオスジードラーの受け入れに消極的なラフォンテーヌが1995年秋に予期せぬ形で SPD 党首に選出されたことである。経済情勢の悪化と失業の増大で不安と不満が積もっている中で，1998年の連邦議会選挙への折り返し点に当たる1996年3月の3つの州議会選挙を睨んで彼が争点として持ち出したのはアオスジードラー問題であった。彼は600万の職場の不足と200万の住宅の不足を抱えているのにアオスジードラーを漫然と受け入れているとして政府の無策を攻撃したのである。[13] そうした選挙戦術に対しては連立与党からだけではなく，同盟90/緑の党からもポピュリズムという批判が加えられ，党内からも強い異論が噴き出した。また SPD 寄りのリベラルな論調で知られる『フランクフルター・ルントシャウ』紙でも代表的内政記者 F. フォルダスタンが「贖罪の羊としてのアオスジードラー」と題した社説などでその戦術を叱責した。[14] けれども党の内外からそれらの砲火を浴びながらもラフォンテーヌは連立政権に対する不満票を集めてジリ貧状態にある SPD の党勢を回復するために，アオスジードラー問題を選挙戦の焦点に据えつづけ，結果的に惨敗を喫したのである。

アオスジードラー問題はこうして1980年代末以降ドイツにおける政治的争点の一角を占めているといってよいが，それでは連邦政府はどのような方針を立て，いかなる取り組みをしてきているのだろうか。次にこの点に焦点を合わせることにしよう。

2. アオスジードラー受け入れ政策の展開

　連邦政府のアオスジードラー政策を考える前提として，最初に関係法令を簡単に見ておこう。

　ドイツへの独系人の移住に関する法的根拠としては基本法第116条があり，直接に関係する法令としては連邦追放者法（Gesetz über die Angelegenheiten der Vertriebenen und Flüchtlinge 1953年）および負担調整法（Gesetz über Lastenausgleich 1952年）がある。基本法ではドイツ人の概念について次のように定めている。「この基本法の意味におけるドイツ人とは，法律に別段の定めのある場合は別として，ドイツの国籍を有している者，又は，ドイツ民族に属する追放者もしくは難民として，あるいはその配偶者もしくは卑属として，1937年12月31日現在のドイツ国の領域に受け入れられていた者をいう。」また連邦追放者法第6条には，「この法律の意味におけるドイツ民族に属する者とは，その故郷においてドイツ民族に属することを自認し，かつ，血統，言語，教育，文化によってその自認が確証される者をいう」と定められている。

　これらの規定が設けられたのにはかなり複雑な歴史的背景がある。周知のように，第二次世界大戦末期から1950年頃までの間にソ連軍の進撃を逃れるために故郷を離れたり，あるいは敗戦後にポーランドやズデーテン地方などからの追放によって膨大な数のドイツ人と独系人が旧西ドイツ地域に流入した。しかしその一方で，ソ連が占領した旧東ドイツ地域はもとより，以前のドイツ東部領土にも多数のドイツ人が残された。そのために旧西ドイツに居住する市民だけにドイツ国籍を限定することはこれらの人々をドイツ人から除外することになるだけでなく，東ドイツとの統一も放棄することにつながらざるをえないという事情が存在していた。こうした配慮から基本法制定の際にドイツ国籍とドイツ民族籍を区別しつつ1937年当時のドイツ領土への言及がなされるとともに，ステータス・ドイツ人と呼ばれたドイツ民族籍の所持者に対しては，西ドイツへの受け入れ後にドイツ国籍を与え，一般の西ドイツ市民と同じ権利・義務が認められることとしたのである。換言すれば，1949年の「二重の建国」による分裂を背景にして西ドイツでは連邦共和国の現実に対応した国籍は設けられず，西ドイツ市民を含むより包括的な概念としてのドイツ人という概念が基本法に定められたのである。[15]

　ここに打ち出されているのは，領土が縮小し東西分裂が必至になった局面で，ドイツの統一性を前提にして西ドイツが従来のドイツ帝国を承継するという基本法そのものを支えている立場であり，116条をも貫いているイデオロギー的要因と呼ぶ

ことができよう。しかし116条の規定についてはそれだけでなく、敗戦に伴う混乱状態の中で新たに西ドイツ地域に居住するに至った人々の種々の身分関係については確認が困難だったため、実務的な処理を行う必要が生じていたことも忘れてはならない。その面から見れば、イデオロギー的要因のほかにプラグマチックな要因が働いていたことも重要である。さらに逃亡・追放・抑圧などで塗炭の苦しみを嘗め侵略戦争の被害者ともいえる人々を受け入れるのは道義的義務であるとする考慮が存在していた事実も看過されてはならないであろう。

　このような基本法とは別に、東欧圏でのドイツ人追放の嵐が静まるとともに、西ドイツ国内に居住する追放者や難民の政治的勢力が無視しがたくなったのを受けて制定されたのが1953年の連邦追放者法である。この法律は基本法116条の法律の留保を根拠にして制定されたものであり、その主眼は、故郷の住居や財産を失い、逃亡や追放の辛酸を嘗めた人々に対する支援を整備することに置かれていた。けれども同時に見逃すことができないのは、追放者の概念が拡張された点である。すなわち、同法ではドイツ民族籍の概念が上記のように確定されるとともに、「異国の支配下にあるドイツ東部領土、ダンツィヒ、エストニア、ラトビア、リトアニア、ソ連、ポーランド、チェコスロヴァキア、ハンガリー、ルーマニア、ブルガリア、ユーゴスラヴィアもしくはアルバニアを全般的な追放措置の終了後に立ち去った」人々が西ドイツに受け入れられるべき独系人として定められたのであり、故郷から追放されたのではない独系人も受け入れと支援の対象に包摂されたのである。基本法第116条では考慮に入っておらず、連邦追放者法で新たに加えられたこれらの人々がこの後西ドイツに入ってくるようになるが、それまでに流入した人々を本来の追放者・難民と呼ぶなら、その原語である vertreiben や Flucht という性格が希薄であることから、新たに加わった人々には文字通り外へ移り住む aussiedeln 人々つまりアオスジードラーの呼称が適切であろう。この呼称は同法の最初の草案には見られず、社会の一部で使用されていたのを受けて故郷追放者委員会の報告書で公式に登場したとされるが、いずれにせよ、同法の制定によってロシア・ドイツ人のような旧ドイツ領土以外の土地で暮らしていた独系人たちに公式に西ドイツへの移住の可能性が開かれたのであり、これによってアオスジードラーという集団が出現することになったのである。

　新たな人的カテゴリーを設定したのに伴い、連邦追放者法ではさらにアオスジードラーのステータスに関しても規定が設けられた。すなわち、独系人ではなくてもその配偶者であればアオスジードラーの法的地位が与えられることが定められたの

が一つである。もう一つは、追放措置の終結後に出生したか否かを問わず、この地位が子供に継承されることが認められたことである。[20]この後者の点はドイツ統一後に行われた法改正との関連で重要になる。なぜなら、それによって実際には追放のような明白な非運に見舞われなかった人々もアオスジードラーとしての法的地位を得ることが可能となり、論理的にはアオスジードラーは将来にわたって不断に再生産される形になったからである。

　ところで、追放者の概念を拡張してソ連・東欧諸国の独系人に西ドイツへの移住の道が提供された主たる理由は、彼らが独系人であるがゆえに受けていた差別や不利益にある。ソ連については独ソ戦開始後に強制移住させられ、戦争が終わっても故郷に帰れなかったばかりか、権利回復もすぐには行われなかったことは既に見たが、例えばナチスの蛮行で大量の犠牲者が出たポーランドでもドイツ人マイノリティの存在自体が政府によって長い間否認され、公共の場でドイツ語を話すことは解雇のような重大な不利益を招くなど独系人は社会の片隅に追いやられ、文化的アイデンティティを保つことも困難な状態に追い込まれていたのである。そのためにこれらの独系人たちは文化的特性を希釈し、独系人であることをやめてその国の社会と文化に同一化するか、それともアイデンティティを守って独系人であるがゆえの不利益を甘受するかの苦しい選択を強いられていたが、そうした独系人に対して追放者法はもう一つの選択肢として父祖の国である西ドイツへの移住のチャンスを差し出すものだったのである。

　本来の追放者や難民ではない独系人にも移住を認めるこの法律の根底には、ソ連などに居住している独系人をも民族同胞と見做す文化的ナショナリズムの感情が流れているのは否定しがたい。けれども他方、ヒトラーが始めた戦争の結果を独系人であることを理由に本来何の責任もない彼らが背負わされているのを座視することに道義的問題が付きまとうとすれば、同法をもっぱらナショナリズムの文脈に位置づけ、血統主義の産物としてのみ捉えるのは無理があるというべきであろう。[21]ロシア・ドイツ人についてはもはや説明するまでもないとして、例えば戦争末期にソ連に連行されて強制労働に従事したルーマニアやユーゴスラヴィアの16万5千人の独系人の運命に即してみれば、移送と収容所での苛酷な扱いで2万2千人が落命した「彼らの誰も、ドイツから遠く離れたバルカンで暮らしていたから、ヒトラーに投票したり歓呼したりしたわけではない」のは明白だった。換言すれば、独系人である「ジーベンビュルゲン・ザクセン人やバナート・シュワーベン人にナチスの蛮行を償わせようとソ連がしたとき、集合的罪という考えが馬鹿げた形で実行に移され

た」といわねばならず，その後も彼らに加えられた圧迫について本来責任を問われなければならないのはドイツ国民であった。つまり，ルーマニアなどの独系人が戦後陥った窮状に無関心でいることは，分裂国家として再出発したドイツ国民の道義に関わる事柄でもあったのである。

これらの点に加え，追放者法にはさらに政治的計算が込められていたことも見逃されてはならない。東西間の対立が朝鮮半島で火を噴き，東ドイツでは6月17日の騒乱が実力で鎮圧された1953年に同法が成立したのを見れば容易に推察できるように，冷戦が激化しつつある中でソ連・東欧圏から独系人を受け入れることは，共産主義の下での人権抑圧を社会に印象づけ，反共宣伝を効果的に展開する手段を提供したからである。実際，西ドイツが独系人の受け入れを表明したにもかかわらず，ソ連・東欧圏からの彼らの出国は厳しく制限されていたが，事実上出国禁止に等しい制限は，市民の希望を踏みにじる共産主義というイメージを広めるのに恰好の材料になったといえよう。こうした政治的計算は1957年に受け入れられるべき独系人の出身国リストに中国までが付け加えられたことからも看取されるが，とりわけイデオロギー性を明確に浮かび上がらせたのは，1971年の改正で共産主義の支配体制に進んで協力した者にアオスジードラーの資格を認めないことが定められたことなどである。これによって例えばソ連で高等教育を受け高い地位を得た独系人の西ドイツへの移住は事実上不可能になった。なぜなら，高等教育も高い地位も全体主義体制に対する特別な結合によってのみ得られると見做され，審査機関である連邦管理庁によって彼らの受け入れは拒否されたからである。

連邦追放者法についてはこのような問題を指摘できるが，ともあれ，連邦政府は以上で瞥見した法的規定に基づき，ドイツ民族籍をもつと認定された独系人に対して基本的にドイツへの移住を従来は無条件に認めてきた。別言すれば，上記の法的根拠からドイツ政府としては単なる経済難民とは異なってドイツ移住を希望する独系人については入国を拒まない立場をとってきたのであり，対外的にはいわば「来る者は拒まず」の方針を掲げてきている。この方針は，ナチス時代の反省に立ち，国境や空港での入国審査の際に身分証明などを所持していなくても一言「亡命」といえば外国人の入国を許していた1993年までの庇護政策に寛大さの点で通じるものがある。

無論，アオスジードラーの無条件の受け入れは，その数が少なく，負担や軋轢が生じてもとるに足りない限りで可能だった。そして現実に1957年と58年を除き最大でも1981年の7万人弱という少数にとどまる状態が1987年に終止符を打つまで続い

たのである。これを踏まえれば,「1987年以前を振り返ると,その時点までは東から来るアオスジードラーを統合するのに何の問題もなかったのが分かる」というL. フェアストルらの指摘は誇張ではなく,「それまではアオスジードラーという概念を新聞などの見出しに探し出そうとしても徒労に終わる」状態だったことも,彼らの存在が目立たなかったことの証明といえよう。(25)けれども旧東ドイツ地域から西に移る市民がベルリンの壁の崩壊とともに大量に出現するようになり,さらにそれと並行する形で大部分が経済難民と考えられる庇護申請者の大波がドイツに押し寄せるに及んで,急増していたアオスジードラーを巡る状況も一変せざるをえなかった。なぜなら,ドイツ社会に統合するのに要するさまざまな社会負担や労働市場への影響などを考えれば,多数のアオスジードラーを受け入れるのが困難になったのは指摘するまでもないからである。これを示すのは責任ある立場の人物の発言である。例えば連邦政府アオスジードラー問題特別代表を務めるH. ヴァッフェンシュミット内務次官（CDU）は1991年秋に,毎月ソ連から約1万3千人がアオスジードラーとしてドイツに移住しており,既に23万人の独系人がドイツへの移住許可証を携えてソ連国内で待機している状況であって,その数は急激に増える可能性があると発表した。同様にショイブレ内相も,20万人以上の独系人が移住許可証をもったままソ連に留まっているのはヴォルガ自治共和国再建への期待によるものであり,復活の見込がなくなればドイツに流入する可能性が大きいとの認識を示した。その際,これらの指摘には,総数で数百万に上るとみられる独系人の存在は経済大国といわれるドイツにとっても大きな脅威であり,事態を放置すれば膨大な移住の流れが起こり,統一したばかりのドイツ国内で住宅不足や失業など数々の深刻な問題を発生させるという危機感が色濃く滲みでていたのを見逃すことはできない。またこれと併せ,P. ヒルケスらの調査によれば,自治の回復が出国希望者の波の抑制につながるか否かという点では独系人の4分の3がこれを否定していたのが事実であり,(26)事柄はショイブレがいうほど単純ではない点にも注意が払われるべきであろう。

3. アオスジードラー政策の要点

　要約的にいうなら,連邦政府の政策は,ここで瞥見した危機意識を土台にして,歴史的理由から来る者は拒まずという原則を対外的に掲げながらも,その裏側で大量移住を阻止することを基本方針にしているといえよう。すなわち,主張されているドイツ民族籍の削除のような公然たる路線転換は,それを論議すること自体が政治的に賢明ではないだけでなく,歴史的経緯からみて道義的にも許されないという

のがその基本的立場であり、それは、「ドイツにいる我々は独系人たちに対して特別な義務を負っている。彼らはいわば我々の代わりに第二次世界大戦の帰結とそれに続いてドイツ人に向けられた措置に極めて長く、かつ極めて深刻に苦しんできたからである」という K. ボェーレの文章や、「東ヨーロッパのドイツ人たちはドイツ人であり、ドイツ人にとどまろうとしたというだけの理由で第二次世界大戦と関連して辛苦に満ちた運命に苦しんできた。……連邦共和国のドイツ人として我々には彼らに対して責任があり、共同の歴史からして彼らを助ける義務がある」という連邦内務省の文書の一文に集約されていると見做せよう。(27)

もちろん、連邦追放者法に関して指摘したように、こうした道義的立場にドイツ人についての血統主義的観念を嗅ぎとるのは困難ではない。実際、ドイツに生まれ育ち、ドイツ語を事実上の母語としている外国人労働者の第2世代がドイツ国籍を取得するのは容易ではないのに、ドイツ語を話せない独系人の若者が簡単に国籍を与えられ優遇されるのは不当であるとの批判や、先に触れたように、一般市民の少なからぬ部分が昨今ではアオスジードラーを外国人だと感じているにもかかわらず、敗戦から間もない頃と同様に今日でも彼らを強引に同胞として処遇することに対する批判には傾聴すべきものがあろう。その意味で土台をなす道義的立場には問題が含まれていることは否定しがたいが、ともあれ、こうした立場を原点とする連邦政府のアオスジードラー政策は次の三つの柱からなっていると捉えることができよう。

一つは、門戸がつねに開放されており、必要な場合には帰還のチャンスが開かれていることを示して独系人が抱いている門戸閉鎖への疑心暗鬼を払拭する一方で、大量の殺到が生活支援のための財政的負担を重くするだけでなく、労働市場を攪乱し、住宅事情の逼迫を激化させるなどの懸念があることから、門戸を開きながらも急激な流入をコントロールし、緩やかで安定した流れに変える方策である。第二は、大量のアオスジードラーの流入の負担を軽減するために種々の給付やサービスを削減すると同時に、これによってドイツへの移住の強力な動機である豊かな生活の享受が確実に保証されたものではないことを明確にし、移住の魅力を減じることである。残るもう一つの柱は、独系人が暮らしている国々で彼らの権利回復などを推進し、併せて経済面、文化面などでの支援を通じて強固な生活基盤を築くのを助けることである。

これらの基本政策の主要部分は既に法制面で具体化されている。1990年7月1日から施行されたアオスジードラー受け入れ法（Aussiedleraufnahmegesetz）と1993年1月1日に施行された戦争帰結処理法（Kriegsfolgenbereinigungsgesetz）などがそ

れである。そこでこれらの法律を手掛かりにして，三つの柱のそれぞれについて大掴みに眺め，これまでのアオスジードラー政策からの転換のポイントと転換後の基本政策の輪郭を素描することにしよう。

　まず第一の柱については，事実上アオスジードラーを無制限に受け入れていた従来の方針を変更し，門戸を閉ざさずに流入にブレーキをかけることを狙いとしたアオスジードラー受け入れ法を見ておく必要がある。同法が制定されるまでは前述した連邦追放者法に基づいてアオスジードラーとしての法的地位を認定するための審査が行われたが，その際のポイントは二つあった。一つはドイツ民族籍の有無すなわち「その故郷においてドイツ民族に属することを自認し，かつ，血統，言語，教育，文化によってその自認が確証される」か否かという点である。もう一つは，独系人であることを理由とする差別や抑圧に晒され，そのために居住地を棄て移住せざるをえないほどの状態に置かれていたかどうかという点である。このうち後者については，追放の圧力に相当する差別・抑圧が個々のケースで認められるかどうかは問われず，一般的に存在していることが前提とされたから，実際にはほとんど審査基準としては機能していなかったといえる。また前者に関しても，このような一般的推定に基づいて，独系人であることを公言することが居住地で圧迫を招く可能性があると見做されたためにドイツ人と名乗っていたかどうかは問題とされなかったし，さらにドイツ語を日常語とすることには困難な事情が存在していたことからドイツ語を十分に話せないことも重視されず，結局は祖先にドイツ国籍をもつ者があることが証明されればアオスジードラーとして受け入れられたのである。[28]

　このような緩やかな審査でそれほど問題が生じなかったのは，独系人圧迫の一環として出身国で出国が厳しく抑えられていた結果，アオスジードラーの数が少なかったことと，寛大な受け入れ措置を講じることによって共産圏の人権抑圧を際立たせるという政治的意図が存在していたからであった。換言すれば，これら二つの条件が失われたなら審査は厳格化せざるをえず，フリーパスに近い状態は破られ，アオスジードラーのドイツ流入に規制が加えられるようになるのは避けがたかったといえよう。そうした転換を画したのがアオスジードラー受け入れ法である。同法はそれまでドイツに入国してから受け入れ手続きを開始していたのを変更し，出身国からケルンの連邦管理庁に受け入れ申請を出し，受け入れ決定が出るまで移住希望者は出身国にとどまることに方式を転換することを骨子とするものである。この変更に伴い，ドイツの在外公館は移住許可証を提示しない移住希望者に対しては入国ビザを発給しなくなったが，受け入れ決定のための審査期間を引き延ばすことによ

って入国時期を遅らせることが可能になり，アオスジードラーの流れを間接的にコントロールする手段を連邦政府は手に入れたわけである。現に1992年末の時点では未処理の申請は110万件に達していたといわれ，申請者の波が静まりつつあった1995年3月でも52万件が未処理の状態であったとされている。また申請の際にはドイツ民族籍の有無の審査を受けるために50ページに上る詳細な質問書の多数の項目に回答を記入しなければならなくなり，これによる申請の断念などの抑制効果や振るい落としの効果があったことも見落としてはならない。

　このような手続き変更によるコントロールをさらに強化するのが戦争帰結処理法である。同法の原文は特別代表部の『ドイツ・アオスジードラー』38号に収録されているが，それに付された解説によれば，同法はドイツ統一の実現やドイツ・ポーランド国境の国際法上の確定などにより戦後は終わったとの認識に基づいて制定されたものであり，連邦追放者法や負担調整法などアオスジードラーに関係する法規を変動した現実に合わせ，旧ソ連・東欧圏に住む独系人を受け入れる法的基礎を統一することを狙いとしている。と同時に解説には，1993年以降の移住者の身分は「後発アオスジードラー」に変わるけれども，「この法律によって連邦政府の従来の慎重なアオスジードラー政策は継続される」のであり，「受け入れの制限は予定されていない」ことも明記されている。

　けれども，この確言にもかかわらず，実際には受け入れに大きな制約が課されたのは否定しがたい。同法が施行される以前には，既述のように，受け入れの条件となる独系人であることと圧迫があることのうち後者については特に問題とされず，圧迫がないことを理由にして受け入れを拒否する場合には審査機関がそれを証明しなければならなかった。しかし1993年からは圧迫の一般的推定が取り消されて審査が厳しくなっただけでなく，受け入れが拒否された場合に法的に争うのに必要な圧迫の証明は申請者の側で行うこととされたからである。この変更のブレーキ効果はかなり強力だったと考えられるが，ただその場合，それまでの経過を配慮して旧ソ連諸国は除外されたことを付け加えておく必要がある。近年ではポーランドやルーマニアの出身者は取るに足らない数にまで減り，アオスジードラーに占める旧ソ連出身者の比率が極めて大きくなっているが，この変化は主としてこの例外措置によることが明白だからである。

　また1996年7月以降はドイツ語能力が「ドイツ民族に属していることの自認」を実証するうえで重視されるようになり，そのためにドイツ語テストが導入されたのも大きな変更といえよう。このテストを受けるチャンスは1回限りとされ，これに

よって一定レベルに達しない場合には移住の道は塞がれるようになったが，かつてはドイツ語ができなくても受け入れられていたからである。実際，最近の審査実績では多くの移住申請者がドイツ語テストの壁で阻まれており，例えば『ヴェルト』紙が伝えるロシア・ドイツ人を対象にしたあるテストの場合，申請者の40％が欠席したうえ，テストを受けた者のうちで30％が不合格だったことに見られるように，抑制効果はかなり大きいことが裏付けられている。さらにテスト導入以前に受け入れられた者であっても申告よりドイツ語力が大幅に低い場合には移住許可が取り消され，外国人法の適用を受けてアオスジードラーに提供される統合扶助などが支給されないばかりか，ドイツからの退去を求められることがありうるようになったのも軽視しえない変更の一つといえよう。アオスジードラーの流入抑制には首尾一貫しない面が存在するものの，これらの措置によって移住許可証の取得には簡単には超えられないハードルが設けられ，従来のように事実上のフリーパスで入国することはできなくなった結果，彼らの流入には強いブレーキがかかったのである。

　これらの手続き面とは別に，さらに与野党間の合意によって年間の受け入れ数の上限が定められたことを忘れることはできない。よく知られているように，1992年12月に開かれた与野党協議の場では基本法16条の改正などによる庇護申請者の規制が取り決められたが，これと前後してアオスジードラーの規制についても合意された。その中心は連邦参議院の同意を得て社会的に許容可能な年ごとの数字を連邦政府が定める点にあり，当面は一年間に受け入れるアオスジードラーの数を1991年と92年の平均に抑えるというものである。そしてその他の点をも含む合意に基づく迅速な作業をへて1992年12月24日に戦争帰結処理法が公布されると同時に，平均値である約22万人が事実上の上限として固定されることとなった。それ以前には目安となる数字がなく，連邦管理庁の裁量で受け入れ数の制限が図られていたが，これ以後，年間22万人以下で推移することになったのは，その数字が運用上の指針として固定されたのを受けて流入が強力に抑制されたからにほかならない。視点を換えれば，与野党で一致を見た22万人のレベルにまで抑えるという目標が先にあり，その手段として必要な制度面の改編が行われたといってもよい。前掲の表9で見たように，1993年には前年に比べて受け入れ申請件数がかなり大幅に減少したが，それにはこうした合意を踏まえた戦争帰結処理法の制定によって移住許可証取得の審査が厳しくなり，申請の断念につながったことが作用していると考えられる。

　以上で見た抑制策について『シュピーゲル』は「ヤヌスの頭のモットー」に従っていると評し，「諸君が現在いる場所にとどまっている限り，諸君は来てもよい」

という欺瞞性を抉りだしているが，扉が半ば開かれていることを軽視している点で不適切な表現であるとしても，首尾一貫しない面を言い当てているのは間違いない。[37]
いずれにせよ，上記の方策は当面の問題処理のために編み出された短期的ないし中期的な措置という性格が濃厚だが，そうだとすれば，戦争帰結処理法によって長期的見地からアオスジードラー問題の決着に至る道筋が確定されたことにも触れておく必要があろう。同法は上記の改正された手続きにしたがって1993年1月1日以降にドイツに入国したアオスジードラーをそれまでと区別して「後発アオスジードラー」として一括しているが，特に重要なのは1993年1月1日以降に出生した者に対してはこの法的地位を認めないとしている点である。それまではアオスジードラーの子にはやはりアオスジードラーの地位が認められ，それがアオスジードラーの数を膨らませることにもなったが，この連鎖が改正によって断ち切られ，その結果，アオスジードラーの再生産は不可能になったのである。もちろん，すぐにはその効果は現れず，これによってアオスジードラー問題が早晩片付くというわけではない。しかしアオスジードラー予備軍が消滅に向かうことによって問題自体が次第に薄らぎ，いずれは消えていくのは間違いない。その意味で，「ドイツへの民族的に特別扱いされた流入の終焉が射程に入った」とR.ミュンツたちが評しているのは正当であり，第二次世界大戦終結前後から尾を引く問題に決着の見通しがようやく開かれたといえるのである。[38]

　次に第二の柱である，財政的負担の軽減と移住の魅力の希釈を狙いとする様々な給付やサービスの削減に目を向けよう。

　アオスジードラーの数が少なかった1987年までの時期には，反共プロパガンダの観点からも彼らには生活面での手厚い待遇が用意されていた。出身地での生活を棄ててドイツに来た彼らには本来は生計を立てる目処はなかったが，しかしドイツに入国するとすぐに社会国家ドイツが提供する種々の社会給付を受け取ることができたからである。例えば入国した当座は失業状態に陥るが，これに対しては出身地での職業に対応した失業手当が支給され，一定の期間が経過すると失業扶助が与えられた。また先進国ドイツで職に就くためには職業的技能が必要になるし，好ましい職を見つけるにはドイツ語の習得が前提とされるが，そのために職業訓練を受けたり，ドイツ語講習に通う期間も一定の範囲で生計への援助が行われた。さらに住居についても，入国当初に収容されるフリースラントもしくはニュルンベルクの施設を出たあとでもアオスジードラー用の住宅に入居することができたのであり，その建設のために連邦政府は1975年に1億6,900万マルク，1980年には2億7,600万マル

クを州に対して支出している。これらの援助のうちでも失業手当は保険料を全く負担していなくても最低レベルに位置づけられなかったことから、一般の市民よりもアオスジードラーが優遇されていた代表例と見做されているが、それ以上に彼らが得た厚遇をよく示しているのは、ドイツ到着時に与えられた歓迎金であろう。連邦内務省の文書によれば、入国したアオスジードラーには最初の数日の小遣いとして連邦政府から成人に150マルク、子供に75マルクが歓迎金の名目で与えられた。そして割り当てられた州政府からは同じ趣旨で当座金として家族1人につき30もしくは15マルクが手渡されたのである。このような待遇に関し、「ドイツに来たアオスジードラーはドイツへの他のいかなる流入者集団にも提供されない統合のための援助を受けた。移住者に対するこれほど包括的な援助は歴史上殆ど類例がない」とミュンツたちが記しているのは決して誇張とはいえない。その意味では「特権的移民」というアオスジードラーについての彼らの規定は間違いではないのである。

しかしながら、それだけに際立つのは、H. インゲンホルストが指摘するように、「連邦共和国への入国から就職までの過渡期にアオスジードラーに保証された物質的な給付が1989年以降＜空っぽの社会金庫＞という現実に合わされ、削減された」事実である。実際、アオスジードラーの激増に照らせば、社会国家ドイツの恩恵にそれまでどおり全員を浴させることは財政的に困難であり、援助の切り下げは不可避だったといえよう。こうした方向への最初の一歩になったのは、1990年1月に施行された統合適正化法である。そしてこれに続き、戦争帰結処理法によって1993年1月と94年1月から二段階に分けて各種の援助の切り下げが実施されたのである。

そうした変更については後でも触れるが、まず1990年からは失業手当の支給が廃止され、その他の給付と併せて統合手当に一括されたうえで、支給期間も312日に短縮された。そして1993年1月からはより少額の統合扶助に切り換えられ、給付期間も原則として234日に再度短縮された。そのほか、失業扶助に準じる形で生活の窮迫が支給の条件とされ、それまでのような一律の給付は廃止された。また統合扶助の受給者には求職活動が義務づけられ、その結果、従来は職業訓練期間中は手当が出されていたのとは異なり、職業訓練を受ける場合には統合扶助は与えられないことになった。さらに出身国で最低150日以上継続して保険料に相当する負担をして就労していることが統合扶助受給の要件とされた。しかもこれらの切り下げに加え、1994年1月からは統合扶助支給期間の延長はいかなる場合も認められないことに変更されたのである。

一方、年金についても同様な削減が行われた。確かに戦争帰結処理法では出身国

での就労期間はドイツでの社会保険加入義務のあるそれとして扱うことが定められたから，保険料拠出の期間の面では不利益は生じなかった。けれども出身国で就労した実績があってもドイツで職業についたことのないアオスジードラーの場合には，最大で40％年金が削られた。また1996年以降に入国する者については最低レベルの年金が支給されることになった。M. マティゼクが指摘するように，押し寄せるアオスジードラーは年金制度を破綻させるという偏見がドイツ国内では広く見られたが，このような大幅な削減はそうした偏見に対応したものだったともいえよう。(45) さらに1989年までは認められていた12ヵ月間ドイツ語講習を受ける権利も切り下げられ，6ヵ月間に改められたため，ドイツ語能力の不足のために希望する職に就くことは一層困難になった。これらの変更の結果，『フォークス』の伝えるところでは，1990年に73億5千万マルクに達していた統合のための連邦政府の支出は1996年には31億3千万マルクにまで低下したものの(46)，その裏では，H. インゲンホルストが指摘するように，「以前にはアオスジードラーは物質的にも法的にも失業手当受給者と同等だったのに，時間の経過とともに彼らは社会的ヒエラルギー，物質的給付，法的地位の階梯を段階的に下降していった」のである。(47) こうしてドイツに移住すれば手が届くはずの「黄金の西欧という幻像」は様々な面で崩され，ドイツへの移住と豊かな生活の享受との距離が拡大したために，移住の魅力が減じられることにもなったのである。

　以上でアオスジードラーの急増に直面して行われた政策転換の結果，連邦政府が新たにとるようになったアオスジードラー政策の第一と第二の柱を見てきた。これらに共通しているのは，一般の外国人と区別して独系人であるアオスジードラーを受け入れる従来の路線は堅持するものの，財政面の制約などから門戸を狭くし，限られた数だけを引き受けるという抑制とコントロールの方針であるといえよう。その意味でそれらがドイツへの無制限な流入に対する歯止め策だとすると，最後の柱である生活基盤形成に対する援助は引き止め策として位置づけられる。そして流入を抑えるという基本方針からブレーキ策の実効性を高めるためにも引き止め策に重心が移されつつあるのが現状だが，これについては種々の動きが見出される。

　まず生活面などでの支援策に関しては，1996年6月に公表された報告からその輪郭を読み取れる。ここでは国別の詳細は省略して骨格だけに注視するが，それによればドイツ政府の独系人支援策には八つの指針がある。独系人がある程度密集して生活している場所を重点地域とすること，効果が長期的な性質の支援措置をとること，他の民族の成員に対して独系人の優遇になるような支援を行わないこと，支援

表11　連邦内務省の年度別支援総額（単位：100万マルク）

1990年	1991年	1992年	1993年	1994年	1995年	1996年
97.5	120	180	157	172	143.5	150

（出典）Info-Dienst Deutsche Aussiedler, Nr.79, 1996, S.9.

は当該国政府もしくは官庁の了解の下に実施すべきであり，合同の政府委員会の設置が望ましいことなどがそれである[48]。

　これらの原則に立って行われる支援は，経済，農業及びインフラ関連の支援，独系人の交流を促進するための支援，社会的援助の三つに大別される。第一のそれには農業技術面での教育と助言，協同組合設立の際の支援，手工業経営での設備購入に当たっての援助，上水道のようなインフラ改善についての支援などがある。第二のそれとしては集会施設の設置と本，新聞，ビデオのような備品の提供，セミナーや親睦旅行の実施，ドイツ語講座の開設とドイツ語出版物の助成などがある。また最後の社会的援助には食料支援をはじめとする生計安定化のための援助，医薬品の供給と医療設備の改善のための援助，老人ホームの設備のような高齢者向けの援助などが含まれる。そして連邦内務省の予算からこれらの支援のためにこれまでに表11に掲げた金額が支出されており，その結果，連邦政府特別代表部の文書によれば，旧ソ連では1993年1月時点で独系人住民の比率が高いシベリア西部，カザフスタン北部，ヴォルガ地域で食肉，パン，チーズなど食料品の生産振興支援が実施されているほか，各地に60の集会施設が設置され，225の幼稚園，549の学校，30の大学にドイツ語学習の設備が備えられるに至っている[49]。そして例えば1991年から95年までに総額6,000万マルクが注ぎ込まれた西シベリアのハルプシュタットでは行政機関の建物がドイツ政府の援助を得て新築されたほか，病院，薬局，給油所などが整備され，今後銀行，スポーツ施設が建設される計画になっている。また農業面ではビール醸造が軌道に乗り，新たな雇用を生むとともに，畜産が発展しつつあるが，これらもドイツからの技術面での支援によるところが大きいという[50]。さらに1992年12月29日にドイッチェ・ヴェレとサラトフ放送局の間で協定が締結され，連邦内務省が提供する設備を使ってサラトフ放送局が1993年3月から衛星経由でドイッチェ・ヴェレの番組を毎日放送することになったことも付け加えておくべきであろう[51]。特別代表部はまたルーマニア国内の独系人に対する支援に関しても概要を示す文書を作っているが，それを見ても同国の三つの独系人居住地域に合計60の集会施設が設けられているほか，医療面，農業面での援助が行われているのが分かる。しかも同時にドイツ語新聞や雑誌の発行に助成が行われているのをはじめ，60のドイツ系の

学校にはドイツ語の教材と教育機器が供与されており，薄らぎつつある独系人としてのアイデンティティの形成を目標にして教育面に力が注がれている。これと同じ努力は無論ハルプシュタットなどでも続けられている。しかしR. フレールが伝えるところによると，例えば同地区ではいくつもの村で流出が流出を呼ぶ雪だるま効果として知られる連鎖移民に類似した現象が起こって独系人がほぼ完全に姿を消してしまっており，ドイツ語の堪能な人々がみつからなくなった影響で教師が不足しているために母語による授業が成り立ちにくい状態に立ち至っているのが現実であるという。

一方，自治の回復に関する動きを旧ソ連に限ってみておけば，1990年11月9日に独ソ協力条約が結ばれ，独系人の民族的，言語的，文化的アイデンティティが保護されることが定められたが，これを踏まえて翌91年7月4日には上述のハルプシュタットとオムスク地区のアソヴォにドイツ民族郡（Deutscher Nationaler Rayon）が設立された。その際に発表されたアオスジードラー問題特別代表ヴァッフッンシュミットの声明でも，両郡に関する1994年と96年の特別代表部の文書でもその詳細は明らかになっていないが，主として文化面での自治権が中心になっているものと思われる。設立当時にB. バチアが『フランクフルター・アルゲマイネ』紙に載せた寄稿によれば，12の村落からなるハルプシュタットの人口は2万2千人であり，そのうち1万8千人が独系人であるといわれる。また同地域には戦間期の1927年に民族郡が設けられ，粛清が頂点に達していた1938年に解体された経緯があり，1991年6月12日に初めて実施されたロシア共和国大統領選挙の機会を利用して村民投票が行われ，民族郡の再設置が明確な支持を得たことも銘記されるべきであろう。その後ハルプシュタットとアソヴォでは自治を強化するために，これらを一つにまとめてドイツ系行政地区に格上げする運動が起こっているが，内政干渉にならない範囲でこれを下支えすべくドイツ政府はこれらの地域での生活基盤強化を重点的に進めている。

また自治問題の焦点であるヴォルガ自治共和国の再建についてはドイツ政府はソ連を継承するロシア連邦政府と引き続きその実現に向けた交渉を行っているが，これまでのところの最大の前進といえるのは1992年7月10日に署名された協定であり，そこでは自治共和国の段階的再建に向け両国政府が協力することが合意された。その後，93年3月23日にはロシア政府はこれを確認する覚書を手交し，段階的再建の約束は国際法上の拘束力をもつに至った。けれどもロシア政府が予定地域として提案する場所がミサイル発射演習場に近くて独系人の納得を得られないことや，再建

によって不利益を受ける虞れのある独系人以外の民族の権利保護が依然として障害になるなど難点が多い上に、どのような段階を踏んで再建にこぎつけるのかという道筋や手順で協議が難航しているため、目立った進捗が見られないまま今日に至っているのが実情といってよい。こうした停滞を招いている要因としては、交渉相手であるエリツィン政権が不安定であり、多数の民族を抱えているロシア政府としては、独系人に対して過大な譲歩をすれば他の民族に波及しかねないという懸念があることや、難航する市場経済化を前進させるうえでドイツから統一是認の代償に上積みした援助を引き出し、あるいは憂慮されるNATOの東方拡大を牽制するカードの一つとして独系人問題を利用するという思惑が存在することなどが考えられる。ともあれ、1996年秋までにロシア・ドイツ人問題ドイツ・ロシア合同政府委員会が8回にわたって開かれてきたが、同年10月23日から3日間ボンで開催された第8回のそれを受けて発表されたコミュニケでは、「ヴォルガ地域と西シベリアでの住宅と職場の創出および文化と教育の促進は依然として優先課題である」と記されるにとどまっている。また同委員会の成果に関するヴァッフェンシュミットの声明にも、文化面での協力の進展などが触れられているものの、ヴォルガ自治共和国復活のステップに関する文言は全く見出されず、言及が意識的に避けられているのが現状である。コミュニケや声明でのそうした扱いにドイツ側関係者の苦渋を読み取るのは決して難しいことではない。

　さらにロシア以外でもいくつかの動きがある。ソ連の後継諸国と結んだ条約に基づいてドイツ政府は少数民族としての独系人の権利擁護を目指しているが、これに応じる形で例えばキルギスタンでは1992年にドイツ文化地区が設立されることが大統領によって布告された。またウクライナでも同年に独系人の文化的自治の確立を目指してウクライナ・ドイツ基金が設けられ、1996年には教育と文化に活動の主眼を置くウクライナ・ドイツ民族評議会が設置された。同様にカザフスタンでは1993年にドイツ人の民族的再生のためのプログラムが定められ、ドイツ文化の確保が目標とされた。けれどもこれまでのところみるべき成果はほとんどなく、いずれも紙上の計画の域をそれほど出ていないといわれている。

　以上で見たように、ドイツ政府は門戸を開きながらも、旧ソ連からの独系人の流出をできるだけ抑制するために様々な援助を実施してきている。同時に他方では、自治共和国の回復が流出抑制効果があるという認識に立ってロシア政府と交渉を続け、ロシア・ドイツ人の悲願達成を間接的に後押ししてきている。けれどもヴォルガ自治共和国についてはその復活への道筋が依然として見えず、懐疑的な空気が色

濃く存在しているのが実情であり，その中で，ドイツ政府の意図に反して旧ソ連からの移住者が後を絶たず，アオスジードラーの大半を占めるまでになっているのは先に検討したとおりである。また E. シュミット＝カラートの調査によっても，政治的自律性の回復には流出を押しとどめる効果は余りなく，市場経済への移行の途上にあるロシアなどの経済状態の混沌が未来への展望を失わせ，多くのロシア・ドイツ人にドイツへの移住を唯一の希望と感じさせる事態を招いていることが明らかになっている。この点は K. クンツェも強調しているところであり，1998年年頭の『パーラメント』紙上で「ヴォルガ共和国への領域的再結集はもはや考えられない」とし，「ロシア・ドイツ人の統一的領域のチャンスはますます乏しくなっている」と指摘するとともに，経済の破綻を背景にして彼らの間で出国意志が強いことに注意を促している。[59] では必ずしも温かいとはいえない一般市民の視線に晒されつつ，父祖の故国であるドイツに帰還した独系人たちにはどのような生活が待っていたのであろうか。次にこの問題を考えてみよう。

4. アオスジードラー統合問題への視点

1997年4月の『シュピーゲル』は「危険な他所者」というタイトルで外国人に関する特集を組み，外国人による犯罪が多発していることなどを取り上げて「外国人の統合は破綻した」との命題を掲げている。その記事によれば，「ますます多くの市民が自分の国で脅かされていると感じ，守勢に追い込まれている」のが現実であり，「ドイツは何もかも奪い尽くされる国に零落している」という感覚が支配的になってきているからである。[60] この見方に対しては，当然ながら異論が提起されており，統合が破綻したというのは極論だとする批判が出されているが，[61] その当否はさておき，ここで注目に値するのは，『シュピーゲル』の特集の中で統合の失敗の実例として外国人青少年と並んでアオスジードラーの若者にも照準が合わされている点である。同記事の伝えるところでは，ドイツとは全く異なる文化の中で少年期を過ごしたアオスジードラーの若者たちはドイツ社会への適応に種々の困難を抱えている。その結果，彼らの学歴は全般に低いだけでなく，外国人と同様に他所者扱いされるために就職で不利益を受け，失業率が一般のドイツ人青年に比べてかなり高くなっている。そうした背景から彼らの中には非行に走ったり犯罪に手を染める者も多く，外国人青少年とともに危険な社会集団の一つに数えられている。「研究者，警察，ソーシャルワーカーたちはとりわけ二つの最大の集団を都市部の時限爆弾と見做している。第2・第3のガストアルバイター世代の約60万人のトルコ人青少年

と，1990年以降に崩壊したソビエト帝国からドイツにやってきた約50万人のアオスジードラーの若者がそれである。」[62]

　青少年犯罪の増加をはじめ治安が全般的に悪化しているドイツの現状に照らすとこのような報道は極めてセンセーショナルといわざるをえないが，その真偽を確かめるのは実は容易ではない。犯罪に関する基礎資料は連邦刑事庁が毎年作成する警察犯罪統計であり，そこに収められている被疑者の統計ではドイツ人と非ドイツ人が区別され，年齢別の数字も示されているものの，それにもかかわらず，R. ガイスラーと H. D. シュヴィントとの激しい論戦に見られるように，外国人犯罪に関する見解は大きく対立しているのが実情である。[63] そうだとすれば，確固たる統計的基礎の存在しないアオスジードラー青少年の犯罪を論じることは一層困難であり，予断や憶測にとらわれない検討が如何にして可能になるのかは外国人の場合以上に疑問だとしなければならないであろう。[64]

　もちろん，真偽のほどを別にすれば，『シュピーゲル』の特集で問題視されているアオスジードラーの社会的統合がそれ自体として検討を要する重要なテーマであることに異論はないであろう。実際，独系人とはいってもドイツとは異質な文化を吸収して成長した人々がどのようにしてドイツ社会の一員になりうるのかは，これまでのところそれが成功しているか失敗に終わっているかを問わず，極めて興味をそそる問題といえよう。もっともここでは多岐にわたるこの問題に深入りすることは不可能であり，表層を一瞥するにとどめざるをえない。社会的統合を考えるには，その前提として，アオスジードラーの人口学的構成を眺めておくことが必要とされるが，その前に統合に関わる若干の留意点に触れておこう。

　最初に確認しておく必要があるのは，ローテーションを原則としていた当時はもとよりその後も永住帰国の可能性を残したままドイツに移ってきた外国人労働者とは違い，アオスジードラーの圧倒的多数が生まれ故郷への帰還の可能性をもたないことである。彼らは出生してから属性としてきた出身国の国籍を放棄し，故郷，友人，さらに財産の一部を捨てて出国してきた人々であって，基本的にドイツ以外に生活を営む場所は彼らには存在しないといってよい。たしかに一部にはアオスジードラーはドイツと出身国との間の懸け橋であるとする見方も存在している。例えばアクティオーン・ゲマインジンの文書には「二つの言語と二つの文化に馴染んだ民族ドイツ人はドイツ人とロシア人との仲介者でありうる」と述べられており，アオスジードラーの一種の効用に対する期待が表明されている。[65] けれどもそうした見方はあまりにも楽天的と言わざるをえない。なぜなら，彼らは故郷と出身国を自分の

意思で捨てたのであり，いわば後戻りできない懸け橋を渡り終え，あるいはその橋を自らの手で壊した人々にほかならないからである。事実，出国申請を提出してから受ける圧迫や嫌がらせを覚悟し，家屋や家財道具などをほとんど二束三文で売り払う以外にないことを承知のうえで，彼らは故郷を去りドイツに永住する決意を固めて出国してきているのである。

　この点を踏まえれば，帰国の可能性が開かれている外国人に比べ，アオスジードラーの統合が一層重い課題になるのは容易に理解しえよう。なぜなら，増大が顕著になった1987年から1998年までで258万人にも達するこの集団をドイツ社会に適応させ，安定的に組み入れるのに失敗するなら，『シュピーゲル』が描くように，彼らがドイツ社会の「時限爆弾」と化す可能性を排除できないからである。連邦雇用庁付属研究所のB. コラーは次のようにこの問題に注意を促している。「もしこの人々の多数にとってドイツへの統合がうまくいかないなら，それは彼ら一人一人の運命に深刻な影響を及ぼすだけでは済まない。かくも大きな集団が社会の片隅に追いやられていることはドイツの社会平和をも確実に損なうことになるであろう(67)。」

　第二に確かめておかなければならないのは，統合という概念の内容である。ドイツでは統合に当たる語として Integration のほかにしばしば Eingliederung も用いられるが，V. アッカーマンが示唆しているように，使用された政治的文脈は異なっているものの，これら二つの用語はほとんど同義語と解して差し支えない。したがってここで問題になるのは，同じ概念を使っても含意が必ずしも同一ではないことである。例えばB. ディーツらは「統合は原理上社会生活のすべての分野を包摂し，その最終的帰結においては受け入れ国における経済的，社会的，文化的生活への流入者の対等な参加を意味する」と述べ，職業，学歴，結婚などでの特殊性が薄れて受け入れ国の社会でマジョリティとの同等な地位が得られた状態を想定している。またさらに進んでアオスジードラーの統合に関する調査では彼らは政治的・社会的参加の面を重視している。これを狭義の統合と呼ぶなら，他方には統合のより緩やかな理解として，流入者が明確に識別される集団を形成していても彼らの生活が受け入れる社会で経済的に安定し，心理的にも特段の不安を抱かなくなった状態を考える立場があっても不思議ではないであろう。その代表例として B. コラーは K. ホルストマンの定義を挙げている。さらに C. シュマルツ＝ヤコブセンは「統合は正確には定義できない」とした上で，「必要なのは，流入者たちが社会の発展に参加するうえで基本的な統合の要件の定式化である」と述べ，人間の尊厳とすべての人の平等の尊重などを統合の最小限度の要件として挙げている(70)。統合の概念についてはこ

のように広狭の落差が大きく，内実が定まらないのが特徴になっているが，ここではその理由の詮索は必要ではない。むしろその概念との関連で重要なのは，次の2点を指摘しておくことであろう。そして同時にこれが確認しておくべき第三の事柄をなす。

その一つは，法律面での統合と事実上のそれとを区別することである。アオスジードラーに即していえば，外国人とは異なって彼らは法律上はドイツ人として扱われる。しかし権利・義務の平面では一般のドイツ市民と同等であっても，大学進学者の比率がかなり低い事実一つをみれば明白なように，彼らが普通のドイツ人と等しいライフ・チャンスを享受しているとはいいがたいのが現実である。その意味で，外国人問題などを論じる場合と同じく，アオスジードラーの考察に当たっても二つのレベルを混同しないことが求められるといえよう。

もう一つは，広狭いずれに解しても統合が数年から数世代に亙る過程であって，短期間では完了しないという理解では一致があることである。生計が確保され，生活が安定して不安が鎮静することを統合という場合でも，そのことが流入者の抱える問題がすべて解決したことを意味しないのは当然の了解事項になっている。その点から見れば，場合によっては数世代を要する内面的統合に至る最初の段階が広義の統合として位置づけられているといっても誤りではない。換言すれば，統合とは静止した状態ではなく，緩慢に進行し，時には逆行もありうる一連の過程の総称にほかならないのである。

以上の諸点を踏まえた上で，ドイツに移住してきたアオスジードラーの人口学的構成を最初に検討しておこう。

この問題に関し，連邦内務省の広報文書には次のように述べられている。「好ましからざる年齢構成のためにドイツ連邦共和国の人口はどの試算によっても将来減少する。五つの新たな州の加入もそのことを本質的には変えなかった。だから子供

表12　アオスジードラーの年齢構成（単位：%）

年齢層	1989年	1990年	1991年	1992年	1993年	1994年	1995年	1996年	1997年	1998年
0～5歳	13	10	11	11	10	9	8	8	7	7
6～17歳	18	18	22	25	25	26	26	26	25	25
18～19歳	3	4	3	3	3	3	3	3	4	4
20～24歳	10	9	8	6	6	7	7	8	9	9
25～44歳	36	33	33	34	34	34	34	34	32	33
45～59歳	12	15	13	11	10	11	11	11	12	12
60～64歳	4	5	5	4	4	3	3	3	4	4
65歳以上	4	6	6	7	7	7	7	7	7	7

（出典）　Info-Dienst Deutsche Aussiedler, Nr.22, 1991, S.17.；Nr.45, 1993, S.15.；Nr.82, 1996, S.21.；Nr.104, 1999, S.25より作成。

のいる若い家族を主体としているアオスジードラーは均整のとれた人口構造に寄与する。アオスジードラーは国内人口よりも2倍も若く，半分の年齢なのである。」⁽⁷¹⁾この一文には少子化と高齢化に起因する人口構成の歪みを是正する効果がアオスジードラーに期待されていることが明白であろう。と同時に，その効用を強調することによって，アオスジードラーの受け入れに懐疑的な一般市民の姿勢を改めることが意図されているのも明らかであろう。たしかにそうした期待を抱かせるに十分なだけアオスジードラーの平均年齢が若いのは連邦政府特別代表部の資料が裏付けている。それによれば，1989年以降のアオスジードラーの年齢構成は表12のとおりである。一見しただけで18歳未満の青少年が多く，逆に60歳以上の高齢者が少ないのが分かる。18歳未満は1990年に28.4％，1995年には34.3％を占めており，アオスジードラー全体の3割前後が青少年であるが，他方，60歳以上はそれぞれ11.0％と13.0％であり，1割強にとどまっている。また生産年齢の中で近い将来に高齢者の列に加わる45歳から60歳未満の年齢層を見ても各々14.8％と10.7％を数えるだけであるから，アオスジードラーについて高齢化が問題になるのは比較的遠い将来だと言って間違いない。年齢構成の面でのこうした特徴はドイツの国内人口のそれと対比するとより一層際立つ。1989年12月31日現在の西ドイツの人口構成は18歳未満が18.2％であるのに60歳以上は20.8％でこれを上回っており，1994年12月31日時点でもそれぞれ18.9％と22.5％で青少年よりも高齢者の方が多いのが一目瞭然になっている。さらに生産年齢のうちで中高年に当たる45歳以上についても1989年暮れには20.0％，1994年暮れには20.4％であり，生産年齢の層が全体として高齢化しているのが判明する。これらと比べればアオスジードラーの年齢構成が国内人口と比較して若い層に重心があるのは明白であろう。1995年に限って言えば，国内人口では45歳未満は57.7％を占めているが，他方，アオスジードラーではその比率は79.0％に達しているのである。⁽⁷²⁾

　このように国内人口とは異なる年齢構成が認められる理由としては，ドイツではかねてから少子化傾向が現れているのに反し，アオスジードラーは依然として多産であることが挙げられよう。また高齢者が少ない点については，故郷を捨てる心理的負担やドイツ社会に適応する困難が高齢になるほど大きくなり，出国への足枷になっていることも考えられよう。ともあれ，若い年代に重心がある点でアオスジードラーは国内人口から截然と区別されるのであり，むしろ事実上ドイツに定住化している外国人との共通面が濃厚といえよう。けれども視線を性別に向けた場合，法的地位などと並んで彼らが外国人とは異なった集団であることが改めて浮かび上が

ってくる。ローテーションによる出稼ぎからスタートしたために外国人では男性の割合が高いのは別稿で示したとおりだが[73]，アオスジードラーでは男女比のバランスがとれている点に一つの特徴があるからである。これは彼らが出稼ぎの性格をもたず，家族ぐるみの移住であることを反映したものといえよう。事実，一例として1995年で見れば，八つに分けたうちの一つを除きどの年齢層でも男女の数はほぼ均衡しており，例外をなす65歳以上の年齢層だけは女性の長命などのためにバランスが崩れる形になっている。また男性の比率をとっても，1990年に49.6％，1995年には48.6％であって，均衡がとれていることが確かめられるのである[74]。

ところで，ドイツの国内人口に比べてアオスジードラーでは若年層の比重が高いことは，上述の連邦内務省の文書に示されるように，人口構成の歪みを直す効果を期待させるものといえるが，それだけではなく，経済面から見た場合，彼らがドイツ社会にとって負担になるのではなく，逆に効用をもたらすことを示唆している。この点に関し，ケルンのドイツ経済研究所（IW）が鑑定書を作成しているが，それによれば，高齢化や高い失業率のために見直しが不可避となり，社会国家の改造論議の中で焦点に据えられている社会保険に即してみただけでも，表13が示すように，1991年から95年までの実績では，年金，医療，失業の各種社会保険でアオスジードラーの存在は重荷になっているどころか，総じてメリットになっていることが明らかになっている。また2010年までの推計では失業保険でもこれまでのマイナスがプラスに転じると見込まれることなどから，全体のメリットの幅がかなり拡大すると

表13 社会保険に対するアオスジードラーの寄与 （単位：億マルク）

	年金保険	疾病保険	失業保険	計
1989－1990年	－9	－12	－28	－47
1991－1995年	＋106	＋52	－77	＋81
1996－2000年	＋281	＋92	＋123	＋496
2001－2005年	＋331	＋39	＋76	＋446
2006－2010年	＋289	－9	＋5	＋285
2011－2015年	＋224	－	－	＋224
2016－2020年	＋212	－	－	＋122
計	＋1,344	＋162	＋101	＋1,607

（出典） Tobias Just und Christa Lörcher, Junge Aussiedler und Aussiedlerinnen als Chance begreifen, in : Volk auf dem Weg, Nr.11, 1997, S.16.

表14 連邦・州・自治体でのアオスジードラーの財政効果 （単位：億マルク）

	1989－1992年	1993－1996年	1997－2000年	計
収 入	395	1,206	2,038	3,639
支 出	465	828	995	2,288
差 引	－70	378	1,044	1,351

（出典） Just u.a., op. cit., S.16.

予想されている。同様に連邦，州，自治体の財政面で見た場合にも，表14が教えるように，受け入れと統合のために要した支出とアオスジードラーの税負担などによる収入を比べると，1993年から96年までの実績では彼らが財政上の寄与をしていることが確かめられ，今後も少なくとも2000年までは寄与分が拡大すると見込まれるのであり，一般の想像とは反対に，アオスジードラーは深刻化している財政悪化の一因ではないことが判明する。これらのデータを基にすれば，アオスジードラーがドイツ社会にとっての負担ではなく利得であることは，政府サイドやアオスジードラー支援団体などによって宣伝されているとおりである[75]。この基本的事実を踏まえ，彼らを厄介者扱いし，その若者を「時限爆弾」とさえ捉えて危険視する社会的風潮を是正する努力が続けられているが，それでは財政面でメリットになっているのが確かだとしても，彼らはドイツ社会に統合されているといえるのであろうか。社会的統合のためにどのような措置が用意されており，統合はどの程度進行しているのかを若干の主要な論点に即して次に検討してみよう。

5. 統合の現状と問題点

まず言語面から統合の実相を眺めよう。

故郷を棄ててドイツに移住しただけでなく，ドイツ国籍を取得しドイツ人として永住しようとする以上，アオスジードラーにドイツ語能力が要求されるのは当然であり，ドイツ社会に溶け込むためにはドイツ語を習得することが前提になるのは説明を要しないであろう。しかしロシア・ドイツ人の生活状況を見た際に触れたとおり，現実には独系人のすべてが十分なドイツ語能力を有しているわけではない。それどころか，近年ではロシア化などの形で同化が進展しており，独系人であってもドイツ語を母語と感じない人々が半数を割っているのが現実である。ドイツへの永住を決意して移住してきたロシア・ドイツ人の間ですら自分のドイツ語能力を良好と評価する人が必ずしも多くないのはそのような現実を反映している。しかし問題となるのは，1980年代末以降アオスジードラーとしてドイツに入国した人々のドイツ語能力がそれ以前の人々と比較して劣っていたのが実情であるのに，このところ移住してくるアオスジードラーのそれが一段と低下してきており，特に若年になるほど低くなる傾向にあることである[76]。実際，「ドイツ語はますます父母もしくは祖父母の言語に化している」とさえ評されているのが近年の現状にほかならない[77]。この点については正確なデータは存在しないものの，専門家の共通認識になっており，統合の困難さが増すことから憂慮されているといわれる。その原因についてM.ミ

ヒェルらは次のように指摘している。「1992年までに入国したアオスジードラーの場合には故郷で閉ざされたドイツ人社会もしくは独系人の村落で暮らし，そこでドイツ文化とドイツ語を身につけることができた人が多かったのに，この間そうした人々の比率は低下してきているように見える。」そして代わって増えてきているのが独系人以外と結婚したアオスジードラーであり，「いわゆる通婚者の割合が近時増大している事実がドイツ語能力にかなり影響している」というのが多くの専門家に共通する見解であると付け加えている。[78]

 ところで，問題を一層深刻にしているのは，それにもかかわらずドイツ語習得のための支援策が後退していることである。[79]すなわち，学校教育段階を過ぎたアオスジードラーの大半はドイツへの移住直後からドイツ語学習講座に参加していたが，1992年末まではその費用は雇用促進法に基づき連邦雇用庁が負担していた。また職業訓練を受けようとする青年に対しては連邦女性青少年省の援助でドイツ語学習の場が設けられていた。しかし1993年からは一般の勤労者が支払う保険料を原資にしていた費用は連邦が直接負担することに変更されるとともに，それまでの統合手当が後述する統合扶助に切り替えられ，その最長支給期間も8カ月から6カ月に短縮されたために，十分な時間をかけて習得することが困難になったのである。[80]ドイツ語講座の意義は単にドイツ語を言葉として学ぶところにあるだけでなく，ドイツ社会で必要な生活情報を提供し，適応を促進することにあるが，その点を考慮すれば，この変更がもたらした影響は決して小さくない。[81]しかしそうした質的な面での影響の詳細はこれまでのところ明らかになっていないので，ここでは量的な面に限定し，一例としてまずドイツ語講座への参加者数を指標としてみるなら，その年平均は表15のとおりであった。一見する限りではアオスジードラーの増減に照応していて格別の問題はないようにも映る。けれどもそうした対応関係一つをとっても，ドイツ語能力の全般的低下に従って学習の必要性が高まっていることを考えれば，習得できないままドイツでの生活を始めなければならない人々が増大していることが推測されよう。

 一方，1995年から1996年にかけての冬に東欧研究所が実施した調査に目を向ければ，1990年から1994年までにドイツに入国したロシア・ドイツ人の家庭で使われる

表15　ドイツ語講習への参加者数（年平均）（単位：人）

1989年	1990年	1991年	1992年	1993年	1994年	1995年	1996年	1997年	1998年
86,312	107,360	72,387	50,264	57,546	53,428	48,651	45,984	38,125	21,307

(出典)　Info-Dienst Deutsche Aussiedler, Nr.34, 1992, S.22.; Nr.57, 1994, S.22.; Nr.82, 1996, S.29.; Nr.104. 1999, S.35より作成。

言語はドイツ語とロシア語の併用が45.7％，ロシア語が45.0％であってドイツ語は7.8％でしかなく，日常生活にドイツ語を使うのが容易ではない人々の割合がかなり大きい実態を窺わせる結果になった[82]。また同調査で回答した15歳から26歳までの旧ソ連出身のアオスジードラー青少年についても，自分のドイツ語能力を「極めて良好」もしくは「良好」と自己評価するのは3.2％と30.0％にとどまる一方，52.6％が「まずまず」，残る14.3％は「劣る」ないし「極めて劣る」という結果であり，半数以上が自分のドイツ語能力に自信を持てないでいることが明らかになっている。こうした実情は交友関係にも表れており，アオスジードラーの青少年の54％は友人が主として同じアオスジードラーからなっていると答え，故郷を棄ててドイツに移ってきたにもかかわらず，新しい社会に溶け込めていない状況が浮き彫りになっている[83]。もっともアオスジードラー青少年に見出される互いに固まる傾向は単に言語だけに起因するのではなく，それによって「かつての故郷の一種の代用品」が得られるからであることは容易に察知しうるところであろう。

　ドイツに移住してくる独系人たちのドイツ語能力が低くなっているのに加え，支援体制が後退しているためにアオスジードラーのドイツ語能力は全般的に下がってきていると推定されるが，そうだとすると社会的統合の中心的要素をなす職業面でのそれが困難さを増すのは当然であろう。なぜなら，一般的に言って好ましい職場を見つけるには一定水準のドイツ語能力を備えていることが必要条件になるからである。しかし言語以上に重要な問題は，彼らが故郷で身につけてきた職業的知識や技能が多くの場合ドイツでは通用せず，同種の職を得るためにはより高いレベルが求められることであり，別言すれば，職業的な再訓練なしには職を見つけられないで失業するか，より下位の職業に就くしかないことである。

　この関連でまず就業していたアオスジードラーの故郷での職業分野を一瞥すると表16のとおりになる。工業及び手工業とサービス業で大半を占め，そのうちではサービス業の比率が拡大してきているのが分かる。他方，農林業と鉱業は意外に少な

表16　アオスジードラーの故郷での職業（単位：％）

	1989年	1990年	1991年	1992年	1993年	1998年
工業的・手工業的職業	49	47	40	37	35	37
サービス部門の職業	37	35	43	47	49	43
技術的職業	6	6	7	9	8	9
鉱業部門の職業	3	2	1	1	1	1
農林業的職業	3	4	5	6	7	8
その他	1	6	3	0	0	2

（出典）Info-Dienst Deutsche Aussiedler, Nr.34, 1992, S.19.；Nr.57, 1994, S.19. Bundesverwaltungsamt, Jahresstatistik Aussiedler 1998, Köln 1999, S.5f より作成。

表17 出身国とドイツでのアオスジードラーの職業地位 （単位：人）

ドイツでの職業地位	出身国での職業地位							
	職業教育中	不熟練	半熟練	専門労働者	マイスター	職員	自営
職業再訓練	2		1	2		12	2
職業教育中	1					2	
不熟練		5	6	8	1	8	
半熟練	2	2	12	24	5	10	1
専門労働者	2			32	3	5	
マイスター				2	2		
職員	3	1	3	4	4	57	2
自営			1	2	2	2	2
計	10	9	24	74	15	96	7

（出典） Geogrphisches Institut der Universität Göttingen, Integration von Aussiedlern und anderen Zuwanderern in den deutschen Wohnungsmarkt, Bonn 1993, S.98.

く，また技術的職業の比率も概して小さいといえる。これを一見する限りでは，先進国に共通する経済のサービス化が進んでいるドイツの産業構造に比較的近い構成ということができるように見える。そして例えば追加的労働力を受け入れる余力のない農業を例にとれば，農業部門で働いていたアオスジードラーが少ない点からドイツの労働市場へのアオスジードラーの統合にはそれほど大きな障害は存在しないようにも映る。しかし分野により一様ではないものの，現実には技術水準の相違のために職業的統合の困難は全般的にかなり大きい。例えば旧ソ連で金具工として働いていたアオスジードラーの技能はドイツで必要とされる技能全体の一部にしか相当せず，新しい技術が全く欠落しているところからドイツで同種の職場を確保することは不可能なのが実情といわれる。そのために所管の自治体に金具工として登録し，統計上工業・手工業従事者として数えられていても，ドイツの労働市場でそのような存在として扱われ，相応した職場を見つけるチャンスはないに等しいのが実態である。[84] 実際，技術水準の落差を反映して，表17に掲げられた調査結果が示すように，出身国での職業地位より低い職業地位に就いているアオスジードラーが少なくなく，社会的に下降する動きが看取される。その上，F. ハンブルガーたちによれば，近年のアオスジードラーの技能レベルは低下する傾向にあり，「彼らによってもたらされる技能の使用価値はますます減少しつつある」のが実情にほかならない。[85] こうして高い技能に対する要求が強まりつつあり，職場の確保を巡る競争が激しさを増すなかでアオスジードラーが競争から脱落して底辺に沈淪し，「近代化の敗残者」になる危険さえ指摘されるに至っている。この点を踏まえれば職業訓練の支援が不可欠となるのは多言を要しないが，ではその体制はどのようになっているのであろうか。

表18　アオスジードラーの職業訓練参加（単位：人）

	1987年	1988年	1989年	1990年	1991年	1992年
故郷で就業していた者	41,640	98,120	196,288	192,889	116,316	119,889
ドイツでの職業訓練参加者	11,067	13,079	35,273	91,365	116,331	100,602

（出典）　Barbara Koller, Aussiedler in Deutschland: Aspekte ihrer sozialen und beruflichen Eingliederung, in: Aus Politik und Zeitgeschichte, B48/93, 1993, S.18より作成。

　ドイツに移住したアオスジードラーがすぐに職を得るのは例外的で，大多数はいったん失業状態にならざるをえないが，この時期に最初にドイツ語の習得に努力が傾けられ，しばらくして職業訓練に入るケースが一般的になっている。その意味で入国時期と職業訓練開始の時期にはズレがあるが，B.コラーが伝えるところによれば，故郷で就業していた1992年までのアオスジードラーの数と職業訓練参加者の数は表18に見るとおりであった。そこには大半がドイツへ入国した後に職業訓練を受けていることが明瞭に示されている。好ましい職場を見出すうえで必要なこの職業訓練は，1992年末までは統合手当によって保証され，訓練に要する費用も公的に負担する制度が存在していた。しかし1993年1月からはそれまでの統合手当に代えて統合扶助が支給されるようになったのに伴い，ドイツ語学習と同様にここでも支援の後退が現れた。すなわち，その支給期間が従来の10カ月から8カ月に短縮されたのに加え，職業訓練に参加している場合には支給を6カ月間延長できたのが，1994年以降は延長が認められなくなったのである。その結果，1992年前半に5万8千人を数えた訓練参加者が翌93年前半には1万9千人に急減した事実にみられるように[86]，職業訓練を中途で放棄したり，最初から参加しない人々が増えると同時に，不十分な訓練のために職業的技能として通用しないまま多くのアオスジードラーが労働市場に送り出される傾向が強まっている。ドイツでは資格が重視されるのは周知の通りだが，そうしたドイツ社会で通用する技能を修得しても相応しい職場を確保するのは簡単ではないことを想起するなら，その帰結が職場を見つけられないアオスジードラーの増大すなわち失業問題として現出したのは当然であろう。しかもドイツ経済が安定成長を続けていた限りで労働力需要が緩やかながら拡大してきたとしても，統一ブームが去って産業立地の衰退が議論される局面になると，不熟練労働者を中心にして失業率が徐々に上昇し，その波はアオスジードラーのうえにも及ぶことになった。つまり，技能レベルの低さや職業資格の欠如に加え，ドイツ経済が本格的な低成長の段階を迎えたことがアオスジードラーを失業問題に直面させるに至ったのであり，ゲッティンゲン大学地理学研究所の報告書はアオスジードラーに失業者と並んで就業期間が短期の不安定雇用が多い点を重視している[87]。

こうしたことは社会扶助を受給するアオスジードラーの増大という形でも現れている。ミヒェルらは統合扶助支給期間の延長の必要性を説いているが，その理由はドイツ語も職業的技能も不十分である限り，「社会扶助へのアオスジードラーの転落はほとんど避けがたい」からである。彼らは「社会扶助によって生計を立てる以外にないアオスジードラーの比率のかなりの増大」によってこのことは裏付けられるとし，ドルトムントやゾーストなどノルトライン＝ヴェストファーレン州の地域レベルの調査結果を提示しているが，全国的な調査が行われていない中ではそのデータは説得力があり，出身国での圧迫を逃れるだけでなく，より良い暮らしへの期待を抱いてドイツに移住してきたアオスジードラーたちが陥っている窮状が浮き彫りになっているといえる[88]。

　もっとも失業扶助や生計扶助の形でアオスジードラーが社会扶助を受けるに至る原因となる失業そのものについても詳しい調査は存在しない。ベルリンのドイツ経済研究所（DIW）のまとめでは，全体の失業率が8.3％だった1995年のアオスジードラーのそれは14.8％だったとされるが[89]，地域レベルの詳細なデータを提供している点ではミヒェルらの研究がここでも役立つ。公式の統計には就業しているアオスジードラーのデータはなく，失業している場合にだけその数が把握されているが，ノルトライン＝ヴェストファーレン州における1994年9月の失業者をアオスジードラーとそれ以外に分けると，前者は37,748人，後者は723,483人であり，失業者総数の5.0％がアオスジードラーであることが判明した[90]。またその比率はドルトムントでは6.4％，ゾーストで11.9％，ベルギッシュ・グラートバハで10.4％などとなっている。このように地域によってアオスジードラーの失業の実態にはかなりの差があるが，そうした顕著な相違はさらに性別や職種別にデータを検討した場合にも見出される。例えば同州の女性の失業者総数は318,468人だったが，アオスジードラー女性は23,867人であり，7.5％を占める結果になっている。こうした例に見られるように，地域，職種，性別などの面でかなりの落差を伴いつつ，全体としてはアオスジードラーの失業率がそれ以外の人々に比べてかなり高率であることは容易に推察できるのであり，正確な数字が不明であることなどのために断定はできないとしても，ミヒェルらが指摘するとおり，その主因は不完全な技能と不十分なドイツ語にあると考えられるのである[91]。

　支援の後退によって職業面での統合の困難が拡大しているだけでなく，ドイツ経済の低迷によってアオスジードラーが一般のドイツ市民以上に失業問題の重圧に晒されているとすれば，その他の面でも彼らの生活に種々の問題がつきまとっている

のは推測に難くないであろう。生活全般について検討することは不可能だから，ここではこれを所得と住居に限って瞥見しておこう。

　まず所得に関しては，1995年のアンケート調査でアオスジードラーの12.6％が何らかの種類の社会扶助を受けていたことが明らかになっている。[92]同じ調査で一般市民では3.2％という結果だったことから，受給者がアオスジードラーではかなり高率であり，それだけ経済的に困窮していることが分かる。このことはアオスジードラー家庭に低所得層が多いことを推定させるが，その点は家計を一見すれば歴然としている。というのは，一般家庭の平均月間所得（グロス）は4,428マルクだったが，アオスジードラーでは800マルク以上も少ない3,608マルクだったからである。しかも西ドイツ地域だけをとれば，一般家庭のそれは4,843マルクであり，格差は一層拡大する結果になる。その上，世帯の人数を考慮に入れて1人当たりの可処分所得で比較するなら，正確なデータはないものの，世帯規模が大きいためにアオスジードラー家庭が一般家庭の平均を大幅に下回るのが確実なのは改めて指摘するまでもないであろう。

　同様のことは住居についても当てはまる。アンケート調査では住居の空間が狭いと感じるのは一般市民で17.3％であるのに，アオスジードラーでは半数を上回る52.4％に上り，住宅がアオスジードラーにとって主要問題の一つであることが裏付けられた。その背景には，無論，1980年代末から目立つようになったドイツ社会全体での住宅事情の逼迫がある。そのために少なからぬアオスジードラーがドイツに入国してからも住宅を得られないまま何年も一時的収容施設で暮らしているのが実情であり，近年では一室に数人から10人ちかくが起居するケースも決して珍しくないのが現状である。また住宅が確保できた場合でも多くは狭小であり，自分専用の個室を求める青少年を抱える家庭が多いだけに，住宅問題は教育問題とも重なる形で深刻化している。また種々の事情から「密集した居住」がアオスジードラーの特性になっており，周囲の社会との接触を遮る障害になっていることも併せて指摘しておくべきであろう。もとより多くのアオスジードラー家庭は低所得層に位置しているところから社会住宅に入居するチャンスが大きい事実を忘れてはならない。実際，収容施設を出たアオスジードラーの40.7％が社会住宅で暮らしているという調査結果があり，その数字は50％近くに達するというデータも存在するが，[93]ある意味で優遇されているといえるそうした状態が，他面では，希望しても社会住宅に入れない一般市民の間にアオスジードラーに対する反感を拡げる原因になっていることも見落とすことはできないであろう。

以上で検討してきたように，ドイツに移住するアオスジードラーが急増する勢い を呈し始めてから，連邦政府は表向きは受け入れの原則を掲げながらも，出身地へ の定着のための支援策や流入を抑制しコントロールする規制策を強化してきている。 そして社会的統合の面でこれに対応するのが統合手当から統合扶助への移行に伴う 統合支援の後退であることは言うまでもない。実際，統合支援の財政的規模を見る なら，1991年には総額で約6億マルクだったのに，1995年には3億マルクに半減し ているのである。[94] アオスジードラーの数が少なく，事実上の出国禁止の形で独系人 に対する圧迫があった冷戦期には，共産圏における人権抑圧のプロパガンダの上で もたしかにアオスジードラーは歓迎される存在だった。しかし冷戦の終焉とともに イデオロギー的役割が終わり，その数が急増するようになる一方で，成長を続けて きたドイツ経済の陰りが濃さを増し，失業率の上昇とともに労働市場の受容能力の 限界が露呈してくると，彼らは歴史的な義務から引き受けられるが必ずしも歓迎す べき存在ではなくなった。そしてこの変化を反映して，それまでの無条件の受け入 れの原則は軌道修正されるとともに，拡大する財政赤字によっても制約されて統合 のための支援も後退を余儀なくされるに至ったのである。[95]

　もちろん，各種の文書で強調されているように，人口構成の面から見ればアオス ジードラーがその正常化に寄与することは事実であるし，経済面でも巨視的に眺め れば負担になるよりはむしろメリットのある存在であることも確かである。しかし その反面，連邦や自治体の財政の現状に照らせば，彼らの社会的統合が言語面でも 職業面でも負担を増していることは否定し難く，統合支援策の後退によって彼らが 社会的問題グループになりつつあることも認めざるをえないであろう。確かに大家 族の中で権威を持ち「移住のモーター」になった高齢層では，「ドイツ人の間でド イツ人として暮らす」という「生涯の夢の目標に到達したという感情を移住後に抱 く」ところから，ドイツ社会の現実に接して不満が生じても重大な危機に陥ること は少ない。[96] その意味では，統合支援の後退のしわ寄せが集中的に表出しているのは 青少年であるといえよう。なぜなら，彼らの多くは親の意志で故郷と友人から引き 離されてドイツに連れてこられたからであり，また出身国の学校と家庭で植え込ま れた集団中心的な価値観を払拭し，ドイツ社会で支配的な個人主義的なそれを習得 しなければならないからである。その意味で青少年は両親以上に深刻なアイデン ティティの危機に直面しているが，W. ヨクシュが描いている17歳の少女にその一端 が見出される。「私はカザフスタンを立ち去りたくなかった」という彼女は2年前 にマグデブルク近郊に住み着いたものの，以前はファシストと罵られ，今は完全な

ドイツ人としては扱われない点で，マイノリティに属していることに変わりはなく，「多くの子供が根を断ち切られた若木のようだ」というアオスジードラー施設の責任者の指摘のとおり，彼女も自己懐疑に陥っているという。[97]

　このように世代によって出国の動機もドイツ移住後の生活の評価も異なっており，アオスジードラーの統合問題を考える場合には世代の視点を欠落させることができないのは明らかであろう。世代による出国の動機の相違に関しては B. ディーツと P. ヒルケスの研究で取り上げられており，「エスニックな動機」が1930年以前の出生の年代では44％あるのに対し，1955年以降に生まれた者では31％にとどまり，むしろ「家族的動機」が47％と最高になっていることなどが示されている。[98]このデータからは，若い年代ほどドイツ人という立場から移住を当然視するのではなく，家族で決定した移住に従う傾向が強いことが読み取れよう。一方，移住後の生活についてはR. フィンケとH. ミヒェルの研究が貴重であろう。その中ではベルリンのリヒテンベルクで1997年に行われた調査結果が示されているが，例えば「ドイツでの生活に対してあなたがかけた期待は満たされましたか」という設問に対し，「はい」の回答は37歳以上では76.5％もあるのに，36歳以下の年齢層では39.5％しかなかったことが指摘されている。[99]ここから浮かび上がるのは，移住後の種々の困難にもかかわらず，中高年層では満足度が高いのに反して，若年層では失意が広範に見出される現実である。実際，後者ではドイツで歓迎されているという感情を抱いているのは13％でしかないという調査データも存在しており，[100]彼らの大半がドイツ社会の中で疎外感を抱きつつ日々を過ごしていることが明らかになっている。ロシアでファシストと蔑まれていた彼らは，ドイツではロシア人と見做されて締め出され，社会の周縁に追いやられているといってよいのである。

　ここから帰結するアイデンティティの危機は教育面とも連動している。彼らは全般に学業不振のために進学で振るい落とされ，職業生活でもよいスタートを切れない者が多数に上っているのが現実だからである。現にギムナジウムに進んだり，大学で学ぶアオスジードラー青少年の比率は同年代のドイツ人の若者と比べてかなり低いというデータがあり，逆に基幹学校を修了しないまま学業を終わる者が比較的多いことも明らかになっている。これに関する一例を挙げれば，ノルトライン＝ヴェストファーレン州のリッペでは基幹学校の生徒の30％をアオスジードラーの子弟が占めているが，他方，その比率は実科学校では14.5％，ギムナジウムではわずかに1.1％でしかなく，ゲザムトシューレでも10.1％にとどまっている。[101]このように学歴が低い背景には，アオスジードラー家庭の生徒の多くにとって実科学校修了が追

求される目標になっていることや，他の生徒以上に彼らの間ではできるだけ早く経済的に自立することへの願望が強いという事情があることも考慮しなければならない。

また他方では，既述のように，アオスジードラー青少年が犯罪にかかわるケースが増大していることも憂慮されている。正確な数字は明らかにならないものの，例えばニーダーザクセン州の三つの郡ではアオスジードラーの増加に伴い1990年以降青少年犯罪が134％も増加したことが確認されているが，かなりの部分がアオスジードラーによるものと推定されているし，これに焦点を当てた『フォークス』の記事には暴力犯罪や麻薬犯罪などの実例がいくつも挙げられているからである。同様に，学校やその他の場所で徒党を組んだアオスジードラー青少年とドイツ人側のグループとの間の暴力沙汰も多発していると見られており，関係者の間で重大視されている[102]。これらの点を踏まえるなら，『シュピーゲル』が典型例であるように，旧ソ連から来たアオスジードラー青少年を社会的時限爆弾と捉えるのは誇張の感を否めないものの，しかし彼らが深刻な問題を抱えているのは間違いない。換言すれば，青少年の例は統合支援の削減ではなく，一層の充実が急務になっていることを立証しているといえよう。

こうした実態が浮かび上がる中で，B.ディーツの研究を筆頭にしてアオスジードラー青少年に対する関心が近年急速に高まってきているが，それだけでなく，SPD所属の連邦議会家族・高齢者・女性・青少年委員会委員長E.ニーフイスの新聞への寄稿や，CDU/CSU連邦議会議員団アオスジードラー問題責任者E.-M.コァスのポジション・ペーパー中の「アオスジードラー青少年を取り巻く問題状況は特別な統合促進策を必要とする」という文章に示されるように，政治家の側からも真剣な眼差しが向けられるようになっている[103]。コール政権は末期にアオスジードラー青少年への取り組みを強化するために必要な枠組みを策定していたが，これを引き継ぐ形でシュレーダー政権になってからも，特別代表ヴェルトが「アオスジードラー政策2000」と題する文書に寄せた序言で「歴史的責任」の自覚を喚起しつつ，彼らの統合を中心課題に据えることを表明したのは，そうした問題の深刻さを反映するものといえよう[104]。いずれにせよ，『シュピーゲル』のように彼らの統合が破綻したとまでいうのは言い過ぎであるとしても，重大な岐路にさしかかっているのは確かであり，1980年代までのように社会的摩擦を起こしたり世論の注視を浴びることもなくアオスジードラーのドイツ社会への統合が進展することはもはや完全に過去のエピソードになっているのである。

結び

　以上で我々はロシア・ドイツ人を例に取りながらドイツのアオスジードラー問題を大きく二つの側面に分けて検討してきた。それによって明らかになったことを最後に簡単に整理するとともに，若干の考察を加えておこう。

　まず第一の側面として，アオスジードラーとしてドイツに入国してくるのはいかなる人々であるのかという問題に光を当て，これをロシア・ドイツ人に即して考察した。それを通じて明らかになったのは，彼らが過去に行われたドイツからの移民の子孫であるだけではなく，出身地の方言や習俗，文化などを受け継いできており，移住地の社会に同化することなく，自分たちに特有の独系人社会を築いてきたことである。また同時に，外国からの移住者集団として顕著な民族的特性を有する閉ざされた社会を形成するとともに，全般的に見てロシア社会で経済的に成功していたために，多民族からなるロシア帝国内で民族意識が強まるにつれてマイノリティとして次第に圧迫に晒されるようになり，とりわけドイツとの二度の戦争を契機にして敵国と同じ民族であることを理由にして苛酷な抑圧を受けるに至ったことも明確になった。独系人が嘗めたそうした辛酸と並んでさらに重要なのは，第三帝国の崩壊によって独ソ戦が終結した後も独系人に対する抑圧体制がすぐには解消されなかったことである。すなわち，「独系人の戦後史における零時」はソ連ではようやく1956年に訪れたのであり，悲願であるヴォルガ自治共和国の再建の目処が依然として立たないことに示されるように，権利回復に至る道程が長いことがアオスジードラー問題の歴史的背景を形作っている。つまり，とりわけヒトラーが仕掛けた戦争の結果，ソ連国内に住む独系人たちがまさにドイツ人の血を引きドイツ文化を守っていたために悲惨な運命を強いられ，その影響が今日までなお残っているという歴史的事実がアオスジードラー問題の根底に存在すること，これがまずもって確認されねばならない事柄なのである。

　第二に視線を向けた側面は，このようにして生じたアオスジードラーを西ドイツ及び統一ドイツがどのようにして受け入れ，社会的統合がどの程度達成されているかという問題である。受け入れについての検討からは，冷戦のために西ドイツに流入するアオスジードラーの絶対数が少ないことを前提にして，歴史的経緯に対する配慮と冷戦期に特有な政治的計算に基づいて長らくとられてきた無制限に受け入れる方針が，1987年からその数が急増するようになると急旋回を余儀なくされたこと，そしてそれまで通り表向きは寛大な受け入れの立場をとりながらも，実際には抑制

とコントロールを強めると同時に，出身国への定住化を促進する政策に転換していることが把握できた。他方，社会的統合に関しては，産業立地ドイツの衰退とともに労働市場が狭小になる一方，統一によって旧東ドイツ地域の経済再建のために巨額の財政移転が必要になったことから財政赤字が拡大しつつある状況下で，大量の難民と併せて急増したアオスジードラーの統合が推進されねばならなかったことを想起する必要がある。その状況の厳しさは，失業問題が内政面の最大のテーマになり，豊かさの代名詞でもあった社会国家の改造が不可避になっていたことなどを見れば容易に了解できよう。[1]その結果，人口構成面や財政面でアオスジードラーの寄与が期待しうるものの，当面の財政上の制約のために彼らを社会に統合するための支援策が後退したのは決して不思議ではない。その代表例がそれまでの統合手当が1993年から統合扶助に切り替わったことである。このような支援策の後退によって加速されつつ，ドイツ語が不十分で職業的技能も低いためにアオスジードラーの失業率が高いことや，その多くが低所得層に属していることも統合が困難さを増している指標といえよう。その困難をとりわけ可視的に体現しているのは青少年であり，彼らの学歴が全般に低いだけでなく，アオスジードラー家庭の出身者がグループを作り，非行や犯罪に走るケースが多いことは，ドイツ社会に彼らが溶け込めないままアイデンティティの危機に陥っていることを表していると考えられるのである。

　ところでアオスジードラーの社会的統合が成功しているとは言いがたい背景には，彼らを外国人と同様の他所者と見る広範な市民感情があることを忘れてはならない。異なるメンタリティと価値観を持ち，ドイツ語を全くもしくは不満足にしか話せないアオスジードラーが一般のドイツ市民の目に外国人に類似した存在として映っても必ずしも不思議ではない。そしてアオスジードラーが外国人と同列の存在に見えるとするなら，外国人より彼らを優遇することは不当に感じられるばかりか，庇護を求めてドイツに来る外国人には基本法を改正してまで厳しい制限を課しているのに，独系人に対しては寛大な受け入れを表明しているのは血統主義的な観念や偏狭な民族感情に根差した差別と見做されても無理からぬところがあろう。実際，こうした受け止め方に基づいてこれまで連邦政府のアオスジードラー政策に対して厳しい批判が行われてきたことは，1996年前半の選挙戦でアオスジードラー問題が争点の一つに据えられて再燃した際に新聞や週刊誌で報じられたとおりである。確かにナチスの過去に照らせば庇護権は戦後ドイツの良心に関わる主要なテーマであり，アオスジードラーを受け入れる以前に政治的迫害を受けている庇護申請者の受け入れを優先すべきであるという主張にはそれなりに説得力があることは否めない。し

かしアオスジードラーは亡命とは無関係であり，庇護申請者とは異なるカテゴリーの集団である以上，両者の優先度を比較することが本来無理であって，その政策は後者を巡る問題とは別個に論じられなければならないのも確かであろう。同様に，彼らが一般の外国人とも異なっていることを踏まえれば，外国人労働者には門戸を閉ざしているのにアオスジードラーには開き，その上，統合のための支援をしているのは不当な差別であるとする見解も，同列に並べることができないものを並べる誤りを犯していると言わなくてはならない。そのことは，故郷を捨てたアオスジードラーにはドイツ以外のどこにも行き場がないのに，外国人には帰国の可能性が開かれている一事を見ただけで明白になろう。

けれども論理的には成り立つこうした反論によっては問題が片付かないところにアオスジードラー問題の今日的特徴があるように思われる。実際，この反論が説得的でありうるのは一定の前提を共有する限りにおいてであろう。その前提とは，ヒトラーが始めた戦争のために独系人たちが受けたいわれのない嫌疑と苦難に対してドイツ国民として歴史的責任を引き受けることにほかならない。もしその苦難に対する歴史的責任がないと考えるならば，ドイツ的習俗を有してはいても彼らは外国人としか映らず，特別な処遇をする理由は消滅するであろう。したがってまた彼らにだけ認められている寛大な受け入れは文字通り差別という意味しか持たなくなるであろう。他方，歴史的責任を認める場合であっても，彼らの悲惨な境遇は既に解消されているという認識に立ったり，ドイツ語すら満足に話せない独系人はドイツ人とは見做しがたいという立場をとれば，彼らをアオスジードラーとしてドイツに受け入れる必然性は消え，一種の補償問題が残るだけになる。言い換えれば，アオスジードラー問題はいかにしてコントロールしつつドイツに移住させ社会的に統合するかではなく，どのような形で戦争に起因する被害を償うかという問題に変じるであろう。

このように考えれば，今日，アオスジードラー問題が多面的な相貌を有していることはおのずから明らかになる。実際，ドイツ国内で戦後世代の増大とともに戦争の記憶が次第に薄れる一方，出身国での独系人の生活状態が改善され，その社会への同化が進行するにつれてアオスジードラーを見詰める目に変化が生じたのは当然だった。例えば旧ソ連から移住した独系人たちの組織であるロシア出身ドイツ人同郷人会などによって追放者同盟は構成されているが，それが発足した1949年当時は離散した家族の再会や兵士の復員，疎開先からの帰還などで国内における人の移動が激しく，そうした状況では大量の追放者と難民の受け入れも是非を超えた事柄だ

った。また1953年に連邦追放者法が制定され、受け入れ対象者が拡大された時も、独系人たちの嘗めた苦難は生々しく、しかも大部分はドイツ語を話せたことから、シュレスヴッヒ゠ホルシュタイン州のようないわゆる難民州を除けば深刻な軋轢を生むまでには至らなかった。そうだとするなら、40年以上に及ぶ冷戦期の間に出身国での生活条件が改善され、ドイツ社会でも世代交代につれて歴史的記憶に変化が現れた以上、1980年代末から急増したアオスジードラーが温かく迎えられなかったのは怪しむに足らない。それどころか、その存在さえ長く忘れられていたことを考えれば、ドイツに押し寄せるアオスジードラーが1950年代とは異なる集団として受け止められたのは当然だったというべきであろう。実際、大量の独系人の出国を可能にしたペレストロイカや東欧変革の過程で戦争に由来する彼らに対する圧迫は緩んでいたから、アオスジードラーを追放者の一カテゴリーとして位置づけて追放者に包摂する長く維持されてきた法的扱いは実態に合致しなくなっていただけでなく、出身国の社会への同化の進行に伴いドイツ語すら話せない独系人が増えていたから、国民意識にも馴染みにくい存在になっていたといえよう。その意味では、一般のドイツ市民の冷ややかな視線が連邦内務省の文書などで指摘されている彼らの来歴に関する知識不足に起因していると考えるのは過度の単純化であり、戦後史自体の重みを無視するものといわざるをえないのである。

　こうしたことを踏まえて今日アオスジードラー問題がいかなる相貌を呈しているかを最後に整理してみよう。

　その一つの側面はドイツ・ナショナリズムの特性と関係している。すなわち、旧ソ連・東欧圏の独系人たちがドイツからの移住者の子孫であり、ドイツ的習俗を頑なに維持していることから、彼らを同じドイツ人と見做し、民族同胞と捉える感情が広範ではなくても連綿と存在している事実をアオスジードラー問題は示している。この点は19世紀に行われたアメリカへのドイツ人移民についてはほとんど問題にならないが、それは彼らがアメリカ社会に融合し、時間が経過する間にドイツ的特性が殆ど見分けがたいほど希薄化しているためだと考えられる。事実、アメリカ社会の中のドイツ系移民たちはその勤勉さによって豊かな農業地帯を築き、「移民による立身出世の代表例」になっただけでなく、「もっとも上手に同化した移民」と評されている。[3]これに対し、ロシアなどへのドイツからの移住者たちは閉鎖的社会を形成し、その内部で信仰、生活態度と生活様式、言語、祭礼などが継承されてきたのであり、この理由から、第二次世界大戦後は同化傾向が強まってはいるものの、今日では失われてしまった一昔前のドイツ人の姿を彼らに見出し、いわば古風なド

イツ人と見做して彼らに民族的な共属感を抱く潮流がドイツ国内に存在している。もっともこの立場は政治的には「民族同胞の回収」のスローガンのような膨張主義につながる危険があり，偏狭なナショナリズムを煽る可能性を孕んでいることから，公の場ではその直截な表明は抑制されてきたことも注意が払われねばならないであろう。

　またこの関連では，既に触れたように，ドイツ国外の独系人の数が敗戦に伴う難民と追放のために激減し，彼らに対する関心が薄れた結果，そうした立場が持ちうる政治的インパクトが限られていることも見落とされるべきではない。H.-W. ラウテンベルクによれば，遅くとも1960年代の末には追放者・難民などの社会的統合は終了したという認識が一般的であり[4]，それ以後彼らの存在は関心をもはや集めなくなった。しかも他方では，国外の独系人が戦前に比べて大幅に減少したために，従来のような民族的観点からの東欧世界への関心は希薄化した。そのことを端的に示すのがブラント政権が推進した東方政策であるが，これに野党のCDU・CSUが全力を挙げてまでは抵抗しなかったことは，1951年に80％の西ドイツ市民が後退した東部国境を否定していたのに，1972年には18％にまで縮小していた事実から窺えるように，戦後ヨーロッパの国際秩序を既成事実として是認し，オーダー＝ナイセ線を含む国境も不可逆的でもはや変更不可能なものとして事実上受け入れることがコンセンサスになったことを表現していた。換言すれば，東西ドイツの外部に住む独系人を民族同胞と捉え，彼らを包含するような国家構想はもはや殆ど成り立つ余地がなくなっていたことを東方政策を巡るドラマは告げていたといえよう。この時期以降，東部領土の回復の主張には共感が寄せられないばかりか，現実を忘れた一片の夢想と見做されるようになったのであり，その意味で，ドイツ国民の民族的関心は基本的に東西ドイツの版図の中に収まるようになったといえる。この点で，アオスジードラー問題に対する関心の低さや冷淡さは，ドイツ外部の独系人に対する戦争前までの熱い関心と対照をなしているのであり，国家的境界と民族的境界との乖離というドイツ近現代史を貫く主要問題がようやく解消され，もはや東方にまで民族的関心が向かわなくなったことを反映していると考えられるのである。

　第二の注目すべき側面は，ドイツが仕掛けた戦争の帰結を独系人が背負う結果になったことから，アオスジードラー問題が広い意味での戦後処理の一環に位置づけられることである。この点は敗戦から40年が経過したのを機にワイツゼッカー大統領が行った周知の演説に追放者への言及があり，一般の西ドイツ市民には苦難に対する無理解が広く見出されることが指摘されていることからすぐに推察できる[5]。し

かしそのことをより鮮明に示しているのは，後発アオスジードラーの法的概念を確定した1993年の法律に戦争帰結処理法の名称が与えられている事実であろう。ズデーテン地方から独系人が戦争終結後に大量に追放された経緯があることから難航してきたドイツとチェコの和解協定がようやく1997年初めに調印され，同年末にはチェコ国内のナチス犯罪被害者に対する補償の具体策がまとまった例に見られるように[6]，ドイツの戦後処理は戦争終結から50年以上隔てた今なお未完であるが，チェコのケースと同列に論じることはできないとはいえ，戦争がなければ独系人が塗炭の苦しみを味わわずに済んだことを思えばアオスジードラー問題が戦後処理に関わることは殆ど自明といえよう。ドイツの戦後処理について語るとき，ドイツ占領下で強制労働や蛮行の被害を受けた諸国の住民が念頭に浮かべられ，補償問題に焦点が絞られるのが通例といえるが，直接的にドイツの責任に帰される問題だけに戦後処理が限定されねばならない必然性があるわけではない。その意味ではドイツが始めた戦争のために苛酷な運命を強いられた独系人たちの存在もまた忘れられてはならないのである。

　アオスジードラーが見せる第三の相貌は労働力問題としての側面である。そして労働力である限りで彼らには外国人と一括りにして論じうる一面がある。

　先に触れたように，歴史的責任を問わなければアオスジードラーは外国人と同種の存在として映り，基本的に労働力政策の観点から受け入れの是非や規模が問題にされることになる。しかし特別な措置を容認する場合でも，その規模が大きく労働市場やさらには住宅状況などへの影響が避けられないことから，受け入れを無制限とするかコントロールするかという問題が生じ，労働力政策の視点からの判断が必要になる。全国的に失業率が上昇し，とりわけ旧東ドイツ地域で大量の隠れた失業者を抱えて雇用不安が高まっていた1993年からコントロールが強化されたことはそのことをよく証明している。また公的負担との関連では，仮にアオスジードラーで高齢者の比率が高く，財政的負担が大きいことが明瞭だとしたら，受け入れ制限はもっと厳格なものになっていたであろうと思われる。このことは，逆説的ではあるが，社会保険や税負担の面で彼らの寄与が小さくないことや若い年代の比率が大きいことが関係機関の文書で強調されているのを見るなら容易く推察できる。それだけではない。西ドイツが豊かな国に発展する土台が経済の奇跡によって固められたのは周知のとおりであり，追放者たちの膨大な労働力がなければその奇跡は起こりえなかったことが戦後ドイツ史に関する一種の常識になっているといっても過言ではないが，そうした常識に依拠してアオスジードラーの効用が喧伝されていること

は，歴史的責任のみではなく，労働力政策の論理によっても彼らの受け入れが根拠づけられていることの証左であろう。この面から眺めれば，西ドイツで外国人労働者の導入が開始されたのが拡大する労働力需要を東ドイツから来るユーバージードラーやアオスジードラーでは充足しえなくなった段階だった事実は意味深長といえよう。なぜなら，そのことはアオスジードラーと外国人労働者とに労働市場で経済外的理由から優先順位がつけられていることを物語っていると同時に，労働力であるかぎりで基本的に置換可能な等質的存在として扱われていることを暗示しているからである。つまり，歴史的根拠に基づく優先順位があるものの，労働力という点ではドイツの外部から来るアオスジードラーには外国人労働者と共通する一面が存在しており，両者は広い意味でのミグレーションとして一括することが可能なのである。

　ここではアオスジードラーが見せる主要な相貌にだけ言及するにとどめるが，無論これら以外にも興味深い論点はいくつも存在している。しかしそれらに立ち入るのは避け，本章で行った検討に基づいて最後に次のことを改めて確認しておきたい。それは，ドイツは移民受け入れ国ではないとの公式の立場を連邦政府は崩していないものの，現実には K. バーデなどが言うように今日のドイツが移民受け入れ国の状態を呈しているのは周知の事柄であるが，しかし歴史的に振り返ると，ドイツは移民を受け入れた国というよりはむしろ送り出した国だったことである。この点に関しては19世紀のアメリカへの移民が比較的知られているが，しかし移民は無論これに限られていたわけではない。ロシア・ドイツ人に即して見てきたように，それより先に東欧世界へのドイツ人の移住が行われていたのであり，しかもアメリカへのそれとは違い，移住地の社会に同化せず，民族的特性を保つ努力が払われた事実が銘記されなければならない。また一方，東欧世界への移住が大規模に行われたことは，何よりもドイツが地理的にヨーロッパの中央部に位置していること，すなわち中欧の国にほかならないからであることを示している点に注意が向けられるべきであろう。ドイツが中欧の国であることはその歴史に数えきれない刻印を押しているが，自明であるだけに厳然たるその事実がともすれば看過されやすいことも否定できない。実際，ドイツがヨーロッパの中央に位置しているのでなければ，多くの独系人が東欧圏に定住することはありえなかったと考えられるし，住み着いた独系人がもっと少なかったなら，国民国家としてのドイツの完成が1990年まで遅滞することはなく，ドイツ問題がヨーロッパを揺り動かす激動の震源であり続けることもなかったかもしれないと思われるのである。その意味では，アオスジードラーの人

々は,多数のドイツ人がロシアや東欧地域に移住したという移民送り出し国としてのドイツの過去とその歴史に刻み込まれたドイツの地理上の位置を想起させ,今日でも数百万と推定される独系人がその地に暮らしているというドイツに特有な事情への注意を喚起するだけにとどまらない。同時に彼らはまた,19世紀後半に至ってようやく可視的な形姿を整えたドイツという国家の成り立ちとその発展の特殊性を浮かび上がらせる存在でもあるのである。

はじめに

(1) Amt für Statistik und Wahlen der Stadt Dortmund, hrsg., Aussiedler in Dortmund, Dortmunder Statistik, Beilage Nr. 32, 1989, S. 2. 1990年4月に公表された冊子では,住宅面での「状況の切迫」のため,ドルトムントをはじめいくつかの自治体でユーバージードラーと併せ2カ月間の受け入れ停止措置がとられたことが説明されている。Dass., Aus- und Übersiedler in Dortmund, Dortmunder Statistik, Beilage Nr. 33, 1990, S. 3.

(2) Amt für multikulturelle Angelegenheiten der Stadt Frankfurt a.M., hrsg., Ferne Deutsche, Frankfurt a. M. 1992, S. 5.

(3) Barbara Dietz und Peter Hilkes, Deutsche in der Sowjetunion, in: Aus Politik und Zeitgeschichte, B50/88, 1988, S. 3.

(4) Dieter Krieger und Hans Georg Schneege, Die Deutschen in Osteuropa heute, Bielefeld 1970, S. 7.

(5) Klaus Ahlheim, Bardo Heger und Thomas Kuchinke, Argumente gegen den Haß, Bd. 1, Bonn 1993, S. 181. Aktion Gemeinsinn, Die geteilte Heimat, Bonn 1994, S. 1. さらに Jochen Oltmer und Klaus J. Bade, Einleitung, in: dies., hrsg., Aussiedler: deutsche Einwanderer aus Osten, Osnabrück 1999, S. 28参照。知識の欠如や不足については,世代差を浮き彫りにした興味深い調査報告がある。Bärbel Bunk-Auerswald, "Willkommen in Deutschland?", in: Jugendamt der Stadt Kassel, Praxisinformation: Sozialarbeit mit jugendlichen Spätaussiedlern, Kassel 1999, S. 68f, 73f.

(6) 連邦内務省が作成した広報文書では,Deutsche Aussiedler: 10 Frage – 10 Antworten が重要である。なお連邦内務省には連邦政府アオスジードラー問題特別代表が置かれ,政務次官のH. ヴァッフェンシュミット (CDU) が長く兼務してきたが,1998年秋の政権交代に伴い,J. ヴェルト (SPD) に交代した。また特別代表の名で連邦内務省からほぼ定期的に "Info-Dienst Deutsche Aussiedler" が発行されており,アオスジードラーに関する主要な情報源になっている。

(7) 坂昌樹「独逸転々」『桃山学院大学総合研究所ニュース』No.101, 1999年, 30頁。

(8) Hartmut Gassner, Aussiedlerpolitik, in: Steffen Angenendt, hrsg., Migration und Flucht, München 1997, S. 125, 128. さらに Marek Fuchs, Identifikation und Integration, in: Hartmut Wendt, hrsg., Zuwanderung nach Deutschland, Wiesbaden 1999, S. 18参照。なお1993年末にH. クレンプは旧ソ連のドイツ系市民の数を250万人程度と伝えている。Herbert Kremp,

Die Rußland-Deutschen schöpfen neue Hoffnung, in: Die Welt vom 16.12.1993. もっともドイツ系以外の民族との通婚の拡大などによって居住している社会に同化していたり，ドイツ系を自認することで生じる差別や不利益への懸念から調査でドイツ系とは答えないケースが多々あるため，正確な数を把握することは不可能であることに留意が必要である。

第1節 ロシア・ドイツ人問題の系譜－移住から「帰還」まで

(1) 野川忍『外国人労働者法』信山社，1993年，56頁以下。大野英二『ドイツ問題と民族問題』未来社，1994年，100頁以下。S. カースルズ・M. J. ミラー，関根政美・薫訳『国際移民の時代』名古屋大学出版会，1996年，116, 126頁。「在外ドイツ人」に相当するドイツ語は Auslandsdeutsche であるが，これにはすぐに説明する独系人のほかに，外国に在住しているドイツ国籍をもつ市民，外国にいるがドイツ語を話し，ドイツの文化とドイツの言語に結ばれていると感じている人々が含まれる。地理的分布などその詳細については，Wilhelm Bleek, Auslandsdeutsche, in : Uwe Andersen und Wichard Woyke, hrsg., Handwörterbuch des politischen Systems der Bundesrepublik Deutschland, Opladen 1995, S. 18ff 参照。なお，上記の3書にはアオスジードラーに関する簡単な記述がある。

(2) その具体的な数と地域・時期に応じた概要は，Heinz Nawratil, Die deutschen Nachkriegsverluste, Ingolstadt 1988 にコンパクトに纏められている。

(3) 避難民と追放者に関しては，さしあたり，Wolfgang Benz, hrsg., Die Vertreibung der Deutschen aus dem Osten, Frankfurt a.M. 1995 所収の諸論文参照。また邦語文献では，永岑三千輝「疎開と逃避行，追放による難民化」『経済学季報』（立正大学）45巻1号，1995年参照。

(4) この点に関連して，植村和秀「ドイツと東欧」木村雅昭・広岡正久編『国家と民族を問いなおす』所収，ミネルヴァ書房，1999年参照。

(5) 拙稿「統一ドイツの右翼団体と極右犯罪の現状」『社会科学論集』35号，1996年参照。

(6) シュレーダー政権が登場してから二重国籍問題は新政権の一種の目玉になり，CDU/CSU の反対署名運動という前例のない抵抗の中で行われたヘッセン州議会選挙での赤緑政権の惨敗を受け，当初の枠組みより後退した形で1999年5月に決着した。新政権が目指した当初の大枠と成立した新法の骨子のそれぞれに関しては，さしあたり，Presse- und Informationsamt der Bundesregierung, Integration fördern, Einbürgerung erleichtern: Für ein modernes Staatsangehörigkeitsrecht, Bonn 1999 および Mitteilungen der Beauftragten der Bundesregierung für Ausländerfragen, Das neue Staatsangehörigkeitsrecht, Bonn 1999 参照。

(7) Barbara Dietz und Peter Hilkes, Integriert oder isoliert?: Zur Situation rußlanddeutscher Aussiedler in der Bundesrepublik Deutschland, München 1994, S. 7.

(8) その若干の例として，Focus, Nr. 5, 1996, S. 46. Die Zeit vom 8.3.1996, S. 18. Die Welt vom 16.12.1993.

(9) Karl Stumpp, Die deutschen Siedlungsgebiete in Rußland, in: Bernd G. Längin, hrsg., Die Deutschen in der UdSSR: einst und jetzt, Bonn 1989, S. 58.

(10) Lothar Dralle, Die Deutschen in Ostmittel- und Osteuropa, Darmstadt 1991, S. 134. 邦語

文献では，ピョートル大帝の治世をロシアにおける「ドイツの時代に始まり」とする観点から，永井清彦『国境をこえるドイツ』講談社，1992年，111頁以下でドイツ人のロシア移住が手短に説明されている。しかし王室におけるドイツの血統のようなトピックの記述がある反面，本史に当たる部分が極めて簡略に扱われている憾みがある。

(11) Detlef Brandes, Die Deutschen in Rußland und der Sowjetunion, in: Klaus J. Bade, hrsg., Deutsche im Ausland–Fremde in Deutschland, München 1992, S. 86f.

(12) Alfred Eisfeld, Die Rußlanddeutschen, München 1992, S. 16f.

(13) Brandes, op. cit., S. 90f.

(14) Ibid., S. 92f.

(15) Willi Paul Adams, Deutsche im Schmelztiegel der USA, 3. Aufl., Berlin 1994, S. 25. 19世紀のドイツ人のアメリカ移住の規模や波動に関しては，桜井健吾「ドイツ人の海外移住(1815-1914年)」『南山経済研究』9巻3号，1995年，259頁以下参照。

(16) この点の簡潔な整理として，Alfred Schmidt, Sie heißen Fischer, Bauer, Koch...und kommen zu uns: Auswanderung und Rückwanderung am Beispiel der Rußlanddeutschen, Stuttgart 1997, S. 6 参照。

(17) Herbert Wiens, Die Rußlanddeutschen, Bonn 1993, S. 2.

(18) ハンス・H. バス，若尾祐司他訳「19世紀前半プロイセンにおける食糧難」『名古屋大学文学部研究論集』131号，1998年，126頁以下。

(19) Karl-Peter Krauss, Von der Schwäbischen Alb in den Kaukasus, in: Haus der Heimat des Landes Baden-Württemberg, hrsg., Die Deutschen und ihre Nachbarn im Osten, Heft 3, Stuttgart 1995, S. 37ff.

(20) Hans Hecker, Die Deutschen im Russischen Reich, in der Sowjetunion und ihren Nachfolgestaaten, Köln 1994, S. 44.

(21) Hecker, op. cit., S. 62.

(22) 例えば H. マティゼクがアオスジードラーの社会統合を論じた著書に『新参の古風なドイツ人』というタイトルをつけているのはこの理由による。Holger Matissek, Die neuen alten Deutschen, Konstanz 1996.

(23) Alfred Eisfeld, Die Deutschen in Rußland gestern und heute, in: Längin, hrsg., op. cit., S. 41.

(24) Ortfried Kotzian, Modelversuch Aussiedler: Die Deutschen in den Aussiedlungsgebieten: Herkunft und Schicksal, Bd.2, Dillingen 1991, S. 105.

(25) Ute Richter-Eberl, Geschichte und Kultur der Deutschen in Rußland / UdSSR, 2. Aufl., Sigmaringen 1992, S. 103f.

(26) Eisfeld, Die Deutschen in Rußland, S. 42.

(27) Karl Stumpp, Die Rußlanddeutschen: Zweihundert Jahre unterwegs, Freilassing 1964, S. 24f.

(28) Zit. nach Wiens, op. cit., S. 4.

(29) その写真のほか，いくつもの学校と教会の建物の写真が，Stumpp, Die Rußlanddeutschen, S. 99ff に収められており，ロシア・ドイツ人の繁栄が偲ばれる。

(30) Eisfeld, Die Rußlanddeutschen, S. 61f.

(31) Schmidt, op. cit., S. 10. Hecker, op. cit., S. 24f.
(32) Kotzian, op. cit., S. 105.
(33) Hecker, op. cit., S. 71f.
(34) この関連では，ロシア化政策に不満な人々を中心にして第一次世界大戦以前に約30万人の独系人が南北アメリカに移民した事実を無視することはできない。1928年のアメリカ合衆国の国勢調査の際，ロシア生まれのドイツ系市民は12万8千人を数えたという。Stumpp, Die Rußlanddeutschen, S. 29f. Anton Bosch, Nemzy–die Deutschen in der Sowjetunion, in: Längin, hrsg., op. cit., S. 126.
(35) Eisfeld, Die Deutschen in Rußland, S. 43.
(36) Sven Steenberg, Die Rußland-Deutschen: Schicksal und Erleben, München 1989, S. 21.
(37) Ibid., S. 22.
(38) Dietz u.a., Deutsche in der Sowjetunion, S. 4.
(39) ヴォルガ・ドイツ人社会主義自治共和国の様子に関しては，Josef Ponten, In deutschen Dörfern an der Wolga, in: Längin, hrsg., op. cit., S. 105ff 参照。
(40) Eisfeld, Die Rußlanddeutschen, S. 103.
(41) Richter-Eberl, op. cit., S. 170.
(42) Eisfeld, Die Rußlanddeutschen, S. 104f.
(43) Ibid., S. 109f.
(44) ヴォルガ・ドイツ人の強制移住については，Dittmar Dahlmann, "Operation erfolgreich durchgeführt", in: Robert Streibel, hrsg., Flucht und Vertreibung, Wien 1994, S. 201ff が詳しい。布告は，Wolfgang G. Beitz, Versöhnung über Grenzen, Bonn 1991, S. 55に収録されている。経緯や形態は異なるが，ほぼ同時期に強行され，民族の強制移住に近い大規模な集団連行については，邦語文献にリトアニアとエストニアのケースの記述がある。畑中幸子『リトアニア』日本放送出版協会，1996年，71頁以下および石戸谷滋『民族の運命』草思社，1992年，19頁以下。
(45) Hecker, op. cit., S. 34f.
(46) その苛酷さは，Behörde für Schule, Jugend und Berufsbildung der Freien und Hansestadt Hamburg, hrsg., Fremd im eigenen Land, Hamburg 1993, S. 9f および Ute Richter-Eberl, op. cit, S. 174に収載されている日記や体験記の抜粋から窺える。
(47) Eisfeld, Die Rußlanddeutschen, S. 119ff.
(48) Bosch, op. cit., S. 128.
(49) Eisfeld, Die Deutschen in Rußland, S. 49f.
(50) Eisfeld, Die Rußlanddeutschen, S. 124.
(51) Gabriele Ganß und Karl-Peter Krauss, Spätaussiedlerinnen und Spätaussiedler kommen zu uns, Stuttgart 1992, S. 29.
(52) Heinz Ingenhorst, Die Rußlanddeutschen: Aussiedler zwischen Tradition und Moderne, Frankfurt a. M. 1997, S. 56.
(53) Eisfeld, Die Rußlanddeutschen, S. 134.
(54) Beitz, op. cit., S. 29.
(55) Klaus J. Bade, Ausländer, Aussiedler, Asyl, München 1994, S. 150. Eisfeld, Die Deutschen

in Rußland, S. 50. もちろん，戦後史の文脈に限定せず，ロシア・ドイツ人の苦難の歴史という視点から転換点として位置づけることもできる。例えばJ.カンペンは粛清が始まった1930年代半ばから1955年までの約20年を「恐怖の歳月」「希望と失意の歳月」「苦難の歳月」の3つの時期に区別して独系人の嘗めた塗炭の苦しみを描き，W.バイツは独系人にとっての平穏な日々に終止符が打たれた1914年の第一次世界大戦勃発から1955年までを4期に区分して苦難が深まる過程を論じているが，いずれにしても1956年を新たなスタート地点と捉える点では共通している。Johannes D. Kampen, "Wer das nicht erlebt hat, kann es wohl kaum verstehen", in: Längin, hrsg., op. cit., S. 140ff. Beitz, op. cit., S. 19ff.
(56) Eisfeld, Die Deutschen in Rußland, S. 51.
(57) Ibid.
(58) この点をとらえてボッシュは独系人は「二級市民に零落した」と述べている。Bosch, op. cit., S. 128f. なお職業と教育での差別に焦点を当てたカザフスタン出身者の興味深い手記がある。Nelli M., Familienalltag und Alltagsprobleme, in: Jugendamt der Stadt Kassel, Praxisinformation: Sozialarbeit mit Spätaussiedlerfamilien, Kassel 1997, S. 76ff.
(59) Dietz u.a., Integriert oder isoliert, S. 51.
(60) Ibid., S. 126f.
(61) Stumpp, Die Rußlanddeutschen, S. 39. Eisfeld, Die Rußlanddeutschen, S. 136f.
(62) Dietz u. a., Deutsche in der Sowjetunion, S. 10.
(63) Ganß u. a., op. cit., S. 92.
(64) Anatoli Rakhkochkine, Neue Heimat-neue Zukunft, in: Aus Politik und Zeitgeschichte, B 7-8/97, 1997, S. 12f.
(65) Dietz u.a., Deutsche in der Sowjetunion, S. 10.
(66) Peter Hilkes, Zur Sprachsituation der Rußlanddeutschen, in: Info-Dienst Deutsche Aussiedler, Nr. 36, 1992, S. 5ff.
(67) Dietz u.a., Integriert oder isoliert, S. 22.
(68) Wiens, op. cit., S. 12.
(69) Eisfeld, Die Rußlanddeutschen, S. 134.
(70) Eisfeld, Die Deutschen in Rußland, S. 52.
(71) 宗派ごとの詳細については，Eisfeld, Die Rußlanddeutschen, S. 176ff 参照。
(72) 因みに，独系人の自治運動の発展をA.アイスフェルトは1956年を始点として4期に時期区分しているが，ここではこの整理に必ずしも従わない。Alfred Eisfeld, Deutsche Autonomiebewegung in der Sowjetunion, in: Boris Meissner, Helmut Neubauer und Alfred Eisfeld, hrsg., Die Rußlanddeutschen: gestern und heute, Köln 1992, S. 46f.
(73) Beitz, op. cit., S. 57.
(74) Hecker, S. 38ff. Ingenhorst, op. cit., S. 62ff.
(75) Ingenhorst, op. cit., S. 61. Beitz, op. cit., S. 35. さらにピーター・ダンカン「ソヴィエト連邦」マイケル・ワトソン編，浦野起央・荒井功訳『マイノリティ・ナショナリズムの現在』所収，刀水書房，1995年，220頁以下およびエレーヌ・カレール＝ダンコース「民族問題とペレストロイカ」同著，高橋武智訳『崩壊したソ連帝国』所収，藤原書店，1990年，583頁以下参照。

⒄ Peter Hilkes, Nur ein bedingter Handlungsspielraum, in: Globus, H. 3, 1991, S. 9 f. Klaus Boll, Kultur und Lewensweise der Deutschen in der Sowjetunion und von Aussiedlern in der Bundesrepublik Deutschland, München 1991, S. 20. さらに, Dirk Kaliske und Klaus Geiger, Fremd als Deutsche in Deutschland, Hofgeismar 1999, S. 7 参照。なお，この点に触れた Swetlana J. や Nina K. などのロシア・ドイツ人の手記が興味深い。Jugendamt der Stadt Kassel, op. cit., S. 31ff.

⒄ Frankfurter Allgemeine Zeitung vom 23. 5. 1990.

⒅ この点に関しては，西村陽一「20世紀末の"民族大移動"：ソ連崩壊でロシア帰還者200万人」1994年11月19日付『朝日新聞』参照。

⒆ Der Spiegel, Nr. 43, 1991, S. 202ff.

⒇ Klaus Pöhle, Zur Lage der Rußlanddeutschen: Bleiben oder Aussiedeln? in: Ost-West-Migration, Bonn 1994, S. 57. このような傾向を批判し，現に居住している地域での定着を促進すべきとの立場の一例として, Helmut Klüter und Nadjeschda Kreknina, Deutsche Supermärkte und Sparkassen in Sibirien, in: Süddeutsche Zeitung vom 20, 2, 1992. なお，ソ連崩壊後の独系人の意識については，1994年に B. ディーツがノボシビルスクで行った興味深い調査報告がある。Barbara Dietz, Rußlanddeutsche im Gebiet Nowosibirsk: Lebenssituation und Zukunftschancen, München 1994.

補論　ポーランドの独系人

⑴　ここではもう一つの主要な集団であるルーマニアの独系人に触れることはできない。彼らに降りかかった非運はやや希薄にみえるが，それは，ドイツとの戦争もしくはドイツによる占領で多大の犠牲が生じたソ連やポーランドと違って，ルーマニアが降伏直後にドイツに宣戦するまでは枢軸国側に立って参戦した事実があるからである。けれどもチャウシェスクの支配下で強い圧迫があり，ドイツ政府の発表では，1977年に35万9千人を数えたルーマニアの独系人は1998年には8万人にまで縮小している。Info-Dienst Deutsche Aussiedler, Nr. 100, 1999, S. 27. 彼らについては，追放者同盟のシリーズ Kulturelle Arbeitshefte28号と33号のジーベンビュルゲン・ザクセン人とバナート・シュワーベン人に関する冊子のほか, Verein für das Deutschtum im Ausland, hrsg., Rumäniendeutsche zwischen Bleiben und Gehen, 3. Aufl., Sankt Augustin 1991所収の諸論文が参考になり，簡潔な概観としては，Christa Tudorica, Die deutschen Minderheiten in Rumänien, in: Die Neue Gesellschaft, H. 7, 1998, S. 624ff が役立つ。また川口マーン恵美『ドイツからの報告』草思社，1993年，33頁以下にルーマニア出身のアオスジードラー一家に関する興味深い紹介がある。

⑵　Barbara Malchow, Keyumars Tayebi und Ulrike Brand, Die fremden Deutschen, Reinbek 1993, S. 33f.

⑶　Joachim Rogall, Verdrängte Schuld, in: Haus der Geschichte der Bundesrepublik Deutschland, hrsg., Deutsche und Polen 1945-1995, Düsseldorf 1996, S. 71f. もっとも政府は容認したのではなくて，取り締まるだけの余力がなかったとの見解もある。Piotr Madajczyk, Die polnische Politik gegenüber der deutschsprachigen Bevölkerung östlich von Oder und Neiße 1944-1950, in: Wlodzimierz Borodziej und Klaus Ziemer, hrsg., Deutsch-polnische

Beziehun-gen, Osnabrück 2000, S. 163. なおポーランドに壊滅的な災禍を残したナチスの支配については, Czeslaw Madajczyk, "Teufelswerk", in: ibid., S. 24ff が手際よく鳥瞰している。

(4) Thomas Urban, Deutsche in Polen, 3. Aufl., München 1994, S. 73f. とはいえ, これをナチスの強制収容所と同一視するのは誤りである。Madajczyk, op. cit., S. 167. 追放過程の悲惨さと犠牲者の数については, Vertreibung und Vertreibungsverbrechen 1945-1948: Bericht des Bundesarchivs vom 28. Mai 1974, Bonn 1989, S. 35ff 参照。なお, 永井, 前掲書40, 44頁で追放された数が800万人以上と記されているのは, 戦争末期の避難民を合わせた数字と思われるが, 正確とはいえない。全般的追放が終結した1950年までの避難民を含めた意味での追放者の総数を西ドイツ政府は1,173万人としており, 同年に西ドイツにいるのは798万人, 残りは東ドイツにいるとしている。Bundesministerium für Vertriebene, Flücht-linge und Kriegsgeschädigte, hrsg., Tatsachen zum Problem der deutschen Vertriebenen und Flüchtlinge, Bonn 1966, Tab. 4, 10.

(5) Urban, op. cit., S. 80.

(6) Gerhard Reichling, Die deutschen Vertriebenen in Zahlen, Teil 1, Bonn 1995, S. 48.

(7) 民族リストの概略については, Kotzian, op. cit., S. 207f および Ahlheim u.a., op. cit., S. 197参照。

(8) Hans-Werner Rautenberg, Deutsche und Deutschstämmige in Polen, in: Aus Politik und Zeitgeschichte, B50/88, 1988, S. 16f.「アオトホトーネ」については, その来歴が, 永井, 前掲書50頁以下で説明されている。

(9) その動機については, Urban, op. cit., S. 71参照。

(10) Rautenberg, op. cit., S. 17.

(11) Urban, op. cit., S. 88.

(12) Der Bundesminister des Innern, hrsg., Eingliederung der Vertriebenen, Flüchtlinge und Kriegsgeschädigten in der Bundesrepublik Deutschland, Bonn 1982, S. 99f.

(13) Rautenberg, op. cit., S. 14f, 20.

(14) Maria Podlasek, In Polen war die Vertreibung lange ein Tabu-Thema, in: Das Parlament vom 28. 7. 1995.

(15) Urban, op. cit., S. 71, 82. Malchow u. a., op. cit., S. 46.

(16) この事実を考えれば,「旧ドイツ領の数百万人にのぼるドイツ系住民は逃亡, 移住, 強制退去などによって事実上姿を消した」という記述や, ポーランドが「民族的には少数民族をわずか2％しか含まない, 高度に同質的な国家となった」というそれはポーランド政府の公式見解を踏襲するものであり, 正確さを欠くといわねばならない。伊東孝之, 井内敏夫, 中井和夫編『ポーランド・ウクライナ・バルト史』山川出版社, 1998年, 360頁。伊東孝之『ポーランド現代史』山川出版社, 1988年, 179頁。なお1997年の憲法では135条で少数民族の存在と言語, 教育, 宗教などに関する権利が公式に認められたが, 精確な調査が行われていないため, 彼らの人口比率は5％程度とされるものの, 推定の域を出ない。ウクライナ人を上回る最大集団である独系人の数についても政府は30万人から50万人としているが, 独系人側ではその倍に達すると見積もっている。Bernadette Schweda, Von der Tabuisierung zur Anerkennung der Volksgruppen, in: Das Parlament vom

20. 8. 1999. 一方，ドイツ政府は1999年4月の文書で80万人との見積もりを公にしている。Info-Dienst Deutsche Aussiedler, Nr. 100, 1999, S. 24.
(17) Kotzian, op. cit., S. 217.
(18) Malchow u. a., op. cit., S. 45.
(19) Urban, op. cit., S. 92.
(20) Rautenberg, op. cit., S. 21.
(21) Malchow u.a., op. cit., S. 36.
(22) Joachim Rogall, Die deutschen Minderheiten in Polen heute, in: Aus Politik und Zeitgeschichte, B48/93, 1993, S. 35.
(23) Wlodzimierz Borodziej, Polen und Deutschland seit 1945, in: Aus Politik und Zeitgeschichte, B53/97, 1997, S. 11f.
(24) Stanislaw Lisiecki, Polen und Deutsche-Öffentliche Meinungen und Urteile unter besonderer Berücksichtigung der Bewohner grenznaher Gebiete, in: Forschungsinstitut der Friedrich-Ebert-Stiftung, hrsg., Deutsche und Polen zwischen Nationalismus und Toleranz, Bonn 1993, S. 28, 32.
(25) Ibid., S. 31. 因みに，1991年12月に『ヴェルト』は「青年層でも偏見が大きい」という見出しで，ポーランド人青年層でドイツ人に対する嫌悪感が強いという調査結果を伝えている。Die Welt vom 11, 12, 1991. 一方，1989年に西ドイツでポーランドへの態度に関して調査した EMNID の結果では，ポーランド人よりロシア人のほうが好感度が高いことが明らかになったが，その一因として，ペレストロイカへの共感があると指摘されている。Der Spiegel, Nr. 35, 1989, S. 126f.
(26) Joachim Born und Sylvia Dickgießer, Deutschsprachige Minderheiten, Mannheim 1989, S. 167.
(27) Urban, op. cit., S. 67.
(28) Amt für multikulturelle Angelegenheiten der Stadt Frankfurt a. M., op. cit., S. 29.
(29) Vgl. ibid., S. 18f.

第2節 アオスジードラーの受け入れ政策と統合問題
(1) この点につき，例えばソ連のケースを報じている次の記事を参照。Reinhard Olt, "Was sollen wir denn hin?" in: Frankfurter Allgemeine Zeitung vom 18. 4. 1990.
(2) Der Spiegel, Nr. 34, 1988, S. 48f. Anneli Ute Gabanyi, Die Deutschen in Rumänien, in: Aus Politik und Zeitgeschichte, B50/88, 1988, S. 38. Malchow u. a., op. cit., S. 38.
(3) Info-Dienst Deutsche Aussiedler, Nr. 82, 1996, S. 4f. なお，ロシア・ドイツ人の東ドイツ (DDR) への移住もあったが，社会主義の祖国を去り DDR に向かうことにはイデオロギー的制約が強く，ごく小規模にとどまった。Andreas Hauk und Axel von Hoerschelmann, Aussiedeln, ansiedeln: Rußlanddeutsche in den neuen Bundesländern, Potsdam 1996, S. 12f.
(4) Bundesverwaltungsamt, Jahresstatistik Aussiedler 1998, Köln 1999, S. 3. Info-Dienst Deutsche Aussiedler, Nr. 22, 1991, S. 6.; Nr. 34, 1992, S. 6.
(5) Der Beauftragte der Bundesregierung für Aussiedlerfragen, 10 Fragen −10 Antworten,

Bonn o. J. 因みに45歳以上が占める比率は1994年のドイツの人口では42.4％だが，1996年のアオスジードラーでは21.2％だった。Bundesverwaltungsamt, op. cit., S. 7. なお，アオスジードラーについての偏見に関し，Diakonisches Werk in Kurhessen-Waldeck, hrsg., Aussiedler in der Gemeinde, Kassel 1998, S. 44f 参照。

(6) 因みに，この語は前出の B. マルヒョウたちの書名として使われているほか, L. ヘァヴァルト=エムデンたちの論文のタイトルとして用いられている。Leonie Herwarth-Emden und Manuela Westphal, Die fremden Deutschen: Einwanderung und Eingliederung von Aussiedlern in Niedersachsen, in: Klaus J. Bade, hrsg., Fremde im Land, Osnabrück 1997, S. 167ff.

(7) POLIS, Einstellungen zu Aussiedlern, München 1992, S. 3. なお，調査結果の概要は，Frankfurter Allgemeine Zeitung vom 14. 8. 1992で報じられている。

(8) Institut für Demoskopie Allensbach, Aussiedler in der Bundesrepublik Deutschland: Ansichten und Einstellungen der Bundesbürger zu einem aktuellen Thema, Allensbach 1989, S. 10, 19. さらにこの調査を取り上げている，Gerhard Herdegen, Aussiedler in der Bundesrepublik Deutschland, in: Deutschland Archiv, H.8, 1989, S. 920参照。1988年から90年にかけてアレンスバッハ研究所が行ったアオスジードラーに関する世論調査結果の一部は，Elisabeth Noelle-Neumann und Renate Köcher, hrsg., Allensbacher Jahrbuch der Demoskopie 1984-1992, München 1993, S. 519-526に収録されている。また EMNID が1993年に実施した調査結果が，宮島喬『ヨーロッパ社会の試練』東京大学出版会，1997年，218頁に紹介されている。

(9) Vgl. Jürgen Puskeppeleit, Die Minderheit der (Spät-) Aussiedler und (Spät-) Aussiedlerinnen, in: Cornelia Schmalz-Jacobsen und Georg Hansen, hrsg., Ethnische Minderheiten in der Bundesrepublik Deutschland, München1995, S. 85f. なお調査機関 FOKUS が1991年にノルトライン=ヴェストファーレン州で行った調査の報告書には，アオスジードラーについて一般市民が抱くイメージが，前者が後者に関して有するそれとともに自由記述方式で描かれていて参考になる。FOKUS, Ausländer, Aussiedler und Einheimische als Nachbarn, Düsseldorf 1992, S. 106f, 116.

(10) 無論，冷淡な態度の背後では，「社会的嫉妬やライフ・チャンスを巡る競争，分配に関する懸念」などの心理的要因が作用していたのは指摘するまでもない。Bade, op. cit., S. 170f. なお，大量流入が問題化した頃のアオスジードラーを巡る論議の一端は，Günther Gugel, Ausländer, Aussiedler, Übersiedler, 5. Aufl., Tübingen 1994, S. 109ff から読み取れる。

(11) Elisabeth Noelle-Neumann und Renate Köcher, hrsg., Allensbacher Jahrbuch der Demoskopie 1993-1997, München 1997, S. 792. さらに，Bunk-Auerswald, op. cit., S. 63, 72f のほか，Renate Köcher, Vertriebene der Erlebnis- und Nachfolgegeneration, in: Deutschland und seine Nachbarn, H. 21, 1997, S. 55ff および Jürgen Puskeppeleit, Der Paradigmawechsel der Aussiedlerpolitik, in: Ines Graudenz und Regina Römhild, hrsg., Forschungsfeld Aussiedler, Frankfurt a.M. 1996, S. 101f 参照

(12) Stefan Dietrich, Mit dem Herzen noch in Rußland, in: Frankfurter Allgemeine Zeitung vom 7. 3. 1996. さらに Corinna Emundts und Stefan Willeke, Immer Ärger mit den Deutschen, in: Die Zeit vom 5. 4. 1996参照。なおフリートラント収容所の歴史はそれ自体ドイツ

を巡る人の移動の一つの縮図になっていて興味深い。これについては開設30周年と50周年の折に発行された冊子が参考になる。30 Jahre Lager Friedland, Friedland 1975. Niedersächsisches Innenministerium, hrsg., Grenzdurchgangslager Friedland 1945-1995, Hannover 1995.

(13) Focus, Nr. 10, 1996, S. 33f. Frankfurter Rundschau vom 26 u. 28. 2. 1996. さらに Die Zeit vom 8. 3. 1996. Frankfurter Rundschau vom 9. 3. 1996など参照。これに対する連邦政府の反論に当たる文書としては，Punktation zur Versachlichung der Aussiedlerdiskussion, in: Info-Dienst Deutsche Aussiedler, Nr. 77, 1996, S.9-20がある。因みに，アレンスバッハ研究所の調査によれば，ラフォンテーヌの選挙戦術で有権者に最も強く印象づけられたのはアオスジードラーの制限という争点だった。Noelle-Neumann u. a., hrsg., op. cit., S. 900.

(14) Fedros Forudastan, Aussiedler als Sündenböcke, in: Frankfurter Rundschau vom 29. 2. 1996.

(15) 広渡清吾「西ドイツの外国人と外国人政策(一)」『社会科学研究』41巻6号，1990年，22頁以下参照。

(16) Hubert Heinelt und Anne Lohmann, Immigranten im Wohlfahrtsstaat am Beispiel der Rechtspositionen und Lebensverhältnisse von Aussiedlern, Opladen 1992, S. 49f.

(17) Friedrich Blahusch, Zuwanderer und Fremde in Deutschland: Aussiedler/Spätaussiedler, Fulda 1998, S. 8. 基本法の草案を作成した議会評議会での議論の経過については，Heinelt u. a., op. cit., S. 45ff 参照。

(18) Blahusch, op. cit., S. 10.

(19) Silke Delfs, Heimatvertriebene, Aussiedler, Spätaussiedler, in: Aus Politik und Zeitgeschichte, B48/93, 1993, S. 4.

(20) Blahusch, op. cit., S. 15. なお1952年制定の負担調整法に関してはここでは取り上げないが，その成立過程については，推進力となった追放者・難民の団体である故郷追放者・権利剥奪者同盟(BHE)の活動やSPDによるその取り込みの失敗と絡めて，安野正明「1950年代前半のドイツ社会民主党の危機」『社会文化研究』21号，1995年，114頁以下で論及されている。

(21) この点を考慮すれば，庇護申請者と対比しつつ，アオスジードラーは「その『ドイツ民族所属性』のゆえに特権を賦与される」として彼らの受け入れに「民族主義的，国家主義的要素」を指摘する広渡の理解は一面的と言わざるをえず，梶田の見方も同一線上にある。こうした理解に行き着くのは，独系人に対する圧迫が視野に入っていないからであると考えられる。広渡清吾「ドイツ外国人法制の新段階」『社会科学研究』46巻4号，1995年，56頁。梶田孝道『国際社会学のパースペクティブ』東京大学出版会，1996年，188頁以下。

(22) Roswin Finkenzeller, Für viele war es der Weg in den Tod, in: Frankfurter Allgemeine Zeitung vom 17. 1. 1995.

(23) このことをを証明するかのように，1982年に作成された連邦内務省の文書には，「1950年から1955年までに中国から837人のアオスジードラーが来たが，その後は個別ケースが問題になっただけである」と記されている。Der Bundesminister des Innern, hrsg., op. cit., S. 106.

(24) Karl A. Otto, Aussiedler und Aussiedler-Politik im Spannungsfeld von Menschenrechten und Kaltem Krieg, in: ders., hrsg., Westwärts-Heimwärts? Bielefeld 1990, S. 47f.
(25) Lothar Ferstl und Harald Hetzel, "Wir sind immer die Fremden", Bonn 1990, S. 203.
(26) Hilkes, Nur ein bedingter Handlungsspielraum, S. 9. 実際, E. シュミット=カラートの研究によれば, 出国意思において政治的要因は下位の役割しか果たしていないのが現実である。Einhard Schmidt-Kallert, Die Hälfte der Sowjetdeutschen möchte ausreisen, in: Frankfurter Rundschau vom 13. 7. 1994.
(27) Pöhle, op. cit., S. 50. Der Bundesminister des Innern, hrsg., Hilfen für Deutsche im Osten, Bonn 1992.
(28) Kotzian, op. cit., S. 58. Ferstel u. a., op. cit., S. 22f.
(29) Delfs, op. cit., S. 8.
(30) Puskeppeleit, op. cit., S. 83. Rainer Münz, Wolfgang Seifert und Ralf Ulrich, Zuwanderung nach Deutschland, Frankfurt a. M. 1997, S. 27.
(31) Info-Dienst Deutsche Aussiedler, Nr. 38, 1993, S. 16.
(32) Ferstl u. a., op. cit., S. 22f. Oltmer u. a., op. cit., S. 22f. コツィアンによると, 東欧諸国の変革を踏まえ, 連邦管理庁に対する連邦内務省の通達によって既に1990年4月23日以降「追放の圧力」の一般的推定は取り消され, 個別ケースに即した審査に移行していたという。Kotzian, op. cit., S. 58.
(33) Info-Dienst Deutsche Aussiedler, Nr. 77, 1996, S. 9.
(34) Die Welt vom 10. 7. 1997. ドイツ語テストの変更点については, カトリック難民・アオスジードラー援助団の会報である KLD-Brief Aussiedler, Nr. 13, 1997が詳しい。これを説明した連邦管理庁の文書の末尾には, 変更に当たる「すべての措置は受け入れの前提条件のいかなる厳格化も含むものではない」と記されているが, そのまま受け取ることはできない。Bundesverwaltungsamt, Informationen zur Durchführung von Sprachtests, in: Info-Dienst Deutsche Aussiedler, Nr. 88, 1997, S. 9. 事実, 『シュピーゲル』によると, 変更の結果, 先発した親や姉の家族は受け入れられたのに, ドイツ語が殆どできない点では同じでも後続の妹の家族は拒否されるなど一族の離散が生じているケースもある。Der Spiegel, Nr. 49, 1996, S. 60ff 参照。
(35) Oltmer u. a., op. cit., S. 29.
(36) もちろん, その反面では, 同法によりドイツへの移住の法的根拠がより明確にされたために, 独系人の間に広がっていた門戸閉鎖の危惧がひとまず拭われた影響があることも見落としてはならない。Pöhle, op. cit., S. 50. Klaus J. Bade, Ausländer, Aussiedler, Asyl, München 1994, S. 156f.
(37) Der Spiegel, Nr. 49, 1996, S. 60.
(38) Münz u. a., op. cit., S. 27. 広渡「ドイツ外国人法制の新段階」61頁。なお「後発アオスジードラー」という語は追放の高波が収束しつつあったこととの関連で1940年代末に既に現れ, その後の追放者について使われていたため, 用語に混乱が生じているが, 戦争帰結処理法に基づく法的地位としてのそれとは内実が異なる点に注意が必要である。Matissek, op. cit., S. 12.
(39) Der Bundesminister des Innern, Eingliederung, S. 111.

⑷⓪ Heinelt u. a., op. cit., S. 84.
⑷① Der Bundesminister des Innern, Eingliederung, S. 108.
⑷② Münz u. a., op. cit., S. 116. Rainer Münz und Ralf Ulrich, Deutsche Minderheiten in Ostmittel- und Osteuropa, 3. Aufl., Berlin 1998, S. 14f.
⑷③ Ingenhorst, op. cit., S. 104.
⑷④ Manuela Michel und Jutta Steinke, Arbeitsmarktintegration von Spätaussiedlerinnen und Spätaussiedlern in NRW, Düsseldorf 1996, S. 20. 統合扶助を含む各種の支援の概要は連邦内務省が作成した後発アオスジードラー向けの冊子の中で説明されており、ヘッセン州のそれにも簡潔な記述がある。Bundesministerium des Innern, Wegweiser für Spätaussiedler, 22. Aufl., Bonn 1994, S. 20ff, Hessisches Ministerium für Umwelt, Energie, Jugend, Familie und Gesundheit, Hessischer Wegweiser für Spätaussiedlerinnen und Spätaussiedler, Wiesbaden 1996, S. 44ff. なお、1990年以前の手厚い待遇の概略が支援団体である労働者福祉団の手引き書の中の「アオスジードラー関連官庁と法的基礎」の箇所に描かれており、1993年時点のそれはゲッティンゲン大学地理学研究所の報告書に示されているので、それらから段階的変更の詳細を把握できる。Arbeiterwohlfahrt, Leitfaden: Grundlagen der Beratung von Aussiedlern und Aussiedlerinnen, Bonn 1992. Geographisches Institut der Universität Göttingen, Integration von Aussiedlern und anderen Zuwanderern in den deutschen Wohnungsmarkt, Bonn 1993, S. 39ff.
⑷⑤ Matissek, op. cit., S. 74f.
⑷⑥ Focus, Nr. 10, 1996, S. 33.
⑷⑦ Ingenhorst, op. cit., S. 104. こうした結果を招いた給付削減の概略につき、Heimatbund für das Oldenburger Münsterland, Auf dem Weg zur Heimat: Aussiedler im Oldenburger Münsterland, Cloppenburg 1998, S. 50参照。
⑷⑧ Info-Dienst Deutsche Aussiedler, Nr. 79, 1996, S. 6. 無論、支援実施の土台には当該国との二国間条約などの法的枠組みがある。Gassner, op. cit., S. 126f. なお1998年10月の政権交代に伴い、政界から引退したヴァッフェンシュミットに代わってアオスジードラー問題特別代表にSPDのJ. ヴェルトが12月に就任したが、就任直後からの発言や1999年4月の西シベリア訪問後に発表した6項目の指針を見る限り、前政権が行った援助の不効率などが批判されているものの、基本方針に変更は見られない。この点はCDU/CSU連邦議会議員団アオスジードラー問題責任者E.-M. コァスもポジション・ペーパーで確認しており、むしろコール政権の方針を踏襲するヴェルトの立場が支援削減を唱えてきたSPDや同盟90・緑の党の従来のそれと対立していると指摘している。Innenpolitik, Nr. 1, 1999, S. 5.; Nr. 2, 1999, S. 14f. Eva-Maria Kors, Positionspapier zur Aussiedlerpolitik(Stand: 26. 2. 1999), Bonn, S. 1.
⑷⑨ Bundesministerium des Innern, Hilfen für Deutsche in den Ländern der GUS, Georgien und den baltischen Staaten, Bonn 1993. Otto Benecke Stiftung, hrsg., Zwischen Tradition und Zukunft: Situation und Perspektiven der Rußlanddeutschen in den Nachfolgestaaten der ehemaligen Sowjetunion, Bonn 1994, S. 23ff.
⑸⓪ Bundesministerium des Innern, Deutscher Nationaler Rayon Halbstadt nach fünf Jahren, Bonn 1996, S. 10, 14. さらに次の記事も参照。Malte Zeeck, Die Lebensbedingungen in

Sibirien und Kasachstan sollen verbessert werden, in: Das Parlament vom 2/9. 1. 1998.
(51) Info-Dienst Deutsche Aussiedler, Nr. 39, 1993, S. 40.
(52) Bundesministerium des Innern, Hilfen für Deutsche in Rumänien, Bonn 1993. 特にバナート地方の独系人に対する支援については, Heinrich Lauer, Das Banat ist nicht überall, in: Frankfurter Allgemeine Zeitung vom 26. 4. 1994参照。
(53) Rainer Flöhl, Bedrückt statt beeindruckt, in: Frankfurter Allgemeine Zeitung vom 25. 8. 1994.
(54) Info-Dienst Deutsche Aussiedler, Nr. 28, 1991, S. 1ff.
(55) Horst Bacia, Aus Njekrassowo im Altaj-Gebiet soll wieder Halbstadt werden, in: Frankfurter Allgemeine Zeitung vom 11. 7. 1991. なお, アソヴォの実情などについては, 連邦政府アオスジードラー問題特別代表部の冊子, Bruno Reiter, hrsg., Deutscher Nationaler Rayon Asowo/Omsk, Bonn 1995のほか, 詳しいルポと見聞記がある。 Roswitha Raufuß, "Heideröslein" in Westsibirien, in: Info-Dienst Deutsche Aussiedler, Nr. 50, 1994, S. 8ff. Otto Benecke Stiftung, hrsg., Zu Gast bei Ruß landdeutschen, Bonn 1999.
(56) Info-Dienst Deutsche Aussiedler, Nr. 79, 1996, S. 11. ロシア・ドイツ人の現状に目を向けつつこの問題を取り上げたわが国での貴重な報道に, 亘理信雄「独立の代償：旧ボルガ・ドイツ自治共和国 上・下」1993年5月25・26日付『朝日新聞』がある。また関連して, 1993年3月26日付『中日新聞』の記事「ボルガの自治共和国：復活は絶望？」も参照。
(57) Info-Dienst Deutsche Aussiedler, Nr. 85, 1996, S. 11ff. なお, ヴォルガ地域の様子に関しては, Diakonisches Werk der Evangelischen Landeskirche Baden, hrsg., Deutsche an der Wolga, Karlsruhe 1994に収録された見聞記が参考になる。
(58) Alfred Eisfeld, Fortschritte für die Deutschen in den Nachfolgestaaten der Sowjetunion, in: Das Parlament vom 20. 8. 1999.
(59) Schmidt-Kallert, op. cit. Klaus Kuntze, Ausreisewille ungebrochen, in: Das Parlament vom 2/9. 1. 1998.
(60) Der Spiegel, Nr. 16, 1997, S. 78f.
(61) 例えば次の論文がある。Christine Wischer, Zusammen leben: Die Integration der Migranten als zentrale kommunale Zukunftsaufgabe, in: Aus Politik und Zeitgeschichte, B46/97, 1997, S. 30ff. Rolf Stolz, Probleme der Zuwanderung, Zuwanderung als Problem, in: Aus Politik und Zeitgeschichte, B49/98, 1998, S. 15ff. なお, 本書第4章「ベルリンのトルコ人青少年の生活状況と意識」参照。
(62) Der Spiegel, Nr. 16, 1997, S. 84. さらにアオスジードラー青少年の犯罪傾向に焦点を絞った報道としては, Focus, Nr. 37, 1997, S. 100ffがある。
(63) Vgl.Rainer Geißler, Das gefährliche Gerücht von der hohen Ausländerkriminalität, in: Aus Politik und Zeitgeschichte, B35/95, 1995, S. 30ff. Hans-Dieter Schwind, Die gefährliche Verharmlosung der "Ausländerkriminalität", in: ebenda, B43/95, 1995, S. 32ff.
(64) この点で, 唯一の例外と考えられるのは, 信頼できる方法でアオスジードラー青少年の犯罪を調査したニーダーザクセン犯罪学研究所のC. プァイファーらの研究であり, それによるとその犯罪率は同年代のドイツ人の2倍弱に達している。Christian Pfeiffer und Peter Wetzels, Zur Struktur und Entwicklung der Jugendgewalt in Deutschland, in: Aus

Politik und Zeitgeschichte, B26/99, 1999, S. 9. なお, ドイツの治安問題については, 拙著『統一ドイツの変容』木鐸社, 1998年, 第3章参照。
(65) Aktion Gemeinsinn, op. cit., S. 19.
(66) もっとも国籍放棄に要する費用や手続きのためにドイツ国籍取得の時点に出身国の国籍離脱が済んでおらず, 二重国籍の状態にある人々が存在しているのも事実である。連邦統計庁によれば, 1997年に23万6千人のドイツ人がロシアのほかポーランド, ルーマニアなど中東欧諸国の国籍を有しているという。Kors, op. cit., S. 3.
(67) Barbara Koller, Aussiedler in Deutschland: Aspekte ihrer sozialen und beruflichen Eingliederung, in: Aus Politik und Zeitgeschichte, B48/93, 1993, S. 12. 東欧研究所のB. ディーツも「アオスジードラー青少年の社会的孤立」を重視しつつ同種の指摘をしている。Barbara Dietz, Jugendliche Aussiedler: Ausreise, Aufnahme, Integration, Berlin 1997, S. 89, 96.
(68) Volker Ackermann, Integration: Begriff, Leitbilder, Probleme, in: Klaus J. Bade, hrsg., Neue Heimat im Westen, Münster 1990, S. 18. これとは異なり, 梶田は統合と編入を区別し, 同化も加えて相互関連の興味深い検討をしている。梶田孝道『統合と分化のヨーロッパ』岩波書店, 1993年, 163頁以下。
(69) Dietz und Hilkes, Integriert oder isoliert, S. 16.
(70) Koller, op. cit., S. 12. Cornelia Schmalz-Jacobsen, Integration: Grundvoraussetzung ohne Alternative, Bonn 1998, S. 6. なお, 公式的見解の一例として, バイエルン州政府の文書では,「統合は多文化社会と同化の間にある」とし,「従来のアイデンティティの放棄を前提としないドイツ社会への参加」を意味すると規定している。Interministerielle Arbeitsgruppe Ausländerintegration, Ausländerintegration in Bayern, München 1999, S. 69.
(71) Der Beauftragte der Bundesregierung, op. cit.
(72) 年齢構成を含め, アオスジードラーの人口学的構成の特徴については, Institut für sozialpädagogische Forschung, Arbeitsstatistik Sozialdienste für Aussiedler: Auswertung 1998, Freiburg 1999, S. 28ff 参照。
(73) 拙稿「統一ドイツの外国人に関する主要なデータ」『社会科学論集』35号, 1996年, 253頁。
(74) Info-Dienst Deutsche Aussiedler, Nr. 34, 1992, S. 14.; Nr. 82, 1996, S. 20.
(75) 一例として, Info-Dienst Deutsche Aussiedler, Nr. 77, 1996, S. 19参照。
(76) Dietz und Hilkes, Integriert oder isoliert, S. 51, 54f. Rakhkochkine, op. cit., S. 12f.
(77) Manfred Bayer, Ethnische Minderheiten und Zuwanderer in der Mehrheitsgesellschaft: Zum fatalistischen Selbst- und Fremdenbild junger Spätaussiedler aus der GUS, Düsseldorf 1998, S. 9f.
(78) Michel u. a., op. cit., S. 37.
(79) Vgl. Info-Dienst Deutsche Aussiedler, Nr. 98, 1998, S. 9 ff.
(80) Koller, op. cit., S. 14.
(81) Ingenhorst, op. cit., S. 176f.
(82) Dietz, op. cit., S. 57. さらに1992年後半にミュンスターで行われた同種の調査結果も参照に値する。Ingenhorst, op. cit., S. 179f.
(83) Dietz, op. cit., S. 56.

⑻ Michel u. a., op. cit., S. VI. この問題はアオスジードラーが増大したときから指摘されている。Klaus Leciejewski, Zur wirtschaftlichen Eingliederung der Aussiedler, in: Aus Politik und Zeitgeschichte, B 3 /90, 1990, S. 56ff.
⑻ Hamburger u. a., op. cit., S. 46f.
⑻ Koller, op. cit., S. 21.
⑻ Geographisches Institut der Universität Göttingen, op. cit., S. 97.
⑻ Michel u. a. op. cit., S. VIII.
⑻ Tobias Just und Christa Lörcher, Junge Aussiedler und Aussiedlerinnen als Chance begreifen, in: Volk auf dem Weg, 48. Jg., Nr. 11, 1997, S. 16.
⑼ Michel u. a., op. cit., S. 14, 55. さらに, Info-Dienst Deutsche Aussiedler, Nr. 82, 1996, S. 20参照。
⑼ Ibid., S. 57.
⑼ Just u. a., op. cit., S. 16. 所得に関しては, さらに別の調査結果を提示している Hamburger u. a., op. cit., S. 54ff および Geographisches Institut der Universität Göttingen, op. cit., S. 103ff 参照。
⑼ Just u. a., op. cit., S. 15f.
⑼ Dietz, op. cit., S. 48.
⑼ 因みに, 種々の抑制策にもかかわらず, 旧ソ連には経済の破綻などを背景にしてアオスジードラー予備軍というべき出国希望者が1998年時点で少なくとも70万人いるとされる。Bayer, op. cit., S. 7f. Vgl. Info-Dienst Deutsche Aussiedler, Nr. 90, 1997, S. 6. またルーマニアの独系人はドイツへの流出の結果1977年の35万9千人から1998年には8万人にまで縮小したが, 毎年約900万マルクを投じてドイツ政府が行っている支援にもかかわらず, 出国希望者にブレーキをかけるに至っていないという。Tudorica, op. cit., S. 625. なおU. マメイたちの調査では, 上述の種々の統合支援の後退による客観的生活条件の厳しさにもかかわらず, アオスジードラーの間に主観的な満足感はかなり広く見出される。Ulrich Mammey, Segregation, regionale Mobilität und soziale Integration von Aussiedlern, in: Oltmer u. a., hrsg., op. cit., S. 126.
⑼ Ingenhorst, op. cit., S. 205f. さらに, Dirk Kaliske und Klaus Geiger, Fremd als Deutsche in Deutschland, Hofgeismar 1999, S. 8f 参照。
⑼ Wolfgang Jockusch, "Auf russisch geht alles viel einfacher", in: Die Welt vom 10. 7. 1997. 併せて, Rudolf Giest-Warsewa, Aus der GUS ins soziale Abseits der BRD, in: Bundesarbeitsgemeinschaft Jugendsozialarbeit, hrsg., Jugend, Beruf, Gesellschaft, Aug. 1997, S. 30ff 参照。とはいえ, B. ディーツらによるアオスジードラー青少年の調査では, 出身地に戻って永住したいと答える者はごく少数で, 3分の2は一時的訪問を望んでいる。Dietz, op. cit., S. 35. なおアイデンティティ問題の世代による相違は, シベリアのバルナウルから3年前にドイツに移住した70歳の老人から孫までの一家に関する『ツァイト』の特集記事で浮き彫りにされている。Andreas Fink, Stefan Willeke und Corinna Emundts, Heimat erreicht, Heimat verloren, in: Die Zeit vom 5. 4. 1996. さらに Focus, Nr. 9, 1996, S. 43参照。
⑼ Barbara Dietz und Peter Hilkes, Rußlanddeutsche, München 1992, S. 117.
⑼ Robby Finke und Harald Michel, Aussiedlerimmigration nach Berlin, in: Jürgen Dorbritz

und Johannes Otto, hrsg., Demographie und Politik, Wiesbaden 1999, S. 165f.
(100) Info-Dienst Deutsche Aussiedler, Nr. 111, S. 46.
(101) Rakhkochkine, op. cit., S. 14.
(102) Focus, Nr. 10, 1996, S. 35.; Nr. 37, 1997, S. 100ff. Roland Eckert, Christa Reis und Thomas Wetzstein, Bilder und Begegnungen, in: Oltmer u. a., hrsg., op. cit., S. 199ff. Heinz-Rüdiger Hugo, Werden junge Aussiedler immer krimineller?, in: Bundesarbeitsgemeinschaft Jugendsozialarbeit, hrsg., Jugend, Beruf, Gesellschaft, Okt. 1998, S. 44ff. 犯罪を含め、アオスジードラー青少年が抱えている問題点は、Rudolf Giest-Warsewa, Junge Aussiedler am Ende der 90er Jahre, in: Jugendamt der Stadt Kassel, Praxisinformationen, 2 /97, S. 86f に的確に整理されている。
(103) Dietz, op. cit. Leonie Herwartz-Emden, Erziehung und Sozialisation in Aussiedlerfamilien, in: Aus Politik und Zeitgeschichte, B 7-8/97, 1997, S.4ff. Peter Fricke, "Integriert oder desintegriert", in: Forschungsinstitut der Friedrich-Ebert-Stiftung, hrsg., Deutsch sein und doch fremd sein: Lebenssituation und -perspektiven jugendlicher Aussiedler, Bonn 1998, S. 31ff. Edith Niehuis, Es kommen Kinder und Jugendliche, die kein Wort Deutsch sprechen, in: Frankfurter Rundschau vom 18. 3. 1996. Kors, op. cit., S. 2.
(104) Info-Dienst Deutsche Aussiedler, Nr. 98, 1998, S. 2ff.: Nr. 103, 1999, S. 1

結び
(1) 前掲拙著14頁以下参照。
(2) Vgl. Aktion Gemeinsinn, op. cit., S. 20.
(3) 柏岡富英「移民国家の理想と現実」梶田孝道編『国際社会学 第2版』名古屋大学出版会、1996年、252頁。松尾弌之『民族から読みとくアメリカ』講談社、2000年、81頁。貧しい小作人の出が多いアイルランド系移民と異なり、自営農民出身者が多数含まれていたドイツ系移民たちは比較的資力があるところから多くが中西部の穀倉地帯に定着し、ミルウォーキー、ミネアポリス、セントルイスなどの都市の発展に貢献するとともに、その一方で例えば19世紀初期から既に彼らの大半はドイツ語へのこだわりを捨て、子供にも英語を習得させていた。Adams, op. cit., S. 12f, 26f.
(4) Hans-Werner Rautenberg, Die Wahrnehmung von Flucht und Vertreibung in der deutschen Nachkriegsgeschichte bis heute, in: Aus Politik und Zeitgeschichte, B53/97, 1997, S. 36.
(5) リヒャルト・フォン・ワイツゼッカー、永井清彦訳『荒れ野の40年』岩波書店、1986年、23頁以下。
(6) この問題についてはわが国でも報じられている。1997年12月28日付『朝日新聞』および同30日付『中日新聞』。交渉経過の概略と評価の一例として、Vladimir Handl, Die tschechisch-deutsche Erklärung von 1997, in: Frank König, hrsg., Im Schatten der Vergangenheit, Potsdam 1999, S. 11ff 参照。

第7章

戦後ドイツ史の中のユーバージードラー

― ドイツ民主共和国（DDR）崩壊との関連で ―

はじめに

「ゲンシャー氏（西ドイツ外相）とシュルツ氏（アメリカ国務長官）の力強い行動にもかかわらず，建設に至ったときの諸条件が変わらない限り，壁は存在し続けるだろう。それを必要とした理由が取り除かれないなら，それは50年，いや100年でも存在し続けるだろう。」1989年1月19日に開かれたトマス・ミュンツァー委員会の席でドイツ民主共和国（以下 DDR と略す）国家評議会議長 E. ホーネッカーはベルリンの壁の見通しについてこう表明した。この発言は社会主義統一党機関紙『ノイエス・ドイッチュラント』で直ちに伝えられたが，そこには同年秋に壁が崩壊することへの予感は微塵も見られず，DDR が今後も存続することは自明視されていた。この点は一人ホーネッカーに限らず，DDR 指導部をはじめ，西ドイツ側でも同様だった。さらに東西ドイツの観察者でも DDR の崩壊につながる壁の開放を予想したものはいなかったといわれる。たしかにゴルバチョフがペレストロイカに着手して以来，それまでは想像もできなかった変化がソ連・東欧圏で生じていたことから，一つの改革がより大きなそれへと連なっていく可能性を予見することはできた。しかし DDR については，上記の会合の直前の1月15日にローザ・ルクセンブルク虐殺70周年を記念した集会があり，それに続いて「自由とは異なる考えをする自由である」という彼女の言葉をモットーに掲げた反対派のデモがあったものの，その勢力は小さく，全体として改革の機運は表面化していなかったために体制崩壊の予兆を見分けることが困難だったのは否定できない。

1956年のハンガリーと1968年のチェコスロヴァキアの改革の動きがソ連の戦車によって封じられ，社会主義が実力によって維持されている印象が強かった1950年代，60年代には，東欧研究者の間に東欧諸国の社会主義体制の崩壊を予測する者が存在していた。しかし平和共存の形で冷戦体制が固定化した1970年代になると，なるほ

ど東欧型社会主義の経済的パフォーマンスと正統性の欠如は相変わらず指摘されていたとはいえ，大勢としては中期的に見たそれらの安定性はもはや否認しがたいものと見做された。その意味では1980年代末に起こった東欧圏の「現実に存在する社会主義」体制の相次ぐ崩壊が，そうした激変を予測しえなかった社会科学的研究に反省を迫る形になったのは当然だったといえよう(2)。

ところで，DDRでは最初に尖鋭な経済危機が発生し，それを背景にして体制反対派が勢力を拡大して体制の崩壊に至るというプロセスを辿ったのではなかった。むしろ崩壊のプロセスを始動させたのは，1989年夏以降に国外で急速に増大したDDR脱出者の巨大なうねりであり，その意味でDDR変革のきっかけはDDRの外部での発展にあった(3)。ここに他の東欧諸国と比べたDDR崩壊のドラマの独自性があり，それがまたDDRという国家の独特な性格を映し出していたといえよう(4)。この脱出のうねりではとりわけ二つの点が注目に値する。一つは実際に脱出した者及び脱出を希望する者が大量だったことである。その膨大さはそれ自体国家としてのDDRの弱体さの現れにほかならないが，89年夏からの激動の中で脱出希望者がどれほどの規模に達していたかを推測することは困難であり，それをある程度把握しえたのは，出国申請者の実数をつかんでいたDDR指導部に限られていたといえよう。しかし明白なのは，脱出を希望するDDR市民が連鎖反応的に増大し，これを押しとどめるのを放棄して壁を開放したとき，DDR指導部の統治能力の喪失が誰の目にも明らかになったことである。

もう一つは，ハンガリー政府によるオーストリア国境の開放がDDR政府にとっては自力では対処しえない問題だったことである。ハンガリーとの外交関係の下では，DDRの側に立ったソ連の介入がない限り，国境開放を阻止することは不可能であり，続いて重大化したチェコスロヴァキアとの関係も同様であった。当時ペレストロイカを進めていたソ連にはDDRを救う意志も介入の用意もなかったから，DDRには危機の深化を防ぐ効果的な手立ては存在しなかった。その面から見れば，長らくDDRの安定を保証してきたソ連への依存は，ソ連自体が変化したとき，DDRの安定を打ち砕く要因に転化したと捉えることもできよう(5)。つまり，壁の開放に伴うDDRの統治能力喪失は，DDRを取り巻く国際環境に規定されていたところが大きいことも軽視してはならない一面なのである。

それはともあれ，ベルリンの壁が崩壊してからもDDR脱出者のうねりは収束せず，むしろ一段と水嵩を増す展開になった。それまではDDRでもペレストロイカが開始され，西側諸国への旅行の自由を含む改革が実施に移されるなら，うねりは

収まり，DDRの政治的危機は乗り越えられると観測されていた。現にデモや集会のスローガンなどは，SED一党支配の根幹に関わるとはいえ国内改革を求めるものであって，DDRの存在は前提とされていたのである。ところが壁の崩壊を境にして事態はそうした予想とは反対の方向に進み，民主化から統一に重心が移った結果，DDRは安定化のチャンスを掴めないまま，脱出の高波と国内のデモの嵐によって瓦解に向かった。そして政府と市民団体の代表からなる円卓会議の改革努力も功を奏さず，1990年3月に実施された人民議会選挙での「ドイツのための同盟」の勝利を受けて西ドイツへの「併合」の道をひた走ることになったのは周知のとおりである。このような展開を踏まえるなら，民主化を始動させる契機になったばかりか，DDRの存続を不可能にもしたDDR脱出者のうねりの大きさとそのダイナミズムを解明することは，体制としてのDDRの生存能力の強度を吟味することにもなるといえよう。こうした連関に注意しつつ，以下では歴史的パースペクティブのもとにユーバージードラーと呼ばれるDDRから西ドイツへの離脱者の動きを辿り，離脱の動機や背景，インパクトなどについて考察したい。また同時に，西ドイツから見れば彼らが西ドイツ域外からの流入者にほかならない事実に着目し，外国人労働者，アオスジードラーなどと並ぶドイツにおける外来民問題の一端をも明らかにしたいと思う。

第1節　ユーバージードラー問題の展開

1　ユーバージードラー問題の輪郭

最初に用語について一言しておこう。

1990年10月3日の統一により国家としてのDDRは消滅したが，その少し前に一つの言葉が官庁用語としては葬られ，公式統計にも現れなくなった。DDRと西ドイツとの通貨・経済・社会同盟がスタートし，通貨などが統一された同年7月1日以降ユーバージードラーという語は使用されなくなり，したがって公式にはユーバージードラーと呼ばれる集団も姿を消したのである。

ドイツが分裂していた時期に長く用いられてきたユーバージードラーという語は，法的意味では次のような人々を指称していた。「DDRの官庁の出国許可を得，DDR国籍を喪失して長期にわたり連邦共和国に居住するDDRからの移住者」がそれである[1]。したがって，厳密な意味ではユーバージードラーの概念にはベルリンの壁の建設までのようにDDR官庁の許可のないまま西ドイツに移住した人々を始め，第三国を経由したりドイツ内部国境を乗り越えるなど非合法な方法で西ドイツに移った

人々や，あるいは DDR における政治犯などとしていわゆる「自由買い」によって西ドイツに引き取られた DDR 市民は含まれない。けれどもこの語の用法としては，法的には除外されるべきこれらの人々も含め DDR から西ドイツに移住してきた市民の全体を指すのがかなり一般的になっており，そのために一部で混乱が生じているのが実情といってよい。とりわけこの混乱は，官庁用語自体が1989年1月1日から改められ，包括的な意味のそれに切り換えられたことによって増幅されているといえる。一例として1989年と90年に連邦統計庁の『経済と統計』に掲載された報告を見ると，「出国許可を有するユーバージードラー」と「ユーバージードラー全体」という区別が使われたり，あるいは法的意味の用法を基本としつつも，文脈に応じてこれに「身体と生命もしくは個人の自由に対する危険を冒してベルリンを含むドイツ連邦共和国に来たドイツ国籍の者」と定義される「難民」が含まれていて極めて紛らわしい。そうした事情を考慮し，以下では従来の法的意味でのユーバージードラーを狭義の，また非合法移住者をも含む場合には広義のユーバージードラーと呼ぶことにし，特に断らない限りは後者を指すものとして用いることにしたい。

一般の外国人とは異なり，このようなユーバージードラーが支障なく西ドイツに受け入れられるのは何故であろうか。それは，彼らがドイツ国籍を有する市民として扱われるからにほかならない。両独間で1972年に基本条約が締結されるまでは，DDR は西ドイツによって国家としては承認されず，ハルシュタイン・ドクトリンに見られるように，DDR と国交を結んだ国との外交関係は断絶された。国交のある通常の国家とは異なり，DDR には固有の国籍が存在しないとされたのは，こうした DDR 否認の立場の論理的帰結だった。そのため DDR 市民には1913年に制定されたライヒ国籍法が適用され，西ドイツ市民と同様にドイツ国籍の保持者として法的に扱われた。また基本条約締結後は相互の領土高権を認め独立性を尊重する建前から DDR 国籍の存在を無視できなくなったが，それでも DDR 市民をドイツ国籍者と見做す立場は堅持された。すなわち，DDR 市民は DDR 国籍者でありながら，同時にドイツ国籍者であるという二重の構成がとられたのであり，これに基づいてユーバージードラーはそれまでと同じく西ドイツに受け入れられたのである。

ところで，DDR の公式統計には変革に至るまで西ドイツへの移住者であるユーバージードラーに関する明示的な記述は存在しない。また壁が崩れた後でも移住者の数について DDR では信頼しうる調査は実施されなかった。壁崩壊後の時期については移住者の一部しか DDR 官庁に移住を申告しなかったので難点が存在したものの，少なくともそれまでは狭義か広義かを問わずユーバージードラーの存在自体

が内外に公表さるべきものとは考えられなかったからである。それどころか，H. ガイガーがいうように，「DDR 市民が DDR を立ち去るという考えやその十分な理由をもつことはありえず，そうした市民は国外の敵によって影響されたに違いない」というのが DDR 指導部の立場であり，DDR を捨てるユーバージードラーとはそうした観点からは社会主義に背を向ける裏切り者であり，存在してはならない人々であった。そして存在を許されない人々は公然たる議論の的になってはならず，存在しないものとして黙殺するのが DDR の通例にほかならなかった。別言すれば，DDR では彼らの存在そのものが隠蔽さるべき恥部を意味していたといえよう。

そうだとすると，DDR と対峙した西ドイツではこれとは逆に彼らは DDR の非人道性や社会主義の非道さの生きた証明と見做されたのは当然であろう。彼らについては対立する二つの体制に対する「足による投票」を行ったと言われたが，そうした表現からも推察されるように，彼らは西ドイツの道徳的優越はもとより，政治面，経済面などでの優位を立証する歓迎さるべき人々であり，冷戦下では反共宣伝のこの上ない手段でもあった。こうした理由から西ドイツでは「二重の建国」から１年を経ずして緊急受け入れ法が1950年８月22日に施行され，ギーセンを中心にユーバージードラーの一時的受け入れ施設が設置されたほか，彼らに関する統計も整えられた。また緊急受け入れ法の西ベルリンへの適用の是非を巡る議論を経て1953年にベルリンのマリーエンフェルデに緊急受け入れ施設が開設されたが，西ベルリンが DDR からの主要な脱出路になるのに伴い，マリーエンフェルデ収容所がユーバージードラーの歴史を凝縮した施設という色合いを強めていったのも見落とせない。ともあれ，連邦全ドイツ問題省（1969年に連邦ドイツ内関係省に改称）のまとめによれば，緊急受け入れ施設では1949年９月から1961年８月15日までに約270万人のユーバージードラーが登録された。これに加え，同時期に少なく見積もっても約100万人が緊急受け入れ施設に登録されることなく DDR から西ドイツに移住したと推定されている。

DDR の統計年鑑に掲げられている人口統計を一瞥すると，建国時に1,880万人を数えた人口が消滅までにほぼ一貫して減少しつづけ，特に61年を境にそれまで急速に減りつつあったのが横這いに移行していることが明らかになる。そこで61年までの人の移動による増減に注目すると，表１が示すように，その数字がほぼどの年度も西ドイツのユーバージードラー受け入れ数を数万人下回っているのに気付く。例外は1950年と56年であり，特に50年の32万人の差は大きいが，これは1950年８月31日付で実施された国勢調査による数字の修正によって生じたものと考えられる。こ

表1　DDRの人口と移動による増減（単位：人）

年度	人口	移動による増減	西ドイツの受入数
1949	18,793,282		129,245
1950	18,360,000	−517,566	197,788
1951	18,350,128	−111,844	165,648
1952	18,300,111	−134,345	182,393
1953	18,112,122	−274,295	331,390
1954	18,001,547	−184,458	184,198
1955	17,832,232	−248,529	252,870
1956	17,603,578	−297,238	279,189
1957	17,410,670	−241,056	261,622
1958	17,311,707	−149,255	204,092
1959	17,285,902	−87,887	143,917
1960	17,188,488	−156,640	199,188
1961	17,079,306	−187,261	207,026

（出典）　Statistisches Jahrbuch der DDR 1970, Berlin 1970, S.3および
Frankfurter Allgemeine Zeitung vom 21, 10, 1999より作成。

のことを考慮して全体的に見れば，ユーバージードラー数よりも移動による増減が小さい結果になっているのは，一つには増減の計算の基になるDDR官庁のデータが正確さを欠いていることに起因しており，いま一つには戦争捕虜の帰国のような要因が計算上適切に扱われていないことにあると見られる。

　西ドイツに住み着いたユーバージードラーには緊急受け入れ施設で登録された人々と未登録のままの人々が存在するが，1961年に行われた西ドイツの国勢調査に基づいてそれまでの推計は改めて上方修正された。それによれば，西ドイツに移る前に一時的であれ恒常的であれDDRに居住したことのある人々（移住後に出生した子供を含む）の数は590万人だったが，そのうちには戦争末期に流入した難民や追放者が含まれている点に注意が必要である。ソ連軍の進攻に伴って故郷を逃げ出した難民に加え，オーダー＝ナイセ線以東のかつての東部領土やズデーテン地方をはじめとするチェコスロヴァキア，ルーマニアなどの東欧圏から追放された人々は，調査では約280万人だった。[8]この数字を考慮すれば，それゆえ，DDR地域に1945年以前から居住していたドイツ市民で1961年8月までに故郷を立ち去り西ドイツに移住したのは300万人を超えるのは確実であろう。また連邦調整庁の統計では1961年8月のベルリンの壁建設から1989年までにDDRから総数で616,066人が西ドイツに移住している。そのうち89年に移住したのは1年間で343,854人に上っており，DDRの歴史で最高を記録した。これらの数字を合計すれば，1949年から89年までの間にDDRから400万人近い市民が西ドイツに流出したことになる。その規模の大きさは，今日のノルウェー一国の人口に匹敵することからも推し量れよう。なおこの数字は，

DDR の統計年鑑から算出される，1950年から88年までの間の人の移動による310万人の減少と大幅な齟齬がないことや，当然ながら人の流れは DDR から西ドイツへの方向ばかりではなく，逆向きのそれも存在し，その数は89年末までに47万1千人で前者の約10分の1にとどまったことも付け加えておこう。[9]

　DDR からのこのような人口流出の結果，建国時の人口で測ると西ドイツには8％に相当する人口増大がもたらされる形になった。とりわけ1950年代には追放者・難民とその後身であるアオスジードラーとともに DDR からのユーバージードラーが経済の奇跡を労働力面で支え，繁栄の基礎を築くのに貢献したのは周知のとおりである。他方，DDR からこれを見れば，崩壊までの40年間に当初の人口の20％を喪失したことになるが，このような「現実に存在する社会主義」に背を向ける市民の多さはそれ自体国家としての DDR の威信を損なったばかりではなかった。戦災からの復興を果たし，西ドイツと比べた資源の乏しさや賠償による産業施設の撤去などの困難な条件を乗り越えて産業活動を拡大していくうえでもこの喪失が文字通り大量出血に等しい重大な痛手になったことは容易に推察しうるところであろう。特に壁の建設までの300万人を上回る移住者では若い年代の占める比率が高く，そのために労働力人口をなす生産年齢に相当する年代や出産可能な年代の女性の割合が人口構成において低下していったことは深刻な事態を予想させるものであった。この点に関し，例えば K. ルングヴィッツは1951年1月1日から1961年1月31日までに西ドイツへの大量脱出の影響で DDR は28万人の新生児を失ったと推計しているが，これが正しいとすると同期間の DDR の新生児数は291万人だったから，この面でも損失がいかに大きかったかが容易に推察できよう。[10] また DDR の人口問題という観点から見て，先進国に共通する少子化が DDR でも現れていたことに注意する必要がある。長期的に眺めた場合，死亡率が低下し，平均余命が伸びる一方では，出生率が置換水準に達しなかったために人口減少の危機に直面していたのは DDR も他の先進国と同じだった。しかしユーバージードラーの存在に起因する出生数の落ち込みが加わったために，DDR ではこの危機が早くから現実化していた事実を看過することはできない。実際，J. ドァブリッツたちが強調するように，「1950年から1980年までの30年間に DDR は人口が減少した唯一の国だった」[11] のである。その上，大量で特定の年齢層に偏った人口流出は人口減少を招いたにとどまらず，同時に人口構成にも重大な影響を与えないでは済まなかった。DDR の人口を年齢別にグラフ化してみると単純な釣り鐘型ではなく，凹凸が極めて大きいのが顕著な特色として目につくが，[12] 戦争による犠牲者が多かった年代のほかにより若い年代で窪みが大

きくなるのは，ベルリンの壁の建設までに生じた大量脱出の帰結ということができよう。このような面から見ても，社会主義の建設と発展を目指すDDRにとってユーバージードラー問題が文字通り存亡に関わる重大問題になっていたことが察知できるのである。

2. DDR 建国からベルリンの壁建設まで

　先に触れたように，DDRの人口統計を眺めると減少傾向が続いているのが分かる。けれどもその一方では，1961年を境にそれまでの急減にブレーキがかかり，横這いに近くなっていることも看取できる。同年に西ベルリンの周囲に壁が築かれた事件を想起するなら，この変化が主としてユーバージードラーの起伏によるものであることは容易に推察できよう。そこでユーバージードラーの波の高低の変化とその背景を振り返ってみよう。

　図1は年度ごとのユーバージードラーの数を示したものである。これを見ると，第一に，壁が構築された1961年を転換点にして決定的な変化が生じており，その効果が歴然としているのが読みとれる。また第二に，1984年からユーバージードラーが増大するようになったことと並び，ドイツ内部国境が開放された1989年の激増ぶりが顕著といえよう。これらの特徴を考慮し，ひとまず1961年を境界にして前期と

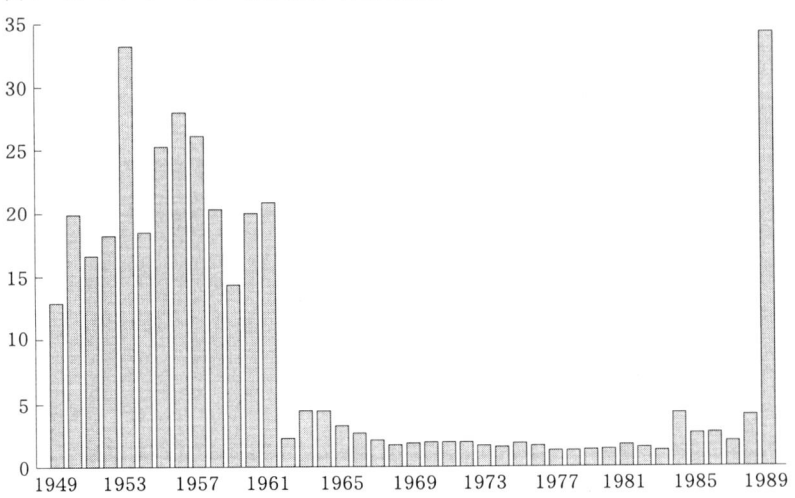

図1　ユーバージードラー数の推移（単位：万人）

(出典) Ralf Ulrich, Die Übersiedlerbewegung in die Bundesrepublik Deutschland und das Ende der DDR, Berlin 1990, S. 5.

後期に区分した上で，それぞれの時期を考察することにしよう。

　前期については，図1が示すように，1953年にユーバージードラーの波は最高潮となり，1年間に西ドイツの官庁が把握しているだけでも33万人を記録した。これはDDRの都市エアフルトとポツダムの人口の合計にほぼ相当し，1年だけでこれらが消滅したに等しい。その数は翌54年に急減したものの55年に再び増大し，57年までの3年間は毎年25万人を超す状態が続いた。その後再度減少に向かい，特に59年には1949年を除くと最低の14万4千人まで下降したが，60年になると20万人のレベルにまで上昇した。そして61年には壁の建設が始まった8月13日までだけで15万5千人を数え，前年を大きく凌駕するユーバージードラーが予想される状況が現出したのである。

　1950年以前に関しては，米英仏の西側占領地域もしくは新たに成立した西ドイツへの移住はとりたてて説明を要する現象ではなかったといってよい。今日の統一ドイツの空間に東部領土やソ連の影響下に入った東欧諸国から膨大な難民・追放者が流入したのはよく知られており，1950年の追放の一応の終結時点でその数は1,100万人にも達した。この数字を見れば，大規模で広範囲にわたる移動が生じていたことは容易に想像できる。またそのほかに，疎開先の農村部から故郷の都市に復帰する人や復員する兵士の流れも生まれた。これらの動きと並べれば，ドイツ内部でのソ連占領地域から西側3カ国占領地域への移住は，敗戦から間もない混乱期における多様な人の移動の一環をなすものだったことは明らかであろう。[13]

　ところが1950年代に入ると状況は大きく転換した。冷戦の激化とともにドイツの分裂が既成事実になると，東から西に向かうユーバージードラーの存在は二つのドイツ国家の正統性や体制の優劣に関わる問題に発展し，イデオロギー的な様相さえ帯びるようになったからである。DDRの側からは西ドイツは独占資本の支配するナチズムの後継国家と見做されたから，これに吸引されてDDRを捨てる移住者にはSEDによってファシズムのイデオロギー的影響を克服できない者という烙印が押され，アンティファすなわち反ファシズムを建国の原点とするDDRで生活の展望を描くことのできない頑迷な人々として片付けられた。[14]無論，このような公式的説明は，当時既に気付かれていたように，完全な誤りとまではいえなくても極めて一面的であったことは否定しがたい。そのことは，1950年代半ばから61年までのユーバージードラーの約半数が25歳以下の青年であり，学校生活のかなりの部分を戦後に過ごした年代だった事実に照らしただけで直ちに納得できよう。それにもかかわらず，東西に分断され，国家の正統性などに直結すると考えられたために，ユー

バージードラーの波が生じる原因は真剣に検討されないまま，イデオロギー的裁断によって覆い隠されてしまったのである。

　1960年から翌年にかけてユーバージードラーの波は再び高揚したが，それはもはやイデオロギー的非難を浴びせて傍観するだけでは済まない次元に達しているという判断にDDR指導部を傾かせることになった。なぜなら，社会主義の体制づくりとバラ色の夢のプロパガンダの傍らで西ドイツとの間の国境管理が強化されてきたにもかかわらず，戦勝4カ国の共同管理下にあるために障壁のないベルリンを最終的な迂回路にして東から西に向かう流れが途絶えなかったからである。その上，その累計から導き出される中・長期的予測は，国家としてのDDRの存立基盤を脅かす危険を明確に示していた。実際，当時の推計では，年平均20万人がDDRを離脱する状態が続けばDDRの人口は1971年には1,500万人に減少し，20年後の1981年になると1,300万人，つまり建国時点の69％にまで縮小すると予想されたのである。その面から見れば，ユーバージードラーの流出を防止することは，たとえファシズムの呪縛を脱しえていない市民であっても，人的資源を確保して社会主義建設を軌道に乗せるという意味で必要だったし，それ以上に人口喪失による国家の人的基礎の消失という危険を予防する意味でも喫緊の課題になっていたといえよう。1961年8月に西ベルリンの周囲に張り巡らされた壁はDDR指導部によって「反ファシズム防護壁」と命名されたが，実態はむしろDDRからの離脱を望む市民に対して国家としてのDDRを守るための防護壁にほかならなかったのはしばしば指摘されてきたとおりである。事実，壁の構造は西側からは突破しやすく，例えば壁に沿って築かれた車両通行阻止の溝は西から見ると緩やかな勾配なのに東側は垂直で東からはこの溝を横切れないように造られていたのである。[15]

　ところで，前期におけるユーバージードラーの波動の高低を社会主義建設過程で生起した出来事と照合してみると，興味深い関連が浮かび上がる。図2には月別のユーバージードラー数と主要な出来事の発生した日付とが示してある。DDR史を想起しつつこれを仔細に眺めれば，移住者の波を高めた原因は次の三つだったと考えて大過ないように思われる。一つは親族・友人のいる西ドイツをはじめとする外国旅行の自由を制限するDDRの政策である。第二は経済状態とりわけ消費物資の供給状況と生活水準の悪化・低下である。第三は社会主義建設に向けての方針や施策の一方的な決定と上からの強引な実施である。[16]これら三つの原因は個別に作用する場合もあれば，重なり合い相乗効果を生んでユーバージードラーの波を押し上げた場合もあった。後者の例を月間最高記録を残した1953年前半と1960年から61年に

第7章　戦後ドイツ史の中のユーバージードラー　437

図2　月別にみたユーバージードラー数の推移（単位：万人）

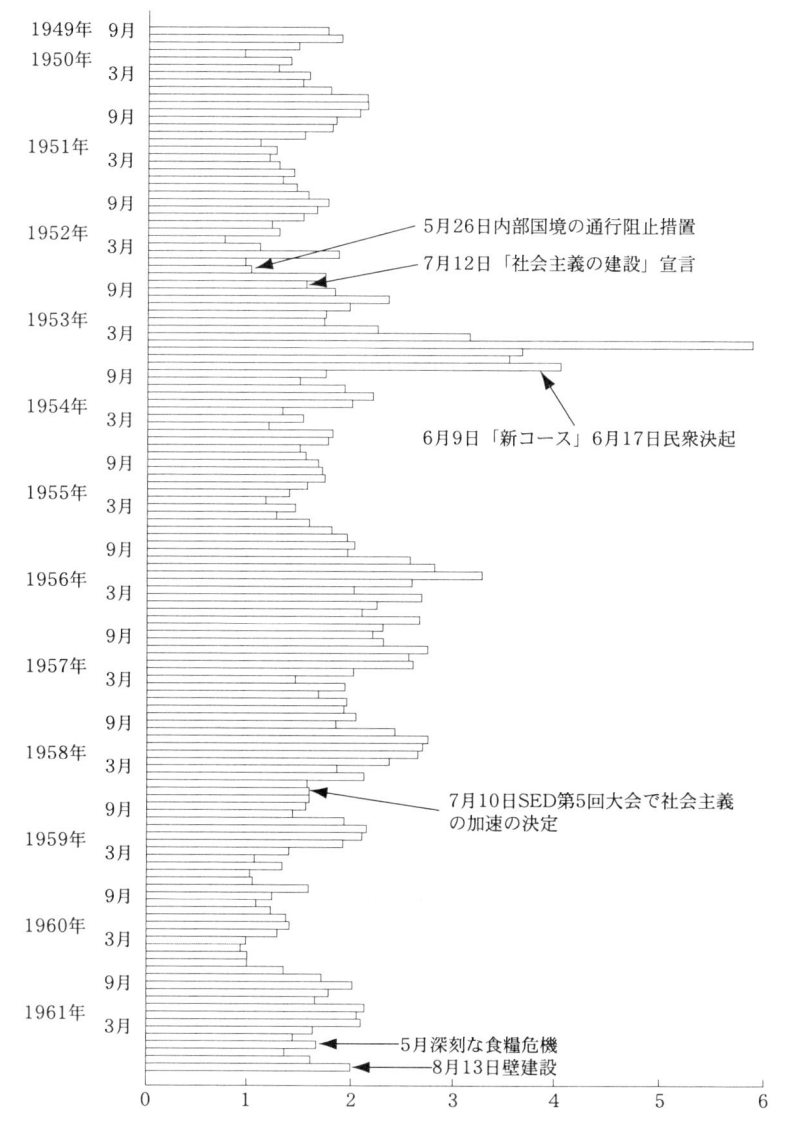

5月26日内部国境の通行阻止措置
7月12日「社会主義の建設」宣言
6月9日「新コース」6月17日民衆決起
7月10日SED第5回大会で社会主義の加速の決定
5月深刻な食糧危機
8月13日壁建設

（出典）Ulrich, op. cit., S. 7.

かけての時期に即して一瞥しておこう。

1953年初頭にDDR経済はかなり逼迫した情勢を迎えていたことが今では知られている。第1四半期に経済計画は目標を達成できなかったばかりでなく、食糧をはじめとする消費財の供給も著しく悪化していたからである[17]。

その前年7月に開催されたSED第2回党協議会で「社会主義の建設」が決定され、この方針に沿って同年末には農業の集団化が強力に推進された[18]。既に農業分野では戦争終結直後にユンカー的大土地所有の解体を中心とする土地改革が実施されていたが、これを前提にして今や農業の社会主義化が日程に上ったのである。1952年12月から53年3月末までだけで農業生産協同組合（LPG）の数は1,906から3,789に倍増したが、その急速さからだけでも手法の強引さが推測できよう。けれども、土地改革で形成され経営困難に直面していた新農民を別にすると、自分の土地に対する農民たちの執着は強く、彼らの自由意志を尊重する外観をまだ完全には捨てていなかったため、農業生産協同組合の数は増えても、全農地にそれが占める割合は低かったのも事実だった。同時にこれと並行して生産者である農民の手元に残るべき政府供出の残余分も削減され、彼らに対する圧力が次第に強められた。その結果、集団化に抵抗したことを理由に逮捕され、見せしめとして処罰される農民が出るようにもなった。そうした状況を考えれば、集団化に応じる意思のない農民の中からDDRを去って西ドイツに向かう者が続出したのは当然の成り行きだったといえよう。このため農業従事者であるユーバージードラーは1952年から53年にかけて3倍に膨れ上がり、ユーバージードラー全体に占める比率も7.5％から11.9％に上昇したのである[19]。彼らが放棄した農地の一部は管理機関を通じて農業生産協同組合に吸収され、これによってその面積は拡大したが、このような形の拡大を成功と呼ぶことはできないであろう。このように「社会主義の建設」とともにスタートした集団化は農民の抵抗のために出発段階で困難に逢着しただけではなかった。それはまた4万人に上る農民の流出を招くことによってDDR経済を一段と悪化させることにもなったのである。

同様のことは手工業についても指摘できる。ここでは社会主義化に同調しない自営手工業者の一部に対して食料切符を与えないという強硬手段がとられたほか、税率の引き上げが一方的に決定された。これらの措置は手工業者層をいわば狙い撃ちするものであり、上からの協同組合化の強行は当該社会集団にとっては抑圧ないし不利益な処遇を意味しただけであった[20]。こうした押し付けが農民の場合と同じく反発を招いたのは当然であり、DDR離脱の流れを加速する結果になったのである。

第7章　戦後ドイツ史の中のユーバージードラー　439

　52年末からユーバージードラーが増加の兆しを示したのを受け，53年2月25日にDDR指導部はこれを抑制するためにドイツ内部国境の通行を制限する措置をとると同時に，監視体制を強化した。けれどもこれらはかえって逆効果をもたらすことになった。というのは，これらの措置のために今後西ドイツに移るのが不可能になるという不安が広がり，焦燥感に駆られた市民が一挙にユーバージードラーの波を押し上げたからである。現に53年3月のユーバージードラー数は2月を大幅に上回ったばかりか，4月には2倍に跳ね上がり，5万8千人以上がDDRを立ち去ったのである。

　急激に勢いを増す移住者の高波は，DDR国内で充満していた不満の表現でもあった。社会主義建設に向けてソ連をモデルにして推進された重工業優先路線は消費財生産を圧迫して生活物資の不足と国営商店の商品価格の高騰を招いたし，その強行は農民，手工業者への集団化の強制措置だけでなく，工業労働者に対する生産ノルマの引き上げを伴ったからである。ユーバージードラーの激増や不満の高まりに加え，53年3月のスターリンの死と直後のソ連指導部による社会主義建設からの方針転換を求める圧力に動揺したSED政治局は6月9日に「新コース」を決議し，それまでの措置の一部撤回と窮乏状態からの脱却を約束して事態の収拾を図ったが，6月17日の反抗の火の手を未然に防止するにはもはや手遅れだった。(21)その先頭に立ったのは東ベルリンの建設労働者であり，ノルマの一方的引き上げが直接的な契機だったが，反抗は直ちに自由選挙の要求のような政治的性格を帯び，SED支配の根幹を揺さぶったのである。反抗自体はソ連軍の戦車によって鎮圧されたが，首都東ベルリンをはじめとし，多数の労働者・市民が参加した決起に強い衝撃を受けたDDR指導部は，7月下旬に開いたSED中央委員会総会で「新コース」の完全実施などの改革を約束して人心の鎮静に努め，その結果，秋にはユーバージードラーもかなり減少するようになった。ルールのような工業地帯がなく，賠償のために産業設備が仮借なく撤去されたDDRの経済は当時西ドイツに比べてかなり立ち遅れ，生活物資の配給制が続いていたことに見られるように生活水準の開きも大きかったが，「新コース」路線は国民の消費レベルの向上と強制措置の緩和に主眼をおくものであり，10月からは食料品をはじめとする消費財の値下げが実施されたほか，例えば農民に対しては農業生産協同組合を脱退することが認められ，年初に設立された協同組合の一部も解散された。このような「新コース」に加え，ソ連に対する賠償が減額され1954年1月からは停止されたことも安定回復に寄与し，その影響で移住者の高波も収束していったと考えられる。いずれにせよ，以上で概観した1953年前半の

状況から判断すると，上記の3要因の相乗作用がいわば典型的な形でユーバージードラーの波を押し上げていたのは確実といえよう。

　もう一つの事例である1960年から翌年にかけての時期についても簡単に見ておこう。

　この時期を見渡すと，1953年前半に類似した状況が現出していたことに気付く。それ以前の1957年にはDDRの工業生産は約8％増大し，翌年はそれ以上の伸びを記録する一方，58年5月に食料配給制が撤廃されたことに見られるように，住民の生活水準も次第に向上しつつあった。1949年を除くと1959年にユーバージードラーが最低になったのはDDRのこのような経済実績によるところが大きいと思われる。けれどもDDR指導部はこうした経済成長と安定化を過大に評価し，再び社会主義建設を強行する路線に転換したのである。こうして1959年のSED党大会で決定されたのが，西ドイツに「追いつき追い越す」という目標であった。というのは，DDRにとって競うべき相手は建国以来常に西ドイツであったし，ポーランドやソ連より生活水準が高くなってもあまり意味がなく，西ドイツに後れをとっていることが一般市民ばかりでなくDDR指導部にとっても重大問題だったからである。[22]こうしてソ連の経済計画に合わせて中断された5カ年計画に代えて10月1日に人民議会で可決されたのが7カ年計画であった。この決定は次のような目標を掲げている。「数年以内に資本主義的支配に対する社会主義的社会体制の優位性が包括的に証明されるように国民経済を発展させる」ことがそれである。[23]このことが具体的に意味したのは，主要な食料品と消費財の労働人口1人当たり消費量が西ドイツの住民1人当たり消費量より多い状態が達成されねばならないということであった。その結果，種々の指標から判断して無理というほかない経済計画が策定され，西ドイツを「追い越す」時点が1961年に設定されたことによって，1953年の状況が再現される伏線が敷かれたのである。

　1960年初頭には，こうした無理を重ねた計画の下に「農業における社会主義の春」と呼ばれた農業集団化が改めて推進された。1952年に始められたそれと異なり，今回の集団化は事実上強制に近く，反対する農民には逮捕という懲罰が加えられるケースも少なくなかったといわれる。農村で展開されたプロパガンダと並び，このような恫喝の効果もあって，同年の最初の5カ月で農業生産協同組合は10,465から19,261に増大し，全農地面積に占める集団農場のそれも45.1％から84.2％に急伸した。また「自由意志の尊重」という名目の背後で加えられた圧力により最初の3カ月間に既存もしくは新設の農業生産協同組合に52万人を超す農民が新たに加入した。こ

の数に比べれば1960年に西ドイツに移住した農民は遥かに少なく1万4千人にとどまった。

1961年までに西ドイツの経済レベルに追いつくためには労働生産性の向上が不可欠だったが、その方策の一つとして打ち出されたのは、以前と同じく自営手工業者層を生産組合に組織することだった。彼らは1958年には手工業生産の93％を担っていたが、農業の場合と同様な圧力により61年までにその比率は65％まで低下した。しかし手工業における社会主義化は強い反発を招かざるをえず、自立性を失うよりは他所の土地で技能を活かすことを選び、故郷を去る者が続出したといわれる。また西ドイツとの間で結ばれていた通商協定が1960年9月に西ドイツ側から破棄されたことも加わって経済情勢は全般的に悪化していたが、61年初頭になると特に食料事情が深刻化し、一時的ながら肉やバターなどの食料配給制が復活する事態になった。その重大さは、同年6月に首相代理W. シュトフが生活物資供給状況の困難さを認めなければならないほどだったことからも推し量れよう。[24] 無論、農業集団化に対する不満と非協力が食糧生産の低下を招いた原因だったのは指摘するまでもない。とはいえ、このような情勢下でユーバージードラーが増加しつつあったにもかかわらず、DDR指導部は差し当たり旅行の自由の制限のような強硬策をとらず、むしろ静観に近い姿勢を保っていたことは注目に値しよう。

ところで、この頃までにはドイツ内部国境は厳重に管理されるようになっていた。人口の流出に危惧を抱いたDDR指導部は建国から間もない1952年にこれを阻止する目的で1400キロに及ぶ内部国境に金属柵などを構築し、同時にその監視に当たる国境警察を創設したのである。この国境の構築物がやがて拡充され、国境線から内

表2 西ベルリン経由のユーバージードラー （単位：人）

年　　度	西ベルリン経由	全　体
1949－1951	193,227	492,681
1952	118,300	182,393
1953	305,737	331,390
1954	104,399	184,198
1955	153,693	252,870
1956	156,377	279,189
1957	129,579	261,622
1958	119,552	204,092
1959	90,862	143,917
1960	152,291	199,188
1961（8月13日まで）	125,053	155,402
計	1,649,070	2,686,942

（出典）　Presse- und Informationsamt des Landes Berlin, hrsg., Die Mauer und ihr Fall, 6. Aufl., Berlin 1994, S.23.

側に幅5キロメートルに達する立ち入り禁止地帯と多数の監視塔の設置によって世界でも類を見ないものものしい国境になったのは周知のとおりである。そのため，国境の乗り越えが困難の度を増すにつれて，DDRから西ドイツへの流出の多くはベルリンで生じるようになった。表2に見るように，陸の孤島西ベルリンを経由して西ドイツに移るユーバージードラーは例えば1955年には全体の61％だったが，1960年になると76％に上昇し，脱出口としての西ベルリンの役割は拡大していったのである。

　一方，社会主義路線の強化と生活状態の悪化のために1960年からユーバージードラーは増加の気配を示していたが，経済運営に自信を深めてスタートさせた7カ年計画の進行につれてその数の減少が期待されていただけに，増大する人口流出がDDR指導部に与えた衝撃は一層深刻だった。無論，国家としてのDDRの存亡にも関わるこれ以上の人口の喪失はいかなる策によってでも阻止しなければならなかったが，その反面では，1953年のような危機の再発も避けなくてはならなかった。こうした困難な問題を解くためにまずもって考え出されたのが，1961年7月6日に人民議会で決議されたドイツ平和プランである。これには先例があり，1958年11月にソ連のフルシチョフが人工衛星や大陸間弾道弾の開発でアメリカに先んじたことに自信を深め，懸案のベルリン問題に最終決着をつけるべく，ベルリンの共同管理を定めたロンドン議定書を見直し，西側軍隊を撤退させて西ベルリンを「非武装の自由都市」にすることを提案して攻勢をかけたのはよく知られている[25]。これと同様に今回のそれもまた，西ベルリンを非軍事化された中立都市にすることを骨子とするものであったが，しかし西ドイツとの空路をテーゲルから東ベルリンのシェーネフェルトに変更することなどを含んでいたことに見られるように，このプランの主眼は何よりも，DDR政府の許可のない移住のための通路になっていた西ベルリンの役割を停止することに置かれていた。西ベルリンという「逃げ穴」を塞ぐこのプランは，当時尖鋭化していた東西間の緊張を和らげる平和攻勢の外観を伴っていたために西側のメディアで大きな反響を呼ぶ反面，DDR市民の間に疑心暗鬼を広げることになった。すなわち西ドイツを含む外国への旅行の自由がさらに厳しく制限されるのではないかという懸念がDDR国内で急速に高まり，6月15日に国家評議会議長W. ウルブリヒトが記者会見の場で『フランクフルター・ルントシャウ』紙の記者の質問に答える中で，「壁を築く計画があるのを私は知らない。誰ひとり壁を作る計画をもっている者はいない」と述べて疑念の払拭に努めたにもかかわらず，その確言も人心を鎮めるのには役立たなかった。それどころか，DDR首脳の口から壁と

いう言葉が語られたのはこれが最初であり，今日から振り返れば，ウルブリヒトは壁を作る計画があるのをむしろ間接的に認めてしまう形になったのである。こうして上記の三つの要因の一つである旅行の自由制限の不安が募った結果，7月のユーバージードラーは一挙に3万人台に跳ね上がるとともに，その数は引き続き増大する見通しが強まった。ソ連はじめ東欧諸国の首脳の了解をとりつけて，DDR 指導部が政治的リスクを冒しても西ベルリンの周囲に壁を築く決断を下したのはこうした状況下においてだったのであり，この最後の強硬手段を発動したのは，事態を放置すれば人口流出によって DDR の存立が揺らぐという危機感ゆえにほかならなかったのである。(26)

3. ベルリンの壁建設から崩壊まで

　それではベルリンに壁が作られたことによってユーバージードラーの流れは完全にストップしたのであろうか。壁建設後の後期の推移を次に眺めよう。

　西ベルリンが壁によって取り囲まれたためにベルリンという最後の「逃げ穴」が塞がれたのは周知の事柄といえよう。このことは，逆に見れば，DDR が厳重な監視下にある内部国境に加えて堅固な壁によって取り囲まれ，外部から遮断されたことを意味している。これらの障壁によってユーバージードラーの流れが力づくで断ち切られたために，当初は不満が鬱積して爆発の危険が憂慮された。けれども，時の経過とともに壁が DDR の国家と社会の安定要因に変わっていったことについては今日では広範な見解の一致がある。(27) 人口の大量流出が止まった DDR では，壁による物理的遮断を条件にして社会主義建設にエネルギーを傾注することが可能になったばかりでなく，西側世界からの隔離と東のブロックへの完全な組み込みという代償を払ってではあれ，西ドイツとの経済競争という重荷が大幅に軽減されたからである。また最初は西側の介入を期待した市民も見捨てられたという感情を抱くようになり，壁の中で生きる以外に選択肢のない現実を諦念とともに受け入れたが，そのことは私生活に閉じこもる傾向を強め，G. ガウスのいう「くぼみのある社会」を形成することにもなった。こうして DDR は壁の存在に支えられて1960年代後半以降比較的順調な経済発展を遂げ，またブラント政権下の西ドイツとの基本条約締結や国連加盟に見られるように西側諸国を含めて国際的にも承認されたが，仮に1960年代を通じて毎年20万人のユーバージードラーが西ドイツに流入していたとするなら，これらのことが可能だったか否かは疑問視せざるをえないであろう。この点を考慮すれば，離脱を希望する市民が DDR に閉じ込められたのは間違いないにせよ，

ベルリンの壁の構築がDDRの安定化効果を有したのは明白といえよう。そしてそのことは同時に東西ドイツの関係をも安定させ，ドイツ問題という火種を冷やすことによってひいてはヨーロッパの安定にも寄与したのである。

　もちろん人口流出が阻止されてDDRが安定に向かったとしても，壁という最終的手段に依存していた以上，その安定が本質的に脆弱だったことに留意する必要がある[28]。この観点に立てば，壁の構築後にユーバージードラー発生の原因が除かれたか否か，あるいはそのための努力が払われたかどうかが問われなくてはならないであろう。別言すれば，DDRが壁によって守られなければ存続できない国家になり，その意味で壁はDDRの根本条件になったのか，それともさまざまな改革によって人口流出の原因が解消され，ベルリンの壁とドイツ内部国境を自己のイニシアティブで再び開放するチャンスをもちえたのかどうかを問うことである[29]。この問いを念頭に置きつつ，壁建設以後30年近く存続したDDRの現代史すなわち1961年以降の第2期を振り返ると，少なくとも壁を築いた自己の手でこれを壊すことはもはやDDR指導部によっては目指されなかったといってよい。そのことは例えば本章冒頭に掲げたホーネッカーの言葉からも読み取ることができる。実際，1年も経たないうちにベルリンの壁の開放がドイツ統一とDDR消滅に帰着した展開を考えると，DDR市民を閉じ込めた壁はDDRの土台の一部に化し，自力でそれを撤去することはSED独裁の巨大な政治機構の否定なしにはほとんど不可能になっていたといえよう。その意味では壁の存在がSED独裁体制とDDR国家を成り立たせていたのであり，したがってその崩壊がそれらの消滅を伴ったのは構造連関から見て必然的だったのである。

　もっとも，正確にいえば，西ベルリンを壁で囲むことによってDDR自身が西ドイツから自己を遮断したといっても，ユーバージードラーの流れが完全に消えた訳ではない。確かに壁が構築されるまでの前期に比べると数は激減したものの，後期にもユーバージードラーは細流として存在していたのであり，1960年代でも2万人台から4万人台の規模で毎年DDR市民が西ドイツに移住していた。無論，ベルリンという最後の脱出口が塞がれたことによってその動向に決定的転換が生じたのは多言を要しない。その転換は，巨視的に見るなら，無統制な奔流から管理された細流への移行と表現できよう。これに伴い，ユーバージードラー自体に種々の変化が現れた。第一の変化は，表3が示すように，彼らがもはや一括りにされるのではなく，いくつかのカテゴリーの集合体として把握されるようになったことである。すなわち，ベルリンの壁の建設以降，ユーバージードラーの中心になったのはDDR

表3 1961年以降のユーバージードラー数の推移

年度	総数	狭義の ユーバージードラー 人数	%	第三国経由の ユーバージードラー 人数	%	内部国境突破の ユーバージードラー 人数	%	自由買いによる ユーバージードラー 人数	%
1961	51,624		0.0	43,117	83.5	8,507	16.5		
1962	21,356	4,615	21.6	10,980	51.4	5,761	27.0		
1963	42,632	29,665	69.6	9,267	21.7	3,692	8.7	8	0.0
1964	41,873	30,012	71.7	7,826	18.7	3,155	7.5	880	2.1
1965	29,552	17,666	59.8	8,397	28.4	2,329	7.9	1,160	3.9
1966	24,131	15,675	65.0	6,320	26.2	1,736	7.2	400	1.7
1967	19,578	13,188	67.4	4,637	23.7	1,203	6.1	550	2.8
1968	16,036	11,134	69.4	3,067	19.1	1,135	7.1	700	4.4
1969	16,975	11,702	68.9	3,230	19.0	1,193	7.0	850	5.0
1970	17,519	12,472	71.2	3,246	18.5	901	5.1	900	5.1
1971	17,408	11,565	66.4	3,611	20.7	832	4.8	1,400	8.0
1972	17,164	11,627	67.7	3,562	20.8	1,245	7.3	730	4.3
1973	15,189	8,667	57.1	4,050	26.7	1,842	12.1	630	4.1
1974	13,252	7,928	59.8	3,255	24.6	969	7.3	1,100	8.3
1975	16,285	10,274	63.1	4,188	25.7	673	4.1	1,150	7.1
1976	15,168	10,058	66.3	3,010	19.8	610	4.0	1,490	9.8
1977	12,078	8,041	66.6	1,846	15.3	721	6.0	1,470	12.2
1978	12,117	8,271	68.3	1,905	15.7	461	3.8	1,480	12.2
1979	12,515	9,003	71.9	2,149	17.2	463	3.7	900	7.2
1980	12,763	8,775	68.8	2,683	21.0	424	3.3	881	6.9
1981	15,433	11,093	71.9	2,602	16.9	298	1.9	1,440	9.3
1982	13,208	9,113	69.0	2,282	17.3	283	2.1	1,530	11.6
1983	11,343	7,729	68.2	2,259	19.9	228	2.0	1,127	9.9
1984	40,974	34,982	85.4	3,459	8.4	192	0.5	2,341	5.7
1985	24,912	18,752	75.3	3,324	13.3	160	0.7	2,676	10.7
1986	26,178	19,982	76.3	4,450	17.0	210	0.8	1,536	5.9
1987	18,958	11,459	60.4	5,964	31.5	288	1.5	1,247	6.6
1988	39,845	29,033	72.9	9,129	22.9	589	1.5	1,094	2.7
1989	343,854	101,947				241,907			
計	616,066	382,481	62.1	163,815	26.6	40,100	6.5	29,670	4.8

(出典) Frankfurter Allgemeine Zeitung vom 21. 10. 1989, 1989年のみ, Hartmut Wendt, Die deutsch-deutschen Wanderungen, in : Deutschland Archiv, H.4, 1991, S.390.

政府の正式な許可を受けた狭義のそれであり、これとは区別される許可のない移住者も西ドイツへの入国の態様に即して3種類に分かれたのである。

また第二に、狭義のユーバージードラーの比率が半数を大きく上回るようになったが、構成面でのそうした変化につれて年齢面に見られる第三のそれも顕著になった。彼らの平均年齢が一気に高くなったことがそれである。例えば1952年で見るとユーバージードラー全体のうちで25歳以下は48％、25〜45歳は32％であるのに対し、65歳以上は2％であり、1960年でも同じ順序で各々53％、23％、7％であった。前期にはこのように25歳以下の年齢層が約半数を占め、若年層が多い点に特色があったが、これに対し表4に明らかなように、壁の建設以降では高齢者の比率が急上昇

表4　ユーバージードラーの年齢構成 (単位：%)

	1955年	1965年	1974年	1985年	1989年
24歳以下	52.5	10.4	15.1	34.9	45.7
25－64歳	43.5	38.1	45.6	52.5	51.3
65歳以上	4.0	51.5	39.3	12.6	3.0

（出典）　Wendt, co. cit., S.391.

表5　自由買いの人数 (単位：人)

年度	人数	年度	人数	年度	人数	年度	人数
1963	8	1970	888	1977	1,475	1984	2,236
1964	888	1971	1,375	1978	1,452	1985	2,669
1965	1,541	1972	731	1979	890	1986	1,450
1966	424	1973	631	1980	1,036	1987	1,209
1967	531	1974	1,053	1981	1,584	1988	1,048
1968	696	1975	1,158	1982	1,491	1989	1,840
1969	927	1976	1,439	1983	1,105	計	31,775

（出典）　Bundesministerium der Justiz, hrsg., Im Namen des Volkes?, Leipzig 1994, S.232.

した。この事実が物語るのは，1961年まで労働能力のある人口の流出に苦しんだDDRが壁の構築を境に労働能力を失った高齢者を送り出す方針を取り，年金生活に入って経済的負担となる市民を減らすことで負担軽減を図ったことである。さらに実態が長らくヴェールに包まれていたいわゆる「自由買い」もDDRの管理下にあったが，ドイツ統一によって明るみに出てきた連邦司法省の資料によれば実数は表5のとおりであった。ここでは細部に立ち入るのは避けるが，「自由買い」を容認したDDR側の狙いが，政治的反対派や不満分子を排除すると同時に，西側の外貨の不足を緩和するために西ドイツ・マルクを獲得することにあったのは間違いない。つまり高齢者の送り出しが負担軽減策だったとすると，「自由買い」は外貨稼ぎの手段だったといえよう。

　この二種のユーバージードラーがDDR政府の許可を受け管理されていたのに対し，数は少ないものの非合法のそれが存在した。前掲の表3に見られるように，この人々はベルリンの壁もしくは厳重に監視されたドイツ内部国境を越えた者と第三国経由の人々に区別されるが，許可を得ないでDDRを去り西ドイツに移った点では同じである。DDR刑法にいう「共和国逃亡の罪」を犯し，逮捕や射殺の危険を冒したこれらのDDR市民の中で，西ドイツへの出国を正規の手続きで申請した割合は明らかではないが，労働能力のある年代の場合には許可を得るのは極めて困難だった上に，出国を希望していることが明白になることで生じる職場での配置や昇進，家族の職業選択や進学など様々な面での差別や嫌がらせを甘受しなければならなかった。というのも，出国希望がDDRの国家目標である社会主義の拒否と同一視さ

れる一方では，憲法の美文に反して人権保障のシステムが事実上存在しなかったために，訴訟によって差別が公の場で問題にされたり，救済策が講じられたりする可能性はなかったからである。

それはともあれ，壁の建設によって数は激減したものの，ユーバージードラーそのものは消滅したわけではないので，1961年8月以後の後期における人数の推移を見ておこう。

1960年代には波の高さに変動が認められ，特に63年と64年にはそれぞれ約3万人と比較的多くのDDR市民が正規の手続きを経てDDRを立ち去った。その主たる理由は，壁の出現によって離別させられた家族の合流をDDR政府が容認したことにある。その後DDR政府の許可を受けたユーバージードラーは毎年1～2万人程度で推移し，1984年から再び増加した。1961年から88年までを合計すると，DDRの出国許可を携えて合法的に西ドイツに移住した市民は38万人になる。一方，1万4千人が非合法に第三国経由で西ドイツに辿り着くのに成功し，さらに西ドイツの統計では4万人以上が射殺などの危険をくぐり抜けてベルリンの壁や内部国境越えに成功している。これらの人々に加え，「自由買い」によって西ドイツに送られたDDR市民が存在するが，その総数は1989年までに31,775人に上っている。秘密裏に始まった1963年にはわずか8名にすぎず，西ドイツ政府が民間ルートを使ってDDR政府に支払ったのは36万マルクだったが，その後人数が膨れ上がり，85年には2,669人に達した。その大半はDDRで西ドイツへの不法越境に失敗して共和国逃亡罪に問われた人々から成る。そしてこれらの広義のユーバージードラーを合計すると，1961年8月13日から1988年末までの間に合法・非合法を問わず西ドイツに移住したDDR市民は27万人強を数える。

一方，西ドイツへの不法越境である共和国逃亡に関わるデータも一部が明らかになっている。それによれば，共和国逃亡の罪を犯した容疑者として捜査の対象になったDDR市民の数は1959年に3,791人だったが，壁構築の年1961年に9,941人に増大し，翌62年には11,780人に達してピークを記録した。そして63年から66年までは7千人から8千人前後で推移している。また共和国逃亡はDDRでは重罪であり，その罪で自由剥奪刑を受けた市民は1964年に2,373人を数えた。その数が65年から67年まで3千人台に上昇した後，68年から70年までは2千人台で推移したことも今では知られるようになっているが，[31]「自由買い」の主たる対象になったのがこの人々であった。

ところで，1984年にDDR政府の許可を得たユーバージードラーが増大し，その

後も88年，89年前半に増えていることが前出の表3から分かる。これは提出されたままいわば店晒しにされていた出国申請を所管官庁がまとめて処理した結果であり，特別な政治的意図によるものではないと公式には説明されている。けれども，実際には，ソ連と西ドイツを両軸にしたDDR外交が80年代前半に自立化を強めたことと関連しているのを見逃してはならない。

　1980年代初頭のINF配備問題を頂点とする東西緊張の高まりを受け，最前線国家DDRは独自の平和共存を目指す一方，同時期にDDRは重大な経済危機に陥り，83年に西ドイツ政界の大物でCSU党首とバイエルン州首相の座にあったF. J. シュトラウスの尽力で10億マルクに上る政府保証の融資を得たのはよく知られている。このような動きに見られる西ドイツとの関係改善は，82年に発足したコール政権が東方政策を踏襲したことによっても強められ，ソ連の干渉で中止を余儀なくされたものの，ホーネッカーの初めての西ドイツ訪問が84年9月に計画されるところまでいったのである。そうした中，特に西ドイツからの経済支援はDDRにとっては重要だったが，これに対する一種の見返りとして出国の条件を緩和して許可の数を増やす措置がとられたと考えられる。[32]そのためDDR国内では出国希望者が続出し，1984年を境に出国申請件数が急増する結果になった。明らかになっている範囲では，その数は1980年頃には2万件台で推移していたが，1984年には5万1千件に急上昇し，以後85年5万3千，86年7万9千，87年10万5千，88年11万4千件となり，89年には前半だけで12万5千件にも達したのである。[33]これと軌を一にしてドイツ分裂で離別した家族の相互訪問も制限が緩められたために活発化した。すなわち，1980年に西ドイツを訪れた年金受給年齢以下のDDR市民は4万人だったが，1985年になると6万6千人に増え，86年には24万4千人，87年には129万人にまで増大したのである。その背景には1982年に行われた旅行の規制に関する政令の改正がある。両独基本条約の締結を承けて1972年に同政令が定められ，それまで例外的にしか認められなかった西ドイツの親族訪問が出生，結婚，銀婚・金婚式，危篤状態と死亡の場合に許されるようになっていたが，1982年の改正でその制限が緩和され，誕生日をはじめ，初聖体拝領，堅信礼もしくは成人式にまで拡張されたのである。[34]また同時に，青少年の交流も拡大され，1980年に西ドイツを訪れたDDRの青少年は6,800人にとどまっていたのが，85年には6万8千人に増加している。こうした西ドイツ訪問者の増大は，その豊かさに直に接する経験の拡大につながっているだけに，豊かさへの突進という一面をもつDDR崩壊の原因を考えるうえで重要な意味をもっているといえよう。また他方，このような緩和の兆しに誘発されるかのように，1984

年には国外で西側大使館に亡命を求めて駆け込む人々が現れる事態にもなった。(35) これらの市民に対してはDDR政府と西ドイツ政府との緊急協議の末，再発防止措置をとることを条件にして西ドイツに行く許可が与えられたが，その点から見ればこの出来事は1989年により大規模に再現された事態の先触れだったと見ることができよう。V. ロンゲは「1984年に根本的な変化が生じた」として，この年を「DDRミグレーションにおける切れ目」と位置づけているが(36)，これらの事実に照らせばこの指摘が正鵠を射ているのは多言を要しないであろう。

とはいえ，厳密にいうならこの位置づけには裏付けが不十分な面があるのも否定できない。一例を挙げれば，1989年秋の激変までにどれだけの人数の出国申請が出されていたのか，その実数は上記の一部を除いて依然として暗闇に埋もれたままになっているからである。この点に関するある推定によれば，1989年の時点で約50万件の出国申請書類が提出されていたとされる。しかもそこにはDDR人口の1割弱に相当する150万人に及ぶ名前が記載されていたともいわれる。(37) 一方，シュタージの通称をもつ国家保安省の秘密文書の中では1989年6月30日時点で現存する未処理の申請件数として87,535という数字が挙げられていたと伝えられる。(38) これらの数字のどれが正確かは俄には判断できないが，いずれにせよ，大量の潜在的出国希望者が現実に存在していたことは，その後の展開から明白といえよう。出国申請は政治的スティグマに等しかったと評されるように，正式に申請した場合，許可になる可能性の低い決定が出るまで長い期間を差別に耐えながら待ち，不許可になるとその後に辛苦に満ちた人生しか残されていなかったから，不満を心の中に封じ込めつつ表向きは体制に同調していた市民がDDRには多数暮らしていた。壁が崩れ，内部国境が開かれると，国家保安省秘密文書に記された出国申請件数を遥かに上回る人々がDDRを捨てて続々と西ドイツに押し寄せたが，その理由はここにあった。そして同時にこの事実は，ベルリンの壁が多くの潜在的移住希望者をDDRの内部に閉じ込める役割を果たしていたことを白日の下に晒す形になったのである。このような壁や内部国境を建設・維持・警備するためには，政治的に信頼できる兵士で編成され1974年からはDDR国境部隊と称していた5万人に上る人員のほかに膨大な出費が必要とされたのは当然だった。A. アマーの推計では，至近距離内の動く対象を感知して銃撃する自動射撃装置のような最新鋭の設備を多数導入したこともあり，1961年から1989年までに総額で230億マルクは下らなかったといわれる。(39) 1971年から設置され始めた自動射撃装置は内部国境の異様さと残忍さのシンボルになり，1975年の全欧安保協力会議（CSCE）のヘルシンキ最終文書やこれを下地にした非

人道的との国際的非難に配慮して1984年11月末までにすべて撤去されたが[40]，ともあれ，技術革新の遅れや投資の欠乏による産業設備の老朽化や経済の停滞に起因する財政の窮迫が深刻化する中でそのように巨額の支出がなされた事実を考えあわせる時，DDR市民を閉じ込めてきた堅牢なベルリンの壁と厳重な内部国境はますますグロテスクな存在に映るのである。

第2節　ユーバージードラーの動機と構成

1．DDR変革以前の離脱の動機

　ここで少し視点を転換してみよう。

　定義について説明したように，広い意味でのユーバージードラーはドイツが東西に分断されていた時期にDDRから西ドイツに移住した人々の総称である。しかしこの移住をより広い視野から国際移動の一種と捉えるなら，近年主要なテーマに浮上している労働力の国家間移動に類比できる。ところで，このテーマを扱う場合，人を労働力として国際移動に押し出す要因と引き寄せる要因に着目し，出身国と受け入れ国の双方についてこれを検証することがまずもって必要とされるのは周知のとおりである。その際，出稼ぎ型か定住型かを問わず特に重視されるのは，失業率をはじめとする両者における労働市場の構造と実態や，移動先で期待される賃金と出身国におけるそれとの格差などであるが，その理由はそれらが一般に国際移動の規模と方向を強く規定しているからである[1]。もちろん，国際移動には以前の植民地と宗主国の関係のような多様な要因が作用するので経済面だけでは説明できないのはいうまでもないが，いずれにせよ，通常の労働力の国際移動と比較すると，ユーバージードラーという現象にはかなり特異な性格があることが分かる。というのは，第一にユーバージードラーはDDRというドイツからもう一つのドイツに向かう人の流れであり，ドイツという空間に限定された現象だからである。第二にドイツ分裂という条件下で二つのドイツがそれぞれ軍事的に対峙するブロックに属し，政治・経済体制を異にしていたことが移動の前提になっているからである。これらの理由から，一般の国際労働力移動とは違ってユーバージードラーについては政治的動機が移動を生む重要な要因であるという見方が長らく有力であった。すなわち，ユーバージードラーはDDR社会主義が暗黒であることの生きた証拠と位置づけられて反共プロパガンダにも利用されたために，DDRにおける社会主義とSEDの独裁の結果である自由の欠如がDDR市民を西ドイツに向かわせているという見方が西ドイツでは支配的になっていたのである。

それではユーバージードラーは実際にこのような理由で DDR を捨てて西ドイツに移ってきたのであろうか。その実相を究明する手掛かりとして，彼らがなぜ西ドイツに移住する決意をしたのかに関するこれまでの調査結果を検討し，ステレオタイプ化している見方の当否などを考えてみよう。

ここで利用するのはユーバージードラーを対象にして1961年，84年，89～90年に実施された意識調査の報告であるが，それらを点検する際，次の点に留意する必要がある。それは西ドイツへの移住という自己の行動を彼らが高所得やより良い生活条件を目指す功利的・物質主義的動機づけを有するものとしてよりは，自由への憧憬や抑圧に対するプロテストなど理想主義的意図に発する行為として自己了解する傾向があると見られることである。実際，行動が重大な覚悟を要するほど，その動機を実利的ではなく理想主義的であると見做して道徳的に正当化しようとするのは一般的に認められる心理的傾向といえよう。そうだとすると，意識調査の結果から表面に現れない動機を探り当てることは困難といわざるをえず，本当の動機を表向きのそれから識別する試みが不毛に終わるのは不可避といわねばならないであろう。このような考慮に基づき，以下ではユーバージードラーが移住にいかなる自己評価を与えているかを示すデータとして調査報告を利用するにとどめたい。

最初の調査はベルリンの壁が構築される直前の1961年7月に緊急受け入れ手続き中のユーバージードラーを対象にして実施された。この調査結果は前期では殆ど唯一と見られる貴重な資料であるが，しかし設問には当時の冷戦の緊迫した状況が影を落としていることも否定しがたい。というのは，連邦全ドイツ問題省によってまとめられ公表された調査結果を一瞥しただけでも，西ドイツへの移住と同義であるDDR からの逃亡に関する設問で政治的色彩の濃い回答項目が並んでいるのに気付くからである。その若干の例としては，「人権・基本的権利の制限」，「個人的生活空間と運動の自由の制限」，「社会的活動，行進，集会への参加の強制」，「近い時期における再統一の見込の消滅」，「政治的緊張期における門戸閉鎖のパニック」などが挙げられる。これらの項目と並んで経済的動機として一括できるいくつかの項目も列挙されていた。「不十分な賃金」，「劣悪な住宅事情」，「強制収用」，「消費物資の不足」などがその例である。調査票には DDR からの離脱の理由に関する設問でこれらの回答項目が主要な動機として掲げられていたが，上位5位までの結果は回答の多い順に次のようになった。[2]

| 「社会的活動への参加の強制」 | 528人 |
| 「家族の合流」 | 343人 |

「より良い収入と住宅関係への願望」	205人
「旅券法違反」	140人
「集団化もしくは国営化に対する不支持」	136人

　調査では，回答者は並べられた項目から一つだけを選択する形をとっていたために，副次的と考えられたそれは切り捨てられ，実際の動機が複雑であっても回答では単純化されている点に注意を払う必要がある。このことを念頭において結果を眺めると，「社会的活動への参加の強制」がDDRを捨てた動機として最も多く挙げられており，参加を強いる全体主義的支配の特徴が同時に反感を招いていたことを窺わせる。しかしその一方では，ドイツ分断のために東西に離別を余儀なくされた「家族の合流」を移住の主たる動機とする者や，より良い生活への期待を挙げる者が少なくなかった点も注目されよう。

　ところで，種々の回答を五つに大別したうえで全ドイツ問題省は各々の割合を百分率で示している。それによれば調査結果は以下のように整理される。

「党，政府，大衆団体などによって与えられる任務と指示の拒否」	29.0%
「経済的理由」	20.2%
「家族関係もしくは個人的理由」	19.9%
「その他の政治的理由」	13.4%
「良心の痛み，基本権の制限」	11.7%
「その他の理由」	5.8%

　この整理においても「党，政府，大衆団体などによって与えられる任務と指示の拒否」が最大になっていることは，ユーバージードラーをDDR離脱に駆り立てた最大の理由が，彼らの自己了解では，SED独裁体制に対する反対にあったことを示している。そのことは，視点を変えれば，ユーバージードラーという現象は何よりも支配政党としてSEDを戴くDDRレジームそのものの所産だったことを意味しているといえよう。調査ではこのように政治的理由が前面に出る結果になり，そこからは全体主義的支配の犠牲者あるいは勇気ある反抗者というユーバージードラー像が導かれるが，そうしたイメージは「その他の政治的理由」や「良心の痛み，基本権の制限」を加えるならDDR離脱の主要な動機として広く政治的理由を挙げる者が多数を占める事実によって一層強められる。こうしてユーバージードラーを優れて政治的な現象として捉える見方が調査によって裏付けられる形になったが，自己理解に基づくこうした把握には，冷戦が緊迫の度を増し，イデオロギー対立が尖鋭化するにつれて体制の引き締めが厳しくなっていた当時の険悪な情勢が反映している

ことも看過してはならないであろう。また他面では，冷戦激化にもかかわらず，非政治的な理由によるユーバージードラーが相当数存在していたことが調査に浮かび上がっているのも注目に値する。分断などの事情で離散した家族の合流や高収入の豊かな暮らしなどを夢見てDDRを去った者を合わせると40％にも達し，無視することのできない数に上っているからである。これらの人々はドイツが分裂していたために生じた移住者ではあっても，体制の対立との直接的な関係は希薄であるといえよう。この点を考慮するなら，なるほど政治的理由を真っ先に挙げ，自己をDDRの政治的反対者として位置づけるユーバージードラーが多いとはいえ，その心理においては別の動機も複雑に絡みあっていたことが容易に推察できる。換言すれば，政治的理由は重要ではあっても，それだけがDDR離脱の推進力になったのではないケースが多数存在していたと考えられるのである。

次にベルリンの壁の構築から20年以上隔たった1984年に行われた調査の結果を眺めよう。それは同年春にV. ロンゲが約500人のユーバージードラーを対象に実施した調査である。そこでは全ドイツ問題省のそれと同じく西ドイツへの移住の「基本的理由」を訊ねているが，後者とは違い，複数回答が認められていることに留意しなくてはならない。

ロンゲによる調査の結果は表6のようにまとめられる。これを見る際，ロンゲ自身注意を促しているように，次の事情を考慮に入れる必要がある。それは，出国に許可が下りる場合であっても，所管官庁に申請書類を提出してから許可が出るまでに数年間に及ぶ長い時間を要し，その間に当初の理由に変化が生じる可能性が大きかったことである。調査によると，出国申請した後で職業面に何らの変化も起こらなかったのは回答者の半数にすぎない。残る半数は職場を追われたり，不本意な配置転換を経験し，収入の減少を余儀なくされた。また治安機関の監視下におかれた

表6　DDR 出国の理由　(単位：％)

	1984年	1989年
言論の自由の欠如	71	74
旅行の自由の制限	56	74
自己の考えにしたがって人生を設計できない	−	72
将来の見込みの欠如もしくは暗さ	45	69
政治的圧迫・国家による監視	66	65
生活物資供給の劣悪さ	46	56
家族の合流	36	28
職業面の向上可能性の乏しさ	21	26

(出典)　1984年は，Volker Ronge, Von drüben nach hüben, Wuppertal 1984, S.18. 1989年は Richard Hilmer und Anne Kühler, Der DDR läuft die Zukunft davon, in: Deutschland Archiv, H.12, 1989, S.1385.

り，刑事訴追の威嚇を受けた者もあるほか，子供が学校で教師によって差別扱いされる苦痛を味わった。友人や同僚たちの多くが出国申請を契機に遠ざかったのは言うまでもないであろう。このような差別や嫌がらせが出国の動機になんの影響も及ぼさなかったとは考えにくい。この点を考慮に入れて表6を見ると，ユーバージードラーが答える出国の理由が多様ではあっても，政治的理由が1位と2位を占めてやはり有力であることが指摘できる。しかし同時に「外国への旅行の自由の制限」と並んで「生活物資供給の劣悪さ」や「将来の見込みの欠如もしくは暗さ」をはじめとする非政治的な理由が大きな比率になっていることも見過ごすことはできない。調査対象者ではDDRが管理するユーバージードラーが中心になっていたと推測されるが，にもかかわらず1961年の調査と同じく，84年にもDDR離脱の動機には政治的理由がその他の理由と混じり合っており，突出した役割を果たしていた訳ではないと考えられる。

　ベルリンの壁が崩れる直前の1989年にもユーバージードラーに関する二つの調査が行われた。この年にはハンガリー政府による対オーストリア国境開放を受けて西ドイツを目指すDDR市民が急増したが，壁崩壊以前に西ドイツの緊急受け入れ施設に収容されていた者のうち18歳以上の人々を対象に実施されたヒルマーらの調査がその一つである。調査は一家族に一通の調査票を配布する形で8月29日から9月11日まで行われ，回収されたのは537通だった。

　この調査でのDDR離脱理由に関する設問はロンゲのそれを踏襲しているので結果の比較が可能という利点がある。表6に示された両者の結果を比べると，全般的には次の点が指摘できる。すなわち，1984年と89年の両年とも政治的理由が同程度に強く，数字の上では1位につけていたが，他方では主として経済面での不満が拡大していたことである。具体的な数字でいうなら，「将来の見込みの欠如もしくは暗さ」が45%から69%に大幅に伸びていることや，「生活物資供給の劣悪さ」も46%から56%に増えているのが特に注目される。これは当時のDDR経済が停滞から破局に移りつつあったことと無関係ではない。その反面，「家族の合流」が36%から28%に下がり重要性を失いつつあったのが分かるが，この点は壁建設以前の前期と顕著な対照をなしている。この事実はユーバージードラーの質的変化を示しており，少なくとも合流を希望する家族の多くがそれまでに願望を実現していたことを物語っているといえよう。一方，89年の調査では新たに「自己の考えにしたがって人生を設計すること」という項目が掲げられたが，これを挙げる者が一挙に72%を数えたことは，「旅行の自由の制限」の56%から74%への上昇と併せ，物質面に限られ

ない DDR の社会生活の窮屈さが移住の動機において重みを増していたことを暗示している。このことの背景としては，DDR でも1980年代を迎えるころから特に青年層で価値観の変化が認められるようになり，快楽主義的メンタリティが強まるとともに社会的束縛を拒否する傾向が表面化していたことが想起されるべきであろう。要するに，DDR 社会自体の変化を反映して，1989年の調査からは，経済的理由の比重が大きくなり，その他の非政治的理由も重要性を増していたことが読み取れるのである。

　ユーバージードラーに関するもう一つの調査は，既に言及した国家保安省の秘密報告である。この報告の細部はこれまでのところ明らかにされていないが，これを伝えているミッターらの著作によれば，その基礎になったのは出国申請者に対するアンケートと拘束中の共和国逃亡者すなわち DDR からの非合法的脱出に失敗した人々に対する聴取だった。SED の「剣と楯」を自称し最も恐れられた組織によることが明らかな仕方で調査が行われたかどうかは不明とはいえ，DDR の機関によるものであるかぎり被調査者がありのままを率直に答えたとは考えにくい。なぜなら，DDR に対する政治的反対の意思が明白になれば厳しい制裁を被る危険があったために，大抵の場合，本心は封印されざるをえなかったと思われるからである。その意味で調査結果の信頼性には重大な疑問が残るといわねばならないが，その点を確認した上で結果を眺めればそれなりに興味深い知見が得られるのも確かである。ミッターらによれば，同調査で最も重要な動機として上っているのは「生活物資供給に関する不満」である。そのほかの主要な動機としては以下の項目が列挙されている。「仕事への不十分な対価に対する憤激」，「医療面の欠陥に対する無理解」，「DDR 内及び外国への旅行の可能性の制限」，「不満足な労働条件と一貫性を欠く生産」，「業績原理の適用・実施における不完全さ・不徹底さ」，「国家機関，企業，施設の責任者と担当者の官僚主義的態度に対する，また市民との接し方の横柄さに対する怒り」，「DDR のメディア政策に対する無理解」。

　表現形式は異なるものの，この調査結果には既述の西ドイツにおけるそれとの共通面が浮かび上がっているように見える。同じ1989年のヒルマーらの調査でも「生活物資供給の劣悪さ」が種々の DDR 離脱理由のうちで重要な位置を占めているし，その他の経済的理由のウェイトが大きいのは上で明らかにしたとおりだからである。けれども他面では，SED 独裁体制に対する消極的ないしは反抗的な態度を窺わせる理由が見当たらないことにも注意が向けられるべきであろう。この点は先に触れた事情に起因すると考えられるが，これに関しては DDR の社会主義に反対する意思

表示をした者には重い刑罰が科される可能性があったことを指摘すれば足りよう。[11]

　そうだとするなら，ヒルマーらの調査と共通していると見られる経済的理由の比重の大きさは，政治的反対の意思の秘匿が強いられたために過大に映し出されているといわねばならない。言い換えれば，経済的不満などを並べておくのが比較的安全であることが予想された以上，回答がこの面に片寄ったのは当然といえよう。しかし翻って考えてみると，そうした場合に不利益を避け，できるだけ厚遇を受けようとする心理が働くのがノーマルといえるなら，西ドイツに移り住んだユーバージードラーにも逆の傾向があったと見るのが適切であろう。既に触れたように，移住をSED独裁体制に対する政治的反抗と位置づけることによって自己の行動を理想主義的に解釈し，自分自身で正当な行為として了解できたし，DDRの政治的被迫害者となれば西ドイツ社会で共感と厚遇が得られることも期待できたからである。

　それはさておき，ベルリンの壁構築直前の調査で経済的動機が想像以上の重要性をもつことが明瞭になり，1989年のそれでは経済の停滞を背景とする消費物資の不足や将来に対する展望の欠如などがDDRを捨てた主要な理由になっている実情が確かめられたとすれば，ユーバージードラーという現象に国際労働力移動と共通する一面があることが明瞭になる。後者は一般的にいって移動先で期待されるより多くの賃金やより良好な生活条件を目指して生じる人の移動だからである。その場合，移動が行われる2国間に多かれ少なかれ経済格差が存在することが基本的前提になるのは指摘するまでもない。そこで労働力の国際移動との共通面を照射する意味で西ドイツとDDRとの経済格差などに簡単に触れておこう。

　時期により相違があるにせよ，戦後復興を経て西ドイツが成長への道を走りだしてからDDRとの経済格差が概ね拡大し続けてきたのはよく知られている。その原因を考える場合，工業地帯や天然資源の有無，戦争による被災の程度，賠償のための産業施設撤去の徹底性，マーシャル・プランのような経済援助の有無などスタート段階での前提自体に開きがあったことを看過してはならない。けれども同時に政治と経済の体制の相違が格差を広げた主因だったことに目を向けるのが何よりも重要であろう。アデナウアーの強力なリーダーシップの下で西ドイツが西側結合の路線をとり，アメリカ，西欧諸国と政治面，軍事面のみならず，ECに見られるように経済面でも結合し，その密度を濃くしてきたのは周知のとおりである。これに対し，DDRは鉄のカーテンによって西側との経済的つながりを引き裂かれたうえ，ソ連を盟主として構成されたコメコン体制に編入されて，その分業体制の一翼を担ったのである。このため，社会的市場経済を標榜した西ドイツが基本法の社会国家原

表7 主要食品1単位に要する労働時間（1985年）(単位：時間および分)

	小麦粉 1kg	砂糖 1kg	バター 1kg	A4クラス 卵10個	牛乳 1ℓ	ソーセージ 1kg	ジャガイモ 5kg	ビール 0.5ℓ
西ドイツ	0：03	0：07	0：36	0：10	0：05	0：51	0：18	0：03
東ドイツ	0：11	0：17	1：39	0：36	0：07	1：13	0：10	0：10

(出典) Bundesministerium für innerdeutsche Beziehungen, hrsg., Zahlenspiegel, Bonn 1988, S.78より作成。

理で補完しつつ市場メカニズムを通じて経済的活力を引き出すのに成功したのに対し，ソ連型社会主義をモデルとしたDDRでは生活万般を保障するシステムが作られたものの，分配面での平等志向の裏面ともいうべき労働意欲の減退や中央指令型計画経済に特有な官僚主義と不効率に苦しまざるをえなかった。その帰結がDDRの経済成長の鈍さであり，東の世界では優等生と呼ばれたにせよ，それはあくまでソ連・東欧諸国と比較しての事柄であって，西ドイツと比べたDDRの経済的立ち遅れは蔽うべくもなかったのである。

　無論，DDRでも1960年代後半から比較的順調な経済発展が見られたことを無視してはならない。しかし1980年代になると発展から停滞に局面が移り，拡大した西ドイツとの経済格差は道路や住宅などの都市景観や，商店に並んだ品物の種類と品質を見比べただけで分かるほど顕著になった。これを示すデータは種々存在するが，ここでは連邦ドイツ内関係省が1988年に編集した『数字の鏡』から若干の例を紹介するにとどめよう。

　まず1985年の時点で主要な消費財1単位を生産するのに要した平均労働時間を比べると，表7のとおりになる。DDR製品の品質が概して西ドイツのそれより劣っていたことは広く知られているが，その点を度外視してもどの品目についても落差が著しかったことが明白であろう。ここに表出している労働生産性の隔たりを踏まえるなら，1960年代初期までのように西ドイツに「追いつき追い越す」という目標がもはや完全に非現実的になっていたのは疑問の余地がない。またドイツ経済研究所（DIW）の調べによると，平均的労働者世帯の月間の所得は西ドイツで3,745マルク，DDRで1,746マルクであり，購買力を考慮して実質で比較した場合にはDDRの所得は西ドイツの丁度半分になるという。[12]さらにDDR政府の補助金によって価格が低く押さえられていたパン，乳製品などを除外したうえで，消費財1単位を購入するのに月間所得のどれだけが必要とされたかを比べると，西ドイツとDDRの順に男性用ワイシャツ0.5％と2.4％，紳士靴2.1％と7.7％，冷蔵庫11.7％と87.3％，カラーテレビ32.0％と323.6％という結果になった。こうした格差を象徴しているのは乗用車であろう。西ドイツでは高級車から大衆車まで豊富な車種があるうえに下位

表8　東西ドイツにおける耐久消費財普及率（1985年）(単位：%)

	自家用車	オートバイ	カラーテレビ	冷凍冷蔵庫	洗濯機	電話
DDR	48	11	39	30	99	7
西ドイツ	83	42	86	57	101	92

注　：　1991年以降の洗濯機は全自動洗濯機
(出典)　Bundesministerium für innerdeutsche Beziehungen, op. cit., S.79.

クラスなら月間所得の数倍ですぐに購入できたのに反し，DDRでは車種が乏しく性能も著しく劣っているのに加え，2気筒のトラバントを入手するにも平均月収の10倍近くを用意して購入申し込みから10年以上待たなければならなかったのである。

このような実情に照らせば，東西で生活レベルに大きな懸隔が存在したのは自明であろう。これを耐久消費財の所有に即してみると，表8が教えるように，西ドイツとDDRでの普及率には歴然たる差が現れていた。[13] 電気洗濯機のほかテレビと冷蔵庫では一見すると両者は同列に並んでいるように映るが，カラーテレビに限ると大差が見出されるし，冷凍庫についても西ドイツでの普及率はDDRの2倍に達していたのである。ただ電話に関しては普及率の異常とも感じられる落差は生活レベルのそれを反映しているとはいえず，一般市民のコミュニケーションを管理しようとするDDR政府の政策の帰結だった面が濃厚であることが指摘されている。

もう一つの生活レベルにかかわる指標として住宅に関するデータにも目を向けよう。特権的地位を占める首都東ベルリンを除けば，[14] 全般的にDDRでは老朽化した住宅が多く，その関係で設備も劣っていたことが知られている。また補修・改修が行き届かなかったために，荒廃したものもかなり存在していたことが今では明らかになっている。1986年の時点での住宅の建築年度を比べると，西ドイツでは1919年以前19%，1919〜48年14%，1948年以後67%であり，3分の2が戦後になって建てられた。一方，DDRでは1919以前に建築されたのは42%，1919〜1945年17%，1945年以降は41%であって，戦後築造された住宅は4割にとどまっている。また設備面でも西ドイツではセントラルヒーティングは71%，風呂もしくはシャワー室は97%，トイレは95%の住宅に備わっているが，これに対しDDRでそれらが備え付けられているのは各々41%，74%，68%だった。さらに1戸当たりの平均面積も西ドイツは84m^{2}であるが，DDRでは64m^{2}であり，1人当たりの空間も前者の37m^{2}に比べ後者では3分の2強の26m^{2}にとどまった。これらの点からDDRの住宅の質が西ドイツより劣っていたのは一目瞭然といえよう。[15]

以上で一瞥したような経済的格差を踏まえるなら，ユーバージードラーの場合に

も労働力の国際移動で問題となるより多くの所得とより良い生活条件という移動の誘因が働いていたのは確実といえよう。もちろん壁による遮断以降，客観的に存在する格差がどの程度までDDR市民の間で知られ，特に出国を望む人々がどこまで正確に認識していたかについては疑問が残る。さらにDDRのマスメディアではK. E. シュニッツラーが長年手掛けたテレビ番組「黒いチャンネル」を筆頭にして資本主義のおぞましさのプロパガンダが日常的に行われ，経済面に関しては一見豊かで華やかな社会の裏側に潜む勤労大衆に対する搾取，失業，貧困，道徳的退廃などがクローズアップされていただけに，その影響も無視することはできないであろう。しかし一般に国際移動については正しい認識はむしろ例外であり，移動して行く先がいわばバラ色の世界というイメージで捉えられていることが重要だとすれば，テレビ電波でDDRのほぼ全域に送られてくる西ドイツ社会の日々の暮らしの克明な映像や，外貨ショップに並んだり西ドイツの親戚・知人などから贈り物として届いたりする西側製品などは，憧れの地としての西ドイツ・イメージを固めるのに十分だったといえよう。ともあれ，ゴールデン・アワーに放送されるDDRのテレビの看板ニュース番組「アクトゥエレ・カメラ」が低視聴率をかこつ反面，西ドイツのテレビが高い視聴率を得ていた事実に見られるように，(16)電波で日々西ドイツの豊富な情報に接することができただけでなく，使われているのが同じドイツ語なのでその内容も理解しえたために，一般の国際労働力移動の場合に比べればユーバージードラーが上記の経済的格差についてかなりの知識を有していたことは確かといえよう。とりわけ移住の動機に経済的理由を挙げた人々はより豊かな暮らしへの漠然とした願望にとどまらず，そこに到達する方途についてもそれなりの見通しをもっていたことは間違いない。もっともその見通しについても，例えば西ドイツで住宅事情が逼迫していたにもかかわらず，半数近くが簡単に住居を見つけられると思っていたのが事実であり，ユーバージードラーの西ドイツ・イメージについて調査したボーフム大学のS. メックが指摘するように，「信じがたい甘さ」が認められる点も同時に留意されるべきであろう。(17)

また他面では，ユーバージードラーたちがより高い生活レベルへの階段を昇るのを支援し，彼らの願望を現実化するチャンスを広げる措置が西ドイツ側で用意されていた事実も見逃すことはできない。なるほど本来の趣旨は必ずしもユーバージードラーを援助することにあった訳ではないものの，建国から間もない時期に相次いで制定された緊急受け入れ法（1950年制定），負担調整法（1952年制定），連邦追放者法（1953年制定）などの法律は彼らの生活を支え，西ドイツでの再出発を容易に

する役割を果たした。緊急受け入れ法によって難民として受け入れられる許可を得たユーバージードラーには受け入れ証明書が交付され，種々の援護措置の請求権が認められたが，その他に負担調整法に基づいて移住に伴う財産上の損失が負担調整資金から補償され，連邦追放者法で一般の社会保障制度に基づく様々な給付を受けることが認められたのである。こうして例えば世帯を構える際の手当，生計費の補助，住宅購入資金の貸与などユーバージードラーには手厚い優遇措置がとられたのであり，一例を挙げれば，1954年2月から1964年末までの約10年間で住宅資金として総額56億マルクがユーバージードラーに貸与されたといわれる[18]。1989年の段階でユーバージードラーに与えられていた主要な援護・優遇措置には次のようなものがあった。自立援助，就職までの失業手当，住宅手当の特別控除，低利の家具・家財の貸し付け，疾病保険給付，社会扶助法に基づく各種の給付，就学・就職・社会適応の相談，DDRで取得した職業資格の西ドイツでの同格扱いなどである。そしてこれらには1人当たり200マルクの移住一時金が付け加わった[19]。前章で論じたように，ソ連・東欧圏からのドイツ系帰還者であるアオスジードラーも同様に手厚い措置で迎えられたが[20]，これら両者に認められた優遇には，ドイツ人同胞に対する当然の支援という素朴な感情の発露という面ばかりでなく，冷戦下での反共プロパガンダの一環という一面があるのは容易に推察できよう。ともあれ，経済的格差に加え，このような法律と受け入れ措置が用意されていることが知れ渡れば，移住への誘因が一段と強くなるのは自明といわねばならないであろう。こうした角度から眺めるとき，従来，主として政治的平面に局限されがちだったユーバージードラーには国際労働力移動と共通面があることが明瞭になるのである。

2. ベルリンの壁崩壊とユーバージードラーの変化

　それではベルリンの壁とドイツ内部国境が開放され，DDRを安全に離脱できるようになってから西ドイツに移ったユーバージードラーはどれほどの規模であり，動機などにはいかなる変化が見出されるのだろうか。次にこの点に焦点を合わせる必要があるが，その前にI. シュピットマン/G. ヘルヴィッヒ編『DDRの出来事のクロニクル』とH.-H. ヘァトレの『壁崩壊のクロニクル』を参照しつつ，壁崩壊前後のユーバージードラーの動向を一瞥しておこう[21]。

　壁が崩れた1989年はユーバージードラーの動向においても決定的な転機になった。この年，7月末までに正式な許可を得てDDRを出国した市民はそれまでより一気に増えて4万6千人に達したが，それは1984年の場合と同様に表向きは滞った出国申

請を大量に処理する方針の結果だったと説明されている。しかしこの事実以上に重要なのは，5月2日にオーストリアとハンガリーの間の国境で監視装置と鉄条網が撤去され，緑の国境に変わったことである。それまで人の通行を阻んでいた鉄のカーテンに開けられたこの小さな穴は当初耳目をそばだたせるようなニュースにはならなかったが，後から振り返るとカーテン全体に亀裂を広げる画期的な出来事だったといえよう。[22] なぜなら，これを起点にしてベルリンの壁の崩壊を頂点とする一連の激震が東欧圏を揺り動かすことになったからである。またソ連でゴルバチョフの主導下にペレストロイカが進められていたのに，ソ連の雑誌『スプートニク』の販売禁止に見られるように，DDR 指導部がこれに背を向けていたばかりか，5月に行われた地方選挙の際に投票結果が捏造されたとの疑惑さえ浮上した。この選挙では国民戦線の共同推薦提案に対する賛成票は98.85%にとどまり，DDR 史上初めて99％を下回ったばかりでなく，平和・環境保護団体が投票と開票作業を監視したが，その推計では反対票は20％程度存在すると見られたことから投票結果の偽造に対する抗議デモと告発が行われ，これに対して当局は東ベルリンで120人の人権活動家の逮捕で応じる事態となったのである。[23] さらに6月初めに天安門で起きた民主化運動に対する流血の弾圧に DDR 指導部は支持を表明したが，ポーランドやハンガリーなどで自由化の流れが強まっている中でのこうした行動は，停滞を脱せない経済とその帰結である耐乏生活のために高まった不満に加え，DDR 指導部の自己改革能力に対する絶望的気分を強める結果をもたらしたのである。[24]

　このような背景を踏まえるなら，ハンガリー国境に穴が開けられた事件がとりわけ DDR との関連で重大な意味をもつに至ったのは当然だといえよう。同じ社会主義国であったことから DDR 市民はハンガリーに自由に往来できたが，小さな穴が開かれたことが伝わると夏季休暇などの名目でハンガリーに続々と DDR 市民が集まった。そして非公式の集計では8月10日までに約1,600人が緑の国境を越えてオーストリア経由で西ドイツに向かったといわれる。またハプスブルク家の直系であるオットー・フォン・ハプスブルクが中心になり汎欧州連合構想を掲げて8月19日に国境近くの町ショプロンで平和集会を催したが，この機会を利用してハンガリー政府の黙認の下に約700人の DDR 市民がオーストリアに脱出した事件は世界を駆け巡るニュースにもなった。

　こうした事態を受け，DDR 外相 O. フィッシャーは8月31日に行われたハンガリー外相 G. ホルンとの会談で DDR 市民の非合法脱出阻止への協力を取り付けようとしたものの，不調に終わった。そして9月11日にはハンガリー政府によってビザ協

定が停止され，オーストリアとの国境が完全に開放された。その結果，ブダペストの西ドイツ大使館では収容しきれずキャンプ村までつくって西ドイツ入国を待ち望んでいたDDR市民が一斉に動き出し，9月末までにオーストリアを通って西ドイツに入った人数は2万5千人にも上った。

　このようにハンガリーを経由したDDR市民の流出が公然化したため，DDR政府はハンガリーへの出国を制限する措置に出たが，しかし加速しはじめた流出を止めることはできなかった。むしろ流れは方向を転じて，ビザなしで行けるワルシャワとプラハの西ドイツ大使館へのDDR市民の殺到が生じた。例えばプラハでは9月末に3千人が籠城し，施設が一杯になったため通常業務を停止しなければならないほどだった。こうした情勢のため，西ドイツ外相ゲンシャーはDDR指導部と緊急協議を行い，双方の合意により，1984年と85年に起こったDDR市民の西ドイツ大使館立て籠もり事件の際と同様に人道的理由に基づく1回限りの超法規的措置として，9月30日に特別列車が用意された。翌日ワルシャワとプラハからDDRを通過して西ドイツに到着したのは，前者からが5,500人，後者からが800人だった。

　これらの人々をDDR政府は祖国に対する裏切り者と非難したが，そうした言辞とは裏腹に狭い大使館での籠城が伝染病発生の危険を伴うとの理由で寛大な緊急措置を認めた背景には，それと引き換えに西ドイツ政府が事態の鎮静化と再発防止に努めるという期待があったのは推測に難くない。けれども勢いを増す高波は1回限りの緊急措置で収拾できるはずもなく，合意に期待をつないでいたことはDDR指導部が情勢から立ち遅れていることを証明しただけだった。現実には特別列車による出国を知って10月最初の3日間だけで7千人を越すDDR市民がプラハの西ドイツ大使館に押し寄せ，建物に入り切れない人々が周辺を占拠するに至ったのである。このためDDR政府はビザなしでのチェコスロヴァキアへの出国を停止すると同時に，翌4日には再度特別列車を仕立てなければならなかった。しかも7,600人を運ぶライヒスバーンの列車がドレスデンを通過するとき，この列車をDDR脱出の最後のチャンスと思い，これに乗り込もうとして駅頭に押しかけた2万人に上る市民と人民警察部隊との衝突さえ発生したが，この種の公然たる衝突は1953年以降久しく絶えていた出来事だった。

　一方，ハンガリーを経由した脱出が相次いでいた9月4日，秋の見本市が開催されていたライプツィヒでは旅行の自由の拡大をはじめとする民主化を求めて数百名がデモを行った。その折のシュプレヒコールやプラカードには「大量逃亡の代わりに旅行の自由を」，「壁はなくなれ」や「我々は外に出ることを望む」があったが，

同時に「我々はここにとどまる」,「国家保安省は出ていけ」などの文句も見られたという。一見矛盾しているように映るこの事実はデモの幅広い性格を暗示している点で興味深いばかりでなく，ハンガリーからの脱出者とデモ参加者とが共通基盤を有し，脱出者の増大が市民運動を活発化させる契機になったことや，DDRからの出国希望や旅行の自由の渇望がDDRの改革要求と表裏一体であったことを示唆している点で注目に値する。月曜デモの名で知られるようになったこうした性格の行動が当局の締め付けにもかかわらず回を重ねるごとに参加者を増やしていったのは周知の事柄であろう。すなわち9月25日に既に8千人を数えた参加者は翌週には2万5千人，さらに7万人，12万人と増え，10月23日にはついにライプツィヒ市民の半数以上に当たる30万人にまで拡大したのである。

　この間，9月中旬には市民団体「新フォーラム」や「民主主義を今」などが結成されたが，このような市民によるデモの高揚はDDR離脱者の増大と軌を一にしていた。それだけに最初はハンガリー・ルートが閉じられ，続いて10月初めにチェコ・ルートも事実上閉鎖されると，一度膨らんだ出国への願望は国内での民主化圧力を強めないではおかなかった。そうした中，特別列車の容認に典型化されるDDR指導部の情勢からの立ち遅れは改革要求への対応においても再現された。10月18日に1971年以来DDRに君臨してきたホーネッカーがすべての職を解かれたものの，しかしSED中央委員会で書記長に選出されたのはホーネッカー亜流のE. クレンツだったからである。トップの入れ替えで支配体制の延命を図るこの決定が改革要求の無理解と体制危機の深刻さに対する認識欠如を露呈していたのは明らかであり，市民運動への対応として演じられたホーネッカー追放劇が危機を打開する決め手になりえなかったのは当然といえよう。確かにクレンツは直ちに各界指導者と会談を始めはしたが，5月の地方選挙の際の不正の最高責任者という疑惑に包まれていたことも手伝い，その登場はかえってSEDに自己改革の用意と能力がないことの証しと見做され，不信感と失望感を増幅する結果になった。そのことは交替劇直後から各地のデモと集会がますます多くの参加者を集め，改革を求めるうねりに一段と拍車がかかった事実から窺うことができよう。[25]

　他面，様々なルートから新たにチェコに到達したDDR市民が10月末にプラハの西ドイツ大使館に4,500人も立て籠もっていたが，このことも指導部の交替が体制改革への希望を抱かせるに至らなかったことの一つの例証と解しうる。と同時に，その数の増大は，怒涛にまで発展した市民運動とともにDDR指導部をますます苦境に追い込み，国境の完全閉鎖と市民運動の容赦ない弾圧か，それとも改革要求に対

する大幅な譲歩かという重大な決断が避けられない状況が醸成されていた。こうした緊迫した情勢の下で決断を先送りしようとしたDDR指導部は，閉じられた国境から滲み出すように市民が流出し続けていた11月1日，一旦停止していたチェコとの査証協定を復活してビザなし出国を再度認める措置に踏み切り，これに連動してチェコ政府もDDR市民に対して西ドイツへの国境を開くに至った。またDDR国内でも頂点に達したデモや集会に対する治安部隊を繰り出した弾圧は大規模な流血を招かないではもはや不可能であり，事実上市民運動の勢いにDDR指導部が圧倒される形になった。そしてこうした情勢の展開により，11月初めの1週間だけで1万6千人以上のDDR市民がユーバージードラーとしてDDRを立ち去り，6日と7日にはそれぞれ約5千人，翌8日には1日だけで9千人以上がDDRを後にしたのである。

　ベルリンの壁が崩壊したのは，このようにして人口流出が巨大な奔流になり，改革運動が実力で押さえ込めないほど国内に燃え広がった状況においてであった。ここでは壁の開放に関する経過には立ち入らないが，次の一点のみは今一度確認しておきたい。それはオーストリアとハンガリーとの国境で鉄のカーテンに生じた裂け目から漏れ始めたDDR市民の流出と民主化を求めるDDR国内の運動とが別個の現象ではなく，前者の拡大が後者の高揚の契機になる形で不可分な関係にあったことである。ではベルリンの壁が崩れた後，ユーバージードラーにはいかなる動きが見

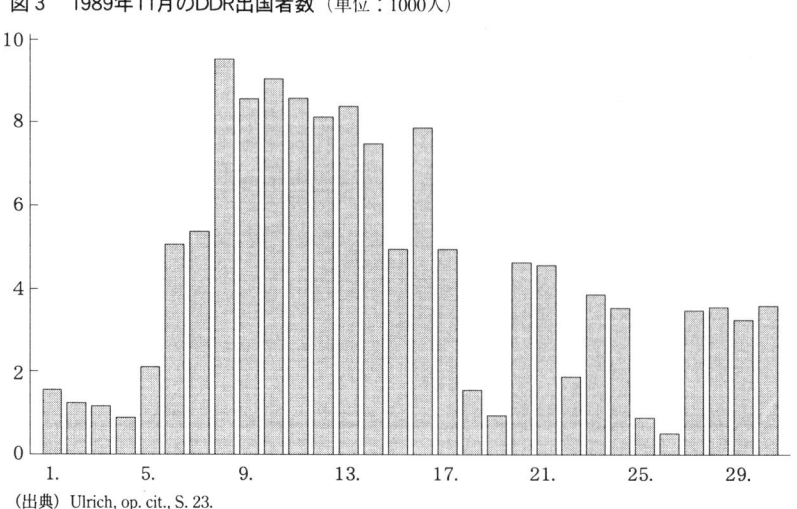

図3　1989年11月のDDR出国者数（単位：1000人）

（出典）Ulrich, op. cit., S. 23.

られたのであろうか。

　壁が崩れる直前の8日夜，市民運動に参加していた著名な作家のクリスタ・ヴォルフはテレビ番組「アクトゥエレ・カメラ」に登場し，DDR市民に出国を思いとどまり，民主化をともに担うように呼びかけるアピールを朗読した。(26)けれどもそうした悲痛な訴えはかぼそい声にとどまり，脱出の激流によって掻き消されるほかなかった。実際，11月9日に壁が開放された直後の1週間を見ると，図3が示すように，1日平均約8千人がDDRを立ち去ったのである。この数字は89年夏以降に限らず，DDR40年のどの週よりも群を抜いて大きい。また日によって違いがあるものの，11月後半でも平均すれば毎日3千人がDDRを離脱したことになる。この結果，壁の崩壊で激動が頂点に達した11月には1カ月間だけで総計133,429人ものユーバージードラーを記録することになった。

　12月を迎えるとそうした激流にも幾分静まる気配が現れ，その数は43,221人まで下がったが，翌90年に入ると再び増加傾向に転じ，1月には58,043人，2月には63,893人に達して前年11月の半分のレベルまで上昇した。しかしその後は移住のうねりも次第に収束し，3月にはなお5万人に近かった高波は6月には1万人強のレベルまで低下した。そしてこれを最後にユーバージードラーは公式統計から姿を消し，以後は特別な処遇を受けないドイツ東部から西部への単なる移住者として国内移動の一環に組み入れられたのである。(27)無論，名称がなくなり，統計にも登場しなくなったとしても，東から西への移動は他と比べてはるかに活発であり，事実としてユーバージードラーの流れは継続していると捉えることもできなくはない。ともあれ，ユーバージードラーに関する統計で1989年に1年間だけで合計343,854人が記録され，DDR史上最大規模になったこと，また翌90年にも3月半ばまで毎週1万人以上がDDRから流出し，6月末に統計的把握が打ち切られるまでの半年間に238,384人が西ドイツに移住した事実は，ベルリンの壁崩壊前の大量のDDR脱出劇と同じく，ユーバージードラーという現象が国家としてのDDRの存亡問題に直結していたことを窺わせるに十分であろう。

　ところで，ベルリンの壁が崩れ，東西を分断していた内部国境が開放されたとき，これによって人口流出に弾みがつくことを誰もが予想した訳ではなかった。むしろそれまでは西ドイツなどへの旅行の自由の制限がDDRを立ち去る主要な理由の一つに挙がっていたことを思えば，国境開放による国外旅行制限の撤廃に市民をDDRに引き留める効果が期待されても不思議ではなく，その意味では11月9日を境に流出者の減少を見通しても全く無根拠とはいえなかった。実際，指導部内に混乱

があったとはいえ，シャボウスキーの発表を受けて壁を開放し国境を開く措置がとられたのは，国内に充満した民主化の圧力による当面の体制危機を切り抜けるためであり，DDR の存立を脅かすに至った市民の流出を抑制する意図が込められていたと考えられる。「壁を越えての逃亡からトラビでの引っ越しに変わった」と C. ヴェアニッケが特徴づけているように，確かに11月9日以降には望めばいつでも西ドイツに移ることが可能になり，もはや生命の危険に晒されることもなくなったから，慌ただしく DDR を去る理由は消滅したはずだった。また11月8日には SED 政治局員全員が辞任し，13日に改革派として期待の高い H. モドロウが新首相に就任したのに続き，15日には新政権によって各種市民運動団体に円卓会議への参加が呼びかけられたから，これによって開かれた民主化への展望が西ドイツへの移住の政治的動機を弱め，DDR 離脱の波を和らげるはずであった。

　けれども壁が崩れる直前に DDR を脱出した人々を対象にした調査は，このような見通しや計算が幻想に近かったことを示している。なぜなら，既に検討したように，この時期のユーバージードラーでは経済的動機が強く，破局的様相さえ呈する DDR 経済の実態を反映して消費物資の不十分さや将来の見込みの欠如が不満の原因になっていたが，これに照らせばモドロウ新政権による SED 支配の改革の可能性や国外旅行制限の撤廃が DDR 市民の流出を抑制する効果には大きな限界があったと考えなくてはならないからである。現に意識調査の結果によれば，1989年夏に DDR を離れた人々のうちで43％が旅行の自由が仮に認められても出国申請を出して西ドイツへの移住の努力をしていただろうと回答し，34％は旅行の自由が保証されてもやはり西ドイツ訪問を逃亡のチャンスとして利用しただろうと答えている。他方，完全な旅行の自由が保証されたなら DDR にとどまっていただろうと答えたのは20％でしかなかった。また SED 支配の改革との関連では，仮に DDR でペレストロイカが始まり，SED 独裁体制の民主化が進められたとしても，それを理由に DDR にとどまっただろうと回答した者も15％しかなく，SED 指導部で交替劇が起こるなら DDR にとどまったろうと答えたのはさらに少なく12％を数えるにすぎなかった。これらの結果を見る限り，たとえベルリンの壁が開かれ，モドロウが首相の座についても，脱出の波が収束しなかったのは当然とさえいえるのであり，急速に緊迫化する情勢に狼狽した DDR 指導部が決定した一連の措置や人事刷新はもはや完全に時機を逸していたといわねばならないのである。

　このような観点から見るなら，壁の崩壊を契機に高まったユーバージードラーの奔流が淡い期待を押し流したのは不可避だったといえるし，1990年1月，2月の実

績に基づいて春には90年1年間で72万人のDDR市民が西ドイツに流出するという予測がたてられたのも不思議ではなかった。同時にまた、ユーバージードラーの激増で膨らんだ負担を軽減するために西ドイツ政府が早晩受け入れにあたっての種々の優遇措置を削減もしくは廃止し、あるいは受け入れそのものを規制するという観測が広まったが、それによって搔きたてられた疑心暗鬼が経済的考量からの流出に拍車をかけていたことも見落としてはならない。いずれにせよ、現実がこうした予測どおりに進行したなら、遠からず待ち受けているのは人口喪失によるDDRの失血死であることに疑問の余地はなかった。そうした最悪のシナリオに対する憂慮こそ、ベルリンの壁の構築に踏み切った際にウルブリヒトたちDDR指導部を捉えていたものにほかならなかった事実を想起するなら、壁構築当時と同じ悪夢が崩壊の際に蘇ったのであり、壁を巡る基本的構図が全く変わっていないことが証明される形になったといえよう。実際、円卓会議の設置などにみられる民主化運動に譲歩した改革の約束にもかかわらず、西ドイツへの移住の勢いが衰えず、労働力の大量流出のために国内経済が混乱に陥り破局への坂道を突き進んでいたことから、遅くとも2月初めにはモドロウ政権には時期と形態を別にしてドイツ統一の道に踏み出す以外に選択の余地は残されていなかったのである。

　ベルリンの壁の構築がDDRを安定させ、その崩壊がDDRを消滅に導いたとするなら、ユーバージードラーという現象がDDR存立の根幹に関わる問題だったことは明瞭だが、その流出がDDRにとって致命的な打撃になった原因は単に規模の大きさにだけあったのではない。その社会的構成にはかなり鮮明な特徴があり、それが打撃を強力にしていたことも見逃すことはできない。それゆえDDR崩壊に際してのユーバージードラー問題の重さを見定めるには1989年から翌年にかけての社会的構成の検討が必要になるが、その前に1961年のベルリンの壁構築までのそれを一瞥しておこう。

　既述のように、壁が作られてからは出国許可を受けた狭義のユーバージードラーが主流になったが、その影響で年金受給年齢に達した高齢者の占める比率が極めて大きかった。これと対照的にそれ以前には若者の割合が大きく、約半数が25歳以下の年代で占められていたのが年齢面から見た際立った特徴になっていた。また25〜45歳の人々の割合もユーバージードラーでは約30％と大きかった。[31]したがって、壁のない時期には総じて生産年齢の人々が圧倒的多数を占め、中でも若年層の比率が高かったのが注目に値する。

　年齢面でのそうした構成は、それ自体、経済の奇跡で高度成長を遂げる西ドイツ

と競いつつ，社会主義建設を早急に軌道にのせねばならない DDR 指導部にとって忽せにできなかったが，それが与える痛手を甚大にしていたのは，逃亡する人々の中に高等教育を受け知的職業についている社会的エリート層が多数含まれていたことである。この点に関しては1954年から61年までの統計が存在するが，それに基づき主な職種の人数を並べると次のとおりになる。医者3,371人，歯科医1,329人，獣医291人，薬剤師960人，裁判官・検事132人，弁護士・公証人679人，大学教師752人，教師16,724人，エンジニア・技術者17,082人である。(32) これらの数字を一見しただけでもユーバージードラーの流れが建設途上の社会主義にとっていかに重大な人的損失を意味したかは想像に難くない。壁の建設当時に西ドイツに滞在し普通の市民の意識と生活模様を観察していた西義之は，その集団の中で「インテリの比重がかなり重い」ことを指摘し，「注目を引くのは医者の逃亡が目立つということである」としてライプツィヒ大学肺外科の新任の主任教授が前年に逃亡した前任者に続いて逃亡した事例を紹介しているが，(33) 日常の生活に不可欠な医師や経済建設の支柱となるべき技術者が多数西ドイツに脱出したばかりでなく，SED 支配の要として忠誠を尽くすべき判事・検事までが少なからず含まれていたのは文字通り衝撃的な事実といわねばならないであろう。1950年代の DDR で上記の職業にどれほどの人が就いていたかは定かでないが，総人口を1,700万人として試算してみると，住民1万人につき医師2人，教師と技術者は各々10人が DDR を捨てた計算になるのである。(34)

それでは DDR の最終局面でのユーバージードラーについてはどうであろうか。ここではそのプロフィールを1989年10月10日から1990年3月14日までの期間に行われた D. フォイクトらの調査を用いて素描してみよう。(35)

この調査はギーセンにあるユーバージードラーの緊急受け入れ施設とシェッピンゲンにある同施設の支所で実施され，対象は収容中の18歳以上の4,696人である。調査結果は4期に区分して整理されており，第1期は調査開始の10月10日からベルリンの壁崩壊前日の11月8日まで，第2期は11月9日から同月30日まで，第3期は統一問題が急浮上した12月14日から翌90年1月31日まで，そして2月1日から3月14

表9　ユーバージードラーの年齢構成（単位：%）

	18～21歳	22～29歳	30～39歳	40～49歳	50歳以上
第1期	12.6	33.7	30.4	16.0	7.3
第2期	18.1	34.2	30.2	13.1	4.4
第3期	17.8	41.1	25.4	11.0	4.7

（出典）　Dieter Voigt u.a., Die innerdeutsche Wanderung und der Vereinigungsprozeß, in:Deutschland Archiv. H.5, 1990, S.740より作成。

日までが第4期である。このような時期区分のため，情勢の推移に伴って生じたユーバージードラー自体の変化を調査結果から垣間見ることも不可能ではない。

　1961年までと同様に，フォイクトらの調査でも生産年齢のうちでもとりわけ若い年代の比率が大きいのが特色になっている。表9に見られるように，DDRでは総人口の24.9%に当たる18～29歳の青年層が上記の第1期に46.3%を占め，第2期では52.3%，第3期になると58.9%にも達している。他方，50歳以上の年代はDDRでは39.6%に上るのにユーバージードラーの場合は第1期に7.3%，第3期では僅か4.7%にすぎない。したがって流出する人口では青年層の割合の大きさと高年層の僅少さという鮮やかな対照が見出され，それぞれの年代がDDRの人口比率との著しい落差を呈していることが判明する。因みにこのような年齢構成面の偏りは，ユーバージードラーの統計が廃止された1991年にも東から西への移動について確認されることを付け加えておこう。

　次に性別に焦点を移すと，DDRの人口では女性の比率が男性のそれを上回っていたのに反し，調査では第1期から第4期まで一貫して男性の比率が大きかった事実が目立っている。すなわち1988年にDDRでは47.8%にとどまった男性が調査では63.0%を占める反面，総人口の52.2%に当たる女性はユーバージードラーの37.0%を占めるにすぎなかった。この結果は独身か既婚かという家族関係とも関連している。DDRの平均では成人の63.7%が既婚者で独身者は18.4%であるが，調査対象者では差は大幅に縮まり，前者は47.0%，後者は39.7%だった。これは明らかに独身者がDDRを出る際に身動きがとりやすく，西ドイツでも適応しやすい事情に起因していると見られ，それだけ家族を抱える者はDDRを離れにくい状態にあったことを物語っている。

　この点は既婚者に対する調査結果によっても裏付けられる。「あなたは家族と一緒に西ドイツに来ましたか」という設問で39.9%が「はい」，58.7%が「いいえ」と回答しており，半数以上が家族を残したまま単身で西ドイツに移ってきていることが確かめられるからである。特に第1期には家族と一緒に移住したと回答したのは56.7%だったが，壁が開放されてからはいつでも呼び寄せることが可能になったのを反映してその比率は急速に縮小し，第3期に34.1%，第4期になると29.4%にまで低下している。

　これらのデータを総合すれば，DDR末期のユーバージードラーでは年齢が若く独身の男性が主体になっていたのは明白といえよう。そしてこのことが，とりもなおさず，DDRが長期的にみて最も重視しなければならない社会の将来の担い手によ

表10　ユーバージードラーの学歴（単位：％）

	修了せず	中等学校修了	専門学校修了	大学卒業
第1期	2.5	65.4	21.4	10.7
第2期	2.4	74.4	17.6	5.5
第3期	2.2	77.9	13.3	6.5

（出典）　Voigt u.a., op. cit., S.741より作成。

って見放されていたことを意味しているのは指摘するまでもなかろう。しかし同時にその傍らでは，既婚者であっても当面は家族をDDRに残したまま単身で移住した男性が少なくなかったことも推定できる。そうした男性の存在は，フォイクトらが指摘するように，「家族成員の1人がまず西ドイツに移住し，後で職場と住居の事情が確実になってから残りの家族を呼び寄せるというテーゼ」を実証するものといえよう。[36]これらの点は，西ドイツにおける外国人労働者の定住化の歴史が実例の一つであるように，労働力の国際移動の典型的パターンと同一であるのは注意を促すまでもないであろう。

　他面，職業に関する詳細なデータは明らかになっていないので，それに代えて学歴についての調査結果を一瞥しよう。これを整理したのが表10である。DDRの平均では8.6％である大学卒業者が第1期にはこれを上回る10.7％を占めたがその後の時期に低下したことや，同じくDDRで15.5％に当たる専門学校修了者が第1期に21.4％含まれていたのが第2期になると減少していったことが分かる。他方，これと引き換えに中等学校修了者は第1期の65.4％から第3期には77.9％に比率を伸ばしている。このことは，第1期には高学歴の社会的エリートが比較的多かったのが，第3期にはDDR社会の平均像に近づいていき，学歴構成ではユーバージードラーに目立った特色が薄れたことを表している。これを職業面に置き直して推定するなら，知的職業に従事する者の比率が第1期には社会的平均をかなり上回るレベルにあったのが，時間の経過とともに平均レベルに接近したことを示唆していると解せよう。[37]

　こうした変化は，当然ながら，DDR離脱の動機面におけるそれとも繋がっている。既に触れたように，1980年代も時期を下ると経済的理由が有力になってきていたが，

表11　DDR離脱の理由（単位：％）

	政治的諸条件	生活水準の低さ	人格的不自由	労働条件の劣悪さ	西にいる親戚・友人
第1期	97.1	78.2	97.6	53.6	66.4
第2期	86.7	82.4	97.7	58.6	63.7
第3期	93.3	88.0	85.8	72.0	58.9

（出典）　Voigt u.a., op. cit., S.742より作成。

それでもDDRを去るには財産上の損失をはじめとする大きな不利益や種々のリスクを覚悟しなければならなかったために経済的考量が突出するようなことはなかった。けれども11月9日を境に状況が一変し，出国に伴う損失やリスクが大幅に軽減されると，テレビ画面で見た豊かな生活への憧れがそれだけで行動を引き起こす力をもつようになっても不思議ではない。表11に示した数字は11月9日以降このようなケースが増大したことを暗示している。第1期には回答者のほぼ全員が人格的不自由や政治的諸条件をDDR離脱の理由として挙げていたのに，第2期，第3期にはその比率は減少し，他方でDDRの低い生活水準や劣悪な労働条件という経済的理由を挙げる者が増えていったからである。確かに経済的理由の回答は政治的理由を凌駕するところまでには達していない。しかし移住を主に経済的理由で説明することが行為の正当化には不十分だと感じられたとすれば，回答を額面どおりに受け取ることはできないであろう。ユーバージードラーのそうした心理を考慮に入れるなら，表から浮かび上がる動機の変化は次のことを伝えていると考えてよい。それは，ドイツ分断と冷戦下での東西対立の最前線という条件の下でユーバージードラーがまずもって政治的現象として存在していたのに対し，ベルリンの壁の崩壊に伴い政治性を帯びさせる前提が消失したために，従来それによって覆われていた経済的現象としての色彩が濃くなり，前面に押し出されるようになったことである。[38]そしてまた，この変化に対応するかのように，長らく政治的現象と考えられていたのが1989年11月を境にして経済的現象に変わったという見方が西ドイツ社会で広がった結果，もはやユーバージードラーに対する特別扱いは不要とされ，「1990年にはユーバージードラーは政治的難民であるのをやめた」[39]ことを根拠にして，ドイツ統一の日が来る前に早々と統計から抹消されることにもなったのである。

第3節　ユーバージードラーと西ドイツ社会

1. ユーバージードラーに対する西ドイツ市民の姿勢

　以上で見てきたように，ハンガリーを経由したDDR市民の脱出を起点にして西ドイツに流れ込むユーバージードラーの規模は巨大化し，特にベルリンの壁の崩壊を転機にして経済的理由による移住という性格が強くなった。翻って，DDR消滅に至るドラマの中で彼らを受け入れる西ドイツの一般市民の姿勢はどのようなものだったのだろうか。次に世論調査を基にしてその変化を跡づけ，西ドイツ社会におけるユーバージードラーの境遇を垣間見ることにしよう。

　ベルリンの壁建設までの前期に比べ，後期全般を通じてユーバージードラーの数

は少なかったが，壁が強固な既成事実に化したことと並び，そのことはもはや彼らが焦眉の政治問題としてクローズアップされることはなく，むしろ市民の意識の片隅に追いやられる結果をもたらした。そればかりか，時期により緊張の度合いに差はあっても冷戦の基本的構図に変化はなく，その中でDDRがホーネッカーの登場する頃から経済的にも成長して安定したから，DDR自体が遠い存在になり，関心も長期的に薄らぐようになった。東西ドイツの統一が政治的標語としてはともかく，現実性のある政治的目標とは見做されなくなっていったのはこのことに対応している。こうしてドイツ分断が固定したのを背景にして，ユーバージードラーに向けられる関心は希薄になったものの，しかしDDRの社会主義と独裁体制に対する抵抗者もしくは犠牲者とする捉え方は生き続け，見直しを迫られる契機のないまま1989年の激動を迎えることになった。

　無論その一方では，後期にユーバージードラーのイメージには重要な修正が加えられたことも忘れてはならない。というのは，既述のように，この時期には職業生活から引退した高齢者がユーバージードラーの中心になり，社会的負担を免れる意図からDDR政府によって出国を容認された人々が西ドイツに送り込まれてきたからである。その結果，高齢者に必要な年金や医療などの負担だけを押し付けられる形になった西ドイツ社会の内部に，彼らを無条件に受け入れることに対して消極的な姿勢が広範に形成されたとしても不思議ではない。つまり，生命を賭して脱出してくる抵抗者というイデオロギー的に潤色されたユーバージードラーのイメージには年金生活者中心で負担だけが際立つ冷めた現実が重なり，そのために好意的な態

表12　ユーバージードラー受入れに関する態度（単位：％）

	1989年							1990年		
	3月	5月	8月	9月	10月	11月	12月	1月	2月	3月
全員が受け入れられるべし	28	36	44	62	63	59	44	33	22	11
数を減らすべし	71	63	52	35	36	40	55	66	77	87

（出典）　Der Spiegel, Nr. 14, 1990, S.45.

表13　ユーバージードラーに対する好感度（単位：％）

	1989年8月	1989年10月
はっきり好ましいと思う	12	16
条件つきで好ましいと思う	31	41
かなり問題だと思う	50	36
はっきり反対である	6	2
答えず	1	2

（出典）　Richard Hilmer und Anne Köhler, Die DDR im Aufbruch, in: Deutschland Archiv, H.12, 1989, S.1392.

度は決して一般的ではなかったのである。

　しかしながら，ハンガリー国境で鉄のカーテンに風穴が開いたのを発端にして状況が急変し，その数が激増して注目を浴びるようになると，それまでの壁と内部国境が堅固な時期に広がった消極的態度には大きな変化が現れた。表12はEMNIDの調査に基づき，1989年3月から1990年3月までの西ドイツ市民のユーバージードラーに対する態度の動きを「全員が受け入れられるべきである」と「数を減らすべきである」の賛否に即して見たものである。89年3月には全員受け入れを支持するのは28％でしかなく，71％は受け入れ数の制限を望んでいたが，ハンガリーでの国境開放に合わせて急激な変化が始まり，脱出が高波になった10月には全員受け入れを認める声が63％にも上っている。同様に10月下旬にインフラテストが実施した調査でも，表13に示されるように，8月に比べて明確に態度は好転している。ユーバージードラーを好ましいとする意見が増加して過半数に達する一方，半数を占めていた問題があるとする意見は3分の1強のレベルまで後退しているからである。またDDR市民の大量脱出を問題視したり受け入れに反対する意見は8月下旬の56％から38％に縮小し，とくに「来る者が多すぎる」とするのは僅か7％にとどまった。この急速で顕著な変化についてR. ヒルマーたちは「DDRに対する西ドイツ市民の姿勢は新たな性質と次元を得た」とし，マスメディアの大々的な報道の影響を受けてDDR市民のイメージが転換し，国外脱出を敢行したり大規模な民主化デモを展開する「DDR市民がもはや哀れみをかけるべき兄弟姉妹や貧しい親戚ではなくなっている」ことを強調している。

　しかしながら，ホーネッカーは失脚してもまだ壁が残っていたときには全員受け入れに大きく傾いた西ドイツ市民の姿勢は，壁が崩れてDDR市民が奔流のように西に殺到すると再び方向を転じている。すなわち，受け入れ支持は89年11月から12月にかけて大幅に落ち込んで以来，瞬く間に下降して翌90年3月には僅か11％にまで縮小しているのであり，逆に制限論が改めて拡大し，ついには87％と圧倒的多数を制するまでになったのである。

　こうした変化は1990年に入ってからユーバージードラーの収容施設に対する放火事件などが各地で発生するようになり，住民との摩擦が表面化してきたことから窺うことができる。しかしそれ以上に変化を象徴しているのは，1990年2月にEMNIDが実施した世論調査結果を伝えている『シュピーゲル』の記事である。というのも，それには「ユーバージードラー：新たなトルコ人か？」というショッキングなタイトルがつけられているからである。「この意見の変化がほとんど転倒に

等しいことを一つの比較が明瞭に示している」としてそこにはこう記されている。「連邦共和国の市民はDDRから来るドイツ人に対して新参者全体のうちで最も不人気な集団に対するのと同じ防衛戦線を築いている。それはいわゆる貧困難民であり，政治的庇護が拒否されたにもかかわらず連邦共和国にとどまっている外国人のことである。」続けて次のような問いかけと現状評価が述べられている。「連邦共和国にいるDDRユーバージードラーたちは，その数のゆえに敵視され，内国人よりも劣った境遇にあり，不穏と紛争をこの国に持ち込んでいる新しいトルコ人になるのだろうか。基本的な雰囲気をこのように描くのはまだ誇張であろうが，しかし近くそこに行き着くトレンドは存在している。既に今日，多くの場所でザクセンやテューリンゲンから来た新たな連邦市民に対する態度は，60年代以降ボスポラスと小アジアから大量に来たガストアルバイターに対するのと同じく攻撃的で尊大になっているのである。(8)」

　それでは，民主化に立ち上がったDDR市民に対する共感が拡大し，ユーバージードラーに対しても一旦は広く好感を抱いた西ドイツ市民の態度が再び急変し，攻撃的とすら評されるまでになったのは何故であろうか。壁が開放された11月を境にし，全員受け入れ論が急上昇してきた前期と制限論が勢いを回復した後期に分けてこれを考えてみよう。

　DDRからの人口の流出が失血死の危険を招くほどの規模に達したという一事に照らせば，受け入れる側の西ドイツ社会にとってもそれがキャパシティの限界を問われる重大問題になったのは当然であろう。確かに1980年代前半の不況を脱し，GDP成長率が再び安定した伸びを示していたように，西ドイツ社会は89年には好況の局面にあり，受け入れキャパシティは拡大していたと考えられる(9)。けれどもその裏で，80年代初期の大量失業はある程度克服しえてはいても，経済の奇跡の当時のような事実上の完全雇用は昔話でしかなく，増大する長期失業者を中心に失業率は高止まりの様相を呈していたのが現実だった。さらに1989年だけで20万戸が新築され，住宅の供給に力が傾注されたにもかかわらず，なお80万戸が必要といわれたように，その不足も依然として重大な問題だったし，少子・高齢化が進行するにつれ，整備された社会保障システムの上にそれが落とす影が色濃くなっていたことも忘れてはならない(10)。こうした状況を考慮するなら，大挙して押し寄せるユーバージードラーをもはや歓迎するだけでは済まなくなったのは多言を要しない。多数の失業者を抱える労働市場にいかにして彼らを吸収するか，住宅が足らない中で彼らをどこに住まわせるか，当面の生活を支える給付を負担する自治体財政の窮迫をどう

するかなど種々の困難な問題に西ドイツ社会は否応なく直面させられることになったのである。

けれどもユーバージードラーが増大し始めた段階では，無論，その規模が予想できなかった以上，これらの問題を指摘する声がほとんど見当たらなかったのは当然だった。そればかりか，危険を冒し，DDRで蓄積したほぼすべてを投げうって西ドイツに脱出してくるDDR市民の姿は同情や共感を呼び，DDRで急速に盛り上がった民主化を求める市民のデモとともに西ドイツ市民を興奮の渦に巻き込んだのであった。このことはジャーナリズムが連日のようにその動きを大きく報道したことからも容易に察知できる。実際，どれだけの西ドイツ市民がDDRを民族同胞が暮らすもう一つのドイツと感じていたかは別にして，磐石と映っていたDDRの体制が大量脱出の高波を受けて動揺し，それまで押さえ込まれていた市民の行動によって崩れていく光景は，それだけで人々を引き付けるに十分な迫力のあるドラマであった。しかもDDRが抑圧と画一化の暗黒の世界として描かれていたことを踏まえるなら，脱出してくるDDR市民が何よりもまず自由を渇望している人々として捉えられ，好感をもって迎えられたのは不思議ではないといえよう。

ベルリンの壁が崩れるまではこのように西ドイツの世論は興奮一色に塗りつぶされていたといっても誇張ではないが，壁の崩壊によってドラマが新たな局面に移る頃には，増え続けるユーバージードラーを歓迎するだけでなく，彼らがもたらす問題に関心を向ける動きも認められるようになった。そして年が替わる頃には，「いまや毎週何千人もの規模で難なく国境を越えてくる人々が西ドイツの社会システムを破砕し，住宅・労働市場を崩壊させるのではないかという不安が西ドイツ市民の間で広がる」事態が現出すると同時に，実際に失業や住宅難に晒されている社会的下層を中心に彼らを「労働市場と住宅市場の競争者」と見做して反感を強める傾向が見られるようになったのである。[11] そうした反感の基調音は，ユーバージードラー制限論を唱えていたノルトライン＝ヴェストファーレン州労働大臣H.ハイネマン(SPD)のもとに寄せられたいくつもの手紙から響いてくるが，[12] しばしば「社会的嫉妬」とも形容されたように，特に敵意を募らせる原因になったのは，内国人には与えられない優遇措置によって彼らが守られていたことである。事実，例えば失業中の者の観点からみれば，DDRでの職を自分の意思で投げ捨てて西ドイツに移り，飽和状態の労働市場に横から割り込んできただけでなく，そのための用意を公的負担で保障され，内国人より有利な立場にあると映ったことから，ユーバージードラーは憤懣の対象ではあっても，共感を抱ける存在にはなりえなかったといえよう。

不安感の拡大に伴う態度の冷却は既述の世論調査の結果にも表れていた。既に1990年1月の調査でユーバージードラーに対する財政的支援を多すぎるとする西ドイツ市民は56％に達していたが，2月にはさらに増えて71％まで上昇したからである。また年金についてもユーバージードラーにはDDRでの就労期間を計算上西ドイツでのそれとして扱う優遇がなされていたが，この措置に対しては76％が反対しており，支持するのは僅か23％にすぎなかったことも明らかになっている。さらに西ドイツへの移住そのものについても，事前に職場と住宅を確保している者だけに移住を認めるべきとする意見に81％が賛成しているとの結果が得られ，無条件な移住の自由に制限を加える主張が多数派になっていたことも確かめられている。[13]

　熱気を帯びた共感から冷ややかな制限論への以上のような社会的気流の転換については，西ドイツ市民の心理を彩る「豊かさのショーヴィニズム」に主因があるとする見方が傾聴に値しよう。それによれば，西ドイツ市民の愛国心は何よりも経済的業績に基づいているが，この「経済愛国心」は誰であれ他所者が分前を要求するや否や「豊かさのショーヴィニズム」に急変し，彼らを敵視し排除する感情を突発させると捉えられる。西ドイツで達成された豊かな生活に執着し，これを外来者に分かつのに拒否反応を示す心理を見据えたこの説明は，ユーバージードラー問題と入れ替わる形で庇護申請者問題が脚光を浴び，とりわけ極右勢力の台頭と排外暴力の激発が社会を深刻に揺さぶった折にも改めて説得力のある把握であることが証明された[14]が，ここでは差し当たり次の点に注意を払っておきたい。それは，根強い外国人差別の説明としてしばしば登場する，西ドイツで人種主義やフェルキッシュなドイツ民族性信仰がいまだに根絶されていないためという把握では，ユーバージードラーに対する冷淡さや嫉妬は説明できないことである。なぜなら，DDR市民は血統主義的観念に立てば紛れもなく民族同胞であり，西ドイツ社会から排除する動機は民族性信仰からは生じないといわねばならないからである。その点から見れば，「豊かさのショーヴィニズム」に焦点を合わせることによって，国籍や民族の次元とは異なる排除と差別の心理が把握可能になるメリットがあるのは明らかであろう。

　それはともあれ，ユーバージードラーの流入を規制し，あるいはその誘因の一つになっている各種の優遇措置を撤廃する動きが表立つようになったのは，このような社会的気流の転換を背景にしていたのはいうまでもない。連邦労働社会大臣N. ブリュームは表向きは崩れた壁に代えて法律の壁を築くことに反対し，人口流出を阻むにはDDR経済の立て直しとそのための援助が先決と唱えていた。けれどもDDR経済の活性化が直ぐには期待できない中では現実的選択として注目されたの

が規制策だったのは当然だった。こうして連邦労働社会省には専門家会議がいちはやく設置され，流入抑制のために優遇措置の是正の方向が打ち出されたのであった。既に触れたように，優遇措置には種々のものが含まれていたが，それらは大量移住を予想していないのはもとより，戦争の帰結の処理の一環として位置づけられていたことから，もはや実情に適合しないのは誰の目にも明らかになっていた。このことは，一例として，DDRに住む高齢者が一時期西ドイツに住所を移して直ぐにDDRに戻った場合，ドイツ・マルクで西の高齢者と同額の年金を受給できたが，これは実勢でDDRマルクに置き直すと多額になる不合理がある事実に照らしただけで納得できよう。そのうえ，事態を放置してDDRの270万人の高齢者のうち50万人が名目上西ドイツに移住したら，年金のために90億マルクの追加支出が必要になるという試算さえあったといわれている。[15]

連邦労働社会省の専門家会議と並行する形で，とりわけ州レベルの主要政治家の間からもユーバージードラー流入規制策を巡る論議が噴き出し，活発に展開された。例えばCDUの実力者であるバーデン＝ヴュルテンベルク州首相のL. シュペートは，大量流出が続けばDDRのすべてが崩壊するだけでなく，西ドイツでも社会システムが大きく揺らぐとして規制に前向きの姿勢を示し，ブレーメン市のSPD政府ナンバー・ツーと目されるH. シェアフも放置すればアメリカのような市街戦が起こる危険があると警告した。[16] なかでも重要なのは，所属するCDUの方針に反し，ニーダーザクセン州首相E. アルブレヒトがユーバージードラーの受け入れに反対する立場を打ち出し，これに同じCDUのヘッセン州首相W. ヴァルマンが続いたことである。[17] こうした態度表明には間近に迫った州議会選挙を顧慮し，市民感情に応える必要があったことが背景にある。しかし同時に，選挙対策の思惑だけでなく，連邦と違い受け入れの現場に近いために，財政負担や住民との軋轢の重圧を強く感じていたことが連邦CDUの方針に反旗を翻す結果につながった面も見落としてはならない。一方，SPDでは先述のハイネマンだけではなく，例えば同年の連邦議会選挙で首相候補にもなった同党のホープでザールラント州首相のO. ラフォンテーヌが優遇措置の廃止と規制を強く主張した。彼は第6章で主題として論じたアオスジードラーに関しても特別扱いをやめ，規制を強化することを唱えたが，その立場には西ドイツ国内で生活する外国人労働者と第2・第3世代の当該の家族に対する差別扱いと対蹠的な「ドイツ人」に限定された優遇を是正し，可能な限り同等に処遇することを目指す彼なりの論理が貫かれていた。そしてSPD所属のブレーメン州首相W. ヴェデマイヤーもこれと同じ方針をとったのである。

こうしてブレーメンでは1990年3月からユーバージードラーの受け入れが停止された。そして同州に新たに割り当てられてくる人々には収容施設はもとより種々の給付金も提供されず、DDRに戻ることが勧告された。またザールラント州ではDDRへの片道の鉄道切符が与えられ、施設への収容は廃止された。さらにこれらほど厳しくはなくても西ベルリンでも4月1日以降低所得者向けの社会住宅にユーバージードラーが入居することは認められず、それまでの優先扱いは廃止され、ハンブルクでも種々の厳格な措置がとられるようになった。そしてSPDが政権を握る州レベルで先行したこれらの優遇廃止と受け入れ規制を受け、世論の厳しさに配慮して連邦レベルでも見直しが行われ、通貨・経済・社会同盟のスタートに合わせてユーバージードラーの統計廃止を含む特別措置の撤廃を内容とする政策が7月1日から実施に移されるに至ったのである。[18]

2. 西ドイツ社会の中のユーバージードラー

それではベルリンの壁崩壊前後を境にして西ドイツ市民の態度が急変し、時とともに冷却していく中で、西ドイツに移ったユーバージードラーたちはどのような境遇に置かれていたのであろうか。

この重要な論点に関しては、実は正確なデータは公表されていない。ただ『シュピーゲル』などのジャーナリズムでしばしば報道がなされており、中にはかなり詳細な記事も含まれているので、それらを手掛かりにして就職と居住に絞ってその実情を眺めておくことにしよう。

生産年齢のうちでもとりわけ若い年代のDDR市民が多く移住したことを踏まえ、まず就職状況についてみると、全体としては西ドイツ市民より失業率が高かったのは間違いない。R. キルバッハの伝えるところでは、1989年末時点で127,900人のユーバージードラーに職がなく、これは職業についていたユーバージードラーの約半数に達していた。[19] 移住した当座は収容施設で社会給付を受けて生活できたからこの結果はある意味では当然としても、しかし問題なのは求職活動が容易に成功しなかったことである。その大きな壁になったのは西ドイツで以前から失業者が多数存在し、この時点でも190万人以上の失業者がいたのに加え、特に長期失業者の増加が問題になっていたことである。無論、職種によって相違があり、人手不足に悩む分野では収容施設に求人票を貼りだし、電気技師、暖房技師、運転手、調理人などはすぐに就職できたし、屋根職人、家具職人、ペンキ職人、左官などは収容施設の門前で募集活動が行われてさえいた。[20] しかし建設、電気、飲食などの一部の業種を除け

ば全般的に就職がかなり難しかったのは否定できない。また制度上はDDRの技能資格は西ドイツでもそのまま通用することとされていたが，DDRの技術革新の立ち遅れを考えれば推察できるように，実態は落差が著しく，そのために資格以下でしか職を得られないケースも少なくなく，場合によっては最低からスタートしなければならなかったのも大きな問題である。[21]さらに高学歴者の場合，例えば法学や経済学を専攻した者は，体制の基本原理が異なり，商取引などに必要とされる民事法の知識やマーケッティングの技法などが要求される西ドイツでの横滑りは不可能であるばかりか，職場を見つけること自体がとりわけ困難だったといわれる。そのため，中にはタクシー運転手や給仕をして当面の生計を立てている者もいるという指摘も存在している。

このようにユーバージードラーにとっては，多くが西ドイツの豊かさに魅せられて移住してきたにもかかわらず，その享受の前提となる就職さえ容易ではなかったのが現実だったが，職場を見つけた後でも予想を超える困難が待ち受けていた。それは西ドイツ社会での労働規律，密度，慣行などがDDRとは大幅に異なっていたことである。中央指令型計画経済が行われたDDRでは原料や資材の供給が円滑を欠いたために無為に待機することが日常化しており，またノルマの達成が重視されて革新へのインセンティブが欠如していたために勤務時間が厳守されず，職場を抜け出して買い物の行列に並んだり，ダラダラ仕事を続けるだけの勤務態度が広範に見られたといわれる。[22]しかし西ドイツの職場では厳しい労働規律が支配しており，密度の濃い労働や仕事に対する責任が要求された。また例えば接客などでは顧客に対して横柄にふるまうことは許されず，オフィス事務ではDDRでは例外的だったコンピュータが普及していて，これを駆使できなければ事務労働が成り立たなかった。さらに仕事の中断を招かないために休暇も計画的にとることが要求され，DDRで頻繁に見られたように気紛れに休暇をとることは論外だった。このように西ドイツの職場はカルチャーもDDRとは著しく相違していたが，競争原理に立脚する市場経済のそうした厳しさがユーバージードラーの多くには苛酷に感じられ，適応が困難だと思われたのは不思議ではない。その上，技術レベルの差も大きく，例えばDDRでトラバントを扱っていた自動車修理工がベンツを直すのは事実上不可能だったことを思えば，たとえ就職できても彼らが技術の差に圧倒され，落伍感を味わったことも想像に難くないであろう。

このことは，採用する側から見れば，ユーバージードラーをおしなべて期待以下という評価を下したことを意味している。『シュピーゲル』には採用後ユーバージ

ードラーが職務遂行に足る技能がないため格下げされた事例がいくつも報告されているが[23]，むしろ技能以前に勤務態度に使用者が問題を感じていたことが重大であるといえよう。この点については，例えばドイツ使用者団体全国連盟（BDA）の文書で西ドイツの労働テンポについていけないことや，一日に8時間継続的に働くことに慣れていないことが指摘されているほか，職業紹介を担当する労働局の責任者は仕事の几帳面さと信頼性が欠如していることを問題視し，総じて規律や責任感のようなプロイセン的美徳とされたものが計画経済の時代に失われたと述べている[24]。一方，ライン＝ヴェストファーレン手工業者連盟の調査では，ユーバージードラーを雇用している企業の5分の1は彼らの技能を十分としているのに対し，3分の2は欠陥があるとしており，17％は不足が著しいので補足的な職業訓練が必要であると回答している[25]。またこれ程厳しい評価ではないが，やはりBDAが企業を対象に行った調査でもユーバージードラーに特に問題を感じていないと使用者の3分の1が答える反面では，41％は専門的技能が欠けていると見做し，23％は協調性や仕事に対するモチベーションが欠如していることを問題としている[26]。職業紹介した各地の労働局には採用したDDR市民に関する苦情が多数寄せられており，その内容は「この人々は温かく愛すべき人達だが仕事はまるでできない」という一語に要約されるといわれるが[27]，この事実は調査から浮かぶ評価が一般的であることを証明するものといえよう。

　こうして憧れの地である西ドイツに来たのに，豊かさを手に入れるスタートの就職で困難に直面し，就職できても職場への適応が容易ではないのがユーバージードラーの現実といえるが，就職を巡って彼らが受けたショックは，市場原理を土台とする西ドイツの実情から事前の見通しが懸け隔たっていたことによって増幅されていたことも見落としてはならない。その結果，正確な数は不明ではあるが，DDRの職場での人間的温もりを懐かしみ，捨ててきたはずのDDRに戻る者も現れていたことを『シュピーゲル』は伝えている[28]。けれども彼らの失望は就職に関連して生じただけではなかった。住宅事情の厳しさから収容施設を出ることは難しかったが，長期化した収容施設での起居も失望を強める一因になったからである。

　1980年代末の西ドイツでは住宅事情は逼迫し，家賃の急騰が生じていた。例えば1989年には前年比で賃貸契約更新の場合の家賃上昇率は10〜13％，新規の場合でも7〜9％の上昇率になったといわれる。また1978年から87年までの賃金の上昇率は45％だったのに対し家賃のそれは60％だったことからも住宅事情の悪化が読みとれる。その結果，ユーバージードラーが大量に西ドイツに流れ込んだころには労働者

福祉団の推定でホームレスの数は約50万人にも上り，そのうち約10万人が路上生活者だったと見られている。このため自治体の収容施設は既にホームレスで一杯であり，新たに住居を必要とするユーバージードラーを収容できる施設は自治体には残っていなかった。こうしたことから応急の収容施設に充てられたのは体育館，兵営，キャンピングカーなどであり，ハンブルクでは月額9万マルクで借り上げた船も施設代わりに利用されたのである[29]。

　もっともユーバージードラーのすべてが自治体の用意する施設に収容された訳ではない。1989年に限ってこの点に関する統計を作成しているドルトムント市統計局の資料によれば，同年に1,986人のユーバージードラーが同市に割り当てられたが，そのうちで施設を必要としたのは1,082人にとどまった。というのは，残りの人々は知人や親戚のもとに一時的に身を寄せることができたからである。けれども，それにもかかわらず「住宅市場のキャパシティは汲み尽くされた」ため，「尖鋭化した状況に鑑みてノルトライン＝ヴェストファーレン州労働大臣がドルトムントとその他の若干の自治体に対してこの状況を緩和するために受け入れ停止を指令」するほどに事態は切迫した。しかも「受け入れ停止は2カ月間に限られているので，それによって状況が長期的に緩和されることは期待できない」とドルトムント市の資料には記されている[30]。

　親戚などに滞在したユーバージードラーの総数がどの程度だったのかは不明だが，いずれにせよ，彼らが住宅市場を逼迫させたのはドルトムントの例からも明白であり，その多くは自治体の応急施設に収容された。けれども，俄仕立てのそれらの施設での起居が窮屈で，個人のスペースがあったDDRでのレベルを下回っていたのはいうまでもなく，しばしばホームレス収容施設よりも劣悪であったと評されている[31]。そこから生じるストレスも加わり，豊かさへの希望を砕かれたユーバージードラーの間には自暴自棄の傾向さえ生まれ，争いが絶えないためにザールラントやブレーメンのように警察官が収容施設に常駐しなければならないところもあったほどである。この点に関して『シュピーゲル』は，「収容施設での攻撃性とフラストレーションのドラスティックな増大は全国で世話を担当する者の間に心理状態についての憂慮を引き起こしている」と指摘している[32]。事実，施設の中では荒廃した気分が支配的であり，自治体職員やソーシャル・ワーカーに対する暴行やレイプ事件すら発生し，その影響を受けて子供たちも著しく攻撃的になっているといわれる。さらに医師がユーバージードラーを調べた結果，多数の心理的障害が見出され，頭痛，睡眠障害，胃の疾患，鬱病，神経衰弱などが数多く発見されたことも明らかになっ

ている。[33]

　以上で見てきたように，西ドイツの一般市民の間でベルリンの壁の崩壊までに高揚したユーバージードラーに対する共感は束の間に薄らぎ，彼らを負担と感じる人々が急増するにつれて態度は急速に冷淡になった。そして「豊かさのショーヴィニズム」が表面化し，彼らを厄介視する雰囲気が醸成されたのに対応するかのように，政治的にも規制を唱える立場が強まり，優遇措置も撤廃されることになったのであった。西ドイツでのこうした変化の中で，DDRを捨てて移住してきたユーバージードラーたちは，夢想していた生活とは対照的に重大な困難に突き当たった。職を得るのが容易ではなかっただけでなく，就職できても労働の密度や技術レベルが適応し難いほどDDRとは異なっていたからである。また荒廃したDDRの住宅と比べると眩しく映る西ドイツの住宅も所詮手の届く見込みは立たず，それどころか窮屈な収容施設を出る見通しも開けないのが現実であった。そのため西並の豊かな暮らしを夢見て西ドイツに移住したユーバージードラーの中には荒んだ気分が広がり，暴力事件すら頻発したのである。こうして西ドイツに移り住んだ多数のユーバージードラーはほぼ同時期に急増したアオスジードラーや庇護申請者の名目で殺到する実質的な経済難民と並んで西ドイツ社会の問題集団の一つになったが，しかし他の集団と違いユーバージードラーについてはその問題が十分に論議される前に存在自体が抹消され，表面上は「解決」された形になったのである。

結び

　ユーバージードラーという存在はドイツが分断されていた政治的事実の人的表現であり，分裂がなければ存在しなかった集団である。そのことは，受け入れに消極的になった世論が背景にあったにせよ，ドイツ統一に伴って姿を消したことにも示されている。この点から見れば，ユーバージードラー問題の展開はドイツ分裂の歴史と表裏一体であったといってもよい。また建国以降の人口流出がDDRの国家としての存立を脅かし，ベルリンの壁の構築によってようやく安定期を迎えたことからすれば，ユーバージードラーは社会主義建設の表面上の華々しさにもかかわらず結局は短命に終わったDDRの裏面における最大の問題であったといえよう[1]。実際，この集団の存在は，人口流出を物理的に阻止することによってDDRが成り立っていたことを物語っているのであり，DDRが市民の間に十分な正統性を確立できず，極めて人工的な国家であったことを証明していると考えられるのである[2]。

　DDRという国家を特徴づけるこの人工的性格は，消滅後に明らかにされた種々

の調査結果からも浮かび上がる。DDRが国家として存続するためには建国当時に青年期に達していた人々ばかりでなく、建国後に出生もしくは成長した第2世代の間でも正統性が確立されていることが必要だったが、学校教育はもとより、ピオニールや自由ドイツ青年団に子供や若者を組織しイデオロギー教育を強力に推進したにもかかわらず、この課題にDDRは成功したとはいえないからである。このことは青年問題中央研究所が行った調査によって確かめられる。DDRの存在基盤ともいうべき社会主義に関する調査結果の一例を挙げれば、「社会主義は全世界に発展する」という問いに対し、「殆どそう思わない/そうは思わない」と答えた実習生と青年労働者は1979年に15％と18％だったが、1988年になると58％と64％にまで増大していたことが明らかになっている。[3] またドイツ統一後に東西市民の間の心の壁が語られ、かつてのDDR市民にDDRを懐かしむDDRノスタルジーが強まっていることが注目されているが、その関連で果たしてDDRには均質なDDRアイデンティティと呼べるものがあったのか否かが論じられた折にも、一つの有力な説として、DDRには一体的なそれは存在しなかったとする立場があり、現実にあったのは四つの異なるアイデンティティであったという指摘などもなされている。[4] いずれにせよ、大規模な人口流出がベルリンの壁によって阻止され、それによってDDRがようやく安定したことや、再び生じた流出が民主化の波と相俟ってその壁を押し倒し、DDRを消滅に導いた事実を見据えるなら、ユーバージードラーがDDRの根幹に関わる問題であり、国家としてのDDRの正統性やアイデンティティの希薄さと脆弱さの生きた証明になっているのは間違いないといえよう。

　ユーバージードラーがDDRを危機に追いこんだのはそれが労働力の流出にほかならなかったからであるが、そのことは西ドイツにとっては労働力が大量に流入したことを意味している。事実、50年代の西ドイツで起こった経済の奇跡は、不足する労働力をアオスジードラーと並びユーバージードラーによってDDRから補充することで支えられていたのは今日では周知の事柄に属する。こうした関連は、ベルリンの壁によってユーバージードラーの流入が途絶えたのと符節を合わせるかのように、外国人労働者の募集協定がトルコをはじめとして次々に締結された事実によっても確証される。この面から見れば、ユーバージードラーが単に東西分裂の問題であるだけでなく、西ドイツにおける外国人問題と通底しており、労働力移動の一面を有しているのは明白であろう。この点については既に繰り返し言及したが、しばしば前者の面だけに光が当てられ、後者はなおざりにされがちなので今一度確認しておきたい。この二面性の観点から眺めれば、ハンガリー国境が開放された時点

から西ドイツで高まったユーバージードラーに対する共感と受け入れへの積極姿勢は，東西分断の脈絡におけるユーバージードラー像が前面に押し出されたことから説明できるし，逆にベルリンの壁崩壊以後の冷却は国際労働力移動の一環としてユーバージードラーが位置づけられるようになったことに起因していると解することができよう。そして統一とともに前者の面が消去されただけでなく，内部国境の消滅に伴い後者の面も国内の労働力移動と等置された結果，ユーバージドラーという存在そのものが抹消されることになったのである。

　もちろん，公式レベルで存在が抹消されたことは，東西間の人の流れが止んだことを意味するわけではない。1991年に「ヴェッシー」と「オッシー」という語が造られ，差別語として使われるようになったが，東へ移る「ヴェッシー」が僅かだったのに対して，西に向かう「オッシー」は少なくなかったからである。実際，ユーバージードラーに続き「オッシー」の流出が途絶えなかったために東ドイツ地域では人口減少が止まらず，1991年半ばに事態を重視したブランデンブルク州労働大臣R. ヒルデブラント（DDR最後の労働社会大臣）は地域全体の失血死に警鐘を鳴らしたほどである。また1993年年央の『フォークス』もノイブランデンブルク市を例にとり，1989年に42万3千人だった同市の人口が2000年には37万6千人に減り，年齢構成も60歳以上が14.6％から21.2％に上昇するとの予測を紹介するなどして悲観的な見通しを伝えている。

　けれども現実には旧西ドイツ地域に移るかつてのDDR市民の数は年とともに減少し，B. ゾンマーたちのまとめによると，1991年に249,743人だったのが1995年には168,336人にとどまったことが示すように，移動の規模はかなり縮小している。しかも西から東に移動する流れも形成され，1991年に80,267人だったその数が1995年には143,063人に拡大している事実も無視されてはならない。こうした双方の流れの差は時とともに縮まり，1997年には前者が167,789人だったのに対し，後者は157,348人に達したのであり，移動による旧東ドイツ地域の人口減少は1990年に359,126人，1993年に53,286人だったのが，1997年になると10,441人にまで低下している。しかし1990年から1997年までを全体としてみるなら，東から西への移動が1,681,808人にも達するのに対し，西から東へのそれは935,078人にとどまっていることも忘れてはならない。統一からの8年間に旧東ドイツ地域は東西間移動で746,722人もの人口を失った計算になるのであり，流出にブレーキがかかっている主要な原因が旧西ドイツ地域での失業増大のために職を見つけるのが困難になっている事情にあることを考えれば，DDR時代と同様に東ドイツ地域がいまなお住民を引き付ける力に

第7章　戦後ドイツ史の中のユーバージードラー　485

欠けていることが察知できよう[8]。

　他面，東西ドイツそれぞれの内部における移動があることを考慮に入れて州ごとに見た場合，東ベルリンを除いたかつてのDDR地域では1995年までにおしなべて人口は減っているものの，懸念されたほどの規模には達していないことが分かる。この点については1996年7月に同じ『フォークス』が「シェーレは閉じつつある」という見出しで報じている。それによれば，1990年と比較して，1995年にはメクレンブルク＝フォアポンマーン州の−4.96％を筆頭にして，ザクセン＝アンハルト州−4.44％，ザクセン州−4.03％，テューリンゲン州−3.97％，ブランデンブルク州−1.46％という記録になっており，東ベルリンのみが2.03％の増加を示しているが，全体としては持ち直す傾向が確認されるという[9]。もちろん，人口の変動は移動によって起こるだけではなく，出生と死亡によっても生じるのは当然であり，この面では特にドイツ統一前後から結婚率とともに出生率が激減した事実を想起する必要があろう。実際，1990年に比べて1997年に結婚数は48％も低下したし，出生数も44％下がったのである[10]。さらに人口そのものではなく労働力移動に焦点を絞った場合，やや異なる様相が浮かび上がってくるのも確かである。というのは，移動の中心が若年層にあったことや，DDRで1989年に研究開発部門で働いていた7万5千人の専門家のうち3分の2が西に移ったことに代表されるように，専門労働者や技術者が多く含まれていた点に注意が払われなければならず，それだけ問題は深刻の度を増すからである。さらに住居は東にあるけれども職場を西にもち，毎日以前の内部国境を越えて通勤するペンドラーと総称される人々が存在し，1991年半ばで30万人，1995年には44万人に上るといわれたように労働市場の面からみて無視しえない規模に達していた事実も考慮に入れられなければならないであろう[11]。

　ともあれ，年を追って移動の規模が縮小した原因に関しては調査がなく不明なままであるものの，旧東ドイツ地域では統一以後の高い失業率にもかかわらず，西からの巨額の財政移転に支えられて生活レベルが向上していることが主要な原因になっているのは間違いないと思われる。また旧西ドイツ地域での失業率の上昇が豊かな暮らしの土台である就職を難しくしていることと並び，業績と競争を主軸とする社会原理や個人主義的なメンタリティなど簡単には適応できない相違点などが知られるようになり，移動の動機づけが弱くなったことも原因の一つに数えてよいであろう。このように考えるなら，東西分裂の下でDDRの存立に関わる主要テーマだったユーバージードラー問題は表面上は消滅したとしても，労働力移動の平面では解消されたとはいえないとみるべきであろう。なぜなら，移動を抑制するこれらの

要因は決して強力とはいえず，賃金の格差をはじめとして統一後の現在も豊かな西と貧しい東というコントラストが依然として際立っている以上，潜在的には移動の誘因はなお大きいと推察されるからである。実際，旧西ドイツ地域からの財政支援が縮小するなどして旧東ドイツ地域の経済再建の見通しが一層暗くなるような場合や，旧西ドイツ地域の雇用情勢に明るさが出てきた場合などには再び移動の規模が拡大する可能性も排除できないと思われる。その意味では，ユーバージードラー問題は，その前提だった内部国境やベルリンの壁のような物理的障壁は消滅したものの，心の壁など移動を阻む新たな問題に姿を変えて存続していると捉えることも誤りとは言い切れないのである。

はじめに
(1) Zit. nach Hans Georg Lehmann, Deutschland-Chronik 1945 bis 1995, Bonn 1996, S. 357.
(2) この問題については，ソ連研究者の指摘が傾聴に値する。袴田茂樹『ロシアのジレンマ』筑摩書房，1993年，とくに「まえがき」および第1部参照。
(3) Charles Maier, Vom Plan zur Pleite: Der Verfall des Sozialismus in Deutschland, in: Jürgen Kocka und Martin Sabrow, hrsg., Die DDR als Geschichte, Berlin 1994, S. 109.
(4) 東欧各国の変革の概観には，木戸蓊『激動の東欧史』中公新書，1990年が優れている。
(5) Hartmut Zwahr, Kontinuitätsbruch und mangelnde Lebensfähigkeit : Das Scheitern der DDR, in : Hartmut Kaelble, Jürgen Kocka und Hartmut Zwahr, hrsg., Sozialgeschichte der DDR, Stuttgart 1994, S. 554. G.-J. グレースナーは「ソ連による保障」と並び「外の世界との遮断状態」をDDRの「体制維持に決定的な二本の柱」だったとしている。ゲルト＝ヨアヒム・グレースナー，中村登志哉・ゆかり訳『ドイツ統一過程の研究』青木書店，1993年，28頁。

第1節 ユーバージードラー問題の展開
(1) Volker Ronge, Übersiedler, in: Werner Weidenfeld und Karl-Rudolf Korte, hrsg., Handbuch zur deutschen Einheit, Frankfurt a. M. 1993, S. 643. なお，『ドイツ統一ハンドブック』の初版にあったこの項目は1996年の改訂版では削除されているが，それは，ユーバージードラー問題のアクチュアリティが薄れたからだと忖度される。ユーバージードラーの概念については，併せて，Erinnerungsstätte Notaufnahmelager Marienfelde, hrsg., Fluchtziel Berlin, Berlin 2000, S. 53参照。
(2) Henning Fleischer u. a., Aussiedler und Übersiedler–zahlenmäßige Entwicklung und Struktur, in: Wirtschaft und Statistik, H. 9, 1989, S. 583. Sabine Bechtold u. a., Aus- und Übersiedler in Unterkunftseinrichtungen, in: ibid., H. 11, 1990, S. 762.
(3) 国籍の問題については，広渡清吾「西ドイツの外国人と外国人政策（1）」『社会科学研究』41巻6号，1990年，31頁以下および Hans von Mangoldt, Staatsangehörigkeit, in:

第 7 章　戦後ドイツ史の中のユーバージードラー　487

Werner Weidenfeld und Karl-Rudolf Korte, hrsg., Handbuch zur deutschen Einheit, Frankfurt a. M. 1996, S. 639f 参照。

(4) Vortrag von Hansjörg Geiger, in : Protokoll der 69. Sitzung der Enquete-Kommission "Aufarbeitung von Geschichte und Folgen der SED-Diktatur in Deutschland" vom 11. 4. 1994, S. 5. 西義之『現代ドイツの東と西：祖国をさまよう人々』新潮社, 1962年, 30頁参照。この意味で, S. ヴォレが DDR 逃亡を「政治的もしくは世界観的に動機づけられていない場合でも社会主義システムの否定の最もラディカルな形態」と呼んでいるのは正しい。Stefan Wolle, Der Weg in den Zusammenbruch, in: Eckhard Jesse und Armin Mitter, hrsg., Die Gestaltung der deutschen Einheit, Bonn 1992, S. 101.

(5) マリーエンフェルデ収容所の歴史に加え, そこでの受け入れ手続きや管理形態などについては, Erinnerungsstätte Notaufnahmelager Marienfelde, op. cit のほか, Günter Köhler, Notaufnahme, Berlin 1991, S. 108ff 参照。

(6) Bundesministerium für gesamtdeutsche Fragen, hrsg., Die Flucht aus der Sowjetzone und die Sperrmaßnahmen des kommunistischen Regimes vom 13. August 1961, Bonn 1961, S. 15.

(7) Ralf Ulrich, Die Übersiedlerbewegung in die Bundesrepublik und das Ende der DDR, Berlin 1990, S. 3.

(8) Bundesministerium für Vertriebene, Flüchtlinge und Geschädigte, hrsg., Die Flucht aus der Sowjetzone, Bonn 1965, S. 4.

(9) Hartmut Wendt, Die deutsch-deutschen Wanderungen: Bilanz einer 40jährigen Geschichte von Flucht und Ausreise, in: Deutschland Archiv, H. 4, 1991, S. 387.

(10) Kurt Lungwitz, Die Bevölkerungsbewegung in der DDR und der BRD zwischen 1945 und 1970, in: Jahrbuch für Wirtschaftsgeschichte, Teil 1, 1974, S. 73.

(11) Jürgen Dorbritz und Wulfram Speigner, Die Deutsche Demokratische Republik–ein Ein- und Auswanderungsland? in: Zeitschrift für Bevölkerungswissenschaft, Jg. 16, H. 1, 1990, S. 68.

(12) Vgl. ibid., S. 75.

(13) Peter Marschalck, Bevölkerungsgeschichte Deutschlands im 19. und 20. Jahrhundert, Frankfurt a. M. 1984, S. 87f.

(14) DDR の国是といえる反ファシズムのもつ問題性はしばしば指摘されてきた。それを建国神話と捉える最近の見解として, Herfried Münkler, Antifaschismus und antifaschistischer Widerstand als politischer Gründungsmythos der DDR, in : Aus Politik und Zeitgeschichte, B45/98, 1998, S. 16ff 参照。また虚構性を批判する見方としては, Hans-Helmuth Knütter, Antifaschismus, in : Horst Möller u. a., hrsg., Lexikon des DDR-Sozialismus, Bd. 1, Paderborn 1997, S. 65ff がある。

(15) Peter Feisl, Die Berliner Mauer, Berlin 1997, S. 20. 永井によれば, 壁によって閉じ込められたために, DDR 市民の間で「壁病」と呼ばれる心理障害が流行しはじめたという。永井清彦『現代史ベルリン』朝日新聞社, 1990年, 176頁。

(16) これとは異なり, B. アイゼンフェルトは内政面の強制と迫害および DDR での発展に関する失望と相関的な西ドイツの高まる魅力の二つを規定的要因としている。Bernd Eisenfeld, Flucht und Ausreise–Macht und Ohnmacht, in: Eberhard Kuhrt, hrsg., Opposition

in der DDR von den 70er Jahren bis zum Zusammenbruch der SED-Herrschaft, Opladen 1999, S. 382.

(17) この前後の時期の経済情勢に関しては，さしあたり，ヘルマン・ヴェーバー，斎藤哲・星乃治彦訳『ドイツ民主共和国史』日本経済評論社，1991年，65頁以下参照。またDDR の経済発展全般については，5段階区分の観点から簡潔に鳥瞰した，Matthias Judt, Aufstieg und Niedergang der "Trabi-Wirtschaft", in: ders., hrsg., DDR-Geschichte in Dokumenten, Berlin 1998, S. 95ff 参照。

(18) ソ連占領地区での土地改革とDDR 初期の農業集団化については，DDR の公式的立場に囚われない研究がわが国でも始まっている。村田武「戦後東ドイツにおける土地改革と農民経営」『土地制度史学』77号，1997年，足立芳宏「戦後東ドイツの土地改革・集団化と難民問題」『生物資源経済研究』3号，1997年。農業生産協同組合については，Konrad Kühne, Landwirtschaftliche Produktionsgenossenschaften, in: Möller u. a., hrsg., op. cit., Bd. 1, S. 506ff, SED 第2回党協議会については，SED 公認の党史である，SED 中央委員会付属マルクス・レーニン主義研究所編集，近江谷左馬之介監訳『ドイツ社会主義統一党史』労働大学，1980年，230頁以下および Hermann Weber, Geschichte der SED, in: Ilse Spittmann, hrsg., Die SED in Geschichte und Gegenwart, Köln 1987, S. 21f 参照。なお H. ヴェーバーは，「一般的には1952年の第2回党大会で，今後は社会主義の建設に入ると宣言されてから暗い時代が始まった」と述べ，この協議会を重視している。三島憲一編・訳『戦後ドイツを生きて』岩波書店，1994年，329頁。

(19) Bundesministerium für gesamtdeutsche Fragen, op. cit., S. 17. なお，農業集団化に抵抗したという理由で農民が処罰された事例が，Bundesministerium der Justiz, hrsg., Im Namen des Volkes? Leipzig 1994, S. 83に整理されている。

(20) 手工業政策については，Klaus Krakat, Handwerk und Gewerbe, in: Möller u. a., hrsg., op. cit., Bd. 1, S. 369f 参照。

(21) 6月17日の出来事に関しては，星乃治彦『社会主義国における民衆の歴史』法律文化社，1994年のほか，クリストフ・クレスマン，石田勇治・木戸衛一訳『戦後ドイツ史：二重の建国』未来社，1995年，313頁以下，永井，前掲書108頁以下など参照。事件の評価が現在でも大きく異なることや，それが知識人に与えた衝撃の差は，H. マイヤー，S. ハイム，C. ヴォルフ，J. クチンスキー，H. ヴェーバーなどの発言から読みとれる。三島，前掲書259, 269, 298, 334, 347頁参照。

(22) グレースナー，前掲書266頁。

(23) 決議などの詳細については，SED 中央委員会付属マルクス・レーニン主義研究所，前掲書320頁以下，その概要に関しては，Weber, op. cit., S. 26f 参照。

(24) 1960年前後の経済の実勢に関しては，Doris Cornelsen, Die Volkswirtschaft der DDR, in: Werner Weidenfeld und Hartmut Zimmermann, hrsg., Deutschland-Handbuch: eine Bilanz 1949-1989, München 1989, S. 262f 参照。

(25) ベルリンの自由都市化問題については，永井，前掲書149頁以下参照。

(26) 壁建設までのプロセスの概略については，さしあたり，ユルゲン・ペッチュル，坂本明美訳『検証ベルリンの壁』三修社，1990年，1・2章参照。また壁建設の意義に関する公式的説明の一例として，Joachim Heise und Jürgen Hofmann, Fragen an die Geschichte

der DDR, Berlin 1988, S. 144ff 参照。因みに DDR 内務省の報告によれば，西ドイツから DDR に移住した市民の大半である46万人が1953年からベルリンの壁建設前年の1960年までに DDR に移り，人口喪失の埋め合わせと DDR のイメージ改善のゆえに歓迎されたが，彼らを収容した施設ではシュタージが IM の略称で知られる非公式協力者の獲得と社会主義国家の敵の排除のために活動していた。Jens Müller, Übersiedler von West nach Ost in den Aufnahmeheimen der DDR, Magdeburg 2000, S. 34ff.

(27) その代表例として H. ヴェーバーを見ると，1961年以降の時期を彼は明確に「民主共和国の確立」期と名付けている。ヴェーバー，前掲書100頁。

(28) このことは，DDR 史を5期に区分する立場をとる U. メーラートが第3期に当たる1960年代を「壁の影の中での確立」期と規定していることからも読みとれよう。Ulrich Mählert, Geschichte der DDR, Erfurt 1998, S. 39.

(29) Wendt, op. cit., S. 391.

(30) 前出の表3と数字が異なるのは，それまで秘匿され，表3の出典として利用されたデータが不正確なためであり，連邦司法省が公表した数字が信頼性が高い。なお，自由買いに関しては，クライン孝子『自由買い』文芸春秋，1987年のほか，Ludwig A. Rehlinger, Freikauf: Die Geschäfte der DDR mit politisch Verfolgten 1963-1989, Frankfurt a. M.1993 参照。

(31) Falco Werkentin, Recht und Justiz im SED-Staat, Bonn 1998, S. 57.

(32) 山田徹『東ドイツ：体制崩壊の政治過程』日本評論社，1994年，143頁参照。

(33) Werkentin, op. cit., S. 102. Eisenfeld, op. cit., S. 400.

(34) 人数の推移は，Günter Fischbach, hrsg., DDR-Almanach '90, Stuttgart 1990, S. 49 また1972年と82年を境とする3期区分については，Jutta Gladen, "Man lebt sich auseinander": Von der Schwierigkeit, Verwandte drüben zu besuchen, Magdeburg 2000, S.4f 参照。

(35) Rehlinger, op. cit., S. 154ff. クライン，前掲書213頁以下。

(36) Vortrag von Volker Ronge, in: Protokoll der 69. Sitzung der Enquete-Kommission, op. cit., S. 28. なお，切れ目が生じた背景をなす独自性を強めた DDR の外交路線に関連して，グレースナーは，「80年代前半の新たな冷戦時代に，独-独関係をあらゆる危険から遠ざけた」ことを，見落とされがちな「SED 政権の成果」と評価している。グレースナー，前掲書32頁。

(37) Ulrich, op. cit., S. 13.

(38) Armin Mitter und Stefan Wolle, Ich liebe Euch doch alle! Berlin 1990, S. 84.

(39) Thomas Ammer, Flucht aus DDR, in: Deutschland Archiv, H. 11, 1989, S. 1206. 内部国境設備に要した費用については，封鎖柵，国境壁，車両阻止用の溝などの1km あたりのそれが，Feist, op. cit., S. 19f に示されており，「壁は国自体がどんな経済状態であっても完璧に築かれていた」とのコメントが付けられている。一方，この内部国境のゆえに逃亡を試みて死亡したのは総計で914人とされる。Eisenfeld, op. cit., S. 401. なお，内部国境の設備と規模に関するデータの詳細については，Stefan Ulrich Hirschulz und Peter Joachim Lapp, Das Grenzregime der DDR, in: Eberhard Kuhrt, hrsg., Die SED-Herrschaft und ihr Zusammenbruch, Opladen 1997, S. 145f 参照。

(40) Lehmann, op. cit., S. 317. なお，F. ヴェアケンティンが指摘するように，ヘルシンキ最

終文書の影響には見過ごせないものがあり、文書署名後の1975年から76年にかけてDDRで出国申請の「最初の飛躍的上昇」が生じたのはその一例である。Falco Werkentin, Zur Dimension politischer Inhaftierungen in der DDR 1949-1989, in: Klaus-Dieter Müller und Annegret Stephan, hrsg., Die Vergangenheit läßt uns nicht los, Berlin 1998, S. 147f. Eisenfeld, op. cit., S. 385.

第2節 ユーバージードラーの動機と構成

(1) S. カースルズ/M. J. ミラー、関根政美・薫訳『国際移民の時代』名古屋大学出版会、1996年、20頁以下参照。
(2) Bundesministerium für gesamtdeutsche Fragen, op. cit., S. 21f.
(3) この点に関してはさらに、西、前掲書187頁参照。
(4) Bundesministerium für gesamtdeutsche Fragen, op. cit., S. 21f.
(5) これらの公然・隠然たる圧迫に関しては、さらに、Bundesministerium der Justiz, hrsg., op. cit., S. 233参照。
(6) Richard Hilmer und Anne Köhler, Die DDR im Aufbruch, in: Deutschland Archiv, H. 12, 1989, S. 1389ff. なお、Der Spiegel, Nr. 41, 1989, S. 24f も参照。
(7) このことについては、ボーフム大学の調査結果を紹介している、Roland Kirbach, Enttäuschte Hoffnung, in: Die Zeit vom 2. 2. 1990参照。
(8) Hans Joachim Veen u. a., hrsg., Eine Jugend in Deutschland? Opladen 1994, S. 147.
(9) Der Spiegel, Nr. 41, 1989, S. 25.『シュピーゲル』のこの記事では、ユーバージードラーに対するインタビューから得られた印象深い点として、「彼らに対して、もっぱら西ドイツの豊かさに与かろうとするだけで、自由ということで消費の自由しか考えていないとしばしば非難されているのに、激しい反駁を引き起こさない」ことが挙げられている。
(10) Mitter u. a., op. cit., S. 142. この調査結果については、雪山伸一『ドイツ統一』朝日新聞社、1993年、60頁以下でも言及されている。
(11) 解釈上の留意点については、Wolf-Dieter Eberwein, Der Drang nach Westen, Berlin 1990, S. 12参照。エーバーヴァインは「問われた者の非政治的姿勢ではなく問いかける者による政治の排除」に調査の特徴を見ている。
(12) M. Melzer und H. Vortmann, Das Kaufkraftverhältnis zwischen der D-Mark und der Mark der DDR 1985, zit. nach Ulrich, op. cit., S. 18.
(13) さらに Cord Schwartau und Heinz Vortmann, Die materiellen Lebensbedingungen in der DDR, in: Weidenfeld u. a., hrsg., op. cit., S. 300参照。
(14) 因みに東ベルリンの特権的地位は住宅に限られない。この点に関しては種々のデータがあるが、さしあたり、斎藤の個人的エピソードを参照。斎藤瑛子『世界地図から消えた国』新評論、1991年、31頁。なお、東ベルリンの特性は、首都という面ばかりでなく、西側に対するシューウィンドーという役割から説明することも可能であろう。平井正『ベルリン 歴史の道』光人社、1993年、69頁。この面は1960年代中期に西ベルリン総領事を務めた都倉栄二も指摘している。同『外交官の決断』講談社、1995年、253頁。
(15) Bundesministerium für innerdeutsche Beziehungen, hrsg., Zahlenspiegel, Bonn 1988, S. 78f. なお、Frierich-Ebert-Stiftung, hrsg., Lebenshaltung und Lebensniveau in der DDR,

第7章　戦後ドイツ史の中のユーバージードラー　491

　　　Bonn 1986のほか，拙著『統一ドイツの変容』木鐸社，1998年，79頁以下参照。
(16)　NHK取材班『かくして革命は国境を越えた』日本放送出版協会，1990年，89頁参照。また「黒いチャンネル」に関しては，同書67頁以下，DDR市民のテレビ視聴についての体験報告として，広瀬毅彦『夢見る東ドイツ』実業之日本社，1990年，19頁以下参照。G. シュッテによれば，「DDRのテレビ・ジャーナリズムの根本的特徴になっていたのは階級敵，階級闘争との取り組み」であり，テレビ放送は「別の手段による反ファシズム闘争の継続」として位置づけられていた。Georg Schütte, An vorderster Front zum Klassenfeind: Fernsehjournalismus in der DDR, in: Rainer Waterkamp, hrsg., Leit- und Feindbilder in DDR-Medien, Bonn 1997, S. 71f.
(17)　Der Spiegel, Nr. 8, 1990, S. 32. なお，『シュピーゲル』が「黄金の西を夢見ていた」家族について伝えているのに対し，1950年代末からDDRで暮らしている斎藤は，体験に基づいて，「東ドイツ国民の圧倒的大多数が，物もずっと豊かで，世界中のどこへでも自由に旅行できる西ドイツ市民の日常や西ドイツ社会全体が，東ドイツに比べて，極楽と信じていたわけでもなかった」と記しているように，西ドイツについてDDR市民が抱いていたイメージはそれほど定かにはなっていない。Der Spiegel, Nr. 39, 1999, S. 62. 斎藤，前掲書164頁。
(18)　Bundesministerium für Vertriebene, Flüchtlinge und Geschädigte, op. cit., S. 16.
(19)　Der Spiegel, Nr. 4, 1990, S. 30. ただし1990年1月からこれらの支援は削減された。Der Spiegel, Nr. 13, 1990, S. 126. なお，高木浩子「ベルリンの壁開放と東独からの移住者の激増」『日本労働協会雑誌』1990年4月号，51頁参照。
(20)　本書第6章379頁以下参照。
(21)　Ilse Spittmann und Gisela Helwig, hrsg., Chronik der Ereignisse in der DDR, Köln 1990. Hans-Hermann Hertle, Chronik des Mauerfalls, Berlin 1996. なお，繁雑を避けるため，以下では一々参照箇所を示さない。
(22)　この視点から，ハンガリーの動きとその背景が，高橋進『歴史としてのドイツ統一』岩波書店，1999年，第1章でスケッチされている。
(23)　Hermann Weber, DDR : Grundriß der Geschichte 1945-1990, vollst. überarb. u. erg. Neuaufl., Hannover 1991, S. 211. Wolle, op. cit., S. 83f.
(24)　選挙結果捏造疑惑，天安門事件支持の反響に関しては，Bernd Lindner, Die demokratische Revolution in der DDR 1989/90, Bonn 1998, S. 25ff, 35ff, また当事者側については，エゴン・クレンツ，佐々木秀訳『国家消滅』徳間書店，1990年，205，213頁以下参照。
(25)　因みに，ライプツィヒの月曜デモを巡り10月9日に頂点に達した市民運動と権力側との対抗で，天安門の流血の再現を恐れたDDR指導部は配置していた治安部隊の投入を断念したが，こうして事実上後者が屈したことで流れの方向が定まったと考えれば，ホーネッカー追放劇はそのコロラリーだったと見做しうる。雪山，前掲書69頁およびWolle, op. cit., S. 107参照。
(26)　アピールはヴォルフの同時期の文章とともに邦訳されている。東ドイツの民主化を記録する会編『ベルリン1989』大月書店，1990年，40，56，118頁以下。
(27)　Der Spiegel, Nr. 13, 1990, S. 126.
(28)　事実，クレンツは11月3日夜にテレビ，ラジオを通じて西ドイツに向かおうとする市

民に対し，SEDの改革を信頼してDDRにとどまるように呼びかけている。永井潤子『ドイツとドイツ人』未来社，1994年，64頁。
(29) Christian Wernicke, Lieber Prämien für's Dableiben, in: Die Zeit vom 2. 2. 1990.
(30) Richard Hilmer und Anne Köhler, Der DDR läuft die Zukunft davon, in : Deutschland Archiv, H. 12, 1989, S. 1386. 同様の調査結果が『エコノミスト』で報じられている。The Economist, Sept. 23, 1989, p.70.
(31) Wendt, op. cit., S. 391.
(32) Christoph Kleßmann, Zwei Staaten, eine Nation, 2. Aufl., Bonn 1997, S. 321. さらに，Presse- und Informationsamt des Landes Berlin, hrsg., Die Mauer und ihr Fall, 6. Aufl., Berlin 1994, S. 24参照。
(33) 西，前掲書29頁。
(34) こうした結果になった要因の一つとして，ベルリンの壁建設を指揮したホーネッカーやクレンツが強調するように，西ベルリンに大企業などが引き抜きのための事務所を開設していたことも忘れてはならない。エーリヒ・ホーネッカー，安井栄一訳『私の歩んだ道』サイマル出版会，1980年，249頁，クレンツ，前掲書34頁。もちろん，この側面を大写しにし，壁建設前後までウルブリヒトが主張したように，DDR市民の自発性を否定して，彼らのDDR離脱をすべて西側による「人身売買」の策動として説明するのは論外であろう。
(35) Dieter Voigt, Hannelore Belitz-Demiriz und Sabine Meck, Die innerdeutsche Wanderung und der Vereinigungsprozeß, in : Deutschland Archiv, H. 5, 1990, S. 732ff. なお, Sabine Meck, Hannelore Belitz-Demiriz und Peter Brenske, Soziodemographische Struktur und Einstellungen von DDR-Flüchtlingen/Übersiedlern, in: Dieter Voigt und Lothar Mertens, hrsg., Minderheiten in und Übersiedler aus der DDR, Berlin 1992, S. 13ffも参照。
(36) Voigt u. a., op. cit., S. 735.
(37) Kirbach, op. cit. なお1990年年初に『シュピーゲル』はDDRで医者が払底したことを伝えている。Der Spiegel, Nr. 3, 1990, S. 120f. 因みに，S. グルントマンたちの調査によれば，ユーバージードラーの出身地域には全体としてかなり明確な偏りがあり，南部の工業中心地が多かった。Siegfried Grundmann und Ines Schmidt, Übersiedlung aus der DDR in die Bundesrepublik Deutschland, in: Voigt u. a., hrsg., op. cit., S. 41.
(38) Meck u. a., op. cit., S. 27f.
(39) Grundmann, u. a., op. cit., S. 47.

第3節 ユーバージードラーと西ドイツ社会

(1) Vortrag von V. Ronge, op. cit., S. 27.
(2) Hilmer u. a., Der DDR läuft die Zukunft davon, S. 1389.
(3) Silke Jansen, Zwei deutsche Staaten–zwei deutsche Nationen? in: Deutschland Archiv, H. 10, 1989, S. 1132ff, 1140.
(4) さらに，Der Spiegel, Nr. 1, 1990, S. 37参照。
(5) Hilmer u. a., Der DDR läuft die Zukunft davon, S. 1393.
(6) 同様の変化は，アレンスバッハ研究所が1989年9月と90年1月に行った調査結果から

も読み取れる。Elisabeth Noelle-Neumann und Renate Köcher, hrsg., Allensbacher Jahrbuch der Demoskopie 1984-1992, München 1993, S. 425.
(7) Der Spiegel, Nr. 8, 1990, S. 30f.
(8) Der Spiegel, Nr. 9, 1990, S. 36f
(9) 戸原四郎・加藤栄一編『現代のドイツ経済』有斐閣，1992年，40頁およびウィリアム・リチャード・スマイサー，走尾正敬訳『現代ドイツ経済』日本経済新聞社，1992年，50ページ以下参照。
(10) Der Spiegel, Nr. 4, 1990, S. 35.; Nr. 8, 1990, S. 29. なお，統一当時にドイツが抱えていた経済構造を中心とする諸問題に関しては，走尾正敬『現代のドイツ経済』東洋経済新報社，1997年および藤和彦『生活大国ドイツの幻影』金融財政事情研究会，1993年参照。
(11) Der Spiegel, Nr. 8, 1990, S. 29.
(12) Ibid., S. 40.
(13) Der Spiegel, Nr. 9, 1990, S. 36.
(14) 拙稿「統一ドイツの右翼問題」『社会科学論集』34号，1995年，53頁以下参照。
(15) Der Spiegel, Nr. 4, 1990, S. 40.
(16) Wernicke, op. cit. Der Spiegel, Nr. 8, 1990, S. 30.
(17) Der Spiegel, Nr. 13, 1990, S. 126.
(18) Ibid.
(19) Wernicke, op. cit.
(20) Der Spiegel, Nr. 42, 1989, S. 32.
(21) Ibid., S. 30, 32. DDRの工業技術の水準の低さに関しては，DDRが最新鋭と誇るロボトロンやペンタコンの工場を視察した日本人経営者の一団がその旧式ぶりに博物館と勘違いしたというジョークがあるほどである。
(22) 山田，前掲書89頁。もちろん，このことは，労働の意味づけとは別次元の問題である。前掲拙著102頁以下参照。
(23) Der Spiegel, Nr. 42, 1989, S. 30.; Nr. 8, 1990, S. 45.
(24) Der Spiegel, Nr. 8, 1990, S. 37.
(25) Ibid., S. 40.
(26) Kirbach, op. cit.
(27) Der Spiegel, Nr. 42, 1989, S. 32.
(28) Der Spiegel, Nr. 8, 1990, S. 45.; Nr. 42, 1989, S. 32.
(29) Der Spiegel, Nr. 42, 1989, S. 38.
(30) Amt für Statistik und Wahlen der Stadt Dortmund, Dortmunder Statistik, Beilage Nr. 33: Aus- und Übersiedler in Dortmund, Dortmund 1990, S. 2f.
(31) Wernicke, op. cit.
(32) Der Spiegel, Nr. 8, 1990, S. 34.
(33) Ibid. S. 31, 34.

結び
(1) Vortrag von Richard Hilmer, in: Protokoll der 69. Sitzung der Enquete-Kommission, op.

cit., S. 20.
(2) 山田，前掲書353頁。
(3) Eberwein, op. cit., S. 9. Jan Wielgohs und Marianne Schulz, Reformbewegung und Volksbewegung, in: Aus Politik und Zeitgeschichte, B16・17/90, 1990, S. 15ff.
(4) この問題に関しては，前掲拙著136頁以下のほか，さしあたり，Monika Gibas, "Die DDR-das sozialistische Vaterland der Werktätigen", in: Aus Politik und Zeitgeschichte, B39・40/99, 1999, S. 21ff の DDR での生活経験の種々のレベルにおける刻印を重視する見解を参照。
(5) Der Spiegel, Nr. 25, 1991, S. 39.
(6) Focus, Nr. 26, 1993, S. 47.
(7) Bettina Sommer und Hermann Voit, Bevölkerungsentwicklung 1995, in : Wirtschaft und Statistik, H. 1, 1997, S. 23.
(8) Hartmut Wendt, Bevölkerungsentwicklung in Deutschland : Kontinuität im Westen und Wandel im Osten, in : Deutschland Archiv, H. 4, 1999, S. 619.
(9) Focus, Nr. 29, 1996, S. 38.
(10) Wendt, op. cit., S. 616f.
(11) ペンドラーの詳細に関しては，Felix Büchel, Arbeits-Pendler zwischen West- und Ostdeutschland, in : Institut für Regionalentwicklung und Strukturplanung, hrsg., Migration in Stadtregionen der neuen Bundesländer, Erkner 1998, S. 31ff 参照。因みに，ビュッヘルはペンドラーを「労働移民の特殊形態」としているが，西から東への逆方向のペンドラーも存在し，1995年に11万人を数えた。

著者略歴

近藤潤三（こんどう　じゅんぞう）
1948年　名古屋市生まれ
1970年　京都大学法学部卒業
1975年　京都大学大学院法学研究科博士課程単位取得
現　在　愛知教育大学教授
1991～1994年　外務省専門調査員として在ドイツ連邦共和国日本国大使館に勤務

著　書
　『統一ドイツの変容：心の壁・政治倦厭・治安』木鐸社，1998年

主要論文
　「フリードリヒ・ナウマンの国民社会主義思想」
　「アードルフ・シュテッカーにおけるキリスト教社会主義と反ユダヤ主義」
　「近代ドイツにおける社会主義批判の展開」

翻　訳
　H. A. ヴィンクラー編『組織された資本主義』（共訳）名古屋大学出版会，1989年

統一ドイツの外国人問題：外来民問題の文脈で

2002年2月25日第1版第1刷　印刷発行　©

著　者	近　藤　潤　三	
発行者	坂　口　節　子	
発行所	(有)　木(ぼく)　鐸(たく)　社(しゃ)	
印　刷　アテネ社　製　本　関山製本社		

著者との
了解により
検印省略

〒112-0002 東京都文京区小石川 5-11-15-302
電話・FAX (03) 3814-4195番　振替 00100-5-126746

(乱丁・落丁本はお取替致します)

ISBN4-8332-2317-7　C 3036

統一ドイツの変容
近藤潤三著 (愛知教育大学)
A5判・396頁・4000円（1998年） ISBN4-8332-2258-2
■心の壁・政治倦厭・治安
　統一後のドイツでは東西分裂の克服がもたらした束の間の歓喜と陶酔の後に，心に重くのしかかる難問が次々に現れてきた。旧東ドイツ地域の経済再建とその負担，失業者の増大，難民の大波，排外暴力事件の激発等。本書は統一後のドイツの現実を徹底的に一次資料に基づいて追跡し，ボン・デモクラシーの苦悩を解明。

イギリスの選択
力久昌幸著 (北九州大学法学部)
A5判・442頁・6000円（1996年） ISBN4-8332-2233-7
■欧州統合と政党政治
　欧州統合は戦後のヨーロッパにとって最も重要性を持つ問題であった。イギリスにとってもEC加盟は国家の命運を決する大事であり，国内の論議は長い間コンセンサスを欠いた。本書は，その原因について，政党システムのメカニズムとイデオロギーを中心に分析する。特に政党指導部の役割に注目しつつ考察した政治分析。

現代韓国の政治変動
崔章集著　中村福治訳 (立命館大学国際関係学部)
A5判・264頁・2500円（1997年） ISBN4-8332-2249-3
■近代化と民主主義の歴史的条件
　韓国における政治体制の特質をトラスフォルミズモと規定する。即ち変形主義＝「大衆参加のない革命を具体化する政治の代表レヴェルのメカニズム」であるという。従ってそこにあるのは「社会の騒擾と反体制勢力を統制する上で，充分に強大な権力を有するアメリカの全面的支援を受け」て存立できた体制であったと批判する。

多文化主義
■アメリカ・カナダ・オーストラリア・イギリスの場合
多文化社会研究会編訳
A5判・284頁・3000円（1997年） ISBN4-8332-2247-7
　本書はアメリカ・カナダ・オーストラリア・イギリスの4国で1980-90年代にかけて出版された多文化主義に関する主要な論文を厳選し翻訳編集した論文集。多文化主義が「平等」と「民族文化」という二つの対立軸を巡ってどのように展開し，その結果いかなる問題点が生れつつあるかを具体的に知る上で良き手引書となっている。